UTB

W0403343

Eine Arbeitsgemeinschaft der Verlage

Böhlau Verlag · Wien · Köln · Weimar
Verlag Barbara Budrich · Opladen · Toronto
facultas.wuv · Wien
Wilhelm Fink · Paderborn
A. Francke Verlag · Tübingen
Haupt Verlag · Bern
Verlag Julius Klinkhardt · Bad Heilbrunn
Mohr Siebeck · Tübingen
Nomos Verlagsgesellschaft · Baden-Baden
Ernst Reinhardt Verlag · München · Basel
Ferdinand Schöningh · Paderborn
Eugen Ulmer Verlag · Stuttgart
UVK Verlagsgesellschaft · Konstanz, mit UVK / Lucius · München
Vandenhoeck & Ruprecht · Göttingen · Bristol
vdf Hochschulverlag AG an der ETH Zürich

Hubert Knoblauch

Wissenssoziologie

3., überarbeitete Auflage

UVK Verlagsgesellschaft mbH · Konstanz mit
UVK / Lucius · München

Online-Angebote oder elektronische Ausgaben sind erhältlich unter www.utb-shop.de

Bibliografische Information der Deutschen Nationalbibliothek
Die Deutsche Nationalbibliothek verzeichnet diese Publikation in der Deutschen Nationalbibliografie; detaillierte bibliografische Daten sind im Internet über <http://dnb.d-nb.de> abrufbar.

Das Werk einschließlich aller seiner Teile ist urheberrechtlich geschützt. Jede Verwertung außerhalb der engen Grenzen des Urheberrechtsgesetzes ist ohne Zustimmung des Verlages unzulässig und strafbar. Das gilt insbesondere für Vervielfältigungen, Übersetzungen, Mikroverfilmungen und die Einspeicherung und Verarbeitung in elektronischen Systemen.

1. Auflage: UVK Verlagsgesellschaft mbH, Konstanz 2005
2. Auflage: UVK Verlagsgesellschaft mbH, Konstanz 2010

3. Auflage: © UVK Verlagsgesellschaft mbH, Konstanz und München 2014

Einbandgestaltung: Atelier Reichert, Stuttgart
Satz und Layout: Bernardo Fernández, Guanare
Druck: fgb · freiburger graphische betriebe, Freiburg

UVK Verlagsgesellschaft mbH
Schützenstr. 24 · D-78462 Konstanz
Tel. 07531-9053-0 · Fax 07531-9053-98
www.uvk.de

UTB Nr. 2719
ISBN 978-3-8252-4156-8

Inhalt

Abbildungen

»Wissenschaftliche Wahrheit kann nur für die gelten, die Wahrheit wollen«
Max Weber

Vorwort zur dritten Auflage

Als dieses Buch vor zehn Jahren geschrieben wurde, schien die Wissenssoziologie nahezu vergessen zu sein. Heute hat man den Eindruck, als sei sie, aus einem langjährigen Dornröschenschlaf erwacht, lebendiger denn je zuvor. Dass es womöglich zur Wiederbelebung der Wissenssoziologie beigetragen hat, mag einer der Gründe für eine dritte Auflage dieses Buches sein. Ich möchte es deswegen in einer überarbeiteten Form vorlegen. Neben kleinere Ergänzungen im Text betrifft diese Überarbeitung vor allem einen Blick auf die jüngeren Entwicklungen der Wissenssoziologie (S. 341ff.), die sich seit der Erstveröffentlichung dieses Buches abgezeichnet haben. Entsprechend ist auch die Einleitung (S. 13ff.) überarbeitet worden.

Ziel des Buches bleibt, einen einführenden Überblick über die Wissenssoziologie zu bieten. Wer also wissen will, was denn zur Wissenssoziologie gehört und wer erwähnenswert ist, der sollte hier auf seine Kosten kommen. Freilich stellt sich dabei das Problem der Auswahl. Ich habe mich bemüht, die wichtigsten Begriffe, Theoreme und Autoren anzuführen und entsprechende Referenzen zu geben. Um den Literaturapparat nicht unnötig zu überfrachten, bietet der Text keinen Überblick der gesamten Forschungsliteratur, sondern beschränkt sich auf die wichtigste (meist auch im Text zitierte) Literatur.

Der Grund dafür ist, dass das Buch auch eine Einführung sein will. Wer also noch nicht weiß, worum es sich bei der Wissenssoziologie handelt, dem wird hier geholfen werden. Eine übermäßige Didaktisierung schien allerdings deswegen nicht ratsam, weil die Wissenssoziologie kein stark institutionalisiertes und geregeltes Forschungsfeld darstellt. Die Ränder und Fransen dieses dynamischen Feldes sollten ebenso sichtbar bleiben wie die noch offenen Fragen und Probleme. Die begefügten Grafiken und Übersichten dienen dazu, das Verständnis zu erleichtern.

Als Übersicht und Einführung trägt das Buch sicherlich auch dazu bei, zu bestimmen, was wir denn unter ›Wissenssoziologie‹ verstehen. Nun sind manche der Auffassung, die Soziologie sei in ihrer großen Breite Wissenssoziologie. Andere verstehen sie dagegen als eine Spezialdisziplin, die sich mit Ideologien und ähnlichen Formen »verzerrten« Wissens beschäftigt. Wie häufig dürfte auch hier die Wahrheit in der Mitte liegen. Weil weite Teile der Soziologie Wissen, Sinn und Bedeutung als grundlegende Eigenschaften menschlicher Gesellschaften erkennen, hat die Wissenssoziologie tatsächlich einen sehr weitgehenden Anspruch. Zugleich entwickelten sich jedoch auch besondere Linien des Denkens und Sprechens über diesen thematischen Zusammenhang, der durchaus eigene Begriffe, Modelle und Ansätze kennt.

Diese Linien bilden den Ausgangspunkt der Bestimmung der Wissenssoziologie. Sie sind der Grund für die anfangs historische Ausrichtung des Buches. Die Rekonstruktion ihrer Geschichte soll dazu dienen, diese Linien nachzuzeichnen und damit erkennbar zu machen. Dabei muss eingeräumt werden, dass lediglich den sehr markanten und namhaften Beiträgen auf dieser Linie Rechenschaft getragen werden kann. Allerdings lege ich großen Wert darauf, dass diese Linien in der gesamten Bandbreite der Wissenssoziologie zur Darstellung kommen, und zwar so, dass der Umfang einen Hinweis auf ihre Bedeutung im Feld gibt.

In der Gliederung habe ich mich bemüht, Prozess wie Struktur zu berücksichtigen. Der Vorgeschichte (I) ist ein ausführlicher Teil gewidmet, der deutlich machen soll, wie weit der Weg war. Auch das Herzstück der Wissenssoziologie wird weidlich gewürdigt, ohne jedoch auch nur annähernd in philologisch-exegetische Tiefen vorzustoßen. Die neueren Ansätze werden in thematische Blöcke gebündelt, welche die Hauptströmungen abbilden. Dabei bin ich weder rein nationalen Einteilungen gefolgt noch habe ich die deutsche klassische Wissenssoziologie als eigentlichen Nucleus des Unternehmens hingestellt.[1] Im Vordergrund stehen theoretische oder thematische Gemeinsamkeiten. Die gegenwärtigen theoretischen Ansätze bilden den zweiten Block (II). Hier werden verschiedene Linien ausgebreitet, deren Wirkung die heutige Wissenssoziologie prägt. Der dritte Teil schließlich bietet eine systematische Übersicht zu den Themen und Forschungsbereichen der Wissenssoziologie. Weil gerade in diesem Bereich die größte Lebendigkeit der Forschung zu verzeichnen ist, weise ich – vor meiner Zusammenfassung – am Schluss auf die wichtigsten jüngeren Entwicklungen hin.

Das Wissen ist sicherlich der abstrakteste aller möglichen Gegenstände. Einem Buch über die Wissenssoziologie haftet deswegen unvermeidlich auch etwas von dieser Abstraktheit an. Eine der frühen Konkretionen des Abstrakten ist zweifellos die Religion, die für die Wissenssoziologie traditionell eine große Rolle spielte. Die Religion nimmt auch nach wie vor eine bedeutende Position in der Wissenssoziologie ein. Weil ich aber selbst ein Buch über die Religionssoziologie verfasst habe, in der die Wissenssoziologie einen wichtigen Platz einnimmt, wird die Behandlung des religiösen Wissens hier nur am Rande angesprochen. Interessierte Leserinnen und Leser möchte ich auf dieses Buch verweisen.[2] Es kann auch nicht das Ziel dieses Buches sein, das Wissen, das gesellschaftlich relevant ist, auf enzyklopädische Weise umarmen zu wollen. Hier geht es vielmehr um die Begriffe, Konzepte und Modelle, mit denen wir soziologisch das Wissen in den Griff bekommen können. Denn die Beiträge der meisten Wissenssoziologen bestechen nicht nur durch ihr Material,

---

1 Die eine Vorgehensweise wird von McCarthy gewählt, die andere von Stark; vgl. E. Doyle McCarthy, Knowledge as Culture: the New Sociology of Knowledge, London 1996; Werner Stark, The Sociology of Knowledge. An Essay in Aid of a Deeper Understanding of the History of Ideas, London 1958

2 Hubert Knoblauch, Religionssoziologie, Berlin u. New York 1999

sondern in ihrer methodologischen Betrachtungsweise und ihren analytischen Begriffen und Theorien.

In offener Selbstkritik bin ich mir bewusst, dass ich mit der Abfassung einer einführenden Übersicht selbst eine wissenssoziologisch interessante Handlung vollziehe: Ich trage zur Erzeugung eines Kanons von Wissen bei. Das bedeutet, dass ich selbst von der Bedeutung des Wissens ausgehe, das ich vermittle. In der Tat habe ich gerade als Sozialkonstruktivist keinen Zweifel daran, dass das in der akademischen Wissenssoziologie geschaffene und vermittelte Wissen für eben jene akademisch Interessierten Geltung besitzt, die sich über die Wissenssoziologie informieren wollen. Zwar arbeiten wir fortwährend an der Wirklichkeit, doch wird die Welt nicht jeden Tag neu erfunden. Wir leben in einer Welt, in der es schon Stühle, Autos, Universitäten – und eben auch die Wissenssoziologie gibt. Und was sich hinter der Letzteren verbirgt, ist Gegenstand dieses Buches.

Die Annahme, dass sich hinter dem Buch ein einzelner Autor verbirgt, ist eine wohltuende Fiktion, an der wir gerne festhalten. Doch weben meist mehr als zwei fleißige Hände hinter dem Namen, der auf dem Titelblatt steht. Die Fertigstellung dieses Buches verdankt sich einmal mehr der Hilfe meiner Frau Barbara Goll, der ich gern noch mehr literarische Qualitäten geboten hätte. Delia und Urs waren mir wieder einmal gut gesonnen und haben mich meist zur rechten Zeit vom Schreiben abgehalten, um mir zu zeigen, wie lustig das Leben sein kann. Bernt Schnettler bin ich nicht nur für die mannigfaltigen und scharfsinnigen Anregungen dankbar, sondern auch für die massive Beihilfe zur Vorzeigbarkeit des Textes. Für Ihre Korrekturen, Anregungen und Arbeiten am Text bin ich auch Sonja Rothländer vom UVK, Nico Zerbian sowie dem genialischen Setzer Bernardo Fernández dankbar. Daneben erhielt ich zahlreiche Anregungen von meinen Studierenden an der Technischen Universität Berlin sowie an der Hochschule Sankt Gallen. Von Ilja Srubar habe ich Entscheidendes über Scheler und vor allem Schütz erfahren. Die gelebte Wissenssoziologie Ronald Hitzlers war ein Grund für diese Arbeit. Ein anderer war das Denken eines Menschen, der mir den Weg in und durch die Wissenssoziologie gewiesen hat: Thomas Luckmann.

Berlin, im April 2014

Einleitung

Im Lexikon bedeutet Wissen so viel wie etwas »gelernt«, »erkannt«, »erfahren« oder »im Gedächtnis haben«. Wissen hängt etymologisch auch mit *visere* (besichtigen, besuchen, zu sehen wünschen) zusammen. Enthalten ist darin das altindische *veda*, das bedeutet, dass man etwas weiß oder kennt. Seit dem 16. Jahrhundert enthält der Begriff auch die Bedeutung von »durch Forschung und Erfahrung erworbene Erkenntnisse, geistige Erkenntnis«. Betrachtet man das Wortfeld, dann liegt der Begriff der Erkenntnis in der Nachbarschaft des Wissens. Im Deutschen verbindet sich damit die Differenz zwischen passivem Wissen, das man »hat«, und Erkenntnis, die man aktiv »machen« kann. (Allerdings kann Erkenntnis semantisch durchaus auch etwas sein, das als Einfluss äußerer Wirkungen erscheint, und auch Wissen kann »erworben« werden.) Im Vergleich der Sprachen ist die Nachbarschaft von Wissen und Erkennen bedeutsam, denn beide semantischen Aspekte sind im englischen *knowledge* vereint. Die romanischen Sprachen betonen z.B. als *connaissance* oder *conoscenza* die Kenntnisse, pflegen daneben noch die enge Nachbarschaft zum *savoir* oder zum *sapere*, in dem das Können mitschwingt. Angrenzend an das deutsche ›Wissen‹ finden wir Begriffe wie Erfahrung, Glauben, Meinung, Einbildung, Vorstellung, die andere Formen der geistigen Aktivität darstellen. Sie werden oft im Widerstreit zu Wissen angeführt, als andere »Medien« oder »Formen« des Wissens, das, wie manche meinen, in diesen Fällen dann als rational und explizit angesehen werden muss. Gefühle, Emotionen und andere psychische Zuständen stehen im weiträumigeren Umfeld des Begriffes.

Die Philosophie erhebt einen altehrwürdigen Anspruch auf das Wissen. Wissen und Erkenntnis zählen zu ihren bedeutendsten Themen, die auf höchst unterschiedliche Art behandelt werden. Manche unterscheiden zwei zentrale Modelle: Nach dem *ikonischen Modell* ist Wissen ein adäquates Abbild (mentaler Art) eines Wissensobjektes; nach dem *propositionalen* (oder *nominalistischen*) *Modell* ist Wissen eine wahre Aussage. Die erste Erklärungslinie, für die Begriffe wie Wahrnehmung und Erinnerung prototypisch sind, reicht von den Stoikern bis zu Kant und dem Idealismus. Die zweite, für die die wissenschaftliche Proposition typisch ist, reicht von Aristoteles über Leibniz und weit darüber hinaus. Neben diese könnte man jedoch zahllose andere Erklärungen stellen: idealistische, sensualistische, materialistische etc. Theorien der Erkenntnis. Ihre Vielfalt verdankt sich der Bedeutung ihres Gegenstands. Man darf wohl sagen, dass die Erkenntnistheorie eine der tragenden Säulen der Philosophie ist.

Vor dem Hintergrund der philosophischen Überlegungen wird die Besonderheit des wissenssoziologischen Zugangs deutlich. Die alte Erkenntnistheorie stellt sich Erkenntnis als einen Vorgang vor, der sich zwischen der wahrnehmenden, erfahrenden Person (bzw. dem Subjekt oder dessen Geist) und dem Erkenntnisgegenstand abspielt. Erkenntnis also ist eine Art *solitärer* Prozess, der sich zwischen Erkennendem und Erkanntem vollzieht. Man kann das an einer Illustration veranschaulichen, die – wie weite Teile der Erkenntnistheorie – durchaus von der visuellen Metapher des Erkennens geprägt ist. Sehr allgemein gesprochen gibt es dabei zwei Richtungen der Erkenntnis: Sie besteht in einer Wahrnehmung eines Gegenstandes durch ein Subjekt oder in der Bezugnahme des Subjekts auf den Gegenstand: Unabhängig davon, ob man sich Erkenntnis als aktive Leistung des Subjekts vorstellt oder als passives Einwirken von Reizen auf das Subjekt, zeichnet sich das »erkenntnistheoretische« Modell doch vor allem durch die zweistellige Relation zwischen Erkenntnisobjekt und Erkenntnissubjekt aus:

Abb. 1: ***Relation zwischen Erkenntnissubjekt und -objekt***

Die wissenssoziologische Betrachtungsweise unterscheidet sich von dieser erkenntnistheoretischen Betrachtungsweise grundlegend: Sie sieht die erkennenden Menschen als Teil eines sozialen Zusammenhangs, der selbst in den Prozess des Erkennens und den Inhalt des Erkannten bzw. Gewussten eingeht. Deswegen könnte man auch von einer soziologischen Erkenntnistheorie reden. Man kann diese soziologische Wende der Erkenntnistheorie anhand der Kritik an Kant deutlich machen. Hinter Kants Frage, »Wie ist wahres Wissen möglich?«, verbirgt sich die genuin soziologische Frage »Wie ist es möglich, dass in der Erfahrung eines Individuums etwas auftritt, was nicht nur seine Erfahrung ist, sondern die Erfahrung eines jeden sein könnte?«[1] Wissen und Erkenntnis ist nicht nur ein individuelles Vorkommnis, sondern ein soziales Ereignis. Lesen und Schreiben etwa sind nicht weniger soziale Akte als Reden und Zuhören. Erkenntnistheorie ist immer auch Gesellschaftstheorie.[2]

Die *Sozialität von Wissen und Erkennen* ist die zentrale These und das Kernthema der Wissenssoziologie. Diese bezieht sich keineswegs nur auf Wissen generell, sondern auch auf die Philosophie und ihre Erkenntnistheorie, welche somit zur Wissenssoziologie werden. Schon in der älteren Wissenssoziologie wird die Sozialität der Philosophie gern am Zusammenhang zwischen nationalen Kulturen und Ausprä-

1 Vgl. Max Adler, Marxismus und Kantischer Kritizismus, in: Archiv für die Geschichte des Sozialismus, 1925

2 Auch in der Philosophie wird das Problem der Sozialität des Wissens aufgenommen, etwa unter dem Titel der »Social Epistemology«. Allerdings ist dort die Rezeption der Wissenssoziologie noch nicht sehr weit fortgeschritten; vgl. dazu Frederick F. Schmitt (Hg.), Socializing Epistemology. The Social Dimensions of Knowledge, Boston u. London 1994

gungen des philosophischen Denkens aufgezeigt. Damit ist zum Beispiel die Neigung der deutschen Philosophie zur Metaphysik gemeint. Ihren sozialen Grund sieht man in der abgehobenen Lage der verbeamteten Philosophen und einem politisch wenig selbstständigen Bürgertum, das sich bei der späten Nationenbildung auf den alten Adel stützte. Bekanntlich war die deutsche Philosophie wesentlich von den protestantischen Mittelklassen, ja nicht unwesentlich vom protestantischen Pfarrhaus geprägt.

In England dagegen standen die Philosophen in einer engen Beziehung zum Handel treibenden und Waren produzierenden Bürgertum, was die Nähe der britischen Philosophie zum Empirizismus und Realismus erklärt. Andere Wissenssoziologen gehen sogar so weit, die pragmatistische Ausrichtung der amerikanischen Philosophie auf den Umstand zurückzuführen, dass die amerikanischen Universitäten schon im 19. Jahrhundert von Geschäftsleuten kontrolliert worden seien. Deren Forderungen nach nutzbarem Wissen drücke sich in dieser Philosophie darin aus, dass eine aktivistische Konzeption des Menschen vertreten wird, welche das Denken dem Primat des Handelns unterstellt. Um es plakativ auszudrücken: Wirklich ist, was sich im Handeln als nützlich bewährt.[3]

Auch in der jüngeren Wissenssoziologie bleibt der Zusammenhang zwischen philosophischer Erkenntnis und Sozialität ein Thema, wie etwa in Collins' Soziologie der Philosophien.[4] Collins untersucht die verschiedensten philosophischen Schulen, Bewegungen und Milieus – vom antiken Griechenland über das alte Indien bis zum Wiener Kreis und der phänomenologischen Bewegung im 20. Jahrhundert. Die spezifisch wissenssoziologische Ausrichtung seiner Untersuchung wird an seiner Leitthese deutlich: Die Geschichte der Philosophie sei im Grunde eine Geschichte der Gruppen, die philosophieren. Denn Philosophieren werde vor allem durch Kommunikation geprägt. Diese Kommunikation bestehe aus Vorträgen, Konferenzen, Symposien, Diskussionen, Debatten. Durch solche Kommunikation bildeten sich netzwerkartige Strukturen aus, die »Stars«, einen »inneren Kern«, einen »äußeren Kern«, vorübergehend Zugehörige, Publikum und Möchtegernmitglieder enthielten. Die Zusammengehörigkeit werde durch Kontakte erzeugt, die auch institutionalisiert sein können: Schulen, Akademien, Institute seien bekannte Formen, an die schließlich entsprechende Professionalisierung anknüpfe. Die innere Dynamik der Gruppen werde geprägt von Interaktionsritualketten, kulturellem Kapital, das aus den darin vermittelten Symbolen stamme, und emotionaler Energie, die aus der erfolgreichen Durchführung von Interaktionsritualen resultiere. Intellektuelle Gruppen, Ketten von Meister-Schüler-Verhältnissen und Rivalitäten in der Gegenwart bildeten das strukturierte Feld der Kräfte, innerhalb dessen philosophiert werde.

---

3 Werner Stark, The Sociology of Knowledge. An Essay in Aid of a Deeper Understanding of the History of Ideas, London 1958, S. 19f

4 Randall Collins, The Sociology of Philosophies. A Global Theory of Intellectual Change, Cambridge 1998

Aus dieser Perspektive sind philosophische Gedanken nicht Ausfluss einzelner Denker; vielmehr sei es die innere Struktur der intellektuellen Netzwerke, die Gedanken gestalte, und zwar sowohl durch die Koalitionen und Oppositionen der gleichzeitig lebenden Beteiligten (also »horizontal«) wie auch durch die Allianzen mit historischen Vorläufern (»vertikal«). Gruppenstrukturen ordneten nicht nur das Denken; sie seien auch die Motoren der Kreativität. Kreativität werde durch den Wandel in der Struktur der intellektuellen Gemeinschaften erzwungen, und zwar vor allem durch zwei Mechanismen: Rivalitäten und Allianzen. Die Rivalitäten und Aufspaltungen zwängen Denker dazu, ihre Eigenheiten zu maximieren, Allianzen dagegen förderten eine Kreativität der Synthesis, die schwächer werdende Gruppen und entsprechende Gedanken zusammenführten.

Natürlich bewegen sich philosophische Gruppen auch in einem organisatorischen, politischen und ökonomischen Kontext, so dass sich die Frage stellt, in welchem Verhältnis Größe und Struktur der Gruppen zu diesem Kontext stehen. Da es sich in beiden Fällen um soziologische Kategorien handelt, stützt Collins das wissenssoziologische Argument, dass das philosophische Denken (und damit auch die Erkenntnistheorie) in hohem Maße von der sozialen Struktur abhängt, so dass diese gar die »Logik« der philosophischen Gedankenentwicklung bestimmt.

Collins Betrachtungsweise ist keineswegs so revolutionär, wie sie sich auf den ersten Blick ausnimmt. Schon in der älteren deutschen Wissenssoziologie gab es mehrere Versuche, die Inhalte insbesondere der griechischen Philosophie auf ihre soziale Struktur zu beziehen.[5] *Wissen,* so die zentrale These der Wissenssoziologie, ist *wesentlich sozial.*

Die Erläuterung und Erklärung der Sozialität des Wissens wird deswegen eines der zentralen Themen dieses Buches sein. Sie erweist sich als überaus bedeutsames, jedoch keineswegs einziges durchgängiges Thema der Wissenssoziologie. Auch ein anderes ihrer Themen steht in der Tradition der Erkenntnistheorie. Es handelt sich dabei um eine Unterscheidung, die schon Platon vorgeschlagen hat. Eine Form des Wissens ist sprachlicher Natur, die andere Form ist dagegen unmittelbar, also eine Art der Erkenntnis, die nicht den »Umweg« über die Formulierung von Sätzen nehmen muss. Zentral ist für ihn die Unterscheidung von Wissen (*έπιστήμη)* und Meinung (δοξα). Meinung bezieht sich nie auf Wahrnehmung selbst, sondern auf etwas Wahrgenommenes; sie ist wandelbar und zwiespältig, d.h. entweder wahr oder falsch. Sie führt nicht zu Wissen. Wissen oder *έπιστήμη* (»episteme« – daher auch der Begriff der Epistemologie) verhält sich zur Meinung wie Augenzeugenerfahrungen zu Aussagen. Wissen unterscheidet sich von Meinungen durch Erfahrungen im Bereich der wahrnehmbaren Welt.[6] Der wissenssoziologische Zugang unterscheidet sich überdies vom philosophischen dadurch, dass er die »Meinung« im platonischen Sinn der »δοξα«

5 Paul Ludwig Landsberg, Wesen und Bedeutung der platonischen Akademie. Eine erkenntnissoziologische Untersuchung, Bonn 1923

6 Wolfgang Wieland, Platon und die Formen des Wissens, Göttingen 1982

(»doxa«, »sensus communis«, »common sense« etc.) keineswegs notwendig als Abfallprodukt des Wissens ansieht. Ganz im Gegenteil rücken zahlreiche Wissenssoziologen die »Meinungen« in den Mittelpunkt ihrer Aufmerksamkeit, ja manche gehen sogar soweit, alles Wissen zur Meinung zu erklären.[7] Um diese Perspektive zu charakterisieren, könnte man von einem *kritischen Wissensbegriff in der Wissenssoziologie* (etwas radikaler könnte man auch von epistemologischem Agnostizismus) reden. Sehen wir einmal von den positivistischen Vertretern der Wissenssoziologie (und der »Wissensgesellschaft«) ab, wird Wissen nicht auf »wahres« Wissen reduziert. Die Wissenssoziologie stellt immer die Frage danach, wer denn welches Wissen für wahr hält. Wahrheit also ist Geltung, und diese Geltung ist sozial bestimmt.

Genau an dieser sozialen Geltung entzündet sich eine Debatte, die das dritte, für die Wissenssoziologie konstitutive Thema beschreibt: die »soziale Determination« oder »Prägung« des Wissens. Auch hier lassen sich zwei grundlegend verschiedene Positionen beobachten. Der ersten Position geht es um das Verhältnis von Wissen als eigenständiger Kategorie zur Gesellschaft als ebenso abgeschlossene Einheit. Zwar gibt es außerordentlich scharfe Kontroversen darüber, wie dieses Verhältnis gefasst werden soll, doch besteht über alle Kontroversen hinweg die Auffassung, dass diese zwei Größen zunächst voneinander getrennt werden müssten, bevor man sie aufeinander beziehen könnte. Deswegen möchte ich dieses Modell als *korrelationistisch* bezeichnen.[8]

Die zweite Position wird vor allem mit der Erneuerung der Wissenssoziologie durch Berger und Luckmann in Verbindung gebracht.[9] Wissen wird hier nicht von der Sozialstruktur getrennt. Vielmehr gilt es als konstitutiv für die soziale Ordnung und die gesamte Wirklichkeitskonstruktion. Dies gelingt dadurch, dass Wissen auf Handeln bezogen oder sogar in einzelnen Begriffen (»Praxis«, »Habitus«, »Diskurs«) miteinander verschmolzen wird. Ich werde eine solche wissenssoziologische Betrachtung als *integrativ* bezeichnen.

Die zentrale Fragestellung der Wissenssoziologie lässt sich also grob durch drei Kategorienpaare bestimmen, die auch ihre Geschichte leiten: Wie und in welchem Ausmaß ist Wissen sozial? (Sozialität vs. Subjektivität)? Ist diese Sozialität ein Bestimmungsverhältnis oder ist Wissen grundsätzlich sozial (Integration vs. Korrelation)? Und in welchem Maße haben wir es dabei mit »Wissen« zu tun und nicht vielmehr mit Glauben (Episteme vs. Doxa)?

---

7 Vgl. dazu James T. Borkeh und Richard F. Curtis, A Sociology of Belief, New York 1975

8 Die Schwierigkeiten, die eine solche »korrelationistische« Wissenssoziologie aufwirft, hat Geertz auf eine etwas polemische Weise auf den Punkt gebracht: »The sociology of knowledge [...] is not a matter of matching varieties of consciousness to types of social organization and then running causal arrows from somewhere in the recesses of the second in the general direction of the first – rationalists wearing square hats sitting in square rooms thinking square thoughts, they should try sombreros[...]« Clifford Geertz, The way we think now: Ethnography of modern thought, in: Local Knowledge, New York 1983, S. 153

9 Diese Meinung wird auch vertreten von McCarthy, op. cit., S. 12, die eine der wenigen jüngeren Übersichten zur Wissenssoziologie verfasst hat.

Freilich muss man einräumen, dass die verschiedenen Ansätze der Wissenssoziologie noch weit mehr Fragen ansprechen. Eine der immer wiederkehrenden Fragen richtet sich auf das »verborgene«, »selbstverständliche« oder »verdeckte« Wissen. Es handelt sich um ein Wissen, das »in der Kultur« angelegt sein kann, in der Sprache verankert ist, in der Tradition oder den Institutionen verkörpert wird, wie etwa die »Paradigmen« der Wissenschaft oder die »sozialen Topoi« des Denkens; oder es kann sich um Wissen handeln, das im Individuum oder Subjekt lungert, wie etwa die Lebenswelt oder das »implizite« Wissen. Eine ebenso bedeutende Frage betrifft die Unterscheidung des Parmenides in »wahres« und »falsches« Wissen, die Widerspruch ausschließt und einen ganz eigenen Wissensbegriff einführte. Diese Unterscheidung deckt sich zwar für manche mit der zwischen Episteme und Doxa, sie kann aber auch Überschneidungen mit der Sozialität bzw. Individualität des Wissens aufweisen: Nur individuelles Wissen kann als perspektivisch, aber nicht intersubjektiv erscheinen. Dagegen kann auch Soziales (etwa Macht) als Geltungsgrund für die Wahrheit gelten. Hierunter kann man das gebilligte und nichtgebilligte Wissen fassen, aber auch das subjektiv erworbene Erfahrungswissen und das gesellschaftlich über andere vermittelte Wissen, das zuweilen als Ideologie erscheinen kann. Überdies überschneidet sich die Scheidung von Wahrem und Falschem mit der zwischen nützlichem, funktionalem und unnützem, dysfunktionalem Wissen.

Man könnte diese Liste verlängern. Es zeigt sich jedoch, dass all die zusätzlichen Dimensionen gleichsam in einem Raum verortet werden können, der durch die drei erwähnten Achsen gebildet wird. Sozialität-Subjektivität, Doxa-Episteme und Integration-Korrelation stellen die Extreme der drei Achsen dar, an denen entlang sich die Wissenssoziologie entwickelt und durch die sie bestimmt werden kann: Wollte man sich dies geometrisch vorstellen, so könnte die Sozialität (oder Individualität) des Wissens als Abszisse dienen, die Differenz von Episteme und Doxa spannte die Ordinate auf, und mit der Achse Integration bzw. Korrelation öffnete sich die wissenssoziologische Fragestellung zu einem dreidimensionalen Raum, den das folgende Buch beschreiben will.

Geben wir einen kurzen Überblick über den argumentativen Aufbau des Buches: Die Darstellung beginnt mit einem historischen Abriss, der – wie auch die Soziologie – den Schwerpunkt auf die Moderne legt.[10] Ein deutliches Kennzeichen der entstehenden Moderne in der frühbürgerlichen Phase ist die Ausdifferenzierung von Religion und Wissenschaft. Ein pathetischer Begriff der Erkenntnis entsteht neben einem (an die Religion gebundenen) aufkommenden Ideologiebegriff, der hinter unwissenschaftlichem Wissen immer die Frage stellt: cui bono? In der folgenden

10 Sehr plausibel erschien mir die Skizze der wissenssoziologischen Entwicklung von Michael Meuser und Reinhold Sackmann, Zur Einführung: Deutungsmusteransatz und empirische Soziologie, in: dies. (Hg.), Analyse sozialer Deutungsmuster. Beiträge zur empirischen Wissenssoziologie, Pfaffenweiler 1992, S. 9-37.

Phase wird dann die Natur von der Geschichte so abgelöst, dass sie als abgegrenzte Entität zum Gegenstand der Naturwissenschaft und Technik werden konnte. Der Gegenwart der selbst fabrizierten Wirklichkeit der Geschichte widmet sich die allmählich aufkommende Soziologie (selbst ein Ergebnis der Ausdifferenzierung), die die Zusammenhänge zwischen dem Menschengemachten und dem menschlichen Verstande erkennt. Zu Beginn des 20. Jahrhunderts kommt es zu einem offenen Umbruch und einer ideologischen Zersplitterung bzw. (wie man es später nennen wird) einer kulturellen Pluralisierung der Gesellschaft, die den Anlass für einen ersten Höhepunkt der Wissenssoziologie im engeren Sinne gibt. Auf diese dritte Phase folgt schließlich die konstruktivistische Wissenssoziologie, die gesellschaftliche Institutionen als verdinglichtes Handeln, als vergegenständlichtes Wissen behandelt. Die Theorie der ›gesellschaftlichen Konstruktion‹ bildet nicht nur einen zweiten Höhepunkt, sie bildet einen regelrechten Wendepunkt der Wissenssoziologie. Indem sie die integrative Perspektive begründet, erlaubt sie einen Blick auf die zentrale Rolle des Wissens für die Gesellschaft, das nun keineswegs mehr in Verbindung mit der Ideologie gedacht werden muss.

Wir werden uns in diesem II. Teil des Buches mit einer Reihe von Ansätzen beschäftigen, die sich teilweise parallel, teilweise nacheinander entwickelt haben. Bei aller Vielfalt der Ansätze lassen sich doch einige große thematische Richtungen entdecken, die diese wissenssoziologische Forschung genommen hat. Insbesondere in der deutschsprachigen und teilweise auch in der angelsächsischen Wissenssoziologie können wir eine starke Tendenz der Verlagerung von Wissen zur Kommunikation beobachten. Das mag zum Teil mit dem bekannten »linguistic turn« zusammenhängen, also jener Wende, die durch die Erkenntnis der zentralen Rolle sprachlicher Formen, Prozesse und Handlungen für das menschliche Denken bewirkt wurde. (An dieser Erkenntnis war, wie wir gesehen haben, auch die phänomenologische Tradition spätestens seit Schütz mit beteiligt, selbst wenn Wittgenstein oder Austin häufig als ihre wesentlichen Initiatoren genannt werden.) Die Bedeutung der Sprache war auch für die französische Wissenssoziologie prägend, wenngleich in einer davon abweichenden Linie. Hier war der von de Saussure begründete und von Lévi-Strauss auf die Sozialwissenschaften angewandte Strukturalismus ausschlaggebend. Die Ansätze von Foucault und Bourdieu sind ohne diesen Hintergrund nicht zu verstehen. Sowohl Foucault wie auch Bourdieu sind nicht nur vom Funktionalismus geprägt. Sie haben sich so stark gegen den Strukturalismus gewandt, dass sie als »Poststrukturalisten« bezeichnet wurden. Dies gilt ebenso für einen angelsächsischen Ansatz, der unter dem Titel »Cultural Studies« bekannt wurde.

Beschäftigt sich das II. Kapitel mit theoretischen Ansätzen, so widmet sich das III. Kapitel einer Reihe von substantiellen Themen, die von der gegenwärtigen Wissenssoziologie behandelt werden. Dazu gehört zum einen die Wissenschaft (III A), deren Geltungsansprüche nun selbst wissenssoziologisch untersucht werden. Auch die Debatte um die Informations- und Wissensgesellschaft (III B) muss hier erörtert werden. Zu den bedeutsamen Themen der Wissenssoziologie zählt auch die gesellschaftliche Verteilung des Wissens (III C): In welcher Beziehung steht die gesellschaftliche Zugänglichkeit des Wissens mit der Struktur der sozialen Ungleichheit und der Ordnung der Institutionen? Wir kommen in diesem Zusammenhang auch auf die Träger von Sonderwissen zu sprechen, wie etwa Intellektuelle, Experten und Professionelle, sowie auf die soziale Verteilung des Wissens.

Wie dann gezeigt wird, beschränkt sich die wissenssoziologische Betrachtungsweise keineswegs auf die professionell betriebene Soziologie. Vielmehr zeigt schon die Debatte um die Wissensgesellschaft oder die Wissenschaftsforschung, wie sehr die wissenssoziologische Frage nach dem Zusammenhang von Wissen und Gesellschaft zu einem Thema auch für andere Disziplinen geworden ist und zuweilen sogar in die Öffentlichkeit hineinspielt. Diese wachsende Bedeutung einer wissenssoziologischen Forschung außerhalb der Wissenssoziologie skizziere ich unter dem Titel der Wissensforschung (III D). Erwähnenswert ist hier die Debatte um das kollektive Gedächtnis, die in der Soziologie einsetzt, dann aber vor allem in der Geschichtswissenschaft und den »Kulturwissenschaften« aufgenommen wird. Eine große Rolle spielt auch die anthropologische und sozialpsychologische Kognitionsforschung, deren Fragestellungen sich mit denen der Wissenssoziologie deutlich überlappen. Ebenso hat die Heraufkunft der neuen Medien die Frage aufgeworfen, inwiefern Medien bestimmte Formen des Wissens präferieren oder prägen. Und abschließend werde ich auch kurz auf die Diskussionen des Wissensmanagements zu sprechen kommen, die klassische Fragen der Wissenssoziologie bis tief in die organisatorische und wirtschaftliche Praxis hineintragen.

Die »tour d'horizon« der Wissenssoziologie mündet in einen Schluss, der die Entwicklungen der Wissenssoziologie in groben Umrissen skizziert, die sich seit der Erstveröffentlichung des Buches im Jahre 2005 abzeichnen. Zum Abschluss möchte ich einen Versuch unternehmen, den zentralen Begriff des Wissens zusammenfassend zu bestimmen.

I
Die Ausbildung der Wissenssoziologie

A Vorläufer

1 Aufklärung, »philosophes« und »Ideologen«

Die wissenssoziologische Frage nach dem Zusammenhang zwischen Denken und Denkenden, zwischen Wissen und Wissenden, zwischen Wahrheit und denen, für die die Wahrheit gilt, ist zweifellos keine Neuerfindung der Moderne. In der Geschichte des menschlichen Denkens finden wir sie immer wieder. Insbesondere die Philosophie entfaltet in verschiedenen Fassungen die Grundgedanken dessen, was später als Wissenssoziologie institutionalisiert werden wird. Schon vor dem berühmten Höhlengleichnis des Platon, das die Perspektivität menschlichen Denkens insgesamt auf ein Bild bringt – Platon vergleicht die Menschen mit Wesen, die in Höhlen wohnen und statt der eigentlichen Dinge lediglich die Schatten der Phänomene sehen, die das äußeren Licht an die Höhlenwand wirft, – werden Vorstellungen formuliert, die später bei der Vorbereitung der Wissenssoziologie aufgenommen werden. So deutet sich bereits in der Religionskritik des im 5. Jahrhundert vor Christus schreibenden Eleaten Xenophanes eine Vorstellung an, die Gottesbilder als Ausdruck ethnischer Merkmale versteht: »Die Äthioper behaupten, ihre Götter seien stumpfnasig und schwarz, die Thraker, blauäugig und rothaarig.«[1] Einen bekannten Ausdruck findet diese Vorstellung auch in Pascals berühmtem Diktum, dass die Wahrheit auf der einen Seite der Pyrenäen der Irrtum auf der anderen sei. Der Renaissance-Philosoph Michel de Montaigne wäre sicherlich ebenso ein guter Kronzeuge, mit dem wir die Wissenssoziologie beginnen lassen könnten, betont er doch den sozialen Ursprung des menschlichen Wissens: Unser Wissen erstehe aus unseren Gewohnheiten.[2] In seiner Geschichte des Ideologiebegriffes hebt der berühmte Wissenssoziologe Karl Mannheim den Philosophen Niccolò Machiavelli als denjenigen hervor, der die Unterschiedlichkeit des Denkens sehr klar auf soziologische Faktoren zurückführe. Die Unterschiede der Meinungen der Menschen ließen sich demnach auf Unterschiede ihrer Interessen beziehen, die wiederum mit ihrer jeweiligen sozialen Stellung und vor allem ihrer Macht zusammenhingen. Als einen weiteren Meilenstein bezeichnet Mannheim die berühmt gewordene Idolenlehre des FRANCIS BACON, in der er »eine Vorahnung der modernen Ideologiekonzeption« ausmacht.[3] In der Tat werden die Vorstellungen von Bacon in der Folgezeit tragend,

---

1 Xenophanes aus Kolophon, in: Hermann Diels, Die Fragmente der Vorsokratiker. Hamburg 1957, Fragment 16. Xenophanes nutzt dieses Argument übrigens, um für den Monotheismus zu argumentieren.

2 Mit Montaigne beginnt die Einführung von Franco Crespi und Fabrizio Fornari, Introduzione alla sociologia della conoscenza, Rom 1998

3 Karl Mannheim, Ideologie und Utopie, Frankfurt 1985 (EA 1929). Francis Bacon, 22.1. 1561-9.4.

prägen sie doch nicht nur die einsetzende Entwicklung der neuzeitlichen Wissenschaft. Bacon zählt zu jenen Autoren, die durch ihre Rezeption einen maßgeblichen Einfluss auf das aufklärerische Denken und die Ausbildung des Ideologiebegriffes nahmen. Unter Seglern, Navigatoren, Abenteurern und aufkommenden Wissenschaftlern lebend, wollte er darauf drängen, die scholastischen Debatten aufzugeben und sich – in diesem Sinne ganz Brite – der empirischen Erforschung der Dinge zu widmen. In seinem wissenschaftlichen Werk wandte er sich gegen deduktive Methoden und forderte eine rational geplante Empirie, die dazu dienen sollte, die Natur zu beherrschen und die Bedürfnisse der Menschen auf eine wissenschaftliche Weise zu befriedigen – eine Wissenschaft, die den sich in Großbritannien bald entwickelnden Industrialismus stützen sollte.

Bacon erläuterte seine Methode des Erwerbs von Wissen in seinem *Novum Organum*, das 1620 erstmals veröffentlicht wurde. Mit diesem Titel spielt er auf Aristoteles' logische Werke an, die als *Organon* bezeichnet wurden. Bacon wollte damit das Ende des Aristotelischen Einflusses andeuten. Der Mensch ist nach Bacon darauf angewiesen, die Natur und ihre Gesetze zu entdecken. Dies könne jedoch nicht deduktiv geschehen. Der Mensch müsse die Welt vielmehr mit seinen Sinnen betrachten, um induktiv daraus Erkenntnis abzuleiten. Bei dieser Betrachtung stellten sich dem Menschen jedoch zahlreiche Hindernisse in den Weg, die seinen Blick trübten – und genau diese Hindernisse bilden die »Idole« (Gestalt, Bild, Trugbild, Götzenbild), die Gegenstand Bacons wissenssoziologischen Überlegungen sind.

Idole oder »Vorurteile des Geistes« (»idola mentis«) sind die »Vorurtheilsgötzen, die falschen Begriffe«[4], von denen sich die Menschen leiten lassen. Entgegen der vermeintlichen Gleichheit des menschlichen Geistes sind sie Folge der individuellen Vorurteile, dem begrenzten menschlichen sinnlichen Vermögen und dem Einfluss der Leidenschaften auf das Erkennen. Idole sind jene Hindernisse, die das Erkennen behindern oder entstellen.[5] Berühmt geworden ist Bacons Unterscheidung verschiedener menschlicher »Idole« oder »Götzen-« oder »Trugbilder«:

Idola tribus sind die Trugbilder »des Stammes«. Damit meint er die Täuschungen, die in der Natur des Menschen verankert sind. Sie werden verstärkt durch den falschen Anspruch, der Mensch sei das Maß aller Dinge. In Wirklichkeit leidet der Mensch an geistigen Mängeln, die damit verbunden sind, dass er dazu neigt, das zu glauben, was ihm gefällt, und das was ihm nicht gefällt, nicht zu glauben.[6]

1626. Philosoph, Schriftsteller, Politiker (Mitglied des Parlaments) und Anwalt, hatte sich zu Karrierezwecken in den Dienst des Königshauses Elisabeths gestellt. 1621 wurde er aus allen Ämtern entlassen.

4 Francis Bacon, Neues Organon der Wissenschaften, Leipzig 1830, S. 32

5 Vgl. hierzu Gunter W. Remmling, Francis Bacon and the French Enlightment Philosophers, in: ders., Towards the Sociology of Knowledge, New York 1973, S. 47-59

6 Eine ähnliche Vorstellung wurde später unter dem Begriff der kognitiven Dissonanz formuliert: Dasjenige, was wir nicht erwarten, nicht wissen oder nicht wünschen, wird auch aus unserer Wahrnehmung ausgeblendet; vgl. Leon Festinger, Henry W. Riecken und Stanley Schachter, When Prophecy Fails, New York 1956

Die *idola specus*, die Trugbilder der Höhle sind nicht in der Gattung Mensch begründet, sondern liegen im Individuum selbst: seine Vorurteile und geistigen Versäumnisse. Die Irrtümer treten auf, weil wir alle Grenzen der Erfahrung und des Wissens haben. Wir wohnen alle sozusagen in einer kleinen Höhle, haben alle eine besondere Perspektive. Unsere Gedanken sind von unserer jeweiligen Lebenssituation abhängig. Idole der Höhle liegen begründet in unserer Erziehung und den Gewohnheiten sowie in den persönlichen Umständen. Auch die zu starke Spezialisierung in den Wissenschaften, also »Fachidiotie«, kann eine ihrer möglichen Ursachen sein.

Andere Verzerrungen sind auf das Unvermögen der Sprache zurückzuführen, Gedanken richtig zu kommunizieren. Dieses Problem findet seinen Ausdruck in den »Idolen des Marktes« (*idola fori*): Sprache und Denken sind sozial determiniert. Sie können deswegen unsere individuellen Erfahrungen nicht ausdrücken. Außerdem werden sie häufig auch falsch gewählt. Manchmal werden Worte für etwas erfunden, was es gar nicht gibt, und die Begriffe für tatsächliche, existierende Objekte sind ungenau oder schlecht definiert. Verwirrung und Konfusion sind die Folge.

Schließlich erwähnt Bacon noch die Idole des Theaters (*idola theatri*). Darunter versteht er den Einfluss herkömmlicher Theorien. Besonders der die katholische Scholastik prägende Aristotelismus ist ihm ein verhasstes Beispiel für ein an vorgegebenen Dogmen orientiertes Denken. Irrtümer entstehen also aus traditionellen Meinungen und philosophischen Systemen. Gerade die Philosophen hätten versagt, das Wissen voranzubringen. Stattdessen trügen sie dazu bei, fiktive und »theatrale« Welten zu bauen. Einer ihrer größten Fehler bestehe nicht nur in der Übernahme von Gemeinplätzen, sondern auch in ihrer Methode: Sie übernähmen theoretische Vorannahmen, die alleine deduktiv überprüft würden. Empirische Daten, die den Vorannahmen nicht folgen, kämen so gar nicht in Betracht. Auch der volkstümliche Ausdruck dieses Denkens, der Aberglaube, sei eine Quelle von Irrtümern.

Aufgrund dieser Idole erscheint die soziale Ordnung für Bacon als etwas, das hoffnungslos der Autorität, der Tradition, der Rhetorik und irrationalen Meinungen unterworfen ist. Die Erkenntnis dieser Idole dient deswegen dem Zweck, wissenschaftliche, wahre Erkenntnis zu ermöglichen. Denn »die Idole und falschen Begriffe, welche vom menschlichen Verstand schon Besitz ergriffen haben und fest in ihm haften, halten den Geist nicht nur so besetzt, dass der Wahrheit der Zutritt nur schwer offen steht, sondern auch so, dass sie, wenn dieser Zutritt gewährt und bewilligt worden ist, bei der Erneuerung der Wissenschaften wiederkehren und lästig sind, solange sich die Menschen nicht gegen sie vorsehen und nach Möglichkeit verwahren«.[7]

Mit dieser Hoffnung einer Bekämpfung der Idole bildet er die Vorhut der *aufklärerischen Philosophie*, die sich zunächst vor allem im katholischen Frankreich ausbreitete und die Lehren von Bacon und seinen Nachfolgern übernahm. Sie ging davon aus, dass die gesellschaftliche Ordnung auf der vernünftigen Erkenntnis der Naturgesetze aufgebaut und gestaltet werden könnte. Das Fehlen der rationalen

7 Bacon nach Hans Barth, Wahrheit und Ideologie, Erlenbach-Zürich und Stuttgart 1961, S. 36

Ordnung von Staat und Gesellschaft geht auch in ihren Augen auf Täuschungen zurück, die sie behinderten. Dabei wird anstelle von Bacons Begriff der täuschenden Idole in Frankreich der Begriff des »Vorurteils« (»préjugé«) bevorzugt. Der Kampf gegen »Vorurteile« bildet eines der zentralen Ziele der meisten aufklärerischen Kampagnen. Der Begriff des Vorurteils wird vor allem in Frankreich zum Fundament für die Erziehung der Menschen, für die Ordnung des Staates und die Kritik an der Religion, dem Christentum und der Kirche. Es sind vor allem drei »Vorurteile« bzw. Gründe für Vorurteile, die von den Aufklärungsphilosophen bekämpft werden: Idole, wie sie von Bacon schon genannt wurden, Interessen und der Betrug der Priester.

Beginnen wir mit dem Letztgenannten: Hatte sich Bacon noch vor allem gegen den Aberglauben gewandt, so richtete sich die Kritik der aufklärerischen »philosophes« gegen die im katholischen Frankreich noch erdrückende Vorherrschaft der katholischen Religion, die den Absolutismus rundherum stützte. Schon Machiavelli hatte ja Überlegungen darüber angestellt, welche Funktionen die religiösen Ideen der Bürger für die Machtausübung der Herrscher spielten. Auf derselben Linie hatte sich auch der berühmte britische Philosoph Hobbes bewegt. Seine an Bacon anschließende philosophische Forderung, Wissen komme nur auf Grund sinnlicher Erfahrung zustande, hatte sich direkt gegen die Vorherrschaft einer übersinnlich-jenseitigen Welt gerichtet. Die eigentlichen Quellen des Glaubens an höhere Wesen und Mächte seien Sorge und Furcht sowie die Unkenntnis der wirklichen Ursachen der Furcht. Auch für ihn bilden List und Betrug die Mittel, mit denen die Herrschenden das Volk in Unkenntnis halte. Die religiösen Vorstellungen stünden deswegen im Dienst des Erhalts der Macht. In Frankreich war VOLTAIRE eine der lautesten Stimmen, die den »mittelalterlichen Aberglauben« der Religion zur wichtigsten Ideologie erklärten, die es zu enthüllen gebe.[8] Die Religion sei eine Niederträchtigkeit (»l' infâme«, wie er es zu nennen pflegte), eine Irrlehre der Priesterschaft. (Und er bezog sich hier auch auf das wörtliche Verständnis der Bibel: Konnte es denn sein, dass die Sonne erst am vierten Tag erschaffen wurde.) Deswegen forderte er: »écrasez l' infâme«, löscht die Religion aus! Eine solche Auslöschung erst würde es ermöglichen, dass die Menschenrechte erworben werden können, die er lange vor der französischen Revolution verkündete: Die Freiheit der Person, des Eigentums, des Gedankens, der Presse, die Gleichheit vor dem Gesetz, die Trennung von Kirche und Staat. Voltaire »ist der erste, der Ideologiekritik im großen Stil betreibt und bewusst auf die Entzauberung der geschichtlich-gesellschaftlichen Welt hinarbeitet«.[9] Allerdings zweifelt er, ob das Volk dieses Ziel selbst erreichen könne: Das Volk werde immer dumm und barbarisch bleiben. Allein eine Zentralgewalt könne eine gewisse Rationalität in das Gemeinwesen bringen.

Auch die so genannten Enzyklopädisten, die in Frankreich den Schatz des zeitgenössischen Wissens sammeln wollten, klagten die Religion an, den geistigen Fort-

---

8 Eigentlich hieß Voltaire François Marie Arouet. 21.11.1694–30.5.1778. Er war Schriftsteller und Philosoph.

9 Friedrich Jonas, Geschichte der Soziologie 1, Reinbek 1976, S. 37

schritt und damit auch eine gute gesellschaftliche Ordnung zu behindern. So bemängelt Diderot, dass die Menschheit in zwei Gruppen zerfalle: eine kleine Elite mit Zugang zur Wahrheit auf der einen Seite und der Masse der Menschen auf der anderen Seite, die in der Dunkelheit des Unwissens lebten. Die Priester, so glaubte er, kannten zwar die Wahrheit, hielten sie jedoch zurück, um ihre Herrschaft über die Menschen zu erhalten. Die Täuschung also würde bewusst betrieben werden.

Bei dieser »*Lehre vom Priester- und Herrentrug*« handelte es sich keineswegs nur um eine Theorie kleiner intellektueller Kreise.[10] Im Frankreich des 18. Jahrhunderts hatte sich die aufklärerische Religionskritik schon so weit durchgesetzt, dass sie Teil einer breiten bürgerlichen Weltanschauung geworden war, die keiner transzendenten Deutungen mehr bedurfte, um die Fragen nach dem Schicksal des Menschen und der Welt zu beantworten. Schon in der »religiösen Krise des 18. Jahrhunderts« ist der Glaube nicht mehr ein integrierter Bestandteil des Lebens einer wachsenden Zahl von Menschen, die für die Priester und ihre Predigten zu einem dauerhaften Problem werden. So schreibt ein Zeitgenosse: »Man sitzt in den Werkstätten über die Religion zu Gericht. Die Philosophie ist bis in die niedrigsten Volksschichten hinein verbreitet, und überall spielen sich die Menschen als Denker auf.«[11] Selbst der Versuch der Kirche, die Gefahr der Ungläubigkeit durch die Schreckensszenarien der Hölle zu bekämpfen, stieß nicht mehr auf Widerhall. Wenigstens die gebildeten Laien ließen sich davon nicht mehr beeindrucken. Dazu war die Theorie des Priesterbetrugs schon zu weit verbreitet und akzeptiert. In ihrer kompakten Form findet man sie etwa bei Holbach ausformuliert: »Man kann nicht leugnen, dass [das Dogma vom Fortleben nach dem Tode] für diejenigen von großem Nutzen war, die dem Volk Religionen gaben und sich zu Priestern machten; es wurde die Grundlage ihrer Macht, die Quelle ihrer Reichtümer und die beständige Ursache von Blindheit und Schrecken, in denen sie die menschliche Gattung festhalten wollten.«[12]

Die Priesterbetrugstheorie wurde jedoch auch ausgeweitet. Hatte schon Machiavelli bemerkt, dass Macht immer einer ideologischen Stütze bedürfe, so formulierten nun die Enzyklopädisten eine *Interessentheorie des Wissens*: Den Priestern wurde vorgeworfen, ihr Wissen und ihre Macht zu missbrauchen, um ihre wirtschaftlichen Interessen wahrzunehmen. Aufgrund der wirtschaftlichen Interessenlage also würden Ideen benutzt, um die Wirklichkeit zu fälschen. (Nur die Philosophen sähen sie richtig.) Auch HOLBACH beklagt, die öffentliche Meinung verleite zu falschen Anschauungen von Ruhm und Ehre. Hinter diesen falschen Anschauungen stünde die gesamte Obrigkeit, die daran interessiert sei, dass einmal verbreitete Meinungen unbezweifelt bestehen blieben. Die Menschen würden von den Re-

---

10 Theodor Geiger, Ideologie und Wahrheit. Eine soziologische Kritik des Denkens, Stuttgart u. Wien 1953, S. 13

11 Vgl. Bernhard Groethuysen, Die Entstehung der bürgerlichen Welt- und Lebensanschauung in Frankreich. 2 Bde, Frankfurt 1978, Bd. 1, S. 61

12 Paul Heinrich Dietrich Baron von Holbach, System der Natur oder von den Gesetzen der physischen und der moralischen Welt, Frankfurt 1978 (EA 1770), S. 352

gierungen blind gemacht. Ein wesentliches Mittel dazu sei die Religion. »Aus der Unkenntnis der natürlichen Ursachen entstanden die Götter«, ja die Grundlage der Religion bilde immer die Unwissenheit, deren Richtschnur die Einbildungskraft sei.[13] So sehr sich diese Theorie auch auf die Religion konzentrierte, enthielt sie doch einen allgemeinen wissenssoziologischen Kern, den Holbach trefflich so formuliert: »Die Autorität hält sich gewöhnlich für verpflichtet, die einmal vorhandenen Meinungen beizubehalten. Die Vorurteile und die Irrtümer, die sie zur Sicherung ihrer Macht für notwendig erachtet, werden durch Gewalt, die sich nie nach der Vernunft richtet, aufrechterhalten.«[14] Mit anderen Worten: Hinter den Anschauungen und Glaubensvorstellungen stehen die Machtinteressen besonderer sozialer Gruppen, die ihre Machtposition durch eben diese Vorstellungen und Weltanschauung verschleiern wollen. Wer also auf Ideen blickt, muss auch immer nach dem *Cui bono* fragen, also danach, für wen sie von Nutzen sind.

Während Bacons Theorie der Idole den Schwerpunkt auf die sozial, psychologisch und anthropologisch bedingten Formen der Selbsttäuschung legt, geht es der Aufklärung dagegen um (mehr oder weniger bewusste) Täuschung. Zwar hatte die Aufklärungsphilosophie auch andere Quellen für Täuschungen eingeräumt. Wie Bacon führen einige Autoren anthropologische Gründe an, die im menschlichen Wesen zu finden sind: Hobbes betrachtet das Begehren als Ursache für falsches Wissen, Locke dagegen sieht den Grund dafür in Unlustgefühlen und Egoismus und Helvétius in den Leidenschaften und Emotionen: »Die Leidenschaften sind in der Moral das, was in der Physik die Bewegung ist.«[15] Im Unterschied zu diesen anthropologischen Erklärungen liegt die Theorie des Priesterbetrugs »der Lüge näher als dem falschen Bewusstsein«.[16] Sie kommt dem Grundmuster einer Verschwörungstheorie gleich, in der den »Anderen« eine verborgene, täuschende Absicht unterstellt wird.

Die Interessentheorie stellt also eine Ausweitung der Priesterbetrugstheorie auf andere Kreise als nur die Priester dar. Der Bezeichnung ›Interessentheorie‹ wurde von Theodor Geiger vorgeschlagen, auf den wir später noch eingehen werden: »Die Interessentheorie besagt, dass die im Gefühls-, Trieb- und Willensleben wurzelnden Interessen-Motive die Gedankengänge des Menschen vom geraden Wege zur objektiven Wahrheit ablenken.«[17]

Die »Interessentheorie« bildet die Grundlage einer frühen Form der Ideologiekritik, die sich nicht nur mit der Religion, sondern mit den Ideen insgesamt beschäftigt. Von Bedeutung sind hier besonders die so genannten »*Ideologen*«, zu denen Etienne

---

13 Baron Paul-Henry Dietrich d'Holbach (1723-1789) war ein französischer Philosoph deutscher Abstammung, der mit den wichtigsten Aufklärern (Rousseau, Diderot) in Kontakt war und an der Enzyklopädie mitarbeitete; vgl. Holbach, System der Natur, op. cit., S. 223ff u. 415ff

14 Ebd., S. 130f

15 Claude Adrien Helvétius, De L'esprit, Paris 1959, S. 140

16 Kurt Lenk, Problemgeschichtliche Einleitung, in: ders. (Hg.), Ideologie. Ideologiekritik und Wissenssoziologie, Frankfurt u. New York 1984, 13-49, S. 19

17 Theodor Geiger, Ideologie und Wahrheit, op. cit., S. 12

Bonnet de Condillac, Antoine Louis Claude Destutt de Tracy und Claude Adrien Helvétius zählten. Der für die Wissenssoziologie und die Ideologienlehre so zentrale Begriff der »Ideologie« geht vermutlich auf Destutt de Tracy's »Elements d'ideologie« (1801–1805) zurück. Destutt de Tracy selbst benutzte den Begriff der Ideologie noch in einem neutralen Sinn für eine Wissenschaft der Ideen, die er begründen wollte. Die Ideologie sollte das richtige Verfahren aufzeigen, das bei der Bildung von Ideen zu befolgen sei. Er schlug sogar vor, Ideen als Teil der Zoologie zu betrachten. Um das »Tier« Mensch wirklich erfassen zu können, sollte man seine geistigen Leistungen abmessen – wobei er natürlich von den religiösen Aspekten absah. Im Gefolge von Bacon argumentierten ›Ideologen‹ wie etwa HELVÉTIUS (in »De l'esprit«)[18], dass Ideen auf Wahrnehmungen beruhten und deswegen die Philosophie ebenso wie die Wissenschaft auf empirische Beine gestellt werden sollte. Unsere Ideen sind seines Erachtens notwendigerweise Folgen der Gesellschaft, in der wir leben. Die Reaktionen der Menschen auf verschiedene Ereignisse und Tatsachen verändern sich, sobald wir den Standpunkt wechseln. Die Menschen nehmen Ideen und Vorstellungen an, die ihrer besonderen sozialen Position und beruflichen Stellung entsprechen. Wie Barth betont, wird Helvétius damit Vorläufer der ab dem 19. Jahrhundert so populären Milieutheorie, »indem er zu beweisen suchte, dass der Mensch nichts anderes ist als das Produkt der geistigen und sozialen Umwelt, in die er hineingeboren wird«.[19]

Ideen sind, so Helvétius, an die Interessen »besonderer Gemeinschaften« (Adel, Königshaus, Klerus) gebunden, die – ihren natürlichen Interessen zufolge – gegen das öffentliche Interesse handelten. Denn die Idee tritt nie rein auf, sie ist vielmehr mit der »amour de la puissance« verbunden, dem Verlangen der Menschen nach Macht. Das verzerrt sie zwar, führt aber auch dazu, dass Ideen sich in der Wirklichkeit entfalten können. Deswegen werden insbesondere ethische Ideen sozial determiniert. Die Gefühle der Vaterliebe, Mutterliebe und Kinderliebe etwa sind nicht nur das Ergebnis von Überlegung, sondern vor allem Frucht der Gewohnheit. Deswegen, folgert Helvétius, sind alle Gedanken und Begriffe der Menschen über die Vermittlung anderer erworben worden. Wie Holbach behauptet er sogar, dass unsere Arten zu denken von den Bedingungen unserer Existenz vollständig determiniert würden, weil das Denken und Handeln von den Interessen bestimmt werde, die sozial bedingt seien. Gegen die herkömmliche Auffassung der Philosophie, die diesen Einfluss übersehen hätte, setzten Helvétius und d'Holbach ein »soziologisches« Verständnis der Ideen, die Menschen in ihrem Verhalten leiten. Die für die Wissenssoziologie charakteristische Analyse des Einflusses der Gesellschaft auf die Ideen bildet damit einen zentralen Gegenstand ihrer Überlegungen.

Die Annahme einer sozialen Determination der Ideen führte auch zu einer folgenreichen aufklärerischen »Wissenspolitik«, die bis heute fortwirkt: »L'éducation peut

18 Claude-Adrien Helvétius (1715-1771) war französischer Philosoph sowie Freund von Voltaire und Montesquieu. Er wird sowohl von Nietzsche wie von Marx als prägend bezeichnet.

19 Barth, op. cit. 1961, S. 53

tout« – durch Erziehung vermag man alles zu ändern. Eine Voraussetzung für diese »Politik« bildet die Annahme, dass der Mensch und sein Erkenntnisvermögen eine passive Instanz ist, die man von außen her verändern könnte und sollte, um das Allgemeinwohl – also das Glück der größten Zahl – zu verbessern. Die Veränderung der Menschen könnte durch das Bewusstsein erfolgen. Zu diesem Zwecke müsste man sie nur richtig erziehen. Zwar sei alles Wissen interessenbezogen. Doch könnte die Veränderung der sozialen Umwelt eine Veränderung der Menschen bewirken. Denn, wie Hélvetius zeigt, stehen unterschiedliche Arten der Erziehung in einem Zusammenhang mit verschiedenen Arten der Regierung. Eine demokratische erziehe gute Menschen, eine despotische dagegen erziehe böse Menschen ohne Geist. Die Verbesserung der Erziehung führe deswegen zu politischem Fortschritt. Unter einem aufklärerischen Regiment könne, so die Hoffnung, auf diese Weise ein Menschentyp entstehen, der aufrecht sei, mutig, offen und loyal. Eine weitere Folge der aufklärerischen Philosophie für die »Wissenspolitik« war der Kampf gegen die *Vorurteile*. Er wurde zu einem wichtigen politischen Anliegen, ging man doch davon aus, dass Staat und Kirche an der Erhaltung der Vorurteile interessiert waren.

Aufgrund dieses wissenspolitischen Veränderungswillens verwundert es nicht, dass der Versuch der Ideologen, eine »Wissenschaft der Ideen« zu begründen, auf den erbitterten Widerstand der Herrschenden stieß, in diesem Falle besonders Napoleons. Napoleon nämlich war es, der für die Verunglimpfung des Begriffes »Ideologie« war. In einer scharfen Polemik bezeichnete er die »Ideologen« als unrealistische und närrische Idealisten – eine Assoziation, die dem Begriff der Ideologie noch heute anhaftet. Es ist bezeichnend, dass dieser Begriff selbst in einer ideologischen Debatte geprägt wurde. Denn mit dem Versuch der Ideologen, eine Veränderung der Welt durch Bildung zu bewirken, kamen sie Napoleon und seiner imperialistischen Machtpolitik in die Quere. Der Konflikt hat noch breitere soziologische Gründe, ist er doch mit dem Aufkommen des europäischen Bürgertums verbunden. Mit dem Zerfall der mittelalterlichen Ständegesellschaft kam es zu einem Austausch von Ideen, der parallel zur Entwicklung der kapitalistischen Geldwirtschaft stand. Bildung, die bisher ein Privileg der Priester und Mönche gewesen war, wurde säkularisiert und ging auf eine neue humanistische Gelehrtenschicht über. Das Ideologieproblem ist damit auch Ausdruck der Emanzipation des europäischen Bürgertums, das sich nun gegen die traditionellen Gelehrten religiöser Provenienz richtete – und gegen diejenigen, die das von den religiösen Lehren legitimierte politische System vertraten.

2 Revolution, Restauration und der Geist in der Geschichte

Die wissenssoziologische Betrachtungsweise setzt zwar mit dem bürgerlichen Aufbegehren ein, das auch das »bessere«, wissenschaftliche Wissen für sich beansprucht, doch wäre es ein Irrtum, sie wegen ihrer Religionskritik, wegen ihrer Beobachtung der Interessenbedingtheit des Wissens und wegen ihres Versuches, Änderungen durch Bildung zu erzeugen als durchgängig »progressiv« zu charakterisieren. Neben der bisher angeführten – man könnte sagen: ›ideologiekritischen‹ – Tradition zieht sich in die Wissenssoziologie auch eine etwa gleichzeitig entstehende Tradition hinein, die manche als konservativ bezeichnen. Diese Tradition zeichne sich, so etwa Stark[20], dadurch aus, dass der primitive Mensch der Wahrheit näher sei oder dass Wahrheit sozusagen organisch wachsen müsse. Ich halte diese Charakterisierung für unglücklich, geht sie doch von der Voraussetzung aus, dass der Gang der Geschichte ein klares Ziel habe, an dem sich das Progressive und das Konservative bemessen lassen. Diese Vorstellung gibt es in der Wissenssoziologie tatsächlich, doch sie bildet lediglich eine Linie, der ich mich in diesem Abschnitt widmen möchte. ›Konservativ‹ und ›progressiv ›unterscheiden sich dann beispielsweise nur durch die inhaltliche Füllung des geschichtlichen Prozesses: als teleologischer Prozess oder als zyklisches Modell. Daneben kennt die Vorgeschichte der Wissenssoziologie umfassende geschichtsphilosophische Konzeptionen, die nicht dieser Charakterisierung entsprechen und dennoch die Einschätzung und Beurteilung des Verhältnisses von Wissen und Gesellschaft teilweise bis heute leiten. Solche geschichtsphilosophische Konzeptionen betrachten die Entwicklung des Wissens als einen umfassenden historischen Prozess, wobei das Wissen selbst als eine Triebfeder dieses Prozesses gilt. Diese Vorstellung weitet sich vor allem nach der französischen Revolution und der Restauration aus. Die bürgerliche Aufklärung hatte Denken und Wissen als Merkmal des Menschen schlechthin und als Grundlage für die Planbarkeit der Gesellschaft ausgewiesen. Obwohl sich das Bürgertum politisch noch nicht als entscheidende Macht breit durchsetzen konnte und wir zum Beginn des 19. Jahrhunderts eine Phase der politischen Restauration erleben, weitete sich das Weltbild des Bürgertums (wie auch der bürgerliche Industrialismus) rasant aus. In der Folge entstanden nun Schemata der Abfolge menschlichen Denkens, die die damalige Zeit als eine eigene (häufig als Endstufe angesehene) Phase erkennen. Wissenssoziologisch relevant sind diese Konzeptionen nicht nur, weil sie Denken und Wissen als historisch variabel ansehen, sondern auch weil das gesamte Verhältnis von Sozialem und Geistigem als historisch wandelbar betrachtet wird.

In einer ausgeprägten und soziologisch bedeutsamen Form finden sich solche im historischen Materialismus von Marx, in den evolutionistischen Vorstellungen Durkheims oder im Historismus Max Webers. Ihre entscheidende Prägung geht aber auf einen Autor zurück, der lange vor der Restauration tätig war: GIAMBATTISTA VICO.[21] Vico, so darf man sagen, war einer der Ersten, der die sehr moderne Idee hatte, dass

---

20 Werner Stark, The conservative tradition in the sociology of knowledge, in: Remmling, op. cit., S. 68-77. Fuhrman kennt hingegen nur eine kritisch-emanzipatorische und eine sozialtechnologische Wissenssoziologie. Ellsworth R. Fuhrman, The Sociology of Knowledge in America 1883-1915. Charlottesville 1980

21 Giovanni Battista Vico gilt als Rechts- und Geschichtsphilosoph. Er wurde 1668 in Neapel geboren und starb ebenda im Jahre 1744. Er war ab 1697 Professor für Rhetorik und wurde 1734 Historiograph König Karls von Neapel.

die Kultur ein sozial konstruiertes Gebilde sei. In der Tat formuliert Vico die These, »verum ipsum factum«: Die Wahrheit ist von uns selbst gemacht – er geht, in den Worten von Max Adler, davon aus, »dass die gesellschaftliche Welt ganz gewiss von Menschen gemacht worden ist« (eine These, die später als »konstruktivistisch« bezeichnet werden wird). Allerdings muss man einräumen, dass Vicos Radikalität in den Grenzen theologischer Vorstellungen lag, ging er doch nach wie vor davon aus, dass das menschliche Handeln letzten Endes doch immer der göttlichen Vorsehung folge.[22]

Auf dieser Grundlage entwickelte er in seiner *Scienza Nuova* (»Neue Wissenschaft«) eine Methode zur Erforschung der menschlichen Geschichte. Während die Naturgeschichte der menschlichen Kontrolle nicht direkt zugänglich sei und unabhängig vom Menschen bestehe, sei die menschliche Geschichte seine eigene Schöpfung. Deswegen schlägt er vor, eine wichtige erkenntnistheoretische Unterscheidung zu treffen zwischen natürlichen Gegenständen, die wir nur von außen kennen, und menschlichen Tatsachen, die wir sowohl von außen wie von innen kennen. Weil wir die gesellschaftlich-geschichtliche Welt selbst gemacht haben, sind für uns auch »ihre Prinzipien in den Modifikationen unseres eigenen menschlichen Geistes auffindbar«.[23] Wir können diesen Dingen also auf den Grund gehen, weil wir sie selbst geschaffen haben.[24] Da die Gesellschaft ein Ergebnis menschlicher Handlungen ist, können wir sie sogar besser verstehen als die Abstraktionen, die wir vornehmen müssen, wenn wir die Natur verstehen wollen.

Diese Unterscheidung wird später noch mehrfach eine Rolle spielen. Sie bildet den Grundstein für eine Wissenschaft menschlichen Handelns, die davon ausgeht, dass die vergangene wie die gegenwärtige, ja die gesamte menschliche Gesellschaft erforscht werden kann. Nach Vico sollte man etwa beim Studium der Römischen Geschichte nicht einfach die Chronik der Ereignisse betrachten und daraus Folgerungen für die Römische Gesellschaft ableiten. Aufgabe der Wissenschaft der sozialen und historischen Welt ist es vielmehr, sich in die Kultur der Epoche einzufühlen, die in Handlungen, Gedanken, Ideen, religiösen Glaubensvorstellungen, Mythen, Normen und Institutionen besteht und die insgesamt ein Ergebnis des menschlichen Geistes ist. Diese ›ideellen‹ Elemente (die, wie wir gleich sehen werden, immer auch sprachliche Formen annehmen) stehen in enger Verbindung mit den äußeren Bedingungen einer gegebenen Epoche und einer bestimmten Gesellschaft, in der sie stattfinden. So können wir die poetischen und mythologischen Weisheiten primitiver Völker nicht

---

22 Wie Max Adler argumentiert, »hindert der scheinbar theologische Ausgangspunkt Vicos ihn ganz und gar nicht, das Prinzip der Kausalbestimmtheit als die eigentliche Methode seiner neuen Wissenschaft mit aller Entschiedenheit auszusprechen.« Max Adler, Die Bedeutung Vicos für die Entwicklung des soziologischen Denkens, in: Archiv für die Geschichte des Sozialismus XIV (1929), S. 280-304, S. 291

23 Giambattista Vico, Die neue Wissenschaft von der gemeinschaftlichen Natur der Nationen, Frankfurt 1981, S. 30

24 Seine Methode der inneren Analyse menschlicher Tatsachen erinnert in manchen Punkten an die Verstehensmethode Diltheys und gilt als einer der Ausgangspunkte für den Historismus, auf den wir später eingehen werden.

mit dem rationalen und präzisen Wissen fortgeschrittener Zivilisationen vergleichen, ohne die Kontexte zu berücksichtigen, in denen sie bestehen. Sie lässt sich nur verstehen, wenn wir uns in den spezifischen Sinn ihrer Kulturen hineinversetzen.

Bei diesem Hineinversetzen handelt es sich jedoch nicht um einen einfachen Vorgang, denn die menschliche Natur ist nicht ein für allemal feststehend; auch sind die Institutionen keine zeitlosen Größen, sondern verändern sich historisch. Die historischen Veränderungen nun erfolgen keinesfalls zufällig, sondern weisen eine Regelmäßigkeit auf. Weil diese Regelmäßigkeit die Geschichte auszeichnet, die ja ein Produkt menschlichen Handelns ist, kann sie wiederum als ein Ausdruck der allgemeinen menschlichen Geistesverfassung angesehen werden.

Diese historische Regelmäßigkeit folgt, so Vico, im Kern einer zyklischen Ordnung: Die menschliche Geschichte weist fortwährend Aufstieg und Abstieg auf, sie ist ein Ab und Auf von »corsi e ricorsi«. Der Grund für diese zyklische Ordnung liegt in der parallelen Entwicklung von menschlicher Natur und menschlicher Gesellschaft: Sowohl Menschen wie Gesellschaften entwickeln ihr Wissen über sich selbst im Laufe der Zeit von der Barbarei zur Zivilisation. Dabei werden die Gesellschaften immer komplexer, und auch die menschliche Natur wird vielfältiger. Beides manifestiert sich in den Veränderungen der Sprache, der Mythen, in Folklore, Wirtschaft usw. Kurz: der soziale Wandel bewirkt einen kulturellen Wandel. Das eine führt notwendigerweise zum anderen und schafft Strukturen und Grenzen, in denen es wiederum operieren kann. Doch dieser Prozess der Wechselwirkung ist nicht endlos. Während die primitive Kultur zur Zivilisation führen mag, enthält diese den Samen ihres eigenen Zerfalls, der unausweichlich ist und der Kultur ebenso wie dem menschlichen Versagen zuzuschreiben ist. Geschichte ist, so meint Vico, tatsächlich das Auftreten und der Zerfall von Zivilisationen.
Jede einzelne Phase des Aufstiegs weist nach Vico drei Stufen auf:

1. Das Zeitalter der Götter: Alle Macht liegt in der Hand der Götter und der Religion. Die Menschen sind roh, und ihre Sprache ist anschaulich.
2. Das Zeitalter der Heroen: Strenge Sitten der Göttersöhne herrschen über die Menschen, deren Sprache sich zur Poesie entwickelt.
3. Das Zeitalter der Menschen: Zum vollen Selbstbewusstsein gelangt, lösen sich die Menschen von Götter- und Heroenkult; sie vertrauen auf die eigene Fähigkeit, die durch eine prosaische Sprache gestützt werden.

Wie schon erwähnt, spielt die Sprache für Vico eine bedeutende Rolle. Denn aus der historischen Wandelbarkeit folgt, dass Wissen, Ideen, Werte und andere kulturelle Elemente einer jeden historischen Gesellschaft sich nur in ihren eigenen Begriffen ausdrücken lassen. Diese Begriffe wiederum sind wesentlich an die Struktur und den Gehalt ihrer Sprache gebunden, da unser Verständnis der sozialen Ordnung von den Begriffen, Ideen und der Sprache abhängt, die wir verwenden. Eine Sprache beinhaltet für Vico nicht nur den »Geist« einer Epoche; sie ist auch Erzeugerin sozialer Ordnung und sozialen Wandels – ein Gedanke, den wir später bei Herder finden.[25] In einer berühmten Sentenz behauptet Vico: Der Geist wird vom Charakter der Sprache geprägt, nicht die Sprache von den Geistern derer, die sie sprechen.

Die von Vico hervorgehobene Bedeutung der historischen Sprachen für das Wissen und Denken wird von Herder wieder aufgenommen. JOHANN GOTTFRIED VON HERDER[26] argumentierte, dass die Sprache (und damit auch die Dichtung) ein unmittelbarer Ausdruck des Entwicklungsstandes einer Gesellschaft (bzw. eines »Volkes«, wie es zu diesen Zeiten noch heißt) und seiner natürlichen Gegebenheiten sei. Die jeweilige Sprache bilde die wesentliche Grundlage für die Ausbildung einzelner Völker und Nationen.[27] Der Grund dafür liege in der mangelhaften Instinktausstattung des Menschen, die durch die Erfindung der Sprache kompensiert werden könne. Aber auch andere kulturelle Formen dienten diesem Zweck. Religion, Kunst und Wissenschaft existierten nicht in einem absoluten Sinn, sondern jeweils in ihrer besonderen kulturellen Ausprägung. Dies zeigt Herder beispielhaft an der Bibel auf. Die zu seiner Zeit aufkommende rationalistische Bibelkritik begann, die »objektiven« Fehler und Lücken der Bibel zu enthüllen, wie etwa die Existenz des Lichtes vor der Erschaffung der Sonne. Diese Kritik, so wandte Herder jedoch ein, könne nie die Lehren der Bibel erreichen. Anstatt sie an der Logik zu messen, sollte sie in ihrem besonderen kulturellen Entstehungskontext betrachtet werden. Die Bibel nämlich drücke die Ansichten eines Hirtenvolkes aus: Für die Beduinen sei eben das Licht tatsächlich vor der Sonne da – in Gestalt der Dämmerung.

Herder bringt hier zweifellos den zentralen wissenssoziologischen Gedanken der »Doxa« zum Ausdruck, spiegeln doch die Anschauungen des jüdischen Volkes nicht nur ihre soziale Ordnung, sondern auch ihre Lebensform wider. Herder entwickelte daneben auch andere Gedanken, die später noch berühmte Früchte tragen sollten. Zum einen wandte er sich gegen die (schon von Voltaire vertretene) Auffassung, dass der primitive Geist dem modernen unterlegen sei. Wie später Lévy-Bruhl betonte er, dass zwischen dem Primitiven und dem Modernen kein Verhältnis von Reife respektive Unreife, Irrationalität oder Rationalität oder gut und schlecht herr-

---

25 Diese Vorstellung beeinflusste auch Wilhelm von Humboldt und mit ihm eine lange Tradition in der Linguistik, die von der Prägung des Denkens durch die Sprache ausgeht. Eine neuere Variante dieser Vorstellung findet sich im Konzept der »linguistischen Ideologie«, das Michael Silverstein geprägt hat. Dabei handelt es sich um die in die Sprache eingeschriebenen sozialen Perspektiven, die im Gebrauch der Sprache wie eine Ideologie wirkten. Michael Silverstein, Language structure and linguistic ideology, in: P. Clyne, W. Hanks und C. Hofbauer (Hg.), The Elements: A Parasession on Linguistic Units and Levels. Chicago 1979, S. 193-247

26 Johann Gottfried von Herder wurde 1744 in Mohrungen geboren und starb 1803 in Weimar. Er war Dichter, Philosoph und Theologe, der vor allem für seine Sprach- und Literaturphilosophie bekannt wurde. Er übte einen starken Einfluss auf die Romantik aus.

27 Eine Folge dieses Gedankens war die Erforschung der Sprachentwicklung und ihrer Gesetze, aber auch die Suche nach volkstümlichem Erzählgut, wie es die Gebrüder Grimm etwa in den Märchen fanden. Dieser von Vico abgeleitete Herdersche Gedanke ist dann auch Teil der verschiedenen europäischen nationalistischen Bewegungen geworden, die damit die modernen Nationen »erfanden«; vgl. dazu auch Eric J. Hobsbawm, Nationen und Nationalismus. Mythos und Realität, Frankfurt u. New York 2004

sche. Beide stellten vielmehr unterschiedliche Arten des Denkens dar, von denen jede ihre eigenen Vorzüge, Möglichkeiten, aber auch Begrenzungen habe: So sehr der moderne Geist in der Lage sei, rational zu planen, Technologien zu entwickeln und abstrakte Probleme zu behandeln, so habe er doch die Fähigkeit verloren, konkrete Erfahrungen zu machen: Die Welt sei ihm ein abstraktes Gebilde und habe ihre Farbe verloren. Der Primitive habe ein sehr viel unmittelbareres Verhältnis zur Welt, eine Gabe der Intuition, die es ihm erlaube, das Ganze zu erfassen.

Folgenreich war auch seine Auffassung, dass jede Gesellschaft, so unterschiedlich die Menschen in ihr auch sein mögen, eine geistige Einheit bilde. Es gebe also so etwas wie eine Art Gemeingeist, der auch als *Volksgeist* bezeichnet wurde. Dieser Begriff geistert noch lange durch das 19. Jahrhundert, und man wird darin unschwer einen Vorläufer dessen erkennen, was Durkheim später als »kollektives Bewusstsein« bezeichnen wird. Volksgeist wird ein geistiges Produktionsprinzip, eine Art »Gesamt-Ich« genannt, das sich in einzelnen Nationen je unterschiedlich ausdrückt, und zwar in ihren verschiedenen Sprachen, Sitten, Gebräuchen und in ihrer Rechtsordnung. Ursprünglich von Vico formuliert, nahm der Begriff im 18. und 19. Jahrhundert (etwa bei Justus Möser und Adam Müller) propagandistische Züge an: Er diente dazu, die Besonderheit des deutschen Volkes aus seinen kulturellen Gemeinsamkeiten heraus zu begründen. Er klingt im heute noch gebräuchlichen »Nationalcharakter« mit. Auch bei Hegel, auf den wir gleich eingehen werden, tritt der Begriff auf. In seinen Augen bringen verschiedene Nationen zum Beispiel unterschiedliche Rechtssysteme hervor – was in ihrem Volksgeist verankert sei. Diese Vorstellung wird von der ›historischen Rechtschule‹ aufgenommen (dort finden wir auch den Begriff des Volksbewusstseins, das etwa bei dem berühmten preußischen Juristen Savigny die gemeinsamen Überzeugungen eines Volkes bezeichnet). Als ein Ausdruck des Volksgeistes gilt etwa der Umstand, dass das germanische Rechtssystem eine Bevorzugung organischer Beziehungen aufweist, die sich in Genossenschaften äußern. Der romanische und angelsächsische Volksgeist dagegen bevorzuge das Naturrecht, den ökonomischen Liberalismus und den Individualismus. Die später von Wilhelm Wundt begründete Völkerpsychologie übernimmt diesen Begriff, verändert aber seine Bedeutung. Der Volksgeist ist für Wundt keine übergeordnete Größe mehr, sondern etwas, das in den Individuen verankert ist. Für ihn bildet dagegen die Volksseele ein »Gesamtbewusstsein«, das in der Sprache, in Mythen und Sitten zum Ausdruck komme.

Das historische Stufenmodell, also Vicos Dreistadiengesetz der Dekadenz, wurde auch in der Aufklärung aufgenommen, erfuhr jedoch eine andere Betonung: Die Aufklärung sieht den Gang der Geschichte nicht mehr als zyklisch, sondern als linearen Fortschritt. Eine solche lineare historische Entwicklung des Geistes hatte schon Turgot 1750 in seinem »*Discours sur les progrès successifs de l'esprit humain*« behauptet, in dem die Idee des Fortschritts zum integralen Prinzip der Geschichtsinterpretation gemacht wurde. Die Geschichte entfalte sich aus einem ersten theologischen Stadium zu einem zweiten metaphysischen Stadium und münde schließlich in ein drittes positives Stadium, das von einer wissenschaftlichen Orientierung geprägt sei. Turgot ist damit einer der ersten, der sich die Geschichte als eine aufsteigende Entwicklung vorstellt, in der die Menschen zur selbstverantworteten innerweltlichen Vollendung empor gelangen. Die Menschheit erscheint dabei wie ein einziges Subjekt, das an seiner Vervollkommnung arbeitet: seine Natur entfaltet, seinen Geist aufklärt, seine Gefühle ausweitet und reinigt, das weltliche Los verbessert, Tugend, Freiheit und Wohlstand mehrt.

Einflussreicher noch war Condorcets »*Esquisse d'un tableau des progrès de l'esprit humain*«, das mitten in der französischen Revolution im Jahre 1793 geschrieben wurde. Manche behaupten, dass hier zum ersten Mal ein klares Verhältnis zwischen sozialen Strukturen und denen des Denkens erkannt worden sei.[28] Denn für Condorcet steht der menschliche Geist in einem perfekten Verhältnis zur sozialen Wirklichkeit. Dieses Verhältnis wirft jedoch keinerlei Probleme der Täuschung oder des Irrtums auf, da der Fortschritt des menschlichen Geistes, der Fortschritt des Wissens, der Fortschritt der Wissenschaft und der der Menschheit verschiedene Aspekte derselben Bewegung darstellten, die vom Geist angetrieben werde.[29] Der Fortschritt der Wissenschaften, so Condorcet, sicherte den Fortschritt der Erziehung, die wieder die Wissenschaft voranbringe. Dieser gegenseitige Einfluss sei eine der mächtigsten und wirksamsten Ursachen für den Weg zur vollkommenen Menschheit.[30]

Während Voltaire, Turgot und Condorcet die aufklärerischen Gedanken mit der Geschichtsphilosophie zur *Fortschrittsvorstellung* verbanden, wurde Vico ab den 1820er-Jahren zu einer wichtigen Inspiration der Gegenreaktion auf die Aufklärung. Autoren wie de Maistre, Bonald oder Mme de Stäel bezogen sich auf ihn, weil sie sich gegen die einseitige Verdammung der Religion und den rein rationalistischen Zugang zur Gesellschaft durch die Aufklärung wehrten. Vico wurde zu so etwas wie der Leitfigur der französischen Romantik – und nahm eine ähnliche Rolle ein wie Hegel in Deutschland.[31]

Auf eine besondere und folgenreiche Art wurde die Beziehung zwischen dem Denken und der Geschichte von GEORG WILHELM FRIEDRICH HEGEL formuliert.[32] Hegels Grundgedanke der Dialektik geht von einem ursprünglichen Gegensatz zwischen Gedanken und Wirklichkeit aus. Da der Mensch zur Selbsterkenntnis fähig ist, also sich selbst zum Gegenstand der Erkenntnis machen kann, ist er in der Lage, aus dem Gegensatz von Gedanke und Wirklichkeit eine Wirklichkeit zu ma-

28 Jean Duvignaud, Préface, in: ders. (Hg.), Sociologie de la connaissance, Paris 1979, S. 9

29 Widerspruch fand Condorcet besonders bei Saint Simon, der für Marx von Bedeutung werden sollte. Auch Saint Simon ging von einer Konstanz des Verhältnisses zwischen den sozialen Institutionen und den Ideen aus, hielt sie beide jedoch für gleichgewichtig. Die kollektiven Anstrengungen beziehen sich sowohl auf die Erzeugung materieller Güter wie auf die Erzeugung von Wissen und moralischen Lehren.

30 Antoine Nicolas Condorcet, Sketch of the Progress of the Human Mind, in: Peter Gay (Hg.), The Enlightment. A Comprehensive Anthology, New York 1973, S. 805

31 Auch Marx zitiert – wenigstens ein Mal – Vico, den er wohl aus Frankreich kannte.

32 Georg Wilhelm Friedrich Hegel wurde 1770 in Stuttgart geboren und starb 1831 in Berlin. Er hatte in Tübingen studiert und war Professor in Berlin.

chen, die vom Gedanken geleitet wird.[33] Deswegen kann Hegel im menschlichen Zusammenleben und in den Manifestationen menschlichen Tuns, wie Kunst, Religion und Wissenschaft, auch einen Ausdruck dessen sehen, was er den Geist nennt.

Wegen der »Geistdurchdrungenheit« der Wirklichkeit wird sein Ansatz auch als idealistisch bezeichnet. Der Kern dieses Idealismus besteht darin, dass die äußere Wirklichkeit nicht als selbstgenügsam gilt, sondern durch geistige Bedeutungen, durch Begriffe geleitet wird und somit das Geistige aufnehmen oder ausdrücken kann. Denn indem der Mensch seine Begriffe in die Tat umsetzt (und dies keineswegs nur zweckrational), »objektiviert« er sie – und sich selbst als Handelnden – in der Geschichte und kann sie (und sich) in dem, was er objektiviert hat, erkennen. Es gibt also eine Art »*objektiven Geist*« – etwa den Volksgeist – die Selbsterkenntnis des Menschen durch das, was er erzeugt hat.

Dieser objektive Geist nun realisiert sich in der Gesellschaft bzw., wie Hegel betont, in der Geschichte: Der Geist drückt sich in sozialen Formen aus und wird dadurch auch in der Sozialität erkennbar. Indem der Mensch seine sozialen Beziehungen zum Beispiel in rechtlichen Formen, in religiösen Gestaltungen oder im Staat objektiviert, kann er auch seine eigenen Beziehungen als selbst produziert erkennen. Dem Recht und dem Staat schreibt Hegel dabei eine besondere Rolle zu, da Recht und Staat für den Zusammenhang der gesellschaftlichen Handlungen verantwortlich seien. Auch die Religion ist für ihn durchaus eine der Formen, in denen der objektive Geist erscheint. Allerdings handelt es sich bei ihr um eine eigenartige Form: Sie ist eine List der Vernunft, mit der der Weltgeist die Akteure dazu bringt, das zu tun, was an der Zeit ist, auch wenn sie meinen, etwas anderes zu tun.

In der historischen Entfaltung solcher sozialen Formen komme der Geist immer mehr zu sich selbst – und das gelinge ihm, indem er die Formen wechsele. Es sei nun allerdings nicht die Form der Religion, die seine zeitgenössische bürgerliche Gesellschaft integrieren könne, sondern vielmehr der Staat, da in ihm der Wille zur objektiven Wirklichkeit werde. In ihm finde die zerstückelte und individualisierte bürgerliche Gesellschaft ihre Einheit. »Das Prinzip der modernen Staaten hat diese ungeheure Stärke und Tiefe, das Prinzip der Subjektivität sich zum selbstständigen Extreme der persönlichen Besonderheit vollenden zu lassen und zugleich es in die substantielle Einheit zurückzuführen und so in ihm selbst diese zu erhalten.«[34] Hegel hat somit als einer der ersten den Unterschied zwischen Staat und Gesellschaft erkannt und zugleich den Staat auf eine Weise idealisiert, wie sie gerade für die deutsche Geschichte tragisch werden sollte.

Die besondere geschichtsphilosophische Wendung Hegels besteht darin, dass er die Verwirklichung des Geistes als eine aufsteigende, fortschreitende Linie sieht. Zwar hat

33 Eine detailliertere Darstellung der Dialektik bietet Joachim Israel, Der Begriff Dialektik. Erkenntnistheorie, Sprache und dialektische Gesellschaftswissenschaft. Reinbek 1979.

34 Georg Wilhelm Friedrich Hegel, Grundlinien der Philosophie des Rechts. Hamburg 1955, §260; hier wie in den folgenden Zitaten wurden die Kursivsetzungen Hegels nicht übernommen.

jede historische Gesellschaft ihren eigenen »Zeitgeist«, der alle Wissensvorgänge leitet, die zu dieser Zeit ablaufen. Aus diesem Grunde ist auch jeder Gedanke zu seiner Zeit vernünftig, auch wenn er aus dem Blickwinkel einer späteren Zeit als unvernünftig erscheinen mag.[35] Die Geschichte insgesamt aber stellt für ihn eine allmähliche Annäherung an die Vernunft dar. Sie lässt sich deswegen als *Rationalisierung* verstehen. Es ist »der ungeheure Überschritt des Innern in das Äußere, der Einbildung, der Vernunft in die Realität, woran die ganze Weltgeschichte gearbeitet und durch welche Arbeit die gebildete Menschheit die Wirklichkeit und das Bewusstsein des vernünftigen Daseins, der Staatseinrichtungen und der Gesetze gewonnen hat«.[36]

Historisch hatte auch schon das Christentum dazu beigetragen. Eine revolutionäre Wende nimmt die Entwicklung des Geistes aber, wenn die Vernunft beginnt, sich in den Sozialgebilden zu offenbaren, wie dies in der französischen Revolution geschieht. Werte und Normen erscheinen dem Menschen nun nicht mehr als etwas religiös Begründetes oder Jenseitiges. Vielmehr ringen sich die Menschen dazu durch, die soziale Welt nach dem Muster der eigenen Vernunft gestalten zu wollen. Dieser Versuch führt nicht nur zur Freiheit, zur Emanzipation der Subjekte, also des subjektiven Geistes. Sie hat auch zur Folge, dass die Handlungen der Subjekte zufällig werden, da sie nur noch ihre eigenen partikularen Ziele verfolgen, ohne in ihren Handlungen jedoch das Allgemeine des menschlichen Geistes entdecken zu können. Dieses besondere Problem der Partikularität wird für Hegel erst mit dem Staat behoben: Hier findet die Weltgeschichte ihr Ziel, denn hier gelangt der kollektive Geist nicht nur zum Wissen, was er ist. Er macht dies auch gegenständlich in einem für alle Individuen als Orientierung und gemeinsame »Objektivierung« zugänglichen und als Handlungsziel leitenden Gemeingebilde.

Hegels Geschichtsphilosophie ist eigentlich eher eine Vereinnahmung des Sozialen unter den Geist bzw. das Wissen, wird doch die Vernunft zum organisierenden Prinzip der Wirklichkeit. Aber genau dieser Gedanke zeichnet ja den Idealismus aus: dass das Wissen die sozialen Zusammenhänge leiten kann. Für die Entstehung der Wissenssoziologie ist dieser Gedanke von Bedeutung, weil er das Verhältnis von Gesellschaft und Wissen als etwas historisch Wandelbares fasst. Hegel treibt diesen Gedanken noch auf die Spitze, indem er das Soziale (wie etwa den Staat) zu einer Form des Geistigen erklärt: »Der Staat ist als die Wirklichkeit des substantiellen Willens, die er in dem zu seiner Allgemeinheit erhobenen besonderen Selbstbewusstsein hat, das an und für sich Vernünftige. Diese substantielle Einheit ist absoluter unbewegter Selbstzweck, in welchem die Freiheit zu ihrem höchsten Recht

35 Hegels berühmter Satz »Was vernünftig ist, das ist wirklich; und was wirklich ist, das ist vernünftig« (aus der Vorrede zu den Grundlinien der Philosophie des Rechts, a.a.O. § 14) hat deswegen auch eine soziologische Bedeutung: Normen und Werte sind nicht mehr aus der Perspektive einer besonderen Gruppe zu erfassen (Staatsmänner, Gelehrte, Priester), sondern aus der Perspektive aller, die erkennen, dass sie diese Ordnung selbst erzeugt haben.

36 Ebd., § 270

kommt, sowie dieser Endzweck das höchste Recht gegen die Einzelnen hat, deren höchste Pflicht es ist, Mitglieder des Staats zu sein.«[37]

Auch wenn damit die Vorstellung der Gestaltung des Sozialen durch das Denken kaum mehr überboten werden kann, sollten wir uns doch noch einem weiteren geschichtsphilosophischen Modell zuwenden, das für die Soziologie eine besondere Rolle spielt. AUGUSTE COMTE[38] setzt an einem Modell an, das dem Hegels durchaus ähnelt. Auch er geht nämlich von der historischen Fortentwicklung nicht nur der Gesellschaften, sondern auch des Wissens in den Gesellschaften aus – und zwar in einer ähnlichen Richtung wie bei Hegel: Es gibt ein »Gesetz des notwendigen Kulturfortschrittes«. Diese Idee des Fortschritts verwirkliche sich in drei Perioden, die er in seinem berühmten *Dreistadiengesetz* formuliert.

Die Entwicklung menschlicher Gesellschaften vollzieht sich nach einem dreigeteilten Muster, das sehr an die Stadien bei Vico erinnert. Comtes Fassung weist jedoch drei Unterschiede zu dem Modell Vicos auf: Zum einen vertritt er den Fortschrittsgedanken. Zum Zweiten ist es beachtenswert, dass es auch hier (ähnlich wie bei Hegel) das Denken ist, das sich verändert. Die Geschichte menschlicher Gesellschaften ist in diesem Sinne die Geschichte der menschlichen Wissensformen bzw. Denkweisen. Drittens schließlich identifiziert Comte andere Phasen von Denkweisen als Vico.

Die Phasen der Denkweisen oder Wissensformen der drei Stadien bei Comte lassen sich grob umreißen: Im ersten Stadium erklärt der Mensch die Erscheinungen, indem er sie Wesen und Kräften zuschreibt, die dem Menschen ähneln. Im zweiten Stadium beruft er sich auf abstrakte Wesenheiten, wie etwa die Natur. Und im dritten Stadium beschränkt sich der Mensch darauf, die Erscheinungen zu beobachten und die Regeln festzustellen, die zwischen ihnen bestehen. Hatte die Phantasie in der theologischen und metaphysischen Phase noch das Übergewicht, so ist es nun die empirische Beobachtung. Jede dieser Phasen kann wieder in unterschiedliche Denkformen unterteilt werden. So setzt das theologische Stadium mit dem Fetischismus ein, der alle Dinge, die toten wie die lebenden, zu beleben sucht und auf eine dem Menschen ähnelnde anthropomorphe Weise fasst.[39] Darauf folgt der Polytheismus, der in den Monotheismus übergeht und schließlich das Ende der theologischen Phase einläutet. Denn nun wird Natur nicht mehr als willkürlich angesehen, da ein Gott im Hintergrund steht, der Gesetzmäßigkeiten begründet. Das metaphysisch-abstrakte Stadium zeichnet sich dadurch aus, dass die bewegenden Ursachen nicht mehr der Transzendenz zugeschrieben werden, sondern als weltlich-abstrakte Prinzipien gelten, wie etwa die »Substanz« oder die »Vernunft«. Grundlage der Gesellschaft ist

37 Ebd., § 258

38 Auguste Comte wurde 1798 in Montpellier geboren und starb 1857 in Paris. Ursprünglich Mathematiker und Physiker, gilt er als einer der Begründer der Soziologie. Bekannt wurde er auch als Begründer des Positivismus, der jede Metaphysik ablehnt.

39 Später setzt der im Alter religiös gewordene Comte den Fetischismus mit der Theologie gleich.

nun der Rechtsvertrag. Es beginnen sich auch einzelne positive Wissenschaften auszubilden, wie etwa die Astronomie, die Physik oder die Biologie, doch wird das Soziale noch nicht als Gegenstand der Wissenschaft behandelt. Zu Comtes Lebzeiten nun ist es der Geist der positiven Wissenschaften, der sich mehr und mehr durchsetzt und sich durch die Methode der Beobachtung, das Aufstellen von Gesetzen und das Experiment auszeichnet. Immer mehr Gegenstände, die bislang der Theologie und Metaphysik vorbehalten waren, darunter auch das Soziale, geraten in den Griff dieser positiven Wissenschaften, die damit eine eigene historische Phase begründen.

Ihre wissenssoziologische Relevanz gewinnt die Phasenbildung zum einen dadurch, dass Denken und Wissen, ja die Vernunft insgesamt als historisch variabel erscheinen. Es gibt keine durchgängige menschliche Vernunft. Vielmehr müssen verschiedene Zeiten und verschiedene Gesellschaften im Rahmen ihrer eigenen Rationalität verstanden werden. Wissenssoziologisch daran ist zum anderen, dass Comte die Entwicklung des Denkens auf soziale Kategorien und auf die in Frankreich schon seit längerem kursierende »Klassentheorie« bezieht.[40] Der Kulturzustand entspricht in seinen Augen »notwendig de(m) Zustand der sozialen Organisation, sowohl der geistlichen wie der weltlichen«[41], da er den Zweck der gesellschaftlichen Handlungen determiniert und die sozialen Kräfte schafft, entwickelt und entsprechend formt. Comtes Soziologie ist eine »Wissenschaft des Verstandes, weil die Art des Denkens und die geistige Tätigkeit stets eng mit dem sozialen Kontext verflochten sind. [...] Der Geist ist sozial und historisch; der Geist jeder Epoche und jedes Denkens muss in einem sozialen Rahmen gesehen werden. Um verstehen zu können, wie der menschliche Geist funktioniert, muss man diesen Rahmen kennen«.[42]

Das lässt sich an den einzelnen Phasen veranschaulichen: Als Muster für das theologische Zeitalter etwa schwebt Comte das Mittelalter vor, das er als theologisch und militärisch charakterisiert. Zur katholischen Denkauffassung gesellte sich die militärische Kunst, die bei den feudalen Kriegsherren ein hohes Ansehen genoss. Die zu Comtes Zeiten im Entstehen befindliche wissenschaftliche und industrielle Gesellschaft zeichnet sich dagegen nicht nur durch wissenschaftlich positives Denken und theoretisches Wissen aus. Als neue soziale Kategorie treten Wissenschaftler an die Stelle von Priestern und Theologen und erben deren geistige Macht. Dies gilt insbesondere für diejenigen, die über umfassendes positives Wissen verfügen. Das anbrechende Zeitalter setzt auf »Männer, welche, ohne ihr Leben der speziellen Pflege einer bestimmten Beobachtungswissenschaft zu widmen, über die Fähigkeit

40 Schon die Physiokraten hatten drei Klassen unterschieden, nämlich die »produktive Klasse«, die Klasse der Grundeigentümer und die »sterile Klasse«. Comte konnte sich vor allem auf die frühsozialistischen Lehren von Saint Simon (dessen Sekretär er war) stützen, der die Gesellschaft in Produzierende und Nichtproduzierende einteilte, wobei er die erste Kategorie als »Industrielle« bezeichnete.

41 Auguste Comte, Plan der wissenschaftlichen Arbeiten, die für eine Reform der Gesellschaft notwendig sind, München 1973, S. 88

42 Raymond Aron, Hauptströmungen des klassischen soziologischen Denkens. Bd. 1, Reinbek 1979, S. 110

wissenschaftlichen Denkens verfügen und der Gesamtheit der positiven Wissenschaft ein hinreichend vertieftes Studium gewidmet haben«.[43]

Comte räumt zwar ein, dass es in allen Epochen positive Wissenschaften gegeben habe. Im Grunde hätte es lediglich eine Periode gegeben, in der nur eine Denkweise vorherrschte – eben der Fetischismus. Die Vorherrschaft einer Denkweise werde erst wieder mit dem Positivismus erreicht. Allerdings vollziehe sich die Entwicklung der Wissenschaften nicht in allen Disziplinen gleichzeitig. So habe schon zu Comtes Lebzeiten die Mathematik den höchsten Grad an Positivität erreicht, gefolgt von der Astronomie. Auf die Physik folge die Chemie und die Biologie bzw. Physiologie. Erst dann sei die Soziologie an der Reihe. Denn die Soziologie habe es (im Vergleich zu den anderen Wissenschaften) mit dem wohl komplexesten Gegenstand zu tun: der Gesellschaft. Ihre besondere Stellung leite sich aus der Breite der Methoden ab, mit der sie arbeitet. Genüge der Mathematik noch die Logik, so bedürfe die Mechanik oder die Geometrie zusätzlich der Beobachtung. Bei der Physik werde überdies zusätzlich das Experiment erforderlich; die Klassifikation komme bei der Chemie dazu und der Vergleich bei der Biologie. Die Soziologie schließlich nutze all die genannten Methoden und setze darüber hinaus noch den historischen Vergleich ein. Sie erfülle zudem eine besondere Funktion, weise sie doch darauf hin, dass nun auch die Entwicklung als Ganzes zum Gegenstand positiver Beobachtung und rationaler Planung gemacht werden könne. Sie kröne insofern die Entwicklung, als dass sie die geistigen Fähigkeiten des Menschen selbst zum Gegenstand machen könne.

Neben der Ausbildung neuer »Rollen« sieht Comte das zweite (wenn man so sagen darf:) sozialstrukturelle Merkmal des positiven Zeitalters sehr treffend in der ebenfalls zu seinen Lebzeiten im Entstehen begriffenen Industriegesellschaft. Die Industriegesellschaft zeichnet sich für ihn durch die wissenschaftliche Organisation der Arbeit aus, die sich aus der ständigen Steigerung des Wohlstandes und der Konzentration von Arbeitern in Betrieben ergibt. In dem Maße, wie Wissenschaftler an die Stelle von Priestern träten, beerbten Fabrikdirektoren und Bankiers die Kriegsherren. Damit änderte sich auch das Ziel der Gesellschaft von der Kriegsführung zum Kampf der Menschen mit der Natur und der rationalen Ausnutzung ihrer Quellen.

Auch die Phasenbildung selbst gehe auf ein soziologisches Grundgesetz zurück: In einer Gesellschaft gibt es für Comte nur dann eine wirkliche Einheit, wenn die von allen Gesellschaftsmitgliedern geteilten Leitideen ein zusammenhängendes Ganzes bilden. Eine Gesellschaft entstehe also erst dadurch, dass ihre Mitglieder die gleichen Überzeugungen teilen. »Die Denkart kennzeichnet die Phasen der menschlichen Entwicklung, und die heutige und endgültige Phase wird durch den universellen Triumph des positiven Denkens charakterisiert.«[44] Ähnlich wie Vico verknüpft aber auch Comte später in seinem Leben sein soziologisches Modell mit einer reli-

43 Comte, op. cit., S. 67
44 Aron, op. cit., S. 77

giös anmutenden Heilsvorstellung.[45] Denn dass die Einheitlichkeit des Denkens nach dem Fetischismus verloren ging, trieb bisher die Geschichte an. Mit der umfassenden Ausweitung des Positivismus werde nun ein Endstadium erreicht, das in seinen Augen ein Heilsversprechen enthält. Die Historizität des Wissens ist eine bedeutende Erkenntnis in der Vorgeschichte der Wissenssoziologie. Nicht jedoch die Geschichtlichkeit des Wissens ist für sie grundlegend, sondern die darin vorausgesetzte Gesellschaftlichkeit, die wir jetzt behandeln.

3 Entfremdung, Ideologie und Klassenkampf

So sehr sich Hegel und Comte auch unterscheiden, gemeinsam ist ihnen der große universalgeschichtliche Entwurf. In solch großen Zügen malte auch Karl Marx das Weltengemälde der sich zu seinen Zeiten ausbreitenden bürgerlichen Gesellschaft. Er wandte sich dabei gegen Hegel und führte gleichzeitig seine Ideen fort. Hegel hatte ja insbesondere die Rolle des menschlichen Geistes in der Gestaltung des historischen Wandels betont. Die geschichtliche Veränderung der menschlichen Gesellschaft ist, so könnte man seine These überspitzen, ein Ausdruck der Fort-Entwicklung des menschlichen Geistes. Der Kern des wissenssoziologischen Zugangs von Marx ist dagegen in seinem Materialismus zu sehen. Für Hegel, so bemerkt Marx einmal, sei der Denkprozess, den er sogar unter dem Namen Idee in ein selbstständiges Subjekt verwandelt, der Schöpfer des Wirklichen, das nur eine äußere Erscheinung bildet. Bei ihm dagegen sei das Ideelle nichts anderes als das im Menschenkopf umgesetzte und übersetzte Materielle.[46] Weitere Quellen des Denkens von Marx sind der französische Sozialismus und die englischen ökonomischen Theorien, die ihm in seinem späteren Werk dabei helfen, das wissenschaftlich zu bestimmen, was er als die materielle Grundlage des Geistigen bezeichnet.

Mit seiner materialistischen Absetzung von Hegel steht Marx keineswegs ganz alleine. Hegels Philosophie war bis zu seinem Lebensende (er starb 1831) in Deutschland beinahe zum Dogma geworden. Die weitere theoretische Entwicklung wurde deswegen sehr stark von »Hegelianern« bestimmt. Besonders prominent war das 1835 erschienene Buch »Das Leben Jesu«, in dem der Hegelianer David Friedrich Strauss die Evangelien als eine Mythologisierung der Wünsche und Hoffnungen des Frühchristentums darstellte. Strauss' Buch führte zu heftigen Auseinandersetzungen und schließlich zu einem Bruch der Hegelianer über die Frage der Geschichtlichkeit der Bibel (der Hegel selbst nicht sehr viel Gewicht beimaß). Die Hegelianer spalte-

---

45 Denn für Comte hätten die wichtigsten Fortschritte des menschlichen Geistes von einem überlegenen Geist vorausgesehen werden können, da sie einer Art gottgegebenen Notwendigkeit folgen; Auguste Comte, Soziologie, Stuttgart 1974, S. 470f

46 Vgl. Peter Hamilton, Knowledge and Social Structure. An Introduction to the Classical Argument in the Sociology of Knowledge, London u. Boston 1974, Kap. 2 und 3

ten sich in drei Lager, die Strauss mit Begriffen aus der französischen Revolution bezeichnete: Die Linken, die Rechten und die Mitte.

Im Mittelpunkt des folgenden Kapitels steht der Beitrag der Linkshegelianer Marx und Engels, die gegen den Idealismus Hegels und den der »Rechtshegelianer« ihren schon erwähnten Materialismus stellten. Dessen Grundzüge lassen sich schon anhand der Vorstellungen von Ludwig Feuerbach skizzieren, dem Marx und Engels die berühmt gewordenen Thesen in ihrer »Deutschen Ideologie« widmeten. Feuerbach bildet ein Bindeglied, ja eine Art Scharnier zwischen Hegel und Marx.

Wie Marx betont auch LUDWIG FEUERBACH die Notwendigkeit eines radikalen Bruches mit Hegel.[47] Dabei sind insbesondere seine Anschauungen zur Religion folgenreich geworden. Feuerbach ist als der »Kirchenvater des modernen Atheismus« bezeichnet worden. Doch sieht er in der Religion keineswegs nur eine reine Illusion. Für Feuerbach kommt in der Religion vielmehr etwas sehr Grundsätzliches zum Ausdruck, das jedoch nicht die Religion selbst oder ein Gott ist. Im Grunde ist sie das Verhalten des Menschen zu seinem eigenen Wesen: »Das Bewusstsein Gottes ist das Selbstbewusstsein des Menschen, die Erkenntnis Gottes die Selbsterkenntnis des Menschen. [...] Was dem Menschen Gott ist, das ist sein Geist, seine Seele, und was des Menschen Geist, seine Seele, sein Herz, das ist sein Gott. Gott ist das offenbare Innere, unausgesprochene Selbst des Menschen; die Religion seine feierliche Enthüllung der verborgnen Schätze des Menschen, das Eingeständnis seiner innersten Gedanken, das öffentliche Bekenntnis seiner Liebesgeheimnisse.«[48] »Der Mensch«, so kehrt Feuerbach schließlich einen berühmten Satz aus der Schöpfungsgeschichte (Gen 1,27) um, »schuf Gott nach seinem Bilde«.

Allerdings wird in der Religion nur das kindliche Wesen des Menschen ›abgebildet‹, das noch nicht erkennt, dass es sich in der Religion selbst sieht. Deswegen führt die Religion zu einer illusionistischen Verkehrung elementarer menschlicher Dispositionen. Damit deutet Feuerbach nicht nur das für die Religionssoziologie bedeutsame Argument der Projektion[49] an; er formuliert ein von Hegel aufgenommenes Argument, das Marx verschärfen wird – die Verdinglichungsthese: Denn der Mensch vergegenständlicht sich zwar in der Religion; indem er aber an die Religion glaubt, erscheint ihm seine eigene Erkenntnis von sich wie ein anderes, äußeres Ding. Hinter

---

47 Ludwig Feuerbach wurde 1804 in Landshut geboren. Er studierte u.a. Philosophie bei Hegel. Er lehrte an verschiedenen Orten, erhielt jedoch – auch aufgrund seiner religionsphilosophischen Schriften – nie eine Professur und starb 1872 in der Nähe Nürnbergs.

48 Ludwig Feuerbach, Das Wesen des Christentums. Bd. I, Berlin 1956, S. 51

49 Diese wissenssoziologischen Thesen sind, wie eingangs schon bemerkt, keineswegs Neuschöpfungen, sondern finden sich sogar schon bei den Vorsokratikern wie auch in anderen Fällen der internen oder externen Religionskritik. So meint etwa Xenophanes: »Doch wähnen die Sterblichen, die Götter würden geboren und hätten Gewand und Stimme und Gestalt wie sie [...] wenn die Ochsen und Rosse und Löwen Hände hätten oder malen könnten mit ihren Händen und Werke bilden wie die Menschen, so würden die Rosse rossähnliche, die Ochsen ochsenähnliche Göttergestalten malen und solche Körper bilden, wie jede Art gerade selbst ihre Form hätte.« Xenophanes aus Kolophon, in: Diels, op. cit, S. 14f

der Religion also steht der Mensch selbst. Wie auch Hegel und später Marx setzt auch Feuerbach auf die Möglichkeit der Überwindung dieser Entfremdung: Der Mensch könne sich seines eigenen Wesens bewusst werden, sobald er erkenne, dass es in die Religion projiziert sei. So könne ein Anthropotheismus, eine Religion, ›die sich selbst versteht‹, begründet werden, deren Grundsatz im »Homo homini Deus est« besteht.[50]

Vor dem Hintergrund der verschwörungstheoretischen Religionskritik der Ideologen weisen Feuerbachs Thesen einen geradezu konstruktiven Zug auf, der an Hegel und Comte erinnert. Religion verdecke nicht nur, sie erhelle auch Wirklichkeit, sie sei eine Form der Erkenntnis. Erst die Moderne (wie wir heute sagen) könne sich von ihrer Hülle befreien und der Erkenntnis selbst zum Durchbruch verhelfen.

Feuerbach wie die idealistischen Links- oder »Jung-Hegelianer« bildeten den Ausgangspunkt, aber auch den Reibestein für KARL MARX.[51] Denn in Marx' Augen verwechselten sie den intellektuellen »Kritizismus« mit den wirklichen, materiellen Faktoren des welthistorischen Wandels. Zusammen mit FRIEDRICH ENGELS[52], einem anderen Junghegelianer, formulierte Marx in mehreren Arbeiten seinen Ansatz selbst wiederum als Kritik an Hegel und den Junghegelianern. Ihr erstes gemeinsames Produkt stellt die »Deutsche Ideologie« dar, die als zentrales Werk der Wissenssoziologie von Marx angesehen werden muss.[53]

Die »Deutsche Ideologie« setzt mit den schon erwähnten berühmten Thesen zu Feuerbach ein, in denen Marx und Engels die bisherigen Vorstellungen des Materialismus einer Kritik unterziehen: »Der Hauptmangel alles bisherigen Materialismus (den Feuerbachschen mit eingerechnet) ist, dass der Gegenstand, die Wirklichkeit, Sinnlichkeit nur unter der Form des *Objekts oder der Anschauung* gefasst wird; nicht aber als *sinnlich menschliche Tätigkeit, Praxis* [...].« »Feuerbach«, so kritisieren sie weiter, »löst das religiöse Wesen in das menschliche Wesen auf. Aber das menschliche Wesen ist kein dem einzelnen Individuum innewohnendes Abstraktum. In seiner Wirklichkeit ist es das *ensemble* der gesellschaftlichen Verhältnisse.«[54]

---

50 Sinngemäß: Der Mensch ist des Menschen Gott.

51 Karl Marx kam 1818 in Trier in einer alten Rabbinerfamilie zur Welt. Er studierte Recht, Nationalökonomie und Philosophie in Berlin. Unter dem Einfluss von Feuerbach wandte er sich von Hegel ab. Während er seine Kritik der Wirtschafts- und Gesellschaftsordnung entwarf, lebte er zunächst in Paris, dann in Belgien und schließlich in London, wo er auch im Jahre 1883 starb.

52 Friedrich Engels kam 1820 als Sohn eines pietistischen Textilfabrikanten bei Wuppertal zur Welt. 1844 begegnete er Karl Marx, den er später auch finanziell unterstützte.

53 In den »Pariser Manuskripten« entwickelte Marx den Begriff der Entfremdung, der für seine gesamte Wissenssoziologie zentral ist. Und hier bildet er seine Form des Materialismus aus, namentlich durch die Verbindung der idealistischen Philosophie mit den ökonomischen Vorstellungen von Kapital, Arbeit und Privateigentum. In der mit Engels gemeinsam verfassten »Deutschen Ideologie« nimmt er diese Argumente auf. Daneben entfaltet er eine langatmige Kritik an Bauer, Strauss und Stirner, die uns hier nicht zu interessieren braucht. Trotz der Hervorhebung der »Deutschen Ideologie« sollte man beachten, dass Marx im Laufe seiner Arbeit deswegen immer stärker die ökonomischen Aspekte in den Vordergrund hebt, weil er von ihnen eine wissenschaftliche Begründung seiner Thesen erhoffte.

54 Karl Marx und Friedrich Engels, Thesen über Feuerbach, in: Werke Bd. 3, Berlin 1969, S. 5f

Der einzelne Mensch als Schöpfer, den Feuerbach hinter der Religion gesehen hatte, ist keineswegs alleiniger Grund für die Wirklichkeit. Es ist vielmehr die menschliche Praxis, die – und das ist der wissenssoziologische Kern der These von Marx und Engels – nicht von einzelnen Individuen, sondern in einem gesellschaftlichen Zusammenhang realisiert wird. Durch diese Hervorhebung der sozialen Grundlage des Wissens könnte man auch behaupten, dass die Wissenssoziologie in einem engeren Verstande mit Marx und Engels einsetzt. Soziologisch ist diese Vorstellung in dem Sinne, dass die Gesellschaft nicht mehr wie eine Beziehung zwischen abstrakten Ideen (wie von Hegel) oder als menschliches Bewusstsein (wie bei den Junghegelianern) gefasst wird, sondern als eine historisch determinierte Struktur sozialer Beziehungen zwischen Menschen. Marx und Engels sind also nicht materialistisch in dem Sinne wie Feuerbach, der nur das Wahrnehmbare als Grundlage der Erkenntnis ansieht. Denken und Sein bilden für sie keine zwei getrennten Bereiche, sondern sind Elemente einer und derselben Wirklichkeit, die sich weder nur dem Materiellen noch dem Geistigen unterordnen kann. Dabei akzeptierte Marx durchaus die Vorstellung, dass die Natur das Primäre, das Denken hingegen das Sekundäre sei. »Nicht das Bewusstsein bestimmt das Leben, sondern das Leben bestimmt das Bewusstsein.« So sehr hier eine Bestimmungsrichtung betont wird, sollte man das Verhältnis doch nicht so einseitig sehen, da »die Umstände ebenso sehr die Menschen, wie die Menschen die Umstände machen«.[55] Die daraus resultierende Zwiespältigkeit von Marx' und Engels' Aussagen zum Verhältnis zwischen Materiellem und Wirklichkeit lassen sich auf zwei unterschiedliche und keineswegs miteinander verträgliche Grundprinzipien zurückführen, die ihr Werk durchziehen: Eine deterministische Vorstellung des Verhältnisses, die von einer Bestimmung des Geistigen durch das Materielle ausgeht, und eine dialektische Vorstellung, die beides in einer Wechselwirkung sieht. Man darf durchaus sagen, dass Marx und Engels die deterministische Fassung dann bevorzugen, wenn es ihnen um die rhetorische Wirkung und die politische Überzeugung geht, während sie in »wissenschaftlicheren« Erörterungen die dialektische Fassung hervorheben. Einige Autoren sind deswegen der Auffassung, man müsse den wissenschaftlichen Teil ihrer Theorie von den politisch-agitatorischen Teilen trennen.

Was nun ist der materielle Teil dieser Determination oder Wechselwirkung? Das Materielle tritt in verschiedenen Bedeutungen auf, man kann auch sagen: Es umfasst unterschiedliche Aspekte. Einmal ist es gleichbedeutend mit dem »Ökonomischen« bzw. dem ökonomischen Reproduktionsprozess. In diesem Fall bezeichnet es die Produktivkräfte, also handfeste empirische Größen, wie die Produktionsmittel Werkzeuge, Maschinen, Boden oder Kapital. Die andere Bedeutung setzt das Materielle mit der Befriedigung elementarer natürlicher Bedürfnisse gleich, die mit den äußeren körperlichen Existenzbedingungen verknüpft sind. Eine dritte Bedeutung des Materiellen verweist auf die Zwangsverhältnisse zwischen den Menschen oder soziale Prozesse im Allgemeinen.[56]

55 Karl Marx und Friedrich Engels, Die deutsche Ideologie, in: Werke Bd. 3, Berlin 1969, S. 27 u. S. 38

Wie immer das Materielle und dann auch das Verhältnis des Materiellen zum Geistigen näher bestimmt wird, so besteht doch in jedem Fall ein enger Zusammenhang zwischen beidem. Für Marx gibt es keine Zweifel, dass die materiellen Grundlagen die Erzeugungen des Geistes beeinflussen. Marx zeigt das in seinen historischen Rekonstruktionen dieses Verhältnisses auf, die er in einer Analyse der Gegenwart seiner Zeit, dem modernen Kapitalismus, münden lässt: In den frühen Phasen der menschlichen Geschichte, der Urgeschichte, war die Produktion von Ideen direkt mit der materiellen Aktivität und dem Zusammenleben der Menschen im wirklichen Leben verknüpft. Die Menschen sind deswegen die ausschließlichen Erzeuger ihres Bewusstseins. Das Bewusstsein kann sich ändern, wenn sich die Verhältnisse, also Produktionsverhältnisse und die daran geknüpften Sozialbeziehungen, ändern. Daran erkennen wir, dass die Lebensform des Individuums abhängig ist von der Produktionsweise, und diese determiniert auch die sozialen Beziehungen. Auch wenn er immer wieder die materiellen und ökonomischen Aspekte betont, so ist doch soziologisch vor allem relevant, dass die menschliche Lebensform für ihn wesentlich gesellschaftlich ist »in dem Sinne, als hierunter das Zusammenwirken mehrerer Individuen, gleichviel unter welchen Bedingungen, auf welche Weise und zu welchem Zwecke« verstanden wird.[57]

Die Verbindung zwischen dem Sozialen und dem Ökonomischen (als zentralen Aspekten des Materiellen) ist keineswegs beliebig. Denn das »Zusammenwirken der Menschen« ist selbst eine Produktivkraft und sie steht mit den ökonomischen Produktivkräften in einem engen Zusammenhang.[58] Dies liegt darin begründet, dass die wirtschaftliche Arbeitsteilung eine Form der sozialen Kooperation darstellt, die ihrerseits von der gesellschaftlichen Arbeitsteilung und den Produktionsverhältnissen abhängt. (Dabei spielen die Eigentumsverhältnisse eine entscheidende Rolle.) Die Kooperation verschiedener Individuen führt nicht nur zur Sprache, sie ist auch der Grund für das Bewusstsein. Und dies wiederum bildet das Denken: »Das Bewusstsein ist also von vornherein schon ein gesellschaftliches Produkt und bleibt es, solange überhaupt Menschen existieren.«[59]

Folgen wir der historischen Rekonstruktion des Verhältnisses von Wissen und Gesellschaft weiter, dann verändert die Fortentwicklung der Produktion die *Arbeitsteilung* auf eine grundlegende Weise. Schon in der urgesellschaftlichen Produktionsweise entwickelt sich eine erste Form von Eigentum, die sich auf einfache Er-

---

56 Diese Unterscheidungen trifft Jürgen Ritsert, Ideologie. Theoreme und Probleme der Wissenssoziologie. Münster 2002. Auch hinsichtlich des Ideellen unterscheidet er mehrere Bedeutungen: Darunter werden Handlungsregeln, Normen, schriftlich oder mündlich überlieferte Inhalte und schließlich Werte wie Wahrheit, Schönheit und Sittlichkeit verstanden.

57 Marx/Engels, Deutsche Ideologie, op. cit., S. 29

58 Darunter fasst Marx diejenigen Kräfte, die in den Dienst der Produktion gestellt werden: körperliche und geistige Fähigkeiten der Menschen, Naturkräfte und -stoffe sowie die Kräfte, die aus der sozialen Anlage der Produktion resultieren.

59 Marx/Engels, Deutsche Ideologie, op. cit., S. 31

findungen bezieht. Auf der nächsten geschichtlichen Stufe, der Sklavenhalterordnung, bezieht sich das Eigentum auf die Produzierenden selbst: Es stellt sich eine Teilung zwischen Sklaven und Sklavenhalter ein. Die Sklavenhalter bilden einen Überbau aus: Es entsteht ein staatlicher Apparat, ein Rechtssystem. Im Feudalismus werden die Sklavenhalter zu Feudalherren, die vor allem über Grund und Boden verfügen. Die Ungleichheit und Unterdrückung wird durch Religion und Recht legitimiert. Damit wird auch die Trennung von Stadt und Land, von Handel und Industriearbeit und von materieller und geistiger Arbeit ausgebaut. Diese ist wissenssoziologisch natürlich sehr folgenreich, denn nur dadurch »kann sich das Bewusstsein wirklich einbilden, etwas andres als das Bewusstsein der bestehenden Praxis zu sein, wirklich etwas vorzustellen, ohne etwas Wirkliches vorzustellen«[60] – erst jetzt ist also reine Theorie und damit auch ›falsches Bewusstsein‹ (auf das wir noch zu sprechen kommen werden) möglich. Nun können die Produktionskraft, der gesellschaftliche Zustand und das Bewusstsein in Widerspruch geraten. Die Intellektuellen, die aus der Teilung von geistiger und materieller Arbeit hervorgehen, neigen generell dazu, die Interessen ihrer Klasse in einer allgemeinen Form in Begriffe zu kleiden. Im Kapitalismus schließlich wird dies zu einem Klassensystem, weil erst hier das Verhältnis der einzelnen zu den Produktionsmitteln zum entscheidenden Ordnungskriterium der Gesellschaft wird. Mit der Klassenherrschaft der Bürger ändert sich auch die Ideologie. So kommt es, dass »während der Zeit, in der die Aristokratie herrschte, die Begriffe Ehre, Treue etc., während der Herrschaft der Bourgeoisie die Begriffe Freiheit, Gleichheit etc. herrschten«.[61]

Vor diesem Hintergrund ist denn auch der Marxsche Begriff der *Ideologie* zu verstehen: Jede Ideologie (wie etwa die ›deutsche Ideologie‹) ist der Versuch einer Klasse, ihre Vorstellungen als die allgemeingültige auszugeben, obwohl sie ausschließlich von den Interessen ihrer eigenen Klasse geleitet ist. Am besten gelingt dies natürlich derjenigen Klasse, die über die gesellschaftliche Macht verfügt. Deswegen entscheidet die Machtstruktur einer Gesellschaft (Macht im Sinne von Kontrolle, Besitz der materialen Produktionsmittel) auch darüber, welche geistigen Vorstellungen vorherrschen. Dies gilt nicht nur für die mittelalterliche und neuzeitliche Kultur, an der sich dieser Zusammenhang aber sehr schön illustrieren lässt: »Für eine Gesellschaft von Warenproduzenten, deren allgemein gesellschaftliches Produktionsverhältnis darin besteht, sich zu ihren Produkten als Waren, also als Werte zu verhalten, und in dieser sachlichen Form ihre Privatarbeiten aufeinander zu beziehen als gleiche menschliche Arbeit, ist das Christentum, mit seinem Kultus des abstrakten Menschen, namentlich in seiner bürgerlichen Entwicklung, dem Protestantismus, die entsprechendste Religionsform.«[62] Hier geht es Marx keineswegs nur um Religionskritik. Die Religion des Christentums ist vielmehr lediglich ein Beispiel – denn

60 Ebd.
61 Marx/Engels, Deutsche Ideologie, op. cit., S. 47
62 Karl Marx und Friedrich Engels, Das Kapital, Bd. 1, Berlin 1982, S. 93

religiöse Vorstellungen als treibende Kräfte der Geschichte anzusehen, ist für Marx eine typisch deutsche Krankheit. Diese Krankheit, die auch die idealistischen Junghegelianer befallen habe, verhindere die Einsicht darin, dass gerade religiöse Ideen Ausdruck der materiellen Verhältnisse sind.

Die Ideologie ist also mit der materiellen Lage der Menschen verknüpft, denn »die Gedanken der herrschenden Klasse sind in jeder Epoche die herrschenden Gedanken, d.h. die Klasse, welche die herrschende *materielle* Macht der Gesellschaft ist, ist zugleich ihre herrschende *geistige* Macht«. Es geht hier jedoch keineswegs um ausdrückliche oder absichtlich verhüllte Interessen, »denn die Klasse, die die Mittel der materiellen Produktion zu ihrer Verfügung hat, disponiert damit zugleich über die Mittel zu geistigen Produktion. [...] Die herrschenden Gedanken sind weiter nichts als der ideelle Ausdruck der herrschenden materiellen Verhältnisse, die als Gedanken gefassten herrschenden materiellen Verhältnisse; also der Verhältnisse, die eben die eine Klasse zur herrschenden machen, also die Gedanken ihrer Herrschaft.«[63] Ideologie ist nicht mit Absichten verknüpft, sie ist vielmehr strukturell bedingt: Sie ist abhängig von der ökonomischen Situation der sozialen Struktur. Diese Struktur verteilt nicht nur die Menschen auf unterschiedliche Klassen, sie prägt auch die Inhalte ihres Denkens. So erklärt sich zum Beispiel die »Abgehobenheit« von Ideologien, wie etwa dem Idealismus, aus der fortgeschrittenen Arbeitsteilung zwischen der geistigen und der materiellen Arbeit innerhalb der modernen Gesellschaft, »so dass innerhalb dieser Klasse der eine Teil als die Denker dieser Klasse auftritt [...], während die andern sich zu diesen Gedanken und Illusionen mehr passiv und rezeptiv verhalten, weil sie in Wirklichkeit die aktiven Mitglieder dieser Klasse sind...«[64]

Marx' Begriff der Ideologie radikalisiert also damit die frühere Interessentheorie der Aufklärer. Diese vertraten die Auffassung, dass kirchliche und aristokratische Eliten mehr oder weniger strategisch und absichtlich den Aberglauben über Gott verbreiteten, um die wirkliche Situation der Beherrschten zu verdecken. Für Marx dagegen sind sowohl die Beherrschten wie die Herrscher einer Ideologie unterworfen. Ideologie dient also nicht zur Verschleierung nach Art einer Verschwörungstheorie, sondern wird systematisch durch die Struktur der sozialen Beziehungen erzeugt. Jede herrschende Klasse vertritt ihre Interessen nicht deswegen als Interessen aller, weil sie die anderen übergehen möchte. Sie glaubt tatsächlich an ihre Richtigkeit. Sofern sie die Vorstellungen, die ihren partikularen Interessen entspringen, für allgemeingültig hält, vertritt sie eine Ideologie. Wenn es ihr dann noch gelingt, diese Vorstellungen auch Menschen zu vermitteln, die eine andere soziale Lage einnehmen, dann reden wir von »falschem Bewusstsein«, also einem Bewusstsein, das nicht die soziale Lage der betroffenen Handelnden und Produzenten und ihr Wissen von der Welt reflektiert.

Erst in einer kommunistischen Gesellschaft, die den Zielpunkt der gesellschaftlichen Entwicklung darstellt, würde das anders. Hier verschmölzen gesellschaftliche

---

63 Marx/Engels, Deutsche Ideologie, op. cit., S. 46
64 Marx/Engels, Deutsche Ideologie, op. cit., S. 47

Struktur und Wissen, denn in der kommunistischen Gesellschaft sei niemand mehr auf einen exklusiven Bereich des Handelns eingeschränkt und habe vielmehr Zugang zu allen Zweigen der Produktion. Hier werde auch die Teilung der Arbeit aufgehoben: Jeder kann sich in jedem beliebigen Kreis von Tätigkeiten ausbilden und »heute dies, morgen jenes […] tun, morgens zu jagen, nachmittags zu fischen, abends Viehzucht zu treiben, nach dem Essen zu kritisieren, wie ich gerade Lust habe, ohne je Jäger, Fischer, Hirt oder Kritiker zu werden.«[65] Die kommunistische Gesellschaft ist das von Marx und Engels erwartete Ziel der historischen Entwicklung, das sich aus der Dialektik der Klassenkämpfe früherer Epochen ergeben soll.

Wenn wir bei Marx und Engels von der sozialen Lage oder von sozialen Strukturen sprechen, so stehen bei ihnen die *sozialen Klassen* – als soziale Entsprechungen verschiedener Formen des Bewusstseins – im Vordergrund. Als soziale Klassen bezeichnet Marx große gesellschaftliche Gruppen. Sie unterscheiden sich voneinander dadurch, ob (und in welchem Ausmaß) sie über die Mittel zur Produktion verfügen und folglich auch durch ihren Anteil am gesellschaftlichen Reichtum. Sie unterscheiden sich schließlich durch ihre Rolle in der gesellschaftlichen Organisation der Arbeit. Soziale Klassen stehen zueinander im Verhältnis des Konfliktes, wobei vor allem zwei tragende Klassen jeweils in einem stark antagonistischen Verhältnis stehen. Die menschliche Geschichte wird in den Augen von Marx und Engels im Wesentlichen durch Klassenkonflikte zwischen den zwei tragenden Klassen vorangetrieben. In einem dialektischen Prozess führt der Konflikt zweier Klassen zu neuen gesellschaftlichen und ökonomischen Verhältnissen auf einer jeweils »höheren« Stufe. (Die höchste Stufe bildet der Kommunismus.)

Auf eine sehr vereinfachte Weise, wie sie vor allem für die Propaganda der kommunistischen Partei genutzt wurde, lassen sich folgende Phasen der Entwicklung der Klassenstruktur unterscheiden: Auf eine Phase, in der die Menschen in Stämmen organisiert sind, die als Besitzer von Eigentum auftreten, und in der die Arbeitsteilung auf der Grundlage des Verwandtschaftssystems geregelt wird, folgen die antiken Gemeinde- und Staatsbesitzverhältnisse der frühen Stadtstaaten, die auf einer Arbeitsteilung zwischen den Besitzern und den Sklaven, ihrem wichtigsten Besitz, beruhen. Darauf folgt die feudale Phase einer vorwiegend landwirtschaftlichen Gesellschaftsformation, die aus Landbesitzern und einer Dienstklasse besteht. Die zeitgenössische Phase zu Marx Lebzeiten ist der Kapitalismus. Hier geht es im Wesentlichen um die industrielle Produktion von Waren. Weil dadurch auch die Arbeitskraft zu einer Ware wird, treffen hier zwei Klassen aufeinander, die sich kategorisch voneinander unterscheiden: die Arbeiter, die über nichts weiter verfügen als ihre Arbeitskraft, die sie als eine freie Ware offerieren, und die Kapitalisten, die über die Produktionsmittel verfügen und die Arbeitskraft kaufen. Durch den Mehrwert, den die Arbeiter produzieren und den die Kapitalisten ihnen vorenthalten, häufen sie Ka-

---

65 Ebd., S. 33

pital an. Diese beiden Klassen prägen in immer deutlicherer Weise die Struktur der industriellen Gesellschaft, und sie sind ihrerseits von der Art ihrer Arbeit geprägt.

Diese vereinfachte marxistische Vorstellung der Klassen ist offenkundig dichotomisch angelegt. Kapitalisten und Proletariat gelten für Marx als die wichtigsten Triebkräfte der kapitalistischen Gesellschaft. In seinen eigenen historischen Betrachtungen jedoch zeigt sich, dass die sozialen Verhältnisse weitaus verzwickter sind, als es das simple Schema des Klassenkonflikts vermuten lässt. Das zeigte sich etwa an den zeitgenössischen Entwicklungen in Frankreich. 1848 hatte sich dort – wie ja auch in manchen Gebieten Deutschlands – eine revolutionäre Situation ergeben. Wider Erwarten hatte sich jedoch weder die Arbeiterschaft noch das Bürgertum, sondern das autokratische Regiment Napoleons des Dritten durchgesetzt. Marx versucht diesen seiner Geschichtsphilosophie widersprechenden Sieg einer in seinem Entwicklungskonzept »rückschrittlichen« Entwicklung nun durch eine erweiterte Klassenanalyse zu erklären. Neben dem Proletariat und den Kapitalisten treten also auch andere Klassen auf: das Lumpenproletariat, die Grundbesitzer, die Rentiers, die Kleinbauern usw., die Marx jedoch feinsäuberlich unterscheidet. Definitorisch für die Klassen ist indessen die Art des Einkommens, das sie beziehen. Die tragenden Gruppen des Napoleonischen Staatsstreiches seien kleine Bauern und das städtische Lumpenproletariat, die nun sein Klassenspektrum erweitern. Seit der Einführung des Wahlrechtes stellten die Gruppen der voneinander isolierten Parzellenbauern die Mehrheit des Wahlvolkes. Aus ihrem Klassencharakter erklärt sich auch ihre Begeisterung für einen Politiker, dessen unumschränkte Regierungsgewalt sie vor anderen Klassen schützen konnte. In den Städten sei diese Gruppe durch Vagabunden, entlassene Soldaten, Gauner, Lumpensammler und Bordellhalter unterstützt worden, so dass Bonaparte letztlich »Chef des Lumpenproletariats« wurde.[66]

Die Klassenverhältnisse lassen sich also keineswegs auf ein dichotomisches Schema reduzieren. Nur wenn man ein dichotomisches Schema anlegt (wie Marx es für agitatorische Zwecke tut), dann nimmt Marx' wissenssoziologische These die erwähnten deterministischen Züge an: Die Produktionsverhältnisse, also die Verhältnisse der Menschen, unter denen sie mit gegebenen Produktivkräften ihr Leben führen, gelten nun als die primären, grundlegenden Verhältnisse. Sie umfassen die Art der Arbeitsteilung und die Form, wie der Tausch geregelt ist, wie die Produkte verteilt werden, also die wirtschaftlichen und gesellschaftlichen Beziehungen der Menschen miteinander. Dagegen sind »die ideologischen Verhältnisse von ihnen abgeleitet, abhängig [...]. Die Produktionsmittel bilden die ökonomische Basis einer gegebenen Gesellschaft, und sie determinieren als solche den ganzen politisch-ideologischen Überbau dieser Gesellschaft.«[67]

66 Marx, Karl, Der achtzehnte Brumaire des Louis Bonaparte, in: Karl Marx und Friedrich Engels, Studienausgabe. Bd. 2: Geschichte und Politik, Frankfurt 1966, S. 34-121

67 Georg Assmann u.a. (Hg.), Wörterbuch der marxistisch-leninistischen Soziologie, Berlin 1977, S. 509

Wenn an dieser Stelle von »Determination« gesprochen wird, sollte man vorsichtig sein: Der ideologische Marx, der den Kommunismus fördern will, betont den deterministischen Aspekt des Verhältnisses, während der wissenschaftliche Marx, der vor anderen Wissenschaftlern bestehen will, das Verhältnis zwischen Basis und Überbau weitaus differenzierter sieht. Man bedenke, dass der gerade zitierte Ausschnitt dem alten marxistisch-leninistischen Wörterbuch entstammt und selbst durchaus ideologische Züge trägt. Dagegen sollte man an Marx' wissenschaftlicher Position hervorheben, dass er die Ökonomie seiner Zeit einer radikalen Kritik unterwirft. In dieser Kritik macht er deutlich, dass die Ökonomie nicht einfach als »Basis« des Sozialen und des Geistigen angesehen werden kann. Denn schon die historische Entwicklung der Klassengegensätze macht sich vor allen Dingen am Privateigentum fest, das Besitzende und Nichtbesitzende trennt – und beim Privateigentum handelt es sich um eine soziale und rechtliche Institution. Wenn noch die zeitgenössische Ökonomie zu Marx' Lebzeiten vom Privateigentum als einer natürlichen Gegebenheit ausgeht, dann vollzieht sie eine Anerkennung der Rechte der Besitzenden. Damit tritt die Ökonomie selbst als eine Form der Ideologie auf, die die Vermögensverhältnisse und damit die Klassenverhältnisse der gegebenen Gesellschaft grundsätzlich rechtfertigt. Sie ist Teil einer umfassenden gesellschaftlichen Ideologie, die von einer herrschenden Klasse getragen wird, welche ihre partikularen Interessen auch in der Wissenschaft verfolgt und dort als Wahrheit ausgibt. Dazu gehören selbst so unschuldig anmutende Prinzipien wie die »Freiheit« oder die »Gleichheit«. Denn solche Prinzipien, so Marx, ergeben erst in einer bürgerlichen Gesellschaft Sinn, in der die Arbeit Freier auf einem Markt zur Verfügung steht, der die Arbeitskräfte in ihrem rein ökonomischen Potenzial als gleichwertig behandelt. Weil sie eine Ideologie ist, kann diese bürgerliche Wissenschaft auch nicht den Zusammenhang zwischen der Arbeitsteilung bzw. dem Tausch und der zunehmenden Verarmung der Arbeiter erkennen. Der Wert der Arbeiter wird unterschlagen, sie setzt sie einer Ware gleich.

Wie oben bereits bemerkt, ist schon die Teilung der geistigen und körperlichen Arbeit, ja Arbeitsteilung insgesamt eine wesentliche Ursache der Entfremdung. Sie führt zur Entfremdung, denn »mit der Teilung der Arbeit ist die Möglichkeit, ja die Wirklichkeit gegeben [...], dass die geistige und materielle Tätigkeit – dass der Genuss und die Arbeit, Produktion und Konsumtion in Widerspruch geraten«.[68] Die Entfremdung wird jedoch durch die moderne industrielle Produktion noch verstärkt. Um dies zu verstehen, muss man an den materiellen Prozess der Objektivierung erinnern, der in Marx' Kritik an Feuerbach angeschnitten wurde. Der Mensch nämlich erkennt sein eigenes Wesen in der Praxis, in der er die Wirklichkeit erzeugt. Die Arbeit ist gleichsam eine Art der Selbst-Verwirklichung des Menschen – da sie als sozialer Vorgang vorzustellen ist, sollten wir besser sagen: der Menschen als sozialer Wesen. Die Entfremdung setzt an der Stelle ein, an der die Möglichkeit der

68 Marx/Engels, Deutsche Ideologie, op. cit., S. 32

Wiederaneignung des sozialen Erzeugungsprozesses unterbrochen wird. Weil also das, was der Arbeiter erzeugt, zu einer von ihm und seiner Praxis abgekoppelten Ware wird, kann man von Entfremdung reden. Entfremdung bedeutet, dass das im Handeln Erzeugte als ein Fremdes erscheint – »dieses Sichfestsetzen der sozialen Tätigkeit, diese Konsolidation unsres eigenen Produkts zu einer sachlichen Gewalt über uns, die unserer Kontrolle entwächst, unsere Erwartungen durchkreuzt, unsere Berechnungen zunichte macht.«[69] Der von der Praxis der Arbeiter erzeugte Gegenstand wird ihm entfremdet, weil er zu einer »Ware« objektiviert wird, die nur noch abstrakte (in Kosten angebbare) menschliche Arbeit verkörpert. Die Entfremdung hat ihren Grund darin, dass das, was dem Arbeiter gehört, seine Arbeit und sein Produkt, ihm weggenommen wird. Das Geschaffene erscheint ihm dann als fremd und feindselig.

Durch die Entfremdung vom eigenen Produkt entsteht das, was Marx den *Fetischcharakter der Ware* nennt: Die Ware ist eigentlich das Produkt des Arbeiters, das aber, durch die Enteignung des Mehrwerts, als eigenes und unabhängiges Gut erscheint. Weil sie von ihrer Herstellung abgekoppelt sind, können Waren dann auch verehrungswürdige fetischistisch-religiöse Züge annehmen.[70] »Das Geheimnisvolle der Warenform besteht also einfach darin, dass sie den Menschen die gesellschaftlichen Charaktere ihrer eigenen Arbeit als gegenständliche Charaktere der Arbeitsprodukte selber, als gesellschaftliche Natureigenschaften dieser Dinge vorspiegelt, daher auch das gesamte gesellschaftliche Verhältnis der Produzenten zur Gesamtheit als ein außer ihnen existierendes Verhältnis von Gegenständen [...]. Es ist nur das bestimmte gesellschaftliche Verhältnis der Menschen selbst, welches hier für sie die phantasmagorische Form eines Verhältnisses von Dingen annimmt.«[71]

Die Entfremdung betrifft nicht nur Produkte und Waren, sondern die gesamte sinnliche Außenwelt, die Natur. Die sinnliche Außenwelt hört auf, ein zur Arbeit gehörendes Objekt zu sein, weil sie als Ware betrachtet wird, und sie hört auf, die physische Grundlage der Lebenserhaltung der Arbeiter zu sein. Die Natur wird zu einem reinen Produktionsfaktor. Schließlich schlägt die Entfremdung auf die Arbeiter zurück, die ihre Individualität im Arbeitsprozess verlieren und nurmehr auf ihre animalischen Funktionen reduziert werden. In einer kapitalistischen Gesellschaft werden somit Waren produziert und zugleich der Arbeiter zu einer Ware gemacht.

Zusammenfassend kann man sagen, dass Marx' Materialismus einen entscheidenden Beitrag für die Entwicklung der Wissenssoziologie geliefert hat. Auch wenn Marx' Glaubenssystem gescheitert ist, enthält sein wissenschaftliches Modell eine bedeutsame und grundlegende wissenssoziologische Erkenntnis: Dass alle Vorstellungen von sozialen Gruppen abhängen und in einer engen Beziehung mit den ty-

---

69 Marx/Engels, Deutsche Ideologie, op. cit., S. 33. Eine detaillierte Darstellung der Entfremdung bietet Istvan Meszaros, Der Entfremdungsbegriff bei Marx, München 1973.

70 Wie leicht zu erkennen, knüpft Marx beim Gedanken des Fetischismus der Ware an die Religionskritik an, wie wir sie etwa von Holbach kennen: Hausgemachte Produkte der Menschen erscheinen ihnen als fremde Mächte, die sie in ihrer vermeintlichen Ohnmacht verehren.

71 Marx, Das Kapital. Bd. 1, op. cit., S. 85

pischen Interessen dieser Gruppierungen stehen. Diese Erkenntnis regte Marx dazu an, die Grundlagen der Bewusstseinsformen zu identifizieren. Für Marx ist Wissen ein Ausdruck der jeweils vorherrschenden sozialen, vor allem aber ökonomischen Verhältnisse. Es gehört zum »Überbau«, der die ökonomische und soziale »Basis« der Gesellschaft widerspiegelt. Zum Überbau zählt die Religion, aber auch die Philosophie oder die Kunst. Seine gesellschaftliche Basis bildet die ökonomische Struktur der Gesellschaft. Kennzeichnend für die Basis ist vor allem die vorherrschende Art der Produktion (z.B. agrarisch oder industriell) und die damit verbundenen Verhältnisse der Produzenten (Bauern, Arbeiter) zu denen, die über die Mittel der Produktion verfügen (feudaler Adel, Unternehmer). Man kann dieses Modell auf folgende Weise illustrieren:

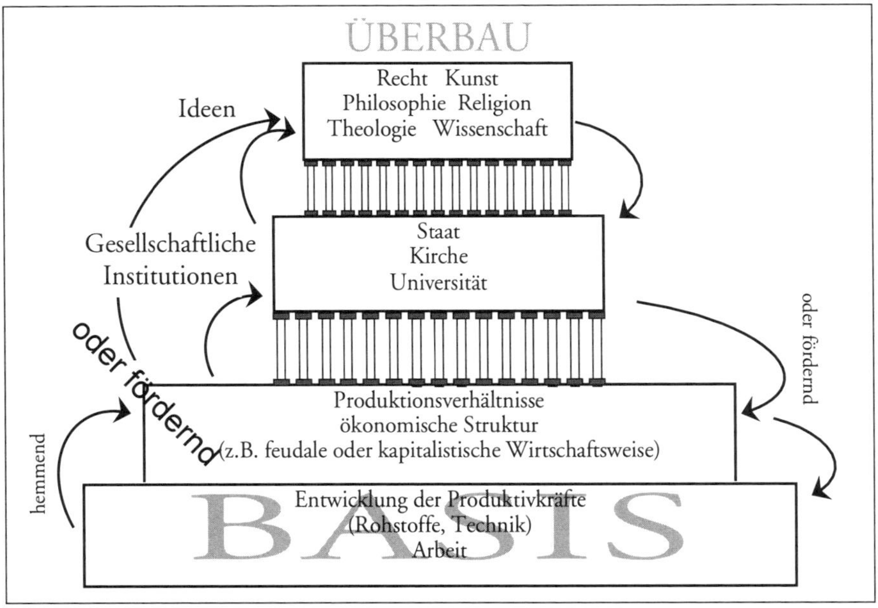

Abb. 2: ***Basis-Überbau-Modell***

Wie schon erwähnt, lässt Marx durchaus einige Fragen offen. So muss gefragt werden, in welcher Weise soziale und wirtschaftliche Aspekte aufeinander einwirken. Können wir wirklich von einer Determination des Denkens durch die Wirtschaft reden? Und wenn nicht, auf welche Weise fassen wir dann die »Dialektik« oder »Wechselwirkung«, die wir hier bildlich mit Pfeilen andeuten. Wie das Schaubild zeigt, rechnet Marx die ideologischen Phänomene – also Recht, Politik, Kunst, Ethik, Philosophie, Wissenschaft etc. – pauschal einer Ebene zu. Man muss fragen, ob dies statthaft ist. Sollte man nicht zwischen den verschiedenen Überbauphänomenen unterscheiden? Bedenkt man etwa die Rolle der rechtlichen Regelung des Eigentums (und seiner Bedeutung für die bürgerliche Ökonomie), dann muss man doch einräumen, dass auch die Aspekte des Überbaus (politische Aspekte des Klassenkampfes, Verfassungen der herrschenden Klasse, Rechtsprechung, religiöse Ideen und ihre dogmatische Ausformung) tiefen Einfluss auf die historische Entwicklung der Produktionsverhältnisse und die damit verbundenen Klassenkämpfe ausüben. Offen bleibt also vor allem die wissenssoziologisch zentrale Frage, in welchem Verhältnis *Basis* und *Überbau* stehen. In der langen und ereignisreichen Wirkungsgeschichte der marxistischen Theorie gab es zahlreiche Versuche, dieses Verhältnis näher zu bestimmen. Ein prominentes Beispiel für ein deterministisches Verständnis dieses Verhältnisses bietet der russische Physiker, Philosoph und Soziologe Alexander A. Bogdanov. Er betrachtete soziale Anpassung als dasselbe wie biologische Anpassung. Variationen der sozialen Formen sind für ihn durch natürliche Veränderungen determiniert. Die wichtigsten Formen der sozialen Anpassung sind technisch und ideologisch, wobei ideologische Anpassungen von technischen determiniert seien. Eine andere deterministische Fassung stammt von Otto Bauer, der seine empirische Interpretation der Genese von Weltanschauungen auf Marx zurückführte. Weltanschauungen seien vor allem von der Arbeitserfahrung des Menschen bestimmt. Bürger in kapitalistischen Gesellschaften zeichneten sich durch eine gemeinsame Arbeitserfahrung aus, die vor allem im Planen von Arbeit besteht, die andere verrichten. Deswegen entwickeln sie eine Weltanschauung, in der ein umfassender Plan enthalten ist, wie im Idealismus. Die Arbeiter dagegen hätten eine Arbeitserfahrung, die sie in unmittelbaren Kontakt mit der materiellen Natur bringen. Deswegen sei ihre Weltanschauung materialistisch.[72]

Solch deterministische Konzeptionen werden von Remmling dem »positivistischen« Zweig des Marxismus zugeschrieben. Sie gelten dem anderen, »historizistischen« Zweig als »vulgärmarxistisch« – ein Vorwurf, der sicherlich eine große Zahl der späteren marxistischen Literatur treffen dürfte.[73] Zu diesen Historizisten zählt etwa die Theorie Georg Lukács', an den wiederum eine ganze marxistisch orientierte Linie der Diskussion anschließt, die wir im Zusammenhang mit der kritischen Theorie wieder aufnehmen werden. Der Frage nach dem Verhältnis von Basis und Überbau, also das Thema der Korrelation von Wissen und Gesellschaft, die in beiden Linien aufgeworfen wird, werden wir im Folgenden immer wieder begegnen.

72 Alexander A. Bogdanov, Die Entwicklungsformen der Gesellschaft und die Wissenschaft, Berlin 1924; Otto Bauer, Das Weltbild des Kapitalismus, in: O. Jenssen (Hg.), Der lebendige Marxismus. Jena 1924

73 Gunter W. Remmling, Marxism and Marxist Sociology of Knowledge, in: ders., op. cit., S. 135-152, S. 143. Während sich die Positivisten vor allem auf die Spätschriften von Marx stützen, halten die »Historizisten« die Frühschriften in hohen Ehren.

4 Die Triebe und der Irrationalismus des Wissens

Im Großen und Ganzen gehen die geschichtsphilosophisch angelegten Konzepte, wie die oben dargestellten, von der Annahme einer steten Fortschreitens der Vernunft und der Ausweitung des menschlichen Wissens aus. Diese Annahme bildet das Fundament des westlichen Fortschrittsglaubens, den die Aufklärung begründete und der zum Allgemeinwissen geworden ist. Gegen diese Vorstellung zunehmender Rationalität regte sich jedoch schon im Zuge der Aufklärung massiver Widerstand von Seiten der konservativen, antiaufklärerischen Denker (in Deutschland etwa Justus Möser, der den hiesigen Konservativismus begründet), die sich für den Erhalt der traditionellen Strukturen einsetzten. Die Kritik wandte sich vor allem gegen die Annahme der Vernünftigkeit des Menschen, die als Motor den Fortschritt der menschlichen Vernunft antreiben sollte. Im Widerspruch dazu behauptete eine Reihe von Intellektuellen die grundlegende Unvernünftigkeit, den *Irrationalismus* des Menschen. Vernunft und Wissen erscheint für sie bestenfalls aufgesetzt. Für die Wissenssoziologie sind diese Intellektuellen deswegen von besonderer Bedeutung, weil sie den naiven Glauben an die schlichte Gültigkeit von Wissen und Wahrheit angreifen (der noch unsere »Wissensgesellschaft« beherrscht). Und obwohl sie die Quelle allen Tuns in nichtsozialen Trieben verankern, sehen sie darüber hinaus die vermeintliche Geltung von Wissen nicht in der Erkenntnis selbst begründet, sondern in sozialen Prozessen, in denen der Schein von Wahrheit erzeugt wird.

Einen entscheidenden Beitrag zur Prägung dieses Irrationalismus lieferte FRIEDRICH NIETZSCHE.[74] Er hebt vor allem die Rolle der Triebe hervor: Die Menschen schaffen sich eine künstliche Ideenwelt hinter der Erscheinungswelt, weil sie ihre ureigensten niederen Triebe übertünchen wollen. Diese Triebe bilden die eigentliche Grundlage der Erkenntnis, denn erst ihre Konfrontation mit der Wirklichkeit bringt Erkenntnis hervor, ja erzwingt sie. Wissen ist folglich nicht schon Teil der menschlichen Natur. Es folgt aus dem Trieb und ist Ausdruck gesellschaftlicher Machtverhältnisses: »Wenn wir Erkenntnis wirklich begreifen wollen, wenn wir wirklich wissen wollen, was sie ist, wenn wir ihre Wurzel und Fabrikation erfassen wollen, müssen wir uns vielmehr an den Politiker halten und uns klarmachen, dass es sich um Verhältnisse des Kampfes und der Macht handelt.«[75] Wissen besteht also nur in Handlungen, in denen Menschen sich Dinge gewaltsam aneignen und auf

---

74 Friedrich Nietzsche wurde 1844 in Sachsen geboren. Er studierte in Bonn und Leipzig klassische Philologie und wurde 1869 als außerordentlicher Professor an die Universität Basel berufen. 1889 erlitt Nietzsche einen Zusammenbruch und verbrachte die letzten elf Jahre seines Lebens bis zu seinem Tod im Jahr 1900 in geistiger Umnachtung. Er kam zwar aus einem protestantischen Pfarrhaus, kritisierte das Christentum jedoch sehr heftig. Nietzsche schloss an den Arbeiten von Arthur Schopenhauer an, der in seiner »Kritik der Vernunft« anstrebt, die Vernunft aus ihrem religiös-christlichen Rahmen zu befreien.

75 Michel Foucault, Die Wahrheit und die juristischen Formen, Frankfurt 2002, S. 24

Situationen reagieren.[76] Wahres Wissen ist »somit nicht etwas, das da wäre und das aufzufinden, zu entdecken wäre – sondern etwas, das zu schaffen ist und das den Namen für einen Prozess abgibt [...] es ist ein Wort für den ›*Willen zur Macht*‹.«[77]

Deswegen stellen falsche Urteile für den Menschen ebenso wenig ein Problem dar wie falsches Wissen. Ganz im Gegenteil: Die Vorstellung, es gebe so etwas wie Wahrheit, ist in Nietzsches Augen ein kolossaler Irrtum. Erkenntnis ist für ihn nämlich keine bestehende Größe, sondern eine Erfindung. Denn »der Gesamtcharakter der Welt ist [...] in alle Ewigkeit Chaos, nicht im Sinne der fehlenden Notwendigkeit, sondern der fehlenden Ordnung, Gliederung, Form, Schönheit, Weisheit[...]«[78] Die Menschen begehen diesen Irrtum, um sich in Sicherheit zu wähnen. Die Wahrheit selbst ist nur für die wenigen Gelehrten von Interesse. Für die breite Masse der Menschen dagegen ist allein das Wissen von Bedeutung, das lebensfördernd wirkt. Die »Wahrheit« ist somit eine Verkleidung des »Willens zur Macht«, jener Kraft, die uns am Leben erhält und unseren Bestand sichert. Die eigentliche Funktion des Geistes ist die Verstellung des Lebens so, dass es uns lebenswert erscheint, und die Verführung zum Leben.

Wahrheit und Wissen sind jedoch nicht nur eitle Hülle. Denn was den Menschen auszeichnet, ist dass er gegen sich selbst, gegen seine Triebe und seinen »Willen zur Macht« Stellung beziehen kann. Die Instanz nun, die es ihm ermöglicht, sich gegen seinen Ursprung aus der Natur und gegen seine naturhafte Determination zu wehren, ist der Geist, der Wissen schafft. Durch seine Fähigkeit der Verkleidung kann er eine »Umwertung der Werte« bewirken, die in die Dekadenz, zum endgültigen Zerfall führen kann: Weil der Mensch schlecht ist, schafft er die Idee des Guten, weil er lügt, schafft er die Wahrheit, weil er hässlich ist, schafft er das Schöne. »Will jemand ein wenig in das Geheimnis hinab- und hinuntersehen, wie man auf Erden Ideale fabriziert? [...] Diese Werkstätte, wo man Ideale fabriziert – mich dünkt, sie stinkt vor lauter Lügen.«[79] Jede Gesellschaft hat in seinen Augen eine herrschende und eine beherrschte Schicht. Den beiden Schichten sind zwei verschiedene Moralen zugeordnet: die »Herrenmoral« und die »Sklavenmoral«.

Besonders »verlogen« erscheinen Nietzsche jene Wissensformen, die die grundlegende Machtbeziehung bestreiten. Das Christentum ist ihm dafür ein sehr wichtiges Beispiel, betont es doch die Nächstenliebe und verleugnet es den Machttrieb. Genau hierin jedoch, so betont Nietzsche, liegt das Perfide des Christentums: Es predigt eine Religion der Schwachen, Kranken und Armen, Machtlosen – um genau

76 Es ist zu bedenken, dass Nietzsche in seiner Auffassung der Erkenntnis auch vom Materialismus (in diesem Fall Friedrich Albert Langes) beeinflusst war, von dem er die Auffassung übernahm, dass unsere Sinnenwelt ein Produkt unserer körperlichen Organisation sei, so dass die Welt wie eine Art Black Box erscheint, die nur in ihren Wirkungen auf uns erkennbar sei.

77 Hans Barth, Wahrheit und Ideologie, op. cit., S. 226

78 Friedrich Nietzsche, Die fröhliche Wissenschaft. Kritische Gesamtausgabe (hgg. v. G. Collin und M. Montinari), Berlin u. New York 1973, § 109

79 Friedrich Nietzsche, Zur Genealogie der Moral, München 1973, S. 37 (§14)

damit an die Macht zu kommen und sich an der Macht zu halten. Die Religion der Nächstenliebe ist ihm eine Übertünchung von Machtinteressen.

So geht Nietzsche mit dem Hinweis auf den Zusammenhang von Religion und Machtinteressen über einen psychologischen Ansatz des Wissens als bloß subjektiver Projektion hinaus, den er in seinen früheren Schriften vertritt und schließt an die Interessentheorie an: Religiöse Vorstellungen dienen dazu, die Interessen derer durchzusetzen, die sie vertreten. Das Christentum ist ihm eine Religion des Ressentiments der Schwachen gegen die Starken. Weil die Schwachen und Zukurzgekommenen Träger dieser Religion seien, komme der Erfolg des Christentums einem ›Sklavenaufstand der Moral‹ gleich. Er entspreche somit einer ›Vergeltungsreligiosität‹, die die Starken und Erfolgreichen bestrafe, einem, wie Nietzsche es nennt, *Ressentiment.* Max Scheler, der den Begriff später aufnimmt, definiert das Ressentiment als eine »seelische Selbstvergiftung«, die durch eine »systematisch geübte Zurückdrängung von Entladungen gewisser Gemütsbewegungen und Affekte entsteht [...] und die gewisse dauernde Einstellungen auf bestimmte Arten von Werttäuschungen und diesen entsprechenden Werturteilen zur Folge hat«.[80] Die Zurückdrängung der vornehmen Werte durch das Ressentiment hat sich in einem historischen Prozess abgespielt, der vom antiken Rom bis zur Reformation und zur französischen Revolution reicht. In dieser Zeit wurden Ideale verbreitet, die den Menschen Schuld und schlechtes Gewissen einredeten, mit denen die Triebe unterdrückt werden sollten. Diese Ideale entfalteten eine »ungeheure Macht«, indem sie ein System der Interpretation errichteten, mit dem erst das festgestellt wurde, was Wahrheit sei.

Man kann sich dennoch fragen, mit welchem Grund Nietzsche, der ja als Verächter der (positivistischen) Soziologie gilt, hier in der Ahnenreihe der Wissenssoziologie auftritt.[81] Dafür gibt es mehrere Gründe. Zum einen spielt Nietzsche eine bedeutende Rolle in den wissenssoziologischen Überlegungen Webers, Paretos und Schelers, ja auch bei Elias und Foucault. Zum Zweiten sind für ihn Erkenntnis und Wissen gerade wegen ihrer vermeintlichen Geltung unmittelbar und fundamental sozial: »Die Bedingung von Wahrheit und Wahrhaftigkeit ist die Gesellschaft.«[82] Denn da der Mensch (»aus Not und Langeweile«) gesellschaftlich (und, wie Nietzsche verächtlich formuliert: »herdenweise«) existieren muss, ist er auch zu einem Friedensschluss gezwungen, der das gemeinsame Leben ermöglicht. Dieser Friedensschluss erst fixiert jenes etwas für alle Gemeinsame, das eine verbindliche Geltung haben soll. Hier also entsteht Wahrheit – als eine moralische Größe.[83]

---

80 Max Scheler, Das Ressentiment im Aufbau der Moralen, in: ders., Vom Umsturz der Werte, Bern und München 1972, S. 38

81 Vgl. dazu auch Horst Baier, Die Gesellschaft – Ein langer Schatten des toten Gottes, in: Nietzsche-Studien 10-12, S. 6-33

82 Barth, Wahrheit und Ideologie, op. cit., S. 218

83 Der Wille zur Wahrheit findet jedoch auch andere, weniger friedliche soziale Formen: als Eroberung und Kampf mit der Natur, als Widerstand gegen regierende Autoritäten und als Kritik des in uns Schädlichen.

SIGMUND FREUD ist ein weiterer, ebenso wie Nietzsche weltberühmter Autor, der die triebhafte Ausstattung des Menschen in den Vordergrund stellt.[84] Auch Freud wird nicht im engeren Sinne der Soziologie zugerechnet, zielt er doch auf eine psychologische Theorie, in der drei Instanzen (»*Ich*«, »*Es*«, »*Über-Ich*«) unterschieden werden. Von soziologischer Relevanz ist Freuds Theorie dennoch, denn die psychischen Instanzen werden vor allen Dingen im sozialen Kontext der Familie ausgebildet. Vater und Mutter bilden die wesentlichen Bezugsgrößen der kindlichen Psyche. Von zwei Trieben geleitet (dem *Liebestrieb* und dem *Todestrieb*), entwickelt sich jedoch nicht nur die Psyche in der Auseinandersetzung mit Vater und Mutter. Diese Konstellation ist auch prägend für das Wissen und die menschliche Kultur. Die Auseinandersetzung mit der von Vater und Mutter repräsentierten Sozialwelt führt zur Entwicklung eines »Über-Ich«, das die sozialen Normen und Werte ins Ich verlegt. Mit dem Begriff des »Es« setzt Freud zugleich eine von den Trieben beherrschte Instanz ein, die sich vor allem durch »unbewusstes Wissen« auszeichnet. Dazu zählen die vom Ich zurückgewiesenen Elemente, die das Verdrängte als Teil des Unbewussten ausmachen.

Eine elementare Form des Wissens über die Welt bestehe in der *Projektion* innerer Wahrnehmungen nach außen: »Innere Wahrnehmungen [werden] nach außen projiziert, zur Ausgestaltung der Außenwelt verwendet, während sie in der Innenwelt verbleiben sollen.«[85] Diese Projektion des Inneren nach Außen kennzeichnet vor allem das primitive Denken. Entsprechend tritt es auch in primitiven Kulturen als mythologische Weltauffassung auf, die »nichts anderes ist als in die Außenwelt projizierte Psychologie«. So versteht er die Mythen vom Paradies und Sündenfall, vom Guten, vom Bösen und von der Unsterblichkeit als Projektion. Ganz besonders deutlich wird der projektive Charakter des menschlichen Wissens für ihn an der Religion, die er mit pathologischen individualpsychologischen Fällen vergleicht: »Man könnte den Ausspruch wagen, eine Hysterie sei ein Zerrbild einer Kunstschöpfung, eine Zwangsneurose ein Zerrbild einer Religion, ein paranoischer Wahn ein Zerrbild eines philosophischen Systems.«[86] Und er geht noch weiter und kehrt das Verhältnis sogar um: »Nach diesen Übereinstimmungen und Analogien könnte man sich getrauen, die Zwangsneurose als pathogenes Gegenstück der Religionsbildung aufzufassen, die Neurose als eine individuelle Religiosität, die Religion als eine universelle Zwangsneurose zu bezeichnen.«[87] Religiöse Wissensformen sind also Illusi-

---

84 Sigmund Freud (1856-1939), Wiener Arzt und Neurologe, ist der weltberühmte Begründer der Psychoanalyse, in der das Unbewusste in die psychologische Forschung und Therapie einbezogen werden sollte.

85 Sigmund Freud, Totem und Tabu. Gesammelte Werke. Bd. 9, Frankfurt 1968 (4. Aufl.), S. 81

86 Ebd., S. 91; Vgl. auch Sigmund Freud, Der Mann Moses und die monotheistische Religion, in: Gesammelte Werke 16, Frankfurt 1968 (3. Aufl.)

87 Sigmund Freud, Zwangshandlungen und Religionsübungen, in: Gesammelte Werke. Bd. 7, Frankfurt 1964 (4. Aufl.), S. 138f; unter einer Neurose versteht er eine krankhafte Fehlentwicklung des Seelenlebens, die durch unverarbeitete seelische Konflikte verursacht wird. In der Zwangsneurose äußern sie sich in Zwangsgedanken oder -handlungen.

onen, Erfüllungen alter und elementarer menschlicher Wünsche. Wie Wunschdenken ein Merkmal kindlicher Wirklichkeitsbewältigung ist, sucht sich der Erwachsene Götter, die ihm diesen Schutz gewähren. Es ist eine Folge der Projektionsfähigkeit der Psyche, dass der Mensch, wenn er nicht fähig ist, die Realität zu ertragen, eine Illusion an die Stelle der Realität setzt. Wieder ist die Religion für Freud das beste Beispiel: Sie ist im Grunde eine regressive, also in der seelischen Entwicklung rückwärtsgewandte, »infantile Illusion«, und da die Richtung dieser Illusion von der Familienstruktur geprägt ist, kann man Gott als eine psychologische Überhöhung des Vaters ansehen.

Nicht nur können die Götter als Ausdruck der Vatersehnsucht angesehen werden. Letzten Endes beruht die gesamte Kultur und unser Wissen auf einer solchen Projektion, die aus der Erfahrung der Hilflosigkeit angesichts der Natur geboren wird – eine Erfahrung, die wir als hilflose Kinder schon einmal gemacht haben: »So wird ein Schatz von Vorstellungen geschaffen, geboren aus dem Bedürfnis, die menschliche Hilflosigkeit erträglich zu machen, erbaut aus dem Material der Erinnerungen an die Hilflosigkeit der eigenen und der Kindheit des Menschengeschlechts.«[88]

Wir sollten beachten, dass nicht nur die Einflüsse auf die psychische Trieb-Dynamik in der sozialen Situation der Familie verankert werden; diese Triebdynamik wirkt sich auch ihrerseits wieder auf unser Wissen von der Welt aus. Dabei sollte man doch die vehemente Kritik an der Psychoanalyse nicht verschweigen. So wird zum einen eingewandt, dass Freuds Darstellung der familialen Verhältnisse sehr kulturspezifisch ist und stark die Züge des patriarchalen bürgerlichen und autoritären 19. Jahrhunderts trägt. Darüber hinaus haben Deleuze und Guattari sogar argumentiert, dass nicht die Psyche einen besonderen Zwang auf uns ausübt, sondern dass es die Psychoanalyse ist, die Macht über die Menschen erlangen will.[89]

Einen im engeren Sinne soziologischen Zugang zum Irrationalismus schafft erst VILFREDO PARETO.[90] Irrationalistisch ist auch er, denn die menschliche Natur ist in seinen Augen für keine Aufklärung offen, sondern weist einen auf Triebe zurückgehenden ideologischen Hang auf. Dieser Irrationalismus findet einen sehr deutlichen Ausdruck in Paretos allgemeiner Soziologie: Als ausgebildeter Ingenieur und Volkswirt beschäftigt er sich zunächst mit den logischen Handlungen, die sich dadurch auszeichnen, dass dabei Mittel gewählt werden, die den Zielen adäquat sind. Diese Adäquatheit folgt den positivistischen Forderungen logisch-experimentellen Denkens, ließe sich also, wie man meint, prinzipiell mit den Methoden der Naturwissenschaften stützen. Logische Handlungen zeichnen sich dadurch aus, dass das Ziel, das die Handelnden verfolgen, mit den Mitteln erreicht wird, die sich aufgrund des

88 Sigmund Freud, Werke aus den Jahren 1925-1931, in: Gesammelte Werke. Bd. 14, London 1948, S. 340

89 Gilles Deleuze und Félix Guattari, Kapitalismus und Schizophrenie. Antiödipus, Frankfurt 1981

90 Vilfredo Pareto wurde als italienischer Staatbürger 1848 in Paris geboren und starb 1923 bei Genf. Er war Professor für Nationalökonomie in Lausanne und Mitbegründer der Lausanner Schule für Grenznutzen.

verfügbaren wissenschaftlich-experimentellen Wissens als passend erweisen. Mehr und mehr jedoch bemerkt Pareto, dass viele Handlungen dieses strenge Kriterium in Wirklichkeit gar nicht erfüllen. An dieser Stelle nun tritt für ihn erst die Soziologie auf den Plan. Sie ist es nämlich, die erklären soll, warum so viele Handlungen nicht logisch verlaufen. Sie behandelt also die *nicht-logischen Handlungen*, die weitaus in der Mehrzahl seien. »Die Illusionen, die sich die Menschen hinsichtlich der Motive machen, die ihre Handlungen bestimmen, haben mannigfaltige Quellen. Eine der wichtigsten ist die Tatsache, dass sehr viele menschliche Handlungen nicht die Konsequenz rationalen Denkens sind. Diese Handlungen sind rein instinktiv, der sie vollziehende Mensch empfindet indes Vergnügen, wenn er ihnen – übrigens willkürlich – logische Ursachen zugrunde legt. Er ist im Allgemeinen nicht gerade anspruchsvoll bezüglich der Qualität dieser Logik und gibt sich sehr leicht mit dem Anschein von logischer Überlegung zufrieden. Aber es wäre ihm unangenehm, ganz darauf zu verzichten.«[91] Diese nichtlogischen Handlungen übersehen zu haben, zähle zu den großen Irrtümern in den bisherigen Wissenschaften. Zu den nichtlogischen Handlungen zählen genauer (a) instinktives, unbewusstes und habituelles Verhalten, (b) magische und religiöse Praktiken sowie (c) intentionales Handeln mit nichtbeabsichtigten Folgen. Das Gefühl ist neben der »Suche nach Erfahrungswerten« eine wichtige Quelle des menschlichen Handelns: Die Gefühle und Instinkte, die nichtlogischem Handeln zugrunde liegen, treten gesellschaftlich als *Residuen* in Erscheinung. Man muss sich die Residuen wie eine Art geistige Gewohnheiten vorstellen, die sich, auf einer instinktiven und emotionalen Grundlage, über die Zeit kulturell verfestigen.

Pareto unterscheidet sechs Klassen von Residuen, die helfen können, den Begriff etwas besser zu verstehen. Eine Klasse etwa bilden die sexuellen Residuen. Dieses Residuum fügt der (instinktiven) sexuellen Aktivität einen erotischen Charakter hinzu. Ein weiteres Residuum ist die »Persistenz der Aggregate«. Es bindet die einzelnen Individuen an seine sozialen Gruppen, also an Familie, Heimatort oder soziale Klasse sowie ihre Werte und Normen. Dies ist das Residuum, das die Rentier-Mentalität leitet. Nicht zu verwechseln ist dieses Residuum mit dem, das die Beziehung zur Sozialität durch Konformismus, Mitleid oder Selbstaufopferung herstellt. Auch der Drang, die eigenen Gefühle durch Handlungen anzuzeigen, bildet ein Residuum, das die Funktion hat, die menschliche Persönlichkeit in den Mittelpunkt zu stellen. Der »Instinkt der Kombination« gilt ihm als ein Residuum, das zu Innovationen führt. Und schließlich sorgt ein Residuum für die Wahrung der Würde des Individuums.

Stimmen bei den logischen Handlungen die Begründungen der Handlungen mit den Beweggründen und Motiven überein, so sucht der Mensch auch für die Beweggründe der nichtlogischen Handlungen häufig logische Begründungen. Obwohl er also aus Gefühlen, Affekten und Emotionen heraus handelt, versucht er eine, wie man sagen könnte, Rationalisierung dieser Handlungen. Solche Scheinbegründungen

91 Vilfredo Pareto, Ausgewählte Schriften, München 1975, S. 121

nennt Pareto *Derivate* bzw. *Derivationen* (also Ableitungen). Man hat es nach Pareto mit Derivationen zu tun »immer dann, wenn man sein Augenmerk darauf richtet, auf welche Weise die Menschen danach streben, die Merkmale, die bestimmten ihrer Handlungsweisen eigen sind, zu verbergen, zu verändern, zu erklären.«[92] Zwar hat auch das Tier Instinkte, doch nur der Mensch »empfindet das Bedürfnis zu argumentieren und außerdem einen Schleier über seine Triebe und seine Gefühle zu breiten«.[93] Als Derivationen bezeichnet er den »Komplex von Argumenten und Handlungen, mit denen das nicht-logische Handeln als logisches präsentiert wird«.[94]

Derivationen sind keineswegs Mystifizierungen oder gar Betrug, da sie von den Menschen in der Regel selbst geglaubt werden. Derivationen sind vielmehr jene pseudo-logischen Argumentationen, mit denen Handlungen, wie Freud sagen würde, »rationalisiert« werden. Sie setzen sich aus Trugschlüssen und Illusionen, Glauben, Vorurteilen und Fehlurteilen zusammen, mit denen menschliches Handeln häufig verknüpft ist. Ihre Überzeugungskraft besteht weniger in der logischen Schlüssigkeit als im Appell an Gefühle. Im Unterschied zu Freud jedoch verdanken sie sich selbst nicht den Gefühlen, sondern dem sozial eingespielten Gemeinsinn, auf den auch die Rhetorik zurückgreift. Ein Beispiel dafür sind »Wortbeweise«, die durch die Wahl einzelner Worte entschieden werden. Im Falle des Verharrens im eigenen Glauben nennt man dies »›Standhaftigkeit‹, wenn [es] häretisch ist, ›Verstocktheit‹. Ein anderes Beispiel dafür: Im Jahre 1908 nannten die Freunde der russischen Regierung, wenn sie einen Revolutionär töteten, ihr Vorgehen ›Exekution‹, das der Revolutionäre, wenn sie ein Regierungsmitglied töteten, ›Mord‹. Die Feinde der Regierung kehrten die Bezeichnungen um: das erste Vorgehen war ›Mord‹, das zweite ›Exekution‹.«[95]

Diese Derivationen gliedert Pareto in vier Klassen auf. Zum Ersten nennt er die Behauptungen, die Geschichten mit großer oder geringer Überzeugungskraft beinhalten können. Sie rechtfertigen aufgrund der bloßen Affirmation. Zum Zweiten finden sich Argumente, die auf Autorität beruhen (wenn man etwa die Bibel zitiert). Die Anrufung einer Autorität dient als Rechtfertigung. Übereinstimmungen mit Gefühlen und Prinzipien bilden die dritte Klasse der Derivationen, zu der auch der Common Sense gehört. Man bezieht sich auf ein Prinzip oder ein Gefühl, um eine Handlung zu begründen. Und schließlich führt er noch das schon angeführte Beweisen mit Worten an, also Begründungen, die auf ungenauen Wörtern, auf Sprichwörtern, Metaphern, Allegorien oder Analogien aufbauen.

Während die Residuen das Handeln leiten und recht konstant bleiben, wirken sich die Derivationen nicht unmittelbar auf das soziale System aus. Zudem verän-

---

92 Vilfredo Pareto, Trattato di sociologie generale, Mailand 1964, § 1397

93 Ebd., § 1400

94 Carlo Mongardini, Paretos Soziologie um die Jahrhundertwende, in: Pareto, Ausgewählte Schriften, op. cit., S. 5-54, S. 25

95 Vilfredo Pareto, System der allgemeinen Soziologie. Eine Einleitung. Texte und Anmerkungen von Gottfried Eisermann, Stuttgart 1962, S. 107

dern sie sich mit dem soziohistorischen Kontext. Die Residuen determinieren die Derivationen, doch haben auch diese Einfluss auf die Residuen.[96] Die Derivationen gehorchen also dem, was man heute wohl eine »Rhetorik« nennen würde, wie sie typischerweise innerhalb der Wissenschaft zu finden ist.

In Paretos Wissenssoziologie bilden die im engeren Sinne ideologischen Systeme einen weiteren Schwerpunkt, da sie direkt auf den Derivationen und Residuen aufbauen. Denn die Verwandlung von nichtlogischen in logische Handlungen gelingt vor allem durch Berufung auf moralische, religiöse und metaphysische Theorien und Lehren. *Ideologien* sind also keineswegs identisch mit Derivationen; Ideologien sind selbst selten Teil von Handlungen und auch nicht unbedingt emotional, ja verhüllen Emotionalität eher. Weder den Derivationen noch den Ideologien geht es um die Wahrheit, sondern nur um Wirksamkeit und Nutzen. Die Wirksamkeit wird durch die Frage bestimmt, warum Menschen an ein bestimmtes geistiges Gebilde glauben. Sie bemisst sich daran, was sie davon haben. Auch Weltanschauungen, wie etwa das Christentum oder der Sozialismus, sollten deshalb nicht auf ihre Wahrheit hin befragt werden, »der Wert der heiligen Bücher aller Religionen liegt nicht in ihrer historischen Präzision, sondern in den Gefühlen, die sie im Herzen ihrer Leser erwecken können«.[97] Gesellschaften sind nicht rational, sondern werden durch Ideologien und Mythen geleitet und verändert. Jeder Versuch der Wissenschaft, diese Mythen zu entzaubern, schafft nur selber wiederum neue Mythen.

Wie Marx blickt auch Pareto auf eine sozialstrukturelle Größe, die wesentlich für die Ideologien verantwortlich ist: Sind es bei Marx aber die proletarischen Massen, so stehen bei Pareto die *Eliten* im Vordergrund. Gesellschaftliche Fortentwicklung kommt für ihn im Wesentlichen durch den Kampf der Eliten um die Macht zustande, der zu einem Kreislauf der Eliten führe. »Selbst im tiefsten Frieden kommt der Prozess der Zirkulation der Eliten nicht zum Stillstand; sogar die Eliten, die durch den Krieg keine Verluste erleiden, verschwinden und manchmal geschieht dies ziemlich rasch. Es handelt sich nicht nur um den Untergang der Aristokratien durch das Übergewicht der Todesfälle über die Geburten, sondern auch um den inneren Verfall der Elemente, aus denen sie sich zusammensetzen.«[98] Dabei zeigten sich immer zwei Kräfte: zentripetale Eliten, die die Zentralgewalt stärken, und zentrifugale Eliten, die ihre Auflösung anstreben.

Die Eliten sind gleichsam die wissenssoziologisch relevanten Akteure, denn in der Auseinandersetzung der Eliten spielen die Residuen und Derivationen eine entscheidende Rolle. Dies ist natürlich besonders in der politischen Rhetorik der Fall, die sich ja durch ihre persuasive Absicht von der philosophischen Abhandlung unterscheidet. Denn sie dient zur Durchsetzung von Machtinteressen, die vor allem von den Eliten verfolgt werden. Sie bilden, neben den politischen Intellektuellen, die

96 Crespi und Fornari, Introduzione, op. cit., S. 89
97 Pareto nach Mongardini, Paretos Soziologie, op. cit., S. 37
98 Ebd., S. 48f

wichtigsten Trägergruppen der politischen Kommunikation. Herrschende Gruppen und Gegeneliten befinden sich im Kampf um die Macht, der, sozusagen als Derivat, immer auch ein Kampf der Ideen ist. Die verschiedenen Gruppen nutzen jedoch nicht nur Ideen, sie verkörpern und interpretieren immer auch unterschiedliche Residuen der Gesellschaft. Es sind also nicht nur »Scheingefechte«, die über Residuen ausgetragen werden, sondern auch Kämpfe zwischen den zugrunde liegenden Prinzipien.

Durch die Zirkulation der Eliten ändern sich Ideologien und Derivate fortwährend. Allein wenn man hinter sie blickt, entdeckt man die eigentlichen Beweggründe, die Residuen. Weil die menschliche Natur über die Geschichte hinweg im Wesentlichen gleich bleibt, ändern sich auch die Residuen nicht über die Zeit. Doch auch die ansonsten sehr wandelhaften Derivate enthalten einen festen, konstant bleibenden Kern und veränderliche symbolische Ränder. Diesen Kern hält Pareto für universale geistige Strukturen. Sie sind die eigentlichen Residuen, wie etwa der Totemglaube, Heiligenanbetungen, Askesepraktiken. Diese mentalen Strukturen, die Pareto in verschiedene Klassen unterteilt, bilden für ihn eine Art vortheoretische Ordnung des Bewusstseins – eine Ordnung des verborgenen Wissens, der wir in der Wissenssoziologie unter verschiedenen Begriffen immer wieder begegnen.

Eine Fortsetzung über Pareto hinaus erfährt der wissenssoziologisch relevante Irrationalismus durch die Arbeit von Georges Sorel, dessen wissenssoziologischer Beitrag vor allem um den Begriff der *Mythen* kreist.[99] Im Unterschied zur gängigen Vorstellung, die diesen Begriff mit archaischen Erzählformen verbindet, bezeichnet er damit eine Art politisches Wissen der Straße. Geiger fasst Sorels Verständnis dieser Mythen als »Ideologien, die sich auf die Gesellschaft beziehen«.[100] Die Menschen benötigen ein orientierendes Gesamtbild der Gesellschaft. Weil ein wirkliches Abbild jedoch nur unter großen Mühen hergestellt werden könnte, hält sich der Durchschnittsmensch lieber an verzerrte Mythen. Würde die Kenntnis der wirklichen Verhältnisse lähmend wirken, so förderte die begrenzte Einseitigkeit der Mythen die Bereitschaft zur Handlung. Auch gesellschaftliche Bewegungen, die von Gesellschaftstheorien geleitet sind, finden in der Masse nur dann Resonanz, wenn sie einen mythologischen Gehalt aufweisen. »Je weniger Wahrheit und je mehr Mythos, desto besser.«[101] So wirkt etwa der Mythos vom Generalstreik für die Arbeiter nicht aufgrund von materialistischen Erklärungen im Rahmen der marxistischen Theorie, sondern deswegen, weil er in eine bildhaft komprimierte Version gebracht wird, die eine Menge zu einer Gemeinschaft zusammenschweißt und sie zu kollektiven Handlungen bewegt. Vom Urchristentum bis zur französischen Revolution sei jeder Versuch der Massenmobilisierung von solchen Mythen ausgegangen.

Die Tragweite seines Ansatzes wie auch der anderer wissenssoziologisch relevanten Irrationalisten wird in jüngerer Zeit wieder sehr deutlich. Denn seit dem Ende der

99 Georges Sorel, Über die Gewalt, Innsbruck 1928
100 Theodor Geiger, Ideologie und Wahrheit, op.cit., S. 18
101 Ebd., S. 19

1970er-Jahre breitet sich eine ausdrücklich irrationalistische Vernunftkritik sehr stark aus, die die Vernunft und den Glauben an rationales Wissen kritisch hinterfragt. Sie behandelt Wissen als etwas, dessen Anspruch auf Wahrheit soziale Gründe hat oder verortet ihre eigentliche Geltung in einer der rationalen Geltung nur bedingt zugänglichen Dimension des unausgesprochenen, selbstverständlichen, tradierten oder triebhaft verankerten Wissens.

B Die moderne Wissenssoziologie

Die Ausbildung der Soziologie als Wissenschaft und die Ausbreitung dessen, was man als Moderne bezeichnet, sind aufs Engste miteinander verknüpft. Nicht nur zeitlich entwickelt sich die wissenschaftliche Institutionalisierung der Soziologie parallel zur kulturellen Moderne in der Literatur, der bildenden Kunst oder der Musik. Überdies kann man die Soziologie – und hier insbesondere ihre »klassischen Vertreter«, also Durkheim, Weber oder Simmel – zu den wichtigsten Diagnostikern der Moderne rechnen. Ihre soziologischen Analysen waren mit ausschlaggebend für das Selbstverständnis ihrer eigenen Gesellschaft als einer modernen. Wie Durkheim betont, vergrößert sich die gesellschaftliche Arbeitsteilung immer rascher, immer mehr Aufgaben werden an immer spezialisiertere Institutionen abgegeben, deren Arbeitsweise kaum mehr zu verstehen ist. Institutionelle Spezialisierung ist Teil einer umfassenden Rationalisierung, also der kognitiven und praktischen Verfügbarmachung der Wirklichkeit, ihrer Berechnung und zweckorientierten Beherrschung und damit verbundenen starken Bürokratisierung. Die Moderne steht in einem engen Zusammenhang mit dem (rationalistischen) Kapitalismus, dessen Produktivität den Wunsch nach Neuem geradezu als ethische Grundhaltung erfordert. Die Soziologien, mit denen wir es im Folgenden zu tun haben, sind also eng mit der Moderne verknüpft.

Die Wissenssoziologie wird häufig mit ihren klassischen Vertretern Mannheim, Scheler, Jerusalem gleichgesetzt, die auch den Namen prägten. Allerdings finden sich Vorläufer schon vor dem Aufkommen der Bezeichnung Wissenssoziologie, die zuweilen den Begriff der Soziologie der Erkenntnis benutzten. Auch außerhalb des deutschsprachigen Raumes gab es, wie das Beispiel Paretos zeigt, deutliche Bestrebungen zur Ausbildung einer Wissenssoziologie. Wir werden sehen, dass im angelsächsischen Raum vergleichbare Anstrengungen unternommen wurden. Die »Klassiker« der Soziologie verfolgen diese wissenssoziologischen Fragestellungen ebenfalls. Weil sie die Moderne mit bestimmt haben, ist ohne sie die Wissenssoziologie nicht zu begreifen.

1 Kollektives Bewusstsein, prälogisches Denken und soziale Repräsentationen

Einen wesentlichen Beitrag zur Fundierung der heutigen Wissenssoziologie wurde von der französischen Soziologie geleistet. Hier war es vor allem EMILE DURKHEIM, der französische Begründer der Soziologie, der die Fragen der Wissenssoziologie aufwarf und mit seinen Schülern anging.[1] Durkheim zielte auf eine Theorie des

1 Emile Durkheim wurde 1858 in Epinal (Vogesen) geboren. Er studierte u.a. bei Fustel de Coulange

Wissens, die den Umstand berücksichtigt, dass der Mensch ein soziales Wesen ist – also eine soziologische Theorie des Wissens. Um den soziologischen Charakter seiner Theorie des Wissens (oder der Erkenntnis) zu verstehen, ist es hilfreich, an ein Zitat des österreichischen Soziologen Ludwig Gumplowicz zu erinnern, dessen Werk Durkheim während seines Deutschlandaufenthaltes kennenlernte. Nach Gumplowicz ist es der größte Irrtum anzunehmen, »*der Mensch* denke. Aus diesem Irrtum ergibt sich dann das ewige Suchen der Quelle des Denkens im Individuum und der Ursachen, warum es so und nicht anders denke, woran dann die Theologen und Philosophen Betrachtungen darüber knüpfen oder gar Ratschläge erteilen, wie der Mensch denken solle. Es ist dies eine Kette von Irrtümern. Denn erstens, was im Menschen denkt, das ist gar nicht er, sondern die soziale Gemeinschaft. Die Quelle seines Denkens liegt gar nicht in ihm, sondern in der sozialen Umwelt, in der er lebt, in der sozialen Atmosphäre, in der er atmet, und er kann nicht anders denken als so, wie es aus den in seinem Hirn sich konzentrierenden Einflüssen der ihn umgebenden sozialen Umwelt mit Notwendigkeit sich ergibt.«[2]

Sehr vehement vertritt auch Durkheim eine solche »soziologische Erkenntnistheorie«, die das, was im Bewusstsein als Denken geschieht, weniger als Ergebnis psychischer Prozesse, denn als Ausdruck sozialer Prozesse ansieht. Die Verbindungen zwischen einzelnen Vorstellungen bilden die Verbindungen zwischen den Individuen, ihre sozialen Strukturen, ab.[3] Durkheim stellt also die These der Sozialität des Wissens in den Mittelpunkt dieser Untersuchungen. Wissen und Denken sind demnach mehr kollektive als individuelle Vorgänge. Es ist weniger so, dass er die Gesellschaft als eine Ausweitung des individuellen Denkens betrachtet. Durkheim sieht vielmehr individuelles Denken als Ausführung gesellschaftlicher Wissensprozesse »en miniature« an.

Diesen Kerngedanken seiner Wissenssoziologie entwickelt er sehr ausführlich am Beispiel der Religion.[4] In der positivistischen Tradition Comtes betrachtet er sie als Vorform wissenschaftlichen Wissens, aus der sich alle späteren Formen des Wissens entwickeln. Religion ist also gleichsam grundlegend für das Wissen – oder zumindest für die Kategorien des Wissens. Religion, also das »Primitivste aller sozialen Phänomene«, ist für Durkheim die Form, in der sich die Gesellschaft ihrer selbst bewusst wird. Um sie zu erforschen, betrachtet er konsequent die einfachste Form der Religion, die er auch als die grundlegendste ansieht, da sie alle Elemente späterer Religionen und Wissensformen in sich enthält. Der Totemismus gilt ihm als diese elementarste Form.[5]

---

und schloss sein Studium in Philosophie ab. Nach einem Studienaufenthalt in Deutschland habilitierte er in Bordeaux. Ab 1906 war er Ordinarius für Pädagogik und Soziologie an der Sorbonne in Paris. Er starb 1917.

2 Ludwig Gumplowicz, Grundriß der Soziologie, Wien 1905 (2. Aufl.), S. 268

3 Vg. Emile Durkheim, Soziologie und Philosophie, Frankfurt 1976, S. 45ff

4 Emile Durkheim, Die elementaren Formen des religiösen Lebens, Frankfurt 1981

5 Zum Problem von Durkheims Umgang mit dem Totemismus wie zu seiner Religionssoziologie insgesamt vgl. Hubert Knoblauch, Religionssoziologie, Berlin u. New York 1999, Kap. IV.

Sozialstrukturelle Merkmale des *Totemismus* sind Exogamie (also Regeln, die die Heirat zwischen verschiedenen Totemgruppen vorschreiben), totemistische Tabus, totemistische Embleme, religiöse Vorstellungen über das Totem und damit verbundene Rituale, die besonders mit dem Glauben an ein Abstammungsverhältnis von dem jeweiligen Totem zusammenhängen. Als Totemgruppen gelten Klane, die zugleich Verwandtschaftsgruppen sind, in denen das Inzesttabu gilt. Klane sind auch die Gruppen, die mit jeweils einem Totem in Beziehung stehen. Sie treten als Kultgemeinschaften auf und bitten die Götter um Schutz, Jagdglück und gute Ernte. Durkheim sah den Totemismus sogar als Voraussetzung für die Existenz der Klanstruktur an (eine, wie sich zeigen sollte, überzogene These).

Die symbolische Bedeutung des Totems rührt daher, dass es für jeden Klan ein Zeichen ist, mit dem seine Zusammengehörigkeit ausgedrückt wird: Jeder Klan besitzt ein besonderes Abbild des Totems. Das kann ein Stein oder ein Stück Holz sein, auf dem der jeweilige ›Gott‹ des Clans abgebildet ist. Dieser ›Gott‹ ist also keineswegs bloß eine abstrakte Idee. Er tritt vielmehr in Gestalt bestimmter Pflanzen oder Tiere auf. Jeder Clan verfügt im Totem gewissermaßen über ein Gruppenemblem. Allerdings sind auch strenge Verbote mit dem Totem verbunden. Klan-Mitglieder dürfen die Tiere von der Gattung ihres Totems nicht verspeisen, sie müssen an rituellen Festlichkeiten teilnehmen, sie dürfen untereinander keinen Geschlechtsverkehr haben. Diese Verbote werden sehr scharf kontrolliert, und Brüche streng geahndet.

Das Totem als Symbol repräsentiert somit die gemeinschaftliche Struktur des Klans. Damit verbunden ist seine religiöse Funktion, die wir hier nicht weiter vertiefen wollen. Wissenssoziologisch folgenreich ist vielmehr der Gedanke der Repräsentation, den Durkheim hier vorschlägt. Eine wesentliche Rolle spielen zunächst die *religiösen Repräsentationen der Gesellschaft*, in denen sich die soziale Organisation der Gesellschaft widerspiegelt. Diese Repräsentationen sind für die Gesellschaft das, was die mentalen Phänomene für das Individuum sind. Tatsächlich bauen sie auf den Handlungen und Reaktionen der Individuen auf, gehen aber über diese hinaus. Die Welt der Repräsentationen steht also nicht einfach auf der materiellen Basis, die sie determiniert, sondern erhebt sich über sie. Die kollektiven Ideen und Repräsentationen, in denen das kollektive Leben repräsentiert wird, nehmen ein eigenständiges Leben an, ja es ist für Durkheim letzten Endes das Denken, das die Gesellschaft und damit die Wirklichkeit schafft.

Durkheim nimmt also die Frage des Verhältnisses von Wissen und Gesellschaft auf eine eigene Weise auf: Die Struktur des Wissens stellt eine Art Widerspiegelung sozialer Strukturen dar. Man könnte auch sagen: In den kollektiven Repräsentationen drücken sich die objektiven Bedingungen der Gesellschaft aus.[6] Um diese objektiven Bedingungen zu erfassen, die wir als Sozialstruktur bezeichnen würden, spricht Durkheim von einer *sozialen Morphologie*. Was er darunter versteht, kann

6 Zum Folgenden vgl. Marcel Mauss und Emile Durkheim, De quelques formes primitives de classification, in: Marcel Mauss, Essais de sociologie, Paris 1969, S. 162-230

an der Struktur der von ihm untersuchten Klane veranschaulicht werden: Die Klane der von ihm untersuchten australischen Ureinwohner sind nämlich jeweils Teil eines Stammes, der sich in zwei Hälften, die so genannten »Phratrien«, teilt. Jede Phratrie umfasst mehrere Klane, also Totemgruppen. Daneben ist jede Phratrie zusätzlich in zwei ›Heiratsklassen‹ eingeteilt: Die Mitglieder jeder Klasse können jeweils nur Mitglieder einer bestimmten Klasse aus einer anderen Phratrie heiraten.

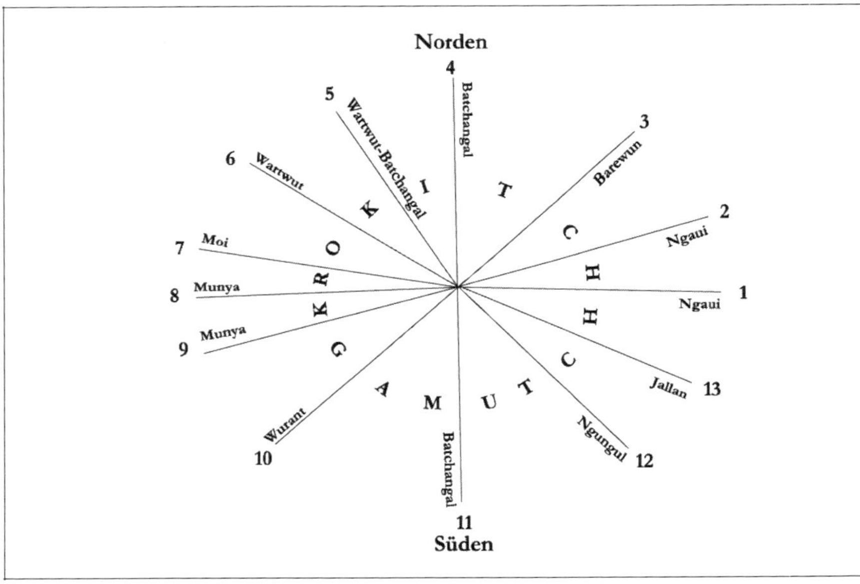

Abb. 3: ***Räumliche Anordnung der Phratrien und Klane***

Diese Struktur der sozialen Organisation nun kommt auch in den kognitiven Kategorien zum Ausdruck: Die Zweiteilung in Phratrien nämlich wird auf die Natur ausgedehnt: Sonne, Mond und Sterne gehören einer der beiden Phratrien an, auch andere Gestirne, Tiere und Pflanzen werden nach diesem Muster klassifiziert. Selbst die Himmelsrichtungen werden nach der Verteilung der Phratrien und Klane im Dorf gegliedert. Die Repräsentationen des Sakralen sind ebenfalls an die soziale Struktur gebunden. Die Vorstellung eines gemeinsamen Gottes setzt voraus, dass über die Klane hinaus eine gemeinsame Einheit des Stammes besteht, und die Vorstellung eines universalen Gottes ist das Ergebnis der Interaktion zwischen verschiedenen Stämmen.

Ein Beispiel dafür bietet die Raumaufteilung eines australischen Aborigines-Stammes, die in der Abbildung abstrakt wiedergeben ist. Man sieht, wie die einzelnen Klane im Raum aufgeteilt sind (dabei liegen verwandte Klane nebeneinander) und sich auf die zwei Phratrien (Gamutch und Krokitch) verteilen. Damit sind die verschiedenen Einheiten zugleich schon den unterschiedlichen Himmelsrichtungen zugeteilt. Dieser Ordnung folgen auch bestimmte Handlungen: So wird ein Wartwut

(6) mit dem Kopf nach Nordwesten bestattet (der mit dem warmen Wind verbunden ist). Die Sonnenleute (1) werden mit dem Kopf nach Sonnenaufgang beerdigt, ihnen ist auch die Sonne zugeordnet – und entsprechendes gilt für die anderen Klane.

Beachtenswert ist, dass nicht einfach die Inhalte der Klassifikationen, sondern ihre Struktur, die Logik von Klassifikationen wie die Logik insgesamt sozialer Natur ist. Klassifikationen setzen hierarchische Modelle voraus, für die weder die erfahrbare Welt noch unser Geist als Modell dient. Dieses Modell leitet Durkheim aus der sozialen Morphologie ab. Es sind soziale Gruppen, die den Rahmen für die Klassifikation der Totems abgeben, die ihrerseits wieder die Grundlage für die Klassifikation der anderen Dinge bieten. Dabei geht es hier nicht nur um die substantiellen Verteilungen von Dingen, sondern um die Logik des Denkens selbst. Die grundlegenden logischen Kategorien, wie etwa »und«- oder »oder«-Verbindungen, Teil-Ganzes-Verhältnisse, Schlüsse usw. haben in seinen Augen soziale Entsprechungen: So ist der Stamm der logische Vorläufer des Genus, die Phratrie der Vorläufer der Spezies und von der Einheit der Gesellschaft aus können wir uns die Einheit des Universums und das oberste logische Ganze vorstellen. Die Verbindung bestimmter Objekte mit bestimmten sozialen Gruppen führte zur Einteilung dieser Objekte mit diesen menschlichen Wesen. Frauen, Feuer und gefährliche Dinge können so bei den Aborigines in einer »logischen« Kategorie landen, wie bei uns etwa Autos, Fahrräder und Mopeds zu einer Kategorie gehören. Dabei sollte man beachten, dass es sich hier nicht nur um eine kognitive Einteilung handelt; wie im gesamten sozialen Leben sind auch hiermit Emotionen verbunden.

Die sozialen Wurzeln von Kategorien können auch an der Zeit beobachtet werden. Die Zeit basiert für Durkheim auf den Phasen der Zusammenkunft und Verteilung menschlicher Gruppen. Die Einteilung in Tage, Wochen, Monate und Jahren entspricht der periodischen Wiederkehr religiöser Zeremonien und sozialer Aktivitäten. Kalender sind in diesem Sinne Ausdruck der sozialen Zeit. Wie wir gesehen haben, macht sich auch die Kategorie des Raumes an der räumlichen Verteilung fest, ja Durkheim vermutet sogar, dass selbst die Kategorie des Widerspruchs sozial bedingt sei, da sie auf Macht und Auseinandersetzung beruhe. Damit entwickelt Durkheim eine regelrechte soziologische Theorie des Wissens: Wissen ist grundlegend soziohistorisch, ja selbst die elementaren Kategorien des Denkens basieren auf sozialen Strukturen.

In einfachen Gesellschaften, die aus ähnlichen Segmenten bestehen – Durkheim charakterisiert diese Form der Organisation mit dem Begriff der »mechanischen Solidarität« –, bilden diese (zumeist religiösen) kollektiven Vorstellungen ein Kollektivbewusstsein, das sich mit dem der meisten Individuen weitgehend überschneidet. Unter einem *Kollektivbewusstsein* versteht Durkheim die Gesamtheit der gemeinsamen Überzeugungen und Gefühle der Mitglieder einer Gesellschaft. Das Kollektivbewusstsein bezeichnet den sozialen Ursprung, den das Denken und Fühlen aller Individuen hat. Tatsächlich scheint Durkheim hier eine Art »Gruppengeist« vorzuschweben, der eine eigenständige Wirklichkeit hat. Das Kollektivbewusstein ist deswegen sehr eng mit der Integration der Gesellschaft verknüpft. Ja man kann hier die Regel aufstellen: Je ähnlicher sich individuelles und kollektives Bewusstsein sind, je stärker die Zustände des kollektiven Bewusstseins sind und je bestimmter die Glaubensüberzeugungen und Rituale sind, desto stärker sind die Einzelnen in die Gesellschaft integriert.

Je komplexer aber die soziale Struktur einer Gesellschaft ist, umso verwickelter wird auch der Zusammenhang zwischen Kollektivbewusstsein und Gesellschaft. So zeigt Granet[7] im Anschluss an Durkheim, wie die alte chinesische Hochkultur von Leitideen beherrscht ist, deren Genese ebenfalls auf sozialen Kategorien beruht. Die chinesischen Begriffe der Zeit widerspiegelten die dynastische und feudale Struktur des alten China. Anstatt einer linearen Zeit sei ihr Sinn von der Ordnung der Epochen und Phasen geprägt, die mit der dynastischen Abfolge verbunden werde. Der Ursprung etwa der Einteilung von Yin und Yang liege in halbjährlich stattfindenden Zeremonien, in denen die soziale Struktur nach dem Geschlechterprinzip aufgeteilt werde. Auch der Raum sei von der feudalen Gesellschaft bestimmt, die das Muster eines hierarchischen Bundes und einer heterogenen Ausbreitung vorgebe. Die fortschreitende Differenzierung bzw. Arbeitsteilung der Gesellschaft löse diese Struktur des Wissens allmählich auf.

Durkheim blickt jedoch vor allem auf die moderne Gesellschaft. Sie ist hochgradig arbeitsteilig, und ihre Elemente bestehen nicht mehr aus gleichartigen Gliedern (Klanen, Phratrien, Stämmen). Da sie vielmehr aus verschiedenen, einander funktional ergänzenden Elementen aufgebaut ist[8], schwindet die Anzahl gemeinsamer Vorstellungen, gemeinsamer Werte und gemeinsamer Rituale. Durkheim redet hier von »organischer Solidarität«. An die Stelle der kollektiven Repräsentationen des Religiösen können nun auch andere Formen des Wissens treten: Die Wissenschaft löst das religiöse Wissen ab, die politischen Rituale ersetzen die religiösen. Die Mitglieder der Gesellschaft sind durch die Arbeitsteilung zwar voneinander abhängig, sie teilen aber immer weniger kollektive Vorstellungen, ihr Kollektivbewusstsein nimmt in dem Maße ab, wie die Individualisierung zunimmt. »Der Mensch wird beweglicher, wechselt leichter die Heimat, verlässt die Seinen, um anderswo ein autonomeres Leben zu führen und bildet sich mehr eigene Ideen und eigene Gefühle.«[9] Die Individualisierung verringert die Integration und erhöht die Gefahr der Anomie, weil nun das Individuum selbst zum Gegenstand der religiösen Verehrung wird.

Wie Wilhelm Jerusalem im Anschluss an Durkheim vermutet, geht mit der Individualisierung auch eine Intellektualisierung der Seele einher. Er betrachtet sogar die Denkmöglichkeit empirischer Tatsachen als Folge der Individualisierung. Denn erst sie schaffe jenes einsam beobachtende und wissende Individuum, das die Erkenntnistheorie immer schon voraussetze. Die soziale Differenzierung führe also zu einer

7 Marcel Granet, Das chinesische Denken. Inhalt, Form, Charakter, München 1980 (EA 1934)
8 Emile Durkheim, Über die Teilung der sozialen Arbeit, Frankfurt 1977
9 Ebd., 441

Individualisierung des Denkens und damit – als Folge dieser sozialen Entwicklung – zur Universalisierung der Erkenntnis.[10]

Auch für Durkheim spiegelt die Denkfigur der individuellen Erkenntnis die Struktur einer individualistisch gewordenen Gesellschaft wider. In der Tat ist die Vorstellung der Widerspiegelung zentral für das Verhältnis von Wissen und Denken zur Sozialstruktur bei Durkheim. Diese Spiegelung der Gesellschaft wird durch kollektive Repräsentationen geleistet. Die Gesellschaft wird repräsentiert, indem Zeichen für sie gesetzt werden: Sie wird symbolisiert und ritualisiert. So ist der Kult etwa ein Zeichensystem, durch das der Glaube nach außen übersetzt wird und zugleich eine Sammlung der Mittel, durch die die kultische Gruppe sich immer wieder bestätigt. Dadurch erlauben die Repräsentationen die kognitive, geistige Erfassung der Gesellschaft und der sozialen Beziehungen in ihr. Überdies kann man sagen, dass kollektive Repräsentationen der Gesellschaft einen Ausdruck verleihen, ihr also erlauben, sich gleichsam für sich selbst zu inszenieren. So dienen etwa kommemorative Riten dazu, die gemeinsame Vergangenheit in die Erinnerung der einzelnen Person zu bringen. Kollektive Repräsentationen erfüllen dadurch verschiedene Funktionen für die Gesellschaft. Neben der normativ-integrativen Funktion des Kollektivbewusstseins[11] haben sie eine psychologisch-kognitive Funktion: Sie strukturieren das Denken des Einzelnen und leiten seine Gefühle und Empfindungen.[12] Weil sich religiöse Vorstellungen auf soziale Gruppen, ihre Werte und Normen beziehen, stellen sie ein Mittel zum Verständnis gesellschaftlicher Abläufe dar. Zeremonien, Totems oder Rituale stehen gewissermaßen für die Klane und andere gesellschaftliche Gruppen. Zwischen der Sozialstruktur und den kollektiven Ideen besteht also eine Korrespondenz.

Das Verhältnis von Wissen und Sozialstruktur verläuft offenbar analog dem Verhältnis von Basis und Überbau. Deswegen ist es sicherlich nützlich, sich kurz mit diesem korrelativen Verhältnis noch etwas eingehender zu beschäftigen, das mit dem Begriff der Spiegelung nur sehr ungenau bezeichnet wird. In Durkheims Schriften finden sich mehrere Vorstellungen dieses Verhältnisses, wobei in allen Fällen die soziale Struktur einen Vorrang vor den Wissenskategorien und Denkformen

---

10 Nach Jerusalem ist das menschliche Wissen zuerst und ausschließlich kollektiv und deswegen auch an soziale Gruppen gebunden. Von hier ausgehend verbinde es sich mehr und mehr mit dem individuellen Denken. Durch die Ablösung vom mythologischen Denken stelle sich die Frage nach der Geltung des Wissens. Schließlich sei das Wissen weder kollektiv noch individuell, sondern nehme eine universelle Dimension an, da es sich auf die menschliche Gattung beziehe. Wilhelm Jerusalem, Soziologie des Erkennens, in: Die Zukunft (1909), S. 236-246; Die soziologische Bedingtheit des Denkens und der Denkformen, in: Max Scheler, Versuche zu einer Soziologie des Wissens, New York 1975 (EA 1921), S. 182-207

11 Man sollte aber hier Wissen nicht auf rein »Kognitives« reduzieren: Gerade die Religion stellt ja keineswegs nur eine kategoriale Ordnung bereit, sondern bietet auch institutionalisierte moralische Kontrollen. Ihre Macht verdanken die Kategorien sozusagen der moralischen Autorität der Gesellschaft (die ja hinter der Religion steht).

12 Die Bedeutung dieser Funktion wird schon daraus ersichtlich, dass Durkheim sein Buch ursprünglich »Die elementaren Formen des Denkens und der religiösen Praxis« (»Les formes élémentaires de la pensée et de la pratique religieuse«) nennen wollte.

einnimmt.[13] Zum einen gibt es »*strukturale Korrespondenzen*«[14]: Die Wissens- und Denkformen sind gleichsam die bildlichen Übersetzungen der Sozialstruktur. Zum Zweiten aber meint Durkheim zuweilen auch, dass die beiden Aspekte durchaus in einer kausalen Beziehung stehen, wobei die Sozialstruktur als Ursache auftritt. Menschen klassifizieren Dinge, weil sie in Klassen eingeteilt sind. Diese kausale Vorstellung ist nicht identisch mit der funktionalen, derzufolge kognitive (z.B. Zeit-) Kategorien eine ordnende Funktion für das gesellschaftliche Leben spielen. Kalender etwa drücken nicht nur den Rhythmus des kollektiven Lebens aus; sie sichern auch die soziale Regelmäßigkeit. Lukes ist der Auffassung, dass dies wiederum nicht identisch damit ist, dass die Repräsentationen nach dem Muster der Sozialstruktur modelliert sind.[15] Schließlich sind die Repräsentationen Sinngeber der Sozialwelt, sie bilden eine Art Raster, das der sozialen Welt erst einen umfassenden Sinn verleihen kann.

Durkheims These der Spiegelung wurde scharf kritisiert. Insbesondere die Annahme einer kausalen Beziehung zwischen Kategorien und Sozialstruktur ist heftig umstritten, zumal schon eine Reihe seiner empirischen Belege nicht zu stimmen scheinen. Überdies gilt auch Durkheims Annahme einer Parallelität von Wissen und Sozialstruktur als recht überzogen, zumal fraglich ist, ob eine Gesellschaft zu einem Zeitpunkt nur über ein Klassifikationssystem verfügt. Durkheim wurde vielfach eine Art »Korrespondenztheorie des Wissens« oder ein soziologischer Naturalismus, ja Soziologismus vorgehalten, weil er kollektive Repräsentationen bloß als Oberflächenmanifestationen einer zugrunde liegenden Essenz ansehe: Wertsysteme, Glaubensüberzeugungen, Normen und Wissen korrespondierten einer eigenständigen sozialen Wirklichkeit. Diese Kritik ist sicherlich berechtigt, sofern Durkheim von der Unabänderlichkeit der untersuchten Sozialphänomene ausgeht. Dennoch anerkennt Remmling, dass Durkheim in einem gewissen Sinne sogar mehr als die deutsche Wissenssoziologie (auf die wir unten zu sprechen kommen werden) geleistet habe, »who only posited the interrelationships between social structure and thought«, da er das Feld mittels konkretem historischem Material bearbeitet habe.[16]

Wie schon erwähnt, wurde Durkheims Arbeit von seinen Mitarbeitern fortgeführt und von vielen Forschern aus unterschiedlichen Disziplinen aufgenommen. So in-

---

13 N.J. Allen, Primitive classification. The argument and its validity, in: William S. F. Pickering und H. Martins (Hg.), Debating Durkheim, London u. New York 1994, S. 40-65

14 Wenigstens am Rande möchte ich auf die Bedeutung von Marcel Mauss für die von ihm ja mitverfassten »primitiven Klassifikationen« hinweisen. Mauss, der ja auch Ethnologe und Linguist war, stellte neben Durkheims Evolutionismus eine vergleichende Betrachtungsweise, die solche strukturellen Korrespondenzen suchte. Mauss hatte selbst eine Reihe von faszinierenden wissenssoziologischen Studien mitverfasst, wie etwa über den Begriff der Person; vgl. dazu Marcel Mauss, Une catégorie de l'esprit humain: la notion de personne, celle de moi, un plan de travail, in: Sociologie et anthropologie, Paris 1950, S. 333-362

15 Steven Lukes, Emile Durkheim. Harmondsworth 1973, S. 166ff

16 Gunter W. Remmling, The sociology of knowledge in the French tradition, in: Remmling, op. cit., S. 155-166, S. 158f

spirierte er den Begriff der »Mentalität«, auf den wir noch zu sprechen kommen werden; er regte die sozialpsychologische Forschung über »soziale Repräsentationen« an, und auch Mauss' Vorstellung der »Techniken des Körpers« als nicht-sprachliche, körperliche und kollektive Formen des Wissens steht ganz in der Linie der Durkheimschen Argumentation. Dies gilt auch für Halbwachs' Konzeption des »kollektiven Gedächtnisses«, die in der jüngeren Zeit auf eine sehr anregende Weise erneuert wird. Während ich auf diese Konzeptionen später zurückkommen werde, muss hier noch ein Autor erwähnt werden, der nicht nur Zeitgenosse Durkheims war, sondern in gewissem Sinne als sein Opponent zu betrachten ist. Der französische Philosoph LUCIEN LÉVY-BRUHL hatte sich intensiv mit den Formen des Denkens auseinander gesetzt.[17] Zu diesem Zwecke untersuchte er – ähnlich wie Durkheim – die zahlreichen ethnologischen Quellen seiner Zeit auf Aussagen über Denkformen.[18] Er setzte also eine Art der philosophischen Textanalyse ein. Auf dieser Grundlage vertrat er die These, dass sich das primitive Denken grundsätzlich vom Denken der großen Zivilisationen unterscheide. Er nannte es »*prälogisch*«, da das primitive Denken auf einer mystischen Wahrnehmung des Universums aufbaue. Diese Kategorisierung wurde häufig als eine abschätzige Beurteilung missverstanden. Doch wollte Lévy-Bruhl vielmehr zeigen, dass das Denken der »Primitiven« in sich schlüssig ist – auch wenn es sich von unserem Denken unterscheidet. Lévy-Bruhl grenzt sich damit von evolutionistischen Autoren ab, die meinten, dass das Einfache immer auch das Ursprünglichere sei. Vielmehr herrsche eine Dichotomie zwischen dem vorlogischen und dem rationalen Denken. So wiesen auch die kollektiven Repräsentationen der Primitiven keinen logischen oder rationalen Charakter auf. Im Unterschied zu Durkheims Annahme sei das primitive Denken nicht durch sozial bedingte logische Kategorien bestimmt, sondern von der »mystischen Teilnahme« beherrscht, die auf der Kategorie des Übernatürlichen beruhe. Mystische Teilnahme bezieht sich auf die emotional geladene Vorstellung, Teil eines sinnhaften Zusammenhangs zu sein, zu dem auch die nichtbelebten Dinge gehören. Weil es durch mystische Erfahrung und Teilhabe charakterisiert sei, könne man von einem »prälogischen« Denken reden: Es beruht nicht auf einem begrifflich-logischen, sondern auf einem affektiven Verhältnis zum Übernatürlichen und hat einen völlig anderen Zugang zu Zeit, Raum etc. als das ›zivilisierte‹ Denken. Vieles, was »die Primitiven« sehen, entgeht uns, und was wir sehen, verstehen sie nicht. Für sie hat jedes Ding einen mystischen Charakter: Die Objekte führen z.B. eine mystische Existenz. So weigern sich etwa die Indianer Guyanas, ihre Werkzeuge zu reparieren, weil sie befürchten, sie verlören damit ihre unsichtbaren mystischen Eigenschaften. Für das vorlogische Denken haben diese mystischen Eigenschaften dassel-

17 Lucien Lévy-Bruhl kam 1857 in Paris zur Welt. Nachdem er sich mit Geschichtsphilosophie beschäftigt hatte, wandte er sich unter dem Einfluss Durkheims ethnologischen Fragen zu. Er starb 1939 in Paris.

18 Lucien Lévy-Bruhl, Die Seele der Primitiven, Wien u. Leipzig 1930

be Gewicht wie die materiellen: Für die Bewohner der Fidschi-Inseln ist der Schatten ein Abbild der Seele, und die Cherokee-Indianer lassen sich medizinisch behandeln, wenn sie geträumt haben, dass sie von einer Schlange gebissen worden seien. Für das vorlogische Denken gibt es keinen Unterschied zwischen der physischen und der mystischen Welt, und das mystische Handeln ersetzt für sie die Naturgesetze.

Den verschiedenen Formen des Denkens entsprechen für Lévy-Bruhl dann auch unterschiedliche Formen von Gesellschaften. Dabei zeichneten sich die zivilisierten Gesellschaften dadurch aus, dass sich hier das Denken von seinen sozialen Bedingungen emanzipieren könne.

2 Georg Simmel, Max Weber und der Historismus

Die Grundlegung der Soziologie in Deutschland wird häufig als Verdienst von Max Weber angesehen. Dies ist zweifellos eine Vereinfachung, weil man eine große Zahl verdienstvoller Autoren nennen müsste. Dennoch repräsentiert Weber sicherlich in geradezu mustergültiger Weise die besondere deutsche Entwicklung der Soziologie. Darüber hinaus trug er Entscheidendes zur Ausbildung der Wissenssoziologie bei, deren Entstehung sich schon während seiner Lebzeit abzeichnete. Webers Beitrag wird etwa im Denken und Vorgehen von Max Scheler sehr deutlich, auf den wir später zu sprechen kommen werden.

Webers Forschung steht vor dem Hintergrund eines Methodenstreits, der sich um die Wende zum 20. Jahrhundert insbesondere innerhalb der deutschen Soziologie abspielte und für die sich konstituierende Wissenssoziologie prägend werden sollte.[19] Kontrahenten waren einerseits die Anhänger eines Positivismus im Gefolge Comtes auf der einen Seite und die Vertreter einer vom *Historismus* geprägten »geisteswissenschaftlichen« Position auf der anderen Seite. Waren die Positivisten, deren Position wir bei Comte kennen gelernt hatten, der Meinung, die Wissenschaften sollten allesamt die Methoden der Naturwissenschaften anwenden, weil es keine wesentlichen Unterschiede zwischen Geistes-, Sozial- und Naturwissenschaften gebe, war das zweite Lager gegensätzlicher Auffassung: Der Gegenstand der Sozial- und Geisteswissenschaften unterscheidet sich in ihren Augen grundlegend von dem der Naturwissenschaften. Deswegen bedürfen sie auch einer besonderen Methodologie. Dieser Streit berührt die Wissenssoziologie sehr grundlegend, ging es hier doch um die besondere Rolle des »Geistes« im Bereich menschlichen Handelns. Aus dieser zweiten Perspektive wurde die Erforschung sozialer Phänomene zunächst als eine »geisteswissenschaftliche« Aufgabe angesehen. Die positivistische Soziologie eines Comte erschien einer solchen Geisteswissenschaft wie eine »Metaphysik, welche an die Erfassbarkeit des Wirklichen in einer notwendigen Begriffseinheit und

19 Vgl. Susan Hekman, Hermeneutics and the Sociology of Knowledge, Oxford 1986, S. 22ff

darum an eine Generalmethode glaubt.«[20] Der Blick ging weniger auf das Verhältnis zueinander, sondern auf die geistige Beziehung der Menschen bzw. ihres Geistes. Diese Betrachtungsweise ist dem Historismus verpflichtet, der sich im 19. Jahrhunderts vor allem in Deutschland verbreitet hatte. Da dieser Historismus, wie etwa Berger und Luckmann[21] betonen, »ein unmittelbarer Vorläufer der Wissenssoziologie« war, sollten wir ihm einen kurzen Abriss widmen.

Ursprünglich war der *Historismus* aus einer Opposition gegen die Philosophie Hegels entstanden. Schon zu Lebzeiten Hegels hatte sein Kollege an der Berliner Universität, Friedrich Carl von Savigny, dem umfassenden Idealismus und den mit ihm verbundenen abstrakten Spekulationen Hegels den Sinn für die Wirklichkeit abgesprochen. Stattdessen forderte er, der Realität durch eine getreue Beschreibung historisch einmaliger Ereignisse und Personen einen Sinn abzugewinnen. Der von Savigny damit eingeläutete Historismus betont vor allen Dingen, dass das Gewordene, die Gegenwart, in Verbindung mit der Vergangenheit und aus ihr heraus verstanden werden müsse – eine Vorstellung, die sich ja heute noch großer Beliebtheit erfreut. Im Unterschied zu Hegel entwickelte der Historismus aber keine Systematik. Stattdessen zeichnet er sich durch viele historische Einzelstudien aus. Trotz dieser theoretischen Abstinenz entwickelte sich eine Art Modell: Geschichte war für ihn nicht bloß ein Zusammenhang von Ideen. Sie trägt ihren Sinn in sich, ging der Historismus doch davon aus, dass jedes Gebilde und jeder Gedanke eine von »konkreten Umständen bedingte Sonderform des Menschlichen darstellt und keinerlei Platz übrig hat für absolute, überall gleiche rationale Wahrheiten und Ideale«.[22] Ein Axiom des Historismus war, dass einzelne Ereignisse (und nicht Gesetze) der Gegenstand wissenschaftlicher Erkenntnis sind. Zudem ging er davon aus, dass alle Tatsachen (auch die wissenschaftlichen) als historische Phänomene zu betrachten sind. Historische Tatsachen schließlich lassen sich nur »verstehen«, nicht aber »erklären«, da sie die Beteiligung der Handelnden einschließen.

Die Historizität der Wissenschaft zeigt mustergültig Wilhelm Dilthey auf, der betont, dass selbst die Kategorien der Vernunft historisch wandelbar sind. In scharfem Widerspruch zum Positivismus Comtes geht Dilthey, der zwischen 1890 und 1930 in Deutschland höchst einflussreich war, davon aus, dass Recht oder Wahrheit immer einen jeweils besonderen kulturellen Ausdruck finden. (Von der spezifischen Ausprägung der Wahrheit in der deutschen Kultur wurde sehr viel erwartet, und so wurde auch der deutsche Widerstand gegen Parlamentarismus, Demokratie, ja sogar gegen die »französische« oder »englische« Soziologie historistisch begründet.) »Immer ist das Wissen von einer Epoche vorübergehender und subjektiver Ausdruck eines

20 Ernst Troeltsch, Zum Begriff und zur Methode der Soziologie, in: Weltwirtschaftliches Archiv 8 (1916), S. 260

21 Peter L. Berger und Thomas Luckmann, Die gesellschaftliche Konstruktion der Wirklichkeit, Frankfurt 1980, S. 7f,

22 Heinrich Rickert nach Manfred Riedel, Einleitung zu Wilhelm Dilthey, Der Aufbau der geschichtlichen Welt in den Geisteswissenschaften, Frankfurt 1981, S. 12

geistiges Zustandes, immer wechseln die metaphysischen Systeme und die sittlich religiösen Ideale mit der Zeit, und sie sind bedingte Erzeugnisse der Geschichte.«[23] Weltanschauungen bilden die Grundlage aller philosophischen Systeme und finden sich in der gelebten Erfahrung einzelner Denker. Jede einzelne Philosophie oder intellektuelle Position ist demnach lediglich Ausdruck einer grundlegenden Weltanschauung, und sie konnte nur insofern Wahrheit beanspruchen, als sie der gelebten Erfahrung ihrer Autoren entspricht. Eine absolute Wahrheit ist folglich unmöglich.

Aus der Vielfalt der historischen Lebenszusammenhänge sucht Dilthey einzelne Weltanschauungen zu identifizieren.[24] Dazu betrachtet er die jeweiligen Einstellungen der Menschen zum Leben, die sich in verschiedenen philosophischen Systemen finden lassen. Mit dem Begriff der Weltanschauung bezeichnet Dilthey eine vortheoretische umfassende Form des menschlichen Erlebens, die nicht nur das Wissen umfasst, sondern auch die Tiefenschichten des menschlichen Bewusstseins und die kulturellen Ausdrucksformen der jeweiligen Zeit. »Die elementaren Operationen des Denkens geben Gleichheit, Unterschied, Sonderung, Verbindung zum Neben- oder Nacheinander, aber keinen wirklichen Zusammenhang. [...] Sonach ist der menschliche Intellekt in Bezug auf seine höchste Aufgabe, den Zusammenhang des Wirklichen anzusprechen, gebunden an den in der Lebendigkeit der Person enthaltenen Zusammenhang. Hinter das Leben kann das Erkennen nicht zurückgehen.«[25] Die Gemeinsamkeiten des Lebens nun, von Dilthey unter die Kategorie des Erlebens gefasst, bilden eine geisteswissenschaftliche Folie, die es erlaubt, die Zerrissenheit des gesellschaftlichen Zusammenhanges zu verbinden, die voneinander isolierten Handlungs- und Wissensbereiche miteinander zu verknüpfen und auch den unterschiedlichen Kommunikationsformen der Wissenschaften eine geteilte Grundlage zu geben.[26] Bei aller Unterschiedlichkeit der philosophischen Systeme macht er drei unterscheidbare Weltanschauungstypen aus: Naturalismus, objektiver Idealismus und subjektiver Idealismus. Diese drei Typen folgen einander nicht in einer historischen Abfolge, sondern können in jeder historischen Epoche auftreten.

Historistische Vorstellungen, wie die vom »Sitz im Leben« von Texten oder von der »Standortgebundenheit des Denkens«, haben einen sehr tiefen Eindruck in der deutschen Soziologie und damit auch der Wissenssoziologie hinterlassen. So bilden sie einen Ausgangspunkt der Soziologie GEORG SIMMELS.[27] Wie Dilthey bestritt

23 Dilthey, zitiert nach Carlo Antoni, Vom Historismus zur Soziologie, Stuttgart o.J., S. 31f

24 Wilhelm Dilthey, Die Typen der Weltanschauung und ihre Ausbildung in den metaphysischen Systemen, in: Gesammelte Schriften Bd. VIII, Leipzig 1931, S. 73-118

25 Dilthey, zitiert nach Daniel Šuber, Die Begründung der deutschen Soziologie zwischen Neukantianismus und Lebensphilosophie, Hamburg 2002, S. 105

26 Wilhelm Dilthey, Der Aufbau der geschichtlichen Welt in den Geisteswissenschaften, Frankfurt 1981

27 Georg Simmel kam 1858 in Berlin zur Welt und verbrachte den Großteil seines Lebens dort. Trotz seiner Bedeutung für die Soziologie stieß er auf Widerstand und erhielt erst 1914 einen Ruf nach Straßburg, wo er 1918 starb.

auch Simmel die Zeitlosigkeit der Vernunft; sie erscheint ihm vielmehr als ein historisch variables Gebilde, das in seinen historischen Erscheinungsformen betrachtet werden muss. Die Geschichtlichkeit ist lediglich eine Form des Erlebens. Wissen ist an diese Form gebunden und bleibt für Simmel immer das partikulare Ergebnis eines Deutungsaktes des Subjektes.

Gegen die positivistische Vorstellung der Soziologie von Comte, Mill und Spencer hatte schon Dilthey Gesellschaft als »Spiel der Wechselwirkungen« und Summe von Interaktionen der Individuen verstanden. Das Individuum, so Dilthey, ist ein Element in den Interaktionen der Gesellschaft, ein Schnittpunkt der verschiedenen Interaktionsgeflechte, das mit Absicht und handelnd auf ihre Wirkungen reagiert. Auch Georg Simmel widersprach der Auffassung, die Gesellschaft weise eine eigene Substanz auf (wie sie etwa im Begriff der »Volkseele« der Wundtschen Völkerpsychologie zum Ausdruck kam). Sie ist für ihn zwar ein eigenständiges Gebilde, doch ist ihre Substanz nichts anderes als die Interaktionen ihrer Mitglieder, also der Individuen. Gesellschaft ist also kein einheitliches Konzept, sondern ein Geflecht aus Interaktionen der unterschiedlichsten Art, die jeweils bestimmte Personen miteinander verbinden. Gesellschaft besteht »aus dem Wechselwirken und dem Zusammenwirken der Einzelnen, aus der Summierung und Sublimierung unzähliger Einzelbeiträge, aus der Verkörperung der sozialen Energien in Gebilden, die jenseits des Individuums sich entwickeln.«[28]

Die einzelnen Individuen, deren Wechselwirkungen die Gesellschaft bilden, sind von Absichten, Interessen und Einstellungen geleitet: Sie wollen spielen, Dinge erwerben, anderen helfen, sie besiegen, belehren usw. Diese Absichten bewirken auch, »dass der Mensch in ein Zusammensein, ein Füreinander-, Miteinander-, Gegeneinander-Handeln« und damit in Beziehungen mit anderen tritt. »Diese Wechselwirkungen bedeuten, dass aus den individuellen Trägern jener veranlassenden Triebe und Zwecke eine Einheit, eben eine ›Gesellschaft‹ wird. Denn Einheit im empirischen Sinn ist nichts anderes als Wechselwirkung von Elementen.«[29] Interaktion also stellt die Form dar, in der Wissen als Inhalt auftritt. Dessen *Inhalt* kann all dasjenige sein, was die Handlungen der Individuen leitet: Interessen, Triebe, Neigungen, psychische Zuständlichkeiten. Inhalte bzw. Wissen jedoch machen Individuen noch nicht zu sozialen Wesen. Sie entsprechen dem, was Weber Handlungen nennt. Zum Sozialen werden sie erst durch die *Form*, also dasjenige, was in der Interaktion Gestalt gewinnt. Dazu zählen: Über- und Unterordnung, Konkurrenz, Nachahmung, Arbeitsteilung, Parteibildung, Vertretung, Gleichzeitigkeit des Zusammenschlusses nach außen und des Abschlusses nach innen – also all das, was erst entsteht, wenn wir mehrere Individuen haben, die miteinander und aufeinander handeln. Formen sind etwa Gemeinschaften, die ein gemeinschaftsspezifisches Wissen besit-

---

28 Georg Simmel, Das Problem der Soziologie, in: ders., Soziologie. Untersuchungen über die Formen der Vergesellschaftung, Frankfurt 1992, S. 15

29 Ebd., S. 17f

zen. Inhaltlich kann es sich dabei jedoch um Räuberbanden oder Religionsgemeinschaften handeln, um Wirtschaftsgenossenschaften oder Kunstschulen. Sie haben also etwa wirtschaftliches Interesse, Kunst oder Religion zum Inhalt, doch formt sich dieser Inhalt in der Konkurrenz anders als in der Kooperation und gemeinsamen Planung. Gesellschaft besteht also dort nicht, wo alle einzelnen dasselbe wollen und für sich zu erreichen suchen, sondern dort, wo sie es mit, gegen oder für andere tun.

Um die empirische Vielfalt zu erfassen, muss die soziologische Beschreibung deswegen von den Inhalten abstrahieren. Sie hat allein die Formen der Wechselwirkungen zum Gegenstand, also, um es noch einmal zu wiederholen: Hierarchien und Korporationen, Konkurrenzen und Eheformen, Freundschaften und gesellige Sitten, Ein- und Vielherrschaften u.Ä.m. Die Soziologie ist also gewissermaßen eine formale, der Geometrie vergleichbare Wissenschaft: Sie verhält sich zu den übrigen Sozialwissenschaften wie die Geometrie zu den physikalisch-chemischen Wissenschaften: Sie betrachtet die Form, durch die Materie überhaupt zu empirischen Körpern wird.

Genauer unterscheidet Simmel drei Gesichtspunkte, unter denen soziohistorische Erscheinungen betrachtet werden können:

(a) Die individuellen Existenzen, die die realen Träger der Zustände sind;
(b) die formalen Wechselwirkungen, die sich an individuellen Existenzen vollziehen, aber nicht von deren Standpunkt, sondern von dem ihres Zusammen und Miteinander begriffen werden;
(c) die begrifflich formulierbaren Inhalte von Zuständen und Geschehnissen, bei denen jetzt nicht nach ihren Trägern oder deren Verhältnissen, sondern nach ihrer rein sachlichen Bedeutung gefragt wird, also nach ihrer wirtschaftlichen, künstlerischen, rechtlichen, wissenschaftlichen Bedeutung.

Handelt es sich hier um Gesichtspunkte, die für alle Gesellschaften relevant sind, so hat Simmel auch eine auf die moderne Gesellschaft zugeschnittene wissenssoziologische Diagnose erstellt: die These vom Auseinandertreten von subjektiver und objektiver Kultur. Die objektive Kultur beinhaltet die gesamten Kulturleistungen einer Gesellschaft, wie sie in ihrem angesammelten Wissen, in ihren Erfindungen und Entdeckungen zum Ausdruck kommen. Die subjektive Kultur besteht aus dem, was sich die Individuen davon zueigen machen. Je mehr sich die objektive Kultur dank der gesellschaftlichen Arbeitsteilung entwickelt und auffächert, umso schwerer fällt es dem Individuum, an dieser zunehmenden Vielfalt des Kulturellen teilhaben zu können. Es gehört zur »Tragödie der Kultur«, dass Subjektives und Objektives immer mehr auseinander fallen. »Die Kulturobjekte erwachsen immer mehr zu einer in sich zusammenhängenden Welt, die an immer wenigeren Punkten auf die subjektive Seele mit ihrem Wollen und Fühlen hinuntergreift.«[30] Die Entfremdung von der Welt der Dinge analysiert Simmel detailliert am Beispiel des Geldes, das für ihn

30 Georg Simmel, Die Arbeitsteilung als Ursache für das Auseinandertreten der subjektiven und objektiven Kultur, in: ders., Soziologie. Eine Auswahl, Frankfurt 1983, S. 95-130, S. 114

eine überindividuelle Größe darstellt, die von Menschen erzeugt wird und im menschlichen Verkehr gründet, zugleich aber einer Verdinglichung unterliegt, die der Rationalisierung des Umgangs mit ihm geschuldet ist. Die These des Auseinandertretens von subjektiver und objektiver Kultur ist in eine Reihe von späteren Theorien eingegangen – durchaus auch in die populäre Kulturkritik.

Auch für MAX WEBER spielt der Historismus eine wichtige Rolle.[31] Im Falle Max Webers steht dabei ein besonderer Aspekt des Historismus im Vordergrund, den wir noch kurz erläutern müssen: Mit der Ausweitung und Etablierung der positivistischen Naturwissenschaften (z.B. an den Universitäten) sah sich der Historismus mit der Frage nach der Einheit der Wissenschaften konfrontiert. Denn der Positivismus im Gefolge Comtes vertrat ja die Auffassung, dass die naturwissenschaftlichen Methoden auch auf das Soziale und Geistige anwendbar sind, so dass man von einer einheitlichen wissenschaftlichen Methodologie reden konnte. Dagegen forderte Dilthey eine Unterscheidung zwischen Natur- und Geisteswissenschaften. Um den Unterschied zwischen den Naturwissenschaften und dem, was nun Geisteswissenschaften hieß, herauszustellen, unterschied Dilthey (durchaus im Gefolge Vicos) diese beiden Wissenschaftsbereiche, weil ihnen verschiedene Erfahrungen zugrunde lägen: einmal die innere, ein anderes Mal die äußere Erfahrung. Während in den Naturwissenschaften diejenigen Gegenstände erforscht würden, die dem Bewusstsein als von außen gegeben scheinen, hätten es die Geisteswissenschaften mit der Realität von innen zu tun. Die Wirklichkeit sei ihr eigentlich gar nicht direkt gegeben, dafür sei sie selbst auf eine besondere Weise zugänglich: »Die Natur erklären wir, das Seelenleben verstehen wir.«[32] Diese Unterscheidung fand schließlich in der Abgrenzung der Typen des *ideographischen* (historisch beschreibenden) und des *nomologischen* (gesetzlich erklärenden) wissenschaftlichen Wissens durch Windelband und Rickert ihren Anschluss.[33]

Zum Verständnis von Webers Haltung muss erwähnt werden, dass der Historismus zu seinen Lebzeiten auf harsche Kritik zu stoßen begann. Weil er davon ausgehe, dass alle Ideen und Ideale in ihrem historischen Kontext betrachtet werden müssten, wurde ihm vorgehalten, die Möglichkeit einer intersubjektiven Wahrheit auszuschließen. So warf Ernst Troeltsch dem Historismus einen »geschichtlichen Relativismus« vor, der jedes Gebilde und jeden Gedanken unterschiedslos als eine von »konkreten Umständen bedingte Sonderform des Menschlichen darstellt und keinerlei Platz übrig hat für absolute, überall gleiche rationale Wahrheiten und Idea-

31 Max Weber kam am 21.4.1864 in Erfurt zur Welt. Nach dem Studium in Heidelberg, Berlin und Göttingen (Jura, Nationalökonomie, Philosophie) lehrte er u.a. in Freiburg und Heidelberg. Schon ein »Mythos« zu Lebzeiten, starb er am 14. Juni 1920.

32 Wilhelm Dilthey, Die geistige Welt. Einleitung in die Philosophie des Lebens. Abhandlungen zur Grundlegung der Geisteswissenschaften. Gesammelte Werke. Bd. 5, Stuttgart 1982 (7. Aufl.), S. 144

33 Wilhelm Windelband, Geschichte und Naturwissenschaft, in: ders., Präludien. Bd. 2, Tübingen 1915, S. 136-160; Heinrich Rickert, Die Grenzen der naturwissenschaftlichen Begriffsbildung. Eine logische Einleitung in die historischen Wissenschaften, Tübingen 1921

le.«[34] Dieser Vorwurf führte schließlich zur ›Krise des Historismus‹ und seinem Niedergang in der Zeit nach dem Ersten Weltkrieg.

Webers historistische Verankerung wird daran deutlich, dass er den Begriff des Verstehens ins Zentrum des soziologischen Unterfangens stellt. Im Unterschied zu Durkheim geht Weber nicht von einem »objektiven System« der Gesellschaft aus, räumt aber ein, dass das Verstehen nicht genüge, sondern die Soziologie als Wissenschaft auch erklären müsse. Anfangs- und Endpunkt einer jeden soziologischen Erklärung und eines jeden Verstehens bildet der Begriff des individuellen Handelns (der ja für die Ökonomie und die Jurisprudenz ohnehin schon zentral war). In diesem Begriff vereinigen sich die gerade genannten widersprechenden Prinzipien: Um das Handeln der Menschen *erklären* zu können, müssen wir *verstehen*, welchen *geistigen* Vorgaben sie folgen, also welchen Sinn sie verfolgen.[35] Dies ist das Grundprinzip seiner verstehenden Soziologie.

Dieses Prinzip geht auch in seine Handlungstheorie ein, die damit gewichtige wissenssoziologische Annahmen enthält.[36] Denn die weithin bekannten *Handlungstypen*, die er unterscheidet, sind sozusagen orientiert an Wissensarten; es geht ihm dabei um die Verbindung von sozialem Handeln mit Wissen, das diese Handlung voraussetzt und das sie erfordert. Das zweckrationale oder zielgerichtete Handeln kalkuliert ökonomisch seine Mittel mit Blick auf das Ziel. Dabei verbinden Handelnde mit dem Ziel ein gewisses Ergebnis, sie erwarten also eine Art Nutzen – eine Erwartung, die als Wissensannahme in das Handeln eingeht. Dieser erste Typus entspricht durchaus dem ökonomischen Modell des Handelns, das wir schon bei Pareto kennengelernt haben. Wie bei Pareto stellt diese zweckrationale Form des Handelns jedoch nur eine von verschiedenen Typen des Handelns dar, die auch Weber in der Ökonomie übergangen sieht.

Als wertrationales Handeln bezeichnet Weber jenes Handeln, das sich an bestimmten gesellschaftlichen Werten orientiert (Freiheit, Frieden, Rettung, Tugend, Schönheit), deren Verfolgung zu sehr deutlichen Abweichungen von einer zweckrationalen Mittelabwägung führen kann. Werte werden auch verfolgt, wenn sie nicht zweckmäßig sind. Das wertrationale Handeln fällt also aus dem ökonomischen oder »logischen« Raster heraus. Denn das ethische wertrationale Handeln setzt die soziale Anerkennung gewisser Werte in bestimmten Gemeinschaften voraus, an denen es sich orientiert.

---

34 Ernst Troeltsch, nach Manfred Riedel, Einleitung, in: Wilhelm Dilthey, Der Aufbau der geschichtlichen Welt in den Geisteswissenschaften, Frankfurt 1981, S. 12

35 Dabei geht Weber mit Dilthey von der Annahme aus, dass auch das Verstehen ein Prozess sei, in dem allgemeingültiges Wissen angestrebt werden könne.

36 Als wissenssoziologisch relevant könnte man die methodologischen Beiträge Webers ansehen, insbesondere seine Diskussion der Werturteilsfreiheit, der Wertbeziehung sowie sein Konzept des Idealtypus. Weil Weber jedoch selbst zwischen den methodologischen und den substanziellen Beiträgen unterscheidet, möchte ich mich hier auf Letztere konzentrieren. Zur wissenssoziologischen Relevanz von Wertbeziehung und Werturteilsfreiheit vgl. Jürgen Ritsert, Ideologie. Theoreme und Probleme der Wissenssoziologie, Münster 2002, S. 99-110; zum Idealtypus vgl. Uta Gerhardt, Idealtypus. Zur methodologischen Begründung der modernen Soziologie, Frankfurt 2001

Aus dem Raster des ökonomischen Handelns fällt auch traditionales Handeln, das ausschließlich im Leben einer Gemeinschaft verankert ist. Traditionales Handeln ist ein Handeln, das auf Gewohnheiten und Gewohnheitswissen beruht. Dieses Handeln braucht keineswegs einer expliziten Überlegung zu entspringen, sondern folgt den historisch eingespielten Mustern in Gemeinschaften.

Eine letzte Form ist ein, wenn man so will, kaum von Wissen gesteuertes Handeln, das affektuelle Handeln. Es geht hier um Handlungen, die von den Affekten und Gefühlen der Handelnden geleitet sind. Affektuelles Handeln kann am ehesten mit den »Trieben« verglichen werden kann, die in den irrationalen Ansätzen genannt wurden. Wissenssoziologisch ist es ein Grenzfall des Handelns, da er mit so wenig Wissen wie nur denkbar vorgestellt werden muss.

Die handlungstheoretische Vorgehensweise von Webers »sinnverstehender Soziologie« reibt sich nicht nur mit dem Idealismus einer reinen Geisteswissenschaft, die nur verstehen will. Sie steht auch in Konflikt mit dem materialistischen Bild der Gesellschaft, wie es vor allem von Marx entworfen wurde. Denn Marx hatte ja etwa am Beispiel der Religion zu zeigen versucht, wie das Wissen von den Gesetzen des materiellen Seins bestimmt werde. Wie oben schon erwähnt, behaupteten die so genannten »Vulgärmarxisten« sogar, dass Denken vollkommen von den wirtschaftlichen Verhältnissen determiniert sei. Die Ideen spiegelten nur die ökonomische Situation wider, und die herrschende Religion des Christentums legitimiere deswegen nur die Interessen der herrschenden Klasse und vernebele die ›wirklichen‹ Interessen des arbeitenden Volkes. (Marx selbst war, wie wir wissen, etwas differenzierter.)

Die wissenssoziologisch einschlägigen Aspekte der Weberschen Arbeiten werden nun gerade in seiner Auseinandersetzung mit den zu seiner Zeit gängigen marxistischen und vulgärmarxistischen Vorstellungen deutlich, die um das Basis-Überbau-Modell kreisen. Weber wollte zeigen, dass »Ideen« nicht einfach von der Wirtschaft determiniert werden, dass das Ideelle nicht einfach eine Widerspiegelung der materiellen Verhältnisse sei. Die Ideen haben selbst einen Einfluss auf das wirtschaftliche Handeln.

Es ist bezeichnend, dass auch Max Weber das Verhältnis von Ideen und Wirklichkeit am Beispiel der Religion behandelt. Wie für Durkheim ist auch für Weber die Religion der klarste Ausdruck eines mehr oder weniger »reinen« Wissenssystems. Zudem lässt sich die sozialstrukturelle Bedeutung der Religion vorzüglich historisch rekonstruieren.[37]

Im Mittelpunkt seines Vergleichs zwischen antikem Judentum, Christentum, Buddhismus, Hinduismus, Taoismus und anderen Weltreligionen stand die Frage nach der »Sonderentwicklung« des christlichen Abendlandes, in der eine eigenartige Form des Kapitalismus, der Wissenschaft, der Musik und anderer Kulturbereiche entstanden war. Diese Form charakterisiert er als moderne Rationalisierung, die für ihn eine besondere gesellschaftlich-geschichtliche Ausprägung der Vernunft darstellt. Eine dieser Besonderheiten der abendländischen Entwicklungen ist die Aus-

---

37 Die folgenden Ausführungen stützen sich auf Teile des Kapitels über Max Weber in Hubert Knoblauch, Religionssoziologie, Berlin u. New York 1999

bildung dessen, was er die rationale Form des Kapitalismus nannte. Es war schon seit langem zu beobachten gewesen, dass sich der westliche Kapitalismus weitaus leichter mit dem *Protestantismus* verband als mit dem Katholizismus. Protestantische Länder waren ökonomisch erfolgreicher, Protestanten hatten durchschnittlich einen höheren Kapitalbesitz, waren weitaus mehr in Führungspositionen von Unternehmen zu finden und maßen der Arbeit einen höheren Wert zu als Katholiken.

Wie, so fragte sich Weber, kam es dazu? Denn in der Antike wurde die Arbeit noch gering geachtet, die Griechen hassten sie sogar. Erst seit dem Anfang der Neuzeit war im Abendland – und hier eben besonders ausgeprägt unter Protestanten – eine völlig im Kontrast dazu stehende ›Arbeitswut‹ aufgekommen. Sie war mit dem Willen verbunden, den erarbeiteten Reichtum nicht zu verprassen, sondern so zu verwenden, dass sich noch mehr Reichtum ansammelt (daraus also ›Kapital‹ zu schlagen). Um diese Einstellung zu verstehen, betrachtete Weber einen mustergültigen historischen Fall aus der Frühzeit des westlichen Kapitalismus. Dabei fand er die in seinen Augen typische Orientierung, die er als *Geist des Kapitalismus* bezeichnete: »Der Mensch ist auf das Erwerben als Zweck seines Lebens, nicht mehr das Erwerben auf den Menschen als Mittel zum Zweck der Befriedigung seiner materiellen Bedürfnisse bezogen.«[38]

Dieser Geist ist jedoch nicht der eines raffgierigen, protzenden Kapitalismus, der seinen Reichtum zur Schau stellt. Vielmehr weist der kapitalistische Geist im Abendland geradezu asketische Eigenarten auf, denn er sieht sein Ziel im Erwerb von Geld als einen Selbstzweck, der keine unnötigen Ausgaben für Genuss vorsieht. Die Vermögensanhäufung und Erschließung neuer Kapitalquellen ist dem rationalen Kapitalismus die wesentliche Berufspflicht. Um dieses Ziel zu erreichen, verlangt der Geist des Kapitalismus nicht nur aktives, sondern auch rationales Handeln: Doppelte Buchführung und das Rechnungswesen etwa dienen dazu, den ökonomischen Austausch berechenbar und sein Schicksal kalkulierbar zu machen. (Weber spricht in diesem Zusammenhang auch von einem »ökonomischen Rationalismus«.)

Wessen Kind, so fragte sich Weber, ist dieser Geist? Als geistige Quelle kam der Katholizismus kaum in Frage. Zwar war ihm die kapitalistische Praxis nicht fremd, doch vertrat er das Zinsverbot (das – mit langfristigen Folgen – nicht für Juden galt) und konnte ein so rigides Erwerbsstreben nicht eigentlich begründen.

Eine Ausnahme bildete lediglich das mittelalterliche Mönchstum. Denn schon im Mittelalter hatte sich hinter den Klostermauern das erste methodisch lebende ›Berufsmenschentum‹ des Abendlandes ausgebildet, das seine Zeit streng kontrollierte, diszipliniert war und sein Leben systematisch organisierte.[39] Der Berufsgedanke im Sinne der Berufung ist aber ein Produkt der Reformation. Reformation meint hier weniger die Luthers, dessen Vorstellungen in dieser Hinsicht fast noch so traditiona-

---

38 Max Weber, Die Wirtschaftsethik der Weltreligionen. Konfuzianismus und Taoismus. Schriften 1915-1920, Tübingen 1989

39 Eine anschauliche Darstellung der mönchischen Disziplin und ihrer Nähe zur modernen Arbeitsdisziplin bieten Hubert Treiber und Heinz Steinert, Die Fabrikation des zuverlässigen Menschen. Über die ›Wahlverwandtschaft‹ von Kloster- und Fabrikdisziplin, München 1980.

listisch wie die der Katholiken blieben: Der Mensch arbeitet, um zu leben. (Im Sinne seiner Handlungstheorie versteht Weber hier unter Traditionalismus eine allgemeine Handlungsorientierung, die hier auch im religiösen Handeln auftritt, die das täglich Gewohnte als unverbrüchliche Norm für das Handeln nimmt und deswegen auch an herkömmlichen Autoritäten hängt.) Die besondere Betonung des Berufs findet sich deutlich ausgeprägt im Calvinismus und den puritanischen protestantischen Sekten, in denen Weber das fand, was er als die *protestantische Ethik* bezeichnete.

Als Grundlage dieser Ethik dient im Falle des Calvinismus die Prädestinationslehre, derzufolge das menschliche Leben keinen anderen Sinn hat als den der Verherrlichung Gottes. Gott erscheint dabei als so allmächtig und allwissend, dass er durch keine unserer Handlungen beeinflusst werden kann. Gott weiß nicht nur Vergangenheit und Zukunft, er weiß auch, wer errettet wird. Schon vor der Geburt ist für jede Person bestimmt, ob sie in den Himmel kommen oder in der Hölle enden wird. Kein Rosenkranz, keine Beichte und kein Almosen kann ihr helfen. Selbst gute Werke nutzen den Nichtauserwählten wenig. Gute Werke sollten ohnehin alle vollbringen, ob sie nun auserwählt sind oder nicht.

Scheint es zunächst rätselhaft, wie diese schier fatalistische Prädestinationslehre als Grundlage für den Geist des Kapitalismus dienen sollte, so betont Weber gerade mit dem Begriff der Ethik ja nicht die Lehre, sondern ihre *Folgen für das praktische Handeln.* Die Prädestinationslehre stellt die Menschen im Alltagsleben nämlich vor das Problem: Wie kann ich wissen, ob ich zu den Auserwählten gehöre? Woran sollte ich das erkennen? Als Zeichen, so mutmaßten die Calvinisten, müsste der materielle Erfolg dienen. Denn wie ein kranker Baum keine Früchte trägt, so müssten auch die Nichtauserwählten im Leben erfolglos bleiben. Wer dagegen fleißig seiner Berufung folgt und dabei Erfolg hat, der sollte dies doch als Zeichen seiner Erwähltheit verstehen dürfen! Die Prädestinationslehre, für die das diesseitige Leben keine Rolle spielt, hat somit zur Konsequenz, dass die Calvinisten hart arbeiteten, ihr Geld wieder investierten und den daraus entstandenen Wohlstand als Symbol für ihre Erwähltheit sahen. Der Gedanke der notwendigen Bewährung des Glaubens im weltlichen Berufsleben »gab damit den breiten Schichten der religiös orientierten Naturen den positiven Antrieb zur Askese«.[40] Die Prädestinationslehre führt also zu dem, was Weber die aktive oder innerweltliche Askese nennt, also eine Askese, die auf Handeln in dieser Welt zielt.

Um den Erfolg zu sichern, wird diese Form der aktiven oder innerweltlichen Askese mit einer besonderen *Rationalität* verbunden: der rationalen Planung und systematischen Organisation dieses Handelns. Eingebaut in ein religiöses System, bezieht es sich auf die gesamte Lebensführung, die nun systematisch beobachtet und geplant wird. Dies wird etwa deutlich im religiösen Tagebuch, in dem die in der Gnade gemachten Erfolge eingetragen wurden, und zwar oft in Gestalt einer gewis-

40 Max Weber, Die protestantische Ethik und der Geist des Kapitalismus, in: Gesammelte Aufsätze zur Religionssoziologie I, Tübingen 1988 (EA 1920), S. 120

sermaßen tabellarisch-statistischen Buchführung des Lebens. Hervorzuheben ist dabei, dass diese Planung und Kontrolle des Lebens nun von der Person selbst ausgeübt wird. Aus dem Versuch der individuellen Bewährung folgt also der Antrieb zur methodischen Kontrolle des eigenen Gnadenstandes in der Lebensführung.

Um die Besonderheit des calvinistisch geprägten Denkens hervorzuheben, ist eine kontrastierende Gegenüberstellung zum Katholizismus nützlich, wie sie Stark vorgenommen hat:[41]

Katholizismus	Calvinismus
➢ Tendenz zu einer organischen Weltsicht	➢ Tendenz zu einer atomistischen Weltsicht
➢ Realismus	➢ Nominalismus
➢ Gesellschaft geht dem Individuum voran	➢ Gesellschaft folgt dem Individuum
➢ Die Gemeinschaft ist Trägerin der Wahrheit	➢ Das Individuum ist Träger der Wahrheit
➢ Symbolismus, künstlerische Kreativität	➢ Realismus, Nüchternheit
➢ Emotionalismus, Mystizismus	➢ Rationalismus
➢ In Klöstern abgeschottete Kontemplation als idealer Weg zur Wahrheit	➢ Innerweltliche Beobachtung als idealer Weg zur Wahrheit

Abb. 4: ***Katholizismus und Calvinismus***

Von dieser protestantischen Ethik zum Geist des Kapitalismus ist noch ein weiterer Schritt nötig: In dem Maße, wie die rationale und gezielte Arbeit zur Anhäufung innerweltlicher Güter als Zeichen des Gnadenstandes zur Selbstverständlichkeit wird, bedarf sie der religiösen Legitimation durch die theologischen Lehren nicht mehr (mit denen sie ohnehin nur sehr mittelbar verbunden ist). Damit löst sich die protestantische Ethik sozusagen von ihren religiösen Wurzeln. »Mit zunehmendem Einströmen in den Alltag und in die Massenreligiosität wird der düstere Ernst der Lehre immer weniger ertragen, und als caput mortuum blieb schließlich im okzidentalen asketischen Protestantismus jener Beitrag zurück, den speziell auch diese Gnadenlehre in der rational kapitalistischen Gesinnung: dem Gedanken einer methodischen Berufsbewährung im Erwerbsleben, als Einschlag zurückgelassen hat.«[42] Der reine Gelderwerb konnte nun mit einem »pharisäisch guten Gewissen« betrieben werden, ohne dass er noch mit einem ›höheren‹ religiösen Sinn verbunden werden musste: Aus der protestantischen Ethik war der »Geist des Kapitalismus« geworden. Jetzt erst ist auch die »reine« Form des zweckrationalen Handelns möglich.

An der »protestantischen Ethik« entzündete sich eine heftige Debatte, die von einiger wissenssoziologischer Relevanz ist, da sie die Frage der Korrelation thematisiert.[43] Vor allem von marxistischer, materialistischer Seite wurde Weber nicht nur

41 Werner Stark, The Sociology of Knowledge, London 1958, S. 77f

42 Max Weber, Wirtschaft und Gesellschaft. Grundriss der verstehenden Soziologie, Tübingen 1980 (EA 1922), S. 348

43 Max Weber, Die protestantische Ethik II. Kritiken und Antikritiken, hgg. v. J. Winckelmann, Gütersloh 1978

der Vorwurf einseitiger historischer Datenauswahl gemacht; zudem hielt man ihm vor, seine Betonung der Rolle religiöser Ideen sei einseitig. (Wie bedeutsam diese Auseinandersetzung war, lässt sich schon daran erkennen, dass die Auseinandersetzung unter dem Titel der »Protestantismus-These« bis heute anhält.) Warum, so konnte nämlich gefragt werden, ist denn der Kapitalismus im halb-protestantischen England so erfolgreich, während er sich im stärker calvinistischen Schottland weitaus langsamer entwickelte?

Allerdings war sich Weber selbst des Bezugs auf das Basis-Überbau-Problem bewusst; er räumte wohl ein, dass er in seiner Protestantismus-Studie lediglich eine Seite der »Kausalbeziehung«[44] hervorgehoben und den Einfluss der wirtschaftlichen Entwicklung auf das Schicksal der religiösen Gedankenbildung vernachlässigt hatte. Schottland mag also über die geistigen Voraussetzungen der Entwicklung zum Kapitalismus verfügt haben, doch fehlten entscheidende ökonomische und soziale Voraussetzungen, wie etwa ein entwickeltes Finanzsystem, Kommunikations- und Transportmöglichkeiten, ein entwickeltes Rechtssystem usw. Schon in der »Protestantischen Ethik« hatte Weber angekündigt, dass er diesem Problem, wie sich die »gegenseitigen Anpassungsvorgänge und Beziehungen beider gestaltet haben«, später nachgehen wollte.[45] Tatsächlich machte er sich auch in einem breit angelegten Vergleich, der »Wirtschaftsethik« der Weltreligionen, daran, »beiden Kausalbeziehungen so weit nachzugehen, als notwendig ist, um die Vergleichspunkte mit der weiterhin zu analysierenden okzidentalen Entwicklung zu finden.«[46] Mit dem Ziel, die Sonderentwicklung des Westens hin zu einer entzauberten rationalisierten Kultur zu erklären, verglich er die Weltreligionen, d.h. für ihn die fünf großen und religiös bedingten Systeme der Lebensreglementierung, welche besonders große Mengen von Bekennern um sich zu scharen gewusst haben: die Ethik des Konfuzianismus, des Hinduismus, des Buddhismus, des Christentums und des Islam. (Ein geplantes Kapitel über den Islam blieb unvollendet; dafür enthält die Untersuchung eine breite Darstellung des antiken Judentums, das ihm gewissermaßen als Vorstufe der abendländischen Entwicklung gilt.) Diesem (unabgeschlossenen) Werk können wir hier nicht einmal in groben Zügen gerecht werden. Es sollen nur einige für das Verständnis der wissenssoziologischen Aspekte von Webers Werk wichtige Merkmale hervorgehoben werden.

Dazu zählt, dass Weber in der Entwicklung der verschiedenen Kulturen bestimmte Züge findet, die einander sehr ähneln. Dabei setzt er in allen Fällen mit der anfänglichen Entstehung der jeweiligen Zivilisation ein, ohne auf deren Wurzeln näher einzugehen. Die Entwicklung dieser Zivilisationen bewegt sich dann zu verschiedenen Zeiten durch dieselben Stadien. Dabei durchläuft jede dieser Zivilisationen eine feudale Periode, in der sich ein je unterschiedlich gearteter Adelsstand vom

---

44 Weber, protestantische Ethik, op. cit., S. 12
45 Weber, protestantische Ethik, op. cit., S. 192
46 Max Weber, Vorbemerkung, in: Gesammelte Aufsätze zur Religionssoziologie I, Tübingen 1988 (EA 1920), S. 12

jeweiligen Bauernstand absetzt. Das sich danach ausbildende Händlertum führt zur Verstädterung der Kultur. Ist der Beginn der kulturellen und religiösen Entwicklung durch Zauber und Wunder charakterisiert, so hat die Verstädterung die Ausbildung von Märkten, einer Schicht von Gebildeten und einer Bürokratie zur Folge. Die städtischen Institutionen können sich schließlich bis zu jenem Punkt entwickeln, der Webers Gegenwart bildet.

Im Fokus dieser historischen Betrachtungen steht die »Wirtschaftsethik«. Mit diesem Begriff macht er klar, dass es ihm bei der Betrachtung der Religion nicht um die theologischen Lehren geht, sondern um die das wirtschaftliche Handeln leitenden Motive, deren Ursprünge er in den psychologischen und pragmatischen Zusammenhängen der Religionen sucht. Zur Analyse der jeweiligen Wirtschaftsethik zieht er nun auch die ökonomischen, geographischen und vor allem sozialen Verhältnisse heran. In seiner Untersuchung des Konfuzianismus erörtert er zum Beispiel die »soziologischen Grundlagen der chinesischen Gesellschaft«: Er stellt die große Rolle der Städte heraus, die Bedeutung des Binnenhandels und der Geldwirtschaft. Dadurch kann er zeigen, dass sich in China zwar ein »innenpolitischer Beutekapitalismus« entwickelt hatte.[47] Trotz der Vermehrung des Edelmetallbesitzes und des enormen Bevölkerungswachstums war es jedoch nicht zu einem rationalistischen Kapitalismus westlicher Prägung gekommen. Die Ursache dafür sieht er auch hier in sozialstrukturellen Tatbeständen: im Charakter der chinesischen Stadt, die mehr Fürstenresidenz als Markt gewesen sei, und in der tragenden Bedeutung, die die chinesische Gesellschaft der Sippe zuschrieb. Die Entwicklung eines rationalen Kapitalismus wurde aber ebenso aus religiös-weltanschaulichen Gründen verhindert, denn die Kaufleute mussten sich an einem magischen Taoismus orientieren, weil der von einem spezialisierten Literatenstand getragene Konfuzianismus für sie kaum zugänglich war.

Weber folgt in seiner Argumentation nicht einem simplen sozialstrukturellen Determinismus: Die Ausbildung der Rationalität ist keineswegs nur von der Ausbildung von Städten, dem Bedeutungswachstum des Bürgertums und der Schwächung zentraler politischer Autoritäten abhängig. Vielmehr stellt sich für Weber immer auch die Frage: Welche Lebensorientierung vermittelt die Religion, wie etwa der Konfuzianismus? Bei aller Hochachtung vor den intellektuellen Leistungen des Konfuzianismus als einem »Rationalismus der Ordnung« lautet Webers Antwort, dass der Konfuzianismus doch nie eine sozial machtvolle Prophetie entwickelt und nie nach der besonderen religiösen Qualifikation gefragt hatte. Im Grunde ist der Konfuzianismus eine »innerweltliche Laiensittlichkeit«, die Anpassung an die Welt, ihre Ordnung und Konventionen verlangt.

Wie schon in der Protestantismus-Studie beschäftigt sich Weber aber auch hier nicht mit der direkten Bedeutung religiöser Lehren, sondern damit, welche Orientierung der Konfuzianismus vermittelt. Die soziologische Rolle der Religion liegt also

47 Max Weber, Hinduismus und Buddhismus, in: Gesammelte Aufsätze zur Religionssoziologie II, Tübingen 1978 (7. Aufl.), S. 187

nicht in ihrer Theologie, sondern darin, »was im praktischen Leben der Gläubigen *geltende* Moral« ist, »*wie* also die religiöse Orientierung der Berufsethik praktisch *wirkte*«.[48] Die jeweilige Ethik einer Religion ist nicht Teil ihrer »Lehre«. Sie ergibt sich vielmehr daraus, dass die Lehre aus der Perspektive der im Alltag Handelnden betrachtet wird, in ihre typischen Handlungspläne eingebettet wird und damit die »letzten Werte« für Handlungsorientierungen begründet.

Die Größe, auf die sich die untersuchten »Kausalfaktoren« auswirken, besteht also in den Handlungsorientierungen der Menschen. Dabei sollte beachtet werden, dass Weber hier nicht einzelne, individuelle Orientierungen im Sinn hat. Auch wenn er häufig Einzelfälle betrachtet, so versucht er, das daran Typische herauszustellen. Dabei achtet er einmal auf die typischen Interessen sozialer Gruppen, die sich aus ihrer Lage in der jeweiligen sozioökonomischen Struktur und den daraus resultierenden Anforderungen für ihre Lebensführung ergeben. Diese Interessen können sich dann mit bestimmten »wahlverwandten« religiösen Lehren verbinden, die Handelnden eine typische Orientierung geben. So wurde das Christentum, das anfangs die »Lehre wandernder Handwerksburschen« war, in den Zeiten seines Aufschwunges eine städtische, bürgerliche Religion. Und die Orientierungsleistung der protestantischen Ethik hängt ganz wesentlich damit zusammen, dass die Prädestinationslehre aus der Perspektive bürgerlicher Mittelschichten betrachtet wurde, die die Möglichkeit zur freien Berufsarbeit, zur Selbstkontrolle und die Neigung zum Handel hatten. Deswegen konzentriert er sich auch in der Untersuchung anderer Religionen auf die Lebensführung derjenigen sozialen Schichten, die die praktische Ethik der jeweiligen Religion am stärksten beeinflussten: Der Konfuzianismus ist im Grunde die Standesethik einer literarisch gebildeten Führungsschicht, insbesondere der der Mandarine. Trägerschicht des Hinduismus sind vedisch gebildete Brahmanen, eine erbliche Kaste literarisch Gebildeter. Der Buddhismus wird von wandernden Bettelmönchen getragen. Der Islam zählte in seinen Anfängen kriegerisch-welterobernde Glaubenskämpfer zu seiner Trägerschicht, neben die im islamischen Mittelalter das ›Bruderschaftswesen des Kleinbürgertums‹ trat. Und das Judentum, ursprünglich die Religion eines »Pariavolkes«, wurde seit dem Mittelalter von einer literarisch-ritualistisch geschulten Intellektuellenschicht geprägt.

Weber ging also nicht schlicht davon aus, dass die Eigenart der jeweiligen Religiosität eine Folge der sozialen Lage derjenigen sozialen Gruppen ist, die als Trägerinnen dieser Religion auftreten, dass sie also nur eine Ideologie oder Widerspiegelung ihrer materiellen Interessenlagen sei. (Es scheint, als habe Weber auch den Begriff der »*Träger*« von Ideen, Weltanschauungen und Wissen geschaffen.) Seiner Auffassung nach hat die jeweilige Trägerschicht zwar Folgen für die Religion, andererseits aber üben Religionen ihren Einfluss auch auf sehr heterogene Schichten in jeweils unterschiedlicher Art aus. »Interessen (materielle und ideelle) nicht: Ideen beherrschen unmittelbar das Handeln der Menschen. Aber: Die ›Weltbilder‹, welche durch

48 Weber, protestantische Ethik, op. cit., S. 176

›Ideen‹ geschaffen wurden, haben sehr oft als Weichensteller die Bahnen bestimmt, in denen die Dynamik der Interessen das Handeln fortbewegte. Nach dem Weltbild richtete es sich ja: ›wovon‹ und ›wozu‹ man erlöst sein wollte – und nicht zu vergessen – konnte.«[49] Die Ideen und die pragmatischen Handlungsbedingungen stehen nicht in einem Verhältnis der Logik, wie bei Paretos logischen Handlungen, sondern in einem Verhältnis der *Sinnadäquanz*: Die Idee der Menschenliebe kann sich in einer auf Leibeigenschaft aufbauenden Gesellschaft nur partiell verwirklichen.

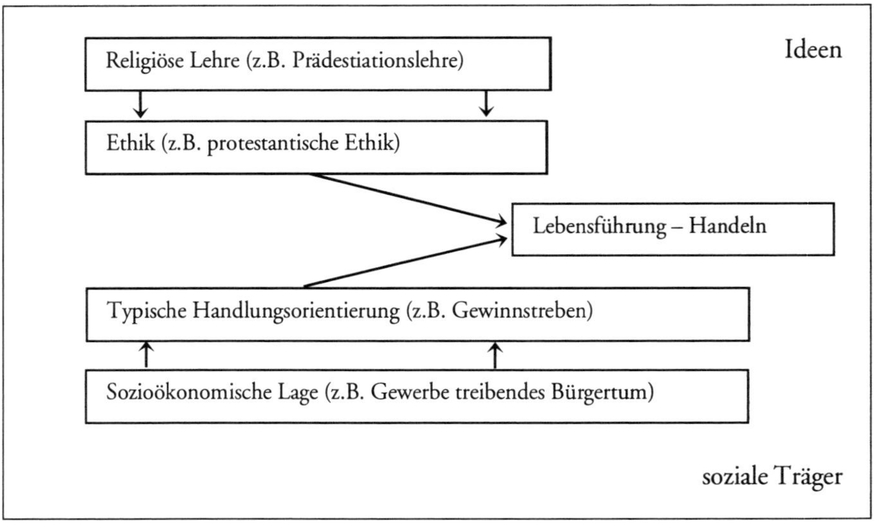

Abb. 5: ***Zusammenhang zwischen religiöser Lehre und sozialer Lage (Max Weber)***

So sehr das Verhältnis zwischen Ideen und sozialen Trägern einer Korrelation gleicht, so sehr ist Weber doch bemüht, beide Ebenen miteinander in eine Beziehung zu setzen. In der Tat kommen beide Ebenen in der Lebensführung und im Handeln zusammen. Dieser Zusammenhang zwischen (religiösem) Wissen und sozialen Strukturen gilt nicht nur im groben Vergleich der Kulturen, sondern auch innerhalb der Kulturen. Die Lebensführung ist vor allen Dingen an die Arbeitsweise der jeweils Betroffenen gebunden. Das Bauerntum etwa zeichnet sich durch eine traditionelle Religiosität aus, die vor allem von der Bedrohung durch die Natur geprägt ist. Bauern neigen deswegen zu magischen Praktiken. Je stärker eine Kultur vom Bauerntum geprägt ist, umso mehr widersteht sie einer ethischen Rationalisierung. Ganz anders dagegen ist die Religion der Kaufleute, die eine diesseitige Denkweise pflegen und deswegen zu einer rationalen ethischen Gemeindereligiosität neigen. Auch mystische Formen treten bei ihnen auf. Der nüchterne Rationa-

49 Max Weber, Die Wirtschaftsethik der Weltreligionen, in: Gesammelte Aufsätze I, Tübingen 1988, S. 252

lismus zeichnet das Beamtentum aus, während die Handwerker die größten Gegensätze kennen. In all diesen Fällen scheint es für Weber eine deutliche Korrelation zwischen der religiösen Orientierung und der Art der Tätigkeit der Betroffenen zu geben, die wiederum mit ihrer sozialen Lage aufs Engste verknüpft ist.

Aufgrund der beschriebenen Entwicklung stehen jedoch die modernen Gesellschaften unter dem Druck der zunehmenden Rationalisierung. Unter Rationalisierung versteht Weber nicht mehr das Fortschreiten der Vernunft, wie Hegel es getan hatte. Rationalisierung beinhaltet für ihn Prozesse der Bürokratisierung, der Spezialisierung von Wissen und dessen zunehmender Strukturierung, die dem Individuum keineswegs nur zu Gute kommen müssen. Die Rationalisierung ist verknüpft mit einer zunehmenden Entzauberung: Immer mehr Lebensbereiche der Menschen werden den magischen und religiösen Deutungen entzogen und der rationalen Systematisierung, Beobachtung und Kontrolle unterworfen – es kommt zu einer zunehmenden zweckrationalen Kontrolle über Natur, Gesellschaft und Kultur.

Eine solche Entwicklung skizziert Weber sehr anschaulich an der Musik. Westliche Musik zeichnet sich durch zwei Elemente aus: Ihre systematische Rationalität steht in dauernder Spannung zu ihrer Melodik. Die Rationalisierung der Musik bedeutet eine technische und soziale Transformation. Die sozialen Veränderungen betreffen die sozialen Gruppen der Musiker, Komponisten und Instrumentenbauer. Die technischen Veränderungen beinhalten die Verfeinerung der Resonanzkörper, die die Grundlage für die modernen Streichinstrumente darstellen. Diese Veränderungen gehen zum einen auf praktische Entwicklungen zurück, wie etwa die Erzeugung einer standardisierten Notation. Auf der anderen Seite hängen sie mit sozialen Faktoren zusammen. In Ermangelung eines Marktes war das Kloster lange Zeit der einzige Ort, an dem eine systematische Entwicklung stattfinden konnte. Hier wurde die Orgel eingesetzt und im Rahmen der religiösen Wissensproduktion verfeinert: Um 1200 umfasste sie drei Oktaven; im 13. Jahrhundert gab es theoretische Abhandlungen darüber, und um 1400 spielte sie eine zentrale Rolle in allen (nun ins Zentrum rückenden) Kathedralen. Der kontrollierte Einsatz des Blasebalgs eröffnete dann die Möglichkeit der Kombination mit polyphonen Stimmen. Das hat damit zu tun, dass die Konstrukteure von Orgeln auch diejenigen waren, die sie spielten. Allerdings war die Orgel Teil einer kirchlichen Tradition, in der die Experten spielten. Dies wurde in dem Maße bedeutungslos, wie die Laien selbst in den Vordergrund traten (im Protestantismus). Mit der Befreiung von der Gildenorganisation im 16. Jh. lösten sich die Musiker von der kirchlichen Bindung. Die Einrichtung musikalischer Rollen an den Höfen führte zum Ausbau musikalischer Funktionen in Orchestern. Hier fand der nächste Schub der Rationalisierung statt: Die standardisierten Streichinstrumente entstanden. Schließlich löst das Klavier eine Innovationswelle aus: Sie macht die Musik zugänglich für die bürgerlichen Mittelklassen, die zur weiteren Rationalisierung der Musik wesentlich beitragen.

Die Rationalisierung beschränkt sich keineswegs auf die Musik, sondern macht sich in den unterschiedlichen »Wertsphären« – und zwar durchaus unterschiedlich stark –

bemerkbar. (Wertsphären nennt Weber die verschiedenen, jeweils eigene Werte verfolgende Institutionsbereiche). Diese Rationalisierung weist jedoch nicht mehr nur die Fortschritts-optimistische Seite des Comteschen positiven Zeitalters auf; auch die Hoffnung auf eine Gesellschaft der Vernunft Hegels oder der kommunistischen Gesellschaft teilt Weber nicht mehr. Er befürchtet vielmehr die Heraufkunft einer Gesellschaft, die durch eine immer bessere Bürokratie alle Aspekte des menschlichen Lebens unter die Fuchtel der nüchternen Kontrolle stellt und sie nur noch als spezialisierte Fachmenschen auf ein Sonderwissen reduziert, das keinerlei transzendente Tiefe mehr aufweist. So bedenklich diese Rationalisierung auch scheint, erst sie scheint jenes »reine« Wissen zu schaffen, das keinen Glauben mehr braucht.

3 Die deutsche Wissenssoziologie

Der Begriff der Wissenssoziologie wurde 1909 vom schon erwähnten österreichischen Soziologen Jerusalem geprägt, der damit den Neo-Kantianismus und den Positivismus miteinander versöhnen wollte. 1921 sprach auch Max Scheler von der »Soziologie der Erkenntnis«.[50] 1924 gab er dann einen Sammelband heraus, der die Wissenssoziologie im Titel führte und sich die systematische Erforschung der Produktion, Verteilung und Aneignung des Wissens zum Ziel setzte. Damit steht der Titel für eine Forschungsrichtung, die man als deutsche Wissenssoziologie bezeichnet. Es ist von einer deutschen Wissenssoziologie die Rede, weil ihre Autoren (allen voran Max Scheler und Karl Mannheim) in deutscher Sprache schrieben. Deutsch ist sie auch, weil sie den Stempel der besonderen Zustände der deutschen Gesellschaft nach dem Ersten Weltkrieg trägt. Zeichnete sich das ökonomisch beachtliche deutsche Bürgertum schon im Kaiserreich durch eine, im Vergleich zu Frankreich oder Großbritannien, schwache politische Position, so dass die Institution des Parlamentarismus und der Liberalismus nie recht heimisch wurden, so schwächte die Kriegswirtschaft die kleinen Handwerker, Bauern und Geschäftsleute nachhaltig. Der Mittelstand wurde deklassiert, so dass starke soziale Spannungen auftraten. Nach dem 1. Weltkrieg waren diese mit einer rapiden Vermehrung und Ausbreitung unterschiedlicher Weltanschauungen verknüpft, die sich sehr aggressiv entluden. Gleichzeitig breiteten sich die unterschiedlichsten kulturellen Strömungen aus, divergierende und konkurrierende literarische und künstlerische Stilrichtungen, die sich in der bewegten Weimarer Republik entfalten konnten.

Die Wissenssoziologie gilt als die Disziplin, die diese ideologische und politische Zerrissenheit thematisieren und überwinden helfen sollte. Man sieht diese Entwicklung schon an den Themenstellungen. Hatten Durkheim und Weber noch die Religion als Musterbeispiel der Wissenssoziologie behandelt, rückt diese allmählich (bei Scheler weniger, bei Mannheim sehr stark) in den Hintergrund. In den Vordergrund

50 Max Scheler, Die positivistische Geschichtsphilosophie des Wissens und die Aufgaben einer Soziologie der Erkenntnis, in: Kölner Vierteljahreshefte für Sozialwissenschaften, 1. Jg, H. 1 (1921), S. 22-31

treten dafür – neben den schon seit dem Historismus behandelten philosophischen Weltanschauungen – nun (vor allem bei Mannheim) die politischen Ideologien.

MAX SCHELER wurde als Philosoph für seine Arbeiten im Bereich der Phänomenologie und der philosophischen Anthropologie bekannt.[51] Er ist hier aber als einer der Begründer der Wissenssoziologie hervorzuheben. Die Bedeutung der Wissenssoziologie für ihn ist daran zu erkennen, dass er hoffte, diese würde die klassische philosophische Erkenntnistheorie ersetzen. In seiner theoretischen Einführung »Versuche einer Soziologie des Wissens« setzte er die Wissenssoziologie deswegen neben die Erkenntnistheorie, die Logik und die Entwicklungspsychologie.

Wie Comte unterscheidet auch Scheler *drei Hauptformen des Wissens*: Religion, Metaphysik (worunter er philosophische und religiöse Denksysteme verstand, wie die von Buddha über Laotse, Platon bis zu Hegel und Marx) und Wissenschaft. Doch hatte Comte ja (wie später auch Durkheim) die positive Wissenschaft als die fortgeschrittenste Form des Wissens angesehen. Comtes Dreistadiengesetz zufolge stellt die Rationalität des Positivismus die endgültige und überlegenste Phase der menschlichen Geschichte dar, die auf die Phase der Philosophie, der Metaphysik und der Religion folgt. Religiöses Wissen ist für Comte die »primitivste« Form des Wissens, Wissenschaft die fortgeschrittenste und rationalste. Scheler nun greift diese positivistische Vorstellung an. Auch die Wissenschaft, so wendet er ein, ist keineswegs nur Inbegriff der Rationalität. Sie gründet vielmehr in einer irrationalen Form der Erkenntnis, die ihre Wurzel im Herrschaftsstreben hat. Diese Wurzel führt die Wissenschaft dazu, dass sie Natur nicht nur betrachten, sondern halten und erfassen will, das Objekt also zu fixieren sucht. In diesem Sinne ist die Wissenschaft von einem Herrschaftsstreben geleitet, das zur Lebensfeindlichkeit des gesamten westlichen wissenschaftlichen Denkstils beiträgt. Sofern sie von einem Herrschaftsstreben getrieben ist, liegt auch der Wissenschaft ein eigener Trieb zugrunde. Daraus folgert Scheler, dass die unterschiedlichen Erkenntnissysteme gleichwertig sind, da sie nur jeweils von unterschiedlichen Trieben geleitet werden. (Diese Vorstellung der Triebe wird weiter unten erläutert werden.) Ihre Gleichwertigkeit führt auch zur Gleichzeitigkeit: Es ist irrig anzunehmen, die Wissenschaft würde Religion und Metaphysik ersetzen. Vielmehr können die verschiedenen Erkenntnissysteme gleichzeitig existieren: Die Ankunft der Wissenschaft führt also nicht notwendig zum Ende der Religion oder der Magie.[52] Religion, Metaphysik und die positiven Wissenschaften sind voneinander unabhängige und gleichwertige Formen, die nicht dasselbe Ziel verfolgen.

Die vermeintliche Vorrangstellung der Wissenschaft ist in Schelers Augen einem im engeren Sinne soziologischen Effekt geschuldet: Bei der Ausbreitung der modernen

---

51 Der 1874 in München geborene Max Scheler erhielt 1919 eine Professur in Köln; später lehrte er in Frankfurt am Main. Er starb 1928 ebendort.

52 Srubar erkennt darin eine regelrecht multikulturelle Anerkennung anderer Wissensformen, die allerdings auf gemeinsame Strukturen des Handelns zurückzuführen seien. Ilja Srubar, Max Scheler: Eine wissenssoziologische Alternative, in: Nico Stehr und Volker Meja (Hg.), Wissenssoziologie, Sonderheft 22/1980 der Kölner Zeitschrift für Soziologie und Sozialpsychologie, S. 343-359

Wissenschaft handele es sich im Grunde um die Durchsetzung einer Klassenphilosophie: Wissenschaft sei die Philosophie der sich im 19. Jahrhundert immer stärker durchsetzenden bürgerlichen Klasse. Selbst Comte betrachte die Wissenschaft ja keineswegs nur als neutraler Beobachter – er trete selbst als Fürsprecher des Bürgertums auf, das in der wissenschaftlichen Kontrolle und Herrschaft der Natur ihre ökonomischen Antriebe befriedigte. Denn dem Bürgertum gehe es um mehr als um die Auffindung bloßer Gesetze. Die Erkenntnis der Gesetze diene einem kalkulierbaren »voir pour prévoir«, einer ihrer Lebensführung gemäßen rationalen Planung der Zukunft.

Wissensformen	Ursprung des Wissens	Funktion des Wissens	Wichtigste Rollen der Wissenserzeuger	Institutionen der Wissensvermittlung
Religion	Selbsterhaltung durch Heil	Heil durch Kontakt zu Gott	Charismatische Führer, heilige Menschen, kirchlicher homo religiosus	Kirche, Sekte, mystische Gemeinschaften, Gemeinden
Metaphysik	Staunen über die Existenz der Welt und der Dinge	Weisheit durch Intuition	Weise	Weisheits-Schule, Bildungsgemeinschaften, Berufe
Positive Wissenschaft	Bedürfnis nach Kontrolle von Natur und Gesellschaft	Weltbild mathematischer Symbole, Experiment, Induktion/Deduktion	Forscher, Wissenschaftler	Internationale Staaten, Wissenschaftsrepublik

Abb. 6: ***Die Schelerschen Wissensformen I***

Scheler zufolge ist die Annahme, dass die Wissenschaft die anderen Wissensformen verdrängt und damit die Gleichsetzung der verschiedenen Wissensformen, einer der Gründe für das, was ihm als die Verwirrung seiner Zeit erschien: Religiöses würde als Wissenschaft, Wissenschaft als Religion, Religion als Metaphysik missverstanden. Die drei Formen des Wissens bestehen aber nicht nur gleichzeitig, sie weisen auch beträchtliche Unterschiede auf. Diese Unterschiede werden zuweilen als »substantielle« Merkmale des Wissens aufgefasst: Im Falle der Wissenschaft handelt es sich um Herrschaftswissen, im Falle der Metaphysik um Orientierungswissen und im Falle der Religion um Heilswissen. Scheler trifft jedoch eine genauere soziologische Unterscheidung dieser Wissensformen, die ihre Unterschiedlichkeit durch ihre verschiedenen sozialen Aspekte (und, wie wir später sehen werden, zugrunde liegende Triebe) beschreibt: Jede »Form« des Wissens hat nicht nur einen gesonderten Ursprung und eine spezifische Funktion, sie erfordert auch eigene soziale Rollen und findet ihren Ausdruck in besonderen sozialen Institutionen der Wissensvermittlung. Jede soziale Gruppe (Klasse, Berufe, Stände) hat eigene Weisen der Erzeugung und Tradierung des Wissens. Das gilt besonders für die Institutionen. Deswegen unterscheiden sich Kirchen, die religiöses Wissen vermitteln, wesentlich von wissenschaftlichen Instituten, Weisheit erfüllt andere Funktionen als positives

Wissen, und Forscher unterscheiden sich in ihren Rollen grundlegend von religiösen Führern. Die für die jeweilige Wissensform spezifischen Ausprägungen lassen sich wie oben abgebildet (vgl. Abb. 6) gegenüberstellen.

Wie Weber oder Simmel griff auch Scheler in seiner Wissenssoziologie auf Diltheys Lehre der Weltanschauungen zurück, von dem er den Gedanken einer begrenzten Anzahl an Weltanschauungen aufnahm. Allerdings wandte er sich gegen andere Aspekte dieser Lehre. In seinen Augen handelt es sich bei den von Dilthey angeführten Weltanschauungen im Grunde um relativ »künstliche« Bildungsweltanschauungen, also solche, die erst durch einen bewussten geistigen Prozess geschaffen wurden. Dilthey habe jedoch nicht gesehen, dass sich hinter diesen künstlichen Weltanschauungen eine »*relativ natürliche Weltanschauung*« verbirgt. Damit bezeichnet Scheler eine Art grundlegender kultureller »Mentalität«. Diese Mentalität umfasst Einstellungs-, Wertungs- und Auffassungsformen, die letztlich biologisch in der Triebstruktur des Menschen verankert sind. Trotz dieser festen biologischen Verankerung ist die relativ natürliche Weltanschauung nicht universal gleich bleibend, sondern ändert sich über die Zeit hinweg. Sie variiert auch je nach Sprache, »Rassenmischung« und »Kulturmischung«. Relativ-natürliche Weltanschauungen sind für Scheler gleichsam »organische Gewächse« einer »unbewusst arbeitenden Gruppenseele«. Sie umfassen alles, was in einer Gruppe als selbstverständlich gilt und keiner weiteren Legitimation bedarf. Es gibt also keine den Menschen gemeinsame Grundstruktur des Wissens, wohl aber überall etwas, das in der betreffenden Gruppe als fraglos gegeben gilt. Von dieser Grundlage ausgehend, lassen sich dann die Wissensformen nach dem Grad ihrer Künstlichkeit unterscheiden, wobei die am wenigsten künstlichen auch der relativ-natürlichen Weltanschauung am nächsten sind. Scheler differenziert dabei die oben genannten drei Wissensformen weiter aus in sieben verschiedene Wissensformen: Wissenschaftliches Wissen teilt sich in technologisches und positives Wissen auf, religiöses Wissen in religiöses und mystisches. Das philosophisch-metaphysische Wissen bildet eine eigene Kategorie. Zu den drei Wissensformen kommen nun noch die »niedrigen«, »volkstümlichen« Formen des Wissens, die in Mythen und Legenden und im Volkswissen aufgehoben sind.

Höhere Wissensformen

Technologisches Wissen	*sehr künstlich*
Positives Wissen der Mathematik, der Natur- und Geisteswissenschaften	
Philosophisches-metaphysisches Wissen	
Religiöses Wissen	
Mystisches Wissen	
Natürliches Volkswissen	
Mythen und Legenden	*wenig künstlich*

Relativ-natürliche Weltanschauung

Abb. 7: ***Die Schelerschen Wissensformen II***

Die Herausstellung dieser zwei Pole der niedrigen und der höheren Wissensformen bildet die Grundlage für Schelers Unterscheidung zwischen *Gruppenseele* und *Gruppengeist*: Die Gruppenseele ist die relativ natürliche Weltanschauung, wie sie sich unreflektiert in Volksliedern, Volkssprache, Sitten, Gebräuchen und der Volksreligion manifestiert. Der Gruppengeist dagegen besteht aus bewussten »künstlichen Konstruktionen« oder »gebildeten« Weltanschauungen, Kultur, Staat, gebildete Sprache, Kunst, Wissenschaft. Ist die Gruppenseele ein Teil des gesamten sozialen Systems und somit unpersönlich, so gehört der Gruppengeist zur herrschenden Klasse.

Wissensformen sind keineswegs neutrale kognitive Strukturen. Sie greifen zwar nicht selbst aktiv in die Welt ein, beeinflussen aber das Anschauen, Denken und Werten. Die verschiedenen Wissensformen sind für sich eigenständig, kommen aber nur dann zur Geltung, wenn sie soziale Träger (wie Weber sagen würde) finden. Wie schon Marx oder Weber, geht es auch Scheler im Kern seiner Wissenssoziologie um den Zusammenhang, ja die Korrelation von Sozialem und Ideen, den »Zusammenhang von gesellschaftlicher Kooperation, Arbeitsteilung, Geist und Ethos einer führenden Gruppe mit der Struktur von Philosophie, der Wissenschaft, ihrer jeweiligen Gegenstände, Ziele, Methoden, ihren jeweiligen Organisationen in Schulen, Erkenntnisgesellschaften«.[53] Wie wir gleich sehen werden, sind es für Scheler erst die sozialen Träger, die bestimmte Ideen umsetzen. Ideen werden also wissenssoziologisch erklärt, indem sie auf jeweils herrschende soziale Interessenperspektiven zurückgeführt werden, die er als Realfaktoren bezeichnet. Allerdings begnügt sich Scheler hier nicht mit einer sozialen Formenlehre, die er dann mit den Wissensformen korrelierte.

Wie wir schon oben im Zusammenhang mit seiner Kritik an Comtes Vorrangstellung der Wissenschaft gesehen haben, sieht Scheler die »sozialen Interessen« sehr tief in – instinktiven oder kollektiven – Trieben verankert. Deswegen müssen wir uns kurz mit seiner Trieblehre beschäftigen, bevor wir zu den Realfaktoren zurückkehren können.

Der Begriff des *Triebes* mag heute etwas unvertraut, ja anrüchig klingen – wie auch andere Aspekte der Sprache Schelers (etwa seine Rede über »Rassen«). Scheler knüpft damit sehr ausdrücklich an die irrationalistische Tradition insbesondere Nietzsches an, die wir weiter oben behandelten. Mit dem Begriff der Triebe begründet auch Scheler das Wissen in den irrationalen Merkmalen des menschlichen Wesens, die ja schon Gegenstand seiner anthropologischen Überlegungen waren. Schelers Trieblehre unterscheidet sehr grundlegend drei verschiedene Triebe: den Sexual- und Fortpflanzungstrieb, den Machttrieb und den Nahrungstrieb. Aus diesen Trieben leitet er drei gesellschaftliche Formen ab: die Macht des Blutes, den Willen zur Macht und den ökonomischen Profit. So martialisch dies auch klingen mag, kann man unter der Macht des Blutes die Bedeutung von Verwandtschaftsbeziehungen erkennen, die das Ordnungsprinzip der meisten einfacheren Gesellschaften sind. Der Wille zur Macht dominiert in feudalen Gesellschaften, in denen die allmähliche Ausbildung, Spezialisierung und Zentralisierung des politischen Willens erkennbar wird. Und der öko-

53 Scheler, positivistische Geschichtsphilosophie, op. cit., S. 22

nomische Profit schließlich steht im Vordergrund der modernen kapitalistischen Gesellschaft, die Schelers Gegenwart beherrscht. Man kann daran schon erkennen, dass Scheler hier eine historische Abfolge im Auge hat: Auf die ›Phase des Blutes‹ folgt die feudale und auf diese die ökonomische. Dabei betont er, dass in diesen Phasen lediglich ein Trieb jeweils das Übergewicht hat, während aber die anderen durchaus ebenfalls noch wirksam sind. (Allerdings lässt Scheler den Zusammenhang zwischen biologischen und sozialen Triebkräften weitgehend ungeklärt.)

Die gesellschaftlichen Ausprägungen dieser Triebe nun bilden für Scheler die Grundlage für die in der Geschichte und der Gesellschaft wirksamen *Realfaktoren*. Dazu zählen für ihn die politischen Machtverhältnisse, ökonomischen Produktionsverhältnisse, Rassenmischungen und Rassenspannungen (dazu würde man heute wohl ethnische Konflikte sagen). Die »Realfaktoren« entsprechen im weiteren Sinne also dem, was wir heute im Bereich der »Sozialstruktur« verorten würden. Die verschiedenen Formen des Wissens, die wir oben schon kennen gelernt haben, fallen unter die »geistigen« Faktoren der sozialen Sphäre. Scheler nennt sie *Idealfaktoren*. Diese Unterscheidung bildet denn auch die Grundlage für Schelers wissenssoziologisches Modell der Beziehung von *Realfaktoren auf Idealfaktoren*.

Die Parallele zwischen dem Konzept der Ideal- und Realfaktoren zu Marx' Basis-Überbau-Modell ist wohl einer der Gründe, die Plessner dazu anregten, die deutsche Wissenssoziologie als eine »Theorie des schlechten Gewissens gegenüber Marx« zu bezeichnen.[54] Allerdings trifft das auf Scheler nur teilweise zu, verbarg sich doch hinter diesem vordergründig soziologischen Konzept eine philosophische Metaphysik, die den »Geist« und die »Natur« als zwei getrennte Sphären betrachtete: Auch wenn der Mensch geistig und triebhaft zugleich sei und es Übergänge zwischen beiden Sphären gebe, so handele es sich doch um zwei getrennte Sphären, die lediglich miteinander interagieren könnten. Dies gelte für einzelne Handlungen, in denen beide Sphären aufeinander treffen, es gelte aber ebenso für die Gesellschaft und die Geschichte. Ideen und die reale Wirklichkeit der Objekte bestünden also getrennt voneinander; sie berührten sich allein im Reich des Sozialen.

Mit dem Konzept der Idealfaktoren und Realfaktoren stellt Scheler ein Modell für die Berührung dieser zwei Sphären vor: In diesem Modell bilden die einzelnen Sphären sozusagen eigenständige, geschlossene Regelkreise, in denen sie vor allen Dingen im je eigenen Regelkreis wirken: Im Bereich der Idealfaktoren wirken Mythen auf Mythen oder etwa auf die Religion oder die Metaphysik, aus Religion kann Wissenschaft werden usw. Auf diese Weise entfalten die Ideen ihre Bedeutung innerhalb der intellektuell-kulturellen Sphäre, also des Regelkreises der Idealfaktoren. Für sich genommen sind die Inhalte der Ideen somit recht unabhängig von der Struktur der Gesellschaft. Dasselbe gilt auch für die Realfaktoren: Wirtschaftliches

54 »Wie schützt sich das Erkennen […] vor dem schier unabwendbaren Vorwurf seiner Interessengebundenheit und damit seiner genuinen ideologischen Verfälschung?«, Helmuth Plessner, Zur deutschen Ausgabe, in: Berger/Luckmann, op. cit., S. XI

Handeln wirkt auf wirtschaftliches oder auch politisches, ohne dass es den sinnhaften Ausrichtungen der Idealfaktoren folgen müsste. Ideen und Weltanschauungen werden erst dann ›realisiert‹, wenn sie mit den Realfaktoren verbunden werden. In seinem »Gesetz der Kausalfaktoren« nennt Scheler drei Arten von »Beziehungen« zwischen diesen Regelkreisen: Die Beziehungen der Idealfaktoren untereinander, also die immanente Ordnung und Entwicklung von Wissen und Denken; die Beziehung der Realfaktoren untereinander (also die soziale Ordnung und Dynamik), und schließlich die Beziehungen zwischen den dynamischen und statischen Aspekten der Idealfaktoren und Realfaktoren untereinander.[55] Weil die Verbindung als punktuelle Überbrückung beider Regelsysteme erscheint, vergleicht Scheler diese Stellen mit Schleusen: »Erst da, wo sich die ›Ideen‹ irgendwelcher Art mit Interessen, Trieben, Kollektivtrieben oder, wie wir letztere nennen, ›Tendenzen‹ *vereinen*, gewinnen sie *indirekt* Macht und Wirksamkeitsmöglichkeit; z.B. als religiöse, wissenschaftliche Ideen.«[56] Dabei sind die Realfaktoren ausschlaggebend, aber nicht determinierend: Sie üben die Funktion einer Schleuse aus, sie entscheiden darüber, welche Ideen realisiert werden können. Die Idealfaktoren haben von sich aus keine »Kraft« oder »Wirksamkeit«. Idealfaktoren können die Form der Realfaktoren nicht bestimmen, die sich völlig blind für Sinn entwickeln, und diese haben keinen Einfluss auf die Inhalte der Idealfaktoren. Diese bestimmen lediglich, ob sich bestimmte Ideen und Werte in einer historischen Situation durchsetzen können. Mit diesem »*Schleusentheorem*« entwickelt Scheler eine ausgeprägt korrelationistische Wissenssoziologie.[57] Die zentrale Aufgabe dieser Wissenssoziologie besteht darin, die Orte zu finden, an denen die materiellen Faktoren mit Teilen des ideellen Reiches in Berührung kommen, und die Folgen zu bestimmen, die diese Berührung auf beide Seiten hat.

Die Durchsetzung einzelner Ideen verdankt sich vor allem der »herrschenden Interessenperspektive« der sozialen Gruppen, »dass der soziologische Charakter alles Wissens, aller Denk-, Anschauungs-, Erkenntnisformen unbezweifelbar ist, und dass zwar nicht der Inhalt alles Wissens und noch weniger seine Sachgültigkeit, wohl aber die Auswahl der Gegenstände des Wissens nach der herrschenden sozialen Interessenperspektive, und die ›Formen‹ der geistigen Akte, in denen Wissen gewonnen wird, stets und notwendig soziologisch, das heißt durch die Struktur der Gesellschaft mit bedingt sind.«[58] Entscheidend dafür ist, wer herrscht, also insbesondere die

55 Scheler unterscheidet genauer drei Aspekte beider Faktorenbündel, die aufeinander wirken: Neben der Dynamik und der Statik auch die Betrachtungsweise der Statik, die diese als Ergebnis früherer Dynamik betrachtet. Da es sich hier nur um eine andere Betrachtungsweise der statischen Aspekte handelt, erwähne ich dies nur am Rande; vgl. Max Scheler, Die Wissensformen und die Gesellschaft, Bern und München, 1960, S. 23

56 Scheler, Wissensformen, op. cit, S. 21 (Herv. ebd.)

57 Die Schleusentheorie widerspricht nicht nur dem Vulgärmarxismus; sie »antwortet« auch auf die populäre These Ogburns vom »cultural lag«. Ogburn hatte behauptet, dass es immer die »materielle Kultur« bzw. die Technologie sei, die soziale Veränderungen und Neuerungen bewirke und der die nichtmaterielle Kultur immer hinterher hinke; vgl. William F. Ogburn, Social Change, New York 1922

58 Max Scheler, Versuche zu einer Soziologie des Wissens, New York 1975 (EA 1921), S. 45

Eliten. Wie auch Pareto hält Scheler die Eliten für die wichtigsten Träger wenn schon nicht des Wissens, so wenigstens der Entscheidungen über das, was als Wissen wichtig ist oder werden soll. Die Eliten sorgen für die Verbreitung von in der Geschichte aktualisierten Ideen. Eliten nehmen Elemente aus der absoluten Welt der Ideen auf und verbreiten sie in der Masse. Ob sie angenommen werden, ist von zwei Faktoren abhängig: ihrem allgemeinen kulturellen Ethos (wie es von Weber schon analysiert wurde) und ihrer die Realfaktoren bestimmenden Triebstruktur. Die Wirkung der Realfaktoren auf die Idealfaktoren kommt dann zur Entfaltung, wenn sich die »Triebstruktur der Führer der Gesellschaft« und der Ethos der herrschenden Gruppe zu einer dominanten Form des »geistigen Wertevorziehens« verbinden. »So fordert der Inhalt der Ideenlehre Platos weitgehend die Form und Organisation der platonischen Akademie. Auch die Organisation der protestantischen Kirchen und Sekten ist primär bestimmt vom Glaubensinhalt selbst, der eben nur in dieser und keiner anderen sozialen Form existieren kann. Und schließlich fordert der Gegenstand und die Methode der positiven Wissenschaft notwendig die internationale Form der Organisation; der Inhalt und schon die Aufgabe einer Metaphysik dagegen die kosmopolitische Form der Kooperation des Zusammenwirkens von individual verschiedenen unersetzlichen und unvertretbaren Volksgeistern respektive ihrer Vertreter.«[59]

Dieser Wissenssoziologie legt Scheler eine Reihe von verbindlichen Axiomen zugrunde. Zum einen geht er vom sozialen Charakter allen Wissens aus. Zwar folgen die Regeln und Inhalte des Denkens eigenen Gesetzen, ihre Auswahl jedoch folgt den Interessen und der Macht soziale Gruppen. Zudem sind die Formen des Wissens selbst notwendig von der Struktur der Gesellschaft, ihren Institutionen und ihren Gruppenstrukturen, bestimmt. Die Bestimmung folgt aus der wechselseitigen Wirkung der beiden ›Regelkreise‹ von Ideal- und Realfaktoren.

Ein Beispiel für die wechselseitige Bedingung von Realfaktoren und Idealfaktoren bietet die Reformation. Deren geistige Revolution führt Scheler, ähnlich wie schon vor ihm Max Weber, auf die Entstehung einer neuen Klasse, des bürgerlichen Unternehmertums zurück, das einen eigenen Ethos der Lebensführung entwickelte und damit die ständische Ordnung und die sie stützenden kirchlichen Autoritäten herausgefordert hatte. Das wiederum beeinträchtigte die Vorstellung einer objektiv gültigen Ordnung und führte zu jenem Dualismus zwischen Geist und Körper, wie wir ihn bei Luther (etwa in der Lehre vom inneren und äußeren Menschen) und später noch Descartes (in der Zweiteilung in Denken und körperliche Wirklichkeit) finden.

Ausgehend von der Scheidung der Wirklichkeit in Real- und Idealfaktoren untergliedert Scheler die Aufgabe der Wissenssoziologie noch weiter. Die Erforschung der Idealfaktoren und ihrer Verbindung untereinander ist für Scheler zentraler Gegenstand des Zweigs der Soziologie, den er »Kultursoziologie« nennt.[60] Die Kultur-

59 Ebd., S. 20f

60 Lichtblau stellt die These auf, dass die Wissenssoziologie – wenigstens ihrer Selbstauffassung nach – den Stab der Kultursoziologie aufgenommen und weiter getragen habe; vgl. Klaus Lichtblau, Kulturkrise

soziologie habe sich also mit den internen Entwicklungen des Geistes zu beschäftigen. Die Erforschung der Realfaktoren ist Gegenstand der »Realsoziologie«.

Eine bedeutsame Verknüpfung von Ideal- und Realfaktoren zeigt sich bei der sozialen Verteilung des Wissens. In der Tat sind die Inhalte des Wissens in Schelers Augen sozial ungleich verteilt. Was der einzelne Mensch in einer Gesellschaft weiß, ist von seiner sozialen Lage abhängig. Ebenso ist seine Teilhabemöglichkeit am Erleben anderer von seiner Gruppenzugehörigkeit abhängig. Dabei lässt sich die Wissensstruktur grob durch die Ausdifferenzierung besonderer (höherer) Wissensformen und die sozialen Unterschiede des Wissens charakterisieren. Die Wissensstruktur moderner Gesellschaften entspricht einem oben abgestumpften Wissenskegel, dessen Höhe den Abstand des Wissens der Unterklassen von dem der Oberklassen veranschaulicht. Die Höhe nehme mit der Breite der Basis ab, so dass die zunehmende Wissensuniformierung mit der Abnahme der Höhe des Kegels bezahlt werde.

Eine besondere Dimension in dieser Wissensstruktur ist die Klassenstruktur der Gesellschaft. So zeigt Scheler in seiner Analyse der klassenbedingten Denkarten (die hier Wissensformen, Denk- und Werthaltungen umfassen), wie nicht nur das Wissen des Einzelnen, sondern auch die Art zu denken von der Zugehörigkeit zu einer sozialen Klasse als der bedeutendsten Determinante besonderer Wissensformen abhängt. Scheler unterscheidet dabei grob zwischen einer um das Bürgertum kreisenden Oberklasse und einer um die Arbeiterschaft konzentrierten Unterklasse. Er listet die folgenden Denkarten auf, die durch die Klassenzugehörigkeit bedingt werden (bei diesen verschiedenen klassenbedingten Denkarten handelt es sich freilich nur um »Tendenzen« bzw. »klassenbedingte Neigungen unterbewusster Natur«). Gewinnt die Oberklasse ihre Orientierung aus der Vergangenheit, so ist die Unterklasse an der Zukunft orientiert. Entsprechend sieht die Unterklasse die Dinge im Werden, bleibt realistisch, wo die Oberklasse idealistisch ist, und hält soziale Unterschiede für etwas, das von den sozialen Milieus abhängt, während die Oberklasse vieles als angeboren ansieht. Die ganze Reihe der Unterschiede findet sich in der folgenden Auflistung kurz zusammengefasst (vgl. Abb. 8).

Die Klassenbedingtheit ist jedoch kein Grund für einen unüberwindbaren Relativismus des Wissens: »Die Klassenvorurteile, und auch die formalen Gesetze der Bildung von Klassenvorurteilen sind vielmehr für jedes Individuum der Klasse *prinzipiell überwindbar.*« Denn »gäbe es wirklich keine Instanz im menschlichen Geiste, die sich über alle Klassenideologien und ihre Interessenperspektiven zu erheben vermöchte, so wäre alle mögliche Wahrheitserkenntnis Täuschung«.[61] Die verschiedenen Denkweisen nämlich sind nicht falsch. Es handelt sich vielmehr um partielle Wahrheiten und damit Ausschnitte einer umfassenden Wahrheit (die sich Scheler als ein die Geschichte transzendierendes Reich der Ideen vorstellte).

---

und Soziologie um die Jahrhundertwende. Zur Genealogie der Kultursoziologie in Deutschland, Frankfurt 1996

61 Scheler, Wissensformen, op. cit., S. 173 u. 170

Unterklasse	Oberklasse
Wertprospektivismus des Zeitbewusstseins	Wertretrospektivismus
Werdensbetrachtung	Seinsbetrachtung
mechanische Weltbetrachtung	teleologische Weltbetrachtung
Realismus (Welt als Widerstand)	Idealismus (Welt als Ideenreich)
Materialismus	Spiritualismus
Induktion, Empirismus	Aprioriwissen, Rationalismus
Pragmatismus	Intellektualismus
Optimistische Zukunftsansicht und pessimistische Retrospektion	Pessimistische Zukunftsaussicht und optimistische Retrospektion (»die gute alte Zeit«)
Widersprüche suchende, dialektische Denkart	Identität suchende Denkart
milieutheoretisches Denken	nativistisches Denken

Abb. 8: ***Schelers Analyse klassenbedingter Denkarten***

Die Wissenssoziologie erfüllt in Schelers Augen nicht nur die Funktion, die soziale Mitbedingung der Erkenntnis und des Wissens zu rekonstruieren. Sie ist für ihn auch ein wichtiges politisches Instrument: Sie erlaube die Lösung der ideologischen Konflikte seiner Zeit. In seinen Augen kam der Wissenssoziologie die Aufgabe zu, zwischen den sich befehdenden sozialen und ideologischen Gruppen zu vermitteln, indem sie falsche Vorurteile zerstörte. Zu diesem Zwecke sollte eine Weltanschauungsanalyse die Begrenztheit der einzelnen ideologischen Positionen und ihre Klassenbedingtheit aufzeigen. Eine neue Elite, so Scheler, könnte dann in die Lage versetzt werden, die Wahrheit aus jeder einzelnen sozialen Perspektive auszuwählen und damit ein soziales Programm für alle Bürger zu schaffen. Auf diese Weise glaubte Scheler auch, den Relativismus umgehen zu können und die Grundlage für eine neue, rationale Kulturpolitik zu schaffen.

Auch wenn Scheler sehr stark auf die irrationalistische Tradition zurückgriff, so blieb er doch der aufklärerischen Tradition verbunden. »Indem beide [Max Scheler und Karl Mannheim] von dieser Disziplin auf der Grundlage einer schonungslosen Aufdeckung der sozialen Bedingtheit partikularer Weltansichten und Vorurteile eine Einsicht in die ›Wahrheit‹ sowie eine grandiose Synthese aller partiellen Wahrheiten durch die Elite erwarteten, knüpften sie an die von Marx heftig kritisierte Tradition der »philosophes« an, durch eine ›von oben‹ durchzuführende Erziehung die ›gute‹ Gesellschaft verwirklichen zu können.«[62]

Wenn von den Begründern der deutschen Wissenssoziologie die Rede ist, werden Max Scheler und Karl Mannheim häufig in einem Atemzug genannt. Dabei wendet sich schon der jüngere Mannheim sehr scharf gegen Scheler, dem er vorwirft, unbemerkt die Inhalte der katholischen Tradition in seine Phänomenologie und damit

62 Marlis Krüger, Wissenssoziologie, Stuttgart, Berlin, Köln, Mainz 1981, S. 57

auch seine Wissenssoziologie einzuschmuggeln.[63] Daneben stört ihn, dass Scheler die Realfaktoren durch die Bezugnahme auf die »Triebe« psychologisiert und dadurch von wirklichen sozialen Wirkkräften abkoppelt. Vor allem aber widerstrebt ihm die Zweiteilung der Welt in Real- und Idealfaktoren, die einer Trennung von »Sein« und »Sinn« gleichkomme. Sein und Sinn seien jedoch nicht getrennt, sondern kämen immer nur gemeinsam in dynamischen historischen Verbindungen vor.

KARL MANNHEIM[64] hat dennoch einige Gemeinsamkeiten mit Scheler. Wie Scheler arbeitete er vor dem Hintergrund der sich heftig bekämpfenden Ideologien seiner Zeit, und so verfolgte er in nachgerade klassischer wissenssoziologischer Manier die Frage nach den sozialen Bedingungen bestimmter Weltanschauungen.[65] Und ähnlich wie bei Scheler handelt es sich bei ihm vorwiegend um philosophische Analysen, in denen er an Diltheys Arbeiten anschloss.[66] Durch seine radikale Kritik der herkömmlichen (individualistischen) Erkenntnistheorie jedoch begründet er die Wissenssoziologie als eine eigenständige kritische Theorie des Denkens, Erkennens und Wissens.

Wie Scheler sieht auch Mannheim den Positivismus als einen Vorläufer der Wissenssoziologie. Der Positivismus, wie er etwa bei Comte zum Ausdruck kommt, ist jedoch noch unzureichend, weil er sich weigert, Sinn als Element der Erklärung anzusehen und damit jede Form der intellektuell-geistigen Erklärung ablehnt. Mannheim nimmt auch auf Max Weber Bezug, dessen Vorgehensweise in seinen Augen jedoch ebenfalls unbefriedigend bleibt, weil dieser eine nicht-relativistische Vorstellung der Wahrheit vertritt. Der wichtigste Ausgangspunkt seiner »dynamischen« Wissenssoziologie ist deswegen der Historismus, weil Mannheim von einer historisch veränderlichen Wahrheit ausgeht. Die Entstehung der Wissenssoziologie ist für ihn selbst ein historisches Ereignis, das erst möglich wurde durch eine zuvor noch nie dagewesene Relativierung des Wissens zu seiner Zeit.[67] Der Gegenstand dieser Wissenssoziologie ist die Verbindung zwischen Weltanschauung und sozialer

---

63 Karl Mannheim, Das Problem einer Soziologie des Wissens, in: Wissenssoziologie, Berlin und Neuwied 1964, S. 308-387, S. 334. Man sollte bemerken, dass die beiden zentralen Vertreter der deutschen Wissenssoziologie wenig miteinander in Kontakt traten und kaum aufeinander Bezug nahmen. Es war auch eher Mannheim, der die Wissenssoziologie von Scheler aufnahm, der den späteren ›Streit um die Wissenssoziologie‹ provozierte.

64 Karl Mannheim kam 1893 in Budapest zur Welt. Dort studierte er Philosophie und schloss mit einer These über Erkenntnistheorie ab. Nach dem Zusammenbruch der kommunistischen Regierung setzte er sich 1919 nach Deutschland ab. Dort studierte er u.a. bei Alfred Weber. 1928 erhielt er eine Professur in Frankfurt. In der Folge der Judengesetze wechselt er an die London School of Economics. Er starb 1947 mit 53 Jahren.

65 Dieser »klassische Zug« kommt auch in Mannheims Absicht zum Ausdruck, ebenso wie Bacon ein »Novum Organon« der Geisteswissenschaften zu verfassen; vgl. Karl Mannheim, Strukturen des Denkens, Frankfurt 1980, S. 164

66 Vor allem Diltheys Versuch, die »geschichtliche Ideenwelt wie auch Bewusstseinsstrukturen« zu rekonstruieren, ohne dabei auf rationalistische Annahmen zurückzugreifen, imponierte Mannheim sehr; vgl. Mannheim, Strukturen des Denkens, op. cit., S. 191

67 Ebd., S. 312. Als Ursache dieser Relativierung gab er neben der Mobilität der sozialen Gruppen die »Vielfalt der Denkstile« an; Karl Mannheim, Ideologie und Utopie, Frankfurt 1985 (EA 1929), S. 8

Wirklichkeit, oder, noch allgemeiner, das Verhältnis zwischen der unvermeidlich verschieden gearteten Bewusstseinsstruktur unterschiedlicher Subjekttypen und ihrer sozio-historischen Situation.

Dieses Verhältnis war auch schon von Alfred Weber, einem seiner Lehrer, als Gegenstand der *Kultursoziologie* angesprochen worden. »Wie«, so hatte Alfred Weber gefragt, »hängen soziale Formen und Kultur, Daseinsgestaltung und Kulturgestaltung, vitaler Inhalt und Kulturtendenzen zusammen? Wie bauen sich auf den Lebensformen die Gehäuse und Medien auf, in denen sich das Geistige auswirkt? Welche Schichten tragen die verschiedenen geistigen Tendenzen, und mit welchem Lebenseingestelltsein hängt dies dann zusammen? Was ist die Kulturbedeutung dieser oder jener Lösung, Bindung, inneren oder äußeren Gestaltung der großen lebentragenden Kräfte?«[68] Kultursoziologie bedeutete also, die Verbindung zwischen soziokulturellen Kontexten und kulturellen Produkten dadurch zu erfassen, dass man die gesamten Bedeutungen betrachtet, die eine Weltanschauung für die intentionalen Akte eines Bewusstseins hat.

Die aus Webers Kultursoziologie ererbte Aufgabenstellung, sich nicht nur auf soziale Strukturen zu beschränken, sondern auch geistige und kulturelle Gebilde – also Sinn – zum zentralen Gegenstand der Soziologie zu machen, stellt einen wesentlichen Zug von Mannheims Wissenssoziologie dar. Jede vom Menschen vollzogene Handlung oder jedes von ihm oder ihr geschaffenes Handlungsprodukt, also jedes »Kulturgebilde« zeichnet sich durch Sinn aus. Um diesen Sinn zu analysieren, unterscheidet er drei herausragende Dimensionen: den objektiven Sinn, den intendierten Ausdruckssinn und die dokumentarische Interpretation. Veranschaulichen wir uns diese Dimensionen an einem Beispiel. Wir sehen eine Person in einem Fluss, die »Hilfe!« ruft. Wir brauchen die Person nicht kennen, wir müssen nichts über sie wissen – und doch können wir den objektiven Sinnzusammenhang verstehen, in dem das geschieht: Der Ruf und seine Herkunft aus dem Fluss genügen dafür. Das ist, was Mannheim als den *objektiven Sinn* bezeichnet. Dieser objektive Sinn ist aus der Perspektive einer immanenten Betrachtung zu erhalten: Das Subjekt erkennt den Sinn und identifiziert ihn, es geht im Sinngehalt gleichsam auf. Anders steht es dagegen mit der zweiten Sinnschicht, die Mannheim den *intendierten Ausdruckssinn* nennt. »Diese zweite Art von Sinn ist im Unterschiede von der ersten dadurch charakterisiert, dass sie keineswegs jene Ablösbarkeit vom Subjekt und dessen realen Erlebnisstrom besitzt, sondern nur darauf bezogen, nur aus diesem ›Innenweltbezug‹ heraus ihren völlig individualisierten Sinn erhält.«[69] So könnte es sein, dass ich die Person, die »Hilfe!« ruft, kenne und weiß, dass sie nicht schwimmen kann. Der Ausdruckssinn stellt den Bezug des Erfah-

68 Alfred Weber, Programm einer Sammlung ›Schriften zur Soziologie der Kultur‹, in: Die Tat 5, 2 (1913-14), S. 855f

69 Karl Mannheim, Die Gegebenheitsweise der Weltanschauung. Die drei Arten des Sinns, in: ders., Wissenssoziologie, Neuwied u. Berlin 1964, S. 103-128, S. 107. Offenbar stand dabei Edmund Husserls Unterscheidung zwischen expressiver und dokumentarischer Bedeutung und Freges Unterscheidung zwischen Sinn und Bedeutung Pate.

renen zu den Erlebnissen und Intentionen des Produzenten her, durch die wir dann das Ausgedrückte (den Hilferuf) deuten. Daneben weist jedes Kulturgebilde noch eine dritte Sinnschicht auf, die Mannheim die *dokumentarische Interpretation* nennt: Im Mittelpunkt steht hier nicht das, was die Person ausdrücken wollte oder was der Ausdruck, den sie verwendet, bedeutet, sondern das, was sie sozusagen unbeabsichtigt noch mitteilt: Ihre Miene, ihre Gebärden, ihr Sprachrhythmus – ihr gesamter »Habitus«.[70] Durch die Tat dokumentiert sich etwas, das von der Person gar nicht beabsichtigt sein muss. Das, was sich hier dokumentiert, kann sehr allgemeine Züge tragen: Es kann vom kulturellen und sozialen Hintergrund der Person zeugen, der sich in ihrer Handlung ausdrückt: ihre Sprache, ihr Akzent, ihr Dialekt usw.

Eine solche dokumentarische Interpretation lässt sich nicht nur auf eine einzelne Handlung, sondern auch auf andere Kulturgebilde anwenden. So zeigt Mannheim am Beispiel der bildenden Kunst, wie sich hier im einzelnen Werk ein Umfassenderes ausdrücken kann: In Pinselstrich, Grundierung oder Farbenführung kann sich der ganze Stil einer Klasse, einer Kultur, einer Epoche dokumentieren. Das Kulturgebilde kann das Dokument eines »Kunstwollens« sein; haben wir es aber mit einer Handlung zu tun, so kann sie als Dokument einer Wirtschaftsgesinnung angesehen werden. Aus der anderen Perspektive betrachtet: Diese allgemeinen gesellschaftlichen Formen finden ihren Niederschlag in dem einzelnen Kulturgebilde. Kulturerscheinungen haben also jenseits des Bewusstseins der einzelnen Individuen einen Sinn, der sich aus ihrem Zusammenhang und ihren wechselseitigen Verweisungen ergibt.[71]

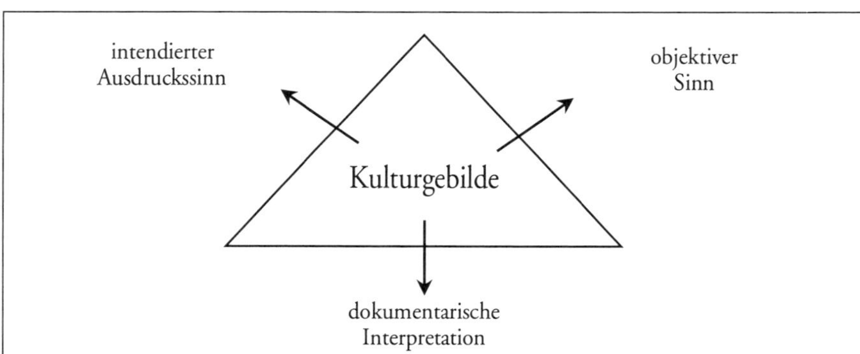

Abb. 9: ***Drei Arten des Sinns nach Mannheim***

70 Ebd., S. 109. Dieser Begriff wird später bei Norbert Elias und Pierre Bourdieu eine große Rolle spielen.

71 Konjunktive Erfahrungen basieren auf unmittelbaren Erfahrungen. Wenn Menschen einen gemeinsamen Erfahrungszusammenhang und damit konjunktive Erfahrungen teilen, dann ist zwischen ihnen *Verstehen* möglich. Dagegen erfordern vermittelte Erfahrungen eine *Interpretation*. Mannheim spricht deswegen hier auch von »kommunikativer« Erfahrung; vgl. Karl Mannheim, Strukturen des Denkens. op. cit., S. 211

Die dokumentarische Interpretation setzt entweder eine verdeckte Intention oder ausgebaute soziohistorische Deutungszusammenhänge voraus. Genau diese Verbindung stellt das Zentrum der Mannheimschen Wissenssoziologie dar, die in gewisser Weise die Stilanalyse der Kulturgebilde auf Wissen, Denken und Weltanschauungen übertrug.[72]

Wie Sinn von Kulturobjekten etwas anderes dokumentiert, geht Mannheim auch in seiner Wissenssoziologie davon aus, dass sich im Wissen das soziale Sein dokumentiert. Besonders deutlich wird das an seinem Begriff der *Ideologie*, der sich sehr stark von dem der herkömmlichen Ideologienlehre unterscheidet. Mannheim geht davon aus, dass soziale Gruppen »so intensiv mit ihren Interessen an eine Situation gebunden sein können, dass sie schließlich die Fähigkeit verlieren, bestimmte Tatsachen zu sehen, die sie in ihrem Herrschaftsbewusstsein stören könnten.«[73] Aus dieser Situationsgebundenheit entsteht die Ideologie. Unter Ideologie versteht Mannheim also, dass Ideen nicht einen Sinn aus sich heraus haben, sondern aus der Perspektive derer, die sie verwenden, betrachtet werden müssen. Ideologie ist jedoch keineswegs mehr nur ein Begriff der sozialwissenschaftlichen Beobachter. Vielmehr ist der Begriff in den gesellschaftlichen Auseinandersetzungen selbst am Werke: Es sind die gesellschaftlichen Gruppen selbst, die sich gegenseitig unter Ideologieverdacht stellen. Das Besondere an Mannheims Begriff der Ideologie besteht darin, dass es sich hier nicht mehr um etwas handelt, das, wie noch bei Marx, hinter den Köpfen der Leute wirkt. Ideologien werden nicht nur von den Wissenssoziologen, sondern von den Leuten selber gemacht.

Dabei unterscheidet Mannheim zwischen zwei verschiedenen Ideologiebegriffen: Der *totale Ideologiebegriff* bezieht sich auf die umfassenden Weltansichten ganzer sozialer Gruppen, während sich der *partikulare Ideologiebegriff* auf die besonderen Ausprägungen des Wissens aufgrund individueller Interessen und psychologischer Zustände bezieht. Der partikulare Ideologiebegriff betrifft also immer nur bestimmte einzelne Vorstellungen und Ideen des Gegners, die auf ihre Geltung befragt werden und als Folge der Seinslage verstanden werden. Der totale Ideologiebegriff stellt dagegen jede Erkenntnis unter Ideologieverdacht, da sie immer einer bestimmten Weltanschauung verhaftet ist. Während sich der totale Ideologiebegriff in der Nähe des Marxschen falschen Bewusstseins bewegt, hat der partikulare Ideologiebegriff deswegen eine Ähnlichkeit mit der Lüge.

Ideologien haftet ein Moment der Unwirklichkeit an, da sie soziale Gruppen so sehr verleiten können, dass sie Dinge wahrnehmen, die ihren Interessen zuwider laufen. Aus diesem Grunde nennt Mannheim sie auch »seinstranszendent«: Sie können gegen die Wahrnehmung der Wirklichkeit gleichsam immunisieren. Diese Seinstrans-

72 Wie Barboza zeigt, lehnt sich Mannheim in seiner Analyse der Denkstile an kunstwissenschaftliche Methoden an, die er auf die Weltanschauung überträgt; vgl. Amalia Barboza, Kunst und Wissen. Die Stilanalyse in der Soziologie Karl Mannheims, Konstanz 2005

73 Mannheim, Ideologie und Utopie, op. cit., S. 36

zendenz zeichnet auch Utopien aus, die so sehr von Wunschvorstellungen und dem Willen zum Handeln beherrscht sind, dass sie bestimmte Aspekte der Realität verdecken. Im Unterschied aber zur Ideologie hat die Utopie die Chance, zur Wirklichkeit zu werden, während die Ideologie ihre »Seinstranszendenz« nicht überwinden kann.

Besteht bei der dokumentarischen Interpretation eine gewisse Beziehung zwischen dem Sinn und dem Sein, so beschäftigt sich die Wissenssoziologie mit der Klärung genau dieses Verhältnisses. Sie hat es mit der »funktionalen Abhängigkeit jedes intellektuellen Standpunktes von der hinter ihm stehenden sozialen Gruppe« zu tun. Mannheim redet hier nicht von »Klassenlagerung«, sondern nennt diese Abhängigkeit »Seinsverbundenheit« oder »Standortgebundenheit« des Denkens. Mit dem Begriff der *Seinsverbundenheit* weist Mannheim darauf hin, dass sich Erkennen nicht nach »immanenten Erfahrungsgesetzen« historisch entwickelt, also logischen Prinzipien folgt, wie Scheler noch meinte. Vielmehr sei Wissen an entscheidenden Punkten von nichttheoretischen Faktoren bestimmt, die er »Seinsfaktoren« nennt. Diese Seinsfaktoren sind nicht nur Beiwerk des Erkennens, sondern bestimmen Inhalt, Form, Gehalt und Formulierungsweise von Erfahrungs- und Beobachtungszusammenhängen. Mit anderen Worten: Denken ist in einem sozialen Raum verankert, und diese Verankerung ist konstitutiv für den Inhalt des Denkens.

Hinter Gedanken und Wissensinhalten steckt also immer ein kollektiver Erfahrungszusammenhang. Das bezieht sich nicht nur auf alltägliches, sondern auch auf historisches, politisches, geistes- und sozialwissenschaftliches Denken. Lediglich naturwissenschaftliches und mathematisches Denken ist für Mannheim von dieser Seinsverbundenheit ausgenommen, erlaubt es doch in seinen Augen einen objektiven Realitätsbezug.[74] Alles andere Denken und Wissen folgt dagegen nicht nur den Gesetzen der Logik, sondern auch der »Sozio-Logik«, die nach Mannheim zwei Merkmale aufweist: »Die Seinsverbundenheit des Denkens wird in jenen Gebieten des Denkens als aufgewiesene Tatsache gelten, in denen es gelingt zu zeigen, a) dass sich der Erkenntnisprozess de facto keineswegs nach ›immanenten Entfaltungsgesetzen‹ historisch entwickelt […], sondern dass an ganz entscheidenden Punkten außertheoretische Faktoren ganz verschiedener Art, die man als Seinsfaktoren zu bezeichnen pflegt, das Entstehen des jeweiligen Denkens bestimmen; b) dass diese das Entstehen der konkreten Wissensgehalte bestimmenden Seinsfaktoren keineswegs von bloß peripherer Bedeutung […] sind, sondern in Inhalt und Form, in Gehalt und Formulierungsweise hineinragen […], alles, was wir Aspektstruktur einer Erkenntnis bezeichnen werden, entscheidend bestimmen.«[75]

Die Seinsverbundenheit führt nicht unbedingt zur die gesamte Realität verdeckenden Ideologie, wenigstens aber doch zu einer Form des Perspektivismus, die

74 Denn die Addition von 2+2=4 gilt s.E. unabhängig von der Seinslage; vgl. Karl Mannheim, Die Bedeutung der Konkurrenz im Gebiet des Geistigen, in: ders., Wissenssoziologie, Berlin u. Neuwied 1964, S. 566-613, S. 570

75 Mannheim, Ideologie und Utopie, op. cit., S. 230

Mannheim nun Aspektstruktur der Erkenntnis nennt. Unter der Aspektstruktur versteht er die Art, wie ein Gegenstand betrachtet wird. Der Begriff bezieht sich auf die qualitativen Momente im Erkenntnisaufbau, die zu einer grundsätzlichen »Seinsrelativität« der Erkenntnis führt.

Wie fasst nun Mannheim das Soziale, das die Seinsgrundlage von Erkennen, Denken und Wissen ist? Wenn Mannheim das Soziale bzw. die »Seinslage« anspricht, bezieht er sich auf Generationen, Klassen, Sekten, Denkschulen, Lebenskreise, Berufsgruppen usw. Seinslage kann sich auch auf die Beziehung solcher sozialer Gruppierungen untereinander beziehen, wie im Falle mehrerer sich bekämpfender, sozial verschieden interessierter Schichten. Mit Seinslage kann sich Mannheim aber auch materialistisch auf die Stellung im Prozess der materiellen Produktion beziehen, auf die Form der materiellen Reproduktion im »wirtschaftlich-machtmäßigen Gefüge«. Schließlich bezeichnet der Begriff die Stellung von Menschen im System der sozialen Ungleichheit. Mit der Seinslage weist Mannheim keineswegs nur auf eine Art Korrelationsgröße zum Wissen hin, die mit deskriptiven sozialstrukturellen Kategorien zu bemessen ist. Die Seinsverbundenheit oder Seinslage ist der Grund dafür, dass ein Großteil des Wissens, das wir haben, interessenbasiert ist und vom Standpunkt derer, die es vertreten, abhängt. Die verschiedenen Seinslagen führen vielmehr zu einem »Kampf verschiedener Weltwollungen«, also das, was wir Interessen nennen können. (In den höheren Formen der Weltanschauung, wie etwa der Kunst, drückt sich dieses Wollen in dem aus, was Mannheim das »Engagement« nennt.) Solche Interessen drücken das wirtschaftliche und politische Wollen einer sozialen Gruppe aus.

Die Verbindung zwischen sozialer Lage und der Form des Denkens fasst er in seinem Begriff der Denkstandorte oder »geistige Schichten«. Denkstandorte und »geistige Schichten« entsprechen einander.[76] Eine geistige Schicht umfasst eine Gruppe von Menschen, die zu einer bestimmten sozialen Einheit gehören und ein besonderes »Weltpostulat« teilen, das zu einer bestimmten Zeit mit einem besonderen Stil wirtschaftlicher Aktivitäten und theoretischen Denkens verbunden werden kann. Die Denkstandorte werden sozialen Schichten zugeordnet, ohne dass jedoch die innere Ordnung des Geistigen zur inneren Ordnung der sozialen Schichtung korrespondieren müsste: Wie Wissen systematisch zusammenhängt und wie es sozial organisiert ist, sind zwei Paar Stiefel. So kann es etwa vorkommen, dass ein Begriff aus einem Denksystem in ein anderes wechselt – er spricht hier von einem »immanenten Funktionswandel« –, ohne dass dies Folgen für das Verhältnis der sozialen Gruppen untereinander hätte. Dies ist erst der Fall, wenn eine Begriffsbedeutung von einem sozial bestimmten Seinszusammenhang in einen anderen überwechselt – ein Vorgang, den er als soziologischen Funktionswandel bezeichnet.

Gegen Marx betont Mannheim, dass sich weder die Denkstandorte noch die »geistigen Schichten« auf zwei Klassen reduzieren lassen. Genauso wenig kann man

76 Jacques Maquet, The Sociology of Knowledge, Westport 1951, S. 32ff

das Denken alleine auf ökonomische Interessen zurückführen. Es gibt vielmehr eine Mehrzahl von geistigen Schichten, und es kann auch zu immanenten Veränderungen des Denkens kommen. Geistige Standpunkte können also nicht direkt als Ausdruck einer sozialen Größe, einer Schicht oder einer Klasse angesehen werden. Um das Verhältnis zwischen beidem zu klären, muss man vielmehr versuchen, den einem bestimmten Standpunkt zugrunde liegenden *Denkstil* und die daraus entspringende geistige Motivation einer bestimmten sozialen Gruppe zu betrachten. So entwickeln etwa Minderheitsgruppen, wie die Juden zum Beispiel, häufig ein abstrakteres und reflexiveres Denken als die Mehrheitskultur. Eine Erklärung dafür ist, dass sie, um toleriert zu werden, gezwungen sind, sich an eine andere soziale Umwelt anzupassen und fortwährend ihr Verhalten zu reflektieren. Denkstile sind für ihn »jene Hauptströmungen im denkerischen Kosmos [...], die jeweils vorhanden, historisch abwandelbar gegeneinander oder aufeinander hinzu sich bewegen und von Fall zu Fall sich partiell oder ganz verbinden«.[77]

Der Konservativismus (und, im Kontrast dazu, der Liberalismus) ist auch ein Beispiel für die *Methode der Analyse von Denkstilen*, die Mannheim entwickelt, um den »geistigen Habitus« offenzulegen. Diese Methode umfasst eine Bedeutungsanalyse, die Herausstellung von Begriffen für das Andere des jeweiligen Denkstils, die Rekonstruktion der Kategorialapparatur, die Identifikation der dominierenden Denkmodelle, der Stufe der Abstraktion und der vorausgesetzten Ontologie.[78] Die Bedeutungsanalyse zielt darauf, die Bedeutung der Begriffe zu bestimmen, die in einem bestimmten Denkstil angewendet werden. Dabei sollte darauf geachtet werden, dass dieselben Begriffe (z.B. »Freiheit« oder »Eigentum«) eine andere Bedeutung bei Konservativen als bei Liberalen annehmen können. Auf der zweiten Ebene werden die Gegenbegriffe identifiziert, die von einem Denkstil gebraucht werden. So wendet sich der alte Konservativismus etwa gegen den aufklärerischen Begriff der »Menschenrechte«. Drittens sollte auf die Begriffe geachtet werden, die in einem Denkstil fehlen (etwa der Begriff der »Tradition« im aufklärerischen Denken). Die Rekonstruktion der Kategorialapparatur meint, viertens, die Art der Kategorien, die verwendet werden. Handelt es sich um lebendige, konkrete Begriffe oder um abstrakte Kategorien, die von Denkern verwendet werden? Daneben sollten noch die Denkmodelle betrachtet werden, die Mannheim selbst wiederum am Unterschied der zwei grundlegenden Denkstile des Konservatismus und des Liberalismus aufzeigt: Während der Liberalismus zur analytischen Denkmethode neigt, zieht der konservative Denker morphologische Denkweisen vor, in denen die Einzigartigkeit betont wird. Schließlich sollte (neben der Abstraktionsstufe: konkret oder abstrakt) untersucht werden, welche Ontologie das jeweilige Denken voraussetzt. Im Falle des konservativen Denkens handelt es sich hier um die theologisch-mystische Ebe-

77 Karl Mannheim, Konservativismus. Ein Beitrag zur Soziologie des Wissens, Frankfurt 1984

78 Vgl. Mannheim, Wissenssoziologie, op. cit., S. 227, 267; vgl. dazu auch Barboza, Kunst und Wissen, op. cit.

ne: Man geht von einer Schöpfung Gottes oder einem Prinzip als Urgrund der Geschichte aus. Dagegen betrachten die Liberalen die Geschichte als eine Entwicklung von Staaten und Gesetzen. Die gesamte Vorgehensweise ist von der Annahme geleitet, dass die Weltanschauung mehr im Wie, in der Art des Denkens zum Ausdruck kommt als im Was, in den Inhalten.

Der Konservativismus zeichnet sich durch besondere Merkmale des Denkstils aus: Konkretismus statt Abstraktion, Bezug zum qualitativen Erleben, Entindividualisierung durch Betonung organischer Einheiten, Differenz statt Gleichheit und Sein statt Sollen bilden seine wesentlichen Merkmale. Damit stellt der Konservativismus auch das dar, was Mannheim im Anschluss an Dilthey als Weltanschauung bezeichnet. Denn soziale Gruppen unterscheiden sich nicht nur durch ihre Stile, sondern auch durch die Art ihrer Weltanschauungen, d.h. dass jede soziale Gruppe sich bemüht, ein möglichst vollständiges Bild der Welt zu entwerfen. Als Weltanschauung definiert er »eine strukturell verbundene Reihe von Erlebniszusammenhängen, die zugleich für eine Vielheit von Individuen die gemeinsame Basis ihrer Lebenserfahrung und Lebensdurchdringung bildet«.[79] In seiner Gegenwart identifiziert Mannheim fünf zentrale *Weltanschauungen*:

- Die bürokratisch-konservative,
- den konservativen Historizismus,
- den bourgeois-liberalen Intellektualismus,
- die sozialistisch-kommunistische Konzeption und
- den Fascismus.

Die Liberalen – Mannheim erwähnt hier Condorcet oder Herder – richten sich auf ein Ziel, auf das sie sich zu bewegen. Es handelt sich um ein formales Ziel, das sie in einer unbestimmte Zukunft entwerfen und das sie dann mit höchst rationalen Mitteln zu erreichen suchen. Das ist auch nicht sehr verwunderlich, denn die liberale Utopie wird von Gruppen gepflegt, die sich langsam und allmählich in der sozialen Hierarchie nach oben arbeiteten. Ihr rationaler Charakter verdankt sich ihrer weltlich-rationalen Ausbildung und dem Umstand, dass ihnen die Macht lange vorenthalten wurde. Die utopisch-kommunistischen Ideen etwa eines Thomas Müntzer sind mit einer Utopie verknüpft, die sich plötzlich auf geradezu mystische Weise ergeben soll. Das wiederum entspricht den verarmten Schichten und ihrer mittelalterlichen Mentalität. Ihre Armut erfordert eine umfassende und plötzliche Veränderung der Situation. Die Konservativen dagegen benötigen keine Utopie. Der gegenwärtige Stand der Dinge scheint in Ordnung und erfordert keine Veränderungen. Durch die Herausforderung des Liberalismus wird jedoch auch der Konservativismus aufgefordert, seine Stellung zur Utopie zu überdenken. Nun wird der Konservativismus getragen von den Schichten, die in den ersten Modernisierungsphasen weder unmittel-

79 Vgl. Karl Mannheim, Über die Eigenart kultursoziologischer Erkenntnis, in: ders., Strukturen des Denkens, Frankfurt 1980, S. 33-154, S. 101

bar betroffen noch selbst Träger des Prozesses sind (Adel, Bauern, religiöse Gruppen, Kleinbürgertum). Die Herausforderung des Liberalismus der bürgerlich-kapitalistischen Gruppen führt indessen zu einer konservativ-reaktiven Opposition, wie sie in Deutschland besonders in der Romantik zutage tritt. Im Unterschied zum bloßen Festhalten am Überkommenen zielen die Anhänger des Konservatismus auf eine bewusste Restauration, entwickeln also eine Vorstellung des »goldenen Zeitalters«: Die Gegenwart wird aus der Vergangenheit verstanden, die als Ziel für die Zukunft aufgestellt wird. Die faschistische Utopie schließlich wird gar nicht ausgesprochen. Dies liegt darin begründet, dass der Faschismus nur den Willen verwirklichen will, der sich nicht in der intellektuellen Sprache ausdrücken lasse: Herrschaft oder Untergang.

Die Weltanschauungen bilden zusammen eine epochenspezifische Totalität. Anders gesagt: Die Weltanschauung einer Epoche tritt in unterschiedlichen Versionen auf, die zusammen eine geschlossene Einheit darstellen. Das Wissen einer Epoche ist also gleichsam in vielzahlige Aspekte aufgefächert. Die Möglichkeit der Totalität zeigt an, dass der Perspektivismus der Aspektstrukturen nicht identisch ist mit der Ideologie. Wenn eine Gruppe aufgrund ihrer Seinslage eine besondere Sichtweise hat, bedeutet das nicht, dass diese falsch ist, sondern stellt den Ausschnitt einer die Wahrheit repräsentierenden Totalität dar. Diese Totalität wandelt sich geschichtlich: »Totalität bedeutet Partikularsichten in sich aufnehmende, diese immer wieder sprengende Intention auf das Ganze, die sich schrittweise im natürlichen Prozess des Erkennens erweitert und als Ziel nicht einen zeitlos geltenden Abschluss, sondern eine für uns mögliche maximale Erweiterung der Sicht ersehnt.«[80] Die verschiedenen interessebedingten »Welt«- oder »Seinsauslegungen« ergänzen sich auf eine für verschiedene Epochen durchaus unterschiedliche Weise, verändern sich aber von Epoche zu Epoche. Ihre Totalität bildet eine Art Hintergrund für jede einzelne Handlung und die dokumentarische Bedeutung, die ihr vortheoretisch zu Grunde liegt. (Deswegen muss auch die dokumentarische Interpretation für die Kulturgebilde einzelner Epochen immer wieder neu vollzogen werden.) In kleinen homogenen Gesellschaften können die Welt- oder Seinsauslegungen durch Konsensus hergestellt werden. Im christlichen Mittelalter dagegen wurden sie durch Monopole gesichert. Wird diese Monopolsituation erschüttert, dann können die Auslegungen durch eine »atomisierte Konkurrenz« geprägt sein. Und schließlich kann es zu einer Konzentration dieser atomisierten Deutungen an verschiedenen, miteinander konkurrierenden Polen kommen, wie dies zu Mannheims Lebzeiten geschah.[81]

Die Rekonstruktion der Veränderungen dieser Totalität ist Ziel der dynamischen Soziologie des Wissens. Sie bildet eine Art absolute totale Ideologie, weil sie den historischen Wandel der Wahrheit in ihrer »lebendigen Verwurzelung« verfolgt. Der Umstand, dass es ein geschlossenes System von Weltanschauungen gibt, die einander wechselseitig unter totalen Ideologieverdacht stellen können, wirft natürlich die

80 Mannheim, Ideologie und Utopie, op. cit., S. 93
81 Mannheim, Die Bedeutung der Konkurrenz, op. cit., S. 575ff

Frage auf, wie denn die Wissenssoziologie einen Standpunkt außerhalb dieses Streits einnehmen kann. Mündet eine solche Vielfalt des Denkens nicht notwendig in einen Relativismus? Wie kann angesichts der Pluralität der Denkstandorte überhaupt Wissenschaft möglich sein? Mannheim weiß zwei Antworten auf diese Fragen. Zum einen unterscheidet er zwischen dem Relativismus und dem, was er *Relationismus* nennt. Wie bei der Betrachtung eines konkreten Gegenstandes, etwa eines Stuhles, können wir das Wissen, die Ideologie und Weltanschauung von verschiedenen Seiten betrachten. Wir wissen, dass jede Betrachtung einer besonderen Perspektive unterworfen ist, die nie umfassend sein kann, wiewohl wir uns den Stuhl als etwas denken können, das sich aus der Summe verschiedener Perspektiven zusammensetzt. Wenn wir also den »relationalen« Charakter unseres Denkens anerkennen, dann vergrößern wir damit zugleich unser Wissen. Wenn wir in der relationalen Betrachtung auch andere Betrachtungsweisen einbeziehen, wird unser Bewusstsein immer komplexer und umfassender. »Relationismus bedeutet nur die Bezüglichkeit aller Sinnelemente aufeinander und ihre sich gegenseitig fundierende Sinnhaftigkeit in einem bestimmten System. Dieses System aber ist nur möglich und gültig für ein bestimmt geartetes historisches Sein, dessen adäquater Ausdruck es eine Zeit lang ist. Verschiebt sich das Sein, so entfremdet sich auch das früher von ihm gezeugte Normensystem.«[82] Wie die Totalität sich historisch entwickelt, schreitet auch der Relationismus voran und ermöglicht so die Vorstellung einer Totalität, die das historisch Erkennbare ausmacht. Auf dieser Grundlage wird Objektivität möglich. Diese Objektivität besteht nicht darin, den eigenen Willen zum Handeln aufzugeben, sondern darin ›dass [der Mensch] sich selbst gegenüberstellt und prüft‹.

Eine zweite, damit verbundene Antwort auf den Vorwurf des Relativismus macht sich daran fest, dass Relationismus die Fähigkeit beinhaltet, auch die verschiedenen Denkstandorte als Grundlage für die Totalität der Weltanschauungen zu begreifen. Dann nämlich ist die Überwindung der Standortgebundheit des Denkens selbst schon eine Möglichkeit, der Totalität des Denkens nahezukommen. Diese Überwindung erscheint Mannheim tatsächlich möglich, und zwar im Falle von Menschen, die selbst unterschiedliche Denkstandorte kennen gelernt haben. Mannheim bezeichnet diese Menschen als sozial freischwebend. Er erkennt sogar eine ganze Schicht solcher Menschen in der »*sozial freischwebenden Intelligenz*«. Es handelt sich um Personen, die sich in einem Zustand relativer Klassenlosigkeit befinden. Dieser Zustand soll es ihnen ermöglichen, gleichsam die mit den Klassen verbundenen Denkstandorte zu überblicken. Eine solche freischwebende Intelligenz sollte die Wissenssoziologie schaffen, deren Aufgabe es ja ist, die konkrete soziale und weltanschauliche Situation zu beobachten und zu reflektieren.

Die beiden Möglichkeiten der Überwindung des Relativismus erst eröffnen die spezifisch wissenssoziologische Zugangsweise. Im Unterschied zur *immanenten Einstellung* der von der Wissenssoziologie untersuchten Akteure nimmt die Wissenso-

82 Mannheim, Ideologie und Utopie, op. cit., S. 77

ziologie nämlich eine *genetische Einstellung* ein, die sich auf das »funktionale Erfassen« konzentriert und den Geltungscharakter »einklammert«: Das »der soziologischen Betrachtung zuzuordnende Subjekt [befindet sich] in einer Einstellung [...], die völlig von der verschieden ist, die das die Kulturphänomene von innen heraus immanent erlebende Subjekt vollzieht – eine Einstellung, die wir als eine auf die Funktionalität der Gebilde gerichtete charakterisieren.«[83] Diese Einstellung entspricht dem, was ich in der Einleitung als methodologischen Agnostizismus der Wissenssoziologie bezeichnet habe: Die Annahme der Akteure – dass die Welt so ist, wie sie glauben, dass sie sei – wird nicht mit vollzogen. Vielmehr ist ihr Gegenstand das, was die Akteure als geltend annehmen.

Diese genetische Einstellung gewinnt in Mannheims Augen besonders in seiner Gegenwart an Bedeutung, da er eine zunehmende Irrationalität der industriellen Gesellschaft beobachtet, die immer unversöhnlichere Perspektiven erzeugt. Diese Irrationalität besteht in der Diskrepanz zwischen dem Rationalitätsgrad, den die gesellschaftliche Struktur in ihrer Organisation objektiv erreichte, und dem Rationalitätsgrad der dieser Struktur entsprechenden Denkstandpunkte. Zwischen der Basis und dem Überbau besteht also ein »cultural lag«, das durch die Entwicklung entsprechender wissenschaftlicher (und vor allem sozialwissenschaftlicher) Mittel zum Ausgleich dieser Diskrepanz zu überbrücken ist. Die Wissenssoziologie stellt für Mannheim eines dieser durchaus politischen Mittel dar, dessen Aufgabe es ist, die »Seinsverbundenheit und somit die Partikularität der Denkstandpunkte aufzudecken, ihr Zustandekommen transparent zu machen und so die Voraussetzung für ihre höhere Rationalität zu schaffen.«[84]

Mannheim ist mit seinen Vorstellungen auf große Resonanz, aber ebenso auf heftige Kritik gestoßen. Diese Kritik hat nicht nur »den Streit um die Wissenssoziologie« entfacht – eine der großen Debatten der deutschen Sozialwissenschaft. (Das mag auch damit zusammenhängen, dass Mannheim das politische Denken als treibende Kraft der Weltanschauung seit dem 19. Jahrhundert in den Mittelpunkt rückte – ein Thema, das in der Weimarer Republik zweifellos zu Kontroversen führen musste.) Dieser »Streit um die Wissenssoziologie« hat dazu beigetragen, diese weit über die Soziologie hinaus bekannt zu machen, und zwar auch außerhalb Deutschlands, wo sie sehr gut aufgenommen wurde. Erst seither ist von »der« Wissenssoziologie die Rede. In einem engeren Verstande bezeichnet »die« Wissenssoziologie also eine kurze Phase der deutschen Soziologie, die mit den Namen Scheler, vor allem aber Mannheim verbunden ist.

Der »Streit um die Wissenssoziologie« besteht darin, dass Forscher und Gelehrte der unterschiedlichsten Disziplinen und theoretischen Ausrichtung sich mit diesem Ansatz in einer zum Teil sehr scharfen Weise auseinander setzten.[85] So sah der bekannte

83 Mannheim, Strukturen des Denkens, op. cit., S. 88
84 Srubar, wissenssoziologische Alternative, op. cit., S. 348
85 An sehr vielen Beispielen dokumentiert findet sich das in Volker Meja und Nico Stehr (Hg.), Der Streit um die Wissenssoziologie. Zwei Bd., Frankfurt 1982.

Romanist Ernst Robert Curtius in Mannheims »Ideologie und Utopie« einen »maßlosen Soziologismus«, dessen geistige Haltlosigkeit Schuld an der Krise Deutschlands sei.[86] Der Historiker Ringer betrachtet die Wissenssoziologie als einen letzten Höhepunkt des deutschen Mandarinismus, also der Vorherrschaft der von der restlichen Bevölkerung abgekoppelten Intellektuellen.[87] Während Neurath der Wissenssoziologie vorwirft, eine bürgerliche Form des Marxismus zu sein[88], wendet der kritische Theoretiker Horkheimer gegen Mannheim ein, er bleibe bei seiner soziologischen Analyse zu vage. »›Das Sein‹, von dem alle Gedanken abhängig sein sollen, bewahrt zwar in Mannheims Sprache eine gewisse Kennzeichnung im Sinne gesellschaftlicher Gruppen, aber weil die Theorie, welche die Gruppen zu bestimmen hätten, im Grunde nur angeführt wird, um sie in Frage zu ziehen, bleiben wir über die tatsächliche Seinsgebundenheit völlig im Unklaren.«[89] Über grobe sozialstrukturelle Kategorien wie »Adel«, Bürgertum und Konservative, so auch Lenk, gehe Mannheim nie hinaus.[90] Und Adorno, mit dem wir es im nächsten Kapitel zu tun haben werden, wirft Mannheim schließlich vor, dialektische Begriffe in klassifikatorische zu verwandeln und dadurch die Dynamik der gesellschaftlichen Entwicklung zu verfehlen.[91]

Die Fortentwicklung der Wissenssoziologie wäre sicherlich gefährdet gewesen, hätte sie nur solch abweisende Resonanz gefunden. Indessen ist sie ja auch, wie schon gesagt, auf eine sehr große Resonanz gestoßen, die der Grundstein für die Ausbildung einer eigenen wissenssoziologischen Tradition wurde. Ein Teil dieser Tradition schließt zwar an den Adaptionen, Fortführungen und Veränderungen der anderen, bisher behandelten Ansätze an. Doch wird auch hier nun immer auf die »deutsche Wissenssoziologie«, wie es zuweilen kurz hieß, Bezug genommen. Zudem fanden sich Forscher, die in die Fußstapfen von Scheler, vor allem aber von Mannheim treten wollten.

Eine besonders in der empirischen Forschung folgenreiche Anwendung der Wissenssoziologie wurde von THEODOR GEIGER vorgenommen.[92] Mit seinem 1932 veröffentlichten Buch über »Die soziale Schichtung des deutschen Volkes« eröffnete er nicht nur der Erforschung der sozialen Ungleichheit eine neue Perspektive, son-

86 Ernst Robert Curtius, Deutscher Geist in Gefahr, Stuttgart u. Berlin 1932

87 Fritz K. Ringer, Die Gelehrten. Der Niedergang der deutschen Mandarine 1890-1933, München 1983

88 Otto Neurath, Soziologie – und ihre Grenzen, in: Meja/Stehr, Der Streit, op. cit., Bd. 2, S. 417-427, S. 423

89 Max Horkheimer, Ein neuer Ideologiebegriff?, in: Archiv für Geschichte des Sozialismus und der Arbeiterbewegung 15 (1930), S. 53

90 Kurt Lenk, Nachwort, in ders. (Hg.), Ideologie. Ideologiekritik und Wissenssoziologie, Frankfurt, 1984, S. 350

91 Theodor W. Adorno, Das Bewusstsein der Wissenssoziologie, in: ders., Gesellschaftstheorie und Kulturkritik, Frankfurt 1975, S. 136-150

92 Theodor Geiger kam 1891 in München zur Welt. Er studierte Rechts- und Staatswissenschaften, arbeitete beim Statistischen Reichsamt in Berlin. Aus politischen Gründen emigrierte er 1933 und wechselte nach Dänemark, wo er nach dem Weltkrieg Professor für Soziologie wurde. Er war Mitbegründer der International Sociological Association. Geiger starb 1952.

dern lenkte auch das Augenmerk auf den Zusammenhang von sozialer Lage bzw. Lagerung oder Schicht und Mentalitäten. Fasst er unter Schicht die »objektiv fassbaren Merkmale«, wie etwa Stellung zu den Produktionsmitteln (eine Kategorie, die für ihn alleine die Klasse definiert), berufliche Position, Bildungsniveau oder Konfession, so definiert er *Mentalität* folgendermaßen: »Lebenshaltung, Gewohnheiten des Konsums und der sonstigen Lebensgestaltung, Freizeitverwendung, Lesegeschmack, Formen des Familienlebens und der Geselligkeit – tausend Einzelheiten des Alltagslebens bilden im Ensemble den *Typ des Lebensduktus* und dieser ist Ausdruck der *Mentalität.*« Mentalität ist für ihn eine »geistig-seelische Disposition, ist unmittelbare Prägung des Menschen durch seine soziale Lebenswelt und die von ihr ausstrahlenden, an ihr gemachten Lebenserfahrungen.«[93] Geiger bezieht hier nicht nur Denkformen und soziale Lagen auf eine komplexe Weise aufeinander. Er zeigt wechselseitige Einflüsse auf und begreift das Denken als Teil eines weiteren kulturellen Zusammenhangs. (Auf die »Karriere« des Begriffes der Mentalität werden wir später wieder zu sprechen kommen.) Hinsichtlich der besonderen wirtschaftlichen Einstellungen unterscheidet er drei verschiedene Wirtschaftsmentalitäten, die sich auf die Schichten der Kapitalisten, des Mittelstands und der Proletarier aufteilen. Der Mittelstand (bei dem er einen alten und einen neuen Mittelstand unterschied, der jeweils etwa 18% der deutschen Gesellschaft ausmachen sollte) diente in seinen Augen als eine Art Puffer zwischen der bürgerlichen und proletarischen Klasse. Geigers Mentalitätenmodell erwies sich schon schnell als erklärungskräftig, da sich der Mittelstand und die »Proletaroiden« als wichtige Träger der nationalsozialistischen Bewegung herausstellten. Während der alte Mittelstand durch einen Prestigeverlust bedroht war, war der neue Mittelstand ideologisch unsicher und suchte nach Mitteln der sozialen Aufwertung, die er im Faschismus fand.

Ist diese Arbeit, wie die beschriebene »klassische Phase« der deutschen Wissenssoziologie, sehr stark dem »Geiste« der Zwischenkriegszeit verpflichtet, so entfernt sich auch Geiger später in seiner Ideologienlehre von dieser konkreten Ebene. Vor dem Hintergrund der wissenssoziologischen Tradition beschäftigt er sich nun vor allen Dingen mit der Frage, wann »Aussagen« als ideologisch bezeichnet werden können – und folgt einem recht positivistischen Modell: »Eine Aussage ist ideologisch, wenn sie [...] von der theoretischen oder Erkenntnis-Wirklichkeit abweicht, deren gedankliche Abbildung Aufgabe des Erkennens ist.«[94]

Diese positivistische Wissensvorstellung teilt er mit Werner Stark, der die Wissenssoziologie im englischsprachigen Raum bekannt gemacht hat. Stark schlägt vor, den Forschungsbereich der Wissenssoziologie in den Rahmen anderer Formen »positiven Wissens« zu stellen. Neben und damit außerhalb der Soziologie liegt für ihn die »kategorische Schicht des Bewusstseins«, d.h. der subjektive Bereich des mensch-

---

93 Theodor Geiger, Die soziale Schichtung des deutschen Volkes. Soziographischer Versuch auf statistischer Grundlage, Stuttgart 1967 (EA 1932), S. 77 u. 80

94 Geiger, Ideologie und Wahrheit, op. cit., S. 36

lichen Verstandes, der eine gleichsam apriorische Struktur bildet. Die »Materialien des Wissens«, wie sie in der Welt vorkommen, entziehen sich ebenfalls der Wissenssoziologie, die sich lediglich auf einen Bereich zwischen diesen beiden Polen, dem Bewusstsein und der objektiven Wirklichkeit, beschränken solle.

Stark ist einer der Autoren, die eine tiefe Kenntnis der deutschen Wissenssoziologie haben und sie in mehr oder weniger kritischer Haltung fortsetzen wollen. In gewisser Weise zeichnet diese rezeptive Haltung auch bestimmte Teile der angelsächsischen Wissenssoziologie aus, mit der wir uns etwas später beschäftigen werden: Von einem höchst eigenständigen Hauptstrom abgesehen nehmen viele zunächst rezeptiv Bezug auf die deutsche Wissenssoziologie, an die sie anzuschließen versuchen. (Dazu zählt auch Stark selbst, der in englischer Sprache veröffentlichte.) Ein großes Verdienst kommt diesen Autoren schon deswegen zu, weil sie dazu beitrugen, dass die Wissenssoziologie die Zäsur des Dritten Reiches überstand und nach dem Zweiten Weltkrieg fortbestehen konnte.

Während Geiger und Stark ihre klassischen Vorgänger dabei in das Fahrwasser eines positivistischen Stromes zurückzuführen versuchten, schlug NORBERT ELIAS[95], ein Schüler Mannheims, einen eigenen Weg ein, der sich schon in seiner mittlerweile klassischen, weithin bekannten Untersuchung über den »Prozess der Zivilisation« andeutete.[96] In diesem Buch, das wegen der Wirren des Krieges erst spät rezipiert wurde, geht es Elias um die Veränderungen von menschlichen Verhaltensformen, Empfindungen und Affekten. Diese Veränderungen, die er anhand einer Reihe von höchst anschaulichen und lebensnahen Beispielen (Essgewohnheiten, Schnäuzen u.Ä.) darstellt, versteht er als Teil eines Prozesses der Zivilisation, in dem es langfristig um die Umwandlung von Außenzwängen in Innenzwänge geht: Was einst durch brachiale Gewalt kontrolliert wurde, wird zunehmend internalisiert und sublimiert.[97] Diese zunehmende Kontrolle der Triebe steht in einer Beziehung zur zu-

---

95 Norbert Elias kam 1897 in Breslau zur Welt. Er studierte Psychologie und Philosophie u.a. bei Hönigswald. Ab 1935 lebte er im Exil in Paris und London. Danach übte er wechselnde Tätigkeiten aus. Er starb 1990 in Amsterdam.

96 Norbert Elias, Der Prozess der Zivilisation. Zwei Bd., Frankfurt 1978 (EA Basel 1936 und 1939)

97 Elias schließt an die kultursoziologischen Untersuchungen Alfred Webers, des Bruders von Max Weber, an. Schon Alfred Weber hatte den Zivilisationsprozess vom Gesellschaftsprozess und diesen von der Kulturbewegung unterschieden. Unter dem Gesellschaftsprozess verstand er die Aspekte einer gegebenen historischen Situation, die in den statischen Begriffen der Ökonomie, Geographie oder Gesellschaftspolitik wiedergegeben werden können. Diese Aspekte stehen in einem engen Zusammenhang mit der biologischen Situation des Menschen und stellen jene Eigenschaften dar, die sich zwar ändern können, ohne dass wir jedoch auf diese Veränderung einen entscheidenden Einfluss nehmen können. Den Zivilisationsprozess stellt Weber sich dagegen als ein geradliniges Fortschreiten in der Geschichte vor. Er gründet sich auf die intellektuellen Leistungen der Menschheit: also wissenschaftliche Entdeckungen, technische Neuerungen und ihr Wissen über sich selbst. Diese Kenntnisse bauen aufeinander auf, so dass der Zivilisationsprozess dem ähnelt, was sein Bruder Max als Rationalisierung bezeichnete. Die geistige Tätigkeit des Menschen umfasst aber auch Elemente, in denen keine klaren Fortschritte gemacht werden könnten, wohl aber Veränderungen auftreten. In

nehmenden Verflechtung der Menschen zueinander: Die Ausbildung organisierter Verbände, vor allem die des Staates mit seinem Monopol auf Steuern und Gewalt, stellt immer höhere Anforderungen an die Einzelnen: Je mehr sie voneinander abhängen, umso mehr müssen sie sich selbst kontrollieren.

Diese These verfolgt er auch in seinen entschieden wissenssoziologischen Arbeiten. Dazu zählen seine Analysen des Habitus, auf die wir später eingehen werden. Dazu gehört auch seine These, dass »engagiertere Formen des Denkens [...] mehr und mehr durch andere Denk- und Wahrnehmungsformen überlagert (werden), die an die Fähigkeit von Menschen, sich gleichsam von außen zu sehen und das, was sie ›mein‹ oder ›unser‹ nennen, als Teilsysteme eines umfassenden Systems wahrzunehmen, größere Ansprüche stellen«.[98] Im Prozess der Zivilisation findet also eine zunehmende Möglichkeit zur Distanzierung statt. Während das Denken früherer Gesellschaften die Umwelt magisch-mystisch deutet und sie sehr stark emotional belegt, haben zivilisiertere Gesellschaften einen durch den Rationalismus distanzierteren Zugang zur Welt, der ihnen auch eine bessere Kontrolle ermöglicht. Beide Weltanschauungen widersprechen einander, da die magisch-mystischen Vorstellungen es z.B. erlauben, Naturbeziehungen als Sozialbeziehungen zu verstehen. Das kausal-rationale Weltbild unterscheidet nicht nur an dieser Stelle, sondern zeichnet sich auch durch die Möglichkeit einer größeren Distanz zur Umwelt aus. So können erst Menschen wissenschaftlicher Zivilisationen deutlich zwischen Traum und Wirklichkeit unterscheiden. Diese Distanz wird vor allem durch eine größere Abhängigkeit der Menschen untereinander erkauft, die ihnen immer mehr zum Problem wird. Aus diesem Grunde muss sich in diesen Gesellschaften eine Selbstkontrolle entwickeln, die als Prozess der Zivilisation verstanden werden kann. Der Wissensprozess verläuft also nicht additiv; vielmehr »wandelt sich im Zuge dieses Prozesses die ganze Struktur des menschlichen Wissens«.[99]

Elias versteht diesen Prozess jedoch nicht einfach als lineare Entwicklung, da dieser regelrecht umschlagen kann. Denn trotz der Zweiteilung, die sehr an Lévy-Bruhls Unterscheidung zwischen logischem und prälogischem Denken erinnert, bleiben auch bei modernen Menschen Restbestände des Magisch-Mythischen erhalten und bilden eine Form des gesellschaftlich Unbewussten. Das magisch-mystische Weltbild kann also wieder aufscheinen.

der Literatur oder in der Kunst, in der Religion oder der Philosophie gibt es entsprechend »Kulturbewegungen«, die ihren eigenen Regeln folgen. Alfred Weber, Prinzipielles zur Kultursoziologie, in: Archiv für Sozialwissenschaft und Sozialpolitik 47 (1920-21), S. 1-49

98 Norbert Elias, Engagement und Distanzierung. Arbeiten zur Wissenssoziologie I, Frankfurt 1990, S. 16

99 Ebd., S. 92. Auf Elias' Erläuterungen zum Habitus werde ich weiter unten eingehen (vgl. Kap II C3).

4 Die kritische Theorie

Auch wenn Marx' Modell von Basis und Überbau ein zentraler Bezugspunkt für die deutsche Wissenssoziologie war, bestanden jedoch weitere direkte Bezüge zum Marxismus. Eine entscheidende Verbindung muss erwähnt werden. Karl Mannheim hatte enge Kontakte zu GEORG LUKÁCS[100] gepflegt, den er in einem Budapester Diskussionskreis kennen gelernt und später auch im Kreise von Max Weber wieder getroffen hatte. Lukács hatte sich zunächst mit ästhetischen Themen beschäftigt, wandte sich aber immer mehr dem Marxismus zu und wurde sogar Funktionär der ungarischen kommunistischen Partei. Daneben schrieb er eine Reihe marxistischer Arbeiten, die wissenssoziologische Themen auch in der marxistischen Diskussion wieder hoffähig machen sollten. Ein Wendepunkt und Meilenstein zugleich war sein Buch »Geschichte und Klassenbewusstsein«, in dem er eine Linie marxistischen Denkens entwickelte, die erstens einen Reibestein für die sich am Marxismus abarbeitende deutsche Wissenssoziologie darstellte. Dieses Buch war zweitens auch gleichsam die Initialzündung für die Ausbildung der so genannten *kritischen Theorie.*[101] Neben seiner originellen Marx-Interpretation besteht die Besonderheit dieses Textes zweifellos darin, dass er den Marxismus um Max Webers Befunde über die moderne Gesellschaft ergänzt, insbesondere die Theorie der Rationalisierung und der Bürokratie.

Lukács wendet sich erneut dem schon erwähnten Prozess der *Verdinglichung* zu, den er marxistisch in der handelnden Praxis verortet. In der marxistischen Lehre ist die Ware bekanntlich das offensichtlichste Beispiel der Verdinglichung. Denn subjektiv entfremdet die Marktwirtschaft das Handeln vom Menschen; objektiv herrscht eine Welt der Beziehungen zwischen den Dingen, den Waren und ihren Bewegungen. Dabei wird auch die menschliche Arbeit sowohl subjektiv wie objektiv zu einem abstrakten Prozess degeneriert, indem sie dem Warenmechanismus unterworfen ist: Arbeit wird als Ware auf dem Markt angeboten und als Ware bezahlt. Zudem wird aber auch das Wissen in kapitalistischen Gesellschaften der Verdinglichung unterworfen. Diese Verdinglichung äußert sich – und hier kommt nun Weber ins Spiel – insbesondere im Prozess der Rationalisierung.

Rationalisierung nimmt für Lukács besondere ökonomische Züge an. Sie bezeichnet für ihn einen Prozess, in dem Arbeiter und ihre Arbeit in quantifizierbare Einheiten aufgeteilt und abstrakten Gesetzen unterworfen werden. Für die Arbeiter verlieren dabei Raum und Zeit ihre bisherige Qualität.[102] Weil, wie Weber gezeigt hat, die Rationalisierung aber nicht auf den ökonomischen Bereich beschränkt bleibt, er-

---

100 György (Georg) Lukács wurde 1885 in Budapest geboren; er war 1918 Mitglied der ungarischen Räterepublik, floh nach Deutschland und kehrte 1945 nach Budapest zurück, wo er 1971 starb.

101 Georg Lukács, Geschichte und Klassenbewusstsein. Darmstadt und Neuwied 1968. Erwähnt werden muss auch sein Buch »Zerstörung der Vernunft«, Darmstadt 1981, in dem er mit der Wissenssoziologie Mannheims radikal abrechnete.

102 Diese Betrachtungsweise war auch Weber nicht fremd, der sich ja u.a. auch mit der »Psychophysik der industriellen Arbeit« beschäftigt hatte.

fasst die mit ihr einhergehende Verdinglichung für Lukács auch alle anderen Aspekte des menschlichen Lebens. Der kapitalistische Rationalisierungstyp mit seiner Reduktion von Qualitativem auf pure austauschbare Quantitäten und auf das Prinzip der Kalkulation manifestiert sich deswegen in den Institutionen des Rechts sowie in dem ›nüchternen Tatbestand der universellen Bürokratisierung‹. Die Rationalisierung, die Weber als religiös bedingt ansah, wird für Lukács zu einem Merkmal des modernen Kapitalismus, dessen Geist sich in ihr auf die gesamte Gesellschaft ausweitet und sie damit seinen Zielen und der Herrschaft der bürgerlichen Klasse unterwirft.

Dass Rationalisierung nicht auf religiöse Quellen zurückgeführt werden kann, sondern sich aus dem Kapitalismus selbst ergibt, liegt in der Logik der Steigerung des Mehrwerts und der steigenden Profitrate begründet. Diese Logik fordert eine immer effizientere Nutzung der Arbeit, der Produktionsmittel und auch der die Gesellschaft ausmachenden Produktionsverhältnisse: Sie wird begleitet von einer zunehmenden Differenzierung bzw. verstärkten Arbeitsteilung, in der die Arbeit auf die Anforderungen des Marktes zugeschnitten und von den Menschen noch mehr entfremdet wird.

Besonders das bürgerliche Denken ist für Lukács in ausgeprägtem Maße verdinglicht (und deswegen dezidiert ideologisch). Kennzeichen des bürgerlichen Denkens ist für ihn der Anti-Empirizismus: Es ist idealistisch und will nicht von der wirklichen Welt gestört werden. Im bürgerlichen Denken wird z.B. von Tatsachen gesprochen, ohne ihren sozialen Kontext zu berücksichtigen. Dies kommt für Lukács mustergültig in Hegels Philosophie zum Ausdruck, die rationalistisch ist und ein Gesetz der Vernunft zu entwickeln sucht. In diesem Denken äußert sich das aus der Warenform abgeleitete Rationalisierungsprinzip sozusagen in seiner höchsten Gestalt. Auch die Lehre Kants, die dem erkennenden Subjekt eine vollständige Autonomie zugesteht und Subjektivität und Objektivität radikal trennt, ist ihm eines der besten Beispiele für das bürgerliche Denken. Typisch für das Bürgertum ist auch der im Positivismus zum Ausdruck kommende Atomismus, also das Stützen auf isolierte Einzelbeobachtungen. Weil es sich hier um Merkmale wissenschaftlichen Denkens handelt, ist in seinen Augen die gesamte moderne (»bürgerliche«) Wissenschaft ein Opfer der Verdinglichung. Je mehr sie sich methodologisch entwickelt, desto mehr schließt sie sich zu einem abgekoppelten System, das die Totalität nicht mehr zu erfassen vermag. Dies trifft natürlich auch auf die bürgerliche Sozialwissenschaft zu, die, wie alles verdinglichte bürgerliche Denken, einen mystifikatorischen Charakter hat.

Ein Ausweg aus dem bürgerlichen bietet für ihn das *dialektische Denken*, das die Verdinglichung des bürgerlichen überwinden kann. Als ein wahres, nichtideologisches Wissen berücksichtigt es immer die sozialen Kontexte, in denen die Einzeldinge stehen. Damit ist es befreit vom ideologischen Obskurantismus des bürgerlichen konzeptuellen Denkens und bemüht sich um eine begriffliche Rekonstruktion der (sozialen) und historischen Wirklichkeit. Denn Bewusstsein zeichnet sich immer durch eine Beziehung auf die Gesellschaft als ganze aus.

Das dialektische Wissen kann auch eine leitende Funktion in der historischen Entwicklung übernehmen, da es den objektiven Stand des jeweiligen Klassenbewusstseins erfasst. Was das Klassenbewusstsein angeht, unterscheidet Lukács zwischen einem *subjektiven* und einem *objektiven falschen Bewusstsein.* »Es erscheint einerseits als etwas *subjektiv* aus der gesellschaftlich-geschichtlichen Lage heraus Berechtigtes. Verständliches und Zu-Verstehendes, also als ›richtiges‹, und zugleich als etwas *objektiv* an dem Wesen der gesellschaftlichen Entwicklung Vorbeigehendes, sie nicht adäquat Treffendes und Ausdrückendes, also als ›falsches Bewusstsein‹.«[103] Das falsche Bewusstsein bedeutet eine unzutreffende Einschätzung der eigenen materiellen Lage. Diese Unterscheidung wird relevant, weil zwar die jeweilige Klasse, also etwa die Arbeiter Träger des Klassenbewusstseins sind, das wirkliche Bewusstsein einzelner Arbeiter aber nicht notwendig zum Klassenbewusstsein vorstoßen muss. Andererseits kann auch etwas subjektiv Verfehltes objektiv durchaus richtig sein. Um zu überprüfen, was subjektiv vorliegen müsste, sucht man die »Gedanken, Empfindungen usw.« zu rekonstruieren, »die die Menschen in einer bestimmten Lebenslage haben würden, wenn sie diese Lage, die sich aus ihr heraus ergebenden Interessen sowohl in Bezug auf das unmittelbare Handeln wie auf den – diesen Interessen gemäßen – Aufbau der ganzen Gesellschaft vollkommen zu erfassen [in der Lage] gewesen wären. [...] Die rationell angemessene Reaktion nun, die auf diese Weise einer bestimmten typischen Lage im Produktionsprozess zugerechnet wird, ist das Klassenbewusstsein.«[104] In diesem Falle kommt das subjektive Klassenbewusstsein mit dem objektiven in Deckung. (Erst dann wird die »Klasse an sich« zu einer »Klasse für sich«.)

Das Klassenbewusstsein bleibt so lange lediglich eine »objektive Möglichkeit«, bis ein politischer Träger dafür gefunden ist. In dieser Funktion nun tritt für Lukács die kommunistische Partei auf. Ihr »fällt die erhabene Rolle zu: Trägerin des Klassenbewusstseins des Proletariats, Gewissen seiner geschichtlichen Sendung zu sein.«[105] Erst wenn sie diese Rolle annimmt, kann das Bewusstsein des Proletariats die Verdinglichung eliminieren: Indem die Ware Arbeitskraft dann im Proletarier zur Bewusstheit gelangt und dieses Bewusstsein in Praxis (das bedeutet in diesem Fall: revolutionäre Handlung) übersetzt, wird die Einheit von Subjekt und Objekt wieder hergestellt.

Lukács wendet dazu die Analyse des falschen Bewusstseins auch auf den Marxismus selbst an. Die verdinglichten Strukturen der warenförmigen kapitalistischen Gesellschaften wirken sich auch auf den Vulgärmarxismus aus, der ja ebenso nur die dingliche Wirklichkeit als bestimmend zulässt und das Bewusstsein ignoriert. Der umfassende historische Materialismus dagegen überwinde diese Beschränkung und sei deswegen die richtige Theorie.

Lukács' Schrift hatte einen starken Einfluss auf die *Frankfurter Schule.* Ihr Name geht zurück auf das Frankfurter »Institut für Sozialforschung«, das 1923 begründet wurde. Es entstand aus der Enttäuschung der marxistischen Linken über die ge-

103 Lukács, Geschichte und Klassenbewusstsein, op. cit., S. 125
104 Ebd., S. 126
105 Ebd., S. 114

scheiterten Revolutionen im Westen. Denn nicht im industrialisierten Westen hatte sich der Sozialismus nach dem 1. Weltkrieg durchgesetzt, sondern nur im vergleichsweise wenig industrialisierten Russland. Mit Lukács teilt die Frankfurter Schule die Vorstellung von den entfremdenden Folgen des – in Anlehnung an Weber bestimmten – bürgerlichen Rationalismus. Auch sie geht davon aus, dass das Proletariat eine intellektuelle Führung benötigt und dass das Verhältnis zwischen Wirklichkeit und Idee kompliziert ist und am angemessensten mithilfe der Dialektik erfasst wird.

In der Entwicklung der »Frankfurter Schule« werden häufig vier Phasen unterschieden[106]: Zwischen 1923 und 1933 wurde zunächst unter der Leitung von Carl Grünberg sehr vielfältige Forschung betrieben. So analysierte Wittfogel das Verhältnis von Wirtschaft und Gesellschaft in China, und Pollock wandte sich dem Übergang der Sowjetunion in die Planwirtschaft zu. Die zweite Periode von 1933 bis 1950 ist dadurch gekennzeichnet, dass die Mitglieder des Instituts das nationalsozialistische Deutschland verlassen und ins Exil (vor allem in die USA) gehen mussten. Nach der Rückkehr einiger Mitglieder, die die dritte Phase einleitete, bildete sich ab 1956 eine neue Linke aus, in der die kritische Theorie eine politische Rolle zu spielen begann. Diese Phase endet mit dem Tod THEODOR W. ADORNOS im Jahr 1969 und MAX HORKHEIMERS im Jahr 1973. Die vierte Phase wird von den Nachfolgern geprägt, unter denen vor allem Jürgen Habermas herausragt.[107]

Der Begriff der *kritischen Theorie* wird in einem Aufsatz Horkheimers aus dem Jahre 1937 verdeutlicht[108]: Wie Mannheim geht er von einer Verknüpfung zwischen den Formen des Denkens und Wissens auf der einen Seite und der sozialen Situation der Menschen auf der anderen Seite aus. Dies gilt insbesondere für die Wissenschaft und ihre Theoriebildung, die für ihn eine eminent soziale Aktivität darstellt. In der »traditionellen« Theorie (also der herkömmlichen, vom Positivismus geprägten Wissenschaft) bleibt die Erkenntnisleistung lediglich auf Teilaspekte beschränkt.[109] Sie reproduziert nur die vorgefundenen Daten, d.h. sie reifiziert die bestehende Lage und bestätigt damit auch die gesellschaftlichen Bedingungen, unter denen sie entsteht. Die traditionelle Theorie fördert deswegen ein kontemplatives Denken, das das so-

106 Eine umfassende Übersicht bietet Rolf Wiggershaus, Die Frankfurter Schule. Geschichte, theoretische Entwicklung, politische Bedeutung, München 1986.

107 Max Horkheimer kam 1895 in Stuttgart zur Welt. Er studierte Psychologie und Philosophie in München, Freiburg und Frankfurt. 1931 wird er Direktor des Instituts für Sozialforschung. 1934 emigriert er in die USA und kehrt mit Adorno 1949 nach Deutschland zurück. 1951 wird er Rektor der Universität Frankfurt. Er stirbt 1973. Theodor Wiesengrund Adorno kam 1909 in Frankfurt am Main zur Welt. Er studierte Philosophie, Musikwissenschaft, Psychologie und Soziologie. 1934 emigrierte er zunächst nach England, dann in die Vereinigten Staaten. Nach Deutschland zurückgekehrt leitete er das Institut für Sozialforschung in Frankfurt am Main.

108 Max Horkheimer, Traditionelle und kritische Theorie, in: Traditionelle und kritische Theorie. Vier Aufsätze, Frankfurt 1970, S. 12-57

109 Den Hintergrund bildet hier das Aufkommen einer neopositivistischen Wissenschaftstheorie, wie etwa der logische Empirismus. Diese Theorie sieht Wissen als eine wesentlich individuelle Leistung des Geistes an, die auf der Basis von Einzelbeobachtungen erfolgt.

ziale System in seiner kapitalistischen Gestalt unterstützt: Die scheinbare Unabhängigkeit des Arbeitsprozesses, der nur den inneren Merkmalen der Objekte geschuldet sei, entspreche der scheinbaren Freiheit des Denkens in der bürgerlichen Gesellschaft, das zu Unrecht glaube, sich frei entscheiden zu können. In Wahrheit jedoch sei es unbemerkt dunklen Mechanismen unterworfen. Gegen diese traditionelle Theorie nun setzt Horkheimer die kritische Theorie. In der kritischen Theorie geht es nicht um atomisierte Einzelbeobachtungen, also einzelne Korrekturen im System, sondern um dessen grundsätzliche Kritik. Diese entsteht daraus, dass die kritische Theorie versucht, die Wirklichkeit in ihrer Ganzheit zu reflektieren, indem sie Ideen und ihre historische Lage berücksichtige. Denker, die eine kritische Einstellung einnehmen, erkennen deswegen auch den doppelten Charakter der sozialen Wirklichkeit – ihren antagonistischen Klassencharakter und die mit ihm verbundenen Denkformen.

Kritisch ist diese Theorie also deswegen, weil sie die vorherrschenden Institutionen und ihre Ideologie sowie das wissenschaftliche Wissen kritisieren kann. Da sie die Abhängigkeit von den sozialen Umständen erkennen kann, darf die kritische Theorie auch den Anspruch erheben, außerhalb der Beschränkungen der bürgerlichen Gesellschaft zu stehen, da sie politisch auf dessen Unterhöhlung zielt. Sie versteht sich insofern ebenso sehr als eine Ideologie wie als eine Wissenschaft, da sie sich unmittelbar mit dem Proletariat verbindet, dem sie Wissen an die Hand geben will. Wie auch Lukács hegt also die (frühe) kritische Theorie den Wunsch, dass die (kritischen) Intellektuellen dazu beitragen, das Klassenbewusstsein der Proletarier zu stärken.

Adornos und Horkheimers Kritik zielt nicht nur auf das gegenwärtige Bürgertum und seine Wissenschaft, sondern auf die Grundlagen der bürgerlichen Kultur: Sie kritisieren die Aufklärung, die nicht nur das Fundament für ihre Ideologiekritik bildet, sondern die Wurzel jener bürgerlichen Kultur darstellt, gegen die sie opponieren. In der 1947 erstmals erschienenen »Dialektik der Aufklärung« monieren Adorno und Horkheimer deswegen ausdrücklich die »Selbstzerstörung der Aufklärung«. In aller Regel äußert sich die Vernunft des Menschen zwar im Begriff. Doch von Anbeginn an dient Wissen, gerade sprachliches Wissen, auch zur Objektivierung und damit zur Beherrschung der Natur und zur Legitimation der herrschenden (anfangs priesterlichen patriarchalischen) Verhältnisse. Die Aufklärung nun verstärkt diese Herrschaftsfunktion durch das Aufkommen der Wissenschaft dramatisch: Die Wissenschaft vergrößert die Macht über die Welt, zugleich aber »bezahlen die Menschen die Vermehrung ihrer Macht mit der Entfremdung von dem, worüber sie die Macht ausüben«.[110] So trennt die Wissenschaft die Vernunft, die doch die gesamte Gesellschaft (den »Geist« Hegels) und die einzelnen Menschen umfasst, auf und verankert die Vernunft nur noch im Subjekt. Vom Subjekt aus gesehen degeneriert diese einseitige Vernunft deswegen zur Zweck-Mittel-Rationalität, die sich auf das Instrumentelle beschränkt. Damit versachlicht sie nicht nur die Beziehung zwischen den Menschen, die zum Teil

110 Max Horkheimer und Theodor W. Adorno, Dialektik der Aufklärung. Philosophische Fragmente, Frankfurt 1971, S. 12

eines utilitaristischen Kalküls werden. Sie trennt auch die in der Praxis bestehende Beziehung zwischen den Menschen und den Dingen auf: Die Dinge werden »Objekte«, die nicht nur erfasst, sondern im Kalkül der Instrumentalität auch beherrscht werden. Die rationale wissenschaftliche Erfassung führt also zur Beherrschung der Natur, die den Menschen gleichzeitig seiner eigenen Natur entfremdet und seine Beziehungen zu den Mitmenschen versachlicht. Indem die Wissenschaft Natur nur versachlicht, reduziert sie die Vernunft auf einen Ausschnitt ihrer selbst: die instrumentelle Vernunft. Im Zuge seiner Differenzierung spaltet sich das Wissen also von dem ab, wovon es Wissen ist, verliert also notwendig die Totalität, wird entfremdetes Wissen.

Eine solche Versachlichung wird beschleunigt durch die sich ausweitende Warenwirtschaft, die Menschen zu kalkulierbaren Bestandteilen eines Systems macht. Indem damit auch die Sozialbeziehungen versachlicht werden, steht der Kapitalismus am Höhepunkt eines Prozesses der Verdinglichung, der auch das Wissen und das theoretische Erkennen erfasst. Diese Entwicklung hat paradoxe Folgen. Denn weil die fälschlicherweise als sozial kontextfrei verstandene Vernunft aus sich heraus keine eigenen Werte begründen kann, verhindert dieses entfremdete Wissen nicht nur eine richtige Aufklärung. Es führt sogar in eine neue Art der Barbarei, die die bürgerliche Gesellschaft auszeichnet und die letzten Endes in den Faschismus führt. Dieses Paradox (oder die »Dialektik der Aufklärung«) findet ihren perfidesten Ausdruck in der höchst rationalen Planung der barbarischen Judenvernichtung durch das nationalsozialistische Regime.

Ein breites Untersuchungsfeld der kritischen Theorie, die sie für andere Ansätze so anziehend macht (z.B. für die »Cultural Studies«, auf die wir später zu sprechen kommen), ist ihre Behandlung kultureller Phänomene. Musik, Kunst und Massenkultur bilden zentrale Themen der Arbeiten in der kritischen Theorie. Um die Beschäftigung mit solchen Phänomenen zu verstehen, muss man die Ausweitung des Ideologiebegriffes durch die kritische Theorie berücksichtigen. Wie auch Mannheim sind Adorno und Horkheimer der Meinung, dass menschliches Denken grundsätzlich seinsgebunden ist und nur unter bestimmten Bedingungen als ideologisch bezeichnet werden kann. Welche Bedingungen das aber sind, kann definitionsgemäß lediglich die kritische Theorie festlegen. Zu diesem Zwecke betreibt sie »Ideologiekritik«: Sie bemängelt als Ideologiekritik die Reduktion menschlichen Wissens und Handelns auf das Prinzip der Zweckrationalität, das – als Teil einer umfassenden Rationalität – durchaus statthaft ist, und versucht der einseitigen Übersteigerung der Zweckrationalität in instrumentelle Vernunft entgegenzuarbeiten, wie sie sich in der Zerstörung lebensweltlicher Zusammenhänge ausdrückt.

Der Gegenstand der Ideologiekritik ist die *Ideologie*, also das »falsche Bewusstsein«. In der jüngeren Geschichte ist dieses falsche Bewusstsein im Wesentlichen das des Bürgertums. In der Entstehungsphase des Bürgertums, also in der städtischen Marktgesellschaft (vor der Ausbreitung der Industriegesellschaft), glaubte das Bürgertum, »es genüge, das Bewusstsein in Ordnung zu bringen, um die Gesellschaft in Ordnung zu bringen«.[111] Diese Ordnung verliert sich mit der Industrialisierung. Ideologie wird omnipräsent, weil sie nicht nur die Bürger betrifft, sondern alle Klassen, die von der bürgerlichen Warenwirtschaft erfasst werden: »Ideologie ist heute der Bewusstseins- oder Unbewusstseinszustand der Massen als objektiver Geist.«[112]

Das Besondere des Ideologiebegriffes der kritischen Theorie liegt darin, dass sie Ideologie nicht mehr nur als etwas ansieht, das gegen die Unterdrückten arbeitet. Ideologie ist auch das, was die Unterdrückten beruhigt, befriedet und zufrieden stellt – und zwar nicht nur materiell, sondern auf eine verdinglichende Weise auch geistig und (massen-)kulturell. Weil die Produktivität der kapitalistischen Wirtschaft steigt und weil sie die Arbeiter am materiellen Wohlstand beteiligt, geht es nicht mehr um die materielle Verelendung der Massen, wie noch Marx befürchtet hatte. Vielmehr geht es darum, die einzelne Person für den wirtschaftlichen und administrativen Apparat verfügbar zu machen, der sie dafür nicht nur materiell versorgt, sondern auch entsprechend geistig präpariert bzw. »manipuliert«. (Schon deswegen ist das Subjekt als bürgerlicher Erkenntnisträger ein Betrug.) Die moderne Gesellschaft erzeugt eine regelrechte Bewusstseinsindustrie, die zwar Individualität postuliert, diese aber durch die Konfektionierung ihrer Produkte, ihrer Inhalte und ihrer Formen verunmöglicht. Die öffentliche Gestalt und wirtschaftliche Form dieser das Bewusstsein formenden Industrie nennen Horkheimer und Adorno die *Kulturindustrie.* Es ist diese Kulturindustrie aus Film, Magazinen, Illustrierten, Zeitungen, Radio, Fernsehen (heute würde man wohl auch das Internet dazuzählen), die eine eigene Ideologie ausbildet, die Massen zu Konsumenten macht und dadurch ihren Bewusstseinszustand deformiert.

Die Entstehung dieser Kulturindustrie führen die Autoren bis in die frühe englische Vulgärliteratur um 1700 zurück. Wie insbesondere Habermas in seiner Rekonstruktion der Entwicklung der modernen Öffentlichkeit zeigt[113], weitet sich die kommerziell betriebene Öffentlichkeit immer weiter aus und verdrängt die »basisdemokratischen« Züge der Debattierzirkel in der frühen bürgerlichen Öffentlichkeit. Im Laufe des 19. Jahrhunderts wird aus dem öffentlichen Wissen der Zeitungen, Bücher und anderer Medien eine Ware. Diese Kommerzialisierung führt zum einschneidenden Strukturwandel dieser Öffentlichkeit, der auch die Kommunikation von Wissen dem Gesetz der Warenwirtschaft (und daneben dem staatlichen Zugriff) unterwirft. Die Entstehung der Werbung ist nur ein Beispiel dafür. Für Adorno und Horkheimer bedeutet diese Ausweitung, dass Herrschaft nun nicht mehr nur von einer Klasse ausgeübt wird. Sie wird zu einer unpersönlichen Macht, einem System, das, wie Marcuse später vermutet, keine klare Opposition mehr kennt.[114] Deswegen braucht die Kulturindustrie nicht einmal mehr einen Hehl daraus zu machen, dass nun auch die Kulturgüter der Logik des Kapitals unterworfen werden.

Zu Lebzeiten von Adorno und Horkheimer ist eine systematisch betriebene Manipulation des Bewusstseins durch die Medien beobachtbar, an der sich auch die

111 Institut für Sozialforschung (Hg.), Soziologische Exkurse, Frankfurt 1983 (EA 1956), S. 165
112 Ebd., S. 170
113 Jürgen Habermas, Strukturwandel der Öffentlichkeit, Neuwied u. Berlin 1979
114 Herbert Marcuse, Der eindimensionale Mensch. Neuwied u. Berlin 1971

Sozialwissenschaften (etwa durch ihre Markt-, Meinungs- und Kommunikationsforschung) beteiligt. Diese Manipulation beschränkt sich für die kritische Theorie übrigens keineswegs auf die Werbung, sondern wird auch durch »unschuldige« mediale Formen des Fernsehens, der Musik oder des Sports geleistet. Manipulativ ist die Popmusik ebenso wie der Jazz, die Horoskope, Arztromane oder Zeitungsfeuilletons. Mit dieser Ausweitung wird all das, was inhaltlich vertreten wird, der Entfremdung unterworfen – ja die gutgemeinten Versuche der kritischen Aufklärung werden selbst zum Betrug. Denn die Kulturindustrie macht alles Wissen, das sie zirkuliert, zur Ideologie, weil sie es zur Ware macht.

Unter dem vorherrschenden Monopol wird somit alle Kultur vereinheitlicht: Kultur und Unterhaltung verschwimmen, Amüsement wird zur Verlängerung der Arbeit, und so rücken sogar Werbung und Kultur zusammen und zeigen an, dass die Ideologie immer leerer wird. Sie predigt ein nicht mehr vorhandenes Subjekt, so dass es nur noch um die Manipulation der Menschen geht. Der Inhalt dieser Manipulation besteht im Wesentlichen in der Anerkennung des Bestehenden, also darin, sich in die Imperative von Wirtschaft und Politik zu fügen.

Die Durchsetzung der Manipulation gelingt der Kulturindustrie nicht nur dadurch, dass sie die Grenze zwischen Fiktion und Wirklichkeit verwischt. Eine ihrer Verschleierungsstrategien besteht vielmehr darin, dass sie vorgibt, dem Individuum zu huldigen. In dieser kulturindustriell zugeschnittenen Individualisierung, die erst die Menschen vereinzelt und zum Objekt der Unterhaltung macht, schafft die Ideologie der Massenkultur eine regelrechte Parodie des aufklärerischen Imperativs »Werde, was du bist«: Es wird eine Pseudoindividualität geschaffen, die nur noch in oberflächlichen Merkmalen einer durch Konsum geschaffenen Identität besteht. Weil sie die Individualität damit stereotypisiert, erfüllt die Kulturindustrie letzten Endes aber selbst noch eine »kritische«, »fortschrittliche« Funktion: Sie entschleiert »den fiktiven Charakter« des Subjekts, den es im Bürgertum schon immer hatte (ohne dass sich das Bürgertum darüber Rechenschaft ablegte). Die Kulturindustrie macht den Menschen also vollkommen zu seiner eigenen Charaktermaske, die sie den anderen vorhält. Weil sie die Kraft der Manipulation hat, ist es der Kulturindustrie möglich, die Bedürfnisse zu schaffen, die sie vorführt – und die Menschen dazu zu bringen, dass sie selbst nur noch Charaktermasken sein wollen.

Die Ausweitung der Kulturindustrie zerstört nicht nur jeden sinnvollen Begriff des Wissens, da ja kaum mehr zwischen Fiktion und Wirklichkeit unterschieden werden kann. Sie führt auch zu einem Zerfall der Bildung, zur »Halbbildung«: Pflegte das Bürgertum noch eine reine Geisteskultur, die jedoch mit den tatsächlichen Lebensverhältnissen der Menschen in keiner Beziehung stand, so fördern die kulturindustriellen Vervielfältigungsmöglichkeiten zwar den Zugang zur Bildung, degradieren diese aber sofort zur Halbbildung, da die Bildungsgüter aus ihrem Kontext gehoben werden. Wissen kann nur noch durch Schemata und Klischees erfasst werden, die keinen erkennbaren Bezug zur Welt mehr haben. Von Halbbildung ist noch aus einem zweiten Grunde die Rede: Das Subjekt, das gebildet wird, ist nicht mehr eigenständig, sondern von der Kulturindustrie geprägt. »Der Halbgebildete betreibt Selbsterhaltung ohne Selbst.«[115] Halbbildung entsteht also, weil nun auch das Denken und Wissen Ware geworden sind, weil also auch der Geist vom Fetischcharakter der Ware ergriffen ist.

Aus der Perspektive der kritischen Theorie nimmt die Psychoanalyse eine große Bedeutung ein. Die von Freud aufgedeckte Verdrängung der Sexualität wurde von ihr nämlich als ein Merkmal der kapitalistischen Gesellschaft angesehen – eine Art erotische Verdinglichung, die Teil des Unterdrückungsapparates sei. Für einige Vertreter der kritischen Theorie war deswegen die sexuelle Revolution auch eine Befreiung von der sexuellen Repression – und damit ein kritischer Akt. Adorno dagegen sah die einzige Möglichkeit, der Umarmung der Massenkultur zu entkommen, in der oppositionellen Gestaltung der Kunst, deren Form es allein noch erlaube, die Welt mit dem zu konfrontieren, was sie sein könnte.

Wie schon Horkheimer betont, macht die kritische Theorie auch vor der Wissenschaft nicht halt. Die moderne Wissenschaft ist für sie eine Praxis, die sich von dem, was sie behandelt, entfernt hat. Sie sucht zwar eine objektive Wahrheit, findet aber nur Teilwahrheiten, weil sie von ihrem eigenen gesellschaftlichen Kontext absieht und dadurch selbst zur Ideologie wird. Wie Habermas, einer der gegenwärtigen Vertreter der kritischen Theorie, herausstellt, durchdringe diese neue Ideologie als eine die moderne Zivilisation prägende »Lebensform« die gesamte Gesellschaft. Durch die Technologie und das technologische Bewusstsein sei nicht nur eine neue Form des Wissens entstanden, das einseitig nur jene technische Seite abdecke, die schon Horkheimer beklagte. Damit habe auch die Gesellschaft eine neue Form angenommen, die immer weniger von der klassischen Industrieproduktion, Handarbeit und Arbeitern geprägt sei. In der fortgeschrittenen Industriegesellschaft seien nicht mehr nur Arbeit und Rohstoffe, sondern Technologie und Wissenschaft zu den primären Produktivkräften der Wirtschaft geworden. Technologie und Wissenschaft übernähmen auch die Kontrolle und Herrschaft über die Arbeit und unterwürfen den bislang nicht-zweckrationalen Bereich menschlichen Lebens und Handelns in Gemeinschaften ihrem einseitig-rationalistischen Zugriff. Die Logik der Zweckrationalität »absorbiere« auch die politischen und sozialen Institutionen. Absorbiert bzw. »kolonisiert« würden auch jene Bereiche, die Habermas dem »kommunikativen Handeln« zuordnet.[116] (Weil Habermas dieses Argument zu einer eigenen »Theorie des kommunikativen Handelns« ausbaut, werden wir später im Zusammenhang mit der kommunikativen Wende der Wissenssoziologie darauf zurückkommen.)

115 Theodor W. Adorno, Theorie der Halbbildung, in: ders., Gesellschaftstheorie und Kulturkritik, Frankfurt 1975, S. 66-94, S. 88

116 Jürgen Habermas, Technik und Wissenschaft als ›Ideologie‹, Frankfurt 1974, S. 82

5 Die amerikanische Wissenssoziologie

Auch wenn der Begriff der Wissenssoziologie sehr stark von den akademischen Entwicklungen geprägt wurde, die sich im deutschen Sprachraum entfalteten, so handelt es sich bei der sie charakterisierenden Fragestellung keineswegs um eine Eigenart, die nur die deutsche Gesellschaft betroffen hätte. Ohne Zweifel waren hier die ideologischen Streitigkeiten auf eine extreme Weise virulent, so dass die Fokussierung auf das Ideologieproblem nicht verwundert. Dennoch war die wissenssoziologische Fragestellung in der modernen Soziologie auch schon in anderen Kontexten aufgetreten. Ein besonderes Gewicht hat zweifellos die französische Tradition, die oben schon geschildert wurde. Auch die angelsächsische, vor allem die amerikanische Wissenssoziologie ist von einer außergewöhnlichen Bedeutung.[117] Diese Bedeutung entfaltet sie auf dreierlei Weise. Zum einen wandern europäische Soziologen in die Vereinigten Staaten ein, die eine eigene Fassung der wissenssoziologischen Fragestellung mit sich bringen. Zum Zweiten wird die deutsche Wissenssoziologie sehr aufmerksam und konstruktiv rezipiert. Und zum Dritten entwickelt sich im Rahmen der pragmatistischen Denktradition eine eigenständige und höchst fruchtbare Wissenssoziologie.

Ein namhaftes Beispiel für die erste Variante bietet der in die USA ausgewanderte polnische Soziologe FLORIAN ZNANIECKI.[118] Znaniecki trug nicht nur zur Verfeinerung der soziologischen Methoden und zur allgemeinen soziologischen Forschung bei. Mit seinem Buch »The Social Role of the Man of Knowledge« hat er einen nachgerade klassischen Text der entstehenden Wissenssoziologie verfasst, auf den wir weiter unten noch eingehen werden.[119] Für ihn hat die Wissenssoziologie die Aufgabe, den Einfluss sozialer Prozesse auf die Annahme, Mitteilung und Verbreitung erworbenen Wissens und die sozialen Rollen der Gelehrten und Intellektuellen in den verschiedenen Gesellschaftstypen zu untersuchen. Wissen kann seines Erachtens nicht getrennt als eigener Bereich betrachtet und dann auf das Soziale bezogen werden. Es kann überhaupt keine Soziologie des Wissens geben, sondern nur eine Soziologie der Träger des Wissens, also derjenigen, die Wissen schaffen, gestalten und vermitteln. Znaniecki untersucht in sehr klarer typisierender Weise die verschiedenen Rollen, die sich historisch mit der zunehmenden Spezialisierung des Wissens ausgebildet haben.

Wissenssoziologische Überlegungen stehen auch im Mittelpunkt eines anderen, in diesem Fall aus Russland in die Vereinigten Staaten eingewanderten Soziologen:

---

117 Die englische Wissenssoziologie ist, wie die englische Soziologie insgesamt, in der Vorkriegszeit noch wenig entwickelt. Doch sollte man auch hier die Immigration nicht übersehen: Mannheim lehrte ebenso in England wie Elias.

118 Florian Znaniecki wurde 1882 in Swiatniki geboren. Mit seinem gemeinsam mit William I. Thomas verfassten Buch über »The Polish Peasant in Europe and America« (Chicago und Boston 1918 und 1920) schuf er ein Leitwerk der Chicagoer Schule und der Soziologie insgesamt. Er starb 1958 in Champaign, Illinois.

119 Florian Znaniecki, The Social Role of the Man of Knowledge, New York 1975 (EA 1940)

PITIRIM SOROKIN.[120] Sorokin erstellte eine umfassende Untersuchung, in der er 2500 Jahre Menschheitsgeschichte abzudecken versucht. Darin entwickelt er eine Theorie der zyklischen Bewegung. Wahrheit sieht er als ein fluktuierendes System an. Die Regeln dieser Fluktuation hängen von den verschiedenen Mentalitätstypen ab, die die jeweilige soziale Wirklichkeit ausmachen.[121] Sorokin unterscheidet drei idealtypische Mentalitäten bzw. »supersystems« der Wahrnehmung und der Erfassung von Wirklichkeit: Das sensuelle Grundsystem wird geprägt von Sinneswahrheit, Materialismus, Empirismus und Hedonismus; das ideationale Grundsystem wird beherrscht von Glaubenswahrheit, Ideen, Gesinnungs- und Liebesethik, und schließlich bildet das idealistische Grundsystem eine Mischform aus den beiden genannten, in der die Vernunftwahrheit bestimmend ist. Auf dieser Grundlage lassen sich dann auch drei Arten der Wahrheit unterscheiden: eine sensorielle, eine spirituelle und eine rationale. Schon an den Begriffen erkennt man eine Ähnlichkeit zu Schelers drei grundlegenden Wissensarten. Ebenso wie Scheler geht Sorokin davon aus, dass zwar alle Elemente zu allen Zeiten existieren, doch nur eines in einer gegebenen historischen Epoche vorherrscht. Die Vorherrschaft des wissenschaftlichen Wissens ist seines Erachtens mit dem sensuellen Grundsystem verknüpft, das in der Arbeiterklasse als technisches Wissen auftritt.

Neben diesen »eingewanderten« Formen der Wissenssoziologie fand, wie gesagt, in den Vereinigten Staaten auch eine ausdrückliche Rezeption der deutschen Wissenssoziologie statt, die zum Teil bloß auf Lektüre (Mannheims »Ideologie und Utopie« wurde 1936 ins Englische übersetzt) und zum Teil auf persönliche Kontakte amerikanischer Soziologen mit deutschen zurückging. Dies gilt etwa für Howard Becker und Helmut Otto Dahlke, die den Mannheimschen Ansatz fortführen und eine der prägnantesten Definitionen der Wissenssoziologie verfassten: »Der Wissenssoziologie geht es nicht um die ›Geschichte der Ideen in ihrem sozialen Kontext‹, nicht um die ›gesellschaftliche Determination des Denkens‹, der ›Dominanz der materiellen über die immaterielle Kultur‹ oder irgend etwas Ähnliches. Wissenssoziologie ist die Analyse der funktionalen Beziehungen von sozialen Prozessen und Strukturen auf der einen Seite und den Mustern des geistigen Lebens, einschließlich der Arten des Wissens, auf der anderen. Solange wir echte Wissenssoziologie betreiben, wird weder der ›Gesellschaft‹ noch dem ›Geist‹ ein logischer Vorzug gegeben.«[122]

---

120 Pitrim A. Sorokin, Social and Cultural Dynamics. 4 Bd., New York 1937-1941. Sorokin wurde 1889 in Turya, Russland, geboren; 1923 wanderte er in die USA aus und wurde 1930 Professor an der Harvard-Universität. Er starb 1969 im amerikanischen Winchester.

121 Jacques Maquet, The Sociology of Knowledge. Westport 1951, Kap. 8: Sorokin's Sociology of Knowledge., S. 124-162

122 Howard Becker und Helmut Otto Dahlke, Max Scheler's sociology of knowledge, in: Remmling, op. cit., 202-214, S. 202 [übers. v. HK]. Im Anschluss an Mannheim unterscheiden sie dann auch intrinsische Interpretationen von Wissen und extrinsische. In ihrer Fassung liegt im ersten Fall die Bedeutung von Gedanken allein in ihnen selbst, während extrinsische Interpretationen Gedanken auf etwas beziehen, was außerhalb von ihnen liegt.

Dieses Zitat macht die Richtung der amerikanischen Rezeption der deutschen Wissenssoziologie sehr deutlich. Es handelt sich hier um ein ausgeprägt korrelationistisches Verständnis der Wissenssoziologie, die nun aber auch die Art der Korrelationen systematisch untersucht. Diese Variante der Wissenssoziologie erreicht ihren Höhepunkt sicherlich in den Arbeiten von ROBERT K. MERTON.[123] Merton, der die Zielrichtung der Wissenschaftssoziologie (auf die wir in einem eigenen Kapitel zu sprechen kommen) maßgeblich formulierte, wiederholt den Anspruch der Wissenssoziologie auf eine »kopernikanische Revolution«: Nicht nur Lüge und Täuschung, auch die Entdeckung der Wahrheit ist sozial bedingt. Diese soziale Bedingtheit tritt dann zutage, wenn man das Reich der Ideen (Versprachlichungen, Ideologien, Rationalisierungen, emotionale Ausdrücke, Verzerrungen, Folklore, Derivationen) auf der einen Seite mit einer materiellen Substruktur (Produktionsverhältnisse, soziale Positionen, Interessen, soziale Beziehungen, Residuen usw.) auf der anderen Seite in Beziehung setzt. Merton fasst den Gedanken der Wissenssoziologie so zusammen: »Die Wissenssoziologie nimmt unter bestimmten sozialen und kulturellen Bedingungen Gestalt an. Mit der zunehmenden Differenzierung der Werte, Einstellungen und Denkweisen von Gruppen kommt es zu einer Situation, in der die Orientierungen, die diese Gruppen teilten, von den unüberwindlichen Unterschieden überschattet werden. Sie entwickeln deswegen nicht nur verschiedene Diskursuniversa. Überdies stellt die Existenz jedes einzelnen Diskursuniversums die Geltung und Rechtmäßigkeit der anderen in Frage. Die Koexistenz dieser widersprüchlichen Perspektiven und Deutungen innerhalb ein und derselben Gesellschaft hat ein aktives und wechselseitiges Misstrauen zwischen den Gruppen zur Folge.«[124]

Mertons eigener Beitrag zur Wissenssoziologie kann – neben seinen wissenschaftssoziologischen Arbeiten – in der Systematisierung der zentralen Fragestellungen einer korrelativen Wissenssoziologie gesehen werden: Wie sind geistige Vorgänge und Gehalte und soziale Prozesse und Strukturen aufeinander bezogen? Dabei fasst er nicht nur die beiden Enden des Verhältnisses, also die »existentielle Basis« und die »geistigen Produkte«, in eine Systematik. Merton fragt nach der »existentiellen Basis geistiger Produkte« und nach der Art der geistigen Produkte, die soziologisch analysiert werden sollen. Wie Becker und Dahlke schon nahe legen, geht er auch die zwischen ihnen bestehenden Verhältnisse genauer an: Es kann sich um kausale, funktionale oder symbolische Beziehungen handeln.[125] Man kann regelrechte »Checklisten« darüber anlegen, was in einer Beziehung stehen kann – und in welcher Beziehung es steht: Nicht nur Klassen, sondern auch ethnische Gruppen, Macht-

123 Er kam 1910 in Philadelphia, Pennsylvania als Meyer Robert Schkolnick zur Welt. Dann hieß er Robert King Merlin, seit 1924 Robert King Merton. Er war Professor an der Columbia University in New York. Er starb am 23. Februar 2003 in New York.

124 Robert K. Merton, The Sociology of Knowledge, in: Social Theory and Social Structure, London 1964, S. 456-488, S. 457 [übers. v. HK].

125 Auch die »Homologie«, die etwa bei Bourdieu betont wird, ist eines der Möglichkeiten dieses Verhältnisses und nicht selbst, wie manche meinen, schon eine »Theorie«.

strukturen, Meinungsklimata auf der einen Seite, moralische Vorstellungen, Ideologien, aber auch Normen, Begriffe oder Glaubensvorstellungen auf der anderen Seite. Trotz einer gewissen Komplexität wird es sinnvoll sein, diese Systematisierung graphisch darzustellen (vgl. Abb. 10).

Wo ist die existentielle Basis geistiger Produkte verankert?	*Wie werden geistige Produkte auf die existentielle Basis bezogen?*	*Welche geistigen Produkte werden soziologisch analysiert?*
(a) *soziale Grundlagen*: soziale Position, Klasse, Generation, Berufsrolle, Produktionsverhältnisse, Gruppenstrukturen (Universitäten, Bürokratie, Akademien, Sekten, politische Parteien), »historische Situation«, Interessen, Gesellschaft, ethnische Bindungen, soziale Mobilität, Machtstrukturen, soziale Prozesse (Wettbewerb, Konflikt etc.) (b) *kulturelle Grundlagen*: Werte, Ethos, Meinungsklima, Volksgeist, Zeitgeist, Kulturtyp, kulturelle Mentalität, Weltanschauungen etc.	(a) *kausale oder funktionale Beziehungen*: Determination, Ursache, Korrespondenz, notwendige Bedingung, Konditionierung, funktionale Interdependenz, Interaktion, Abhängigkeit etc. (b) *symbolische, organische oder sinnvolle Beziehung*: Konsistenz, Harmonie, Kohärenz, Einheitlichkeit, Kongruenz, Kompatibilität (und Antonyme), Ausdruck, Realisierung, symbolischer Ausdruck, Strukturzusammenhang, strukturelle Identität, innere Beziehung, stilistische Analogie, logisch-sinnvolle Integration, Bedeutungsgleichheit etc. (c) *zweideutige Begriffe, um Beziehungen anzuzeigen*: Korrespondenz, Reflexion, verknüpft mit, in enger Verbindung zu etc.	(a) *Sphären geistiger Produkte*: moralische Vorstellungen, Ideologien, Ideen, Denkkategorien, Philosophie, religiöser Glaube, soziale Normen, positive Wissenschaft, Technologie usw. (b) *Analysierte Aspekte geistiger Produkte*: ihre Auswahl (Foki der Aufmerksamkeit), Abstraktionsebene, Präsuppositionen (was als Daten angesehen und was als problematisch betrachtet wird), begrifflicher Inhalt, Modelle der Verifizierung, Ziele geistiger Tätigkeit etc.

Latente und manifeste Funktionen der geistigen Produkte

Abb. 10: ***Mertons Systematisierung der Wissenssoziologie***

Auf der grundlegendsten Ebene, die hier unterhalb des Kastens steht, stellt Merton die Frage nach den »latenten«, also verborgenen und unausgesprochenen, und »manifesten«, also offenkundigen und ausdrücklichen Funktionen, die den existentiell bedingten geistigen Produkten zugeschrieben werden. Diese Funktionen können darin bestehen, dass Macht erhalten, Stabilität gefördert oder Interessen verdunkelt werden sollen. Weitere Gründe können sein: Erzeugung von Motivation oder Sicherheit, Kanalisierung von Verhalten, Ablenkung der Kritik, Ablenkung von Feindschaft, Kontrolle der Natur, Koordination sozialer Beziehungen usw. Die für ihn wichtigste Frage ist schließlich die nach dem allgemeinen theoretischen Zusammenhang zwischen der existentiellen Basis und dem Wissen. Dafür stehen einmal allgemeine historizistische Theorien, bezogen auf einzelne Gesellschaften oder Kulturen, zur Verfügung (wie wir sie von Vico bis Sorokin nun kennen) und allgemeine analytische Theorien, die, wie etwa bei Mannheim, diesen Zusammenhang durch Begriffe zu erläutern suchen.

Wie schon erwähnt, schließt Merton ausdrücklich an die deutsche Wissenssoziologie an, entwickelt daraus aber einen sehr eigenständigen Ansatz, der die Wissenschaftsforschung nachhaltig prägte.[126] Im Unterschied zu dieser immer noch kontinental beeinflussten Wissenssoziologie soll ein dritter Strang betrachtet werden, der besondere Züge des amerikanischen Denkens aufnimmt und daraus eine eigenständige und einflussreiche amerikanische Wissenssoziologie entwickelt.[127] Es handelt sich hier vor allem um Forscher, die weitgehend der pragmatistischen Strömung angehören. Eine Ausnahme bildet alleine GRAHAM SUMNER, der als einer der Vorreiter der amerikanischen Wissenssoziologie bezeichnet werden muss.[128] Prägend war vor allem sein Konzept der *Folkways*, das er als habituelle Grundlage für alle höheren Wissensformen ansah.[129] Folkways sind im Grunde Handlungsformen, deren Funktion Sumner darin erblickt, das Überleben zu sichern. Auf ihnen bauen die Sitten (»mores«) auf, die eine gewisse reflexive Komponente enthalten. Die Sitten dienen dem Überleben, bilden aber auch die Grundlage für das Ethos (die Kultur). (Sumner beschäftigte sich mit religiösen Sitten, mit den sexuellen Sitten der Südslawen und mit den modernen Praktiken der Askese.) Die Kultur wird also genauso wenig wie die Institutionen durch gezielte Verfassungen geschaffen, sondern lebt auf einem Unterfutter von »Folkways«. Wie die Kulturen unterscheiden sich auch diese Folkways voneinander, die Ähnlichkeiten mit Schelers »relativ natürlicher Weltanschauung« aufweisen.

Sumners Arbeiten bilden den Hintergrund für die Entstehung der amerikanischen Soziologie, die von Anfang an immer auch eine Wissenssoziologie war. Ein bedeutender Beitrag dazu stammt von CHARLES H. COOLEY.[130] Im Unterschied zu Sum-

---

126 Parsons dagegen scheint wenig rezeptiv gewesen zu sein. Seine Abhandlung über »The role of ideas in social action« orientiert sich sehr eng an Weber. Er fügt lediglich die Unterscheidung zwischen empirischen und nichtempirischen (u.a. normativen) Ideen hinzu; vgl. Talcott Parsons, Essays in Sociological Theory, Glencoe 1964, S. 19ff

127 Ellsworth R. Fuhrman, The Sociology of Knowledge in America 1883-1915, Charlottesville 1980. Fuhrman zählt neben William G. Sumner auch Lester F. Ward, Albion W. Small und Charles H. Cooley zu dieser Linie. McCarthy, Knowledge as Culture, op. cit, Kap. 4, geht nicht ganz so weit zurück, nimmt aber neben Mead auch Cooley auf. Angesichts von Schelers Kritik am Pragmatismus unterstreicht McCarthy die Parallele zwischen deutscher und amerikanischer Tradition etwas zu stark.

128 Sumner lebte von 1840 bis 1910. Als Sozialdarwinist war er Professor an der Yale Universität, wo er großen politischen Einfluss ausübte und an der Reform des amerikanischen Universitätssystems beteiligt war.

129 Graham Sumner, Folkways. A Study of the Sociological Importance of Usages, Manners, Customs, Mores, and Morals, Boston u.a. 1940 (EA 1906)

130 Charles Horton Cooley wurde 1864 in Ann Arbor, Michigan, geboren. Er wurde zunächst Ingenieur, erhielt aber 1907 eine Professur für Soziologie und wurde 1918 Präsident der Amerikanischen Gesellschaft für Soziologie. Er starb 1929.

ner zählte Cooley, ebenso wie Mead, auf den wir unten zu sprechen kommen, zum amerikanischen Pragmatismus. Weil der Pragmatismus Wissen im Grunde als eine Funktion des Handelns ansah, dürfte er einer der Gründe dafür sein, dass die amerikanische Soziologie von Beginn an wissenssoziologische Fragen verfolgte.

Wie andere Pragmatisten ging Cooley davon aus, dass das Selbst in der Interaktion mit anderen Menschen erzeugt werde. Grundlegend dafür ist die Primärgruppe (Familie, Spielgruppe).[131] Hier wird das Fundament der späteren sozialen und institutionellen Entwicklung gelegt. In der Primärgruppe wurzelt nicht nur das Selbst, sondern auch alles soziale Wissen. Unsere Vorstellungen etwa von Liebe, Freiheit oder Gerechtigkeit sind alle in unseren Erfahrungen in den primären Gruppen begründet. Institutionen, die aus diesen Primärgruppen gebildet werden, stellen eine Art der Organisation des Wissens dar. Es sind organisierte Formen des Wissens, die eine geistige Überfrachtung der Einzelnen verhindern. Die großen Institutionen der Gesellschaft (Regierungen, Kirchen, Recht) stellen dann jeweils eigene Arten der Organisation des Wissens dar.

Für Cooley (wie auch später für Mead) ist Wissen auf das Bewusstsein bezogen. Dabei unterscheidet er das Selbstbewusstsein, also das, was ich über mich selbst denke, vom sozialen Bewusstsein, also dem, was ich über andere Menschen denke. Diese beiden Formen werden schließlich vom öffentlichen Bewusstsein unterschieden. Darunter versteht er eine kollektiv organisierte Einschätzung der beiden vorigen Aspekte durch eine mit sich selbst kommunizierende Gruppe. Alle drei Aspekte sind Stufen eines einzigen Ganzen. »Öffentliches Bewusstsein ergibt sich aus Kommunikation, aus Diskussion und beruht auf den gemeinsamen Vorstellungen von Personen und Organisationen.«[132]

Für die Soziologie besonders folgenreich war seine Auffassung, dass das Ich auf derselben Stufe angesiedelt sei wie der Andere. Die Entwicklung des Ich hänge von einem anderen oder mehreren anderen Iche ab, die also ebenso unmittelbar seien wie Ich. Die Vorgängigkeit des Ich wird von ihm also scharf bestritten: Ich-Identität und Geist sind also nicht zuerst individuell, sondern entstehen in und durch Kommunikation mit anderen. Mit *Kommunikation* wird der Mechanismus bezeichnet, durch den zwischenmenschliche Beziehungen bestehen und sich entwickeln. Sie umfasst also alle Symbole des Geistes und die Mittel, mit denen man Beziehungen im Raum pflegen und in der Zeit bewahren kann. Kommunikation ist auch der Prozess, in dem soziales Wissen vermittelt wird. Während *dingliches Wissen* im Umgang mit der physischen Natur und durch die Sinneswahrnehmungen erworben wird, entstammt *soziales Wissen* (»social knowledge«) dem Kontakt mit den Denkinhalten anderer Personen in der Kommunikation. Diese Besonderheit des sozialen

---

131 Kommunikation zeichnet sich durch Ausdruckhaftigkeit, Dauerhaftigkeit der Aufzeichnungen, »swiftness« und »diffuseness« aus; vgl. Charles H. Cooley, Social Process, Carbondale, Ill. 1966 (EA 1918).

132 Cooley nach George Herbert Mead, Cooleys Beitrag zum soziologischen Denken in Amerika, in: ders., Gesammelte Aufsätze, Frankfurt 1980, S. 329-345, S. 331

Wissens ist in der Kommunikation verankert, denn sie erfordert Verstehen und Nachempfinden. Zudem weist sie auch eine »dramatische Struktur« auf, in der die Wirklichkeit durch die Kommunikation gleichsam erzeugt wird.

Da Kommunikation der zentrale soziale Prozess ist, zeichnet sich auch der Wandel von Gesellschaft und Wissen durch die Veränderung der Kommunikation aus. Die Besonderheiten der modernen Welt werden vor allem anhand von zwei Merkmalen der Kommunikation charakterisiert: Zum einen wird Wissen durch Zeitungen und andere Medien schneller verbreitet als zuvor; zum anderen wird das Wissen unter einer größeren Zahl an Menschen verteilt als zuvor.

Die eigentlich »harten Tatsachen« der Gesellschaft sind für Cooley die Vorstellungen (»imaginations«) der Menschen, die man als eine Art des sozialen Wissens ansehen kann. Sie werden durch sympathische Introspektion, also eine Art Einfühlung, erfasst: Man trete in Kontakt mit anderen Mitgliedern der Gesellschaft, stelle sich vor, was sie sich vorstellen und beschreibe diese Vorstellungen dann im Einzelnen. Dieser Zugang zu den Anderen ist für Cooley deswegen möglich, weil wir immer Vorstellungen hätten und durch den Spiegelungseffekt (»looking glass«) auch immer die Vorstellungen anderer teilten. Dieser Spiegelungseffekt wird in der frühen Kindheit eingespielt, stellt sich in jedem Kontakt zwischen Menschen ein und bildet die Grundlage der Ausbildung des Selbst. Im Wesentlichen besteht er darin, dass sich das, was wir tun, in den Reaktionen der Anderen spiegelt und erst in diesen Spiegelungen für uns erkennbar wird. Über sie wird also gespiegelt, wie wir erscheinen, welche Vorstellung sie von uns haben bzw. wie sie uns beurteilen und wie wir schließlich uns selbst sehen.

Aufgrund der Bedeutung der Vorstellungen ist auch Gesellschaft für Cooley im Grunde immer nur ein geistiges Phänomen: »Die Gesellschaft besteht in meinem Geist als die Verbindung und der gegenseitige Einfluss von bestimmten Ideen, die die Namen ›Ich‹, Thomas, Henry, Susan, Bridget usw. tragen. Sie besteht in unserem Geist als eine ähnliche Gruppe – und so in jedem anderen Geist. Jeder Person ist ein besonderer Aspekt der Gesellschaft unmittelbar bewusst. Und sie ist sich der großen gesellschaftlichen Einheiten, wie etwa Nation oder Epoche, bewusst, weil sie in diesen besonderen Aspekten Ideen und Gefühle aufnimmt, die sie ihren Landsleuten und Zeitgenossen als einem Kollektiv zuordnet.«[133]

Auch wenn sich GEORGE HERBERT MEAD gegen das »mentalistische« Gesellschaftsbild Cooleys wandte, so nahm er doch eine Reihe von dessen Anregungen auf: Die besondere Rolle der Primärgruppe, der Interaktion und Kommunikation als Basis nicht nur der Identität, sondern auch des Wissens.[134] Bildet Cooley damit einen positiven Bezugspunkt, so stellt die (auch heute wieder) sehr beliebte These Gabriel Tardes (1843-1904) einen negativen Bezugspunkt der Arbeiten von Mead dar.

133 Charles H. Cooley, Human Nature and Social Order, New York 1964 (EA 1902), S. 119 [übers. v. HK].

134 George Herbert Mead lebte von 1863 bis 1931. Er studierte unter anderem in Harvard, Berlin und bei Wilhelm Wundt in Leipzig. 1894 wurde er als Philosoph an die Universität von Chicago berufen, die eine entscheidende Rolle für die amerikanische Soziologie spielt.

Tarde hatte behauptet, die Nachahmung sei der grundlegende Mechanismus, über den Sozialität zustande komme. Mead dagegen betont, dass selbst in den einfachen Formen tierischer Interaktion der Nachahmung nur eine untergeordnete Bedeutung zukomme, da Nachahmung ein soziales Bewusstsein und sogar den Erwerb der Fähigkeit zur Rollenübernahme voraussetze. Sie gründe auf den basalen Reiz-Reaktionsmechanismen, die noch bei Kleinkindern am Werk sind.

Den eigentlichen Ausgangspunkt von Meads Untersuchung bildet der zu seiner Zeit aufkommende Behaviorismus.[135] Sein posthum aus studentischen Mitschriften seiner Vorträge zusammengestelltes Werk »Mind, Self and Society« trägt entsprechend den Untertitel »From the Standpoint of a Social Behaviorist.«[136] Doch sollte man diese Bezugnahme nicht missverstehen: Mead geht also vom Behaviorismus aus, doch unterscheidet er sich wesentlich von Watsons oder Skinners klassischem Behaviorismus, die die innere Erfahrung der Individuen leugnen oder zumindest von ihr methodisch absehen. Mead berücksichtigt diese innere Erfahrung und spricht deswegen von »sozialem Behaviorismus«. Mit dem Titel des Behaviorismus möchte er programmatisch vor allen Dingen darauf hinweisen, dass bei der Erforschung psychischer Sachverhalte von beobachtbaren Aktivitäten auszugehen sei. Für die wissenssoziologische Fragestellung stellt diese »behavioristische« Perspektive eine deutliche Erweiterung dar, zumal sie Wissen immer mit körperlichen Vorgängen zusammen denkt und damit die kulturell gängige Opposition von Körper und Wissen überwindet.

Dass Mead Wissen und Denken von einem behavioristischen Ausgangspunkt rekonstruieren will, macht geradezu den Kern seiner Analysen aus. Es geht ihm darum aufzuzeigen, wie auf dieser Grundlage Wissen entstehen kann. Versuchen wir, diese Rekonstruktion in groben Zügen nachzuzeichnen.[137]

Grundlage allen sozialen Handelns sind die ursprünglichen Reiz-Reaktionsmuster menschlichen Verhaltens. Als Verhalten bezeichnet Mead die Summe der Reaktionen von Lebewesen auf ihre Umwelt. In der Umwelt sind dabei insbesondere jene Objekte bedeutsam, die durch unsere Bezugnahme auf sie aus der Umwelt »herausgeschnitten« sind. Eine herausgehobene Rolle darunter spielen die »sozialen Objekte«, also die anderen Lebewesen der Gruppe, zu der ein Organismus gehört.

Menschen ihrerseits sind »soziale Lebewesen, also Lebewesen, die in ihrem Leben durch das Verhalten anderer bedingt sind«. Dabei spielen sehr unterschiedliche Verhaltensformen eine Rolle als Reize, die Mead hier auch als soziale Handlungen bezeichnet: »Die Frühstadien sozialer Handlungen umfassen alle Anfänge von Feindseligkeiten, Werbung und elterlicher Fürsorge, die gesamte Kontrolle der Sinnesorgane, die jedem äußeren Verhalten vorausgeht, das durch Sinnesorgane kon-

---

135 1919 war das Buch »Psychology. From the Standpoint of the Behaviourist« von John B. Watson erschienen.

136 George Herbert Mead, Geist, Identität und Gesellschaft aus der Sicht des Sozialbehaviorismus, Frankfurt 1978 (EA 1934)

137 Ich schließe mich hier der Interpretation von Joas an; vgl. Hans Joas, Praktische Intersubjektivität. Die Entwicklung des Werkes von G. H. Mead, Frankfurt 1980

trolliert wird, die Haltungen des Körpers, durch die eine Handlungsbereitschaft und die Richtung einer Handlung angezeigt werden, und schließlich die Anzeichen von Handlungsvorbereitungen im Blutkreislauf [...].«[138]

Dieses Soziale ist zunächst durch die Abfolge von Reiz und Reaktionen geprägt. Die Abfolgen von Reiz und Reaktionen müssen aber nicht bloße mechanische Fortsetzungen bleiben: Zwar lösen Reize der einen Seite Instinktreaktionen auf der anderen hervor. Doch kann jede Reaktion wieder eine Modifikation der Handlungsanfänge zur Folge haben, die wiederum Einfluss auf die Reaktion nimmt. Der Beginn eines Aktes ist der Stimulus für einen anderen Akt, während der Beginn dieses Aktes wiederum ein Stimulus für den Urheber des ersten sein kann, seine Handlung anzupassen. Dies kann in Form zirkularer Reaktionen geschehen, also Reiz-Reaktionsketten: Auf den Ausdruck des Zornes von A folgt der Ausdruck des Zornes von B, der wieder führt zum Schlag As, der sich gegen B richtet, der wiederum den Schlag Bs zur Folge hat etc.

Handlung und Reaktion werden also fortwährend aufeinander fein abgestimmt. Aus diesem Wechselspiel entsteht etwas Neuartiges, das Mead (im Anschluss an Wundt) die *Gebärde* (»gesture«) nennt. »Gebärden rufen bestimmte und bei allen hoch organisierten Lebewesen teilweise vorab festgelegte Reaktionen hervor, zu denen etwa sexuelle, elterlich fürsorgliche, aggressive und möglicherweise noch andere Reaktionen gehören, wie z.B. der so genannte Herdentrieb.«[139] So wird etwa das Zähnefletschen eines Hundes zum Zeichen für die Gesamthandlung (Angriff) und kann diese sogar ersetzen. Eine Gebärde nimmt die Züge einer sozialen Handlung an, indem sie eine bestimmte Reaktion auf Seiten eines anderen Lebewesens hervorruft. Im Unterschied zu bloßen Schlüsselreizen, wie wir sie aus der Verhaltensforschung kennen[140], sind Gebärden nicht Ausdruck isolierter psychischer Akte, sondern haben eine zentrale Funktion zur Koordination von Handeln und Verhalten.

Die Gebärde ist also keineswegs nur, wie Darwin meinte[141], die Freisetzung überschüssiger Energien aus einem Organismus. Sie ist auch nicht nur das psychophysische Gegenstück einer Emotion, also nur Ausdruck eines Inneren. Vielmehr sieht Mead ihre Rolle in der Koordination des sozialen Verhaltens: »Die erste Funktion einer Gebärde besteht in der wechselseitigen Anpassung an soziale Reaktion und sozialen Reiz.«[142] In dieser Wechselseitigkeit ergibt die Abstimmung der Gebärden aufeinander also schon bei den Tieren ein Gebärdenspiel, einen Dialog der Gebärden (»conversation of gestures«). Dies aber ist erst möglich, wenn wir uns bewusst sind, dass die Gebärden anderer mit unseren eigenen Reaktionen oder Neigungen

138 George Herbert Mead, Soziales Bewusstsein und das Bewusstsein von Bedeutungen, in: ders., Gesammelte Aufsätze. Bd. 1, Frankfurt 1980, S. 210-231, S. 210

139 Mead, George Herbert, Eine behavioristische Erklärung des signifikanten Symbols, in: Gesammelte Aufsätze. Bd. 1, Frankfurt 1980, S. 290-298, S. 295

140 Vgl. dazu Konrad Lorenz, Über tierisches und menschliches Verhalten, München 1985, S. 142f

141 Charles Darwin, Der Ausdruck der Gemütsbewegungen bei dem Menschen und den Tieren. Nördlingen 1986 (EA Stuttgart 1872)

142 Mead, Soziales Bewusstsein, op. cit., S. 212

verbunden sind, und wenn wir ihre Gebärden entsprechend *interpretieren*. Lassen wir Mead selbst sprechen: »Während des gesamten Vorgangs einer Interaktion mit Anderen analysieren wir ihre Handlungsansätze durch unsere instinktiven Reaktionen auf die Veränderungen ihrer Körperhaltung und auf andere Anzeichen sich entwickelnder sozialer Handlungen. Wir haben gesehen, dass der Grund hierfür in der Tatsache liegt, dass soziales Verhalten, nachdem es bereits begonnen worden ist, einer fortwährenden Neuorientierung unterliegen muss, weil die Individuen, auf deren Verhalten unser eigenes Verhalten antwortet, ihrerseits ständig ihr Verhalten in dem Maß verändern, in dem unsere Reaktionen zutage treten. Unsere Orientierung an ihren wechselnden Reaktionen findet daher durch einen Prozess der Analyse unserer eigenen Reaktionen auf ihre Reize statt. [...] Wir sind uns unserer Haltungen bewusst, weil sie für Veränderungen im Verhalten anderer Individuen verantwortlich sind. Reagiert jemand auf die Wetterverhältnisse, so hat das auf das Wetter selbst keinerlei Einfluss. Für den Erfolg seines Verhaltens ist nicht von Bedeutung, dass er sich seiner eigenen Haltungen und Reaktionsgewohnheiten bewusst wird, sondern der Anzeichen von Regen oder schönem Wetter. Erfolgreiches Sozialverhalten dagegen führt auf ein Gebiet, in dem das Bewusstsein eigener Haltungen zur Kontrolle des Verhaltens Anderer verhilft.«[143]

Sobald ein solcher Dialog aus wechselseitig abgestimmtem Verhalten stattfindet, wächst der Gebärde eine ganz neue (aus biologischer Sicht könnte man sagen: revolutionäre) Bedeutung zu: Sie ist ja nicht nur eine Reaktion auf einen Reiz, sondern selbst ein Anzeichen für eine Reaktion. Nicht die Reaktion erfolgt, sondern lediglich das Anzeichen. Statt eines Schlages wird zum Beispiel lediglich die Andeutung eines Schlages ausgeführt, die vom anderen Organismus als ein Anzeichen verstanden wird und entsprechend wiederum eine Reaktion (z.B. Demutshaltung) auslöst. Das Neue besteht darin, dass es auf der Grundlage dieser Anzeichenhaftigkeit nun möglich ist, ein Bewusstsein von Bedeutung (»meaning«) auszubilden. Wenn die Geste einem anderen Individuum die folgende oder ein anderes Verhalten anzeigt, dann hat sie Bedeutung. Liegt erst einmal ein solches Bewusstsein von Bedeutungen vor, das auf dem Dialog der Gebärden basiert, dann bezieht sich das Wechselspiel sozialen Verhaltens nicht mehr auf Reiz und Reaktion, sondern auf Anzeichen von Reaktionen.

Für den Organismus liegt die Bedeutung aber auch in der mit der Anzeichenhaftigkeit verknüpften Verzögerung der Reaktion, die den Raum für Denken, Handeln und Bewusstsein eröffnet. Bewusstsein (»mind«) ist für Mead deswegen keine Substanz, sondern ein Prozess.[144] Der Inhalt der Bedeutung besteht in der Relation zwischen Phasen eines sozialen Aktes. Genauer: Bedeutung entsteht in der Beziehung der wechselseitigen Anpassungen sozialer Reize und Reaktionen auf die Tätigkeiten, die sie letztendlich vermitteln. Dabei versteht Mead – in guter pragma-

143 Mead, Soziales Bewusstsein, op. cit., S. 219

144 Oder in den Worten von Anselm Strauss: Bewusstsein (»mind«) »is really a verb, not a noun«; Anselm Strauss, Negotiations, Varieties, Contexts, Processes, and Social Order, San Francisco 1978, S. xiv

tistischer Manier – unter einem Bewusstsein von Bedeutungen die Einstellung eines Individuums einem Objekt gegenüber, auf das es zu reagieren sich anschickt.

Die Wechselseitigkeit, die Distanz zwischen Handlung und Reaktion und die Anzeichenhaftigkeit ermöglichen nun eine erste Form der Kommunikation. Kommunikation ist damit eine dreistellige Relation, die sich aus der Geste des ersten Organismus, der Geste des zweiten Organismus und schließlich der Geste zu den folgenden Phasen eines gegebenen sozialen Aktes ergibt. Mead zeigt somit, dass Menschen auf die hervorgebrachten Gesten und Äußerungen reagieren, und zwar so, dass sie die möglichen Antwortweisen des Handlungspartners antizipieren.

Weil das Bewusstsein von Bedeutungen auf der ersten Entwicklungsstufe lediglich ein Bewusstsein der eigenen Reaktionshaltungen ist, die die Gebärden anderer beantworten, kontrollieren und interpretieren, benötigen wir hier noch keine Sprache. Sprache basiert erst auf einer weiteren Entwicklung: der Lautgebärde. Sie ist von besonderem Gewicht, weil sie auf das Individuum, das sie ausführt, in der gleichen Weise wirkt wie auf ein anderes Individuum. (Im Unterschied zum Gesichtsausdruck, der für uns ja nicht sichtbar ist, sondern nur durch »intersubjektive Spiegelung« zugänglich wird.) Die Lautgebärde unterscheidet sich deutlich vom Nachahmungsverhalten der Tiere. Denn dabei handelt es sich lediglich um ein Verhalten, das darin besteht, anderen Tieren gegenüber Objekte anzuzeigen, ohne sich dabei dessen bewusst zu sein. Ein Huhn, das nach einem Regenwurm pickt, zeigt damit den Küken auch den Regenwurm an. Voraussetzung für die Verwendung der Lautgebärde und damit für die Ausbildung von Sprache dagegen sind Bedeutungsanzeigen. Dazu genügt es nicht, dass das Individuum die Bedeutung, also die Reaktion, die von einem Objekt hervorgerufen werden kann, nur anzeigt. Lautlich zeigt es die Bedeutung so an, wie es für das andere – im Grunde für jedes andere – Individuum der eigenen Gattung existiert. Dabei muss das Individuum die Haltung eines anderen Individuums einnehmen und erzeugt in sich die Bestrebung zum Handeln, die es in anderen erzeugen will. Das ist die Grundlage für den interaktiven Prozess, den Mead als »Rollenübernahme« [»taking the role of the other«] bezeichnet. Dabei wird eine Verschränkung der eigenen Perspektive mit der Perspektive Anderer in der Weise vorgenommen, dass man die individuelle immer auch als eine soziale Perspektive ansehen muss. »It is that emergent distinction which results when one person, in the course of responding to himself, is able to cognitively grasp the perspective of the other person and from the point of view of the reaction to his behavior implicit in that perspective, modify his own behavior.«[145] Der Kern der Rollenübernahme besteht darin, dass wir die Handlung des anderen Individuums antizipieren, die es als Reaktion auf unsere Aktion vollführen wird – und dass wir unsere Aktion

145 Harvey A. Farberman, Mannheim, Cooley, and Mead: toward a social theory of mentality, in: Remmling, op. cit., S. 261-271, S. 269. Diese Perspektivenverschränkung wird beim Spielen eingeübt. Beim »play« übt das Kind, bestimmte Perspektiven einzunehmen (z.B. Mutter, Vater), während es beim »game« allgemeinere, regelhafte Rollen übernimmt.

schon in Antizipation so gestalten, dass wir eine entsprechende, erwartete Reaktion erhalten. Ein Beispiel dafür ist etwa die Rollenübernahme von Kleinkindern, die nicht mehr einfach triebhaft auf die Bezugsperson reagieren, sondern unterschiedliche »Reaktionstypen« antizipieren (Vater statt Mutter, anderes Kind, Tier).

Die Rollenübernahme macht Gebärden zu dem, was Mead als *Symbol* bezeichnet. Damit meint er keine höheren Bedeutungen der Gebärde, sondern die Fähigkeit, dass das, »was symbolisiert wird, das Ding und das, was es bedeutet, getrennt vorgestellt werden«.[146] Symbole wirken wie Reize, bei denen die Reaktion schon vorab festgelegt ist. Genauer gesagt: Wir haben es mit einem signifikanten oder bedeutungsvollen Symbol zu tun, also einer Gebärde, einem Zeichen, einem Wort, das an die eigene Identität gerichtet ist, wenn es an ein anderes Individuum gerichtet wird und das auch auf eine Idee verweisen oder eine Idee auch im Anderen wecken kann. Während Gebärden nicht dieselben Bedeutungen haben, bezeichnen Symbole dasjenige, was in etwa dieselben Reaktionen bei mir wie bei anderen erzeugt.

Bedeutungen dieser Art weisen zwei Merkmale auf: Sie richten sich an ein Ding, das bezeichnet wird, und an eine Reaktion, die erwartbar ist. Damit weisen sie schon einen denotativen und einen konnotativen Aspekt auf: ihr Name und ihr Begriff. Sobald der Mensch einmal über Sprache verfügt, kann er Bilder und Dinge mit Wortsymbolen bezeichnen.[147] Diese Fähigkeit kommt in der Kommunikation zum Tragen, denn das Merkmal der Kommunikation besteht darin, dass sie auf etwas hinweist, das für das Individuum und die Gruppe eine gemeinsame Bedeutung hat.

Diese kurze Skizze der Ausbildung von Bedeutungen in wechselseitigem Verhalten und – sobald wir es mit Bedeutung zu tun haben, auch Handlungen – bleibt in der Kürze leider nur schemenhaft. Doch sollte man sich die Folgen der damit verbundenen These klar machen: Mead versucht hier nichts weniger als die Rekonstruktion der Entstehung geistiger Bedeutungen – also Wissen und Denken – aus dem Sozialen und durch das Soziale. Um es etwas anders auszudrücken: Der Geist und das Wissen sind Ergebnis menschlicher Interaktion. Der Geist ist im Zwischen der Menschen. Diese umstürzende Vorstellung drückt sich auch in seiner Vorstellung des *Denkens* aus. Denken nämlich ist für Mead kein ursprünglich individueller Prozess. Es findet zwar im Individuum statt, vollzieht sich aber mit Hilfe von sozial signifikanten Symbolen. Deswegen handelt es sich beim Denken eigentlich mehr um eine Art Gespräch mit dem eigenen Selbst, das sich vom Muster des echten Gesprächs ableitet. (Auch ontogenetisch ist Denken erst möglich, wenn das Individuum sozialisiert ist und die sozialen Fähigkeiten zur Kommunikation erworben hat.) Es ist gleichsam ein Dialog mit einem inneren Anderen, dessen Rolle übernommen wird. Je umfassender die Rolle dieses inneren Anderen (von einzelnen »signifikanten Anderen«, wie etwa der bestimmten Mutter, zu »generalisierten An-

146 Mead, Soziales Bewusstsein, op. cit., S. 216

147 Bilder (»images«) sind für Mead dasjenige, in das Impulse transformiert werden, die handelnd realisiert werden. »Images« können auch als Handlungspläne verstanden werden.

deren«, wie etwa Müttern, Philosophen, Menschen), desto umfassender, allgemeiner und abstrakter ist auch das entsprechende Denken.

Bekanntlich ist Meads Theorie der Konstitution von Bedeutungen auch die Grundlage für eine Identitäts- und Sozialisationstheorie, die das Individuelle und das Soziale im Begriff der Kommunikation miteinander verknüpft.[148] Diese Verbindung des Individuellen und des Sozialen gelingt ihm auch mit Blick auf seine Vorstellung von Wissen, Geist und Denken. Mead wendet sich gegen eine passive, individualistische Erkenntnistheorie, die den Geist lediglich wie einen Korb betrachtet, in dem sich Wissen ansammelt[149] und verbindet die aktive Ausbildung des Wissens immanent mit der Kommunikation mit anderen Menschen. So gelingt ihm, wie Mills feststellt, »a theory of mind [...] which conceives social factors as intrinsic to mentality«.[150] In der Tat eröffnet sich mit Meads Theorie ein völlig neuer Zugang zur Wissenssoziologie: Ein Zugang, der Wissen nicht mehr als extern mit den Menschen zu Korrelierendes behandelt, sondern Wissen und soziales Handeln miteinander so verknüpft, dass Geistiges und Soziales nicht als zwei voneinander getrennte Größen auftreten, die man miteinander in Beziehung setzen müsste. Wissen und Soziales erscheinen hier vielmehr ineinander integriert, wie zwei Seiten derselben Medaille. Damit bereitet Mead eine Wende der Wissenssoziologie vor, die später von Berger und Luckmann vollzogen werden wird.

Diese Wende wird auch vom *symbolischen Interaktionismus* weiter vorbereitet. Diesen Titel gab der Schüler Meads, Herbert Blumer, dem von Mead entwickelten Ansatz. Grundlegend für den symbolischen Interaktionismus ist die Annahme, dass Menschen nicht einfach auf die Handlungen anderer reagieren, sondern ihre Handlungen gegenseitig deuten und interpretieren. Ihre Reaktion wird also von Deutungen und Interpretationen geleitet, die die symbolische Dimension der Handlungen darstellen. Wie Blumer deutlich macht, gilt dies beileibe nicht nur für Handlungen von Menschen, sondern auch für alle anderen für sie relevanten Dinge. Denn eine der Prämissen des »symbolischen Interaktionismus« besteht darin, dass Menschen auf der Grundlage der Bedeutungen handeln, die die Dinge für sie haben.[151] Zu diesen Dingen nun zählt Blumer keineswegs nur Menschen, wie etwa Mütter oder Verkäufer, sondern auch andere Gegenstände: also z. B. Bäume oder Stühle. Es ge-

---

148 Zentral dafür ist die Differenzierung in »I«, »me« und »self«. »I« bezeichnet eine aus dem konstitutionellen Antriebsüberschuss des Menschen hervorgehende Spontaneität und Kreativität, »Me« bezeichnet meine Vorstellung von dem Bild, das mein Partner von mir hat (oder, einfacher, die Verinnerlichung der Erwartungen an mich). Wenn die Erwartungen verschiedener Bezugspersonen (bishin zum generalisierten Anderen) integriert werden, dann haben wir es mit einem »Self« zu tun. George Herbert Mead, Geist, Identität und Gesellschaft, Frankfurt 1978 (EA 1934). Mead ist damit zum »Urvater« der Theorie des symbolischen Interaktionismus geworden, auf die wir unten noch eingehen werden.

149 Popper spricht hier von einer passivistischen Theorie der Erkenntnis; vgl. Die offene Gesellschaft und ihre Feinde, Bd. 2. Tübingen 1992

150 C. Wright Mills, Language, logic and culture, in: American Sociological Review 4 (1939), S. 670-680

151 Herbert Blumer, Symbolic Interactionism. Perspective and Method, Englewood Cliffs 1969, S. 2

lingt dem symbolischen Interaktionismus, sich von der Ebene der unmittelbaren Interaktion zwischen Anwesenden fortzubewegen, weil dieses Prinzip auch für Institutionen gilt: Schulen oder Regierungen handeln ebenso auf der Grundlage von Bedeutungen. So betrachtet der symbolische Interaktionismus etwa die Auseinandersetzung um die Prohibition in den Vereinigten Staaten als einen Kampf zwischen den konservativen und religiösen ländlichen Bevölkerungsgruppen und den modernistischen, liberalen städtischen sozialen Gruppierungen, in dem der Alkoholkonsum als »Symbol« für eine Lebensform fungierte.[152] Es wäre jedoch verfehlt, hier »kollektive Akteure« zu vermuten, denn die zweite Prämisse des symbolischen Interaktionismus lautet, dass Bedeutung in unmittelbaren Interaktionen mit anderen entsteht. Bedeutungen liegen also nicht »in« den Dingen, sondern »wachsen« ihnen gleichsam in Interaktionen zu. Was zum Beispiel eine Fotografie, ein Rasiergerät oder ein Polizist immer sein mögen – ihre eigentliche Bedeutung zeigt sich im direkten Umgang mit ihnen. Dieser Umgang, so die dritte Prämisse, ist als ein interpretativer Prozess zu verstehen, der wesentlich von den die Interaktion koordinierenden Symbolen geleitet ist. Nicht das in den Subjekten angelegte Wissen ist also entscheidend, sondern die gemeinsamen Bedeutungen, die wir in der Ausführung unserer Handlungen teilen bzw. als geteilt unterstellen.

Diese Unterstellung von Gemeinsamkeiten erhält im symbolischen Interaktionismus einen Ausdruck, der bis heute weite Teile der Soziologie prägt: Die *Definition der Situation*. Mit diesem Begriff weist William Isaac Thomas darauf hin, dass Handelnde nicht nur die »objektiven« Bedingungen kennen müssen, unter denen sie handeln. Sie sind vor allem von ihrem subjektiven Wissen über die Situation geleitet. Dieses subjektive Wissen über die Situation kann der »objektiven« Situation bzw. ihrer Einschätzung durch andere diametral entgegenstehen. So können wir durchaus der Meinung sein, wir seien außerirdische Übermenschen, auch wenn wir in Wirklichkeit keine sehr beeindruckenden Erscheinungen sind. (Wir erklären uns das damit, dass wir – vorübergehend – im Leib von Menschen gefangen sind.) So eigenartig eine solche Auffassung sein mag – sofern sie für wirklich gehalten wird, kann sie Grundlage für die Handlungen von Menschen werden. (Das Beispiel bezieht sich auf die Mitglieder der Sekte »Heavens Gate«, die sich unter der geschilderten Annahme umbrachten, da sie annahmen, so in ihre »ursprünglichen« Körper zurückkehren zu können.) Und genau dies ist der Gehalt des berühmten »Thomas-Theorems«: »If men define situations as real, they are real in their consequences.«[153] Zu deutsch: Wenn Menschen eine Situation als wirklich ansehen, dann werden sie so handeln, als sei sie real, und insofern kommt es zu realen Konsequenzen einer möglicherweise objektiv nicht gegebenen Tatsache.

---

152 Joseph R. Gusfield, Symbolic Crusade. Status Politics and the American Temperance Movement, Urbana, Ill. 1963

153 William I. Thomas und Dorothy Swain Thomas, The Child in America. Behavior Problems and Programs, New York 1928, S. 571

Dieses »Thomas-Theorem« bildet den gemeinsamen Bezugspunkt der meisten »interpretativen« bzw. verstehenden Ansätze, prägt aber vor allem den symbolischen Interaktionismus. Dieser stellt noch heute eine breite Bewegung dar, die – in Zeitschriften und Handbüchern – fortbesteht und vor allem in den Vereinigten Staaten weiterhin eine große Bedeutung hat. Seine Relevanz für die Wissenssoziologie entfaltet der symbolische Interaktionismus jedoch nicht nur durch die Beiträge von Cooley und vor allem Mead.[154] Für die Wissenssoziologie wird er auch deswegen folgenreich, weil er von Schütz aufgenommen und später von Berger und Luckmann fortgeführt wird.

154 Natürlich müssten hier Dewey und James zumindest genannt werden. Mead jedoch scheint auch für die heutigen symbolischen Interaktionisten so zentral zu sein, dass sie ihren Ansatz durch ihn definieren; vgl. dazu Nancy J. Herman-Kinney und Joseph M. Verschaeve, Methods of Symbolic Interactionism, in: Larry Reynolds und dies. (Hg.), Handbook of Symbolic Interactionism. Lanham, Boulder, New York, Toronto u. Oxford 2003, S. 213-252, S. 214

II
Gegenwärtige Ansätze der Wissenssoziologie

A Die phänomenologisch orientierte Wissenssoziologie

1 Die sinnhafte Konstitution der Sozialwelt

Die phänomenologisch orientierte Wissenssoziologie[1] bildet sich im Anschluss an die phänomenologische Philosophie aus, wie sie vor allem von Edmund Husserl begründet wurde. Im Unterschied zum verbreiteten Begriff der Phänomenologie, der häufig die Einteilung von Phänomenen aufgrund ihrer oberflächlichen Erscheinung bezeichnet, hat Husserl eine strenge Methode im Sinne, mit der die Voraussetzungen für Erfahrungen, die in Erfahrung gemachten Phänomene und das damit verbundene Wissen erforscht werden sollen. Im Vordergrund stehen dabei die willkürlichen und vor allem die unwillkürlichen Bewusstseinsaktivitäten und ihr Beitrag zu dem, was wir als erfahrbar, wirklich und seiend betrachten. Husserls Phänomenologie war wie ein Paukenschlag, der die moderne Philosophie – und mit ihr so weltberühmte Autoren wie Martin Heidegger oder Jean-Paul Sartre – entscheidend prägte und noch immer nachhallt.[2]

Schon Husserl hatte sich sehr intensiv mit dem Problem der »Intersubjektivität« beschäftigt – also der Frage, wie das Bewusstsein mit einem anderen Bewusstsein verbunden ist.[3] In einer geradezu kongenialen Weise wurde dieses Problem durch Alfred Schütz behandelt, der damit die phänomenologische Methode auch in die Soziologie einführte. Durch seine Emigration in die Vereinigten Staaten machte ALFRED SCHÜTZ[4] die angelsächsische Öffentlichkeit mit dieser phänomenologischen Betrachtungsweise bekannt und verband sie gleichzeitig mit wichtigen Elementen der pragmatistischen amerikanischen Wissenssoziologie. Eine Frucht dieser

---

1 Dass die Wissenssoziologie als eine soziologisch-empirische Disziplin die phänomenologische Philosophie nutzt, ohne selbst Philosophie zu sein, hebt Thomas Luckmann deutlich hervor. Er betont deswegen, dass nicht von einer »phänomenologischen Soziologie«, sondern von einer »phänomenologisch orientierten Soziologie« gesprochen werden sollte. Thomas Luckmann, Philosophy, social sciences and everday life, in: ders., Phenomenology and Sociology. Selected Readings, Harmondsworth 1978, S. 217-255

2 Eine sehr gute Einführung in die Phänomenologie bietet Martin Heidegger, Prolegomena zur Geschichte des Zeitbegriffs, Frankfurt 1979, §§ 4-9.

3 Vgl. dazu Hubert Knoblauch, Zwischen Einsamkeit und Wechselrede. Zur Kommunikation und ihrer Konstitution bei Edmund Husserl, in: Husserl Studies 2 (1985), S. 3-32

4 Alfred Schütz kam am 13.1899 in Wien zur Welt. Er studierte dort Jura, Ökonomie und Philosophie, bevor er als Bankkaufmann und Finanzjurist zu arbeiten begann. Geprägt von der österreichischen Schule der Nationalökonomie, der Phänomenologie Husserls und der Soziologie Webers veröffentlichte er 1932 das Buch »Der sinnhafte Aufbau der sozialen Welt«. Er emigrierte über Paris nach New York, wo er ab 1952 Professor für Soziologie und Sozialpsychologie an der School for Social Research wurde. Schütz starb am 20. Mai 1959.

Verbindung ist die »neoklassische« Wissenssoziologie von Peter Berger und Thomas Luckmann und der von ihnen begründete Ansatz des Sozialkonstruktivismus, durch den in der Person von Thomas Luckmann die phänomenologische Vorgehensweise wieder in den deutschsprachigen Raum zurückgeführt wurde.

Der Verbindung mit der pragmatistischen amerikanischen Wissenssoziologie liegt eine Gemeinsamkeit zugrunde, die in ihrer Konsequenz eine Novität in der Wissenssoziologie darstellt: Im Unterschied zur »korrelativen« Wissenssoziologie verfolgt Schütz (und mit ihm Berger und Luckmann) eine integrative Wissenssoziologie. Alfred Schütz nämlich verbindet Sinn und Handeln auf eine sehr grundlegende Weise.[5] Es geht nicht nur um die allgemeine Verknüpfung von Wissen und Gesellschaft als zwei eigenständige Größen, wie sie seit dem »Basis-Überbau-Modell« immer wieder skizziert und von Merton mustergültig durchdekliniert wurde. Mead, Schütz und der phänomenologisch orientierten Wissenssoziologie geht es um die grundlegende Verknüpfung von Wissen und Handeln. Sinn und Handeln bilden für Schütz eine untrennbare Einheit, die der Wirklichkeit zugrunde liegt und Ausgangspunkt für den »sinnhaften Aufbau der sozialen Welt« ist – so der Titel seines ersten Buches. Wissen und Handeln sind hier inniglich verknüpft, erweisen sich beide doch als besondere Sinnphänomene: Sinn ist, was Handeln leitet, orientiert und ein Verhalten erst als Handeln auszeichnet. Wissen ist also nichts der Handlung Äußerliches, sondern konstitutiv für Handeln.

Die Verbindung zur Soziologie bildet die Webersche Definition des sozialen Handelns. Allerdings folgt Schütz nicht Webers Einteilung der Typen des Handelns, sondern versucht vielmehr zu klären, was unter diesem typologisch geordneten Sinn verstanden werden kann – eine Klärung, die Weber seines Erachtens versäumt hat. »Weber macht zwischen Handeln als Ablauf und vollzogener Handlung, zwischen dem Sinn des Erzeugens und dem Sinn des Erzeugnisses, zwischen dem Sinn eigenen und fremden Handelns bzw. eigener und fremder Erlebnisse, zwischen Selbstverstehen und Fremdverstehen keinen Unterschied.« Vor allem aber bleibt offen: »Was bedeutet die Aussage, der Handelnde verbinde mit seinem Handeln einen Sinn?«[6] Die Klärung

5 Ein sehr anschauliches Beispiel für eine empirische Arbeit, die die Wissenssoziologie und Interaktionsprozesse in einer Weise verknüpft, die an Schütz angelehnt ist, bietet die frühe und folgenreiche Arbeit »Awareness of Dying« von Glaser und Strauss. Sie unterscheiden darin verschiedene Bewusstheitskontexte (»awareness contexts«), die sie bei den Sterbenden in Krankenhäusern beobachteten: Als »geschlossene Bewusstheit« (»closed awareness«) bezeichnen sie den Zustand, in dem Patienten nichts von ihrem nahen Tod wissen. Sie verfügen selbst über wenig medizinisches Wissen und werden auch vom Krankenhauspersonal und von den Angehörigen in Unkenntnis gehalten. Am anderen Extrem der viergliedrigen Typologie findet sich die »offene Bewusstheit« (»open awareness«), in der die Betroffenen in vollster Kenntnis ihres Zustandes sind. Auch diese Sinnkonstellation ist mit Handlungen verknüpft: Angehörige wie Personal müssen mit den Betroffenen Gespräche zur Bewältigung der Situation führen. Zugleich gibt es auch einen »Verhaltenskodex« für Sterbende: Sie sollen das Sterben nicht beschleunigen, sich nicht gehen lassen und kooperieren. Barney Glaser und Anselm Strauss, Awareness of Dying, Chicago 1965

6 Alfred Schütz, Der sinnhafte Aufbau der sozialen Welt. Eine Einleitung in die verstehende Soziologie, Konstanz 2004, S. 87 und S. 98 (EA 1932)

dessen, was man unter »Sinn« verstehen kann, ist die Voraussetzung, um zu wissen, was soziales Handeln bezeichnet. Sie stellt deswegen das erste Ziel von Schütz dar.[7]

Diese Theorie kann hier nicht wiedergegeben werden, besteht sie doch aus detaillierten Analysen der Konstitution bzw. »Aus-Bildung« der verschiedenen in Erfahrungen implizierten Aspekte. Von entscheidender Bedeutung dafür ist, dass Schütz eine Analyse der Eigentätigkeiten des Bewusstseins im Erfahren der Welt unternimmt. Bewusstsein zeichnet sich grundsätzlich durch Intentionalität aus: Es bezieht sich ›auf etwas‹. Wer eine Erfahrung macht oder eine Handlung vollzieht, stellt eine Beziehung zu etwas her, das selbst nicht die Erfahrung oder die Handlung ist. Dieses »Beziehen auf etwas« kann auch als Grundstruktur des Sinns angesehen werden. Welt oder Wirklichkeit ist immer »Welt für uns« und »Wirklichkeit für uns«, die also durch die Bezugnahme unseres Bewusstseins zustande kommen. Da die Welt selbst genauso wenig in unserer Erfahrung ist wie die Wirklichkeit oder die sich präsentierenden Gegenstände, steht die Analyse derjenigen Prozesse im Vordergrund, in denen sich »Welt«, »Wirklichkeit« und »Gegenstände« in unserem Bewusstsein so konstituieren, als wären sie tatsächlich präsent.

Bei der Betrachtung von Gegenständen etwa ist ganz offenkundig, dass wir fortlaufend *Typisierungen* vollziehen, in denen das Bewusstsein die Ähnlichkeiten und Unterschiede der Gegenstände vergleicht. Hunde etwa werden erst durch Typisierung als Hunde wahrgenommen, indem das Bewusstsein bestimmte Aspekte des Erfahrenen mit dem in Verbindung setzt, was in der erinnerten Erfahrung gegeben ist. In diesen Typisierungen sind andere Prozesse inbegriffen, wie etwa Abstraktion (Absehen von »unbedeutenden« Aspekten), Idealisierung (Hervorheben »wesentlicher« Eigenschaften) oder Gestalterkennung. Diese Prozesse gehen weitgehend ohne unser aktives Zutun vonstatten. In diesem Sinne kann man von »implizitem« Wissen sprechen. Schütz verwendet diesen Begriff jedoch aus gutem Grunde nicht, suggeriert dieser doch einen Gegensatz zum »expliziten« Wissen, der, wie wir sehen werden, irreführend ist. Typisierungen von Erfahrungen sind aber sicher so etwas wie Elementarformen des Wissens, die schon auf der vorsprachlichen bzw. vorprädikativen Ebene erfolgen können. »Jeder Typ des lebensweltlichen Wissensvorrates ist ein in lebensweltlichen Erfahrungen gestifteter ›Sinnzusammenhang‹ […] der Typ ist eine in vorangegangenen Erfahrungen sedimentierte, einheitliche Bestimmungsrelation.«[8] Typisierungen sind nicht bewusste Klassifikationen. Ihr wesentli-

---

7 Schütz schließt hier zunächst an Bergson und erst später an Husserls Programm der Letztbegründung an, die alle Gewissheit in der Selbstanalyse des Bewusstseins als des Trägers der Gewissheit sucht. Im Laufe der Zeit löst er sich jedoch auch von Husserls Letztbegründungsprogramm und betrachtet das Bewusstsein mehr und mehr als ein anthropologisches Merkmal, das jedoch – als »Sinngenerator« – Handeln ermöglicht und dadurch die Geschichte erschafft; vgl. dazu Srubar, Ilja, Kosmion. Die Genese der pragmatischen Lebensweltheorie von Alfred Schütz und ihr anthropologischer Hintergrund, Frankfurt 1988. Im Folgenden beziehe ich mich nicht nur auf Schütz' Arbeiten, sondern auch auf ein von Luckmann nach Schütz' Tod ausgearbeitetes Manuskript; vgl. Alfred Schütz und Thomas Luckmann, Die Strukturen der Lebenswelt. Bd. 1, Frankfurt 1979, Bd. 2, Frankfurt 1984

8 Ebd., Bd. 1, S. 278

cher Kern besteht darin, dass sie Aspekte aktueller Erfahrungen mit Aspekten vergangener Erfahrungen so in Beziehung setzen, dass Ähnlichkeiten hervorgehoben werden – ein Vorgang, den das Bewusstsein großteils automatisch vollzieht.

Typisierungen erfolgen allerdings keineswegs beliebig. Sie werden vielmehr von Relevanzen gesteuert, die sich in den bisherigen Aktivitäten des Bewusstseins ausgebildet haben und die gleichsam die Fokussierung des vielfältig Wahrgenommenen auf das Typisierte leisten.[9] Schütz unterscheidet dabei thematische Relevanzen, die sich auf der Grundlage von Erfahrungen aufbauen, motivierte thematische Relevanzen, die in vorhergegangenen Erfahrungen begründet sind, Interpretationsrelevanzen, die sich aus Problemen der Typisierung einzelner Handlungen ergeben, und Motivationsrelevanzen, die sich aus vorherigen Handlungen ergeben. Typisierungen und Relevanzen bilden die Vorstufen des Wissens.

Schütz' Analyse unserer Erfahrungen macht deutlich, dass Zeitlichkeit eine der zentralen Formen der Erfahrungen des Bewusstseins ist. So unterscheiden sich Erfahrungen von Erlebnissen dadurch, dass sie eine gewisse Form in der Zeit aufweisen: Sie haben Grenzen, man kann sie von anderen Erfahrungen durch Anfang und Ende unterscheiden. Erlebnisse dagegen lassen sich durch einen stetigen Fluss des Bewusstseins charakterisieren, bei dem kein Erfahrungskern erkennbar ist – wie wir es etwa vom Dösen kennen. Zeit ist also die Form des Bewusstseins, und entsprechend konstituiert sich alles, was wir erfahren, in der Zeit. Dies gilt nicht nur für Erfahrungen im Allgemeinen, die in der Zeit gemacht werden.

Die Rolle der Zeitlichkeit wird besonders deutlich am *Handeln*. Denn auch Handeln ist ein Prozess in der Zeit des Bewusstseins, es ist also eine besondere Form des Erfahrens. Handeln zeichnet sich nämlich durch eine besondere Zeitstruktur aus: Es ist durch einen Entwurf in die Zukunft charakterisiert. Noch genauer: Handeln beinhaltet den Entwurf eines in der Zukunft als vollzogen vorgestellten Zustandes – Schütz verwendet dafür den grammatischen Begriff »modo futuri exacti«. Damit ist die Vorstellung gemeint, die durch den Vollzug im Handeln schrittweise herbeigeführt werden soll, indem die Bewusstseinstätigkeit des Entwerfens von Handlungen durch einen Entschluss (Schütz spricht vom »voluntativem fiat«) in eine Tat umgesetzt wird. Dieser Zukunftsbezug kennzeichnet die Sinnstruktur des Handelns im Unterschied zu anderen Typen von Erfahrungen. Und genau weil der Sinn durch die Zeit definiert wird, unterscheidet sich auch die Handlung (actum) vom Handeln (actio). Denn während das Handeln einen aus der Gegenwart in die Zukunft reichenden Entwurf bezeichnet, meint die Handlung das abgeschlossene Projekt des Handelns. Aus diesem Grund gibt es auch immer einen doppelten Sinn des Handelns: Handeln bedeutet grundsätzlich etwas anderes, wenn es entworfen wird als wenn es abgeschlossen ist. Wenn wir uns zum Beispiel auf ein Essen vorbereiten, haben wir es nicht mit demselben zu tun, das sich uns darstellt, wenn das Essen (oder eine andere Aktivität) hinter uns liegt.

---

9 Schütz/Luckmann, Strukturen 1, op. cit., S. 224ff

Das für die Soziologie zentrale soziale Handeln zeichnet sich dadurch aus, dass das Handeln auf ein Alter ego bezogen wird, das als Sinnorientierung das Handeln von Ego leitet und Prozesse des Verstehens von Alter ego erfordert, die Schütz sehr detailliert analysiert. Es ist für die phänomenologische Wissenssoziologie jedoch zentral, dass diese sozialen Verstehensprozesse[10] die erwähnten (und andere) Leistungen des Bewusstseins voraussetzen. Man kann sich die verschiedenen, im sozialen Handeln enthaltenen »Konstitutionsstufen« wie folgt deutlich machen (die oberen sind in den darunter liegenden enthalten):[11]

Stufen	**konstitutive Prozesse**
soziales Handeln	Entwurf auf ein Alter ego in gemeinsamer Umwelt
Handeln	Entwurf auf ein Alter ego bezogen
sinnvolle Erfahrungen	Entwurf
Erfahrungen	Beziehungserfassung
Erlebnis	Ich-Zuwendungen
Bewusstseinsstrom	Passive Thematisierungen

Abb. 11: ***Konstitutionsstufen***

Wenn wir an alltägliche Handlungen denken, dann erscheint es uns übertrieben, dass jede einzelne Handlung einen »Entwurfscharakter« hat. Denn häufig überlegen wir uns das Handeln nicht sehr deutlich. Doch sollten wir uns durch die eingeschliffenen Routinen des Handelns nicht täuschen lassen: Auch die routinisiertesten Abläufe gehen auf bewusste Handlungsentwürfe zurück.[12] Betrachten wir diese Ableitung an einem einfachen Beispiel: die technische Praxis des Autofahrens. Manche von uns erinnern sich noch lebhaft, wie sie sich beim einsamen Üben diese leibliche Praxis unter Mühen angeeignet haben. Nach und nach haben wir gelernt, die einzelnen Handlungsschritte sozusagen körperlich feinmechanisch in der richtigen Reihenfolge zu vollziehen – zuerst zu kuppeln, dann den Gang einzulegen, langsam Gas zu geben, langsam wieder zu entkuppeln usw. Nach jahrelanger Übung jedoch

10 Schütz führt sie in seinem »Sinnhaften Aufbau«, op. cit., aus. Allerdings beziehen sie sich mehr auf die Handlungstheorie als auf die Wissenssoziologie – auch wenn man einräumen muss, dass diese inniglich miteinander verwoben sind. Auf Aspekte dieser Theorie werde ich im Zusammenhang mit Berger und Luckmann eingehen.

11 Thomas Luckmann, Aspekte einer Theorie der Sozialkommunikation, in: ders. Lebenswelt und Gesellschaft, Paderborn 1980, S. 93-121, S. 106. Das Schema setzt mit der zeitlichen Struktur des Bewusstseins (»Bewusstseinsstrom«) und den elementarsten Bewusstseinstätigkeiten ein, die noch nicht als eigenständige Einheiten identifizierbar sind, den »Erlebnissen«.

12 Ausführlicher erläutert in: Hubert Knoblauch, Habitus und Habitualisierung. Zur Komplementarität Bourdieus mit dem Sozialkonstruktivismus, in: Boike Rehbein, Gernot Saalmann, Hermann Schwengel (Hg.), Pierre Bourdieus Theorie des Sozialen, Konstanz 2003, S. 187-201

vollziehen wir dieses Handlungsmuster ›wie im Schlaf‹. Wir haben den gesamten Ablauf leiblich automatisiert. Nahezu automatisch folgt ein Schritt auf den anderen, und während wir fahren, sind wir in der Lage, gleichzeitig den Verkehr zu beobachten, zu reden, zu rauchen, Musik zu hören usw. Je häufiger wir die Handlung vollziehen, umso mehr explizit entworfene Handlungsschritte werden sedimentiert. Als Ergebnis des Sedimentierungsprozesses (der ja seinerseits wieder Typisierungen voraussetzt) greift unser Bewusstsein auf die zahlreichen ›polythetischen‹ (einzeln und explizit entworfenen) Handlungsschritte des Autofahrens sozusagen ›monothetisch‹ (›en bloc‹ und automatisch) zu.

Dieser Übergang von der polythetischen Handlung zu ihrem monothetischen Vollzug impliziert zusätzlich die Fähigkeit zur Sedimentierung, zur Ablagerung typisierter Erfahrungen und Handlungen in den Hintergrund des Bewusstseins. Die dabei ablaufenden Bewusstseinsprozesse, die phänomenologisch beschrieben werden, können hier nicht rekonstruiert werden. Zwei Aspekte dieser Sedimentierung sollen lediglich hervorgehoben werden. Zum einen regelt das Relevanzsystem, welche Erlebnisse gewissermaßen synthetisiert werden, so dass aus bestimmten »polythetischen« Erlebniskomplexen eine zusammengehörige, sinnhafte Erfahrung wird, auf die das Bewusstsein, etwa in der Erinnerung, monothetisch zurückgreifen kann. Dieses Relevanzsystem ist, wie Schütz wiederholt bemerkt, in einem starken Maße ›sozial abgeleitet‹. Deswegen ist die Ausbildung auch eines individuellen Habitus' in gewissem Sinne immer ein Teil eines gesellschaftlichen Wissensvorrats. Zum anderen stellen die sedimentierten Elemente in einem großen Maße verleiblichtes Wissen dar: So gehören ja zum nicht-explizierten alltäglichen Hintergrundswissen schon für Schütz nicht nur die räumlichen und zeitlichen Grundstrukturen der Lebenswelt, sondern auch körperlich erlernte Fertigkeiten und praktisches Rezeptwissen, das den leiblichen Umgang mit einschließt.

Die Prozesse der Typisierung, der Sedimentierung und Routinisierung haben zur Folge, dass verschiedenes Wissen einen durchaus unterschiedlichen Bewusstheitsgrad aufweisen kann. (Dabei sollte geringe Bewusstheit nicht als »Unbewusstheit« bezeichnet werden, um nicht zu suggerieren, dass es ausgegliederte Abteilungen des Bewusstseins gebe.) Zu den allgemeinen, unhinterfragten und grundlegenden Elementen des »subjektiven Wissensvorrates« zählt die prinzipielle Situationsgebundenheit der Erfahrung und ihre prinzipielle Subjektivität. Dazu gehört auch die prinzipielle Leiblichkeit des Erfahrens. Denn Wissen ist keineswegs nur »kognitiv«, sondern immer an den Leib gebunden. Der Leib bildet den Nullpunkt des Erfahrens, er bildet das Medium der sinnlichen Erfahrung und des Handelns. Diese Grundelemente sind eingebettet in eine lebensweltliche Grundstruktur des Erfahrens, die eine ontologische, eine zeitliche und eine soziale Ordnung enthält: Differenzen zwischen Traum und Alltag, Mitmenschen, Nebenmenschen oder Weltzeit und subjektiver Zeit sind hier als Beispiele zu nennen. Auf den Grundelementen aufbauend weist der subjektive Wissensvorrat eine weitere Schicht auf: das *Routine- oder Gewohnheitswissen.* Hierzu zählen einmal die (in Regeln inkorporierten) *Fer-*

tigkeiten, also »auf die Grundelemente des gewohnheitsmäßigen Funktionierens des Körpers aufgestufte gewohnheitsmäßige Funktionseinheiten der Körperbewegung«, wie etwa die Fähigkeit zum Gehen, zum Schwimmen oder auch zum medizinischen Operieren.[13] Einen auch noch leiblichen Zug hat das *Gebrauchswissen*, d.h. eingeschliffene Handlungsvollzüge, die einen weiten Bereich dessen ausmachen, was einst ausdrücklich erlernt wurde, nun aber so »automatisch« durchgeführt wird, dass es gar nicht mehr als Handlung wahrgenommen wird. (Ein Beispiel dafür ist sicherlich die – je nach Schriftsystem – über Jahre erworbene Fähigkeit zum Lesen, die, einmal erworben, sofort gegenüber dem Gelesenen in den sedimentierten Hintergrund tritt.) Zum *Rezeptwissen* zählen Schütz und Luckmann automatisierte Wissenselemente (wie etwa Übersetzungsphrasen von Dolmetschern), die nicht selbst konstituiert, sondern von anderen übernommen wurden.

Bei all diesen Wissensformen handelt es sich jedoch nicht um positives, objektiv aufzeigbares oder »explizites« Wissen, sondern um den gleichsam automatisch abgelagerten, subjektiven (und, wie wir noch sehen werden, sozial vermittelten) Sinn vergangener Erfahrungen und Handlungen. Die einzelnen Wissenselemente können sich deswegen hinsichtlich ihrer Bestimmtheit, ihrer Glaubwürdigkeit, ihrer Vertrautheit und Verträglichkeit stark unterscheiden: Wissen muss keineswegs sehr bestimmt sein (»irgendwie ist mir diese Musik bekannt«), es muss nicht sehr vertraut (also aus der unmittelbaren Erfahrung bekannt) sein, es kann auch sehr unglaubwürdig sein, und vor allem müssen die verschiedenen Wissenselemente und -bestände keineswegs miteinander verträglich sein: Meine Meinung zum Papst und mein Umgang mit einem persönlichen Todesfall können durchaus zwei verschiedene Einstellungen zur kirchlichen Religion widerspiegeln. (Es gibt also keinerlei Notwendigkeit, von der strengen logischen Konsistenz oder der Kohärenz des subjektiven Wissensvorrats auszugehen.)

Die verschiedenen Ausprägungen hängen auch damit zusammen, wie und auf welche Weise Wissen erworben wird. Manche Wissenselemente werden sehr ausdrücklich erworben, z.B. im Prozess eines sehr bewusst entworfenen Handlungsvollzugs. Andere erwerben wir nebenbei, ohne ihnen unsere Aufmerksamkeit zuzuwenden. Prozesse des Wissenserwerbs können langfristig vollzogen, unterbrochen, abgebrochen werden. »An sich ist Wissenserwerb mit der Sedimentierung aller aktuellen Erfahrungen in ›zusammenhängenden‹, d.h. nach Relevanz und Typik zusammengefügten Sinnstrukturen identisch.«[14] Daneben haben alle Prozesse des Wissenserwerbs eine biografische Dimension: Manche werden früh erworben (wie zum Beispiel Gehen und – bei den meisten – Schreiben.) Andere, wie zum Beispiel die Algebra oder das Autofahren, werden später erworben. Die *biografische Artikulation* des Wissens drückt sich darin aus, dass die Abfolgen des Wissenserwerbs im-

13 Schütz/Luckmann, Strukturen 1, op. cit., S. 140. Heute würde man wohl von inkorporiertem Wissen reden, doch sollte man den zusätzlich erwähnten Aspekt »Körperwissen« nennen.

14 Schütz/Luckmann, Strukturen 1, op. cit., S. 159

mer in einer besonderen biografischen Situation stattfinden, so dass sie selbst bei gleich aufgezogenen eineiigen Zwillingen nicht identisch sind. Diese »biografische Artikulation« erklärt, warum es immer Differenzen zwischen subjektiven Wissensvorräten geben muss. (Wegen dieser Differenz können persönliche Identitäten nie ganz identisch sein – und das ist auch ein Quell sozialen Wandels.)

Wie schon die Ausführungen zur Typisierung andeuteten, muss Wissen keineswegs sprachlich ausgedrückt oder in anderen Formen objektiviert werden. Ganz im Gegenteil ist das Wissen, das wir ursprünglich selbst erwerben, also das, was man *Erfahrungswissen* nennen kann, in hohem Maße vorsprachlich. (Wie wir sehen werden, wird es allerdings massiv geprägt von sprachlichen Typisierungen, die wir von anderen übernehmen. Man kann sich den Charakter des vorsprachlichen Wissens verdeutlichen, wenn man überlegt, wie viele Farben wir unterscheiden können, ohne ihre Namen zu kennen.) Und vieles von dem Wissen, das sprachlich erworben wird, sedimentiert sich als Gebrauchs- und Rezeptwissen im subjektiven Wissensvorrat. (Das erwähnte Erlernen des Autofahrens ist hier sicherlich ein passendes Beispiel.) In das Erfahrungswissen geht deshalb auch immer vermitteltes, sozial abgeleitetes Wissen ein, das dennoch nicht explizit sein muss, sondern implizit bleiben kann. Daneben aber kann Erfahrungswissen auch durchaus *explizites Wissen* sein.[15] Explizit bedeutet hier, dass es sprachlich (oder in einem anderen Zeichensystem, etwa der formalen Zeichensprache der Mathematik, der Logik oder in den neueren Visualisierungstechnologien etwa als Videolehrfilm) ausgedrückt werden kann. Auch für das explizite Wissen gilt aber, was für Wissen allgemein zutrifft: Es kann in unterschiedlicher Weise bestimmt, glaubwürdig, vertraut und verträglich sein. Wie schon angedeutet, ist die Unterscheidung zwischen implizitem und explizitem Wissen trügerisch: Denn die oben skizzierten Konstitutionsstufen machen deutlich, dass jedes explizite Wissen große Anteile an Elementen impliziten Wissens enthält, die von den Grundelementen und Erfahrungsformen bis zu Typisierungen und vorausgesetzten Sedimentierungen reichen.[16]

Anstelle der Unterscheidung von implizit und explizit ist für die phänomenologische Wissenssoziologie eine andere Unterscheidung leitend, die schon mit dem Einbezug der Sprache in Spiel kommt: Das Bewusstsein ist die Voraussetzung für das soziale Handeln und für Wissen. Wissen kann nirgendwo anders entstehen – und es kann nirgendwo anders auftreten. Das bedeutet jedoch keineswegs, dass jedes Bewusstsein alles Wissen selbst in den eigenen Erfahrungen konstituieren muss. Ganz im Gegenteil vertreten Schütz, Berger und Luckmann die Meinung, dass das meiste Wissen in unserem Bewusstsein gar kein selbst erworbenes Erfahrungswissen

15 Vgl. Schütz, Sinnhafter Aufbau, op. cit., S. 198 u. 221

16 Dieses Problem der Überschneidung von implizitem und explizitem Wissen wird offensichtlich, wenn man die »Lebenswelt« erforscht und ist ein zentrales Thema der »lebensweltlichen Ethnographie«, die sich mit der Analyse des Wissens aus der Perspektive der Handelnden und ihres Wissens beschäftigt; vgl. dazu Anne Honer, Lebensweltliche Ethnographie. Ein explorativ-interpretativer Forschungsansatz am Beispiel von Heimwerker-Wissen, Wiesbaden 1993.

ist, sondern von anderen vermittelt wurde. Um dies zu verstehen, müssen wir uns kurz der Lebenswelt zuwenden, also der Summe der aus den Aktivitäten unseres Bewusstseins gebildeten Erfahrungsräume. Denn die Lebenswelt als die Welt unseres subjektiven Erfahrens umfasst ja nicht nur unsere eigenen Erfahrungen, sondern auch die vermittelten Erfahrungen anderer.

Genau betrachtet umfasst schon die subjektive Lebenswelt des einzelnen Bewusstseins sehr verschiedene Erfahrungen. In der fortlaufenden Zeit des Erlebens lesen wir diese Worte, schweifen in Gedanken plötzlich ab und erinnern uns an das verstörende Gespräch mit einem Bekannten, werden müde, konzentrieren uns wieder und finden dann doch zum Text zurück, der vor unseren Augen liegt. Allein in einer möglicherweise nur sekundenlangen Phase können wir solche unterschiedlichen Erfahrungswelten durchleben. Schütz nennt sie die »*mannigfaltigen Wirklichkeiten*«. Nicht jede andere Erfahrung ist schon eine eigene Wirklichkeit. Die mannigfaltigen Wirklichkeiten zeichnen sich durch verschiedene, bestimmbare Erlebnisstile aus. Vermöge dieser Stile werden sie als »Sinnprovinzen« vom Bewusstsein konstituiert.[17] Auch in diesen Sinnprovinzen machen wir Erfahrungen, die sinnhaft sind, auch hier erwerben wir »Wissen«: etwa über die dämonische Welt unserer Träume, die Arten des Ablenkens von Schmerzen oder der Konzentration. Allerdings scheinen diese Sinnprovinzen keineswegs gleichbedeutend. Denn in unserem Bewusstsein ragt eine Wirklichkeit heraus, die man als Alltag – genauer: als Lebenswelt des Alltags bezeichnet. In ihr befinden wir uns, wenn wir uns handelnd und vor allem wirkend zur Welt verhalten. Handlungen und ihre Folgen, die wir hier vollziehen, bleiben vollzogen, auch wenn wir sie verlassen und aus einer anderen Wirklichkeit zurückkehren. Die Arbeit ist noch immer nicht erledigt, wenn wir aus dem Schlaf erwachen; der Autounfall ist tatsächlich geschehen, das Kind ist wirklich auf der Welt (und schreit noch immer). Schütz charakterisiert den kognitiven Stil der Alltagswelt durch die Zeitform der lebendigen Gegenwart, die zwischen subjektiver Zeit und Weltzeit liegt. Ihre Form der Spontaneität – ein weiteres Merkmal ihres eigenen Erlebnisstils – ist das Handeln und vor allem das Wirken in die Umwelt. Sie ist zudem gekennzeichnet durch die natürliche Einstellung, also die Ausschaltung des Zweifels an der Existenz der äußeren Dingwelt.

---

17 Der kognitive Stil lässt sich 1) durch eine bestimmte Bewusstseinsspannung, 2) eine bestimmte Epoché, 3) eine vorherrschende Form der Spontaneität, 4) die Form der Selbsterfahrung, 5) die Form der Sozialität und 6) durch eine besondere Zeitperspektive charakterisieren. Wenn die jeweils in einer Sinnprovinz gemachten Erfahrungen miteinander verträglich und konsistent sind, spricht Schütz von *geschlossenen Sinnprovinzen*. Während Erfahrungen innerhalb einer Sinnprovinz als sinnhaft und zusammengehörig erscheinen, sind sie in anderen Sinnprovinzen fremd, störend oder verwirrend. Deswegen wird der Übergang zwischen Sinnprovinzen auch als Schock erfahren, der uns inmitten des Alltags ereilen kann: das plötzliche Erwachen aus einem Traum, die Verstörung beim Heraustreten aus einem Tagtraum, das grelle Licht des Alltags nach dem Kinofilm usw.; vgl. Alfred Schütz, Über die mannigfaltigen Wirklichkeiten, in ders., Theorie der Lebenswelt 1. Die pragmatische Schichtung der Lebenswelt, Konstanz 2003, S. 181ff

Die Lebenswelt des Alltags (oder kurz: der Alltag) ist zum einen dadurch ausgezeichnet, dass hier gehandelt wird. (Handeln können wir auch zuweilen in unseren kleinen Phantasiewelten der Imagination.) Sie ist überdies derjenige Bereich der Lebenswelt, in dem wir Dinge verändern können (die dann, im Unterschied zur Phantasiewelt, verändert bleiben). Die Lebenswelt des Alltags weist jedoch noch ein weiteres zentrales Merkmal auf: Sie ist die Welt, in der andere Handelnde auftreten – die ihrerseits unsere Umwelt verändern können. Im Grunde konstituieren sich alle sozialen Beziehungen, kulturellen Gegenstände und Zeichen – also Familien, Werkzeuge, Symbole – im Handeln bzw. in der handelnden Zuwendung zur Welt. Die Lebenswelt des Alltags ist deswegen die Welt, in der wir mit anderen verkehren, also sozial handeln und kommunizieren. Falls wir dösend in eine andere »Bewusstseinsspannung« verfallen – wir werden sofort wieder in den »wachen« Alltag gerufen, sobald uns jemand anspricht und wir antworten müssen. (Falls wir das nicht können, sind wir wohl eher der Bewusstlosigkeit nahe.)

Der Umstand, dass unsere Lebenswelt nicht nur pragmatisch ist, sondern kommunikativ und sozial, hat tief greifende Auswirkungen auf unser Wissen: Denn wenn Wissen auch immer von einem Bewusstsein konstituiert werden muss, so muss es sich nicht um das eigene Bewusstsein handeln. Wissen kann indirekt von anderen erworben werden. In der Tat ist das meiste Wissen, über das wir empirisch verfügen, »sozial abgeleitet«: Vieles, von dem, was wir wissen, haben wir nicht selbst erfahren. Wir haben es von unseren Eltern, unseren Lehrern, aus Büchern, von Disketten und Computerbildschirmen. Um mit Schütz zu reden: »Der Großteil seines Wissens ist *sozial abgeleitet*, ihm von Eltern und Lehrern als sein Erbe übertragen. Dieses Erbe besteht aus einer Reihe von Systemen relevanter Typifikationen, typischer Lösungen für typische praktische und theoretische Probleme, typischer Vorschriften für typisches Verhalten, einschließlich des jeweils angemessenen Systems appräsentativer Verweisungen.«[18] Das »sozial abgeleitete Wissen« ist es, das die phänomenologische Analyse des subjektiven Wissensvorrats zur sozialen Seite hin öffnet und drei weitere Schwerpunkte etabliert: Zum einen stellt sich die Frage, wie diese soziale Ableitung geschieht: Es geht also um die Vermittlung des Wissens (dies wird uns zum Thema der Kommunikation führen). Zum Zweiten stellt sich die Frage, woher das Wissen abgeleitet wird. (Das wird unter dem Titel des gesellschaftlichen Wissensvorrats behandelt.) Und schließlich muss gefragt werden, welche Auswirkungen die soziale Ableitung des Wissens für den subjektiven Wissensvorrat hat.

Das wichtigste Medium der Vermittlung des Wissens wurde von Schütz sehr detailliert behandelt: die *Sprache*. Als historisches Zeichensystem bildet sie das zugänglichste Vorratslager an Typisierungen, durch das gegenseitiges Verstehen für alle praktischen Zwecke gewährleistet wird, denn es enthält das innerhalb einer Gemeinschaft sozial anerkannte Wissen. Die Bedeutung der Sprache als Vorratslager

18 Alfred Schütz, Symbol, Wirklichkeit und Gesellschaft, in: ders., Die kommunikative Ordnung der Lebenswelt, Konstanz 2003, S. 119-197, S. 188

beschränkt sich nicht nur auf die »Semantik« der Typisierungen; die »innere Sprachform« (Humboldt) prägt ebenso die Weisen des Denkens. Gerade an der Sprache wird deutlich, wie irreführend die Trennung von implizitem und explizitem Wissen ist: Denn zum einen gehen in die innere Sprachform implizite Typisierungen ein. Zum anderen prägt auch die Sprache ihrerseits die subjektiv möglichen Typisierungen.[19] Zudem bietet sie ein Modell für Relevanzstrukturen, die die Typisierungen leiten. »Die Sprache wählt aus, was wichtig ist und was als selbstverständlich angesehen wird[...].«[20] Implizites und Explizites sind also immer wieder miteinander verknüpft.

Die Wissensvermittlung bedient sich nicht nur der Sprache; zur Kommunikation dienen auch Ausdrucks- und Nachahmungsbewegungen, Begrüßungsgesten, Gesten der Ehrerbietung, des Respekts usw., also die verschiedenen Formen des leiblichen Ausdrucksverhaltens. Es handelt sich dabei um Zeichen verschiedener Art, die die Wissensvermittlung ermöglichen. Der Vorgang der Kommunikation ist wesentlich an die Anzeige des Sinns gebunden, die in der Ausbildung von Zeichen – als typisierten Trägern von Sinn – ihren Ausdruck findet. Schütz und Luckmann unterscheiden dabei verschiedene Arten von Zeichen: *Merkzeichen* sind individuell beliebige Erkennungsmerkmale, die Handlungsrelevantes markieren; sie überwinden die zeitliche (biografische) Transzendenz zwischen vergangenem und aktuellem gleichartigen Handeln. *Anzeichen* sind der als typisch erfahrene Zusammenhang zwischen Ereignis A und Ereignis B, so dass das Eintreten von Ereignis A auf die Chance des Auftretens von B hinweist; sie überwinden die Transzendenz des außerhalb der Reichweite Liegenden. Es handelt sich hier um eine zeichentheoretische Vorstufe dessen, was wir als eine »Kausalbeziehung« erkennen. Sie liegt in »natürlichen Zeichen« begründet, die jedoch subjektiv nicht als kausal, sondern als etwas anderes motivierend angesehen werden können. (Dies ist entscheidend, denn die Erfahrung der Natur kann – etwa durch den Wechsel des Deutungsschemas – zu einer großen Transzendenz werden, die die Welt meines Alltags in Raum und Zeit transzendiert und nicht mehr als kausal zusammenhängend, sondern als magisch gelten.) *Zeichen* sind Gegenstände, Gegebenheiten oder Geschehnisse der Außenwelt, deren Erfassung für den Deutenden die Absichten eines Mitmenschen appräsentieren, sie überwinden also die Transzendenz des anderen und seiner Welt. Während sich Zeichen auf Bewusstseinsvorgänge anderer beziehen, die zwar nicht direkt zugänglich sind, sich aber im Alltag bewähren können, verweisen *Symbole* auf Erfahrungen, die den Alltag überschreiten. Zeichen appräsentieren die Bewusstseinsvorgänge von Alter ego – natürlich

19 Diese wechselseitige Beeinflussung ist in der Debatte um die »sprachliche Relativitätsthese« deutlich geworden. Diese von Whorf aufgestellte These ging davon aus, dass Denken (etwa in Form von Raum und Zeit) wesentlich von den grammatischen und lexikalischen Strukturen einer Sprache geleitet sei. In der weiteren Debatte zeigte sich jedoch, dass diese Leitung keineswegs nur einseitig verläuft; vgl. Hubert Knoblauch, Die sozialen Zeitkategorien der Hopi und der Nuer, in: Friedrich Fürstenberg und Ingo Mörth (Hg.), Zeit als Strukturelement von Lebenswelt und Gesellschaft. Linz 1985, 327-356.

20 Alfred Schütz, Vorlesungen zur Sprachsoziologie, in: Die kommunikative Ordnung der Lebenswelt, op. cit., S. 225-283, S. 276

lediglich auf eine typisierende Weise. (Wir können die Bewusstseinsvorgänge von Alter ego deswegen zwar nie vollständig erfassen. Zeichen ermöglichen aber dennoch ein typisches Verständnis der Handlungen, Motive und Intentionen Alter egos.)

Es wäre völlig unangemessen, die mittels Zeichen vorgenommene Wissensvermittlung wie eine »Informationsübertragung« anzusehen. Zum einen appräsentieren die Zeichen ja selbst immer nur (vom Subjekt vorgenommene) Typisierungen. Zum Zweiten setzt Wissensvermittlung das Wissen um die Zeichenverwendung und ihre Bedeutung voraus. Und zum Dritten findet sie im Rahmen des Prozesses des Fremdverstehens statt. Die Wissensvermittlung geschieht also durch Intersubjektivität, Interaktion und Zeichenhaftigkeit. Diese Aspekte zeichnen auch den Begriff der Kommunikation aus, der sich bei Schütz andeutet und in den jüngeren Arbeiten dieser Forschungstradition dann entfaltet wird.

Der Begriff des »*subjektiven Wissensvorrats*«, den wir schon als Sammelbegriff für das subjektive Erfahrungswissen verwenden müssen, nimmt eine soziologische Bedeutung erst an, wenn er Wissenselemente enthält, die nicht mehr vom eigenen Bewusstseins konstituiert, sondern von anderen übernommen wurden. Er fungiert dann als Gegenbegriff zum *gesellschaftlichen Wissensvorrat*. Trotz seiner Ähnlichkeit mit dem »kollektiven Bewusstsein« meint der gesellschaftliche Wissensvorrat keine soziale Tatsache, die das Gesamt der Gesellschaft symbolisch repräsentiert. Dieser Begriff soll vielmehr die wesentlichen Strukturen wiedergeben, die die Verteilung des gesellschaftlichen Wissens aufweist. Wie viele und welche Elemente des Wissens werden an alle Mitglieder der Gesellschaft verteilt? Welche Wissenselemente werden an ausgewählte Gruppen und Experten vermittelt? In welchem Verhältnis stehen subjektive Wissensvorräte und gesellschaftlicher Wissensvorrat?[21] Auf diese Weise wird die Wissensverteilung auf die institutionelle Struktur der Gesellschaft bezogen, ohne dass sie sich mit ihr decken muss.

Der *gesellschaftliche Wissensvorrat* ist keineswegs nur die Summe der subjektiven Wissensvorräte. Ein Grund dafür ist, dass er von der institutionellen Struktur getragen wird (ohne dass diese ihn determinieren würde): Priester wissen anderes als Bäcker, Frauen anderes als Männer. Die Ordnung der Gesellschaft steht deswegen in einer engen Beziehung zur Struktur des gesellschaftlichen Wissensvorrates: Gesellschaftliche Institutionen sind auch und vor allem Einrichtungen der Vermittlung besonderen Wissens, und dies gilt sowohl für die Kategorien sozialer Ungleichheit (Bettler, Arbeiter, Unternehmer), für Handlungsmuster (Eid, Heirat, Lob) wie für Organisationen (Armee, Firma, Post). Ein zweiter Grund dafür, dass der gesellschaftliche Wissensvorrat nicht einfach die Summe subjektiver Wissensvorräte darstellt, liegt in der alle Gesellschaften prägenden Struktur des Nichtwissens: Handelnde müssen viel Wissen nicht selbst besitzen, sondern nur ein Wissen über die Struktur des gesellschaftlichen Wissensvorrats, das ihnen den Zugang zu Wissen ermöglicht.

---

21 Dieses Verhältnis bildet den zentralen Gegenstand von Peter Bergers Theorie der Moderne; vgl. Peter Berger, Brigitte Berger und Hansfried Kellner, Das Unbehagen in der Modernität, Frankfurt 1987.

Allerdings wäre es irreführend, von einer Homologie zwischen der institutionellen Struktur einer Gesellschaft und der Struktur des Wissens auszugehen. Denn neben der institutionellen Struktur sind auch andere Dimensionen entscheidend für die Differenzierung des Wissens: Alter und Geschlecht, ethnische Gemeinschaften und soziale Gruppenzugehörigkeit zählen zu den wichtigsten Dimensionen der Ungleichverteilung des Wissens. Natürlich zählt auch die Ungleichzeitigkeit der Prozesse des subjektiven Erwerbs gesellschaftlichen Wissens dazu.

Über alle Unterschiede hinweg findet sich in jedem gesellschaftlichen Wissensvorrat ein Bereich des *Allgemeinwissens* – also Wissen, das von allen Mitgliedern der Gesellschaft geteilt wird. Schon die einfachsten Gesellschaften weisen aber auch Bereiche des *Sonderwissens* auf, die in dem Grade ausgestaltet und spezialisiert sind, wie die Träger des Wissens eigenständige Institutionen ausbilden. Dabei führt allein schon die Institutionalisierung des Wissens zu einer (zumindest) strukturellen Differenz zwischen Allgemeinwissen und Sonderwissen.

2 Die gesellschaftliche Konstruktion der Wirklichkeit

PETER BERGER und THOMAS LUCKMANN[22] schließen in ihrer *gesellschaftlichen Konstruktion der Wirklichkeit* unmittelbar an Schütz an, und zwar so unmittelbar, dass praktisch alles, was über Schütz gesagt wurde, auch auf Berger und Luckmann zutrifft.[23] Trotz dieser weitgehenden Überschneidung kann ihr Buch als ein Meilenstein in der Geschichte der Wissenssoziologie angesehen werden. Dafür sprechen mehrere Gründe. Zum einen verknüpfen sie die phänomenologische Soziologie mit der klassischen deutschen Wissenssoziologie, der amerikanischen pragmatistischen Soziologie und den klassischen Ansätzen von Durkheim und Weber und verleihen der Wissenssoziologie damit einen neuen Antrieb. Und zum Zweiten begründen sie mit dem Buch das, was man den *Sozialkonstruktivismus* nennt. Die Wirklichkeit, so die These des Konstruktivismus, existiert nur in und durch die Handelnden. Wirklichkeit also ist eine Konstruktion der Handelnden. Weil sie eben nicht von

22 Peter Berger kam 1929 in Wien zu Welt. Nach dem Zweiten Weltkrieg siedelte er in die USA über, um dort Philosophie und Soziologie zu studieren. Er wurde 1963 Assistenzprofessor an der New School for Social Research in New York, wechselte dann nach Rutgers und schließlich nach Boston. Thomas Luckmann wurde 1927 in Slowenien geboren. Er studierte Sprachwissenschaft, Philosophie, Psychologie und Soziologie in Wien, Innsbruck und New York. Ab 1956 lehrte er am Hobart College in Geneva, NY, bevor er an die New School for Social Research nach New York wechselte, wo er mit Peter Berger zusammenarbeitete. 1965 nahm er eine Professur in Frankfurt am Main an. Ab 1970 bis zu seiner Emeritierung 1994 lehrte er an der Universität Konstanz.

23 Vgl. Peter L. Berger und Thomas Luckmann, Die gesellschaftliche Konstruktion der Wirklichkeit, Frankfurt 1969 (EA New York 1966). Dies gilt für die phänomenologischen Grundlagen, aber auch für die Ausführungen zum Wissensvorrat. Selbst die Verbindung zur Anthropologie ist, wie Srubar gezeigt hat, schon bei Schütz angelegt; vgl. Srubar, Kosmion, op. cit.

der Konstruktion der Gesellschaft[24], sondern der gesamten Wirklichkeit durch gesellschaftliches Handeln reden, sind sie weitaus radikaler als etwa Mannheim, der ja das naturwissenschaftliche Denken aus der wissenssoziologischen Forschung ausgenommen hat.[25] Berger und Luckmann gehen hier jedoch nicht den Weg des radikalen Konstruktivismus, der an eine Kreation gleichsam *ex nihilo* glaubt: Auch wenn die Wirklichkeit eine Konstruktion ist, verläuft sie keineswegs beliebig. Das liegt daran, dass sie eben eine Konstruktion der Handelnden ist: Sie ist gebunden an die Möglichkeiten des Handelns selber und an die Möglichkeiten derer, die handeln. Diese Möglichkeiten der Handelnden verweisen auf die anthropologische Dimension, die den Rahmen der Konstruktion abgeben. In der Tat sehen Berger und Luckmann die Konstruktion der Wirklichkeit nicht in einem luftleeren Raum ablaufen. Sie findet vor dem Hintergrund einer negativen Anthropologie statt. Das bedeutet, dass nicht bestimmte Triebe, Instinkte oder Bedürfnisse angegeben werden, sondern nur die negativen Bestimmungsmerkmale des menschlichen Wesens, wie Instinktarmut, Weltoffenheit und damit auch die Loslösung des Bewusstseins vom organischen Geschehen. Weil der Mensch biologisch unzureichend ausgestattet ist, muss er sich eine eigene Wirklichkeit erschaffen. Unsere sehr offene körperliche Ausstattung und die Möglichkeiten unseres Bewusstseins bilden den Rahmen, der unser Handeln und die soziale Konstruktion begrenzt.

Die Möglichkeiten des Handelns selber wurden ja von Schütz schon eruiert. Sie liegen in der Sinnhaftigkeit des Handelns begründet. Darin ist nicht nur die ursprüngliche Zeitlichkeit des Handelns eingelagert. Die Sinnhaftigkeit des Handelns weist darauf hin, dass Handeln immer in einer Welt des Sinns erfolgt – eines Sinns, der eben Produkt des Bewusstseins und nicht ein Merkmal der wie immer geschaffenen Wirklichkeit ist.[26] Die Wirklichkeit der Menschen ist immer eine Sinnwelt – eine vom Bewusstsein erfüllte Welt. Sinn wiederum ist die subjektive Grundstufe des Wissens, das sozial vermittelt wird und Sinn damit gleichsam sozialisiert. Damit ist auch die zentrale Bedeutung des Wissens schon erkannt. In der Dialektik der Konstruktion nimmt das Wissen (mit dem Handeln) eine zentrale Rolle ein: »Wissen transformiert subjektiven Sinn in soziale Tatsachen, und Wissen transformiert soziale Tatsachen in subjektiven Sinn.«[27]

Berger und Luckmann vermeiden es allerdings, einen scharfen Wissensbegriff zu entwickeln. Alles, »was im offenen Rahmen der Lebenswelt Wissen zu sein behauptet

24 Dies tut etwa Searle, der damit die wissenssoziologische Fragestellung verfehlt, obwohl er sich mit dem Zusammenhang von Intentionalität und Subjektivität beschäftigt; vgl. John Searle, The Construction of Social Reality, New York 1995

25 Vgl. Mannheim, Die Bedeutung der Konkurrenz im Gebiete des Geistigen, in: Meja/Stehr, Der Streit um die Wissenssoziologie, op. cit., Bd. 1, S. 332ff. Die Folgen dieser Ausweitung werden wir unten im Zusammenhang mit der Wissenschaftssoziologie behandeln.

26 Deswegen auch kann Plessner den Vergleich zum »werktätigen« Handeln Schellings herstellen; vgl. Helmuth Plessner, Zur deutschen Ausgabe, in: Berger/Luckmann, Gesellschaftliche Konstruktion, op. cit., S. XII

27 Ronald Hitzler, Sinnwelten. Ein Beitrag zum Verstehen von Kultur, Opladen 1988, S. 65

und den Anspruch darauf plausibel findet, hat damit das Recht auf dieses Wort und die in seinem Horizont intendierte Sache«.[28] Als *Wissen* definieren dann Berger und Luckmann »die Gewissheit, dass Phänomene wirklich sind und bestimmbare Elemente haben«.[29] Man tut ihren Vorstellungen sicher keine Gewalt an, wenn man Wissen als den gesellschaftlich relevanten, gesellschaftlich objektivierten und gesellschaftlich vermittelten Sinn bezeichnet. Deswegen muss sich die empirische Wissenssoziologie damit beschäftigen, »was in einer Gesellschaft als ›Wissen‹ gilt«, und sie »muss untersuchen, aufgrund welcher Vorgänge ein bestimmter Vorrat von ›Wissen‹ gesellschaftlich etablierte Wirklichkeit wird«.[30] Wir haben schon bei Schütz gelernt, wie vielfältig diese Wirklichkeiten sein können. Hervorheben sollte man aber, dass Berger und Luckmann »Wissen« nicht zufällig in Anführungsstrichen setzen. Denn Wissen ist sozusagen eine Alltagskategorie: Wissen ist, was die Handelnden für Wissen halten. Damit gerät ihr Wissensbegriff in verdächtige Nähe zu Francis Bacons Vorstellungen der »Idole«. Allerdings bewahrt sie der Konstruktionsgedanke davor, einer besserwisserischen Enthüllung zu dienen. Alles, was Menschen für wirklich halten, ist Wissen – und auch die Wissenschaft hat keinen privilegierten Anspruch auf Wissen.[31] Wie schon Schütz gezeigt hat, baut Wissen auf Sinn auf. Sinn besteht aus den genannten, hoch abstrakten Bewusstseinsprozessen der Typisierung und der mit ihnen verbundenen leiblichen Prozesse. Wenn wir von Wissen reden, haben wir es mit sozial konstruiertem Sinn zu tun. Zwar ist Wissen natürlich Sinn, Sinn aber ist nicht unbedingt Wissen. Wissen ist derjenige Sinn, der objektiviert, vermittelt und dann internalisiert werden kann. Als internalisierter ist er zwar wieder – wie genau, bestimmt, klar und glaubwürdig auch immer – Sinn; als objektivierter aber nimmt er eine Form der Intersubjektivität an, die man auch mit dem Begriff der Bedeutung bezeichnet.

Diese Differenz zwischen Sinn und Wissen hat wesentlich mit der Rolle des Sozialen zu tun. Man sollte daran erinnern, dass Schütz' Analysen, auf denen Berger und Luckmann ja aufbauen, ihren Ausgang vom einsamen Bewusstsein nehmen (ohne dort jedoch stehen zu bleiben). Hier, im einsamen Bewusstsein, ist es, wo wir die Konstitution des Sinns – und zwar auch des Sinns »Anderer« – rekonstruieren können, und hier ist es auch, wo jeder als Wissen auftretende Sinn wieder verstanden wird und handlungsleitend werden kann. Auf der einen Seite haben wir die »mundanphänomenologische« Sphäre des Subjekts, das als einzelner Handelnder gedacht wird, um aus dieser Perspektive die Voraussetzungen der Sozialität dieses Subjekts zu klären. Auf der anderen Seite hat es die Soziologie empirisch mit Handelnden zu tun, die schon immer in der Sozialwelt leben. Dieser zweite Bereich ist das Reich des Wissens – und das Reich der Wissenssoziologie. Wird Sinn im Bewusstsein konstituiert, so kommt es erst mit dem gemeinsamen Wissen und durch das soziale Handeln zur

28 Berger/Luckmann, Gesellschaftliche Konstruktion, op. cit., S. XIV

29 Ebd., S. 1

30 Ebd., S. 3

31 Wissen ist also der Komplementärbegriff zur Wirklichkeit, wie Plessner hervorhebt, während Sinn der Komplementärbegriff zu Welt und Lebenswelt ist.

Konstruktion. Dabei beschränken Berger und Luckmann die Konstruktion aber nicht auf die gesellschaftliche Wirklichkeit: Es ist die gesamte Wirklichkeit, die gesellschaftlich konstruiert wird. Mit anderen Worten: Was wirklich ist, wird von der Gesellschaft definiert. Und die Form dieser Definition ist das (was als) Wissen (gilt). Dieser Wissensbegriff ist bei Schütz schon angelegt: »Alle Wissenselemente [...] sind wirkliche Bestandteile der von den Mitgliedern der Gruppe definierten Situation, wenn diese *glauben*, dass sie wahr sind.« Wissen unterscheidet sich hiernach nicht substantiell von »Glauben« oder »Meinen«, sondern lediglich durch die »soziale Billigung«.[32]

Hat die Theorie damit schon eine enorm große Reichweite, so ist sie auch in ihrer wissenssoziologischen Konsequenz dramatisch. Denn Wissen wird nicht durch die Vernunft (oder gar Bedürfnisse) hergeleitet, Wissen wird auch nicht durch Beobachtung erhoben oder durch Anerkennung, Aushandlung oder Konsens hergestellt – Wissen ist etwas, das durch die Prozesse erzeugt wird, die den spezifischen Rahmen der Konstruktion bilden: Die Trias der Externalisierung, Objektivierung und Internalisierung, die als Dialektik den Zusammenhalt von subjektiver und objektiver Wirklichkeit garantieren: »Gesellschaft ist ein menschliches Produkt. Gesellschaft ist eine objektive Wirklichkeit. Der Mensch ist ein gesellschaftliches Produkt.«[33]

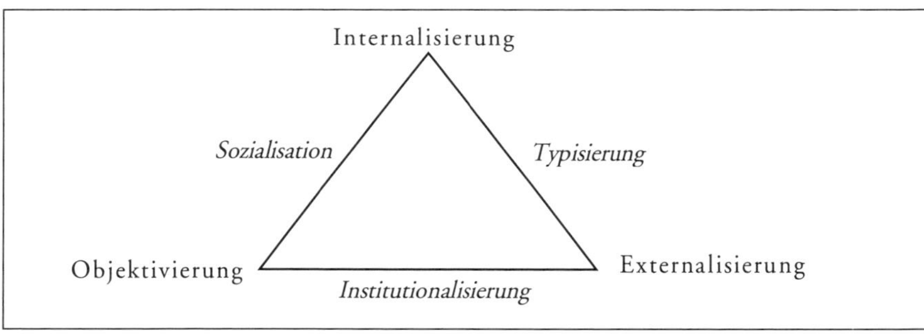

Abb. 12: ***Die Dialektik der gesellschaftlichen Konstruktion der Wirklichkeit***

Die Dialektik dieser sich einander widersprechenden Aussagen wird logisch durch eine Reihe von Prozessen erklärt, von denen jeder einzelne ein Kernthema der Wissenssoziologie darstellt: Typisierung, Institutionalisierung, Legitimation und Sozialisation. Diese Prozesse stellen sozusagen die »Analytik« dessen dar, was in der Dialektik

32 Vgl. Schütz, Symbol op. cit., S. 188. Was soziale Billigung bedeutet, erläutert Schütz allerdings nur am Rande. Er erwähnt nämlich, dass hierunter schon die in die Sprache eingelassenen Typisierungen und das Relevanzsystem gefasst werden, das vom Lexikon und der Grammatik vorgeprägt ist. Dabei erläutert er nebenbei (ebd., S. 191f), in welchen Hinsichten das Relevanzsystem sozial bestimmt ist: nämlich zum einen durch den fraglos anerkannten Rahmen jedes möglichen Problems; zweitens sind die sozial gebilligten Wissenselemente vorgegeben; drittens sind es die Lösungen und die angemessenen Verfahrensweisen und viertens die typischen Bedingungen, unter denen ein Problem als gelöst angesehen werden kann.

33 Berger/Luckmann, Gesellschaftliche Konstruktion, op. cit., S. 65

sehr abstrakt mit Externalisierung, Objektivierung und Internalisierung gemeint wird. Man kann sich den Zusammenhang wie oben abgebildet klar machen (vgl. Abb. 12).

Ausgehend von Bewusstseinsprozessen liegen dem Wissen die Prozesse zugrunde, die oben unter dem Titel der *Typisierung* beschrieben wurden. Das ist einer der Bewusstseinsprozesse, auf denen das sozialisierte Wissen (z.B. sprachliche Kategorien) aufbaut – und auf den es sich zurück bezieht. Diese Prozesse sind unmittelbar an Handlungen gebunden, was in den Relevanzstrukturen zum Ausdruck kommt. Typisierungen können auf unterschiedliche Weise objektiviert und somit zur Wirklichkeit anderer werden: So dienen dingliche Objekte ebenso als Objektivierungen wie lautsprachliche Zeichen oder Abbildungen. Natürlich sind dann auch ausgebildete Zeichensysteme (etwa die Verkehrszeichen) oder zeichenähnliche Systeme (etwa die Kleidung in Standesgesellschaften) Mittel der Objektivierung. Vor allem das Zeichensystem der Sprache spielt in allen Prozessen der gesellschaftlichen Konstruktion eine herausragende Rolle: Die Sozialisierung verdankt sich vor allem der Sprache, Legitimationen sind explizit sprachliche Konstrukte; die Sprache enthält Kernelemente der »relativ-natürlichen Weltanschauung«, und sie leitet dadurch das Handeln. Die Ausbildung der Sprache und anderer Formen der Objektivierung folgen einem Muster, das der Prozess der *Institutionalisierung* nachzeichnet. Er beschreibt den Kernprozess der Ausbildung sozialen Wissens. Deswegen ist es kein Wunder, dass die Institutionalisierung auf der Analyse der Interaktion aufbaut, wie sie von Cooley, Schütz und Mead skizziert wurde.

Die Voraussetzung dafür, dass Sinn zum Wissen werden kann, sind Prozesse des Fremdverstehens, wie sie Schütz anhand der »Generalthese der Reziprozität der Perspektiven« ausgeführt hat. Diese Reziprozität der Perspektiven ist eine der fraglos gegebenen Grundannahmen des Alltagsbewusstseins, die erst Intersubjektivität ermöglicht. Sie gründet auf zwei Idealisierungen, also gleichsam Überzeichnungen, die das Bewusstsein sozusagen automatisch vornimmt: zum einen auf der Idealisierung der Austauschbarkeit der Standorte: Dass ich in derselben Distanz zu den Dingen stehen würde wie mein Nachbar, wäre ich an seiner Stelle; dann wären die Dinge, die in seiner Reichweite sind, in meiner Reichweite und würden sich auf eine typisch ähnliche, doch etwas andere Weise darstellen, die ich antizipieren kann. Zum Zweiten ist die Unterstellung ähnlicher Relevanzen in die Reziprozität der Perspektiven eingebaut. Darin ist der Spiegelungs- (»looking glass«-) Effekt beinhaltet, den wir schon von Cooley her kennen. Der »Spiegelungseffekt« umfasst jenen vor allem in der frühkindlichen Sozialisation sehr anschaulich beobachtbaren Vorgang, bei dem das Kind sein eigenes Handeln durch die Augen der anderen, also etwa der Mutter, zu sehen lernt. Im Unterschied zu Meads Rollenübernahme bezieht sich dieser Effekt hauptsächlich auf die Beobachtung des eigenen Tuns durch die Reaktion von Alter ego. Denn sieht man von körperlichen Funktionen ab, hat das Individuum von sich und seinem Körper nur bedingte Wahrnehmungen: Man sieht sich selbst kaum – sieht man von den herumfuchtelnden Händen im eigenen Gesichtsfeld ab. Dafür ist aber der Körper des Gegenübers sehr gut beobachtbar.

Die Körper der anderen Personen werden wahrgenommen als Ausdruckfelder von Gefühlen, Stimmungen, Absichten und Zielen, die das eigene Handeln gewissermaßen spiegelbildlich reflektieren. Die Reziprozität der Perspektiven und der Spiegelungseffekt bilden zwei wesentliche Voraussetzungen für die Kommunikation. Die dritte Voraussetzung ist der subjektive Wissensvorrat. Er stellt das Schema der Deutung nicht nur aller Erfahrungen, sondern auch aller Handlungen von Alter ego dar. Nur das, was in meinem Wissensvorrat abgelagert ist, kann den Verstehensprozess – und damit auch jede meiner Handlungen – leiten.[34]

Dieser leiblich vermittelte Vorgang bildet die Basis für den von Mead beschriebenen einfachen Handlungsdialog. (Schütz nimmt dabei ausdrücklich Bezug auf Mead, dessen Vorstellungen der Ausbildung von Zeichen und Bedeutungen von Berger und Luckmann hier immer mit einbezogen werden.) Dieser Handlungsdialog hat bemerkenswerte Folgen: Bin ich mir erst einmal durch Spiegelung im Klaren, dass meine Mundbewegung und das Lächeln von Alter ego in einem Zusammenhang stehen, dann können sich regelrechte interaktive Sequenzen von Handlungen ausbilden.

Auf der Grundlage der Reziprozität der Perspektiven, des Spiegelungseffekts und des einfachen Handlungsdialogs bilden sich wechselseitige Rollenzuschreibungen aus, die feste Muster annehmen und damit zu regelrechten *Institutionen* werden können. Denn ähnlich wie für die Phänomenologie polythetische Akte im Bewusstsein (etwa das Addieren einer Zahlenreihe) monothetisch erfasst werden können (man kennt das Ergebnis der Zahlenreihe schon, da man es schon einmal addiert hat), können mehrgliedrige, und multiperspektivische, also von mehreren Handelnden erzeugte Handlungsfolgen, die sich im Laufe wiederholter Versuche ausbilden und aus einer Reihe von Zügen zusammensetzen können, zu einem typischen, mehrere Handelnde gleichermaßen verpflichtenden Ablauf verfestigen, dessen Verwendung vom Selbstversuchen- und Entscheiden-Müssen entlastet. Das geschieht dann, wenn polythetisch konstitutierte und in einfachen Handlungsdialogen eingespielte Akte zwischen Handelnden an andere weitergegeben werden.[35] Während sich die Handelnden in ihre Muster einfügen und zu Rollenträgern werden, können sich die Muster von der Subjektivität der Erzeugenden ablösen und zu in Handlungen vollzogenen, aber durch die Typik der Handlungsmuster erwartbaren, objektivierten Bestandteilen der Wirklichkeit werden. »Die gemeinsamen Habitualisierungen und Typisierungen von A und B, die bislang noch den

34 Es ist selbstverständlich, dass Interaktion damit gewisse Gemeinsamkeiten des Wissens voraussetzt. Abgesehen von den Grundstrukturen der Lebenswelt und den Grundelementen des Wissens handelt es sich dabei vor allem um kulturspezifische Wissensformen. Diese Kulturspezifik ist auch die Erklärung für das Phänomen des »Fremden«, das Schütz auch aus biografischen Gründen genau betrachtete; vgl. Alfred Schütz, Der Fremde, in: Gesammelte Aufsätze II: Studien zur soziologischen Theorie, Den Haag 1972, S. 53-69

35 Mit der Weitergabe an Dritte sind die traditionalen, habituellen Wissenselemente nicht mehr in polythetische Schritte aufzubrechen, »die Tradition, die die polythetischen Schritte für die Sedimentierung enthielt«, geht verloren. Dies ist der Ursprung der Verdinglichung, die die Institutionalisierung erzeugt.

Charakter von ad hoc-Konzeptionen zweier Individuen hatten, sind von nun an historische Institutionen[...] Institutionen sind nun etwas, das seine eigene Wirklichkeit hat, eine Wirklichkeit, die dem Menschen als äußeres, zwingendes Faktum gegenübersteht«[36]: Die Formen, in denen die Menschen miteinander leben oder arbeiten, in denen sich die Herrschaft ausbreitet oder der Kontakt mit dem Übersinnlichen, »sie alle gerinnen zu Gestalten eigenen Gewichts, den Institutionen, die schließlich den Individuen gegenüber etwas wie eine Selbstmacht gewinnen, so dass man das Verhalten des einzelnen in der Regel ziemlich sicher voraussagen kann, wenn man seine Stellung in dem System der Gesellschaft kennt, wenn man weiß, von welchen Institutionen er eingefasst ist«.[37]

Ihre Objektivität verdankt die Institution dem Umstand, dass sie die partikularen, subjektiven Handlungsentwürfe transzendiert, denn sie gründet zwar im Handeln, bildet aber aus Interaktionen bestehende Handlungsgeflechte, die als feststehende Blöcke tradiert werden können. Man sollte beachten, dass Institutionen zwar Handlungsgefüge sind, aber als »praktisches Wissen« tradiert werden. Wissen und Handeln sind, wie schon betont, keine getrennten Größen, sondern aufeinander bezogen. Weil sich der Institutionalisierungsprozess in Interaktionen zwischen Handelnden vollzieht, weitet sich die Geltung der ursprünglich subjektiv konstitutierten und nun sozial objektivierten Bedeutungen (des Wissens) vor allem durch die Sprache aus und kann sich zu einem »Wissensvorrat« akkumulieren. Institutionen bilden sich dort aus, wo verschiedene Handelnde einem sich wiederholenden Handlungsproblem begegnen und dieses routinemäßig lösen. Sie sind also typische Lösungen für wiederkehrende (und ebenfalls typisierte) gesellschaftliche Handlungsprobleme. Deswegen sind sie aus der soziologischen Perspektive so bedeutsam – sie sind Indikatoren dessen, was in einer Gesellschaft als wichtig angesehen wird: des gesellschaftlichen Relevanzsystems.

Parallel zur Übernahme von Handlungsmustern bilden sich *Legitimationen* aus, die der zweite Grund für die Objektivität der Institutionen sind. Legitimationen bilden keineswegs bloß einen Zierrat zu den soziale Beziehungen begründenden Interaktionen. Wären Institutionen nicht legitimiert, wäre die Sozialwelt ein mechanisches Klappern von Interaktionsgeräten. Legitimationen stellen die sinnhaften, objektivierten Bahnen dar, auf denen die Handlungsstrukturen vermittelt werden, besser: Sie bilden die kommunikativ vermittelte Sinndimension der Handlungen.[38] Es geht dabei also keineswegs nur um ideologische Konstrukte, sondern um Sinndeutungen, die dem ähneln, was Pareto als »Derivationen« bezeichnete.[39] Denn wäh-

36 Berger/Luckmann, Gesellschaftliche Konstruktion, op. cit., S. 62

37 Arnold Gehlen, Anthropologische Forschung, Reinbek 1976, S. 71. Berger und Luckmann nehmen ausdrücklich Bezug auf Gehlens Institutionentheorie.

38 Thomas Luckmann, Grundformen der gesellschaftlichen Vermittlung des Wissens: Kommunikative Gattungen, in: Friedhelm Neidhard, Maria Rainer Lepsius und Johannes Weiß (Hg.) Kultur und Gesellschaft, SH 27 der Kölner Zeitschrift für Soziologie und Sozialpsychologie, Opladen 1986, S. 191-211

39 Die Begriffe sind allerdings keineswegs identisch, da Legitimationen für Berger und Luckmann sehr viel enger an Handlungen anschließen. Dennoch ist die Rezeption des Begriffes der »Legitimatio-

rend Handlungen schon einen Sinn haben, der ihnen – als Handlungsziel – inhärent ist, »machen« wir aus den Handlungen immer auch »Sinn«. Erst durch diese Sinnerzeugungen bzw. Legitimationen ist es möglich, dass zwar Handeln immer wissensgeleitet ist, nicht aber jedes Wissen handlungsleitend sein muss.

Legitimationen lassen sich nach Graden der Komplexität und des Geltungsbereichs unterscheiden. Auf der ersten Ebene der Legitimationen, die dem Handeln noch am nächsten ist, finden wir das »System sprachlicher Objektivationen menschlicher Erfahrungen«, also etwa das Vokabular und dessen Semantik. Dazu gehören Bezeichnungen für Verwandte, die besonders in einfachen, vom Verwandtschaftssystem geregelten Gesellschaften relevant sind. Auf der nächsten Ebene treten »theoretische Postulate in rudimentärer Form« auf: verschiedene Schemata, die objektive Sinngefüge miteinander verknüpfen. Als Beispiel verweisen Berger und Luckmann auf Sprichwörter, also eine Art Regelwissen: »Wer seinen Vetter bestiehlt, bekommt Warzen auf die Hände.«[40] Auf der dritten Ebene »stehen explizite Legitimationstheorien, die einen institutionellen Ausschnitt anhand eines differenzierten Wissensbestandes erklären«. Hier wird also ein besonderes Sonderwissen vorausgesetzt. Auf der vierten Ebene finden sich dann schließlich »synoptische Traditionsgesamtheiten, die verschiedene Sinnprovinzen integrieren und die institutionale Ordnung als symbolische Totalität überhöhen«.[41] Gemeint sind hier zum Beispiel Kosmologien, die die Herrschaft eines Klans durch dessen Abkunft von den ersten Göttern mythisch, das bürgerliche Privateigentum durch die Urhorde oder das »echte« Wissen durch das (mikro-makrokosmische) Spiegelungsverhältnis von Geist und Welt erklären.

Das Wissen entfaltet also eine große Vielfalt. Es reicht von den grundlegenden Elementen des lebensweltlichen Wissens bis hin zu den symbolischen Deutungen. Dabei sind besonders die symbolischen Deutungen, also die »symbolischen Wirklichkeiten«, an die institutionelle Struktur der Gesellschaft geknüpft: Gesellschaftliche Institutionen sind auch und vor allem Einrichtungen der Vermittlung besonderen Wissens, und das besondere Wissen über symbolische Wirklichkeiten erfordert spezielle Wissensträger, die dann eine privilegierte Stellung annehmen, wenn ihr Wissen Anerkennung findet: Schamanen, Zauberer, aber auch Traumdeuter und Wunderheiler. Die Ordnung der Gesellschaft steht deswegen in einer engen Beziehung zur Struktur des gesellschaftlichen Wissensvorrates, so dass wir die Fragen der korrelationistischen Wissenssoziologie keineswegs ausblenden müssen. Ohne Zweifel ist die Verbindung zwischen den symbolischen Wirklichkeiten (also den Legiti-

---

nen« nicht sehr glücklich verlaufen, da der Begriff zu relativ klingt. Zum Verhältnis von Wissen und Handeln muss ergänzt werden, dass in Gesellschaften, die Institutionen ausbilden, welche sich ausdrücklich mit Legitimationen beschäftigen – und das gilt schon für die einfachsten Formen der Magie und des Schamanismus –, diese natürlich auch Teil von Handlungen werden können.

40 Berger/Luckmann, Gesellschaftliche Konstruktion, op. cit., S. 101. Ich selbst habe diese Ebene handlungsrelevanter Schemata im Zusammenhang mit dem Wissen von Wünschelrutengängern erläutert; vgl. Hubert Knoblauch, Die Welt der Wünschelrutengänger und Pendler, Frankfurt u. New York 1991.

41 Berger/Luckmann, Gesellschaftliche Konstruktion, op. cit., S. 101f

mationen vierter Ordnung) und der sozialen Ordnung sehr eng. Allerdings wäre es überzogen, von einer Homologie zu reden, da die institutionelle Struktur und das System der sozialen Ungleichheit, die informellen Kanäle und die durch die Wissensvermittlung selbst geschaffenen (wie wir sehen werden: kommunikativen) Strukturen eine einfache Korrelation zwischen institutioneller Ordnung und Wissen keineswegs zulassen. Ganz im Gegenteil stellt es für Berger und Luckmann ja eine empirische Aufgabe der Wissenssoziologie dar, die Struktur des gesellschaftlichen Wissens zu erforschen (anstatt sie lediglich a priori zu behaupten).

Die Funktionen symbolischer Sinnwelten sind sehr vielfältig: Sie helfen die subjektive Erfahrung zu ordnen. Sie erlauben eine Bestimmung der Grenzen von Tod, Jenseits und Natur, verleihen der Geschichte einen Sinn und integrieren die gesellschaftliche Ordnung. Allerdings können auch symbolische Sinnwelten problematisch werden. Dies geschieht etwa bei der unvollständigen Übertragung von einer Generation auf die andere oder bei Kontakten mit anderen Kulturen. Die dadurch entstehenden abweichenden Versionen führen zu einer Konkurrenz zwischen symbolischen Sinnwelten. Dann aber gilt »wer den derberen Stock hat, hat die bessere Chance, seine Wirklichkeitsdefinition durchzusetzen«.[42] Gerade an diesen problematischen Stellen zeigt sich die Verbindung der symbolischen Wirklichkeit mit der Struktur der Gesellschaft – einfacher gesagt: der herrschenden symbolischen Wirklichkeiten mit den herrschenden Institutionen. Diese entwickeln in solchen Fällen häufig Stützkonzeptionen: Es werden erste Mythologien entwickelt, die anfangs noch sehr naiv und nahe dem Allgemeinwissen ist. Sobald sich besonders dafür abgestellte (und damit von anderen Arbeiten frei gestellte) Experten um diese Probleme kümmern, entstehen dann systematischere Formen, die schon Züge von Theologie oder Wissenschaft annehmen.

Gesellschaftliche Konstruktionen sind also keineswegs nur einvernehmliche, konsensuelle Gebilde. Vielmehr zeichnen sie sich dadurch aus, dass die herrschenden Gruppen auch ihre Vorstellungen der Wirklichkeit durchsetzen. Das schließt abweichende Formen keineswegs aus, doch werden diese etwa durch Therapie (die abweichende Form wird pathologisiert) oder durch Nihilierung (sie wird als nichtexistent angesehen) behandelt. Dabei betrifft die »Behandlung« keineswegs nur das Wissen, sondern auch die sozialen Gruppen, die dieses Wissen vertreten. Sobald die Gesellschaftsstruktur differenzierter wird und es verschiedene Ansprüche auf Macht gibt, können in Problemfällen auch konkurrierende Deutungen gegeneinander ausgespielt werden. Wenn dies geschehen ist, reden Berger und Luckmann von einer *Ideologie*. Diese besteht darin, dass es verschiedene Auslegungen der allgemeinverbindlichen Sinnwelt gibt, die mit den sozialen Interessen der Auslegenden variiert.

Zur Stützung symbolischer Sinnwelten dient vor allem die Theorie. Die Ausbildung von Theorie und somit Differenzierung des gesellschaftlichen Wissens setzt jedoch, wie erwähnt, eine gewisse Differenzierung gesellschaftlicher Organisation

---

42 Berger/Luckmann, Gesellschaftliche Konstruktion, op. cit., S. 117

voraus. Berger und Luckmann folgen dabei den *Idealtypen gesellschaftlicher Wissensverteilung*, die ursprünglich von Tenbruck stammt.[43] Der gesellschaftliche Wissensvorrat bei Berger und Luckmann hat in seiner »einfachen Form« eine »gemeinschaftliche« Struktur: Die ›einfache soziale Verteilung des Wissens‹ trifft idealtypisch für Gesellschaften zu, in denen die Individuen einander sehr ähnelnde Wissensbestände aufweisen. Doch schon biologisch bedingte Unterschiede des Alters und des Geschlechts führen zu ungleichem Wissen: Frauen wissen besser über die Menstruation, Alte besser über die Gesundheit Bescheid. Zu einer weiteren Differenzierung kommt es, wenn diese Gemeinschaften Sonder-Wissensbestände ausgliedern: Schmiede oder Schamanen, Zauberer oder Priester entwickeln in ihrem spezialisierten Handlungsfeld ein je eigenes Sonderwissen. In höher organisierten Gesellschaften kann dieses Wissen natürlich auch durch dauerhafte Repräsentanten oder Durchreisende vermittelt werden: Der Priester als Vertreter kirchlichen Wissens, der Adlige oder der wandernde Handwerker der Neuzeit, der die »Zeitung«, also Informationen aus anderen Regionen und anderen sozialen Kreisen bringt.

Die Bestände, die von den Gesellschaftsmitgliedern typischerweise geteilt werden, zählen zum *Allgemeinwissen*. Wissen, das nur bestimmten Typen von Akteuren (Experten und Spezialisten) zugänglich ist, gehört zum *Sonderwissen*. Sonderwissen muss keineswegs in Institutionen aufgeteilt sein, ist es aber häufig. Als Sonderwissen kann einerseits zum Beispiel das privatistisch erworbene philatelistische Wissen eines Briefmarkensammlers, das ornithologische Wissen eines Entenjägers gelten, andererseits aber auch das institutionell legitimierte medizinische und kosmologische Wissen des Schamanen oder etwa das systematische Wissen eines philologisch gebildeten Bibelforschers an einer theologischen Fakultät. Die sozialstrukturelle Differenzierung führt zur Ausbildung von klassen-, schicht- oder milieuspezifischen Varianten des Wissens. Und in dem Maß, wie das Sonderwissen institutionell verankert ist, wird auch eine Spezialisierung zur Vermittlung des Allgemein- wie des Sonderwissens nötig – beispielsweise in Schulen, Lehranstalten. Es entstehen also eigene Institutionen der Wissensvermittlung (von den Einweisungen in die Geheimnisse der Initiation bis zur Etablierung von Lateinschulen und Universitäten), die zur weiteren Differenzierung der Sozialstruktur beitragen.

Die Ausgliederung des Wissens gelingt natürlich nur auf der Basis einer ökonomischen Überschussproduktion, die es erlaubt, die besonderen Experten von der Arbeit für ihren eigenen Lebensunterhalt zu befreien, damit sie ihrer spezialisierten Tätigkeit als Wissensexperten nachgehen können. Diese Spezialisierung hat, wie erwähnt, einen gewissen Grad an Arbeitsteiligkeit zur Voraussetzung. Sobald solchen Experten einmal eigene Rollen zugewiesen sind, kann es zu Konflikten zwischen Experten und Laien kommen – und natürlich auch zu Konflikten zwischen den Experten. Insbesondere in ausdifferenzierten Gesellschaften entsteht (und selbst unter totalitären Bedingungen der Unterdrückung alternativer Deutungen) eine plura-

43 Friedrich Tenbruck, Geschichte und Gesellschaft, Berlin 1986

listische Situation. Diese pluralistische Situation führt dazu, dass einzelne Experten nurmehr für Teilsinnwelten zuständig sind. Deswegen kommt es hier in der Regel zur Ausbildung von Intellektuellen, also Experten, deren Expertise nicht erwünscht ist, und zur Entstehung intellektueller Subgesellschaften.[44] Man darf hinzufügen, dass sich an dieser Stelle auch die Funktion des Geheimwissens und der Geheimgesellschaften in ihr Gegenteil verkehrt. In Gesellschaften mit einfacher Wissensverteilung ist das Geheimwissen ein besonderes Wissen, das in speziellen Vermittlungsakten und -kanälen weitergegeben wird. Interne Spezialisierung bedeutet gleichzeitig Anspruch auf besonderes Wissen. Und das gilt auch für konkurrierendes Wissen, das durch esoterische Vermittlung den Anspruch auf dieselbe Besonderheit erhebt. In pluralistischen Gesellschaften ist Wissen wesentlich exoterisch. Selbst esoterische Wissensformen im engeren Sinne werden hier exoterisch und zugänglich, und die Bedeutung von Geheimwissen verliert vollständig an Ruf. Nur das, was prinzipiell allen vermittelt werden kann (faktisch ist das aufgrund der sozialen Verteilung des Wissens nie möglich), gilt als richtiges Wissen. (Einzelne Einrichtungen, die noch mit exklusiv erlangbarem Sonderwissen werben – magische Logen, charismatische Kapitalisten, die den ökonomischen Erfolg als Form einer moralischen Einstellung ansehen – stehen selbst am Rand der Gesellschaft.)

Nach der Darstellung der Institutionalisierung von Wissensbeständen, die die Objektivität der Wirklichkeit stützen, können wir uns nun dem Prozess zuwenden, der diese Objektivität dem einzelnen sozusagen nahe bringt: der *Internalisierung*. Sie vollzieht sich in der primären und sekundären Sozialisation und in den damit verbundenen Interaktionsprozessen. Wieder aufbauend auf Cooley, Mead und Schütz sehen Berger und Luckmann die Internalisierung in der Fähigkeit verankert, dass sich im Rahmen der Sozialisation Erfahrungen von den Erziehenden auf andere Menschen übertragen und damit generalisieren können. Mit der Übertragung von »signifikanten Anderen« auf »generalisierte Andere« ist eine Ausweitung der Regeln, eine Anonymisierung von Rollen und eine Generalisierung des Denkens verbunden. Erst dies ermöglicht es, die Vorstellung einer objektiven Wirklichkeit im Bewusstsein zu etablieren. Eine entscheidende Rolle spielt dabei schon die emotionale Aufladung der primären Sozialisation, die den »Protorealismus« der Welt begründet. Dagegen erscheint die in der sekundären Sozialisation erworbene Wirklichkeit künstlicher und leichter zerstörbar. In der Sozialisation entsteht eine subjektive Wirklichkeit, also die sozial konstruierte Wirklichkeit aus der Perspektive des einzelnen Bewusstseins.

Diese subjektive Wirklichkeit ist jedoch fortwährend durch Grenzsituationen bedroht. Zur Sicherung dieser Wirklichkeit dient das Routinehandeln und die Bestätigung durch den »Chor der anderen Menschen«. Sicherheit verleiht auch die »Konversationsmaschine«, also die wirklichkeitsstiftende Kraft des Gesprächs und der gemeinsamen Sprache. Dennoch kann es zu Krisensituationen kommen, die zur

44 Der Begriff wird hier also nicht in seiner historischen Bedeutung benutzt, die ja erst um die Wende zum 20. Jahrhundert auftritt.

Transformation der subjektiven Wirklichkeit, zur Konversion und damit zur (sekundären) Resozialisation führen, bei dem die signifikanten Anderen ebenso wie der Legitimationsapparat ausgetauscht werden. (Auch sozialer Aufstieg oder Abstieg kann zu »kleinen Verwandlungen« führen.) Daran erkennen wir schon, dass eine erfolgreiche Sozialisation von der Gesellschaftsstruktur abhängig ist: Einfache Gesellschaften führen auch zu recht eindeutigen Identitäten – ein Bauer ist ein Bauer, ohne dass er eines großen Innenlebens bedürfte, das sich entschieden von dem seines Nachbarn unterschiede. (Nur bei stigmatisierten Personen zeichnen sich Unterschiede ab.) In komplexen Gesellschaften aber bilden sich einerseits unterschiedliche Perspektiven auf die Sozialisation aus. Wegen des vielzähligen Expertenwissens kann es andererseits auch zu widersprüchlichen Wissensvermittlungen kommen, die durch die Notwendigkeit der Menschen verstärkt wird, verschiedene Rollen einzunehmen (von Lehrern über »fremde« Kinderfrauen und Peers aus anderen Milieus). Häufig entsteht dann eine »Rollendistanz«.

Berger und Luckmann reden in diesem Zusammenhang von einer »persönlichen Identität«. Damit bezeichnen sie das Zusammenwirken von Organismus, individuellem Bewusstsein und Gesellschaftsstruktur. Diese Identität wird in der Sozialisation ausgebildet. Sie wird meistens von alltäglichen Identitätstheorien geleitet. In modernen, ausdifferenzierten Gesellschaften stehen jedoch mehr und mehr eigene Experten insbesondere aus der Psychologie zur Verfügung, die Identitätstheorien »anbieten«. Zu diesen Theorien zählt auch die bürgerliche Vorstellung der Individualität. Dabei handelt es sich jedoch nur um eine historische Form sehr unterschiedlicher gesellschaftlicher Formen der Identität.[45]

Mit der Ausbildung der persönlichen Identität schließt sich der Kreis der gesellschaftlichen Konstruktion auf eine beinahe magische Weise: Was als isoliertes Einzelwesen begann, ist nun ein von der Objektivität einer gesellschaftlichen Ordnung geprägtes Sozialwesen. Die Rekonstruktion des Prozesses der gesellschaftlichen Konstruktion der Wirklichkeit von Berger und Luckmann wirft zweifellos die methodologische Frage auf: »Wer konstruiert hier? Die gesellschaftliche Realität selber oder der Soziologe?«[46] In der Tat ist dies eine große Frage. Denn wenn die gesamte

45 Zur Theorie der Identität vgl. Hubert Knoblauch, Subjekt, Intersubjektivität und persönliche Identität. Zum Subjektverständnis der sozialkonstruktivistischen Wissenssoziologie, in: Matthias Grundmann und Raphael Beer (Hg.), Subjekttheorien interdisziplinär. Diskussionsbeiträge aus Sozialwissenschaften, Philosophie und Neurowissenschaften, Münster 2004, S. 37-58

46 Diese Frage wurde von Alfred Schütz schon aufgeworfen, der sie durch die Unterscheidung zwischen Konstrukten erster Ordnung und Konstrukten zweiter Ordnung beantwortete: Die gesellschaftliche Konstruktion ist ein empirischer Vorgang der Handelnden selbst, die sich damit eine sinnvolle Welt erschaffen (Konstrukte 1. Ordnung). Es ist die Aufgabe der Soziologie, die Konstrukte 1. Ordnung zum Gegenstand zu machen und sie mit wissenschaftlichen Kategorien zu analysieren (Konstrukte 2. Ordnung); vgl. Alfred Schütz, Common-Sense und wissenschaftliche Interpretation menschlichen Handels, in: Jörg Strübing und Bernt Schnettler (Hg.), Methodologie interpretativer Sozialforschung. Klassische Grundlagentexte, Konstanz 2004, S. 157-197; zu den methodo-

Wirklichkeit eine Konstruktion ist: Wie können Berger und Luckmann diese Konstruktion überhaupt beschreiben? Stellen sie sich außerhalb, über sie, neben sie? Um diese Frage zu beantworten, muss man sehen, dass Berger und Luckmann hier weitgehend einen Weg begehen, den Schütz vorgezeichnet hat. Um nämlich die soziale Konstruiertheit der Welt aufzuzeigen, greifen sie auf die phänomenologische Beschreibungsperspektive des mundanen Bewusstseins zurück. Was aus dieser Perspektive beschrieben werden kann, sind die »protosoziologischen Strukturen« (wie Luckmann sie nennt) der Lebenswelt, mit denen Begriffe wie »Handeln« und »Verstehen« in den Blick kommen.[47] Diese Begriffe bilden die Voraussetzung der Soziologie (und damit auch der Wissenssoziologie), sind aber nicht selbst schon Soziologie. Die Wissenssoziologie beschäftigt sich denn auch mit den empirischen Ausformungen dessen, was als Wirklichkeit verstanden wird. Sie verwendet die Mittel der modernen Wissenschaft, die zwar nur eine ihrerseits konstruierte Kosmologie zur Verfügung stellt, aber eine, die ihr Wissen immerhin zu reflektieren sucht – und damit auch die Wissenssoziologie ermöglicht.

Wie schon erwähnt, haben sich sowohl Berger als auch Luckmann – ausgehend von einem für das spätere Buch programmatischen Aufsatz[48] – intensiv mit der Religion als bedeutender Form der Wirklichkeitskonstruktion beschäftigt. Religion ist ihnen ein Musterbeispiel der symbolischen Wirklichkeit – allerdings keineswegs die Einzige. Daneben hat Berger bedeutende Beiträge zum Problem der Modernisierung und Globalisierung geliefert, während Luckmann den Schwerpunkt auf das zentrale Thema der Sprache gelegt hat und damit eine Bewegung vollzieht, die als eine gegenwärtige und weiterführende Tendenz der Wissenssoziologie angesehen werden kann.

---

logischen Folgerungen vgl. Thomas Eberle, Sinnkonstitution in Alltag und Wissenschaft, Bern 1984.

47 Hubert Knoblauch, Soziologie als strenge Wissenschaft? Phänomenologie, kommunikative Lebenswelt und soziologische Methodologie, in: Protosoziologie 5 (1993), S. 114-122

48 Peter Berger und Thomas Luckmann, Sociology of Religion and Sociology of Knowledge, in: Sociology and Social Research, 47 (1963), S. 61-73

B Die kommunikative Wende

Die »gesellschaftliche Konstruktion der Wirklichkeit« stellt zugleich einen Wendepunkt und einen Neubeginn der Wissenssoziologie dar. War die Wissenssoziologie davor vor allem von Mannheims Versuchen der Analyse von Weltanschauungen geprägt, so weitete sich ihr Analysebereich auf die Kultur und alle (auch subjektiven) Sinnphänomene aus. Diese Wissenssoziologie war zu einer Grundlagentheorie geworden, die auch die Soziologie insgesamt inhaltlich bestimmte. Die Wissenssoziologie der »gesellschaftlichen Konstruktion der Wirklichkeit« ist deswegen auch keine Spezialdisziplin, die etwa von der Kultursoziologie oder der Religionssoziologie zu unterscheiden wäre. Sie ist vielmehr eine soziologische Grundlagentheorie, deren Folgen sich bald in den verschiedenen Bereichen auswirken sollten: In der soziologischen Theorie breitete sich der Konstruktivismus aus (der allerdings bald unter Gedächtnisschwund zu leiden begann[1]), die Wissenschaft wurde zum Gegenstand wissenssoziologischer Forschung wie auch die Religion, und in den siebziger Jahren wurde dann auf großer Breite sogar der »Alltag« als soziologischer Forschungsbereich entdeckt.

International jedoch entwickelte sich die Wissenssoziologie sehr unterschiedlich. Während die »gesellschaftliche Konstruktion« in Frankreich erst spät rezipiert wurde und recht folgenlos blieb, löste sie in den angelsächsischen Sprachkulturen eine wissenschaftssoziologische Forschungswelle aus, die heute noch anhält. Im deutschsprachigen Raum zeigte sich – nach der »Entdeckung des Alltags« in der »Soziologie des Alltags« oder der »Alltagsgeschichte« – seit Beginn der 1980er-Jahre eine erstaunliche thematische Konvergenz verschiedener wissenssoziologischer Ansätze hin zum Begriff der Kommunikation. Diese wissenssoziologische Hinwendung zur Kommunikation der deutschsprachigen Wissenssoziologie bildet den Gegenstand dieses Kapitels.

1 Die kommunikative Konstruktion der Wirklichkeit

Nach der »Gesellschaftlichen Konstruktion« haben sich Berger und Luckmann mit vielfältigen Themen beschäftigt. Bei beiden bildete die Religion ein Zentrum ihres Schaffens, die sie im Sinne ihrer Theorie als eine Form der symbolischen Wirklichkeit (neben anderen) betrachteten. Beide arbeiteten die Theorie der gesellschaftli-

---

1 Die erstaunlichen Mängel der Konstruktivismusdebatte betont Ian Hacking, Was heißt ›soziale Konstruktion‹? Zur Konjunktur einer Kampfvokabel in den Wissenschaften, Reinbek 1999. Zu den verschiedenen Spielarten des Konstruktivismus vgl. Hubert Knoblauch, Zwischen System und Subjekt? Methodologische Unterschiede und Überschneidungen zwischen Systemtheorie und Sozialkonstruktivismus, in: Ronald Hitzler, Jo Reichertz und Norbert Schröer (Hg.), Hermeneutische Wissenssoziologie. Eine methodologisch-theoretische Positionsbestimmung, Konstanz 1999, S. 213-235

chen Konstruktion in verschiedene Richtungen aus – Luckmann in Richtung auf die Methodologie und Begründung der Sozialwissenschaften, Berger in Richtung auf eine Theorie der modernen Gesellschaft. Berger richtet seinen Blick in korrelationistischer Weise besonders auf das Verhältnis zwischen dem individuellen Bewusstsein und den Strukturbedingungen der Moderne, zu denen er die technisierte Wirtschaft und die Bürokratie, aber auch die Verstädterung und die Massenmedien zählt.[2] Die technologische Produktion wirkt sich in seinen Augen auf den modernen »Denkstil« aus. Dieser moderne Denkstil zeichnet sich zum einen durch Komponentialität aus: Die Komponenten der Wirklichkeit sind in sich abgeschlossene Einheiten, die mit anderen solchen Einheiten verbunden werden können. Er sieht Komponenten und ihre Abfolgen in einem engen Zusammenhang, trennt aber systematisch zwischen Mitteln und Zwecken. Der Grundzug dieses modernen Denkstils besteht in dem, was er »implizite Abstraktion« nennt: Jede Tätigkeit, so konkret sie auch sein mag, kann in einem abstrakten Bezugsrahmen verstanden werden. Dies gilt auch für soziale Beziehungen, die ein doppeltes Bewusstsein erzeugen: Der Andere kann gleichzeitig in seiner konkreten Individualität und als Teil der hochabstrakten Tätigkeitskomplexe erlebt werden, in denen er fungiert. Durch seine Neigung zur Maximierung der Ergebnisse ergibt sich die Tendenz zur Neuerung. Schließlich zeichnet sich der moderne Denkstil durch Multi-Relationalität aus: Vom Einzelnen aus gesehen gehen viele Dinge gleichzeitig vor; die Beziehungen zu materiellen Gegenständen und Personen werden sehr komplex.

Auch die Bürokratie enthält eine Reihe von Elementen, die sich auf den Denkstil auswirken. Dazu zählen: Geregeltheit, Hang zur Klassifizierung, allgemeine und autonome Organisierbarkeit, Voraussagbarkeit, allgemeine Erwartung der Gerechtigkeit und die Untrennbarkeit von Mitteln und Zweck (die dem entsprechenden technologisch abgeleiteten Prinzip immanent widerspricht). Diese Denkstile wirken sich auf die Art der modernen Identität aus – ein Thema, das auch Luckmann aufnimmt, das aber hier nicht ausführlicher besprochen werden kann.[3]

Folgenreich für die weitere Entwicklung der Wissenssoziologie war, dass sich Luckmann seit Ende der 60er-Jahre verstärkt mit sprachsoziologischen Fragen auseinanderzusetzen begann.[4] Der Aufschwung der Sprachsoziologie muss dabei als Teil eines umfassenden »linguistic turn« angesehen werden, der sich in der zweiten Hälfte des 20. Jahrhunderts vollzog. Ein wesentlicher Initiator dieser »linguistischen Wende« war zweifellos der österreichische Philosoph Ludwig Wittgenstein (1889-1951), der die Sprache zum wichtigsten Mittel der Erkenntnis erklärte. Sprache liegt in seinen Augen nicht als ein einheitliches Instrument der Abbildung von Wirklichkeit vor, wie in der neopositivistischen Wissenschaftsphilosophie (zu der er

2 Peter L. Berger, Brigitte Berger und Hansfried Kellner, Das Unbehagen in der Modernität, Frankfurt 1987 (EA 1973)

3 Ausführlicher dazu: Knoblauch, Subjekt, Intersubjektivität und persönliche Identität, op. cit.

4 Thomas Luckmann, Soziologie der Sprache, in: René König (Hg.), Handbuch der empirischen Sozialforschung, Bd. 11, Stuttgart 1969, S. 1050-1101; stark überarbeitet als Bd. 13, Stuttgart 1979, S. 1-116

anfänglich selbst zählte) behauptet wird. Vielmehr bestehe eine Vielfalt von unterschiedlichen Weisen, Sprache zu gebrauchen, die jeweils auf ihre besondere Art Bedeutungen erzeuge. Die unterschiedlichen Weisen bezeichnet er mit dem mittlerweile sehr populär gewordenen Begriff des Sprachspiels: Diese Bedeutung von Worten – also gleichsam die sprachlich objektivierte Form des Wissens – geht auf jeweils besondere Interaktionssituationen oder situative Kontexte zurück, in denen ihre Verwendung eigenen Regeln folgt. Dies bezeichnet er als Sprachspiele, gleichsam die Generatoren für sprachlich vermittelbares Wissen. Diese Sprachspiele sind nicht beliebig, sondern machen einzelne Lebensformen aus: Sprachspiele sind also auf Lebensformen bezogen und bilden deren (in ihnen geschaffene) Bedeutungshorizonte. Sprachspiele müssen von den Akteuren erlernt werden, damit sie diese wieder kompetent anwenden können.[5]

In der Sprachwissenschaft löste Wittgensteins Philosophie die Entwicklung der Sprechakttheorie aus, die Sprache als eine Form des Handelns zu betrachten begann. Wir werden auf deren soziologische Rezeption im Zusammenhang mit Habermas zu sprechen kommen. Der französische Strukturalismus, den wir unten behandeln werden, stellt die Sprache ebenfalls in den Mittelpunkt seiner Theorie – wenn auch auf eine andere Weise als die Sprechakttheorie. Die Sprachsoziologie ihrerseits wurde zweifellos von diesem »linguistic turn« angeregt, hat aber spezifisch soziologische Gründe für die Zuwendung zur Sprache. Denn der Grundstein dafür ist schon bei Schütz angelegt, für den die Sprache das wichtigste Reservoir gesellschaftlich verfügbarer Typisierungen und damit eine wesentliche Form des gesellschaftlichen Wissensvorrats darstellt.[6]

Diese Wende zur Sprache führte Luckmann konsequent fort. Seine Beschäftigung mit der Sprache kann in zwei große Phasen eingeteilt werden. In einer ersten betont er die Rolle der Sprache als eine »abstrakt-objektivistische« Struktur aus Zeichen, die er »korrelationistisch« in eine Verbindung zur Gesellschaftsstruktur stellt. In einer zweiten Phase dagegen beschäftigt er sich vor allem mit den Prozessen der Sprachverwendung, in denen Wissen vermittelt wird. Eine zentrale Rolle nimmt hier die Analyse der kommunikativen Gattungen ein.

Schon im Mittelpunkt der gesellschaftlichen Konstruktion der Wirklichkeit steht die Objektivierung von Problemen des alltäglichen Lebens und ihrer Lösungen. Die Basis für diese Objektivierung liegt in der Bewusstseinsleistung der Appräsentation.[7] Denn

---

5 Ludwig Wittgenstein, Philosophische Untersuchungen, Frankfurt 1971 (EA 1958). Wittgenstein wurde zwar von Peter Winch für die Soziologie fruchtbar gemacht; vgl. Peter Winch, Die Idee der Sozialwissenschaft und ihr Verhältnis zur Soziologie, Frankfurt 1966 (EA 1958). Allerdings blieb dies – mit wenigen Ausnahmen – weitgehend folgenlos. Zu den Ausnahmen zählt Rolf Wiggershaus (Hg.), Sprachanalyse und Soziologie, Frankfurt 1975

6 Vgl. Alfred Schütz, Vorlesungen zur Sprachsoziologie, in: Theorie der Lebenswelt 2: Die kommunikative Ordnung der Lebenswelt, op. cit., S. 225-283

7 Thomas Luckmann, Aspekte einer Theorie der Sozialkommunikation, in: ders., Lebenswelt und Gesellschaft, op. cit., S. 93-122, S. 105

so wie Wahrgenommenes auf etwas nicht Wahrgenommenes verweisen kann, können auch im Handeln erzeugte Objekte auf etwas verweisen, das sie nicht selbst sind. Solche Verweisungen nehmen damit einen zeichenhaften Charakter an. Die verschiedenen *Zeichenarten* unterscheidet Luckmann mithilfe seiner Theorie der Transzendenz: Anzeichen transzendieren die Erfahrung des Raumes, Merkzeichen die der Zeit. Zeichen überschreiten die konkrete Unmittelbarkeit der sozialen Begegnung, und Symbole schließlich die Transzendenz der alltäglichen Lebenswelt (Träume, Phantasien etc.).

Die Unterschiedlichkeit der Zeichenarten ist auch mit der Handlungssituation verknüpft: Während sich die Verwendung von Anzeichen und Merkzeichen danach unterscheidet, wer sie setzt und wer sie liest (wurde der Ast von einem Kundschafter abgebrochen oder von einem Reh?), ist der Bedeutungsgehalt von Zeichen abgelöst von der spezifischen Verwendungssituation: Sie sind standardisiert und konventionalisiert. Die Referenz ist an die Handlungssituation gebunden, weil die Zeichen ihren Grund in der Interaktion finden. In einer feinsinnigen Konstitutionsanalyse zeigt Luckmann, wie sich Zeichen erst im Kontext der konkreten Interaktion ausbilden. Weil sich Anzeichen und Merkzeichen schon im einfachen Handlungsdialog – etwa in Deixis und Ausdrucksverhalten – konstitutieren, erlaubt es die typische Verwendung solcher Objektivierungen (Lautmuster, körperliche Ausdrücke), von Protozeichen zu sprechen. Protozeichen entstehen in der Unmittelbarkeit der Face-to-Face-Situation, d.h. im wechselseitigen Handeln und auf der Grundlage der Ausdrucksfähigkeit, der Reziprozität der Perspektiven, der Rollenübernahme und der wechselseitigen Spiegelung. Die Besonderheit der zunächst mundsprachlichen Zeichenkonstitution nun liegt darin, dass die Lautäußerung ein »›objektives‹ Ereignis in der gemeinsamen Umgebung der Beteiligten von Face-to-face Situationen« ist und erst dadurch »den Grund für im engeren Sinne synchronisierte, intersubjektive Erfahrung beider Partner« bilden kann.[8] Es ist also nicht der semantische Geltungsanspruch, sondern die entäußerte Objektivität des Lautes (und später des Schriftzeichens), das die Synchronisierung des Bewusstseins und die Koordination der Handlungen ermöglicht. Die Objektivierung von Zeichen (unter denen sprachliche Zeichen nur ein Typus sind) ist also ›gleichursprünglich‹ mit dem kommunikativen Handeln; sie stellt einen Aspekt dieses Handelns dar.

Ähnlich wie bei der Institutionalisierung finden die Objektivierungen, die von gesellschaftlicher Relevanz sind, einen Ausdruck in der Sprache. Denn die Handelnden bedienen sich in der gesellschaftlichen Konstruktion von Wirklichkeit und ihrer Legitimation unterschiedlicher objektivierter Zeichen. Die wichtigste Form der Zeichen bildet die *Sprache* (bzw. das Sprachsystem), in der (analog zu Institutionen) Bedeutungen von überindividueller Relevanz abgelagert werden. Die Ausbildung eines solchen Systems von Zeichen, eines phonetisch-semantisch-syntaktischen Ganzen kommt für Luckmann einem wichtigen »evolutionären Sprung« gleich.

8 Thomas Luckmann, Die Konstitution der Sprache in der Welt des Alltags, in: Bernhard Badura und Klaus Gloy (Hg.), Soziologie der Kommunikation, Stuttgart 1972, S. 218-237, S. 223

Denn zum einen ermöglicht die Sprache die Ablösung der Erfahrungen von der unmittelbaren Situation. Sie zeichnet sich also durch *Abstraktheit* aus. Als eine Form der Objektivation wird die Sprache auch durch *Geschichtlichkeit* geprägt: Sie ist kein situatives Gebilde, sondern wird in historischen Handlungsketten geschaffen, aufrechterhalten und weitergegeben. Die typische Erfahrung von Lebensproblemen mit der physikalischen und sozialen Wirklichkeit früherer Generationen werden zusammen mit den entsprechenden sozialen »Lösungen« in die syntaktische Struktur und das semantische Repertoire einer Sprache eingebaut und darin gelagert. (Das ist auch eine Ursache für die Ausbildung von Einzelsprachen, Dialekten und Soziolekten.) Dennoch ist die Sprache nicht vom Subjekt abgelöst. Sie zeichnet sich vielmehr durch *Intentionalität* aus: Ihre Bedeutungen verweisen auf einen Sinn derjeniger, die sie verwenden. Als Struktur ist sie schließlich geprägt durch eine *Systemhaftigkeit* und die Geordnetheit ihrer Elemente untereinander: Die syntaktische Abfolge ihrer Teile, die grammatische Anpassung der Teile aneinander, die Selektion der Teile aus einem Reservoir an lexikalischen Einheiten etc.

Die Sprache stellt den wichtigsten Baustoff der Kultur dar. Sprachen beinhalten spezifische Weltansichten. So ermöglicht es das System sprachlicher Objektivationen, den Bezug auf eine große Bandbreite unterschiedlichster Wirklichkeiten herzustellen: vergangene, gegenwärtige und zukünftig-mögliche. Grammatik und Semantik enthalten eine sozial vordefinierte Topographie der Welt (von botanischen Taxonomien bis zur Terminologie von Verwandtschaftssystemen), ein Vokabular der Motive, mit dem Handlungen begründet und gerechtfertigt werden, sowie eine »Logik« und »Rhetorik« des Handelns. »Die Kultur und – vermittels der Kultur – die Gesellschaft, die dem Individuum als ein Gefüge von mehr oder minder selbstverständlichen Bedeutungszusammenhängen und Verhaltensweisen erscheinen, sind ihm hauptsächlich in Sprachformen zugänglich. Ein bestimmter Lebens-›Stil‹ einer Gesellschaft, einer sozialen Schicht, einer Gruppe, wird im Sozialisierungsprozess sprachlich vermittelt und wird im Verlauf der Einzelbiographie zum gewohnheitsmäßigen subjektiven ›inner-sprachlichen‹ Denk- und Erfahrungsstil: zu einer Routine der handlungssteuernden Weltorientierung«.[9]

In Anlehnung an Bühler erfüllt Sprache für Luckmann vor allem drei *Funktionen*[10]: Die erste Funktion bezieht sich auf das Soziale. So stellen Sprecher vermittels der Sprache Rapport, Identifikation oder deren Gegenteil her. Luckmann bezeichnet das als *phatische Funktion*. Sprache verortet Sprechende in einer Sozialstruktur, indem sie identifiziert, Solidarität und Beziehungen anzeigt, distinguiert, differenziert oder distanziert. Ihre soziale Funktion kann Sprache erfüllen, weil sie als objektiviertes Zeichensystem zwischen subjektiven Sinnstrukturen und gesellschaftlicher Wirklichkeit vermittelt. Sprache verbindet individuelle Sprechende mit einer historischen Gemeinschaft oder, wie etwa bei Mehrsprachigen, sogar einer Reihe histori-

9 Luckmann, Soziologie der Sprache 1979, op. cit., S. 2

10 Karl Bühler, Sprachtheorie. Die Darstellungsfunktion der Sprache, Frankfurt 1978 (EA 1934), S. 28

scher Gemeinschaften. Dadurch ist die Sprache das wichtigste Mittel zur Legitimation dieser Gemeinschaften (wie auch anderer symbolischer Sinnwelten). Als moralische Rhetorik ist die Sprache ebenso eine wichtige Stütze für die sozial konstruierten Normalwelten sozialer Gruppen, Klassen, Nationen und ganzer Gesellschaften. Sprache erfüllt eine wichtige Rolle in der Stabilisierung subjektiver Systeme pragmatischer und moralischer Orientierungen. Neben dieser »sozialen« Funktion erfüllt die Sprache eine wichtige »*Bedeutungsfunktion*«. Diese stellt gar die »Grundfunktion« dar, die sich in den »kommunikativen Intentionen des Sprechers [...] und in den Deutungsakten des Hörers« verwirklicht. Sprache ist das wichtigste Instrument für die soziale Vermittlung und subjektive Internalisierung von Wirklichkeiten. Drittens schließlich dient das sprachliche Zeichen (Intonation, individueller Sprachstil, sprachliches Repertoire) auch als »*Symptom und Indikation*« auf affektive Zustände, Persönlichkeit und biografische Lage des Sprechers. Sprache ist also indikativ: Individuelle Sprechstile, linguistische Repertoires und prosodische Merkmale zeigen die persönliche Identität der Sprechenden an. Für das Individuum ist die Sprache nicht nur eine Bedingung der sozialen Interaktion, sie dient auch zur Prägung der subjektiven Erfahrung.

Wissenssoziologisch kann die Sprache in eine gewisse Parallele zum Wissensvorrat gestellt werden: So differenziert sich Sprache ähnlich dem Wissen entsprechend der »institutionellen Ordnung« einer Gesellschaft aus: Fachsprachen und -varietäten reflektieren die institutionelle Spezialisierung[11], religiöse, politische und andere Expertensprachen folgen der Ausbildung eines entsprechenden Sonderwissens auf dem Fuß; Soziolekte und Dialekte sind Folgen der horizontalen und vertikalen Differenzierung der Gesellschaft.

Sprache ist allerdings keineswegs nur ein abstraktes System von Bedeutungen. »Die Sprache ist sozial im zweifachen Sinn: als ein Netz von Bedeutungsrelationen, das dem einzelnen historisch vorgegeben ist; und als Objektivierung von intersubjektiv gültigen, auf den einzelnen ›Zwang‹ ausübenden Handlungs- und Erfahrungsschemata.«[12] Indem Handelnde Elemente dieses Systems intentional anwenden, kommunizieren sie das im Sprachsystem verfestigte gesellschaftliche Wissen. Der eigentliche »Sitz im Leben« der Sprache liegt in ihrer Verwendung in den kommunikativen Formen des sozialen Handelns.

Nach der Beschäftigung mit der Sprache wendet sich Luckmann seit Ende der siebziger Jahre der Erforschung kommunikativer Vorgänge zu.[13] Diese Erforschung kommunikativer Vorgänge bildet die erwähnte zweite Phase. Denn hier steht eigentlich nicht mehr die Sprache im Mittelpunkt, sondern die Verwendung von

---

11 Sehr anschaulich bei Andrea Becker, Populärmedizinische Vermittlungstexte. Studien zur Geschichte und Gegenwart fachexterner Vermittlungsvarietäten, Tübingen 2001

12 Luckmann, Soziologie der Sprache, op. cit., S. 61

13 Entscheidend dafür war ein großes Projekt über Face-to-face-Kommunikation, in dem eine umfassende Partitur erarbeitet werden sollte. Der Abschlussbericht des Projektes wurde leider nie veröffentlicht, doch entwickelten sich daraus einige ergebnisreiche Folgeprojekte.

Sprache und anderen kommunikativen Zeichen. Unter *Kommunikation* versteht Luckmann dabei jede Form der Informationsvermittlung, wie sie durchaus auch im Tierreich vorkommen kann. Soziologisch ist »soziale Kommunikation« erst von Interesse, wenn sie als Teil von Handlungen auftritt.[14] So kann in seinen Augen ein bloßer Ausdruck durchaus nur Kommunikation sein; ein Achselzucken indessen, mit dem auf eine Frage reagiert wird, ist Teil eines sozialen Handelns. Soziales Handeln muss keineswegs immer kommunikativ sein. Wenn wir beispielsweise Menschen Essen geben oder wegnehmen, handeln wir durchaus sozial, ohne kommunizieren zu müssen. Kommunikation ist also ein soziales Handeln, das sich dadurch auszeichnet, dass es Zeichen (der verschiedenen Arten) verwendet. Kraft der verwendeten Zeichen wird Sozialkommunikation – ebenso wie die Sprache – durch Abstraktion geprägt; das, worauf die Zeichen verweisen, ist selbst nicht präsent. Weil sie in Handlungen eingebettet ist, wird sie von Intentionalität geprägt, die sowohl das Wissen um die Zeichencodes als auch die Fähigkeit, mit ihnen umzugehen, umfasst. Der Code ist auch dasjenige, was die Handelnden teilen müssen. Er macht die Sozialität der Kommunikation aus und reguliert ihre Handlungen. Schließlich zeichnet sich Sozialkommunikation durch Reziprozität aus: Die einzelnen Handlungen und Verhaltensweisen sind systematisch aufeinander bezogen und müssen deswegen auch wechselseitig beobachtet werden. Es ist insbesondere dieser letzte Aspekt, der über die Sprache hinausgeht und eine durchgängige Koordination von Handlungen erfordert. Schon aus diesem Grund bilden sich in Gemeinschaften üblicherweise feste Strukturen aus, die diese Koordination regeln, gleichermaßen »Institutionen des kommunikativen Handelns«. Luckmann bezeichnet diese Muster der Kommunikation als kommunikative Gattungen. Diese Gattungen sind jedoch nicht nur Mittel zur Abstimmung von Handlungsabläufen. Sie spielen auch eine bedeutende wissenssoziologische Rolle.

Denn Kommunikation ist der zentrale Prozess der *Wissensvermittlung.* Wie bereits Schütz betonte, ist das meiste Wissen, über das Menschen verfügen, »sozial abgeleitet«, stammt also von anderen. Der Prozess der sozialen Ableitung nun ist die Kommunikation. Hatten in der älteren Form der konstruktivistischen Wissenssoziologie Wissen und Handeln gleichsam die mikroskopischen Aspekte von Kultur und Gesellschaftsstruktur zwei Pole gebildet, so kann nun beides, Wissen und Handeln, im Begriff des kommunikativen Handelns verschmolzen werden. Denn kommunikatives Handeln ist zugleich Sinnvermittlung und Strukturbildung, es ist zugleich individuell und kollektiv.

In der Kommunikation sind natürlich schon all jene Wissenselemente enthalten, die in der Sprache verfestigt sind. Über die Sprache hinaus aber enthalten auch Elemente des Kommunikationsprozesses selbst Wissenselemente, die an den *kom-*

14 Aus diesem Grund sollte m.E. von »kommunikativen Handlungen« gesprochen werden; vgl. Hubert Knoblauch, Kommunikationskultur. Die kommunikative Konstruktion kultureller Kontexte, Berlin u. New York 1995.

munikativen Gattungen besonders deutlich werden. Diese unterscheiden sich von »spontanen« kommunikativen Handlungen, die Schritt für Schritt, ohne einen langfristigen Vorentwurf, vollzogen werden. Kommunikative Gattungen dagegen zeichnen sich durch einen Gesamtentwurf aus, dem die einzelnen Kommunizierenden jeweils folgen. Das kann schon im Kleinen beginnen, etwa bei kurzen sprachlichen Wendungen, bei Phrasen und Sprichwörtern. Interaktiv können sich solche Muster in Begrüßungsritualen oder Verabschiedungen ausdrücken. Schon bei solchen minimalen Formen zeigt sich der institutionelle Charakter, denn falsche oder unangemessene Verwendungen können mit Sanktionen bestraft werden. Dies gilt umso mehr für die größeren Formen: Witze werden üblicherweise nicht bei der Regierungserklärung oder von der Kanzel herab erzählt (außer man »rahmt« sie auf eine besondere Weise[15]), Konversionsgeschichten treten geläufig nicht bei Business Meetings auf. Um die innere Form von der Frage der sozialen Angemessenheit zu trennen, unterscheidet Luckmann zwischen der »Binnenstruktur« und der »Außenstruktur«.[16] Die *Binnenstruktur* enthält die sprachlichen Aspekte des Codes, aus dem die Gattungen bestehen, während die Außenstruktur den sozialen Kontext beschreibt, in dem Gattungen Anwendung finden. Zur Binnenstruktur gehören zum einen prosodische Mittel wie Intonation, Lautstärke, Sprechgeschwindigkeit, Pausen, Rhythmus, Akzentuierung aber auch Aspekte der *Stimmqualität.* So erweisen sich Phänomene der Prosodie und Stimmqualität, wie etwa der Predigerton, als konstitutive Merkmale für die betreffenden Gattungen. Ferner kann die Wahl eines bestimmten Kodes für ganze Gattungen oder für Elemente von Gattungen bestimmend sein. Darunter fällt die Sprachvarietät, wie etwa Hochsprache, Jargon, Dialekt, Soziolekt oder die Wahl eines an den Situationstypus angepassten Sprachregisters (z.B. formales, informelles oder intimes Register).

Die »*Außenstruktur*« kommunikativer Gattungen besteht aus wechselseitigen Beziehungen, kommunikativen Milieus und kommunikativen Situationen sowie der Auswahl von Akteurstypen (nach Geschlecht, Alter, Status usw.). Nehmen typische Arten von Akteuren regelmäßig an einer Reihe kommunikativ ähnlich gestalteter Situationen teil – wir reden hier von »Veranstaltungen« – so bilden sie ein Milieu. Soziale Milieus, wie beispielsweise Familien, Ökologiegruppen oder Studentencliquen, zeichnen sich durch typische, immer wiederkehrende soziale Veranstaltungen aus. Auch verschiedene ethnische Milieus (weiße und schwarze US-Amerikaner/innen, Briten und Inder/innen in Großbritannien) weisen Unterschiede beim Gebrauch bestimmter kommunikativer Gattungen auf, wie Argumentationen, Jobinterviews und Sprechstundengespräche. Dies gilt insbesondere für die Unterschiede zwischen institutionellen Bereichen. So zeichnet sich die religiöse Kommunikation ebenso

15 Der Begriff der »Rahmung« bzw. »framing« wird später erläutert.

16 In einer späteren Fassung folgt er einer Dreiteilung in textueller »Binnenstruktur«, interaktiver Realisierungsebene und Außenstruktur; vgl. dazu Hubert Knoblauch, Gattungslehre, in: Historisches Wörterbuch der Rhetorik Bd. 3: Eup-Hör, hgg. von Gert Ueding, Tübingen 1996, S. 557-564

durch ihre besonderen Gattungen aus (Gebete, Predigten, »Heilige Worte«), wie die Wirtschaft oder die Wissenschaft, die Politik oder die Bildung.

Kommunikative Gattungen sind also nicht nur Mittel zur Koordinierung von Handlungen, die sich von einem Institutionsbereich zum nächsten, von einer Epoche zur anderen und von Kultur zu Kultur unterscheiden können. Sie sind Muster und Vorfertigungen kommunikativer Abläufe, die als solche im Wissensvorrat abgelegt sind. (Im Wissensvorrat enthalten ist auch das Wissen über die Art der kommunikativen Gattungen und ihrer Verwendung.) Es geht in ihnen jedoch nicht nur um den äußeren Ablauf der Kommunikation. Vielmehr besteht ihre Grundfunktion ja in der Lösung immer wiederkehrender kommunikativer Probleme – und das sind auch die der Wissensvermittlung. So zeigt Luckmann etwa, dass das Problem der Rekonstruktion vergangener Erfahrungen ein typisches Problem der Kommunikation darstellt. Zu diesem Zwecke bilden sich besondere kommunikative Gattungen, mit denen vergangene Erfahrungen »rekonstruiert« werden können: Geschichten, Erzählungen und andere narrative Formen sind bekannte Beispiele. Ihre wissenssoziologische Relevanz erhalten sie nicht nur dadurch, dass sie zur Rekonstruktion des Vergangenen genutzt werden. Sie sind selbst die Formen, in denen Vergangenheit bewahrt und verschiedene Formen der Vergangenheit markiert wird: Der gestrige Besuch der Großmutter auf eine andere Weise als der historische Kniefall von Brandt, die Begegnung mit dem Heiligen Geist auf eine andere Weise als die Geschichten der Großmutter über ihre bäuerliche Arbeit. Diese anderen Weisen werden gleichsam in den Gattungen konserviert, die dadurch selbst Formen des Wissens darstellen.

Auf wissenssoziologischer Grundlage und unter Bezug auf die theoretische und empirische Konzeption kommunikativer Gattungen entwickelte sich in der Folge eine regelrechte Welle von Untersuchungen zu den ›verfestigten‹ Kommunikationsformen. Neben Arbeiten aus der Linguistik, insbesondere der Textlinguistik, finden sich vor allem sprachsoziologisch orientierte Analysen, wie etwa die zu Klatschgesprächen, zu Konversionen oder Argumentationen. Standen anfangs vor allem informelle kommunikative Akte im Mittelpunkt der Gattungsanalyse, rückten mit der Untersuchung sprachlicher Interaktionen in institutionellen Kontexten und mit der Erforschung medialer Kommunikationsformen zwei neue Schwerpunkte in das Interesse der Gattungsforschung.[17] Diese empirischen Arbeiten verdeutlichen die »kommunikative Wende« des Sozialkonstruktivismus, die auch programmatisch verschiedentlich vollzogen wird.[18] Nicht zuletzt die empirischen Arbeiten verweisen in aller Deutlichkeit auf die besondere Neuorientierung des Sozialkonstruktivismus.

17 Einen Forschungsüberblick bieten Hubert Knoblauch und Susanne Günthner, ›Forms are the Food of Faith‹. Gattungen als Muster kommunikativen Handelns, in: Kölner Zeitschrift für Soziologie und Sozialpsychologie, 4 (1994), S. 693-723. Forschungsbeiträge finden sich in den Sammelbänden von Jörg Bergmann und Thomas Luckmann (Hg.), Kommunikative Konstruktion von Moral. 2 Bd., Opladen 1999.

18 Vgl. dazu Knoblauch, Kommunikationskultur, op. cit., sowie Thomas Luckmann, Das kommunikative Paradigma der ›neuen‹ Wissenssoziologie, in: ders., Wissen und Gesellschaft. Ausgewählte

Die Wendung zur Kommunikation beschränkt sich keineswegs auf die phänomenologische Wissenssoziologie. Eine solche Wende spielt sich auch in der Sozialpsychologie ab, die soziale Repräsentationen untersucht. Hier wird von einer »diskursiven« Wende gesprochen, die eine neue »diskursive Psychologie« begründet. »Diskursiv ist unsere Tätigkeit dann, wenn wir wiederholt und gemeinsam zur Lösung einer Aufgabe oder zur Verwirklichung eines Vorhabens ein für alle verfügbares Zeichensystem verwenden.«[19] Diskurse sind also öffentlich eingespielte Verwendungsweisen von Zeichen, in denen Wissen zum Ausdruck kommt. Ähnliche Entwicklungen sind auch im Gefolge der Foucaultschen Diskurstheorie zu beobachten, auf die wir später zu sprechen kommen werden. Der Strömung zur Kommunikation folgen ebenso die Kritische Theorie und die Systemtheorie, die ebenfalls unten behandelt werden. Dieser Strömung kann in gewissem Sinn auch eine Richtung zugeordnet werden, die schon seit Dilthey eine große Rolle für die Wissenssoziologie spielte und in großer geistiger Nähe zum Sozialkonstruktivismus eine eigene sozialwissenschaftliche Tradition ausgebildet hat: die Hermeneutik.

2 Sozialwissenschaftliche Hermeneutik

Die Hermeneutik hebt sicherlich nicht den Begriff der Kommunikation in den Vordergrund. Sie kann jedoch in diesem Zusammenhang behandelt werden, weil sie die gesamte Sozialwelt ähnlich behandelt wie einen Text, den es zu interpretieren gilt. Die soziale, ja die gesamte Wirklichkeit erscheint ihr wie in ein Sinnkleid gehüllt, in dem der Mensch erst als Mensch leben kann. Der Rekonstruktion dieses Sinnkleides, das wie ein Text behandelt werden kann, widmet sich die Hermeneutik, die zunächst eine (im weiteren Sinne) philosophische Disziplin darstellte. Seit dem Ende der 1970er-Jahre hat sich in der deutschen Soziologie eine hermeneutische Forschungstradition ausgebildet, die mit wissenssoziologischen Fragestellungen arbeitet, ja teilweise sich ausdrücklich als wissenssoziologische Hermeneutik oder hermeneutische Wissenssoziologie bezeichnet.[20] Das »Sinnkleid« der Welt war für sie nun nicht mehr etwas dem Einzelnen Mitgegebenes, sondern etwas, das in sozialen Handlungen erzeugt und durch soziale Verstehensprozesse erst zugänglich wird. Um die Vorgehensweise der sozialwissenschaftlichen Hermeneutik zu verstehen, ist es sicherlich hilfreich, die Grundprinzipien der Hermeneutik zu skizzieren.

Hermeneutik hat eine Tradition, die manche bis auf Aristoteles' Logik zurückführen. Es handelt sich um eine Lehre der Auslegung von Zeichen auf die dahinter liegenden seelischen Vorgänge. Eine solche Auslegung ist insbesondere für die so ge-

---

Aufsätze 1981 – 2002, Konstanz 2002, S. 201-210 (zuerst franz. 1997).

19 Rom Harré, Epistemologie sozialer Repräsentationen, in: Uwe Flick (Hg.), Psychologie des Sozialen. Repräsentationen in Wissen und Sprache, Reinbek 1995, S. 165-176, S. 169f

20 Jo Reichertz, Hermeneutische Wissenssoziologie, in: Ralf Bohnsack, Winfried Marotzki und Michael Meuser (Hg.), Hauptbegriffe Qualitativer Forschung, Opladen 2003, S. 85-89

nannte dogmatische Hermeneutik ein dauerndes Problem. Dabei handelt es sich um diejenigen Disziplinen, in denen menschliche Handlungen auf schriftliche Prinzipien gebracht werden müssen. Das ist eine Aufgabe etwa für die Jurisprudenz, in der Gesetzestexte ausgelegt werden müssen, oder für die christliche Theologie, in der es um die Auslegung der biblischen Texte geht.[21] Im Unterschied dazu lehrt die zetetische Hermeneutik, dass alle Textarten einer Deutung bedürfen. Alle Äußerungsformen und Dokumentarten enthalten in ihrem Zeichenvorrat schon einen bestimmten Sinn, den die Interpretation ausschöpfen will oder der mittels Interpretation wiedergegeben werden soll. Verstehen ist dieser Hermeneutik denn auch, in den Worten von Dilthey, ein Vorgang, »in welchem wir aus sinnlich gegebenen Zeichen ein Psychisches, dessen Äußerung sie sind, erkennen«.[22] Zu einer Wissenschaft wird das Verstehen jedoch erst, wenn es bestimmten angebbaren Regeln folgt, mit denen die einzelnen Ausdrücke gedeutet werden, wenn sie also eine Kunstlehre entwickelt, die unter anderem so verfährt, dass sie ein Ganzes aus einem Teil zu erklären sucht.[23] In der Gegenwart ist die Hermeneutik deswegen besonders aktuell, weil sie den Verstehensprozess selbst reflektiert und »immer auch die geschichtliche Situation des Interpreten« (und seine soziale) berücksichtigt.[24]

Die gegenwärtige wissenssoziologische Anwendung der Hermeneutik, die sich bislang weitgehend auf die deutschsprachige Forschung beschränkt, wurde von ULRICH OEVERMANN initiiert, der die »objektive Hermeneutik« begründete.[25] Die Grundzüge der *objektiven Hermeneutik* entstanden in einem Forschungsprojekt zum Thema »Elternhaus und Schule«, das den durchaus wissenssoziologisch relevanten Zusammenhang zwischen Schichtzugehörigkeit und Intelligenzentwicklung behandelte. Die objektive Hermeneutik stellt denn auch zunächst eine Methode dar, mit der familiale Interaktionsprozesse auf das Vorkommen kollektiven Wissens untersucht wurden. Im Unterschied zur traditionellen Hermeneutik, die den subjektiven Sinn der Handelnden zu heben sucht und identifizieren will, was eine Person beabsichtigt, geht es hier um die Möglichkeit des »objektiven Verstehens«, also der Entdeckung von den Handelnden nicht bewusstem »latenten« Sinn. Das Sinnkleid der Wirklichkeit wird demnach von »objektiven«, sozialstrukturellen Faktoren

21 Die Theologie hat schon früh eine Lehre vom mehrfachen Sinn der Schrift ausgebildet: »Littera gesta docet, quid creda allegoria; moralis quid agas, quo tendas anagogia« (»der buchstäbliche Sinn lehrt die Fakten, die Allegorie den Glaubensinhalt, der moralische Sinn das, was zu tun ist, der ›erbauliche‹, wonach zu streben ist«).

22 Dilthey, Die geistige Welt, op. cit., S. 318

23 Hier tritt denn auch der berühmte hermeneutische Zirkel auf, der im Wesentlichen darin besteht, dass man ein Teil interpretiert, um das Ganze zu verstehen, doch um ein Teil zu verstehen, das Ganze schon verstanden haben muss.

24 Hans-Georg Gadamer, Wahrheit und Methode. Grundzüge einer philosophischen Hermeneutik, Tübingen 1972, S. 281

25 Ulrich Oevermann war zunächst am Max-Planck-Institut für Bildungsforschung in Berlin tätig und war bis 2008 Professor für Soziologie an der Johann Wolfgang Goethe-Universität in Frankfurt am Main.

bestimmt. Dieser Sinn wird aus den »Ausdrucksgestalten« oder »Objektivierungen« gewonnen, die gleichsam als der zu deutende Text angesehen werden.

Die gesamte wissenssoziologisch ausgerichtete Hermeneutik zeichnet sich dadurch aus, dass sie sich nicht nur auf Texte, sondern auf Handlungsobjektivierungen der verschiedensten Art bezieht. Gegenstand der objektiven Hermeneutik sind sehr unterschiedliche Untersuchungsgrößen: Es kann sich um ganze Epochen handeln, um Biografien oder um kurze Interaktionsabläufe. Diese verschiedenen, als Protokolle betrachteten Objektivierungen sind selbst die Träger von Bedeutung, sie »konstituieren aufgrund rekonstruierbarer Regeln die *objektiven Bedeutungsstrukturen* und diese objektiven Bedeutungsstrukturen stellen die latenten Sinnstrukturen der Interaktion selbst dar. Diese objektiven Bedeutungsstrukturen von Interaktionstexten, Prototypen objektiver sozialer Strukturen überhaupt, sind Realität (und haben Bestand) analytisch (wenn auch nicht empirisch) unabhängig von der je konkreten intentionalen Repräsentanz der Interaktionsbedeutungen auf Seiten der an der Interaktion beteiligten Subjekte.«[26] Das bedeutet, dass nicht zuerst die einzelnen Subjekte über ihre Handlungsmöglichkeiten entscheiden; es gibt vielmehr im Wesentlichen feststehende Möglichkeiten, aus denen sie lediglich auswählen.

Wissenssoziologisch bedeutsam ist vor allem Oevermanns Konzept des *sozialen Deutungsmusters*, das am Anfang der Entwicklung der objektiven Hermeneutik steht. Oevermann geht es hier um die Art, wie Subjekte ihre Umwelt interpretieren, also um mentale Strukturen. In soziologischer Perspektive handelt es sich dabei um Muster der Interpretation, die dem Subjekt als objektive Strukturen entgegentreten, also um »das ›Ensemble‹ von Wissensbeständen, Normen, Wertorientierungen und Interpretationsmustern, das in einem inneren Zusammenhang stehend einen epochalen Zeitabschnitt in der Entwicklung einer Gesellschaft oder eines für die Formation einer Gesellschaft wesentlichen Segments prägt«.[27] Soziale Deutungsmuster sind nicht einzelne Meinungen oder Einstellungen, sondern (a) allgemeine Argumentationszusammenhänge, die (b) funktional auf objektive, sozial geteilte Handlungsprobleme bezogen sind. Man kann sie in der bekannten korrelationistischen Form wie folgt darstellen:

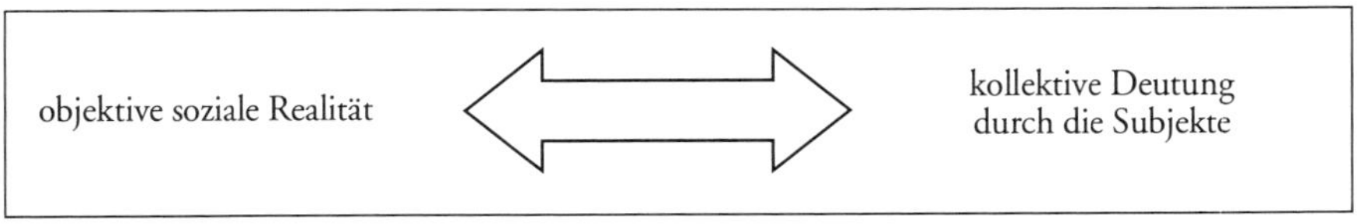

Abb. 13: ***Kollektive Deutungsmuster***

26 Ulrich Oevermann, Tilman Allert, Elisabeth Konau und Jürgen Krambeck, Die Methodologie einer ›objektiven Hermeneutik‹ und ihre allgemeine forschungslogische Bedeutung in den Sozialwissenschaften, in: Hans-Georg Soeffner (Hg.), Interpretative Verfahren in den Sozial- und Textwissenschaften, Stuttgart 1979, S. 379

27 Ulrich Oevermann, Zur Analyse der Struktur von sozialen Deutungsmustern, in: Sozialer Sinn 2 (2001), S. 3-33 (der Aufsatz stammt ursprünglich aus dem Jahr 1973)

Als Wissenskonstrukte stehen sie in einem Verhältnis zur sozialen Struktur, da sie auf objektive Handlungsprobleme bezogen sind, die der Deutung bedürfen. Diese Deutungen liegen jedoch nicht im Belieben der Handelnden. Vielmehr handelt es sich bei Deutungsmustern um »kollektive Strukturen eines sozial Unbewussten«.[28] Aus diesem Zusammenhang folgt, dass sich Deutungsmuster dann ändern, wenn sich die objektiven Bedingungen verändern. Allerdings haben Deutungsmuster ein gewisses Beharrungsvermögen. Sie können sich von ihrem Ursprungkontext ablösen und verselbstständigen. Sie können sich historisch-zeitlich und synchron innerhalb der Sozialstruktur verändern. Dabei gilt allgemein: Je weiter verbreitet sie sind, umso selbstverständlicher erscheinen sie. Man kann sie sich wie wissenschaftliche Theorien vorstellen, die für das alltägliche Handeln entworfen werden – auch wenn sie weitaus weniger formalisiert sind. Da es sich um mentale, kognitive Strukturen handelt, müssen soziale Deutungsmuster von den Subjekten Schritt für Schritt erlernt werden. Ihre Regeln können durch Beobachtung erfasst und selbstständig rekonstruiert werden. Sie werden jedoch von ihnen nicht explizit gewusst und sind deswegen auch nicht abfragbar, sondern stellen eine Art implizites Wissen dar. Deutungsmuster sind jedoch keine spezifischen Inhalte, sondern – analog zu sprachlichen Regeln – Generatoren von Deutungen.

Die frühe Konzeption der sozialen Deutungsmuster fiel auf einen empirisch fruchtbaren Boden, der vielerlei einzelne Untersuchungen hervorbrachte. Allerdings wurde er kaum mehr theoretisch-systematisch weiter entwickelt.[29] Deswegen wurde das Konzept in der Forschung sehr uneinheitlich verwendet. Ein historisches Beispiel dafür ist etwa das Deutungsmuster des Kriegshelden in Deutschland, das Schilling erforscht hat.[30] Als liberales, fast revolutionäres Konzept während der Befreiungskriege gebildet, entwickelt es sich unter dem Kaiserreich zu einem Leitbild des wilhelminischen Militärstaates. Im Ersten Weltkrieg erfährt es eine Modernisierung, die es in Verbindung mit der Technik bringt und im Dritten Reich schließlich zu einem zentralen Element der Herrschaftsideologie wird. Jedoch variiert der Begriff des Deutungsmusters in den empirischen Arbeiten so stark, dass Meuser und Sackmann in ihrem Überblick nur noch grobe Gemeinsamkeiten zwischen den verschiedenen Verwendungsweisen erkennen: ein funktionaler Bezug auf ein objektives Handlungsproblem, die kollektive Verbreitung, normative Geltungskraft, Konsistenz durch generative Regeln, begrenzte reflexive Verfügbarkeit und relative Autonomie gegenüber den gedeuteten Sachverhalten.[31]

---

28 Ulrich Oevermann, Die Struktur sozialer Deutungsmuster – Versuch einer Aktualisierung, in: Sozialer Sinn 2 (2001), S. 35-81, S. 37

29 Das bemerkt Michael Schetsche, Wissenssoziologie sozialer Probleme. Grundlegung einer relativistischen Problemtheorie, Opladen 2000, S. 114f

30 René Schilling, Kriegshelden. Deutungsmuster heroischer Männlichkeit in Deutschland 1813-1945, Paderborn 2003

31 Michael Meuser und Reinhold Sackmann (Hg.), Analysen sozialer Deutungsmuster. Beiträge zur empirischen Wissenssoziologie, Pfaffenweiler 1992, S. 18

Weil die objektive Hermeneutik (ähnlich wie die Psychoanalyse) Deutungen über die Wirklichkeit von Handelnden beansprucht, ohne deren subjektiven Sinn zu berücksichtigen, wurde ihr vielfach vorgehalten, sie verfahre hermetisch und vertrete theoretisch eine Art »Metaphysik der Strukturen«.[32] Genau dies versucht die *hermeneutische Wissenssoziologie* (auch »sozialwissenschaftliche Hermeneutik«) zu vermeiden, die auf die Arbeiten von HANS-GEORG SOEFFNER zurückgeht.[33] Im Unterschied zur objektiven Hermeneutik bezieht sie die subjektiven Deutungen der Handelnden mit ein, die sie mithilfe des kategorialen Apparats der phänomenologisch orientierten Soziologie erforscht. Sie vertritt also keine »Tiefenhermeneutik«, die davon ausgeht, dass die Interpretation einen Gehalt zutage fördern könne, der den Beteiligten selbst nicht bewusst sei.

Als Grund dafür gibt Soeffner die anthropologische Fundierung der Hermeneutik an: Da menschliches Verhalten biologisch kaum geregelt wird, zeichnet es sich immer schon durch Mehrdeutigkeit aus – muss also notwendigerweise gedeutet werden. Dass etwas verstanden werden muss, weil es als »abständig« erscheint (die hermeneutische Differenz, die zur Deutung anstiftet), gehört zu den grundlegend menschlichen Aufgaben im alltäglichen Leben. Deswegen gibt es in jeder Kultur immer eine Alltagshermeneutik. Die Hermeneutik zielt also nicht nur auf Verstehen allgemein, sondern auch darauf, wie Handelnde im Alltag sich verstehen. Dazu betrachtet sie Handelnde als Produzenten von Texten oder Ausdrucksformen. Texte und Ausdrucksformen sind die Zeichen, die den Dingen, den Menschen und ihren Verhaltensweisen erst das Sinnkleid überziehen, von dem oben schon die Rede war. Dieses Sinnkleid ist jedoch kein Ergebnis eines »Autors«, oder einzelner sinnschaffender Akteure, sondern immer ein »Gemeinschaftsprodukt« der sinnschaffenden und verstehenden Handelnden. Sinn ist ebenso wie Verstehen ein wesentlich sozialer Prozess. Doch nicht nur das: Er ist zudem auch den Sozialwissenschaften zugänglich. Denn weil Verstehen ein Prozess ist, der in der Alltagswelt immer schon stattfindet, sind wir potenziell auch immer zum Verstehen und Deuten berufen. Das, was in der sozialen Welt »ist« (also Sinn hat), muss also nicht nur »gewusst« werden; es muss zudem auch Wissen über die Auslegung dieses Sinns existieren. Und das gilt nicht nur für die Gegenstände der Alltagswelt, sondern auch für Handlungen, Routinen und Institutionen, die von den Handelnden ausgelegt werden müssen. Mit ihrer eigenen Auslegung »leisten Akteure demzufolge (zumindest) zweierlei: Sie legen das gesellschaftlich vor-ausgelegte Wissen entsprechend den eigenen Dispositionen aus, und sie entwerfen auf dieser Basis Handlungsziele und Handlungsabläufe.«[34] Das Wissen wird also wieder mit den Handlungen verbunden und damit »verwirklicht«.

---

32 Jo Reichertz, Probleme qualitativer Sozialforschung, Frankfurt 1986

33 Hans-Georg Soeffner wurde 1939 in Essen geboren. Er studierte an den Universitäten Tübingen, Köln und Bonn. Er ist Professor für Soziologie in Konstanz.

34 Ronald Hitzler, Jo Reichertz und Norbert Schröer, Das Arbeitsfeld einer hermeneutischen Wissenssoziologie, in: dies. (Hg.), Hermeneutische Wissenssoziologie. Standpunkte zur Theorie der Interpretation, Konstanz 1999, S. 9-13, S. 10

Dies bildet die Grundlage für die wissenschaftliche Deutung, die es mit dem besonderen Umstand zu tun hat, dass ihr Gegenstand ein eigenes Verständnis der Welt hat. Der Kern dieser sozialwissenschaftlichen Hermeneutik liegt aber nicht in der Differenz zwischen Alltag und Wissenschaft, sondern in ihren Gemeinsamkeiten: Wissenschaftliche Hermeneutik beginnt mit dem Beschreiben und Verstehen »sozialer Orientierung, sozialen Handelns, sozialer Handlungsprodukte und des jeweiligen historischen ›subjektiven‹ oder ›kollektiven‹ Selbstverständnisses menschlicher Individuen, Gruppen oder Gesellschaften«.[35]

Wird in der traditionellen Hermeneutik auf die »vier Ursachen« von Texten geachtet (materiale Basis des Textes, Textgestalt, Ursprung und Herkunft sowie Zweck von Texten), so steht in der hermeneutischen Wissenssoziologie der soziale Kontext bzw. das Milieu im Vordergrund, aus dem die zu Texten transformierten Handlungen stammen. Sozialer Kontext und die interpretierten Bedeutungen bilden also die zentralen Achsen der sozialwissenschaftlichen Hermeneutik. Dabei wird nicht nur der Kontext derer einbezogen, die interpretiert werden. Eine besondere Eigenart dieses hermeneutischen Ansatzes besteht in der Berücksichtigung auch des Kontextes der Deutenden. Im Unterschied zur alltäglichen Hermeneutik, die ihre Verstehensleistungen und -regeln implizit lässt, expliziert die wissenschaftliche Hermeneutik ihr Vorwissen und ihre Interpretationsregeln. Freilich bleibt dabei eine Differenz zwischen der Deutung und dem Gedeuteten erhalten. »Die im Alltag Handelnden verstehen und deuten [...] auf der Grundlage eines Wissens, von dem man eigentlich nicht sagen kann, dass sie es haben: Sie leben es. Die wissenschaftliche Hermeneutik dagegen entfaltet ex post aus den Handlungsprotokollen dieses Wissen und darüber hinaus die Bedingungen der Möglichkeiten dieses Wissens. In der vollendeten Auslegung hat sie dann dieses Wissen, aber sie lebt es nicht.«[36]

Eine ebenso ausdrücklich an die Wissenssoziologie angebundene, allerdings nicht ausdrücklich als hermeneutisch gekennzeichnete Methode stellt die »praxeologische Wissenssoziologie« dar, wie sie von RALF BOHNSACK[37] formuliert wurde. Wie der

35 Hans-Georg Soeffner, Auslegung des Alltags – der Alltag der Auslegung. Bd. 1, Frankfurt 1989, S. 57. Auch bei dieser Verfahrensweise werden zur Interpretation Aufzeichnungen gemacht, die sequentiell analysiert werden. Soeffner geht von der grundlegenden hermeneutischen Prämisse aus, dass die einzelnen Sequenzen über sich hinausweisen und den Handlungsrahmen als Ganzen repräsentieren: Die ursprüngliche Handlung, das Protokoll dieser Handlung, die von wissenschaftlichen Beobachtern erzeugt wurde, Interpretation, die nicht auf Empathie setzt, aber auf Perspektivenneutralität und die Differenz zwischen den Interpretationsmöglichkeiten und dem, was sich als Sinn der Handelnden darstellt. Die sequenzanalytische Vorgehensweise sieht so aus, dass zunächst ein Interakt ausgewählt wird. Dafür werden alle objektiv möglichen Bedeutungen rekonstruiert. Die Suche nach unwahrscheinlichen Deutungen oder Lesarten stellt hier eine besondere hermeneutische Herausforderung dar. Dann werden mögliche Kontexte für diese Bedeutungen rekonstruiert und mit dem faktischen Kontext verglichen. Das Interpretationsergebnis dieser Schritte wird dann zum Ausgangspunkt für die Interpretation des nächsten Interakts, der als Reaktion auf den vorangegangenen angesehen wird.

36 Soeffner, Der Alltag der Auslegung, op. cit., S. 83

37 Ralf Bohnsack wurde 1948 geboren. Er ist Professor emeritus für Erziehungswissenschaft an der FU Berlin.

Hermeneutik geht es auch ihm um die Rekonstruktion des kollektiven Wissenszusammenhangs von Handlungen, die das subjektive Handeln und sein Wissen mit orientiert und im Handelnden selbst repräsentiert (und deswegen empirisch zugänglich) ist. Bohnsack schließt ausdrücklich an der Ethnomethodologie Garfinkels und an der Wissenssoziologie Mannheims an.

In seinen berühmten »Studies in Ethnomethodology« hatte schon HAROLD GARFINKEL die »dokumentarische Methode der Interpretation« Mannheims zum Kern der Ethnomethodologie erklärt. Diese Methode bezeichnet die Fähigkeit von Handelnden, einzelne Vorkommnisse, Ereignisse und Handlungen als Ausdruck eines zugrunde liegenden (immer nur vermuteten, quasi fiktiven) Musters anzusehen. Erst wenn Handelnde diese Muster oder Ordnungen setzen, erscheint ihnen auch ihr eigenes Handeln und das Anderer verständlich. Mit dem Begriff der Ethnomethoden lenkt diese Form der Wissenssoziologie zudem das Augenmerk nicht auf das »Was« der gesellschaftlichen Wirklichkeit, sondern auf das »Wie«: Was als real anerkannt ist und entsprechend als Wissen auftritt, ist schon für die Ethnomethodologie ein Ergebnis der Art von Handlungsweisen der Akteure (die sie deswegen »Ethnomethoden« nennt). Bohnsack betont zusätzlich die bei Mannheim vollzogene Unterscheidung zwischen dem reflexiven oder theoretischen Wissen von Handelnden und ihrem handlungsleitenden oder inkorporierten Wissen. Während die erste öffentliche, allgemeine Bedeutungen beinhaltet, die er (wiederum in Anlehnung an Mannheim) als kommunikativ-generalisierend bezeichnet, hat Wissen in seinen Augen auch milieuspezifische, fallspezifische, individuelle Eigenheiten, die er (ebenso mit Mannheim) konjunktives Wissen bzw. konjunktive Erfahrungsräume nennt. Die expliziten Wissensbestände bilden Orientierungsschemata, die das Handeln als äußerliche und verpflichtende Richtlinien leiten. Dagegen bilden die habitualisierten Wissensbestände einen impliziten Orientierungsrahmen aus, der in der Regel von dem Kollektiv geteilt wird, das auch denselben Habitus aufweist.

Bohnsack zielt damit vor allem auf eine empirisch-methodische Nutzung dieser Unterscheidung, die eine Rekonstruktion nicht nur des expliziten Wissens, sondern auch der impliziten, habitualisierten Ordnung erlauben soll. Diese Methode stößt nicht nur in der Soziologie, sondern auch in den Erziehungswissenschaften auf Interesse.[38]

3 Die Theorie des kommunikativen Handelns

Die »kommunikative Wende« spielte sich keineswegs nur in der im weiteren Sinne phänomenologisch orientierten Soziologie ab. Eine breite Wirkung entfaltete sie, weil zwei weitere namhafte Theoretiker der deutschsprachigen Soziologie – beide zu Anfang der 1980er-Jahre – den Begriff der Kommunikation in den Mittelpunkt ih-

38 Für weitere Einzelheiten zur Anwendung der Methode siehe Ralf Bohnsack, Rekonstruktive Sozialforschung. Einführung in die qualitative Sozialforschung, Opladen 2003.

res Arbeitens stellten. Niklas Luhmann, der damit eine neue Fassung der Systemtheorie begründete, auf den wir im nächsten Paragrafen zu sprechen kommen, und JÜRGEN HABERMAS[39], der die kritische Theorie gleichsam in eine Theorie des kommunikativen Handelns überführte.[40]

Auch wenn der Begriff des kommunikativen Handelns seinen frühen Arbeiten noch fremd ist, so steht er durchaus in einer konsequenten Linie von Habermas' Denken, das sich umfänglich mit der Erkenntnis beschäftigt.[41] Der Prozess der Erkenntnis ist für ihn (wie auch schon für die kritische Theorie Adornos und Horkheimers, die er fortführt) untrennbar von der Konstruktion der Gesellschaft: Wissen dient zur Erzeugung und Aufrechterhaltung der Gesellschaft. Erkenntnis wird in verschiedener Form gemacht bzw. in Medien: im Medium der Arbeit, der Sprache und der Macht. Dieser Dreiteilung entspricht eine Dreiteilung der Wissensformen: *Information*, die technische Kontrolle ermöglicht, *Interpretation*, die Handlung im Kontext einer normativen Tradition leitet, und *Analyse*, die das Bewusstsein von seinen verdinglichten ideologisch konstruierten Aspekten befreit.[42] Es ist vor allem die Sprache, die hier als eine Art Klammer dient: Sie verbindet die drei Wissensformen, und sie erlaubt es auch, über Interessen wie über Erkenntnis zu reflektieren. Die Einheit des Wissens ist nicht allein in der Sprache, sondern in einer besonderen Art des unbehinderten, dialogischen Sprachgebrauchs verankert. Als Modell eines solchen Sprachgebrauchs betrachtet der frühe Habermas noch die Psychoanalyse: Sie biete ein Verfahren zur Klärung von alltäglichen Voraussetzungen der Kommunikation. (Diese Rolle wird später der von Habermas adaptierte phänomenologische Begriff der Lebenswelt übernehmen.) Die psychoanalytische Beziehung erscheint Habermas gar als Muster der freien Kommunikation, da sie zeige, wie verzerrte Kommunikation in eine Art unerzwungenen Konsensus überführt werde. (Später wird er diese Funktion der Hermeneutik zuschreiben, die allerdings den kritischen und therapeutischen Impetus der Psychoanalyse nicht mehr mit sich führt.) Das Medium der Befreiung ist wiederum die Sprache. Durch diese Hervorhebung der Sprache erfährt die ursprünglich marxistische Argumentation, die Habermas von der Kritischen Theorie aufnimmt, eine deutliche Verschiebung: Nicht mehr Pro-

---

39 Jürgen Habermas wurde 1926 in Düsseldorf geboren. Er studierte Philosophie, Geschichte, Psychologie, deutsche Literatur und Ökonomie in Göttingen, Zürich und Bonn. Er promovierte 1954 in Bonn und war von 1955 bis 1969 Forschungsassistent am Institut für Sozialforschung in Frankfurt am Main. 1961 habilitierte er in Marburg. Von 1964-1971 war er Professor für Philosophie und Soziologie in Frankfurt am Main, wechselte dann zum Max-Planck-Institut nach Starnberg und kehrte 1983 wieder zurück auf seine Professur nach Frankfurt.

40 Jürgen Habermas, Theorie des kommunikativen Handelns. 2 Bd., Frankfurt 1981

41 Jürgen Habermas, Erkenntnis und Interesse, Frankfurt 1968

42 Deswegen gibt es drei Typen der Wissenschaft: empirisch-analytische Wissenschaften, die ein technisches Interesse am Wissen haben; historisch-interpretative Wissenschaften, die ein praktisches Interesse haben, und systemische Wissenschaften des Handelns oder »kritisch orientierte Wissenschaften« (Soziologie, Ökonomie, Politik). Sie haben die Aufgabe, die Gesellschaft vor einer kritiklosen Annahme des Gegebenen zu befreien.

duktionskräfte stehen im Mittelpunkt der modernen Gesellschaftsstruktur, sondern Kommunikation und Interaktion. Habermas ist der Ansicht, dass er damit einer gesellschaftlichen Veränderung der Produktionsweise folgt: Nicht mehr die Handarbeit oder maschinelle Produktion schafft die größten Werte, sondern die Wissenschaft, die mit Sprache und Erkenntnis arbeitet. Allerdings bleibt Habermas auch hier noch der Kritischen Theorie treu: Denn wegen ihrer einseitigen Rationalität, die ihre sprachliche und interaktive Funktion verkenne, erfülle auch die gängige Wissenschaft noch eine ideologische Funktion.[43]

Habermas' Ausgangspunkt für die Entdeckung der Rolle von Sprache und Kommunikation bildet die universalpragmatische Philosophie von HANS OTTO APEL, der eine an die Wissenssoziologie gemahnende »Transformation der Philosophie« einfordert.[44] Für Apel wird Erkenntnis nicht vom Einzelnen gemacht, der als Erkenntnissubjekt auftrete. Vielmehr ist Erkenntnis wesentlich an ihre intersubjektive Geltung geknüpft. Weil diese nun von der Verständigung geprägt wird, ist Erkenntnis stark von der jeweiligen Kommunikationsgemeinschaft abhängig, in der sie gemacht wird. Allerdings verfolgt Apel diese Abhängigkeit nicht empirisch, sondern reflektiert die philosophische Frage, wie wahre menschliche Erkenntnis unter diesen Voraussetzungen noch möglich sei. Wenn Erkenntnis relativ zur Verständigungsgemeinschaft ist, dann erlaubt nur die Annahme, dass die gesamte Menschheit das erkennende Subjekt ist, noch eine Erkenntnis, die Geltung für alle Menschen haben kann – also »wahre« Erkenntnis. Sie liegt also nur dann vor, wenn man sich über die Geltung einer mitteilbaren Erkenntnis verständigen kann. Die Annahme einer gesamtmenschlichen Kommunikationsgemeinschaft ist damit die Voraussetzung für Erkenntnis. Und dies gilt für jeden einzelnen Kommunikationsvorgang: »Wer nämlich argumentiert, der setzt immer schon zwei Dinge gleichzeitig voraus: erstens eine reale Kommunikationsgemeinschaft, deren Mitglied er selbst durch einen Sozialisationsprozess geworden ist, und zweitens eine ideale Kommunikationsgemeinschaft, die prinzipiell imstande sein würde, den Sinn seiner Argumente adäquat zu verstehen und ihre Wahrheit definitiv zu beurteilen. Das Merkwürdige und Dialektische der Situation liegt aber darin, dass er gewissermaßen die ideale Gemeinschaft in der realen, nämlich als reale Möglichkeit der realen Gesellschaft, voraussetzt; obgleich er weiß, dass (in den meisten Fällen) die reale Gemeinschaft einschließlich seiner selbst weit davon entfernt ist, der idealen Kommunikationsgemeinschaft zu gleichen.«[45]

Diese ideale Kommunikationsgemeinschaft bildet ein »utopisches« Prinzip – allerdings eines, das in jeder aktuellen Kommunikation wirksam ist. Zwar sind wir als Kommunizierende nicht in dem Sinne an diesem Prinzip orientiert, dass wir es als eigenen Wert ausdrücklich verfolgen würden. Dennoch setzen wir dieses Prinzip

43 Jürgen Habermas, Technik und Wissenschaft als ›Ideologie‹, Frankfurt 1968

44 Karl-Otto Apel wurde 1922 in Düsseldorf geboren. Er lehrte in Kiel, Saarbrücken und Frankfurt am Main Philosophie.

45 Karl Otto Apel, Transformation der Philosophie. Bd. 2, Frankfurt 1976, S. 429

sozusagen automatisch in jeder kommunikativen Handlung voraus: indem wir unterstellen, dass die andere Person sich mit uns verständigen kann, dass sie uns verstehen kann und dass einer Infragestellung eine Begründung folgen kann.

Es ist dieses »kontrafaktische«, also empirisch nie wirklich realisierte, aber in idealisierter Form bei jeder Kommunikation unterstellte Prinzip, das tragend ist für Habermas' Theorie des kommunikativen Handelns. Habermas entwickelt eine ganze Systematik solcher »Unterstellungen«. Er bezeichnet sie als »Geltungsansprüche«, die mit jeder kommunikativen Handlung verbunden sind. Genauer sind es vier verschiedene Annahmen, die kommunikative Handlungen auszeichnen: Abgesehen davon, dass wir durch die bloße Kommunikation eine Verständigungsorientierung unterstellen, und uns also *verständigen* wollen, heißt kommunikativ handeln auch, dass wir uns *über etwas* verständigen, also einen Inhalt mitteilen (»Proposition«); dass wir uns *mit jemand* anderem verständigen, also eine soziale Handlung ausführen; und schließlich dass wir dabei uns *ausdrücken*, also etwas über unsere Person aussagen.

Geltungsansprüche sind dasjenige, was in einer kommunikativen Folgehandlung bezweifelt und, kraft eben jenes Prinzips dann »eingefordert« werden kann.[46] Sie sind auch von wissenssoziologischem Interesse, weil sie nicht nur eine Typologie der Sprache und der Sprechhandlungen implizieren, sondern zugleich eine Klassifikation von Wissensformen beinhalten. Der »Geltungsanspruch« ist als eine Form des Wissens anzusehen, dessen ›Geltung‹ eben in der Interaktion bzw. im kommunikativen Handeln eingelöst werden kann. Die Unterschiedlichkeit des Wissens macht Habermas vor allen Dingen an seinem Bezug auf je unterschiedliche Welten fest. Dazu beruft er sich auf die Drei-Welten-Theorie des kritisch-rationalistischen Philosophen Karl R. Popper. Popper unterscheidet die Welt 1 der materiellen Objekte und Zustände (unbelebte Dinge, biologische Organismen oder künstlich geschaffene Gegenstände) von der Welt 2 der Bewusstseinszustände (subjektives Wissen und Erleben der unterschiedlichen Art) und der Welt 3, also dem Wissen in objektiver Form (Aufzeichnungen intellektueller Bemühungen, theoretische Systeme u.Ä.).[47] Die Geltungsansprüche (und die mit ihnen verbundenen Wissensansprüche) werden durch den Bezug zur jeweiligen »Welt« bestimmt: So unterscheiden sich Aussagen, die sich auf die »objektive Welt« beziehen, von denen, in denen Sprecher über die »innere«, subjektive Welt reden. Äußerungen, die sich auf uns als Äußernde beziehen, haben es mit der sozialen Welt zu tun. Die unterschiedlichen Ausprägungen des kommunikativen Handelns sind an die verschiedenen Geltungsansprüche gebunden: »Wer ein verständliches Sprechaktangebot zurückweist, bestreitet die Gültigkeit der Äußerung mindestens unter einem dieser drei Aspekte von *Wahrheit*, *Richtigkeit* und *Wahrhaftigkeit*. Er bringt mit diesem ›Nein‹ zum Ausdruck, dass

46 In seinen ethischen Ausführungen entwirft Habermas »ideale« Bedingungen, unter denen sich diese Logik des kommunikativen Handelns möglichst unbeeinträchtigt von sozialen Einflüssen entfalten kann. Diese Möglichkeit der Entfaltung der »Kraft des besseren Arguments« in »idealen Sprechsituationen« ist in seinen Augen in jeder kommunikativen Handlung enthalten.

47 Karl. R. Popper, Objektive Erkenntnis, Hamburg 1973

die Äußerung mindestes eine ihrer Funktionen (der Darstellung von Sachverhalten, der Sicherung einer interpersonalen Beziehung oder der Manifestation von Erlebnissen) nicht erfüllt, weil sie entweder mit *der* Welt existierender Sachverhalte, mit *unserer* Welt legitim geordneter interpersonaler Beziehungen oder der *jeweiligen* Welt subjektiver Erlebnisse nicht in Einklang steht.«[48]

Diese Klassifikation bildet auch die Grundlage für Habermas' Einteilung von Handlungstypen, die sich auch als unterschiedliche Sinnorientierungen bzw. Wissenstypen ansehen lassen, die kommunikatives Handeln jeweils auf ihre Weise schwerpunktmäßig leiten können: Dramaturgisches Handeln dient der Selbstrepräsentation, indem es das Innere der Person ausdrückt und damit die subjektive Welt (mit dem Geltungsanspruch der Wahrhaftigkeit) thematisiert. Normenreguliertes Handeln verfolgt hauptsächlich das Ziel der Regelung interpersonaler Beziehungen. Bei dieser Form des Handelns haben wir es also mit (nach dem Geltungskriterium der Richtigkeit bemessenem) Wissen über die soziale Welt zu tun. Propositionen oder Konstative, die in Konversationen auftreten, beziehen sich schließlich auf Wissen über die »objektive« Welt, die nach dem Kriterium der Wahrheit bemessen werden. Die Bedeutung der Sprachlichkeit des kommunikativen Handelns kommt darin zum Ausdruck, dass jeder dieser Handlungsformen auch eine Art des »Sprechaktes« entspricht. Sie lassen sich also in ihrer sprachlichen Form unterscheiden: Konstative Sprechakte beziehen sich auf die objektive Welt, Regulative auf die Regelung des sozialen sprachlichen Handelns, Expressiva auf die innere Welt. Diese »Architektur« von Handlungstypen, Sprechakten, Wissen (Geltungsansprüchen), Weltbezügen kann man folgendermaßen zusammenfassen:

Handlungstypen	Sprechakte	Geltungsansprüche	Weltbezüge
Strategisches Handeln	Perlokution	Wirksamkeit	Objektive Welt
Konversation	Konstative	Wahrheit	Objektive Welt
Normenreguliertes Handeln	Regulative	Richtigkeit	Soziale Welt
Dramaturgisches Handeln	Expressive	Wahrhaftigkeit	Subjektive Welt

Abb. 14: ***Theorie des kommunikativen Handelns***

Bei den genannten Handlungstypen haben wir es jedoch nur mit Unterarten des kommunikativen Handelns zu tun. Denn das kommunikative Handeln ist nur eine von zwei grundlegenden Handlungsformen, die Habermas (hier sehr stark an der Tradition der kritischen Theorie orientiert) unterscheidet: In seiner Verständigungsorientierung unterscheidet sich das kommunikative Handeln grundsätzlich von zielgerichtetem, zweckorientiertem Handeln, das der frühe Habermas noch »instrumentell« nannte, später aber als »teleologisch« bezeichnet. Diese teleologische

48 Jürgen Habermas, Moralbewusstsein und kommunikatives Handeln, Frankfurt 1983, S. 147f

Form des Handelns nun kann auch in einem kommunikativen Gewand auftreten und sich der Sprache bedienen. Es zeichnet sich jedoch dadurch aus, dass es sich – obwohl es kommunikativ erscheint – nicht an der Verständigung ausrichtet, sondern lediglich am Erfolg. Habermas nennt diesen Zwitter aus teleologischem und kommunikativem das *strategische* (kommunikative) Handeln. Das strategische Handeln hat seine eigene Form des Sprechakts (die »Perlokution«, mit der wir etwas »bewirken« wollen), teilt aber seinen Weltbezug mit den Konstativa bzw. Propositionen.

Die Verwendung der Sprache, die den verschiedenen Geltungsansprüchen folgt, geschieht in Diskursen. Diskurse, die die Wahrheit von Aussagen über die objektive Welt zum Gegenstand machen, werden als theoretische Diskurse bezeichnet; solche, die Normen und die Richtigkeit von Handlungen behandeln, moralisch-praktische Diskurse. Die Richtigkeit lässt sich auch auf eine zweite Weise, nämlich durch ästhetische Diskurse behandeln, die jedoch weniger einzelne Normen als Wertstandards thematisieren. Die Subjektivität schließlich wird in therapeutischen Diskursen behandelt. Man kann diese Diskurse als eine Art kommunikativer Prozessor der verschiedenen Wissensformen ansehen.

Freilich sind diese verschiedenen Diskurse empirisch sehr häufig miteinander vermischt. In der Tat geht Habermas davon aus, dass sie historisch oder, wie Habermas meint, »evolutionär«, zuerst in Mischformen auftreten und sich erst im Laufe der Evolution allmählich ausdifferenzieren. Die Ausdifferenzierung solcher Diskurse ist ein Prozess, den Habermas als Rationalisierung beschreibt, da er zu einer sukzessiven »Bereinigung« der Diskursarten, der Arten kommunikativer Handlungen, der Weltbezüge und der Geltungsansprüche führt. Dieser Prozess der Rationalisierung steht in einer engen Beziehung mit der Struktur der jeweiligen Gesellschaft. In einfachen Gesellschaften sind die verschiedenen Arten von Diskursen noch sehr eng miteinander verwoben, wobei vor allem die Religion ein wichtiger Träger der Kommunikation und der Verständigungsorientierung darstellt. Erst im Prozess der allmählichen funktionalen Differenzierung, also etwa der Abgrenzung von Religion und Politik sowie Religion und Wissenschaft, »spezialisieren« sich Formen und Medien der funktionalen (instrumentellen und teleologischen) Kommunikation: Recht, Wirtschaft und Politik gliedern sich aufgrund ihrer medialen Eigenheiten (Recht, Macht, Geld) aus. Im Zuge dieser Ausdifferenzierung wird auch jener Bereich immer deutlicher erkennbar, in dem kommunikatives Handeln stattfindet, ohne jenen funktionalen Anforderungen zu gehorchen. Habermas nennt diesen Bereich die soziokulturelle Lebenswelt. (Habermas nimmt hier ausdrücklich Bezug auf den Begriff der Lebenswelt, wie er von Schütz und Luckmann entfaltet wurde, schneidet ihn aber seinen theoretischen Anforderungen entsprechend zurecht.)

Die Ausbildung, Ausdifferenzierung und damit Bereinigung der Diskurse stellt ihrerseits einen wichtigen Beitrag dazu dar, dass sich das Wissen und Handeln auf höhere Ebenen der Rationalität bewegt, da dasjenige Wissen (Kognitionen, Normen, Expressionen und Evaluationen) überdauert, das die Hürde vorangegangener Diskurse überwunden hat.

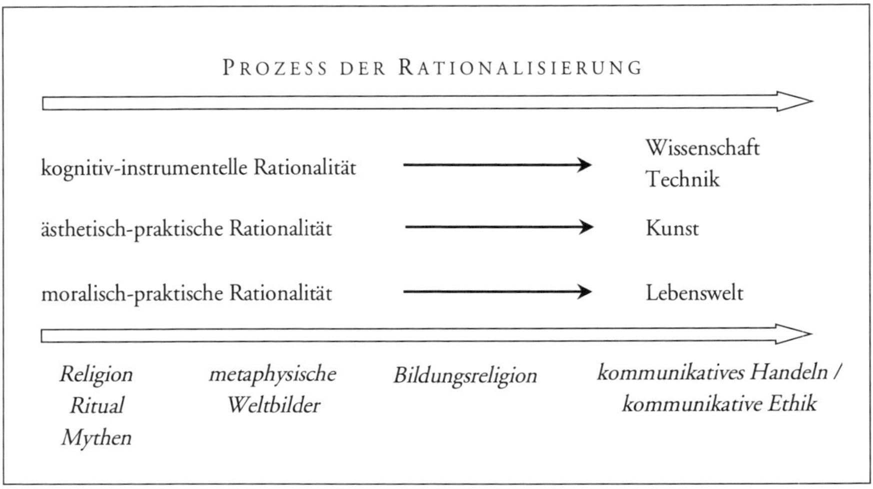

Abb. 15: ***Habermas: Prozess der Rationalisierung***

Habermas entwickelt also das Bild einer dreistrahlig sich entfaltenden Vernunft, da »die in religiösen und metaphysischen Weltbildern ausgedrückte subjektive Vernunft in drei Momente auseinandertritt, die nur noch formal (durch die Form argumentativer Begründung) zusammengehalten werden. Indem die Weltbilder zerfallen und die überlieferten Probleme unter den spezifischen Gesichtspunkten der Wahrheit, der normativen Richtigkeit, der Authentizität oder Schönheit aufgespalten, jeweils als Erkenntnis-, als Gerechtigkeits-, als Geschmacksfragen behandelt werden können, kommt es in der Neuzeit zu einer Ausdifferenzierung der Wertsphären Wissenschaft, Moral und Kunst. In den entsprechenden kulturellen Handlungssystemen werden wissenschaftliche Diskurse, moral- und rechtstheoretische Untersuchungen, werden Kunstproduktion und Kunstkritik als Angelegenheit von Fachleuten institutionalisiert. Die professionalisierte Bearbeitung der kulturellen Überlieferung unter jeweils einem abstrakten Geltungsaspekt lässt die Eigengesetzlichkeiten des kognitiv-instrumentellen, des moralisch-praktischen und des ästhetisch-expressiven Wissenskomplexes hervortreten. Von nun an gibt es auch eine interne Geschichte der Wissenschaften, der Moral- und Rechtstheorie, der Kunst – gewiss keine linearen Entwicklungen, aber doch Lernprozesse.«[49]

Da die besonderen Funktionen nun auch immer mehr von besonderen Funktionssystemen übernommen werden, kristallisiert sich im Zuge dieser Rationalisierung die soziokulturelle Lebenswelt als ein Raum der Verständigungsorientierung heraus, der von den vielseitigen Anforderungen entlastet ist, die er in früheren (etwa als Religion in traditionellen) Gesellschaften erfüllen musste. Erst im Zuge der Rationalisierung wird diese Lebenswelt erkennbar. Zugleich jedoch konstatiert Ha-

49 Jürgen Habermas, Kleine politische Schriften I-IV, Frankfurt 1981, S. 452f

bermas eine wachsende Kluft zwischen den institutionalisierten Wissenskomplexen und dieser Lebenswelt. Insbesondere die Bereiche, die instrumentellen Anforderungen gehorchen, geraten immer mehr in Widerspruch zu der »Lebenswelt«, die sich eines immer deutlicher heraustretenden kommunikativen Handelns bedienen kann. Ja, es kommt sogar zur »Kolonialisierung« der Lebenswelt, weil immer mehr »private« Anliegen strategisch ausgerichtet werden: Das Familienleben wird verrechtlicht, die persönlichen Beziehungen kommerzialisiert, selbst die Erlebnisse werden Gegenstand des Marketings. Gleichsam als Reaktion gegen diese Kolonialisierung bilden sich soziale Bewegungen aus, die den »Freiraum« der Lebenswelt zu wahren suchen: Die Frauenbewegung, die Ökologie-Bewegung oder die Antiglobalisierungsbewegung sind Beispiele dafür.

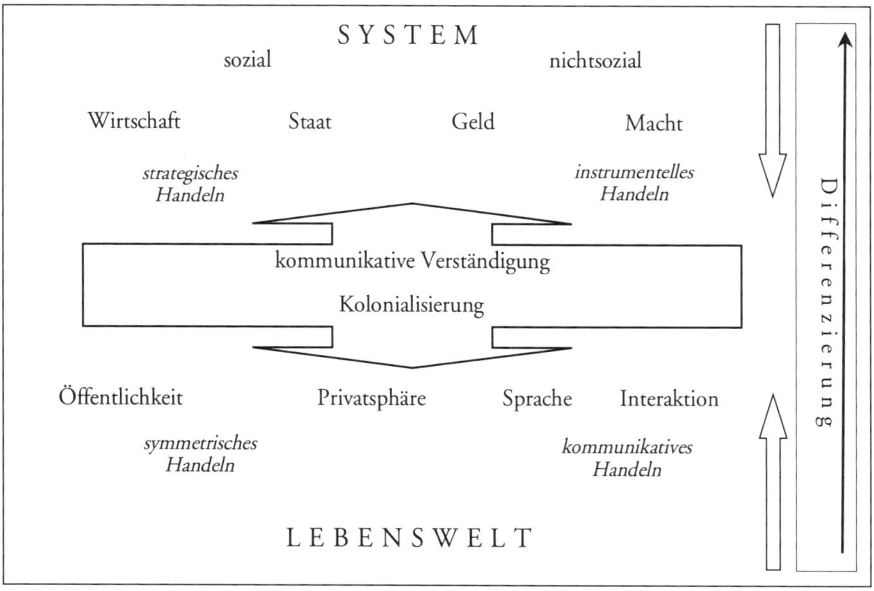

Abb. 16: ***System und Lebenswelt bei Habermas***

Dieses Modell weist durchaus gewisse Ähnlichkeiten mit dem auf, was Georg Simmel noch die »Tragödie der Kultur« nannte. Habermas jedoch bestreitet, dass es sich hier nur um ein Kulturphänomen handelt. Vielmehr sieht Habermas den Konflikt wesentlich von den Differenzierungsprozessen der Sozialstruktur geprägt, in denen sich in seinen Augen eine systemische Rationalität entfaltet. Zur Charakterisierung dieser (in den Augen der Kritischen Theorie) einseitigen systemischen Rationalität greift er auf die Systemtheorie (zunächst von Parsons, zunehmend aber auch die von Niklas Luhmann) zurück.

4 Systemtheorie und Semantik

Die Systemtheorie NIKLAS LUHMANNS[50] ist zweifellos der dritte bedeutende soziologische Ansatz, der eine kommunikative Wende vollzogen hat. Luhmann hatte sich ja lange Zeit an der Systemtheorie Talcott Parsons' orientiert. Erst anfangs der 1980er-Jahre vollzog er eine Wende zu einer autopoietischen Fassung der Systemtheorie. In dieser Fassung nimmt der Begriff der Kommunikation eine zentrale Rolle ein. Kommunikation wird zur entscheidenden, die Gesellschaft konstituierenden Operation erklärt.[51] Unter Gesellschaft versteht Luhmann genauer soziale Systeme verschiedener Art. Dabei unterscheidet er drei große Arten: Interaktionssysteme, Organisationen und Gesellschaften. Sie alle bestehen für ihn im Wesentlichen aus Kommunikation.

Bevor wir Luhmanns Vorstellungen weiter entwickeln, ist ein Wort zu Luhmanns Verhältnis zur Wissenssoziologie angebracht. Denn so deutlich die kommunikative Wende vollzogen ist, so distanziert verhält sich die Systemtheorie Niklas Luhmanns zur Wissenssoziologie. So bemängelt Luhmann, die klassische Wissenssoziologie sei in ihrem Programm stehen geblieben, weil sie keine Theorie der sich selbstbeobachtenden Gesellschaft formuliert habe und weil der Begriff des Wissens vom »Alternativkonzept« des Handelns abgelöst worden sei.[52] Trotz dieser Distanz hat Luhmann selbst eine vierbändige Aufsatzreihe zu »Gesellschaftsstruktur und Semantik« verfasst, die er »Studien zur Wissenssoziologie der modernen Gesellschaft« untertitelte.[53] Daneben haben auch andere systemtheoretische Autoren wissenssoziologische Fragen aufgeworfen, denen wir noch in der Darstellung der Theorien zur Wissensgesellschaft begegnen werden. So kann man zwar die Luhmannsche Systemtheorie nicht als eine Wissenssoziologie bezeichnen. Es gibt aber offensichtlich wissenssoziologische Teile in der Systemtheorie, und zwar auf drei Ebenen: Während der Begriff des »Wissens«, wie wir sehen werden, keine sehr bedeutsame Rolle in seiner Theorie spielt, bildet das Konzept des »Sinns« eine ihrer wesentlichen Grundlagen. Die spezifischeren wissenssoziologischen Fragestellungen behandelt er unter dem Titel der »Semantik«.

Wie auch die phänomenologischen und hermeneutischen Ansätze geht Luhmann vom Sinn als der elementaren Kategorie des *Sozialen* und *Psychischen* aus. Im Unterschied allerdings zu diesen Ansätzen bestehen für ihn zwischen dem Psychischen und dem Sozialen keine Übergänge, sondern vielmehr kategoriale Unterschiede. Sie

---

50 Niklas Luhmann wurde 1927 geboren; er war zuerst Jurist und Verwaltungsfachmann, bevor er sich der Soziologie zuwandte. Vor seiner Emeritierung war er Professor für Soziologie an der Universität Bielefeld. Er starb am 6. 11. 1998 in Oerlinghausen.

51 Niklas Luhmann, Soziale Systeme. Grundriss einer allgemeinen Theorie, Frankfurt 1984

52 Niklas Luhmann, Die Soziologie des Wissens: Probleme ihrer theoretischen Konstruktion, in: Gesellschaftsstruktur und Semantik. Bd. 4., Frankfurt 1999, S. 151-180. Insbesondere vor dem Hintergrund der integrativen Formen der Wissenssoziologie erscheint seine Kontrastierung von Wissen und Handeln doch als unzutreffend.

53 Niklas Luhmann, Gesellschaftsstruktur und Semantik. Studien zur Wissenssoziologie der modernen Gesellschaft, 4 Bd., Frankfurt 1980, 1981, 1989 und 1999. Luhmann betont in der Eröffnung dieser Aufsatzreihe, sich mit wissenssoziologischen Themen beschäftigen zu wollen.

bilden zwei unterschiedliche Systeme, denn das Soziale wird durch Kommunikation »prozessiert«, während der konstitutive Prozess des Psychischen Wahrnehmungen seien. Freilich, so räumt er ein, gibt es »zwischen Bewusstsein und Kommunikation [...] natürlich tief greifende Abhängigkeiten. Dies sind aber nur, wenn man so sagen darf, ökologische Beziehungen. Der Fortgang von Gedanke zu Gedanke und der Fortgang von Kommunikation zu Kommunikation laufen nicht im selben System ab.«[54]

Weil sowohl Psychisches wie Soziales »Sinn« voraussetzen, haben die unterschiedlichen Operationen des Bewusstseins und der Gesellschaft doch etwas gemeinsam, das Luhmann als »Medium« bezeichnet. Weil beide Systeme im Medium »Sinn« operieren, ist auch eine Verbindung zwischen beiden Systemen (Luhmann redet hier von »struktureller Kopplung«) möglich: Auch wenn das, was wir kommunizieren, eine andere systematische Rolle spielt als das, was wir denken, bleiben doch die Operationen beider Systeme ineinander übertragbar – weil sie eben beides Mal Sinn »prozessieren«.

Im Verständnis der Systemtheorie stellt die Gesellschaft ein eigenes System dar, das sich durch die sie konstitutierenden spezifischen Operationen von anderen Systemen, wie der Psyche oder der Natur, unterscheidet. Systeme werden aus einem Geflecht von miteinander interagierenden Prozessen gebildet, wobei sich unterschiedliche Systeme jeweils durch die Interaktion gleichartiger Prozesse (Wahrnehmung, Kommunikation) konstitutieren. (Diesen Aspekt, dass Systeme sich quasi selbst hervorbringen, bezeichnet Luhmann als »autopoietisch«). Ähnlich wie etwa das Nervensystem durch biochemische Prozesse erzeugt wird, bildet sich Gesellschaft eben in der Kommunikation.[55]

Im Unterschied zu den phänomenologischen Ansätzen, aber auch zu Habermas, versteht Luhmann unter *Kommunikation* nicht etwas, das ein Subjekt oder Bewusstsein erfordert. Vielmehr versucht er den Prozess der Kommunikation ohne den Rückgriff auf das Subjekt zu beschreiben, und zwar als Selektion zwischen drei Differenzen: Information, Mitteilung und Verstehen: Kommunikation vollzieht sich, wenn A eine Information einer Person B mitteilt und B diese auch versteht. Unter Information versteht Luhmann, dass »der Erlebende Ereignisse gegen einen Horizont anderer Möglichkeiten projiziert« und dann festlegt, wie er die Information nachvollziehen und verstehen kann. Er trifft eine Unterscheidung in der Welt zwischen dem, was er sagt und dem, was dadurch nicht gesagt wird. »Die Kommunikation teilt die Welt nicht mit, sie teilt sie ein in das, was sie mitteilt, und das, was sie nicht mitteilt.«[56] Die Mitteilung beinhaltet eine Absichtszuschreibung, dass

---

54 Niklas Luhmann, Intersubjektivität oder Kommunikation. Unterschiedliche Ausgangspunkte soziologischer Theoriebildung, in: Archivo di Filosofia 54 (1986), S. 41-60, S. 53f

55 Luhmann übernahm dieses Konzept von den chilenischen Biologen Humberto Maturana und Francisco J. Varela, die es mit Bezug auf die Konstruktion biologischer Zellen durch molekulare Interaktionen entwickelten. Im Unterschied allerdings zu Luhmann gehen sie nicht von einer systematischen Unterscheidung zwischen psychischen und sozialen Systemen aus, sondern sehen die »Konstruktion« von Wirklichkeiten in den Kognitionen des psychischen Systems begründet.

56 Niklas Luhmann, Wissenschaft der Gesellschaft, Frankfurt 1992, S. 27

nämlich jemand eine Information vermitteln will. Dies wiederum gelingt nur, wenn die Information verstanden wird. Verstehen jedoch bezieht sich nicht, wie man in der Hermeneutik gewohnt war, auf Prozesse des Bewusstseins. Verstehen realisiert sich allein in der Unterscheidung zwischen Information und Mitteilung. Dies zeigt sich insbesondere in der Anschlusshandlung, denn sie macht beobachtbar, ob und wie eine Kommunikation verstanden worden ist.[57]

Kommunikation also operiert vermittels der Unterscheidung zwischen Mitteilung und Information, die als Unterscheidung verstanden werden muss. In dieser Operation erst entsteht für Luhmann die Differenz, die andernorts als vorgängig angenommen wird: die Unterscheidung von Selbstreferenz und Fremdreferenz. Im Verstehen der Differenz von Mitteilung und Information wird eine Absicht zugeschrieben, die als Fremdreferenz erscheint. Kommunikation erst erzeugt die Differenz von Subjekten bzw. Referenzen. Von Personen lässt sich nur reden, weil der Kommunikationsprozess in der Lage ist, externe Referenzen zu »personifizieren«. Diese als identisch fixierte Kommunikation bildet autopoietisch eine durch Rekursionen erzeugte emergente Realität sui generis. Der Begriff der Emergenz bezeichnet den Umstand, dass die aus den Elementen entstandene Struktur anderen Regeln folgt als die Elemente, aus denen sie besteht: Die Menschen, die kommunizieren, folgen anderen Prinzipien als das System der Kommunikation, das sie ausbilden. Mit anderen Worten: Nicht der Mensch kommuniziert in Luhmanns Augen – nur die Kommunikation kann kommunizieren.

Nachdem die Orte des Prozessierens von Sinn im Bewusstsein und Kommunikation unterschieden werden, stellt sich die Frage: Was verstehen wir überhaupt unter Sinn? Denn *Sinn* ist ja für Luhmann nichts, was mit Bewusstsein, Subjekt oder Leib zu tun hätte. Luhmann definiert Sinn entsprechend subjektlos als »Überschuss an impliziten Verweisungen auf ein anderes, der zu selektivem Vorgehen in allem anschließenden Erleben und Handeln zwingt«.[58] Jedes aktuelle Datum verweist auf andere Möglichkeiten, jede Aktualität enthält eine Potenzialität – und es ist diese Verweisung auf Mögliches, Potenzielles, die Sinn ausmacht. Systeme, die mit Sinn operieren, zeichnen sich also dadurch aus, dass sie Möglichkeiten öffnen, zwischen denen dann eine Selektion (etwa in der Information) getroffen werden kann.

Sinn ist allgemein ein jeweils aktuelles Ereignis, das Selektionen erfordert. Damit Gesellschaft »funktionieren« kann, müssen solche Selektionen jedoch koordiniert und aufeinander abgestimmt werden. Schon bei der Begegnung von zwei Menschen ist es ja entscheidend für den Ablauf der Handlungen zu klären, ob sie sich die Hände reichen oder einander die Köpfe einschlagen werden. Sinn muss also bearbeitet, typisiert und hinsichtlich der Verweisungen abgestimmt werden. Die Begrenzung des Erwartbaren geschieht auf zweierlei Weisen: Einmal durch die Unterscheidung von Verweisungshorizonten und zum andere durch die Semantik.

57 Vgl. Luhmann, Soziale Systeme, op. cit., S. 198
58 Niklas Luhmann, Gesellschaftliche Struktur und semantische Tradition, in: ders., Gesellschaftsstruktur und Semantik, Bd. 1, op. cit., S. 9-71, S. 35

Zum einen kann die Typisierung des Sinns durch die Unterscheidung der Dimensionen bzw. Verweisungshorizonte erfolgen: In der *Sachdimension* folgt die Verweisung der Leitdifferenz zwischen »dies« und »anderes«. Etwas, das in der Aufmerksamkeit des Bewusstseins ist (etwa der Film), ist nicht etwas anderes (etwa das draußen tönende Martinshorn), ein Thema, über das wir eben reden, ist eben nicht ein anderes. In der *Sozialdimension* ist die Differenz zwischen Ego und Alter leitend, so dass jede Kommunikation einen doppelten Verweisungshorizont (in Mitteilung und Verstehen) hat. Die *Zeitdimension* schließlich findet in der Differenz zwischen Vergangenheit und Gegenwart ihren Ausdruck, die immer nur in der Gegenwart konstituiert wird.

Diese drei Sinntypisierungen geben zwar schon gewisse Grenzen vor. So wird die Zeitdimension in westlichen Gesellschaften herkömmlich als Teleologie, die Sozialdimension als sozialer Status und die Sachdimension durch Gattungen (etwa von Tieren) erfasst. Weil diese Einteilungen jedoch noch zu allgemein sind, bedarf es zusätzlich noch weiterer, spezifischer Selektionen, die Luhmann als Semantik bezeichnet.

Der Begriff der *Semantik* ist hier also keineswegs in seinem herkömmlichen Verständnis als Lehre der Bedeutungen von Wörtern, Sätzen oder Texten zu verstehen. Er wird eher in einem übertragenen Sinn als Bezeichnung für die eine Gesellschaft leitenden Bedeutungen gebraucht.[59] Semantik besteht für Luhmann nicht aus Begriffen, sondern stellt Regeln zur Verarbeitung von Sinn bereit, also »einen höherstufig generalisierbaren, relativ situationsunabhängigen Sinn«, der vorrangig einer Funktion dient: Die Komplexität und Kontingenz von Handlungsverbindungen zu reduzieren und Selektionen zu ermöglichen. »Was der gesellschaftliche Prozess als Semantik hinterlegt, ist also zunächst auf diese Orientierungserfordernisse abgestimmt: Es trägt dem Zwang zur Selektion, der aus der Komplexität des Systems folgt, Rechnung, ohne ihn als Ursache oder als Leistung zu thematisieren.«[60] Semantik umfasst all diejenigen allgemeinen Formen, die in der Selektion der Sinninhalte für die einzelne Kommunikation zur Verfügung stehen.

---

59 Luhmann schließt hier an die historischen Arbeiten von Koselleck an, der die Semantik als zentralen Aspekt einer Begriffsgeschichte betrachtet. Begriffe stehen für Koselleck in einem systematischen Zusammenhang mit den jeweiligen sozialen Strukturen und Konflikten einer bestimmten Periode. Um etwa die Auseinandersetzung zwischen den Reformern und den Junkern im 18. und 19. Jahrhundert zu verstehen, muss man das Verständnis von Begriffen wie »Stand«, »Klasse«, »Gutsbesitzer« »Eigentümer«, »Einwohner«, »Staatsbürger« etc. für die historischen Subjekte klären. Dabei betrachtet Koselleck die Möglichkeit der Ideologisierung von Begriffen als einen Wendepunkt in der Geschichte der Semantik. Worte können semantische Veränderungen erfahren und neue Bedeutungen annehmen, je nachdem, wie sie gebraucht werden. In einem zweiten Schritt verselbstständigt sich diese Vorgehensweise von der Sozialgeschichte, indem Koselleck sie durch die Zeiten verfolgt und ihre Bedeutungen und ihr Verhältnis zueinander durch die Zeiten hindurch rekonstruiert; vgl. Reinhart Koselleck, Begriffsgeschichte und Sozialgeschichte, in: Peter Christian Ludz (Hg.), Sozialgeschichte, Aspekte und Probleme. Sonderheft 16 d. Kölner Zeitschrift für Soziologie und Soziapsychologie, Opladen 1972, S. 116-131; Reinhart Koselleck, Einleitung, in: Geschichtliche Grundbegriffe. Historisches Lexikon zur politisch-sozialen Sprache in Deutschland. Bd. 1, Stuttgart 1972, S. XIII-XXXVII, S. XVIIf.

60 Luhmann, Gesellschaftliche Struktur und semantische Tradition, op. cit., S. 19 und S. 24

Semantik kann wie eine Art gesellschaftlicher Vorrat an relevanten Themen betrachtet werden. Unter Themen versteht Luhmann »mehr oder weniger unbestimmte und entwicklungsfähige Sinnkomplexe [...], über die man reden und gleiche, auch verschiedene Meinung haben kann [...]. Solche Themen liegen als Struktur jeder Kommunikation zugrunde, die als Interaktion zwischen mehreren Partnern geführt wird. Sie ermöglichen ein gemeinsames Sichbeziehen auf identischen Sinn und verhindern das Aneinandervorbeireden. [...] Kommunikation setzt mithin außer der gemeinsamen Sprache noch zwei verschiedene Ebenen der Sinnfixierung voraus: die Wahl eines Themas und die Artikulation von Meinungen über dieses Thema; und erst innerhalb dieser Differenz kann die Differenz von übereinstimmenden und nicht übereinstimmenden Meinungen sich konstituieren.«[61] Themen steuern etwa den Prozess der Systembildung in Interaktionen. Themen sind eine basale Struktur für einfache Systeme, denn sie steuern das Wählen von Beiträgen.[62] Mit der Konstitution eines Themas entsteht eine eigene Struktur, die Luhmann als Interaktionsgeschichte bezeichnet: Sie besteht quasi aus den Selektionsleistungen, die erbracht werden: das je Gewählte vor dem Hintergrund des Nichtgewählten.

In der Untersuchung der Semantik bzw. gesellschaftlich typisierten Sinnverarbeitung unterscheidet Luhmann zwei verschiedene Ebenen. Semantik in einem umfassenden Sinn umfasst alles, was in der eher vertrauten Kommunikation thematisiert werden kann. Eingeschlossen sind hier auch profane Kommunikationsformen, wie Flüche, Sprichwörter und Scherze. Wenn seriösere und abstraktere Kommunikationsabsichten vorherrschen, haben wir es mit der »*gepflegten Semantik*« zu tun, wie etwa kulturprägende Texte und Selbstbeschreibungen der Gesellschaft. Empirisch drückt sich diese gepflegte Semantik in Begriffen aus, die in Kosmologien, in wissenschaftlichen Theorien oder Zeitungsartikeln auftreten und in denen Ideen und Weltanschauungen verwendet, ausgebaut und abgeändert werden können.

Um das Verhältnis zwischen Semantik und Gesellschaftsstruktur zu beschreiben, sucht Luhmann einen anderen theoretischen Bezugsrahmen als die traditionelle Wissenssoziologie, die er korrelationistisch versteht. Es geht ihm nicht um die Zurechnung von Ideen auf die sie tragenden Gruppen oder Schichten. Er möchte vielmehr das Augenmerk auf die Vermittlung legen. Vermittelnd wirken einerseits die Sozialstruktur bzw. die soziale Komplexität, andererseits die Medien. Das Verhältnis zwischen Medien, Sozialstruktur und Semantik lässt sich kurz so darstellen:

61 Niklas Luhmann, Öffentliche Meinung, in: ders., Politische Planung. Aufsätze zur Soziologie von Politik und Verwaltung, Opladen 1975, S. 13. Wir werden später auf den Begriff des Topos eingehen, der eine ähnliche wissenssoziologische Bedeutung hat wie das Luhmannsche Thema.

62 Weil sie allerdings zugleich Wahrnehmungsleistungen immer voraussetzen, ist die Ausdifferenzierung aus dem Wahrnehmungssystem nicht deutlich. (Dies gelingt am ehesten in wissenschaftlichen Debatten, die quasi rein sprachlich sind, während Fußball praktisch nur über Wahrnehmung koordinierte Interaktion ist.)

Medien	soziale Komplexität	Semantik
mündlich	segmentär	psychisch verankert
schriftlich	geschichtet	Dogmen
massenmedial	funktional differenziert	Entdogmatisierung Reflexion funktionale Semantiken

Abb. 17: ***Gesellschaftsstruktur und Semantik***

Die eine entscheidende Vermittlungsgröße ist in seinen Augen die *soziale Komplexität.* Die soziale Komplexität spiegelt die Ausdifferenzierung von Situationen, Rollen oder Teilsystemen wider, die die Semantik »tragen«. Die Semantik ihrerseits antwortet auf die Komplexität des Gesellschaftssystems und die Kontingenz seiner Operationen, die die Möglichkeiten der Selektion von Kommunikation beschränken. Zur Charakterisierung der Komplexität unterscheidet Luhmann verschiedene Gesellschaftstypen. In einer hierarchisch geschichteten Gesellschaft etwa verläuft die Kommunikation vorwiegend innerhalb der Schichten, sodass sich auch in ihnen bestimmte Semantiken ausbilden.[63] In der entsprechenden »alteuropäischen« Semantik sind das etwa Ontologien, Ganzheitsideen, Traditionen verschiedener Schulen u.Ä.m. In einer funktional differenzierten Gesellschaft wie der gegenwärtigen folgt die Semantik vor allem den Spuren der Kommunikation innerhalb der Funktionssysteme. Hier bilden also die jeweiligen Funktionssysteme eigene Semantiken aus.[64] Erst durch die mit ihnen erfolgende Absage an hierarchische Semantiken und die Schichtungsstruktur kommen semantische Aspekte auf, wie Inklusion, Freiheit, Gleichheit, Individuum, Privatheit, Autonomie, Reflexion usw.

Das Verhältnis von Wissen und Sozialstruktur weist also eine zirkuläre Struktur auf, denn Semantik ist von der Struktur der Gesellschaft bedingt; zugleich aber eröffnet sie Möglichkeiten für den Erfolg von Kommunikationsthemen und Sinnangeboten, so dass sie selbst strukturbildende Wirkungen hat. Semantik bildet deswegen auch nicht – etwa als »Kultur« – einen eigenständigen Bereich aus.[65] Allerdings räumt er ein, dass es in stratifikatorischen, noch mehr in funktional differenzierten Gesellschaften zu einer »internen Evolution« von Ideen bzw. Semantiken kommen kann, die sich beson-

63 Vgl. Niklas Luhmann, Interaktion in Oberschichten: Zur Transformation ihrer Semantik im 17. und 18. Jahrhundert, in: Gesellschaftsstruktur und Semantik, Bd. 1, op. cit., S. 72-161

64 Dazu gehört auch die Semantik der Systemtheorie selbst, die im 18. Jahrhundert noch mit der Differenz zwischen Teil und Ganzem operierte, dann die Unterscheidung von Grenze und Umwelt übernahm und erst in der funktional differenzierten Gesellschaft die Vorstellung der Autopoiesis entwickeln konnte.

65 Luhmann betrachtet Kultur vielmehr als ein historisches Konstrukt, das erst in funktional differenzierten Gesellschaften auftritt und dort eine Art »Gedächtnis« des sozialen Systems darstellt, mit dem dieses sich selbst beobachtet. Niklas Luhmann, Kultur als historischer Begriff, in: Gesellschaftsstruktur und Semantik Bd. 4, op. cit., S. 31-54

ders den Verbreitungsmedien verdanken.[66] Die Verbreitungsmedien bilden deswegen die zweite zur Semantik vermittelnde Struktur. Denn die Entwicklung der Verbreitungsmedien der Kommunikation hat einen wichtigen Einfluss auf die Veränderung des Zusammenhangs zwischen Sozialstruktur, gesellschaftlicher Komplexität und Semantik. Diese haben nicht nur sozialstrukturelle Folgen, sondern beeinflussen auch die Semantik, da sich die Semantik in Kommunikation realisiert. Segmentäre Gesellschaften nämlich sind typischerweise schriftlos, so dass in ihnen Semantik nur mündlich besteht. Da sie damit im Gedächtnis gespeichert werden muss, ist sie systematisch vom psychischen System abhängig. Das ändert sich erst mit der Erfindung der Schrift, die in stratifizierten Gesellschaften auftritt und es ermöglicht, Semantik in geschriebenen Texten zu verankern. Nun kann es zur Ausbildung von Dogmen kommen. Die neuen Verbreitungsmedien, wie Buchdruck, Fernsehen und Internet, kennzeichnen funktional differenzierte Gesellschaften und führen zu einer Entdogmatisierung semantischer Bestände und ihrer Reflexion. Gepflegte Semantik folgt nun der Aufgliederung in die unterschiedlichen Funktionssysteme (Wissenschaft, Recht, Politik, Kunst etc.). Dabei hat die Ausdifferenzierung des wissenschaftlichen Wissens eine Entwertung dieses Wissens zur Folge. Die Ausdifferenzierung der verschiedenen Subsysteme und die damit verbundene Schwächung der Sozialbindung des Wissens eröffnet dann auch die Möglichkeit für das wissenssoziologische Denken. Ebenso verändert sich die Stellung der Menschen zueinander durch die innere Auffächerung der Funktionssysteme. Beispielsweise gewinnt der Begriff des Individuums an Bedeutung, mit dem die nun immer deutlicher werdende Differenz zu den Kommunikationen im Sozialsystem benannt wird.[67] Wurde nämlich das Individuum bis ins 18. Jahrhundert auf die Natur zurückgeführt, als ein Sonderfall der Gattung, wird es später zum Subjekt der Welt, zu einem Teil, das nicht als Teil eines anderen Ganzen begriffen wird. Um die Möglichkeiten der Selektion zwischen den einzelnen Funktionssystemen (als Wähler, als Patienten, als Leser, als Kunstgenießer) zu regeln, wird das Individuum mit der Semantik von Gleichheit und Freiheit verknüpft.

Im Unterschied zum Begriff des Sinns und der Semantik spielt der *Wissensbegriff* eine bei Luhmann eher untergeordnete Rolle. Zwar kann Wissen an die systemtheoretische Grundoperation des Unterscheidens gebunden werden: Jedes Treffen einer Unterscheidung ist eine Erkenntnis. Wissen ist die Unterscheidung eines Beobachters. Allerdings führt Luhmann den Wissensbegriff nur im Zusammenhang mit der Wissenschaft aus. Hier bezeichnet er Wissen als ein konstitutives Merkmal der Gesellschaft, als »Kondensierung von Beobachtungen«, die nicht nur in der Wissenschaft vorkomme, dort aber mit der Unterscheidung zwischen Wahrem und Falschem einen System-generierenden Code entwickelt habe. Dieser Code bildet die Grundlage für die Wissenschaft. Diese stellt ein System dar, das durch die Fort-

66 Auf die Rolle dieser Medien werden wir später noch ausführlicher eingehen.

67 Niklas Luhmann, Individuum, Individualität, Individualismus, in: Gesellschaftsstruktur und Semantik Bd. 3, op. cit., S. 149-258

setzung von an Wahrem und Falschem orientierter Kommunikation erhalten wird. Weil Wissen damit aber ein Teil der Kommunikation ist und damit nicht mehr einer außerhalb der Kommunikation liegenden Welt zugeordnet werden kann, führt es automatisch auch das Nichtwissen mit sich, das anzeigt, dass die gewusste Welt immer nur eine kommunizierte Welt und nicht die Welt ist, die man zu wissen vermeint.[68] Der Begriff des Nichtwissens gewinnt besonders in der Gegenwart eine große Bedeutung. Denn weil in der Moderne die Autorität des Wissens (die in der Wissenschaft institutionell verankert ist) und die Verantwortung für das Wissen (für die Politik steht) voneinander getrennt werden, stellt Luhmann die Frage, »ob es überhaupt noch gesellschaftliche Positionen gibt, von denen aus Wissen repräsentativ vertreten und mit entsprechender Autorität kommuniziert werden kann«.[69] Es ist bezeichnend, dass Luhmann diese Frage im Zusammenhang mit der Ökologie aufwirft. In diesem Zusammenhang werden wir diese Frage später auch noch einmal aufnehmen.

5 Die Rahmenanalyse

Die kommunikative Wende hat sich zwar sehr ausgeprägt in der deutschsprachigen Soziologie vollzogen, bleibt jedoch nicht auf sie beschränkt. Parallel dazu vollzieht die französische Soziologie eine diskursive Wende, auf die wir gleich eingehen werden. Und auch in der amerikanischen Soziologie finden wir eine ähnliche Entwicklung, für die exemplarisch der Begriff des Rahmens bei ERVING GOFFMAN[70] steht. Goffman selbst nahm den Begriff von Gregory Bateson auf. Dieser hatte beobachtet, dass Ottern nicht nur miteinander kämpfen, sondern auch den Kampf gleichsam spielerisch nachstellen können. Das Verhalten beim Kämpfen und beim Nachstellen des Kampfes ähnelt sich zwar, doch weist es ebenso markante Unterschiede auf, die er als Rahmen (»frames«) bezeichnete.

Der Rahmen nimmt bei Goffman eine wissenssoziologische Bedeutung an, betrachtet er ihn doch als Organisationsprinzip menschlicher Erfahrung und Interaktion.[71] Rahmen bilden das Prinzip dieser Organisation, denn sie erlauben es, eine Situation

68 Ansonsten erscheint Wissen als im psychischen System verankerte Kognition, die nicht eigentlich etwas über die Welt besagt, sondern lediglich eine Form der Redundanz ist, um die Wiederholung der Informationsverarbeitung zu vermeiden; vgl. dazu auch Armin Nassehi, Was wissen wir über das Wissen, in: ders., Geschlossenheit und Offenheit. Studien zur Theorie der modernen Gesellschaft, Frankfurt 2001

69 Niklas Luhmann, Ökologie des Nichtwissens, in: ders., Beobachtungen der Moderne, Opladen 1992, S. 149-220, S. 171

70 Goffman wurde 1922 in der kanadischen Provinz Alberta als Sohn jüdischer Eltern geboren. Er studierte und promovierte in Chicago. Ab 1958 begann er an der Universität in Berkeley zu lehren und wechselte 1969 an die Universität von Pennsylvania in Philadelphia. Er verstarb 1982.

71 Zu dieser Parallele vgl. Thomas Eberle, Rahmenanalyse und Lebensweltanalyse, in: Robert Hettlage und Karl Lenz (Hg.), Erving Goffman – ein soziologischer Klassiker der zweiten Generation, Bern u. Stuttgart 1991, S. 157-210

zu definieren. Im Unterschied jedoch zu den Ansätzen, die solche Rahmungen der Erfahrung lediglich als Leistungen des subjektiven Bewusstseins ansehen, sind die Rahmen, von denen Goffman spricht, Teil von sozialen Handlungen und kollektiven Aktivitäten. Die durch Rahmen markierten Ausschnitte von Aktivitäten bilden den Gegenstand der Rahmenanalyse. Die Rahmenanalyse soll also der Klärung dessen dienen, was in diesen Interaktionen und Aktivitäten eigentlich vor sich geht. Um diese Klärung vornehmen zu können, stellt Goffman ein komplexes Begriffssystem vor.

Soziale Interaktionen erhalten ihren Sinn durch Rahmungen. Am grundlegendsten ist dabei der *primäre Rahmen*. Darunter fallen natürliche Rahmen, die Situationen als nicht von Menschen geschaffene und beeinflusste Ereignisse definieren. Zu den primären Rahmen gehören auch soziale Rahmen, die erst durch den Bezug auf menschliche Handlungen und Akteure Sinn ergeben. Die primären Rahmen bilden zwar den unbefragten und selten thematisierten Hauptbestandteil einer jeden Kultur, doch sind sie oft nur das Ausgangsmaterial für mannigfaltige Sinntransformationen. Goffman geht also von der Beobachtung aus, »dass wir (und viele) fähig und geneigt sind, konkrete, wirkliche Vorgänge – die für sich schon sinnvoll sind – als Ausgangsmaterial für Transformationen zu benutzen: Spaß, Täuschung, Experiment, Probe, Traum, Phantasie, Ritual, Demonstration, Analyse und milde Gabe.«[72]

Primäre Rahmen können moduliert (»keyed«) werden, wenn ihr Sinn in etwas transformiert wird, das zwar das Muster der primären Rahmen verwendet, aber unabhängig von ihm verläuft. Als Modulationen bezeichnet Goffman also das System der Konventionen, das eine bestimmte Tätigkeit aus dem primären Rahmen in etwas transformiert, das dieser Tätigkeit nur nachgebildet ist.

Nach Goffman gibt es fünf solcher Modulationen: So-Tun-als-ob, Wettkampf, Zeremonie, Sonderausführungen und In-anderen-Zusammenhang-Stellen. So-Tun-als-ob verwandelt einen ernsthaften Rahmen auf spielerische Weise in einen unernsten. Die Modulation wird meist vor einem Publikum durchgeführt. Doch gibt es auch Grenzfälle solcher Modulationen: Täuschungsmanöver etwa, bei denen nur die Täuschenden über die Module Bescheid wissen, oder Tagträume, die sich dadurch auszeichnen, dass das Publikum und der Akteur identisch sind. Der Wettbewerb stellt den zweiten Rahmen dar, wobei das Modell des gezähmten Konflikts als Vorlage dient. Diese Modulation besteht darin, die Mittel des alltäglichen Handelns einzusetzen, doch ihre Folgen nicht todernst zu nehmen. Das dritte Modul ist die Zeremonie. Dabei handelt es sich um Veranstaltungen, die es erlauben, bestimmte Rollen einzunehmen und herauszuheben – etwa die des Brautpaars bei der Hochzeit. Sonderausführungen dienen Goffman als Oberbegriff für Übungen, Proben, Demonstrationen u.Ä., also Interaktionen, in denen die aktuelle Situation in die Simulation einer zukünftigen Situation transformiert wird. Beim In-anderen-Zusammenhang-Stellen schließlich treten andere Motive an die Stelle derer, die im

72 Erving Goffman, Rahmen-Analyse. Ein Versuch über die Organisation von Alltagserfahrungen, Frankfurt 1977, S. 602

primären Rahmen angenommen werden. Als Beispiel dafür führt Goffman das Ködern in Spielcasinos an, bei dem ein Strohmann andere Spieler mitzieht.

Wie Goffman auch am Theater zeigt, sind Rahmungen durch die Modulationen und Täuschungsmanöver allerdings fortwährend gefährdet: Ganz sicher sind wir nie, was gerade geschieht. Vor allem dadurch, dass durch Rahmung am Anfang falsche Vorstellungen geweckt werden, können sich diese Gefährdungen auf die emotionale Seite unserer Erfahrungen beziehen und zu negativen Erfahrungen führen. Gefährdungen können sich aber auch auf die kognitive Seite der Erfahrungen beziehen und unsere Annahmen in Frage stellen, wie für uns die Welt zusammenhängt. Um das Vertrauen in den Rahmen zu sichern, setzen die Handelnden verschiedene Mittel ein, mit denen sie die jeweiligen Rahmen ›verankern‹. Die Verankerungen sind nicht nur deswegen vonnöten, weil jede Modulation ihrerseits immer wieder neu gerahmt wird. Wir können uns auch über Rahmungen täuschen, uns irren oder gar darüber streiten.

Goffman stellt mehrere solcher Verankerungen vor: Klammern, wie wir sie etwa an den Anfang und Schluss von Episoden setzen; die Person-Rolle Formel (dass wir eine bestimmte Rolle spielen, um den Rahmen aufrechtzuerhalten); Basiskontinuität, also dass diese Rolle in einer kontinuierlichen Persönlichkeit verankert ist usw. Solche Verankerungen dienen dazu, den Sinn der Interaktionen stabil zu halten.

Rahmungen organisieren nicht nur Erfahrung. Sie gehören zum grundlegenden Wissen darüber, in welcher Art von Wirklichkeit wir uns befinden. Dieses Wissen ist bei Goffman jedoch keineswegs ein kognitiver Bewusstseinsinhalt. Vielmehr besteht es aus einer Reihe von Verfahren, mit denen der jeweilige Rahmen für die Beteiligten (und anderen, mit denen er verankert) interaktiv markiert wird.

Dieser prozessuale und interaktive Charakter von Rahmen wird sehr deutlich, wenn Goffman sich mit kommunikativen Prozessen beschäftigt. Denn es ist ja ganz offenkundig, dass verschiedene Formen der Kommunikation – von der informellen Konversation bis zum Prüfungsgespräch – auf verschiedene Weisen gerahmt werden. »Das Gespräch erscheint als ein rasch wechselnder Strom verschieden gerahmter Abschnitte […]. Es kommen Transformationszeichen vor, die angeben, ob es sich um eine Abweichung vom Üblichen handelt, und wenn ja, welcher Art. Ist eine solche Abweichung beabsichtigt, so werden auch Klammerzeichen gegeben, die deutlich machen, wo diese Transformationen anfangen und wo sie aufhören[…]«[73]

Das Thema der »Rahmenanalyse des Gesprächs« setzt Goffman in einem weiteren – seinem letzten – Buch fort. Deswegen wird zuweilen auch von einer »linguistischen Wende« bei Goffman gesprochen. Tatsächlich aber hatte sich Goffman schon früh mit dem Thema der Kommunikation auseinandergesetzt. Bereits in seiner ersten Arbeit benutzt er den Begriff der Kommunikation an zentraler Stelle, wenn es um die Darstellungsmöglichkeiten der Handelnden geht. Dabei unterscheidet er zwischen einem engen und einem breiten Kommunikationsbegriff, zwischen absichtlich gesetzten Zeichen und solchen, die nur mitlaufen. Diese Unterscheidung ist

73 Ebd., S. 584f

auch der Grund dafür, dass er den Begriff der Kommunikation nicht als Grundbegriff für seine Analyse wählt. Während nämlich im einen Fall systematisierte Zeichen am Werk sind, haben wir es im anderen Fall mit Ausdruck zu tun. Beides wird zwar intentional verwendet, doch sollte diese Intentionalität treffender »display behaviour« genannt werden. Die Crux dieser Betrachtungsweise ist, dass Wissen deswegen nur als etwas relevant ist, das »öffentlich dargestellt« werden kann. Wissen also vermittelt zwischen den Handelnden, ohne deswegen »kollektiv« zu sein.

Der Begriff des Rahmens fand eine wissenssoziologisch bedeutsame Aufnahme unter anderem in der Erforschung sozialer Bewegungen. Snow und Benford etwa nutzen ihn, um die »statischen Vorstellungen« bei der Analyse sozialer Bewegungen zu überwinden. Den Autoren zufolge orientieren wir uns mittels der »Rahmen« in der Welt, in der wir handeln. Rahmen dienen auch zur Bestimmung dessen, was wir als soziale Probleme betrachten. Benford definiert »Rahmung« als Prozess, durch den normale Menschen Sinn aus öffentlichen Angelegenheiten machen. Dazu unterscheidet er zwei verschiedene Rahmungen: (a) domänen-spezifische Deutungsrahmen, die Verhaltensweisen und individuelle Lebensstile ordnen, und (b) globale Deutungsrahmen oder »Hauptrahmen« (»master frames«), die Sinn auf einer höheren Ebene ordnen. Die Art, wie Probleme gerahmt werden, entscheidet über die Aktivitäten der sozialen Bewegungen. Sozialen Bewegungen biete sich häufig die Gelegenheit, Rahmen zu manipulieren. (Solche Manipulationen sind durchaus praktische Ziele von Snow und Benfords Arbeiten, da sie soziale Bewegungen nicht nur analysieren, sondern ihnen auch helfen wollen.)

Rahmen dienen sozialen Bewegungen als begriffliche Gerüste, um neue Ideologien aufzubauen oder existierende zu verändern. »Interne Rahmenerhaltung« stellt deswegen eine Art der »ideologischen Arbeit« dar.[74] Sind sie erst einmal aufgebaut, dann verrichten Rahmungen eine »Deutungsarbeit« für die sozialen Bewegungen. Die Rahmungen dienen aber nicht nur der Deutung. Sie helfen auch dabei, Anhänger zu mobilisieren und Gegner einzuschüchtern. Erfolgreiche soziale Bewegungen zeichnen sich dadurch aus, dass sie drei »core framing tasks« erfüllen: »diagnostisches Rahmen« bedeutet, dass das Problem klar definiert werden muss; »prognostische Rahmung« weist auf Lösungen hin, die erreicht werden sollen, und »motivational framing« schließlich dient dazu, Anhänger für das Ziel zu gewinnen. Nötig dafür ist auch die »Rahmenresonanz«, also der Versuch, auf die Werte und Glaubensvorstellungen der Zielgruppe anzuspielen.

Obwohl die Methode der Analyse solcher Rahmen nicht sehr genau erläutert wird, kann man feststellen, dass Rahmen keine »Diskurse« sind, sondern Deutungen, die von Menschen geschaffen werden. So betont Johnston: »social movement frames are

74 David A. Snow, E. Burke Rochford, Steve K. Worden und Robert D. Benford, Frame alignment processes, micromobilization and movement participation, in: American Sociological Review 51, 4 (1986), S. 464-481

cognitive structures«.[75] Wie bei Goffman bezieht sich der Rahmen-Begriff keineswegs nur auf einen kognitiven Gehalt, sondern auch auf eine interaktive Strategie, die ihren Ausdruck in kommunikativen Formen findet. So handelt es sich bei den Rahmungen immer auch um sprachlich-rhetorische Strategien. »Aggregate frames« dienen zum Beispiel in den Augen von Gamson zur Definition sozialer Probleme und Zuschreibung von Verantwortung.[76] Kollektive Aktions-Rahmen dagegen definieren ein Problem als in sich falsch und von einem unbestimmbaren Akteur verursacht.

Rahmungen spielen natürlich auch bei dem Verständnis künstlerischer und religiöser Kommunikation und dem damit verbundenen Wissen eine entscheidende Rolle. Die genauere Klärung dieser Rolle kann hier nur angedeutet werden.[77]

75 Hank Johnston, A methodology for frame analysis: from discourse to cognitive schemata, in: Hank Johnston und Bert Klandermans (Hg.), Social Movements and Culture, London 1995, S. 220

76 William Gamson, Talking Politics, Boston 1992; William A. Gamson und Gadi Wolfsfeld, Movements and media as interacting systems, in: Russell J. Dalton (Ed.), The Annals of the American Academy of Political and Social Science: Citizens, Protest and Democracy, 528 (1993), S. 114-125

77 Vgl. dazu weiterführend Hubert Knoblauch, Transzendenzerfahrung und symbolische Kommunikation. Die phänomenologisch orientierte Soziologie und die kommunikative Konstruktion der Religion, in: Hartmann Tyrell, Volkhard Krech und Hubert Knoblauch (Hg.), Religion als Kommunikation, Würzburg 1998, S. 147-186; Bernt Schnettler, Zukunftsvisionen. Transzendenzerfahrung und Alltagswelt, Konstanz 2004

C Der Strukturalismus und danach: Foucault, Bourdieu und die Cultural Studies

1 Der Strukturalismus

Während der Begriff der Kommunikation weite Teile der neueren deutschsprachigen und traditionell große Teile der amerikanischen Wissenssoziologie prägt, folgt sie jenseits des Rheins einer ganz anderen Linie. Entscheidend für die Eigenart der französischen Entwicklung der Wissenssoziologie ist der Strukturalismus. Der Strukturalismus ist eine intellektuelle Strömung, die in den 1960er-Jahren zu einem dominierenden Denkstil in den Sozial- und Geisteswissenschaften geworden war. Diese Strömung prägte in Frankreich eine Reihe wissenssoziologisch relevanter Denker, wie etwa Michel Foucault und Pierre Bourdieu. Wie diese beiden Denker begannen sich in der Folgezeit viele zwar vom Strukturalismus so weit zu distanzieren, dass man von einem Poststrukturalismus sprach. Doch auch diese Abgrenzung machte deutlich, wie einflussreich der Strukturalismus geworden war. Prägend für den Strukturalismus in den Sozialwissenschaften sind insbesondere die Arbeiten von CLAUDE LÉVI-STRAUSS.[1] Lévi-Strauss war Ethnologe. (Dabei sollte man bedenken, dass die Grenzen zwischen Ethnologie und Soziologie in Frankreich fließend waren). Zwar kann man ihn schwerlich als Wissenssoziologen, ja kaum als Soziologen bezeichnen.[2] Als Begründer der Richtung des Strukturalismus, die sich in den Sozialwissenschaften ausbreitete, ist er jedoch so bedeutsam für die Soziologie und Wissenssoziologie geworden, dass man ihn kaum übergehen kann. Zahlreiche Richtungen der neueren Wissenssoziologie berufen sich, wenn auch meist kritisch, auf seinen Strukturalismus. Relevant ist er für die Wissenssoziologie auch deswegen, weil er die Durkheimsche Vorstellung des Kollektivbewusstseins in einer gewissen Weise fortführt. Er behandelte vor allen Dingen die Eigendynamik symbolischer Systeme, die er als autonom ansah – also nicht mehr, wie einst noch Durkheim, auf die soziale Morphologie zurückbezog.

Der französische Strukturalismus gründet in einer Form der Linguistik, die zu Beginn des 20. Jahrhunderts aufkam und die das linguistische Denken revolutionierte.

---

1 Claude Lévi-Strauss wurde 1908 in Brüssel geboren. Er studierte Recht und Philosophie. 1935 bis 1938 war er Professor an der Universität von São Paulo, Brasilien. 1941 bis 1945 verbrachte er an der New School for Social Research in New York. Ab 1959 nahm er den Lehrstuhl für soziale Anthropologie am Collège de France in Paris ein.

2 Erinnert werden muss, dass schon Durkheim und seine Schüler mit ethnologischem Material arbeiteten. Deswegen überrascht es nicht, dass Lévi-Strauss die Einleitung zum ersten Buch Marcel Mauss' geschrieben hat. Lévi-Strauss' Nähe zur Soziologie drückt sich auch aus in seinem Artikel »French Sociology«, in: Georges Gurvitch und W. E. Moore (Hg.), Twentieth Century Sociology, New York 1945

Ihr Begründer, Ferdinand de Saussure, ging davon aus, dass sich die Sprache (»langage«) unterscheiden lässt in »parole«, also die gesprochen Sprache, und »langue«, das abstrakte System der Regeln, die dem Sprechen zugrunde liegen. Nur »langue« sei einer systematischen Untersuchung zugänglich. Ihre Erforschung untergliedert sich in eine synchronische Betrachtungsweise, die das System der Sprache zu einem bestimmten Zeitpunkt betrachtet, und eine diachronische Betrachtungsweise, die Untersuchung des Systems der Sprache über einen Zeitraum hinweg. Die Linguistik hat es mit Zeichen zu tun, die als Zeichenträger (»signifiant«) einen Ort in einer Struktur annehmen. Die synchrone Ordnung der Sprache lässt sich auf die Prinzipien der Kombination von Zeichen und ihrer Selektion zurückführen. (Später wurden dafür die Begriffe des Syntagmatischen und des Paradigmatischen eingeführt.) Daneben haben die Zeichen eine Bedeutung (»signifié«), die allerdings außerhalb der Sprache angesiedelt ist, deren Zuweisung jedoch von der Struktur der Sprache geregelt wird.[3] Die Regeln der Sprache nun sind im Wesentlichen von der Struktur bestimmt. Ausgehend von diesen Annahmen gelang es der strukturalistischen Linguistik unter anderem, die Regeln der Phonologie (der sprachlichen Laute) zu bestimmen.

Der Erfolg der linguistischen Methode war es, der Lévi-Strauss davon überzeugte, dass die strukturalistische Methode eine Revolution der Geistes- und Sozialwissenschaften darstellte. Erstmals, so hoffte Lévi-Strauss, sollte es gelingen, in diesen Wissenschaften richtige Gesetze (wie etwa die des Lautwandels) zu entdecken. Für Lévi-Strauss war die Linguistik die einzige Sozialwissenschaft, die tatsächlich als Wissenschaft zu betrachten ist. Deswegen versuchte er, die Vorgehensweise dieser Form der Linguistik auf die Anthropologie anzuwenden und rief damit weltweit großes Aufsehen auch in den verschiedensten anderen Disziplinen hervor. Er regte die Übertragung der linguistischen Methode auf die verschiedensten Kulturbereiche an, die zu einem Kennzeichen des Strukturalismus wurde. So ging etwa Roland Barthes davon aus, dass alles Soziale einen »Code« aufweise und wie ein Kommunikationssystem funktioniere. Die Kleidung etwa konnte in seinen Augen wie eine Sprache betrachtet werden, die eine eigene Syntax und ein eigenes »Vokabular« aufwies.[4] Schon vor Barthes hatte Lévi-Strauss selbst die Verwandtschaft als eine Art grammatische Struktur betrachtet. Dabei sah er die Bezeichnungen derer, die in einer Ver-

3 Genau genommen hat auch jeder Zeichenträger für sich eine doppelte Form, nämlich einen materialen Träger (einen Klang, einen Strich mit einem Stift) und ein geistiges Ereignis. Diese zeichentheoretische Unterscheidung fand übrigens auch eine »wissenssoziologische« Ausweitung. So hoben Bakhtin und Vološinov hervor, dass die Form der Zeichen ihrerseits von der gesellschaftlichen Organisation und den unmittelbaren Formen der Interaktion zwischen den Beteiligten abhängig sei. Zeichen seien also Ausdruck einer Ideologie. Da verschiedene soziale Gruppen die Sprache verwendeten, weise diese mehrere Akzente auf, die ihrerseits Ausdruck der sozialen und ideologischen Struktur der Gesellschaft seien. Ausgangspunkt ihrer Kritik ist übrigens die Beobachtung, dass auch die »parole« sozialen Regeln unterliege – eine Beobachtung, die in die gegenwärtige »kommunikative Wende« der Wissenssoziologie einging; Valentin N. Vološinov, Marxismus und Sprachphilosophie, München 1975 (EA 1930); Michail M. Bakhtin, Speech Genres and Other Late Essays, Austin 1987

4 Roland Barthes, Système de la mode, Paris 1983 (EA 1967).

wandtschaftsbeziehung zu anderen stehen, wie ein Lexikon der verfügbaren Begriffe an. Die Regeln darüber, wer wen heiraten darf oder nicht, bilden die Syntax bzw. die Grammatik, die regelt, welche Elemente miteinander verbunden werden dürfen.[5] Auf diese Weise lässt sich das Verwandtschaftssystem wie eine sprachliche Struktur beschreiben. In dieser Art der Übertragung liegt der Kern des Strukturalismus.

Genauso wenig wie sich Saussure für die einzelnen Sprecher und ihr Sprechen interessierte, sondern nur für das regelgeleitete System der Sprache, beschäftigt sich auch Lévi-Strauss nicht mit einzelnen sozial Handelnden. Ihn interessiert das Soziale als eine überindividuelle Struktur, als ein Gesamt aus Beziehungen zwischen den Individuen. Weil diese Struktur gleichsam über den Individuen und ihrem Bewusstsein angesiedelt ist, hat es die Ethnologie mit den »unbewussten« Bedingungen des sozialen Lebens zu tun. Diese unbewussten Bedingungen nun sind die Struktur. Unter *Struktur* versteht er dasjenige, was bleibt, wenn sich die Elemente ändern. Genauer weisen Strukturen die folgenden Merkmale auf:

- Eine Struktur hat den Charakter eines Systems: Die Veränderung eines Elementes wirkt sich auf alle anderen aus.
- Jedes Modell gehört zu einer Gruppe von Varianten.
- Die Merkmale 1 und 2 erlauben es vorherzusehen, in welcher Weise das Modell im Falle der Änderung eines Elements reagiert.
- Das Modell muss auf eine solche Weise konstruiert sein, dass sein Funktionieren alle beobachteten Tatsachen erklären kann.

Der Strukturalismus zeichnet sich dabei durch einen gewissen Anti-Empirismus aus. So lehnt Lévi-Strauss den Gedanken ab, dass die empirische Beobachtung Aussagen über universale Strukturen ermögliche. Nicht die Kategorien der Handelnden seien dafür ausschlaggebend, seien diese doch kaum in der Lage, über ihre eigenen Sitten und Gebräuche Auskunft zu geben. Die Beziehung zwischen einem Onkel mütterlicherseits und seinem Neffen ist für ihn nicht von deren Persönlichkeit abhängig, sondern von der formalen Struktur der Verwandtschaft, in der sie stehen. Hinter der sichtbaren Wirklichkeit steht also ein Modell – eben die Struktur.

Der umfassende Gegenstand, den Lévi-Strauss behandelt, ist die menschliche Kultur. Levi-Strauss verstand unter *Kultur* die Kategorien und Strukturen des Denkens und Sprechens, die den Menschen einer Gesellschaft dazu dienen, ihre Existenzbedingungen zu erfassen, vor allem hinsichtlich des Unterschieds zwischen menschlicher und natürlicher Umwelt. Kultur also besteht vor allen Dingen in der Produktion von Bedeutungen. Da er auch die Natur als eine Bedeutung betrachtet, konzentriert sich Lévi-Strauss nicht auf das Verhältnis von Bedeutungen und Welt, sondern vielmehr auf das Verhältnis von Bedeutungen untereinander. Handeln jeder Form betrachtet er als etwas, das durch diese Kategorien und Denkstrukturen hervorgebracht und transformiert wird – ähnlich wie die Sprache, die als wichtigstes

5 Claude Lévi-Strauss, Die elementaren Strukturen der Verwandtschaft, Frankfurt 1981

Medium der Kultur fungiert. Seine für die Wissenssoziologie folgenreichste These über die Kultur besteht darin, dass es keine direkte Verbindung dieser Kategorien, Denkstrukturen und Wissensgebilde mit der Struktur der Gesellschaft gebe. Nicht das Handeln, sondern der Geist ordne und strukturiere die Welt. Wie die »parole«, die praktische Sprachverwendung, lediglich die mehr oder weniger regelkonforme Realisierung einer »langue«, einer Sprachstruktur, sei, so sei das Soziale nur eine Ableitung aus dem in der Struktur verankerten menschlichen Geist.

Ein Beispiel dafür ist sicherlich der Totemismus, den schon Durkheim und Mauss ja als quasi sozial strukturierte Ordnung der Dingwelt ansahen. Für Lévi-Strauss handelt es sich hier eher um eine »Architektur des Geistes«: Die Totems werden nicht unterschieden, weil sie sich auf verschiedene Klane aufteilen. Vielmehr dienen die Totems dazu, um kognitiv Unterschiede zwischen den Klanen überhaupt erst denken zu können. Es sind also die Totems, die die Ordnung signalisieren. Ihre geistige Ordnung erst schafft die soziale Ordnung. Diese geistige Ordnung ist keineswegs einheitlich über alle Kulturstufen hinweg, sondern nimmt jeweils eigene Formen an. In der Ethnologie spielt dabei das »*wilde Denken*« eine herausragende Rolle (das dem prälogischen Denkens Lévy-Bruhls sehr ähnelt): Das Denken der Primitiven sei nicht von Bedürfnissen oder Instinkten beherrscht, sondern von geistigen Leistungen. Wie Bastler fügten sie die Dinge zu einer Ordnung zusammen, dass man fast von einer »Wissenschaft des Konkreten« reden könne: Sie beherrschen unzählige Pflanzen, Tiere und Schneearten, ohne jedoch die Struktur ihrer Ordnung in abstrakten Kategorien zu fassen.

Für die Strukturalisten ist die Dichotomisierung eine der grundlegenden Vorgehensweisen des menschlichen Geistes: Das Denken findet seine Form in der Konstitution von Oppositionen, die in der Regel eine binäre Form annehmen. Die Aufgabe der Analyse besteht also darin aufzuzeigen, wie die Oppositionen systematische Züge gewinnen und sinnvoll werden. So zeigt Lévi-Strauss zum Beispiel, wie der Ursprung des Kochens, die Unterscheidung zwischen dem Rohen und dem Gekochten, die allgemeine Unterscheidung zwischen Natur und Kultur erzeugt. Solche Strukturen werden als zeitlos gefasst: Sie bestehen aus einem symbolischen System.

Betrachten wir dazu zwei wichtige Bereiche seiner Untersuchungen: Das schon erwähnte Verwandtschaftssystem zum Beispiel baut auf dem Inzestverbot, also dem Verbot der Heirat unter (engen) Verwandten, auf.[6] Das Inzestverbot selbst jedoch erscheint ihm als eine Form, mit der die Unterscheidung Natur und Kultur erst geschaffen wird: Das, was (enge) Verwandtschaft ist, wie etwa Mutter, Vater und ihre Kinder, wird dadurch konstituiert. Verwandtschaftssysteme schreiben dann – als positive oder negative Regeln – die Verbindungsmöglichkeiten der Menschen auf. Diese Verbindungsregeln wiederum erscheinen wie grammatische Regeln, die das Soziale (also hier: das Verwandtschaftssystem) strukturieren – wiederum ohne dass das individuelle Bewusstsein der Handelnden davon wissen müsste.

6 Lévi-Strauss, Die elementaren Strukturen der Verwandtschaft, op. cit

Seine wissenssoziologischen Absichten kommen am deutlichsten in seiner *Analyse der Mythen* zum Ausdruck. So sucht er in den Mythen weniger die Beziehung zur Gesellschaft als die generellen Züge eines allgemein verbreiteten mythischen Denkens. Mythen sind für ihn allegorische Erzählungen, in denen der Ursprung der Institutionen erläutert wird. Mythen werden aber nicht von den einzelnen Menschen gemacht: Er untersucht nicht, wie die Menschen in den Mythen denken, sondern wie die Mythen in den Menschen denken. Hatten Mauss und Durkheim die Mythen als Ausdruck eines sozialen Kontextes angesehen, sind für Lévi-Strauss die Mythen eine eigene Realität: Die Mythen erzählen nicht von etwas anderem, sie sind eine Kategorie des Geistes, erster und tiefster Ausdruck des Denkens, die das Denken der einzelnen Menschen ordnet und strukturiert.

Wer sich mit Mythen beschäftigt, wird bald bemerken, wie groß und verwirrend die Vielfalt der verschiedenen Versionen der Mythen ist, die wir in einer Kultur, aber auch über die verschiedenen Kulturen hinweg entdecken. Diese Vielfalt nutzt Lévi-Strauss, indem er die verschiedenen Versionen als Ausdruck einer ihnen allen gemeinsam zu Grunde liegenden Struktur deutet. Methodologisch erweist sich dann die Struktur als dasjenige, was verbleibt, wenn man die verschiedenen Versionen vergleicht. Die Varianten könnte man als Abarten einer Grundstruktur betrachten. Diese Vorgehensweise unterscheidet sich sehr grundlegend von der, die frühere Forscher verfolgt hatten. Sie versuchten, in der Vielfalt der verschiedenen Versionen die richtige oder »urtümliche« Fassung des jeweiligen Mythos zu finden, um alle anderen zu verwerfen. (Lévi-Strauss dagegen schält aus der Vielfalt eine gemeinsame Struktur heraus.) Es ist sicherlich hilfreich, wenn wir ein Beispiel für diese doch häufig sehr exotischen Materialien betrachten: der Mythos vom Ursprung des Tabaks der südamerikanischen Tereno-Indianer:

> »Es war einmal eine Frau, die war Zauberin. Sie beschmutzte mit ihrem Menstruationsblut die Caraguata-Pflanze (eine Bromelienart, deren mittlere Blätter an der Wurzel rot gefleckt sind) und gab sie dann ihrem Mann zu essen. Als er sie gegessen hatte, hinkte er und hatte keine Lust zu arbeiten.
>
> Von seinem Sohn unterrichtet, verkündete der Mann, dass er in den Busch gehe, um Honig zu holen. Nachdem er die Sohlen seiner Sandalen gegeneinander geschlagen hatte, um den Honig leichter zu finden, entdeckte er am Fuße eines Baumes einen Bienenstock und dicht daneben eine Schlange. Den reinen Honig hob er für seinen Sohn auf, für seine Frau bereitete er ein Gemisch aus Honig und dem Fleisch der Schlangenembryos, die er aus dem Bauch der getöteten Schlange herausgezogen hatte.
>
> Kaum hat die Frau ihre Portion zu essen begonnen, fängt ihr Körper zu jucken an. Sich kratzend verkündet sie ihrem Mann, dass sie ihn verschlingen werde. Der Mann flüchtet, klettert auf einen Baum, wo Papageien nisten. Er besänftigt die Menschenfresserin für den Augenblick, indem er ihr nacheinander drei kleine Vögel hinunterwirft, die in dem Nest lagen. Während sie

> dem größten nachläuft, der ihr davonflattern will, rettet sich ihr Mann zu einer Fallgrube, die er selbst gemacht hatte, um wilde Tiere zu fangen. Er weicht ihr aus, aber die Frau fällt hinein und kommt dabei um. Der Mann schüttet die Grube zu und bewacht sie. Eine unbekannte Vegetation beginnt zu sprießen. Neugierig trocknet der Mann die Blätter an der Sonne; in der Nacht raucht er sie heimlich. Seine Gefährten entdecken ihn und fragen ihn aus. Auf diese Weise kamen die Menschen in den Besitz des Tabaks.«[7]

In dieser Erzählung erkennen wir eine Reihe von Parallelismen und Gegensätzen, die Lévi-Strauss als grundlegende Elemente des Mythos betrachtet (die zentralen Elemente der Analyse sind die Synekdoche und die Antithese): Ein Gegensatz besteht etwa zwischen der »offenen« Frau über den Caraguata-Pflanzen und der unter den Tabakpflanzen eingeschlossenen Frau; eine Parallele besteht zwischen der Frau, die ein Nahrungsmittel auf natürliche Weise vergiftet, und dem Mann, der ein natürliches Nahrungsmittel mit Hilfe einer Zubereitung vergiftet; zwischen dem pflanzlichen Charakter der vergifteten Nahrungsmittel (für Indianer ist Honig pflanzlich) und dem tierischen Ursprung der Gifte; zwischen dem Bedürfnis des Mannes, die Ursache seiner Krankheit zu erfahren und dem unmittelbaren Wissen der vergifteten Frau. In diesen Gegensätzen lassen sich einige strukturelle semantische Dimensionen erkennen: Oben und Unten finden sich verkörpert in der Stellung der Frau und der Pflanzen. So hockt der Mann auf dem Baum. Die Frau dagegen ist in die Grube gefallen. Eine weitere strukturelle semantische Dimension ist das Innen und das Außen, das Pflanzliche und das Tierische, das Geheimnis und die Enthüllung. Auch die Gliederung der mystischen Erzählung insgesamt beruht auf Gegensätzen: Die ersten beiden Episoden sowie die beiden letzten behandeln Formen des Verzehrs, die nicht der normalen menschlichen Ernährung entsprechen. Darüber hinaus vollzieht sich eine Art Progression: Von der ersten zur dritten Episode stellt sich eine Trennung zwischen der Frau und dem Mann ein, und die vierte Episode vereint den Mann, den Tabak, die Techniken des Tabaks und schließlich die Gemeinschaft der Menschen. »Der Tereno-Mythos wäre also nach zwei parallelen und widersprüchlichen Grundgegensätzen angeordnet: zwischen Natur und Kultur einerseits; zwischen dem, was in der Kultur der Natur unterworfen bleibt, und dem, was ihr entgeht, andererseits.«[8]

Das Beispiel zeigt sehr anschaulich, wie der Strukturalismus als eine Form der Interpretation von Texten eingesetzt wird, um die Ordnung des Denkens zu enthüllen. Es zeigt auch, wie wenig der Strukturalismus auf das Denken der einzelnen Subjekte eingeht – und eingehen muss, zeigt sich doch die Struktur unabhängig davon, wer diesen Mythos erzählt. Dieses Merkmal, das man, wie erwähnt, durchaus auch schon in Durkheims »Kollektivbewusstsein« findet, teilt der Strukturalismus mit anderen Ausprägungen der Wissenssoziologie in Frankreich.

---

7 Claude Lévi-Strauss, Mythologica I. Das Rohe und das Gekochte, Frankfurt 1971, S. 137

8 Dan Sperber, Der Strukturalismus in der Anthropologie, in: Oswald Ducrot u.a., Einführung in den Strukturalismus, Frankfurt 1973, S. 212

2 Die Macht der Diskurse

»›Einer gewissen chinesische Enzyklopädie‹ zufolge lassen sich alle bestehenden Tierarten wie folgt gruppieren: ›a) Tiere, die dem Kaiser gehören, b) einbalsamierte Tiere, c) gezähmte, d) Milchschweine, e) Sirenen, f) Fabeltiere, g) herrenlose Hunde, h) in diese Gruppierung gehörige, i) die sich wie Tolle gebärden, k) die mit einem ganz feinen Pinsel aus Kamelhaar gezeichnet sind, l) und so weiter, m) die den Wasserkrug zerbrochen haben, n) die von weitem wie Fliegen aussehen‹.«

Dieses Beispiel stammt aus einem Buch von MICHEL FOUCAULT.[9] Es spiegelt auf eine prägnante Weise die besondere Aufnahme des Strukturalismus durch Foucault wieder.[10] Er zeigt eine Klassifikation von Tierarten, die unserem Denken wenig entspricht und damit eine Art des »anderen Denkens« illustriert. Die Ordnung des Denkens stellt denn auch einen der zentralen Gegenstände Foucaults dar.

Auch wenn sich Foucault schwer einer bestimmten Disziplin zuordnen lässt – man könnte ihn am ehesten als Philosophen und Geistesgeschichtler bezeichnen –, kann er doch auch als ein historischer Wissenssoziologe betrachtet werden.[11]. Eine zentrale wissenssoziologische Kategorie bildet der »Diskurs«, der sich mittlerweile tief in die deutsche Alltagssprache eingegraben hat. Dabei hat er sich vor allem mit dem Verhältnis zwischen Diskursen und Macht, mit der diskursiven Konstruktion von Subjekten und von Wissen und mit der Rolle der Diskurse beim sozialen Wandel beschäftigt. Er untersuchte so unterschiedliche Gegenstände wie die Bedeutung der Sexualität für die Entwicklung moderner Subjektvorstellungen, die Ausbildung wissenschaftlicher Disziplinen (Recht, Medizin, Psychologie), die Behandlung von Geisteskrankheit oder die historische Veränderung von Strafen. Dabei betrachtet er diese Gegenstände als Folgen von Konstruktionsprozessen, die auf verschiedene Wissens- und Praxisformationen zurückgehen.

Sein Werk kann grob in drei Phasen eingeteilt werden: In seinem frühen »archäologischen Werk« der 1960er-Jahre konzentriert er sich auf Typen des Diskurses, in seinen mittleren »genealogischen« Studien beschäftigte er sich mit dem Verhältnis von Macht und Wissen, und in seinem späten Werk in den 1980er-Jahren behan-

9 Michel Foucault wurde 1926 in Poitiers geboren. Er studierte von 1946-1952 Philosophie, Psychologie und Psychopathologie in Paris. Seine akademischen Tätigkeiten führten ihn nach Uppsala, Warschau und Hamburg. 1960 wurde er Professor für Philosophie an der Universität Clermont-Ferrand. Nach einem Zwischenaufenthalt an der Universität Tunis kehrte er 1968 nach Paris zurück, wo er die studentischen Unruhen aktiv miterlebte. 1970 wurde er als Professor an das Collège de France auf den Lehrstuhl für Geschichte der Ideen und Denksysteme berufen. Er starb am 26.6. 1984 in Paris.

10 Michel Foucault, Die Ordnung der Dinge. Eine Archäologie der Humanwissenschaften, Frankfurt 1978, S. 17; der Ausschnitt selbst ist ein Zitat aus einem Text des großen argentinischen Schritstellers Jorge Luis Borges.

11 Das erläutert Michael Power, Foucault and Sociology, in: Annual Review of Sociology 37 (2011), 35–56.

delte er schließlich die Ethik, also die Frage, wie sich Individuen selbst als moralische Subjekte konstituieren. Diese Einteilung ist für uns bedeutsam, ist doch die letzte, stark ethische Phase für unsere wissenssoziologischen Betrachtungen hier nicht so wesentlich wie die ersten beiden.[12]

Als mustergültiges Beispiel seiner frühen, noch sehr strukturalistisch orientierten Phase gilt sein Buch über die »Ordnung der Dinge«, aus dem eingangs zitiert wurde. Mit Blick auf die verschiedenen Epochen von Renaissance, Aufklärung, Romantik und Moderne identifiziert er darin die jeweils für sie eigentümlichen Wissensordnungen, die seiner Auffassung nach erkenntnisleitend wirken. Solche Wissensordnungen nennt er »Episteme«. Diese *Episteme* zeigt sich in gleicher Weise in so disparaten Bereichen wie dem Wissen über Lebewesen, dem Wissen über die Sprache und dem Wissen über die Ökonomie. Foucault betrachtet also gewisse Disziplinen, die dem zugehören, was Scheler die »höheren« Wissensformen nennen würde. So wird die Episteme der Renaissance von der Ähnlichkeit und der Identität beherrscht, die Aussagen als etwas behandeln, das entziffert werden muss. Die Episteme der klassischen Phase, die etwa mit Don Quixote von Cervantes einsetzt, ist Ausdruck einer Krise der Annahme der Ähnlichkeit, die zwischen dem Zeichen und dem Bezeichneten besteht. Mit Descartes entsteht dann das Ideal einer »mathesis universalis«, nach der sich das Zeichen einer Sache mit der Ordnung überschneidet, die es in einer Welt ›primärer‹ mathematischer Qualitäten einnimmt. In dieser Epoche erweisen sich die Repräsentationen als Ordnung von Zeichen, die die Wirklichkeit ausdrückt. Diese Epoche wird mit Kant beschlossen, der den Repräsentationen im transzendentalen Subjekt ein festes Fundament verleiht. Damit kommt es dann zu dem, was Foucault die »Geburt des Menschen« nennt: Mit der Entdeckung des Subjekts wird der Mensch selbst zu einem Thema der Erkenntnis. Nun erst kann psychologisches und soziologisches Denken entstehen.

Auf eine Weise, wie wir sie oben bei Lévi-Strauss kennen gelernt haben, bildet die Episteme eine Art Grundstruktur, die in den strukturellen Gleichheiten der verschiedensten Felder vor allem wissenschaftlicher Disziplinen entdeckt werden können. Genau dies soll auch der Begriff der »Archäologie« zum Ausdruck bringen. Denn Foucault geht davon aus, dass die einzelnen erkennenden Individuen »in ihrer Situation, ihrer Funktion, ihren perzeptiven Fähigkeiten und in ihren praktischen Möglichkeiten von Bedingungen bestimmt werden, von denen sie beherrscht und überwältigt werden.«[13] Die Erkenntnisse der Wissenschaft verdanken sich also nicht erkennenden und sprechenden Individuen, sondern gehen auf das zurück, was er den »Diskurs« nennt.

---

12 Zweifellos ist auch die letzte Phase von wissenssoziologischer Bedeutung, weil Foucault am Beispiel des »Erkenne dich selbst« aufzeigt, dass die historische Ausdifferenzierung einer Wissenslehre erst ein »Erkenntnissubjekt« schafft, dessen Beschränktheit daran deutlich wird, dass es herkömmlich immer mit der »Selbstsorge«, also einer ethischen Maxime verbunden war; vgl. dazu Michel Foucault, Hermeneutik des Subjekts, Frankfurt 2004

13 Foucault, Ordnung der Dinge, op. cit., S. 15

Diskurs fasst er dabei nicht im Wortsinne als einfache Rede, sondern eher als das, was das Denken und damit die Episteme ausdrückt. Der Diskurs besteht im Kern aus Aussagen (»énoncés«). Darunter können einzelne, aber auch dialogische sprachliche Handlungen, Propositionen, Sätze usw. verstanden werden. Diskurse sind jedoch nicht identisch mit der Sprache. Denn »die von der Sprachanalyse hinsichtlich eines beliebigen diskursiven Faktums gestellte Frage ist stets: Gemäß welchen Regeln ist eine bestimmte Aussage konstruiert worden und folglich gemäß welchen Regeln könnten andere, ähnliche Aussagen konstruiert werden? Die Beschreibung der diskursiven Ereignisse stellt eine ganz andere Frage: Wie kommt es, dass eine bestimmte Aussage erschienen ist und keine andere an ihrer Stelle?«[14] Die Diskursanalyse beschäftigt sich deswegen weniger mit Sätzen als mit soziohistorisch variablen *diskursiven Formationen*, also Systemen von Regeln, die dazu führen, dass bestimmte Aussagen und nicht andere gemacht werden. Eine diskursive Formation besteht aus Regeln der Formation für jede eigene Art von Aussagen; sie legt fest, welche Subjektpositionen auftreten, welche Begriffe gebildet werden können und welche Strategien verfolgt werden – und in welchen Modalitäten das jeweils geschehen kann. (Die diskursive Formation ist Teil eines »Archivs«, also eines allgemeinen Systems der Formation und Transformation von Aussagen als »Gesetz dessen, was gesagt werden kann«.[15])

Betrachten wir diese Denkmöglichkeiten schaffende Funktion von Diskursen genauer. Allgemein schreibt Foucault den Diskursen die Funktion zu, Gesellschaft auf ihren verschiedenen Ebenen aktiv zu konstruieren: Diskurse schaffen die Objekte des Wissens, sie schaffen die Subjekte und die Formen des Selbst, die sozialen Beziehungen und die begrifflichen Fassungen. Wie können wir verstehen, dass die Existenz von Objekten durch einen Diskurs bestimmt wird (und damit entlang von Regeln, die in den jeweiligen diskursiven Formationen zugelassen sind)? Unter Objekten versteht Foucault nicht die »wirklichen« Dinge, sondern Wissensgegenstände, also die Dinge, wie sie etwa einzelne wissenschaftliche Disziplinen innerhalb ihres Interessebereiches als der Betrachtung wert ansehen. (Allerdings möchte er Diskurse und Disziplinen – Psychopathologie, politische Ökonomie, Naturgeschichte usw. – nicht gleichsetzen.) Ein Beispiel für ein solches Wissensobjekt ist die Konstitution des Begriffs der Verrücktheit als eines Gegenstandes für die Psychopathologie des 19. Jahrhunderts.[16] Dabei versteht er unter Verrücktheit all das, was in all den

14 Michel Foucault, Archäologie des Wissens, Frankfurt 1988, S. 42

15 Ebd., S. 187

16 Neben der »Formation der Gegenstände« identifiziert Foucault drei weitere Merkmale von Diskursen: Die »Formation der Äußerungsmodalitäten« klärt die Frage, wer jeweils als legitimer Sprecher auftreten kann. Unter der »Formation der Begriffe« versteht Foucault die Menge aller Kategorien, Elemente und Typen, die eine Disziplin als Apparat zur Erzeugung ihres Interessensbereiches einsetzt. Diese Begriffe können innerhalb eines Textes verbunden sein, aber auch über Texte hinweg, oder gar interdiskursiv, also in verschiedenen diskursiven Formationen auftreten. Die »Formation der Strategien« legt fest, welche Möglichkeiten aus dem Feld ausgewählt werden, die von den Formationsregeln für Themen, Theorien usw. geschaffen werden. Sie werden durch innerdiskursive sowie außerdiskursive Zwänge bestimmt.

Aussagen auftauchte, die sie benannte, aufteilte, beschrieb, erklärte usw. »Wenn in unserer Gesellschaft zu einer genau umrissenen Zeit der Straftäter psychologisiert und pathologisiert worden ist [...], dann deshalb, weil im psychiatrischen Diskurs eine Gesamtheit determinierter Beziehungen angewandt wurde. Beziehungen zwischen den Spezifikationsebenen wie den Strafkategorien und den Stufen verminderter Zurechnungsfähigkeit und den psychologischen Charakterisierungsebenen (die Anlagen, die Fähigkeiten, die Entwicklungs- und Regressionsstufen, die Arten der Reaktion auf das Milieu, die erworbenen, angeborenen und erblichen Charaktertypen).«[17] Andere Beispiele sind die Konstruktion der Nation, die Konstruktion der Transsexualität als Folge einer binären Biologie (die, wider aller Beobachtung, nur noch zwei Geschlechtskategorien zulässt) oder die Konstruktion von Straftätern: In diese Konstruktion spielen auch ärztliche Entscheidungen hinein, die von den Gerichten als absolut anerkannt werden, gerichtliche Verhöre, polizeiliche Hinweise, ärztliche Fragebögen usw., die allesamt dazu beitragen, dass aus einer Person ein Straftäter wird. Allerdings sollte man beachten, dass es sich dabei nicht um konstante Konstruktionen handelt. Sie können sich im Lauf der Zeit ändern, und zwar innerhalb einer diskursiven Formation wie auch im Austausch zwischen ihnen.

Diskurse und diskursive Formationen regeln aber nicht nur das, was gesagt werden kann und damit das, was ein Objekt sein kann. Sie regeln auch die Subjektpositionen: Je nach Situation ist das Subjekt ein fragendes Subjekt, wenn ihm Fragestellungen vorgegeben sind; ein betrachtendes Subjekt, wenn es vor einem Bild steht, oder ein lesendes Subjekt, wenn es liest (wie Sie es gerade tun). Subjekte werden jedoch nicht nur in einzelnen Äußerungen konstituiert, sondern in umfassenden Diskursen. Ebenso wie es keine »wirklichen« Straftäter, keine reine Verrücktheit und kein Ding an sich gibt – ebenso wenig kann man auch von einem wirklichen Subjekt reden. Im Sinne Foucaults betonen deswegen viele Literaturwissenschaftler, dass es vor der Romantik noch keine Selbstkonzeption als Dichter gab. Homosexuelle und Transsexuelle heben hervor, dass diese Bezeichnungen noch nicht existiert haben, bevor sie (im Laufe des 19. Jahrhunderts) von Ärzten und Psychiatern so definiert wurden. Das Selbst also ist etwas, was in einer Reihe von historischen Ereignissen geschieht, die Foucault Diskurs nennt. Es ist nicht das, was denkt, sondern das, was im Diskurs gedacht wird. Das soziale Subjekt, das eine Aussage macht, ist keine Größe außerhalb der Aussage, sondern selbst nur eine Funktion der Aussage. Aussagen positionieren Subjekte, und zwar an bestimmte Stellen. Der Diskurs regelt Fragen wie: Wer kann in der Rolle eines Akteurs stehen (historisch: nur etwa Männer)? Können Frauen nur in fiktiven Texten handeln? Können kleine Kinder strategisch Ziele verfolgen?

Diskurse sind konstitutiv für die Erzeugung, Veränderung und Reproduktion der Wissensgegenstände und der Subjekte des Wissens. Sie stehen demnach in einem aktiven Verhältnis zur Wirklichkeit: Indem Diskurse etwas formulieren, formieren sie dessen Wirklichkeit und die Subjekte, die die Aussagen treffen. Diese Art der

17 Foucault, Archäologie des Wissens, op. cit., S. 66

»diskursiven Konstruktion« geschieht allerdings nicht im luftleeren Raum, sondern im Rahmen einer institutionellen und gesellschaftlichen ›*Ordnung des Diskurses*‹, also der Gesamtheit der diskursiven Praktiken innerhalb einer Institution oder Gesellschaft und der Beziehungen zwischen ihnen. Es gibt also eine Wechselbeziehung zwischen den Diskurspraktiken und einer Gesellschaft oder einer Institution.

Schon an dieser Stelle überwindet Foucault die strukturalistische Begrenzung auf das ›Geistige‹ und stellt es in einen wissenssoziologischen Zusammenhang. Diesen Zusammenhang verfolgt er in seiner zweiten Phase verstärkt. Denn nach der »Archäologie des Wissens« wandte sich Foucault der »Genealogie« zu: Im Mittelpunkt dieser Phase stand nicht mehr die (insgesamt für den Strukturalismus typische) statische Beobachtung der Ordnung des Wissens, der Episteme und der Diskurse einzelner Epochen. Foucault entdeckt nun die »reale Seite« des Diskurses und identifiziert sie mit einem geläufigen Begriff: dem der Macht. Während er sich in seinen Gegenstandsbereichen stärker auf die Entwicklung von Diskursgefügen konzentriert, stellt er theoretisch das Verhältnis von Diskurs bzw. Wissen und Macht in den Mittelpunkt. Diskurse sind nun nicht einfach mehr eine Ordnung des Denkens, in der auch historische und soziale Entwicklungen zum Ausdruck kommen, sie sind vielmehr Form, Mittel und Inhalt der Macht. Der Wechsel von der Archäologie zur Genealogie bedeutet, dass Wissen einmal als System geordneter Verfahren der Erzeugung, Regelung, Verteilung und Reproduktion von Äußerungen angesehen wird, zum anderen als zirkuläres Verhältnis von Macht, die es erzeugt und erhält, zu den Wirkungen der Macht, die es auslösen und ausweiten. Unter *Macht* versteht Foucault die Kraftverhältnisse, die den gesellschaftlichen Vorgängen (ökonomische Prozesse, Erkenntnisrelationen, sexuelle Beziehungen) innewohnen. Macht ist in allen sozialen Praktiken auf jedem Niveau zu finden. Sie arbeitet nicht nur mit Gewalt, sondern wird von den Unterworfenen inkorporiert und ist damit Teil eines jeden Diskurses. Macht wird also nicht von einzelnen Teilen der Gesellschaft ausgeübt, sondern ist ein integrierter Teil der gesamten Gesellschaft, die mithilfe zahlreicher »Mikrotechniken« umgesetzt wird (wie etwa der polizeilichen, richterlichen, wissenschaftlichen Untersuchung und Überprüfung).

Eine so verstandene omnipräsente Macht weist eine doppelte Beziehung zum Wissen auf: Auf der einen Seite werden mittels des Wissens Machttechniken erzeugt (z.B. mit denen der Sozialwissenschaften, die ja als Kameralistik, Verwaltungs- und ›Polizei‹wissenschaften reüssierten). Auf der anderen Seite üben die Techniken eine Macht im Prozess des Wissenserwerbs aus. So bestimmen die modernen Wissensformen, was Leben ist, wo seine Grenzen sind und wie es zu schützen sei. Für diese moderne Form des Wissens erfindet Foucault den Begriff der »Bio-Macht«: Bio-Macht bringt das Leben und seine Mechanismen in den Einflussbereich expliziter Kalkulation und macht Wissen/Macht zu einem Agenten bei der Transformation des Lebens.

Macht erklärt, dass es ein »Regime des Wissens« gibt, das bestimmt, was jeweils als Wahrheit gilt. *Wahrheit* ist für Foucault also nichts, was gesellschaftlichen Prozessen äußerlich wäre, sie ist gleichsam in die jeweilige Gesellschaft eingebaut. »Jede Gesellschaft hat ihre eigene Ordnung der Wahrheit, ihre ›allgemeine Politik‹ der Wahrheit, d.h. sie akzeptiert bestimmte Diskurse, die sie als wahre Diskurse funktionieren lässt; es gibt Mechanismen und Instanzen, die eine Unterscheidung von wahren und falschen Aussagen ermöglichen und den Modus festlegen, in dem die einen oder anderen sanktioniert werden; es gibt einen Status für jene, die darüber zu befinden haben, was wahr ist und was nicht.«[18] Solche Umsetzungsprozesse von Diskursen, die zu festen Denk- und Verhaltensmustern führen, bezeichnet Foucault auch als *Dispositive*. Dispositive sind jene Bündel von Maßnahmen und institutionellen Vorgaben, die Diskurse tragen und sichern. Dazu zählen etwa Gesetze, Gebäude (etwa das panoptikumsartige Gefängnis, das eine Überwachung jedes Einzelnen als Einzelnen ermöglicht) oder Kommunikationsformen, wie zum Beispiel die Beichte.

In der Ausübung der Macht spielen Diskurse offenkundig eine bedeutende Rolle: Die Techniken und Praktiken, also die »*Machttechniken*«, die Foucault stark hervorhebt – das Interview, die Beratung, das Geständnis usw. – sind zu einem großen Teil diskursive Praktiken. Wer also Institutionen und Organisationen aus Foucaults Perspektive untersucht, muss seinen Blick auf deren diskursive Praktiken richten. Ein Beispiel dafür ist die »Prüfung«. Während die traditionelle Macht sichtbar war, verbirgt sich die Macht in der Prüfung hinter den Mechanismen der Objektivierung von Leistung. Daneben erlaubt es die Prüfung, Individuen zu erzeugen als etwas, das beschreibbar, analysierbar ist – ein Urgrund der Sozialwissenschaften. Einzelbeschreibungen, Vernehmungen, Anamnesen oder Dossiers schaffen Individuen, und zwar als Einzelfälle, also etwas, was einem Zweig des Wissens unterworfen und dort weiter »behandelt« werden kann.

Die weitere Machttechnik ist die Konfession. Der westliche Mensch ist, laut Foucault, ein Konfessionstier, denn er gestaltet sich als Subjekt durch die Konfession. Er redet fortwährend über sich, anfangs in den Begriffen der Religion, später dann in denen der Sexualität, Liebe, Familie, Medizin, Erziehung usw. Konfession ist ein Diskursritual, das, gemeinsam mit der Examination, die Diskurse der verschiedensten Institutionen und Organisationen durchzieht und viele Untervarianten erzeugt, z.B. therapeutische, erzieherische, berufliche usw.

Neben der Konfession ist schließlich die Disziplin (mit der ›Untersuchung‹ als ihrer bezeichnendsten Technik) eine weitere bedeutende Machttechnik. Mit Blick auf die Disziplin hat Foucault zu zeigen versucht, wie sehr sich diese Techniken auf die Körper, ihre Gewohnheiten und Bewegungen beziehen. Moderne Disziplinierungstechniken sind darauf abgerichtet, fügsame Körper zu erzeugen, Körper, die der modernen ökonomischen Produktion entsprechen.

Ähnlich wie Nietzsche, auf den er sich ausdrücklich beruft, ist für Foucault Wissen insgesamt nur eine verkappte Form des Willens zur Macht. Die Macht ist also keine negative Größe. »In Wirklichkeit ist die Macht produktiv; und sie produziert Wirkliches. Sie produziert Gegenstandsbereiche und Wahrheitsrituale: Das Individuum und seine Erkenntnis sind Ergebnisse dieser Produktion.«[19]

18 Michel Foucault, Dispositive der Macht, Berlin 1978, S. 51

19 Michel Foucault, Überwachen und Strafen. Die Geburt des Gefängnisses, Frankfurt 1977, S. 250

Durch seine Betonung der Macht wird der Begriff des Diskurses etwas aus dem Zentrum der Theorie geworfen (das er in der ersten Phase einnahm) und der Macht untergeordnet: Der Diskurs dient der Regelung des Machtsystems in einer Gesellschaft. Machtverhältnisse sind es denn auch, die Diskurse unterschiedlichen Beschränkungen unterwerfen.

Zum einen gibt es externe einschränkende Prozeduren. Dazu zählen zum Beispiel Verbote. Denn Verbote schließen Menschen, Gegenstände oder bestimmte Zeiten aus der Diskussion aus. Man darf nicht über alles sprechen, und würde man es versuchen, drohten Sanktionen. Zu den externen einschränkenden Bedingungen von Diskursen zählt auch die Unterscheidung zwischen Vernunft und Wahnsinn. Betrachtet man die Ausgliederung derer, die nicht als normal gelten, erscheint Vernunft nicht als der gemeinsame Sitz des Wissbaren im menschlichen Geist, sondern lediglich als Ausdruck einer gewissen Vorstellung des Normalen. Wer in der einen Gesellschaft als Weiser gilt, kann in einer anderen als Verrückter in der Psychiatrie landen. Eine dritte Form der extern einschränkenden Bedingungen ist schließlich die Unterscheidung zwischen Wahrheit und Unwahrheit. Wenn wir etwa die Wissenschaft als eine Weise betrachten, Wahrheit zu erlangen, dann stellen wir fest, dass sie mit bestimmten Formen der Wissensproduktion verbunden ist, die ihrerseits mit dem Machtsysteme der Gesellschaft zusammenhängen. (Allein die Debatte um den Nutzen der Geisteswissenschaft ist ein Beispiel, aber auch die von Scheler herausgestellte Verbindung zwischen positiver Wissenschaft und Industrialisierung.) Was wahr und was unwahr ist, wird von den »herrschenden« Methoden der Wissenschaft festgelegt, die Teil des Machtsystems ist.

Interne Einschränkungen sind solche, die dem Diskurs eigen sind. Ein Beispiel dafür ist der Kommentar, mit dem Diskurse fortgesetzt werden, ohne dass etwas produziert wird, das vorher nicht schon gesagt worden wäre. Ein Großteil der kulturellen Kommunikation besteht aus solchen Kommentaren, die lediglich schon vorgefertigtes Wissen reproduzieren. Ähnliches trifft auch auf den Autor zu. Das Prinzip, dass Diskurse Autoren zugeschrieben werden, stellt insofern eine Beschränkung dar, als diese versucht sind, eine Identität zu wahren und somit Texte fest an bestimmte Identitäten binden. Schließlich stellt die Organisation des Wissens in Disziplinen, wie etwa Biologie, Medizin oder Soziologie eine interne Beschränkung dar. Disziplinen fordern, dass Diskurse in ihrer besonderen Fachsprache und mit ihrem eigenen Code geführt werden, der zudem von einem dominanten Wissen geprägt wird.

Die letzte Gruppe der Einschränkungen bezieht sich auf die Frage, wie der Zugang zum Diskurs und das Verhalten beim Diskurs geregelt wird. Zum einen sind das Rituale, wie etwa die Erlangung besonderer Titel, die Beachtung bestimmter Etiketten und Verhaltensweisen, die Benutzung bestimmter Symbole (vom Rechenschieber bis zum Doktorhut). Diese Rituale erleichtern zwar den Diskurs, grenzen ihn aber auch ein. Eine andere Begrenzung stellen Diskursgesellschaften dar. Damit bezeichnet Foucault die sozialen Gruppierungen, die den Diskurs tragen. Will man sich an einem Diskurs beteiligen, muss man deswegen von diesen Gemeinschaften aufgenommen werden. Eine letzte Form der Begrenzung sind Doktrinen und Dogmen. Sie bilden die eingeschliffenen Wissensformen, die in Diskursgemeinschaften gelten und scharfe Grenzen für den Diskurs bilden.

Diese Einschränkungen und Begrenzungen stellen Folgen des Machtsystems der Gesellschaft dar, die sich auf den Diskurs auswirken. Weil sie im Diskurs gleichermaßen erhalten werden, wirken sie auch auf die Gesellschaft zurück und verfestigen bzw. reproduzieren das Machtsystem, so dass sich das folgende Wechselspiel zwischen Diskurs und Macht ergibt.

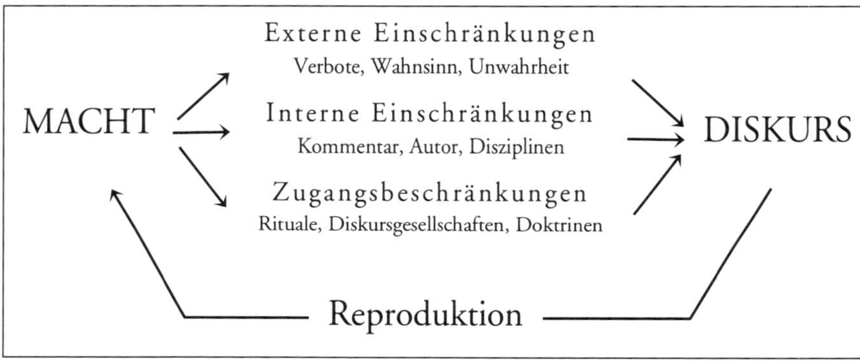

Abb. 18: ***Diskurs und Macht***

Wegen der Allgegenwart zunächst des Diskurses, dann der Macht ist Foucault vielfach angegriffen worden. Vehement sind auch die Widerworte gegen den »Tod des Subjekts«, also Foucaults Behauptung, dass das Subjekt erst im Diskurs entstehe.[20] Von besonderer wissenssoziologischer Bedeutung ist dagegen die Radikalität der damit vollzogenen Ausweitung des Ideologiebegriffes: Wenn jeder Diskurs Ausdruck der Macht ist, dann gibt es keinen Ort jenseits der Macht. Alles ist von Machtinteressen bestimmt – und damit ist im Grunde alles zur Ideologie geworden. Auch die Sozialwissenschaften nehmen sich hier keineswegs aus, und der von Mannheim beschworene Relativismus wird zur Normalität. Mit dieser Auffassung ist Foucault zu einer der wichtigsten Berufungsinstanzen dessen geworden, was als »*Postmoderne*« bezeichnet wird.[21] Dabei handelt es sich um eine – mittlerweile keineswegs so aktuelle – Deutung der Gegenwart als eine Epoche, die die Moderne ablöst. Ein wesentlicher Aspekt der Postmoderne ist die massive Vernunftkritik, die bestreitet, dass es so etwas wie eine »objektive« Wahrheit gibt. Die philosophische

20 Wie schon erwähnt, steht dieses Subjekt dann doch wieder im Mittelpunkt der dritten Phase von Foucaults Arbeiten. Hier wendet sich Foucault der Frage zu, wie das Subjekt eine eigene Identität sucht und finden kann (oder besser: in der Vergangenheit finden konnte), angeleitet von der »Sorge um sich selbst«, die es dem Subjekt ermöglicht, sich als Subjekt zu konstituieren; vgl. dazu Foucault, Hermeneutik des Subjekts, op. cit.

21 Scott Lash, Sociology of Postmodernism, London 1990

Annahme einer Vermehrung des Wissens und der Erkenntnis wird vielmehr als ein (etwa der biblischen Erwartung einer himmlischen Welt entsprechender) moderner Mythos angesehen, der – als »Meta-Erzählung« – von ganzen Kollektiven geteilt wurde und ihr Handeln leitete. Postmoderne bedeutet demnach die zunehmende Skepsis gegenüber den dominierenden Metaerzählungen, die allesamt eine Geschichtsphilosophie implizieren und die Anerkennung alternativer Metaerzählungen. Die Pluralität der verschiedenen Weltansichten zerstöre sozusagen die Vorherrschaft einer Metaerzählung.[22] Soziologisch zeichnet sich die Postmoderne durch eine kulturelle und sozialstrukturelle Pluralisierung aus. Mit dieser Pluralisierung löse sich auch der moderne Wertekanon (Leistung, Disziplin, Rationalität) auf und es komme zu einer Enttraditionalisierung.

Foucaults theoretischer Ausgangspunkt wird gegenwärtig von einer postmodernen »Diskurstheorie« geteilt, die zuweilen sogar den Namen einer »konstruktionistischen Theorie« erhält.[23] Diese ist sowohl vom Sozialkonstruktivismus Berger und Luckmanns wie auch vom radikalen Konstruktivismus zu unterscheiden, weil sie die omnipräsenten Machtprozesse in den Mittelpunkt stellt.[24] Zugleich gibt es jedoch auch eine gewisse Ähnlichkeit zu diesen Ansätzen der »kommunikativen Wende«: Wie dort führt auch hier der Begriff des Diskurses zu einer gewissen Hervorhebung der kommunikativen Prozesse.[25]

Der Diskursbegriff ist zweifellos einer der entscheidenden und bleibenden Beiträge Foucaults an eine Sozialwissenschaft, die sich der kommunikativen Konstruiertheit und ihrer soziologisch-machtpolitischen Dimension bewusst ist.[26] Deswegen ist es nicht verwunderlich, dass die Arbeiten Foucaults zu einer Reihe von an ihm anschließenden »diskurstheoretischen« Ansätzen geführt haben. Im deutschsprachigen Raum ist die »wissenssoziologische Diskursanalyse« von besonderem Interesse.[27] Sie betrachtet Diskurse als Praktiken, in denen Bedeutungszuschreibungen und Sinn-Ordnungen auf Zeit stabilisiert und zu einer kollektiv verbindlichen Wissensordnung institutionalisiert werden. Die vor allem von Reiner Keller ausgearbeitete wissenssoziologische Diskursanalyse beschäftigt sich also nicht vorrangig mit Sprachge-

---

22 Jean-François Lyotard, Das postmoderne Wissen, Wien 1993

23 Eine Übersicht bietet Vivien Burr, An Introduction to Social Constructionism, London u. New York 1995

24 Ein prominentes Beispiel ist die Arbeit von Judith Butler, die Foucaults Theorie auf die Konstruktion der Geschlechter anwandte und damit eine anhaltende Diskussion ausgelöst hat; Judith Butler, Das Unbehagen der Geschlechter, Frankfurt 1990

25 Das zeigt sich etwa, wenn man beachtet, was Fairclough als Beitrag des Diskursbegriffes ansieht: Diskurs erlaube es, Sprachgebrauch als eine Form der sozialen Praxis anzusehen, die zwischen Identität und Sozialstruktur vermittle. Norman Fairclough, Discourse and Social Change, London 1992, S. 62ff

26 Man sollte wenigstens am Rande erzählen, dass der Diskursbegriff auch vom psychoanalytisch inspirierten Denker Jacques Lacan geprägt wurde, der damit symbolische Formen verbindet, in denen sich das Unbewusste in den sozialen Beziehungen manifestiert.

27 Vgl. dazu auch Andreas Hirseland, Reiner Keller, Werner Schneider und Willy Viehöver (Hg.), Handbuch Diskursanalyse. Bd. 1: Theorien und Methoden, Opladen 2001

brauch oder Argumentationsprozessen, sondern mit der »Analyse institutioneller Regulierungen von Aussagepraktiken und deren performativer, wirklichkeitskonstituierenden Macht«.[28] Indem Keller die Foucaultsche Diskursanalyse mit der sozialkonstruktivistischen Wissenssoziologie verbindet und Diskurse mit dem Handeln verbindet, begegnet er einmal der Subjektvergessenheit und mangelnden empirischen Begründung der Diskursanalyse, andererseits korrigiert er die starke mikrosoziologische Ausrichtung der Wissenssoziologie. Die von Keller begründete wissenssoziologische Diskursanalyse hat es entsprechend mit den Prozessen der sozialen Konstruktion von Deutungs- und Handlungsstrukturen auf der Ebene von Institutionen, Organisationen bzw. kollektiven Akteuren zu tun. In konflikttheoretischer Weise blickt sie auf die in Diskursen dabei ablaufenden Kämpfe um die Definition der Wirklichkeit durch die gesellschaftlichen Akteure. Ihr empirische Gegenstand sind gesellschaftliche Praktiken und Prozesse der kommunikativen Konstruktion, Stabilisierung und Transformation symbolischer Ordnungen sowie deren Folgen: Gesetze, Statistiken, Klassifikationen, Techniken, Dinge oder Praktiken als Ergebnisse und Ressourcen von Diskursen.[29]

Die wissenssoziologische Diskursanalyse ist mittlerweile auch in der qualitativen Sozialforschung zu einer äußerst anerkannten Methode geworden, die nicht nur im deutschsprachigen Raum, sondern auch international Anerkennung findet.[30] Mit der Einrichtung einer eigenen Zeitschrift „Zeitschrift für Diskursforschung/ Journal of Discourse Studies“ hat sie sich als ein eigener wissenssoziologischer Forschungszweig etabliert, der neben methodischen thematisch außerordentlich breit ausgelegt empirische und theoretische Beiträge zur Wissenssoziologie liefert.

3 Der Habitus

Auch PIERRE BOURDIEU[31] schließt in seinen Schriften unmittelbar am Strukturalismus an und überführt ihn in das, was er die »Theorie der Praxis« nennt. Ausgehend von der Annahme, dass die ausschlaggebenden soziologischen Ansätze entweder zu subjektivistisch (wie, in seinen Augen, die Phänomenologie Sartres) oder (wie der Strukturalismus) zu objektivistisch seien, sucht er mit einer solchen Theorie eine vermittelnde Position zwischen diesen beiden Extremen einzunehmen. Zwischen den

---

28 Vgl. Reiner Keller, Diskursforschung. Eine Einführung für SozialwissenschafterInnen, Opladen 2004, S. 8

29 Die wissenssoziologische Grundlegung der Diskursanalyse wird ausgearbeitet in: Reiner Keller, Wissenssoziologische Diskursanalyse. Grundlegung eines Forschungsprogramms, Wiesbaden 2005

30 Reiner Keller, Doing Discourse Research. An Introduction for Social Scientists, London 2013

31 Pierre Bourdieu wurde am 1.8. 1930 in den französischen Pyrenäen geboren. Er studierte in Paris an der Sorbonne und der Ecole Normale Supérieure. 1958 bis 1960 arbeitete er als Professor in Algerien, wo er auch Feldforschung betrieb. 1960 erhielt er eine Professur an der Sorbonne und wechselte im folgenden Jahr an die Ecole des Hautes Etudes en Sciences Sociales. 1982 wurde er an das Collège de France berufen. Am 24.1. 2002 ist Bourdieu in Paris gestorben.

objektiven Strukturen der Gesellschaft und den subjektiven Strukturen der Handelnden vermittelt die Praxis. Praxis ist diejenige Bezugsgröße, die dem Strukturalismus fehlt; Praxis ist aber auch jene Form, die dem von der Phänomenologie betrachteten Subjektiven erst die Allgemeinheit verleiht. Der Begriff der Praxis, der an die marxistische Theorie anknüpft, bezeichnet nicht nur ein einzelnes soziales Handeln, sondern die Aktivitäten, durch die Menschen die Gesellschaft hervorbringen und erhalten. Praxis vermittelt damit zwischen dem Individuum und der Gesellschaft.

Praxis ist zwar vordergründig kein Kern-Begriff der Wissenssoziologie, gerät aber bei Bourdieu in ihre Nähe, ist doch für ihn die Praxis selbst eine eigene Form der Erkenntnis. Denn die Erkenntnis tritt nie in einer reinen Form auf. Es ist vielmehr Bourdieus Anliegen, die Illusion des »reinen Denkens«, des »reinen Wissens« und der »reinen Erkenntnis« zu zerstören, die das Ergebnis einer »ignorierten und verdrängten Differenz zwischen der gewöhnlichen Welt und den theoretischen Welten« darstelle.[32] Erkenntnis ist vielmehr selbst eine Praxis. Ähnlich wie beim Pragmatismus ist die Praxis nämlich ein adäquater Zugang zur Welt, sofern sie dazu beiträgt, Probleme zu lösen. Weil Erkenntnis in Gestalt der Praxis gemacht wird, handelt es sich bei ihr also nicht um eine Widerspiegelung der Struktur der Wirklichkeit, sondern um eine »strukturierende Struktur«[33], die also selbst wieder Wirklichkeit schafft. Aus diesem Grunde ist sein Ansatz auch als »konstruktiver Strukturalismus« bezeichnet worden.

Eine besondere Bedeutung nimmt bei Bourdieu der Begriff des *Habitus* ein, den man wohl als das zentrale wissenssoziologische Konzept seiner Theorie betrachten muss. Der Begriff hat ohne Zweifel viele Vorläufer.[34] Bourdieu selbst schließt mit seinem Habitus-Begriff an den Studien des Kunsthistorikers Erwin Panofsky an, der den Habitus als Verbindungsglied der künstlichen Ausdrucksformen zu ihrem sozialen und historischen Kontext ansieht.[35] Panofsky nimmt seinerseits Bezug auf Mannheims Theorie der Weltanschauungs-Interpretation, deren Grundmodell wir oben schon erläutert haben. Eine Weiterführung des Habitus-Begriffes hatte auch der Mannheim-Schüler Norbert Elias vorgenommen, von dem oben ebenfalls schon die Rede war. Wie dort erwähnt, stellt die Geschichte der Zivilisationen eine allmähliche Verlagerung von Fremdzwängen in Selbstzwänge dar. Die Regelung der menschlichen Triebe wird einer Art Selbstkontrolle überantwortet, die gleichsam eine nach innen eingebaute soziale Regulierung darstellt. Diese Selbstkontrolle bildet nach Elias der Habitus. Der Habitus ist also eine Form der Triebmodellierung, der

---

32 Pierre Bourdieu, Meditationen. Zur Kritik der scholastischen Vernunft, Frankfurt 2001, S. 65

33 Pierre Bourdieu, Entwurf zu einer Theorie der Praxis, Frankfurt 1976, S. 165

34 Als lateinische Übersetzung des griechischen »Hexis« ist der Habitus ein aristotelischer Begriff. Aristoteles schon betrachtet ihn als eine Art des Seins und Verhaltens, die als Disposition eine körperliche und geistige Voraussetzung für Handeln sei und so durchaus einer erworbenen Natur ähnele.

35 Indem Panofsky zu zeigen versucht, wie die gotische Architektur und die Scholastik im Mittelalter zusammenhängen, entdeckt er einen ihnen gemeinsamen Habitus, der als »Denkgewohnheit« die kulturellen Tätigkeiten sowohl der Architektur wie auch der Philosophie und Theologie leitet; vgl. Erwin Panofsky, Gotische Architektur und Scholastik, Köln 1989 (EA 1951)

Kontrolle des Sozialen über das Individuum. Dieser Habitus ist keineswegs bewusst, handelt es sich doch um Verhaltensregelungen, die »dem einzelnen Menschen von klein auf mehr und mehr als ein Automatismus angezüchtet wird, als Selbstzwang, dessen er sich nicht erwehren kann, selbst wenn er es in seinem Bewusstsein will«.[36] Die Ausbildung eines solchen Habitus steht für Elias in einem engen Zusammenhang mit der gesellschaftlichen Entwicklung. Denn je mehr sich die Gesellschaft ausdifferenziert, umso notwendiger ist auch das »Funktionieren« jedes Menschen. Denn »es ändert sich die Art, in der die Menschen miteinander zu leben gehalten sind; deshalb ändert sich ihr Verhalten; deshalb ändert sich ihr Bewusstsein und ihr Triebhaushalt als Ganzes«.[37] Was würde geschehen, wenn Wutausbrüche jeden Autofahrer zur Regelverletzung veranlassten? Neben der Differenzierung ist die Ausbildung eines zentralen sozialen Machtmonopols eine Voraussetzung für den Selbstzwang. Der Habitus kann von jeder gesellschaftlichen Gruppierung geprägt werden, seien es Familien, Stämme, ganze Nationen oder gar Kulturbereiche. Die höheren Schichten bilden dabei früher eine größere Selbstkontrolle aus, die von niedrigeren Schichten allmählich übernommen wird. Im Zuge des Zivilisationsprozesses nähert sich der Habitus der verschiedenen Schichten an ein gemeinsames hohes Niveau an.

Ein Beispiel dafür ist Elias' Untersuchung über die Deutschen, denen er einen eigenen Habitus zuschreibt. Dieser Habitus entsteht unter anderem durch das besondere Schicksal des kriegerischen Verhaltensmodells. Während dieses in Frankreich einer Verhöflichung und damit einer Domestizierung unterworfen war, prägt es in einer weniger »zivilisierten« Form die deutschen Studentenschaften. Nach der späten Reichsgründung zieht dieser Habitus bis ins Bildungsbürgertum ein und bereitet damit einen Geist vor, der noch bis zum Terrorismus der RAF in den 1970er-Jahren reicht.[38]

Dieser Selbstzwang wird im Seelenapparat eines Einzelnen ausgebildet und führt nicht nur zu einer langfristigen Verhaltenskontrolle, sondern auch zu einer wachsenden Psychologisierung. In dem Maße, wie der Mensch seine Leidenschaften, Triebe und Wünsche zu kontrollieren lernt, wird sein Innenleben zu einem Thema. Diese »Psychogenese« steht in einem engen Zusammenhang mit diesen sozialstrukturellen Merkmalen, mit der »Soziogenese«. Im Habitus verbinden sich Individuell-Menschliches und Kulturell-Gesellschaftliches. Elias wendet sich von einer klar »korrelationistischen« Auffassung ab, bei der »die ›Gesellschaft‹ auf der einen Seite, die Gedankenwelt, ihre ›Ideen‹, auf der anderen als zwei verschiedene Gebilde erscheinen«. Vielmehr versucht er beides im Habitus zu verbinden, hat man es doch »nicht mehr allein mit Transformationen des ›Wissens‹, mit Wandlungen von ›Ideologien‹, kurz mit Veränderungen der Bewusstseinsgehalte zu tun, sondern mit den Verände-

36 Norbert Elias, Über den Prozess der Zivilisation. 2. Bd., Frankfurt 1978 (EA 1939), S. 317. Auch wenn Elias (kritisch) auf Freud Bezug nimmt, könnte man seine Theorie als eine historische Fassung der Identitätsbildung von Mead verstehen.

37 Ebd., S. 377

38 Norbert Elias, Studien über die Deutschen. Machtkämpfe und Habitusentwicklung im 19. und 20. Jahrhundert, Frankfurt 1992

rungen des gesamten menschlichen Habitus, innerhalb dessen die Bewusstseinsinhalte und erst recht die Denkgewohnheiten nur eine recht partielle Erscheinung, nur einen winzigen Sektor bilden«.[39] Allerdings arbeitet Elias das zwischen Psychischem und Sozialem vermittelnde Konzept des Habitus nicht aus; zuweilen erscheint es auch nur als »Seelenhaushalt«, der wieder auf Gesellschaft bezogen werden muss.

Bourdieus Konzept des *Habitus* geht in seinen Grundzügen wenig über die seiner Vorgänger hinaus, enthält aber durch die Einbettung in seine Theorie besondere Züge. Zunächst nimmt der Habitus deswegen eine herausragende Stellung ein, weil er eine Art Bindeglied zwischen Wissen und Praxis darstellt. Als ein generatives Prinzip, das immer wieder Praxis hervorbringt, kann unter Habitus ein System von Dispositionen zu praktischem Handeln verstanden werden, das eine objektive Grundlage regelmäßiger Verhaltensweisen, folglich der Regelmäßigkeit von Verhaltensweisen bildet. Die Wissenskomponente besteht aus den für die Praxis leitenden, im Habitus enthaltenen Klassifikationen. Der Begriff der Klassifikationen erinnert nicht zufällig an Durkheim und Mauss, versteht er darunter doch Unterscheidungsprinzipien, Bewertungs-, Informations- und Denkschemata. Man könnte den Habitus als die »Software« der Praxis bezeichnen. »Da er ein erworbenes System von Erzeugungsschemata ist, können mit dem Habitus alle Gedanken, Wahrnehmungen und Handlungen, und nur diese, frei hervorgebracht werden, die innerhalb der Grenzen der besonderen Bedingungen seiner eigenen Hervorbringung liegen.«[40] Da die im Habitus verfestigten Repräsentationen handlungsleitend sind und in die Praxis mit eingehen, handelt es sich dabei also um ein praktisches Wissen. Ähnlich wie etwa Foucaults Episteme ist der (weitaus körperlicher und soziologischer gefasste) Habitus eine Art Tiefenstruktur, genauer: ein generatives Schema, das Denk-, Handlungs-, ja Lebensstile erzeugt. Der Habitus steht zum Denken und Handeln ungefähr so wie eine Sprache mitsamt ihrer Grammatik und Semantik zur besonderen sprachlichen Äußerung steht. Habitus ist damit ein wissenssoziologisches Konzept, das Wissen und Handeln bzw. Praxis im Kern miteinander verknüpft.

Betrachten wir die verschiedenen Bestandteile des Habitus-Begriffes. Der Habitus schließt einmal das mit ein, was Bourdieu die »Doxa« nennt (der Begriff kann als »Glaube« übersetzt werden und bildet im Altgriechischen einen Gegenbegriff zur »Episteme«, zur Erkenntnis). Ähnlich wie etwa Schelers relativ-natürliche Weltanschauung oder Schütz' Common Sense bezeichnet dieser Begriff die unbefragten Aspekte des praktischen Wissens, die Grundüberzeugungen im Sinne eines unhinterfragten Fürwahrhaltens. In der Doxa ist eine Reihe erworbener Weltansichten und Vorstellungen enthalten, die den Handelnden als natürlich und selbstverständlich erscheinen. Dazu gehören freilich die schon erwähnten Klassifikationsprinzipien wie auch die in ihnen zum Ausdruck kommende Weltsicht. Das im Habitus angelegte Wissen hat jedoch keineswegs nur kognitiv-orientierenden Charakter. Da

---

39 Ebd., S. 387f

40 Pierre Bourdieu, Sozialer Sinn. Kritik der theoretischen Vernunft, Frankfurt 1987, S. 102

es mit der Doxa und damit dem Selbstverständlichen verbunden ist, hat es einen ausgeprägt emotionalen Charakter. Existentielle Sicherheit und Angst sind unmittelbar mit der Ordnung des Selbstverständlichen verknüpft.

Im Begriff der Doxa klingt ein weiterer Aspekt des Habitus an: seine »Unterbewusstheit«. Die im Habitus eingelagerten Wissensbestände werden im Bewusstsein nicht thematisch: »Das derart Einverleibte findet sich jenseits des Bewusstseinsprozesses angesiedelt, also geschützt vor absichtlichen und überlegten Transformationen, geschützt selbst noch davor, explizit gemacht zu werden: Nichts erscheint unaussprechlicher, unkommunizierbarer, unersetzlicher, unnachahmlicher und dadurch kostbarer als die einverleibten, zu Körpern gemachten Werte.« Für das Erlernen von Handlungen scheint die Nachahmung eine besondere Rolle zu spielen, da sie gelingt, »ohne im Bewusstsein thematisiert oder erklärt werden zu müssen«.[41] Nicht nur hängt dem, was der Habitus enthält, ein unbezweifelter Zug an; der Habitus selbst ist etwas, das quasi automatisch am Werk ist.

Dass der Habitus keineswegs auf geistige Prozesse reduziert werden darf, zeigt sich daran, dass er auch *körperliche Dispositionen* beinhaltet: Er besteht aus einem gleichsam verleiblichten, in den Körper eingeschriebenen Wissen. An anderer Stelle spricht Bourdieu auch von der Inkorporation, also der Einverleibung kollektiver generativer Schemata und Dispositionen. Das Wissen wird als Wahrnehmungsweise, Handlungsweise, Verhaltensstil in den Körper so inkorporiert, dass selbst unterschiedliche Körperformen (sportlich, füllig, athletisch) mit einem bestimmten Habitus verbunden sein können. Der Habitus ist damit eine Art zweite Natur der Akteure, der sich in praxi, nicht nur »im Bewusstsein« der Akteure verwirklicht.

Man kann zwar sagen, dass sich im Habitus frühere Erfahrungen als Wahrnehmungs-, Denk- und Handlungsschemata im eigenen Leib verfestigen. Doch sollte man beachten, dass der Habitus keineswegs eine psychologische Größe darstellt. Ganz im Gegenteil ist sein für Bourdieu wichtigstes Merkmal die *Sozialität*. Der Habitus ist etwas, was Individuen mit anderen Individuen teilen, die den gleichen Lebensbedingungen ausgesetzt sind. Mitglieder derselben Gruppe, derselben Schicht, derselben Klasse und derselben Gesellschaft weisen einen ähnlichen Habitus auf. Damit will Bourdieu keineswegs die Individualität leugnen, die durch die Einmaligkeit des Aneignens eines Habitus entsteht. Prägend für den Habitus jedoch sind die Lebensbedingungen, die von der Stellung des Menschen in der Gesellschaft abhängig sind. Diese Lebensbedingungen wirken keineswegs ungebrochen auf den Habitus. Vielmehr können sie durch pädagogisches Handeln ergänzt werden, das die Wirkung der Lebensbedingungen verstärken oder auch abschwächen kann.

Genau hier tritt der eingangs erwähnte Zusammenhang zwischen den objektiven sozialen Strukturen und den »strukturierenden Strukturen« des Habitus wieder auf. Bourdieu erläutert diesen Zusammenhang wie folgt: »Die für einen spezifischen Typus von Umgebung konstitutiven Strukturen (etwa die eine Klasse charakterisie-

41 Bourdieu, Entwurf, op. cit., S. 200 u. S. 190

renden materiellen Existenzbedingungen), die empirisch unter der Form von mit einer sozial strukturierten Umgebung verbundenen Regelmäßigkeit gefasst werden können, erzeugen Habitusformen, d.h. Systeme dauerhafter Dispositionen, strukturierte Strukturen, die geeignet sind, als strukturierende Strukturen zu wirken, mit anderen Worten: als Erzeugungs- und Strukturierungsprinzip von Praxisformen und Repräsentationen, die objektiv ›geregelt‹ und ›regelmäßig‹ sein können, ohne im geringsten das Resultat einer gehorsamen Erfüllung von Regeln zu sein; die objektiv ihrem Zweck angepasst sein können, ohne das bewusste Anvisieren der Ziele und Zwecke und die explizite Beherrschung der zu ihrem Erreichen notwendigen Operationen vorauszusetzen, und die [...] kollektiv abgestimmt sein können, ohne das Werk der planenden Tätigkeit eines ›Dirigenten‹ zu sein.«[42]

Der Habitus ist für Bourdieu keineswegs mit einer Kultur oder einer Gesellschaft gleichzusetzen, wie dies bei Panofsky oder bei Elias der Fall ist. Bourdieus besonderer Beitrag besteht im empirisch höchst genau ausgearbeiteten Beleg, dass der Habitus soziale Unterschiede aufweist. Um diese sozialen Unterschiede zu benennen, redet Bourdieu nicht von Gruppen und auch nicht von Schichten. Die moderne Gesellschaft ist für Bourdieu eine Klassengesellschaft. Die sozialen Klassen existieren nicht nur als äußerliche Wirklichkeit, sondern werden vermöge des Habitus' in der Praxis der Lebensführung reproduziert. Der Habitus stellt damit die wesentliche Verknüpfung von Klassenlage und Lebensführung (und auf abstrakterer Ebene die Verknüpfung von Struktur und Handeln) dar. Mit anderen Worten: Der Habitus ist verantwortlich dafür, dass die sozialen Unterschiede ihren Ausdruck in der Praxis finden, denn die soziale Klasse definiert sich keineswegs durch die Produktionsverhältnisse, sondern auch durch die von den Individuen realisierten Habitusformen.

Die Praxis, die der Habitus strukturiert, ist jedoch keineswegs nur eine ökonomische, wie dies bei Marx noch der Fall zu sein scheint. Vielmehr schlägt sich der Habitus in der gesamten Breite der menschlichen Praxis, also allen Ausprägungen der Lebensführung nieder. Mit diesem Argument gelangt Bourdieu nicht nur zum umwälzenden Schluss, dass soziale Klassen sowohl durch die Produktion, wie durch den Konsum bestimmt werden. Er stellt damit auch eine Verbindung zur Kultursoziologie her. Vermittelt über den Habitus werden die Gegenstände des täglichen (und des weniger täglichen) Konsums gekannt, ausgewählt und benutzt: Bilder, Musik, Autos, Bücher, Kleider usw. Und vermittelt über den Habitus werden bestimmte Aktivitäten vollzogen: Sportarten, kulturelle Aktivitäten, Reisen, Geselligkeiten.[43] Ihre Ausrichtung erhalten diese kulturellen Präferenzen aus den objektiven strukturellen Bedingungen, in denen die Handelnden stehen – und als Praxis schaffen sie selbst eine die objektiven Strukturen ergänzende symbolische Ordnung signifikanter Unterscheidungen. Weil diese symbolischen, kulturellen Unterschiede

42 Bourdieu, Entwurf, op. cit., S. 164f

43 Die empirische Untersuchung dieser beiden Aspekte des Konsums bildet einen großen Teil von Pierre Bourdieu, Die feinen Unterschiede. Kritik der gesellschaftlichen Urteilskraft, Frankfurt 1984.

selbst Differenzen in der Gesellschaft strukturieren, erfüllen Wissen und kulturelle Praktiken eine ähnliche Funktion wie das ökonomische Kapital. Bourdieu redet deswegen auch von »symbolischem Kapital«.[44] Ebenso wie das ökonomische Kapital angehäuft werden kann und eine entsprechende ökonomische Stellung bestimmt, dient auch das symbolische Kapital zur Erzeugung sozialer Unterschiede.

Die symbolischen sozialen Unterschiede werden durch den *Geschmack* generiert. Damit bezeichnet Bourdieu das im jeweiligen Habitus angelegte System von Wahrnehmungs- und Bewertungsschemata, das die Wahl und Präferenz für bestimmte Dinge und Aktivitäten lenkt. Der Geschmack unterscheidet sich von Klasse zu Klasse. Bourdieu unterscheidet drei verschiedene soziale Geschmacksrichtungen: Die herrschenden Klassen pflegen den legitimen Geschmack, der durch die in der schulischen Bildung vermittelte Kultur legitimiert wird. Den Gegensatz dazu bildet der populäre Geschmack, der stark von den Arbeitern geprägt wird. Der mittlere Geschmack dagegen zeichnet sich durch seine Orientierung am legitimen Geschmack aus, ohne jedoch dessen Exklusivität teilen zu können. Die Geschmacksrichtungen sind keineswegs ein für allemal festgelegt; vielmehr gibt es einen fortwährenden Kampf um die Definition des legitimen Geschmacks in den verschiedensten gesellschaftlichen Feldern, auf die wir etwas später eingehen werden.

Auf der Grundlage dieser Geschmacksunterschiede erzeugt der Habitus das, was Bourdieu den *Lebensstil* nennt. Darunter versteht er »den Gesamtkomplex distinktiver Präferenzen, in dem sich in der jeweiligen Logik eines spezifischen symbolischen Teil-Raumes – des Mobiliars und der Kleidung so gut wie der Sprache oder der körperlichen Haltung – ein und dieselbe Ausdrucksintention niederschlägt«.[45] Der Lebensstil kann als das System der Zeichen angesehen werden, die zur Unterscheidung einer Klasse von anderen sozialen Klassen dienen. (Diese Zeichen-Funktion kann jedes Gut erfüllen, da es neben einer ökonomischen immer auch eine symbolische Bedeutung hat.) Das Großbürgertum neigt zur »Distinktion«, die Arbeiter und Bauern zur »Notwendigkeit«, und das Kleinbürgertum zur »Prätention«. Der von Mangel und Not geprägte Geschmack der populären Klassen drückt sich etwa in üppigem Essen, einfachen Musikstilen oder trivialer bildender Kunst aus. Die Großbürger legen dagegen Wert auf ausgewählte, exklusive Produkte. Das Kleinbürgertum steht dazwischen, orientiert sich aber am Großbürgertum.

Zwischen den verschiedenen Lebensstilen und den sozialen Klassen besteht also eine *Homologie*, die durch den Habitus erzeugt wird: Jede Klasse hat ihren eigenen Geschmack und ihren eigenen Lebensstil. Man könnte diese Homologie auch wissenssoziologisch als Parallelisierung von sozialen (und Macht-) Strukturen und mentalen Strukturen darstellen, müsste dann aber bedenken, dass eine solche Darstellung ein korrelationistisches Verhältnis unterstellte, das Bourdieu mit seinem Begriff des Habi-

44 Das symbolische Kapital unterscheidet Bourdieu dann noch weiter in kulturelles Kapital (Titel, Zertifikate, Nachweise u.a.) und soziales Kapital (Beziehungsnetzwerke, Mitgliedschaften, Zugehörigkeiten).

45 Bourdieu, Die feinen Unterschiede, op. cit., S. 283

tus zu überwinden sucht. Diese Homologie zeigt sich nicht nur in der gesamten Sozialstruktur, sondern auch in den einzelnen institutionellen »Feldern«. Als »Feld« bezeichnet er hauptsächlich spezialisierte institutionelle Bereiche. So gilt auch für die Wissenschaft, die Kunst, die Politik, die Wirtschaft oder die Kirche, dass es eine Beziehung zwischen der Struktur der sozialen Positionen in dem jeweiligen Institutionsbereich und der Struktur der Positionierungen der wissenschaftlichen und künstlerischen Werke gibt.

Jedes Feld ist also ein Austragungsort von Kämpfen um symbolische und materielle Ressourcen. Der gelungene Versuch bestimmter Gruppen, Anerkennung für ihre symbolischen Ressourcen zu finden, führt zur Ausbildung legitimer Formen des Wissens, die Bourdieu in Anlehnung an die Religion als »orthodoxie« bezeichnet. Im Feld der Religion handelt es sich etwa um staatlich anerkannte, von Kirchen getragene Lehren. Können diese Lehren z.B. in Form von »Theologiestudiengängen« auch Anerkennung in anderen Felder gewinnen, so weichen Gruppierungen am »heterodoxen« Pol des Feldes von diesen Lehren ab, beanspruchen aber (etwa durch »Propheten«) selbst Anerkennung. Wie das religiöse Feld sind alle Felder durch die Spannung zwischen den Polen Orthodoxie und Heterodoxie gekennzeichnet. Die Spannung erklärt auch die fortwährenden Veränderungen in den Feldern. So können etwa heterodoxe Lehren durch den erfolgreichen Einbezug von Laiern selbst an Legitimität gewinnen und in die Orthodoxie, aufrücken.

Ein Beispiel für den unterschiedlichen Habitus in ein und demselben Feld zeigt sich in der Untersuchung des religiösen Feldes. Dafür betrachten Bourdieu und seine Mitarbeiterin de Saint Martin die Herkunft der französischen Bischöfe.[46] Dabei stellen sich zwei verschiedene Typen heraus, die als Ergebnisse zweier Rekrutierungswege und zweier unterschiedlicher Habitusformationen angesehen werden. Auf der einen Seite die aus einfachen Verhältnissen stammenden »Oblaten«, die schon in der frühen Kindheit gleichsam der Kirche übergeben wurden und die sich ihrerseits vollkommen der Institution widmen, der sie alles zu verdanken glauben. Sie sind so eingestellt, dass sie der Institution alles geben, ohne die sie nichts wären und die ihnen alles gegeben hat. Auf der anderen Seite stehen die »Erben«. Das sind die sehr viel später berufenen Bischöfe, die vor ihrem Eintritt in die Kirche neben einem geerbten sozialen Kapital auch ein bedeutsames schulisches Kapital besitzen und die aus diesem Grund eine sehr viel distanziertere, entspanntere Beziehung zur Institution, ihren Hierarchien, ihren Kämpfen pflegen und weniger auf Vorübergehendes achten. Die Oblaten stammen mehrheitlich aus vergleichsweise armen und ›traditionalistischen‹, kleinen ländlichen Regionen und sie haben sich sehr früh ganz und gar dem Dienst an der Kirche verschrieben: Unabhängig jeden Kalküls der Betroffenen oder ihrer Familien bot die geistliche Schule den einzigen Zugang zur Ausbildung und den einzigen Ausweg aus den beherrschten Klassen für diese Söhne von Landwirten, Handwerkern, kleinen Händlern, noch weniger von Mittelschichten und, ganz sel-

46 Pierre Bourdieu und Monique de Saint Martin, La sainte famille. L'Episcopat français dans le champ du pouvoir, in: Actes de la recherche 44-45 (1982), S. 2-54

ten, Arbeitern. Sie hatten beinahe kein Erbe außer ihrem moralischen Kapital der Ehrbarkeit und der Ehrlichkeit, einer Familie, die in den Biografien meist als »bescheiden«, »ehrwürdig« und »geschätzt« bezeichnet wird – ohne Zweifel geschätzt für ihre religiösen Aktivitäten im Dienste der Pfarrgemeinde. Diese perfekten Produkte der kirchlichen Ausbildung haben fast alle die kleinen Seminare oder religiösen Kollegien durchlaufen, dann die großen Seminare ihrer Region. Auf Empfehlung eines Professors oder Supervisors, denen sie wegen ihrer Leistungen, ihrer Frömmigkeit, ihres Gehorsams oder Eifers aufgefallen sind, wurden viele von ihnen nach Rom geschickt, um dort ihre Ausbildung zu beschließen. In nur sehr seltenen Fällen haben sie weltliche Studienfächer gewählt, und wenn, dann handelte es sich immer um weniger prestigeträchtige Fächer, wie die Literatur oder die Betriebswirtschaft. Auf Anraten der ihnen hierarchisch Vorgesetzten haben die meisten unter ihnen die nötige Kompetenz erworben, um unterrichten zu können. Die Erben verfügen dagegen aufgrund ihrer familiären Herkunft und der entsprechenden Bildung über ein wirtschaftliches, kulturelles oder soziales Kapital, das ihnen eine (natürlich verhältnismäßige) Unabhängigkeit gegenüber der Institution sichert. Häufig treten sie vergleichsweise spät in den kirchlichen Dienst ein. Zuvor haben sie sich mit weltlichen Dingen beschäftigt und damit Zugang zu anderen Karrieren verschafft. Mehrheitlich stammen sie aus der provinziellen Oberschicht, zuweilen aus der Aristokratie: Söhne von Industriellen, Großhändlern, Ingenieuren, der höheren öffentlichen Verwaltung oder höherer Angestellter, freier Berufe, Offiziere, Grundbesitzer.

Wie dieses Beispiel zeigt, kommt auch in den einzelnen gesellschaftlichen Feldern der jeweilige Klassenhabitus zum Tragen, und zwar auch und gerade dann, wenn die Akteure dieselben Positionen bekleiden. In den Feldern stoßen Menschen mit unterschiedlichem Habitus aufeinander – eine der Ursachen für Konflikte. (Ein anderer Grund besteht darin, dass die Definition dessen, was das Feld auszeichnet, dauernd umkämpft wird.) Das Beispiel zeigt ebenso, dass der Habitus keineswegs eine Determination der Klassenzugehörigkeit bedeutet. Bourdieu räumt durchaus Lerneffekte der Individuen ein, die sich vertikal durch die Sozialstruktur bewegen. Sie sind sehr wohl in der Lage, Elemente eines anderen Habitus' aufzunehmen. Wenn Habitusformen auf Feldstrukturen treffen, kann eine Dialektik von Feld und Habitus entstehen, die zu Veränderungen führt. Die Habitusformen können sich aber auch dann ändern, wenn sich die Existenzbedingungen einer Klasse wandeln. Schließlich kann auch der »Hysteresis-Effekt« eintreten. Das bedeutet, dass ein Habitus auch dann noch wirken kann, wenn die ihn formierenden Lebensbedingungen längst nicht mehr bestehen. In diesem Falle können soziale Milieus als eine Art Schutzvorrichtung wirken, in die sich vor allem dann Menschen gleichen Habitus' retten, wenn sie »Opfer« dramatischer sozialer Veränderungen sind.

Bourdieu entwickelt damit ein integriertes Modell, das nicht nur Handeln und Wissen im Praxis- bzw. Habitus-Begriff vereinigt. Er bindet diese integrierte Vorstellung von Wissen und Handeln in eine objektive »korrelationistische« Struktur ein, die eine durchaus im Gefolge der Basis-Überbau-Kehre stehende Homologie postuliert.

4 Cultural Studies

Wie bei Bourdieu stehen auch bei den Cultural Studies kultursoziologische Fragestellungen im Vordergrund, und die Cultural Studies gehen ebenso auf den Strukturalismus zurück. Ursprünglich entstammen sie der britischen historischen, volkskundlichen und literaturwissenschaftlichen Erforschung der »Culture and Society«-Tradition, wie sie, ausgehend vom Centre for Contemporary Cultural Studies in Birmingham, seit den 1950er-Jahren im Gefolge der Arbeiten von Charles Hoggart, Raymond Williams und E.P. Thompson entstand.[47] Im Laufe der 1980er-Jahre entwickelte sich daraus eine intellektuelle Bewegung, die sich im gesamten englischsprachigen Raum ausbreitete und nun quer über die verschiedensten Disziplinen hinweg ein umfassendes »kulturwissenschaftliches« Paradigma bildet. Auch in den deutschsprachigen Raum hält sie allmählich Einzug, wo sie die Bedeutung der kritischen Theorie, die sie ebenfalls stark rezipiert hat, wieder etwas verstärkt.

Das strukturalistische Erbe, das in die Cultural Studies eingeht, erklärt sich durch die Bedeutung von Louis Althusser für diese Autoren der Cultural Studies. Auf der Basis des Strukturalismus entwickelte LOUIS ALTHUSSER[48] einen eigenen, vom (vulgären) Marxismus abweichenden Begriff der *Ideologie*, mit dem er sich deutlich vom Basis-Überbau-Schema absetzt.[49] Ideologien sind zunächst Themen, Ideen und Vorstellungen, vermöge derer Menschen ihr Verhältnis zu ihren Existenzbedingungen leben.[50] Doch bleiben die Ideologien nicht ein »Reflex« des Materiellen. Sie werden nicht allesamt von ökonomischen »Ursachen« determiniert, da die materialen »Ursachen« nie in reiner Form in das menschliche Leben eingehen, sondern sich immer in einer symbolischen, vermittelten Weise darstellen. Diese symbolisch vermittelte Weise nennt Althusser auch »imaginär«: Das Verhältnis des Menschen zur materiellen Umwelt ist durch diese symbolische, imaginäre Dimension geleitet. Ideologie gehört also zum Grundbestand der menschlichen Wirklichkeit.[51] Sie besteht aus einem System, das Bilder, Mythen, Ideen und Begriffen verbindet. Diesem System wohnt eine eigene Logik inne, die nicht von den materiellen Umständen bestimmt ist.

Ideologie ist selbst als eine Praxis zu verstehen, die zur Konstitution von Klassen beiträgt. In modernen Gesellschaften bilden Ideologien einen »Apparat« aus. Darunter versteht Althusser ein Ensemble an institutionellen Formen und Praktiken, die die Bedin-

47 Stuart Hall, Cultural Studies. Zwei Paradigmen, in: Roger Bromley u.a. (Hg.), Cultural studies. Grundlagentexte zur Einführung, Lüneburg 1999, S. 113-138

48 Louis Althusser wurde 1918 in Algerien geboren. In den 1960er- und 1970er-Jahren hatte er maßgeblichen Einfluss auf die marxistische Diskussion. Er verstarb 1990.

49 Vgl. Paul Ricœur, Althusser's theory of ideology, in: Gregory Elliott (Hg.), Althusser. A Critical Reader, Oxford 1994, S. 44-72

50 Louis Althusser, Für Marx, Frankfurt 1968

51 Das gilt jedenfalls für die »abstrakte Ideologie«. Einzelne »konkrete« Ideologien zählen natürlich nicht zum Grundbestand, sondern zu den spezifischen historischen Ausprägungen der abstrakten Ideologie; vgl. Louis Althusser, Ideologie und ideologische Staatsapparate, in: Marxismus und Ideologie, Berlin 1973, S. 111-172

gungen und Beziehungen der industriellen kapitalistischen Ordnung reproduzieren. Als besondere »ideologische Staatsapparate« kennen wir zum Beispiel: Schulen, Haushalte, Gewerkschaften, Kommunikationsmedien, Sport und Freizeit, Gerichte, politische Partien, Universitäten usw. Die Aufgabe dieser »ideologischen Staatsapparate« besteht darin, die Menschen dazu zu bringen, sich auf eine sozial annehmbare Weise zu verhalten und zu denken. Sie unterscheiden sich dadurch von den »repressiven Staatsapparaten« (z.B. Gefängnisse), die Menschen dazu zwingen, sich so zu verhalten und so zu denken, wie sie es müssen. Weil Ideologien in und durch diese Apparate bestehen, ist ihre Existenz materiell. Ideologien können in verschiedenen Modalitäten auftreten (wie etwa Handlungen, praktische Einstellungen, Sprechen, Gesten, Texte usw.), doch führen sie ihr eigenes »Leben« in den Alltagspraktiken bestimmter Gruppen, in den Bildern und Objekten, die Menschen gebrauchen und auf die sie sich beziehen, und in den Organisationen, in denen sie sich versammeln und miteinander interagieren.

Von besonderer Bedeutung sind die »dominanten Ideologien«, die im Zentrum der Funktionsweise der gesamten Gesellschaft stehen und mit dem Staat und der Wirtschaft verknüpft sind. Dominante Ideologien dienen dazu, den Status quo aufrecht zu erhalten und die Klassen und Institutionen auf ihren Platz zu verweisen. Dazu müssen sie von allen Klassen und Gruppen geglaubt werden – und zwar sowohl von den herrschenden Klassen wie auch von denjenigen, die beherrscht werden. Dies gelingt ihnen durch Mystifizierung, der Grundfunktion der Ideologien. Ideologien werden also nicht aus Zynismus gepflegt, sondern sowohl von den Unterworfenen wie den Unterwerfenden geglaubt. Damit legitimieren sie die sozialen Ungleichheiten und lenken von denjenigen ab, die an der Macht sind. Das gelingt ihnen dadurch, dass z.B. soziale Mythen über Gleichheit, Freiheit und Leistung in die Texte und Praktiken des Erziehungssystems eingebaut werden und Ideologien so dazu beitragen, die Menschen zurechtzustutzen.

Ideologien verschleiern aber nicht nur, sie verbinden die Menschen auch miteinander und schaffen Identität. Wer etwa an Gott glaubt, erhält durch die damit verbundenen rituellen Praktiken auch eine eigene religiöse Identität. Deswegen benötigt jede funktionierende Gesellschaft eine ideologische Sicherung, um einen Konsens herzustellen und die Motivationen ihrer Mitglieder zu koordinieren. Dazu müssen die Ideologien jedoch nicht notwendig bewusst sein. »Die Ideologie ist zwar ein System von ›Vorstellungen‹, aber diese Vorstellungen haben in den meisten Fällen nichts mit dem ›Bewusstsein‹ zu tun: […] der Mehrzahl der Menschen drängen sie sich vor allem als Strukturen auf, ohne durch ihr ›Bewusstsein‹ hindurchzugehen. […] Im Schoß dieser ideologischen Unbewusstheit gelingt es den Menschen, ihre ›gelebten‹ Verhältnisse zur Welt zu verändern und jene neue Form spezifischer Unbewusstheit zu erlangen, die man ›Bewusstsein‹ nennt.«[52]

Dieser Begriff der Ideologie bildet das wissenssoziologische Herzstück der Cultural Studies. Zwar lehnen sie die strukturalistischen Annahmen Lévi-Strauss' ab, doch folgen sie Althusser darin, Ideologie nicht mehr als Instrument des ökonomischen

---

52 Althusser nach Hall, op. cit., S. 128

Unterbaus anzusehen. Damit rücken sie entschieden vom Basis-Überbau-Modell ab: Ideologien gelten ihnen nicht mehr als einfach durch den Unterbau determiniert, sie sind nicht mehr einfach falsches Bewusstsein – Ideologien sind selbst ein Gegenstand, der in den Auseinandersetzungen zwischen verschiedenen sozialen Gruppen heiß umkämpft wird. Durch diese Auseinandersetzung entsteht häufig das, was im Anschluss an Antonio Gramsci als Hegemonie bezeichnet wird: Die Herrschenden können die Ideologie nicht einfach vorgeben, sondern müssen in Aushandlungsprozesse mit den beherrschten Gruppen und Klassen treten.[53]

Nach der Absage an das Basis-Unterbau-Modell ist es nur folgerichtig, wenn dann auch die Kultur nicht mehr als Teil des »Überbau«-Konzepts betrachtet wird. Wie die Ideologie für Althusser in den Praktiken des Alltags enthalten ist, sehen auch die Cultural Studies *Kultur* als etwas, was die gesamte Lebensweise von Menschen ausmacht. Kultur lässt sich also nicht auf Sitten und Gebräuche beschränken, sie ist ebenso nicht identisch mit der Praxis. Vielmehr zieht sich Kultur durch sämtliche soziale Praktiken. Will man die Kultur analysieren, muss man sich deswegen auf die Muster konzentrieren, die die Praktiken einzelner Gesellschaftsteile, Gesellschaften oder Epochen auszeichnen. Mit einem der bedeutendsten Vertreter der Cultural Studies lässt sich Kultur doppelt bestimmen »als die Bedeutungen und Werte, die unterschiedliche gesellschaftliche Gruppen und Klassen auf der Grundlage gegebener historischer Bedingungen und Verhältnisse hervorbringen und mit deren Hilfe sie ihre Existenzbedingungen ›bewältigen‹ und auf sie reagieren; zum anderen als Gesamtheit der gelebten Traditionen und Praktiken, mittels derer diese ›Übereinkunft‹ ausgedrückt und verkörpert wird«.[54]

Auf eine solche breite Grundlage gestellt, wird der Begriff der Kultur notgedrungen verallgemeinert und in gewissem Sinne demokratisiert: Kultur bedeutet nicht mehr »Hochkultur«, also die herausragenden Exempel des Gesagten und Gedachten. Die Cultural Studies sind vielmehr dafür berühmt, dass sie auch die ›gewöhnliche‹ Kultur zum Gegenstand machen. Damit ist aber bei ihnen nicht mehr nur die »Volkskultur« in einem folkloristischen Sinne gemeint, sondern vor allem die »populäre Kultur«, wie sie durch die Medien verbreitet werden, aber auch Kleidung, Mode, Freizeit und Gesten.

Wie die Ideologie ist auch die Kultur kein neutrales Terrain. Vielmehr stellt sie den Ort der gesellschaftlichen Auseinandersetzung dar, in dem Herrschende und die Beherrschten um die Definition der Kultur ringen. Das zeigt sich am deutlichsten an den populären *Medien*, die von den Cultural Studies als bedeutsamster Träger der gegenwärtigen Kultur betrachtet werden. In den Medien werden Bedeutungen zirkuliert, mit denen Wirklichkeit selbst definiert wird. Denn die Medien sind

53 Der Einbezug von Gramsci in die Cultural Studies ist als eine Kritik an den strukturalistischen Grundlagen zu sehen. Während der Strukturalimus die Individuen nur als Ausdruck der Struktur und als Sprecher vorbestimmter Diskurse sieht, ist es nach Gramsci den Individuen möglich, eigene Gedanken zu fassen. So zeigt auch Willis, wie Jugendliche die Pop-Kultur auf ihre eigene Weise aufnehmen und verarbeiten und es ihnen gelingt, daraus etwas Neues zu schaffen (»symbolic creativity«); vgl. Paul Willis, Common Culture, Milton Keynes 1990

54 Hall, op. cit., S. 123

es, die Wirklichkeit als selbstverständlich erscheinen lassen können. Sie haben einen »Wirklichkeitseffekt«, der eine »Naturalisierung« des medial Dargestellten bewirkt. Deswegen stellt sich nicht nur die Frage, wie jeweils eine Wirklichkeit als gültig erscheint, sondern auch, wer bestimmt, welche Wirklichkeit als natürlich erscheint.

Zwar präferieren mediale Produktionen »ein Set an Bedeutungen, die auf eine Aufrechterhaltung der dominanten Ideologie hinauslaufen«[55], doch können die Bedeutungen auf unterschiedliche Weisen angeeignet werden, die von den Praktiken der Medienrezipienten abhängen. Die Medien bilden also nicht eine bloße Vermittlungseinrichtung, in der die herrschende Klasse ihre Ideologie verbreitet. Die Medien sind nicht nur ein Instrument einseitiger Manipulation, wie die Frankfurter Schule behauptete. Vielmehr sind die Medien der Ort, in dem die Auseinandersetzung um die Macht der Definition von Bedeutungen geschieht. Populäre Medien sind auch nicht einfach Ausdruck der Macht, sie sind vielmehr Foren der Auseinandersetzung zwischen den Herrschenden und den Unterdrückten. In den Medien ist also eine »politics of signification« am Werke. Diese »politics of signification« ist jedoch nicht einfach Spiegelbild der sozialen Klasse, da die Medien eine gewisse Autonomie besitzen. Mit dieser Autonomie sind sie in der Lage, die »Situation zu definieren«. Auch die Unterdrückten finden darin ihre Stimme. Denn die Zustimmung der Unterdrückten muss immer wieder aufs Neue erlangt werden, da diese auch durch ihre realen sozialen Verhältnisse fortwährend an ihre Lage erinnert werden. So geht etwa Hall davon aus, dass die von den Produzenten »enkodierten« Bedeutungen eine durch ihre Produktionsverhältnisse geprägte Bedeutungsstruktur aufweisen. Doch auch die Rezipienten verfügen über eigene Praktiken und Deutungsrahmen, so dass sich die von ihnen »dekodierten« Bedeutungsstrukturen von denen der Produzenten zum Teil deutlich unterscheiden können. Sie können zwar dem »dominanten« Kode folgen, können aber auch einen »oppositionellen Kode« entwickeln, der die Inhalte konnotativ gegen den dominanten Code liest.[56]

Die Cultural Studies können als ein kultursoziologischer Ansatz angesehen werden, der sich durch den Ideologiebegriff eines zentralen wissenssoziologischen Themas annimmt. Die explizite Verbindung zwischen Wissenssoziologie und Cultural Studies wird von McCarthy hergestellt, die Wissen zum Kern der Kultur erklärt.[57] Wissensbestände enthalten, vermitteln und schaffen kulturelle Dispositionen, Bedeutungen und Kategorien. Wissen ist für sie ein Bedeutungssystem, das die Welt als bedeutungsvoll erschließt. Was immer an Gegenständen auftritt, ist immer zuerst ein Bedeutungsgehalt. Wissensbestände sind damit Gegenstand symbolischer Konflikte um ihre soziale Billigung.

---

55 John Fiske, Die britischen Cultural Studies und das Fernsehen, in: R. Winter, L. Mikos (Hg.), Die Fabrikation des Populären. Der John Fiske-Reader, Bielefeld 2001, S. 17-68, S. 28

56 Stuart Hall, Encoding/Decoding, in: ders. u.a. (Hg.), Culture, Media, Language, London 1980, S. 128-138.

57 McCarthy, Knowledge as Culture, op. cit.

III
Gegenwärtige Themen der Wissenssoziologie und der Wissensforschung

A Die Soziologie der Wissenschaft

Erlauben die wissenssoziologischen Ansätze einen geradezu universalen Bezug auf alles Wissen, wollen wir uns im Folgenden mit einigen zentralen gegenwärtigen Themenbereichen wissenssoziologischer Forschung beschäftigen: Wissenschaft, Wissensgesellschaft und Wissensverteilung.

Wenn in der Moderne von Wissen gesprochen wird, dann bietet zumeist die Wissenschaft die entscheidende Bezugsgröße. Wissenschaft gilt als diejenige Einrichtung, die sicherstellt, dass wir »wahre« Erkenntnisse machen bzw. »richtiges Wissen« haben. Auch die Wissenssoziologie hat sich früh schon der Wissenschaft zugewandt und wesentlich zur Entstehung der Wissenschaftssoziologie beigetragen, die sich speziell mit dem wissenschaftlichen Wissen beschäftigt. Die Wissenschaft stellt dabei ein besonderes gesellschaftliches Feld dar, weil sich die Handelnden hier ausdrücklich auf »Wissen« beziehen und »Wissen« als Produkt ihres Handelns ansehen. Deswegen führte der wissenssoziologische Zugang auf diesem Feld auch zu einer besonders radikalen Deutung, denn sie beschränkte sich nicht nur auf die soziale Form der Wissenschaft als Institution, sondern begann die Produktion des wissenschaftlichen Wissen selbst als soziale Konstruktion zu betrachten. Damit vollzieht sie die radikale wissenssoziologische Wende, die Erkenntnis grundsätzlich als sozialen Vorgang betrachtet. Allerdings war bis zu dieser radikalen Position ein langer Weg zurückzulegen. Zwar ist die positive Wissenschaft schon bei Comte ein Thema, ebenso in der klassischen Wissenssoziologie etwa Max Schelers, der sie mit dem modernen Bürgertum in Beziehung setzt. Allerdings geht Comte noch von der Wahrheit des wissenschaftlichen Wissens und damit seiner Unabhängigkeit von aller Sozialität aus. Erst bei Scheler deutet sich eine Auffassung an, dass auch wissenschaftliche Erkenntnisse sozialen Prozessen unterworfen sind. Die damit zum Ausdruck kommende Differenz wird auch mit den Begriffen der »internalistischen« oder »externalistischen« Interpretation der Wissenschaft bezeichnet: Die *internalistische Interpretation* führt die Entwicklung der Wissenschaft auf ihre eigenen intellektuellen Grundlagen zurück. Die *externalistische Position* sieht »außerwissenschaftliche« soziale Gründe für Wissenschaftsentwicklung als ausschlaggebend an. Doch auch diese zweite externalistische Position hat sich noch weiter aufgefächert. Zum einen wird auf eine korrelationistische Weise gefragt, wie sich denn der Umstand, dass die Wissenschaft eine soziale Institution ist, auf die wissenschaftliche Erkenntnis (als zweite Seite der Korrelation und abhängige Variable) auswirkt. Bezeichnenderweise ist diese Frage von Merton aufgeworfen worden, dessen Systematisierung des Korrelationsverhältnisses wir schon begegnet sind. Diese Frage bildet den Ausgangspunkt der institutionalistischen wissenschaftssoziologischen Forschung, die im nächsten Abschnitt (1) behandelt wird. In der weiteren Entwicklung dieser

Forschung wurde die wissenssoziologische Frage dann radikalisiert: Es entstand eine Wissenschaftsforschung, die auch die Inhalte der Wissenschaft zum Gegenstand der Analyse macht und dabei zunächst historische Entwicklungen und »Paradigmen« der Wissenschaft bestimmte (2).[1] Auf eine radikale Weise wurde diese Position dann vom »starken Programm der Wissenschaftssoziologie« formuliert, das Ausgangspunkt der neueren Entwicklungen in dieser Teildisziplin ist (3). Aus diesem Programm heraus entwickelte sich ein Ansatz, der die Praktiken zum Gegenstand macht, mit denen Wissenschaft als besondere »Wissenskultur« erzeugt wird (4). Die Einsicht, dass wissenschaftliche Erkenntnis ein Ergebnis menschlicher Handlungen ist, führt schließlich zur Frage nach dem Zusammenhang zwischen den Kategorien der Handelnden und dem Charakter der Wissenschaft. Insbesondere die Rolle der Geschlechter, aber auch die von Ethnien wird in diesem Zusammenhang hinterfragt (5).

1 Institutionalistische Wissenschaftssoziologie

Die Wissenschaftssoziologie beschäftigt sich zunächst mit dem Verhältnis von Wissenschaft und Gesellschaft. Dabei gibt es mehrere grundsätzliche Positionen zu unterscheiden, was die Einschätzung von Eingriffen anderer Systeme in die Wissenschaft angeht. Für die marxistische Forschung und ihre Gegner steht dabei vor allem das *Verhältnis der Wissenschaft zur Wirtschaft* im Vordergrund. Während manche den Einfluss der Wirtschaft auf die Wissenschaft für zerstörerisch halten, da sie Wahrheit korrumpiere, gehen andere von einer unplanbaren Interaktion aus, die in der Wissenschaft auf eigene Weise verarbeitet wird. (So steigt etwa mit dem Bruttosozialprodukt einer Gesellschaft auch ihr Ausstoß an wissenschaftlicher Literatur.)[2] Einer dritten Auffassung zufolge kann Wissenschaft als eine Art wirtschaftliche Ressource angesehen werden, die der Erreichung bestimmter gesellschaftlicher Ziele dient. Wissenschaft gilt hier als Nährboden für technische Erfindungen, die wiederum wirtschaftliche Prosperität folgen lassen – eine Vorstellung, die häufig auch politisch-programmatische Aspekte aufweist. Eine vierte Position vertritt die Auffassung, dass die Wissenschaft eine Art »Investition« ist, die nicht zweckgebunden ist und gezielt für bestimmte gesellschaftliche Ziele eingesetzt werden kann. Wissenschaft und Technik können allen gesellschaftlichen Zwecken zugeordnet werden. Wissenschaft ist eine Art »Überhangsinvestition«. Ihre Organisation darf sich demnach nicht einzelnen gesellschaftlichen Zwecken unterordnen, sondern muss ihren eigenen Regeln folgen. Schließlich wird auch die Auffassung vertreten, dass Wissenschaft eine Art Luxusgut sei, also eine unter mehreren Formen, wie Gesellschaften ihr überschüssiges Kapital investieren. Wie Kunst, Mode oder Musik kann Wissenschaft konsumiert werden.

1 Peter Weingart, Wissensproduktion und soziale Struktur, Frankfurt 1976, S. 9
2 Walter L. Bühl, Einführung in die Wissenschaftssoziologie, München 1974, 250ff

Nicht nur das Verhältnis der Wissenschaft zur Wirtschaft ist ein Thema der Wissenschaftssoziologie, sondern auch ihr *Verhältnis zu den verschiedenen gesellschaftlichen Institutionsbereichen.* Hier stellt sich die Frage, welchen Einfluss die Subsysteme sowohl der Wirtschaft, der Politik, der Religion auf die Wissenschaft haben – und *vice versa.*[3] Ein Beispiel für eine solche Beeinflussung bietet Merton, dessen Systematik der Korrelation von Wissen und Gesellschaft wir schon kennengelernt haben. Seine Arbeiten sind ausschlaggebend für die Ausbildung der Wissenschaftssoziologie als einer eigenständigen Bindestrichsoziologie. Er hatte sich aus einer funktionalistischen Perspektive mit der Entwicklung und der Funktion der Wissenschaft beschäftigt. In Anlehnung an Webers Beobachtungen über das enge Verhältnis von Religion zur Wirtschaft hatte er in seiner Dissertation den Zusammenhang zwischen Wissenschaft und Religion, genauer: zwischen der Entstehung der Naturwissenschaft und dem Aufblühen der Technik und dem Puritanismus im England vor dem 18. Jahrhunderts aufgezeigt. Beispielhaft für Mertons »korrelationistische« Betrachtungsweise der Wissenschaft ist seine Untersuchung über die Verknüpfung von Wissenschaft und Militärtechnik.[4] Gegenstand dieser Untersuchung war der Einfluss von »social forces«, also der sozialen Kräfte – in diesem Fall dem Militär – auf die Wissenschaft. Wie Merton zeigt, beschäftigte sich eine Reihe prominenter Wissenschaftler schon im 17. Jahrhundert mit militärischen Problemen, wie etwa Leonardo, Galilei oder Newton (der den Luftwiderstand von Geschossen maß). Militärische Fragen haben sogar Eingang in die »reine Wissenschaft« gefunden, wie etwa bei der Untersuchung der Form, der Temperatur und des Volumens von Gasen – die noch bis ins 19. Jahrhundert Wissenschaftler (wie Nobel) beschäftigten. In einer Analyse der von der Royal Society durchgeführten Versuche stellt Merton heraus, dass ca. 10% der Forschung im 16. Jahrhundert direkt oder indirekt militärischen Fragen gewidmet war. (»Direkt« heißt, dass die Wissenschaftler absichtlich militärische Probleme lösen wollten, »indirekt«, dass die Probleme zwar für den militärischen Bereich relevant waren, aber aus rein wissenschaftlichem Interesse bearbeitet wurden, z.B. die Frage nach der Ausdehnung von Gasen). Wissenschaftliche Forschung, so folgert er, kann sich zwar mit Problemen beschäftigen, die aus den anderen institutionellen Bereichen herangetragen werden; die Fragestellung kann sich jedoch ändern, so dass sich ein »autonomous corpus of investigation« ausbildet, der relativ unabhängig von den »sozialen Kräften« sein kann.

Auch bei der Untersuchung des Verhältnisses von Wissenschaft und Religion geht er davon aus, dass man Wissenschaft als einen eigenen selbstständigen Institutionsbereich versteht. Diese Annahme einer gewissen Autonomie des wissenschaftlichen Denkens widerspricht zweifellos den verschiedenen, vor allem marxistischen Auffas-

3 Einen Überblick über die Verhältnisse der Wissenschaft zu einzelnen Institutionsbereichen bietet Peter Weingart, Wissenschaftssoziologie, Bielefeld 2003, S. 89ff

4 Robert K. Merton, Interactions of Science and Military Technique, in: The Sociology of Science. Theoretical and Empirical Investigations, Chicago 1973, Kap. 9 (EA 1938)

sungen über das Verhältnis von Wissenschaft und anderen Institutionsbereichen, die oben angeführt wurden.[5] Merton dagegen sieht Wissenschaft als eine autonome Institution an, die sich selbst reguliert. Sie ähnelt damit einem eigenen sozialen System. Ihre Autonomie zeigt sich zum einen daran, dass die Wissenschaft einen Satz charakteristischer Methoden anwendet, durch die Wissen bestätigt wird. Sie enthält zum Zweiten einen Bestand an akkumuliertem Wissen, der durch solche Methoden erzeugt wurde. Die soziale Besonderheit dieser Institution kommt, drittens, dadurch zum Ausdruck, dass Wissenschaftler eine Reihe von kulturellen Werten und Bräuchen teilen, die ihre wissenschaftlichen Aktivitäten bestimmen. Wissenschaft zeichnet sich also durch ein bestimmtes *Ethos* aus. Dieses Ethos, das er – durchaus in einer Linie mit Scheler – als wahlverwandt zur »demokratischen Sozialstruktur« ansieht, wird von Merton näher bestimmt durch verschiedene »institutionelle Imperative«[6]:

- Universalismus zeichnet die Wissenschaft insofern aus, als die Bestätigung von Aussagen nicht von persönlichen Vorlieben, sondern von vorgängig gebildeten unpersönlichen Kriterien abhängt, denen – im Prinzip und vor dem Hintergrund des entsprechenden Wissens – jede vernünftige Person folgen kann. Ethnie, Nationalität, Religion, Klassenzugehörigkeit oder persönliche Besonderheiten spielen dabei keine Rolle.
- Gemeinschaftlichkeit oder »Kommunismus« bedeutet, dass die Produkte wissenschaftlichen Arbeitens der Gemeinschaft zugeschrieben werden und somit allen gehören. Sie zählen zum gemeinsamen Erbe, auf das nicht nur einzelne Anspruch erheben können.
- Uneigennützigkeit basiert auf dem öffentlichen und überprüfbaren Charakter der Wissenschaft, die Wissenschaftler davor schützen soll, zum eigenen Vorteil unerlaubte Mittel einzusetzen. Aufgrund dieser Norm ist Betrug sehr selten. Uneigennützigkeit bedeutet nicht Altruismus, sondern die Fähigkeit der sozialen Institution der Wissenschaft, die individuellen Motive der Wissenschaftler zu kontrollieren und sie der Funktion der Institution unterzuordnen.
- Organisierter Skeptizismus schließlich meint, dass endgültige Urteile so lange hinausgezögert werden sollen, bis die »Tatsachen« erhoben sind und »die unvoreingenommene Prüfung von Glaubensinhalten und Überzeugungen aufgrund empirischer und logischer Kriterien« erfolgen kann.[7] Er findet seinen Ausdruck etwa in der Replikation von Experimenten oder im Gutachterverfahren.

5 Wie angedeutet sind insbesondere marxistische Ansätze bemüht, die Abhängigkeit der Wissenschaft von wirtschaftlichen Faktoren aufzuzeigen. In der Wissenschaftsgeschichte gibt es dafür sehr aufwändige Beispiele, wie etwa John Desmond Bernal, Sozialgeschichte der Wissenschaft. 4 Bd., Reinbek 1970 (EA 1954).

6 Vgl. Robert K. Merton, Wissenschaft und demokratische Sozialstruktur, in: Peter Weingart, (Hg.), Wissenschaftssoziologie 1. Wissenschaftliche Entwicklung als sozialer Prozess, Frankfurt 1972, S. 45-59

7 Merton, Wissenschaft und demokratische Sozialstruktur, op. cit., S. 55

Diese Werte zeichnen die Wissenschaft als eine *soziale* Institution aus, gewährleisten aber zugleich die Verpflichtung auf Rationalität und *Wahrheit*. Mitglieder wissenschaftlicher Gruppen akzeptieren diese Werte auf eine irrationale Weise, folgen aber darin rationalen Werten.

Auch wenn sie Züge eines Systems aufweist, ist die Wissenschaft aus dieser Perspektive jedoch keineswegs *nur* ein soziales System. Sie ist eine Institution, die durch ihre Vorgaben das Handeln der Einzelnen bis hinein in ihre Motivationen leitet. Weil es gleichsam von ›innen heraus‹ operiert, ist wissenschaftliches Denken in der Lage, soziale Strukturen festzulegen. So sind die umfassendsten wissenschaftlichen Einrichtungen, wie etwa Akademien und wissenschaftliche Gesellschaften ebenso Folgen des sozusagen vorsozialen Denkens wie die Organisation der Wissenschaft in Disziplinen, Fakultäten, Forschungsinstitute usw. Auch »Spezialgebiete werden kognitiv als durch realitätsdeutende Modelle, Verfahren bzw. Methoden, Theorien oder Gegenstandsbereiche bzw. Probleme konstitutiert bestimmt«. Wie Weingart ergänzt, wirkt dabei die soziale Organisation als eine Vermittlungsinstanz zwischen dem Denken und dem Sozialen: Sie ist als »›Scharnier‹ zwischen sozio-kulturellen Faktoren und kognitiven Prozessen wirksam [...], als Vermittlungsinstanz«.[8]

Es gibt zweifellos einen weiteren Grund, die Wissenschaft als eine besondere Institution zu betrachten: Sie zeichnet sich durch eine spezifische Form der Kommunikation aus, die sie von anderen Institutionen unterscheidet, wie wissenschaftliche Aufsätze, Bücher, Begutachtungen, Zertifikate. Die Untersuchung dieser Kommunikation ist u.a. Gegenstand der Szientometrie, die mit den Verfahren der Informationsmessung vor allem den Umfang der wissenschaftlichen Kommunikation bestimmt.[9] So belegt sie zum Beispiel eine rasante Zunahme der wissenschaftlichen Produktion, die sich seit dem 17. Jahrhundert alle 15 Jahre verdoppelt. Auch die Zahl der Wissenschaftler nahm von rund 50 000 Ende des 19. Jahrhunderts auf mehr als drei Millionen um 1990 zu. Allein die Ausgaben für Wissenschaft des amerikanischen Staates belaufen sich Ende der 1990er-Jahre auf 20 Milliarden Euro.

Mit der Zunahme der Bücher und anderer Publikationen kommt es zu einer inneren Ausdifferenzierung der Disziplinen, die einerseits Fragestellungen immer mehr auffächert, zum anderen zu einer zunehmenden Abstraktion und zur Ausbildung eines »Star-Systems« in der Wissenschaft führt. Je bekannter ein Wissenschaftler ist, umso häufiger wird er zitiert – in exponentialem Verhältnis. (Das wird auch als Matthäus-Effekt bezeichnet: Wer hat, dem wird gegeben.)

8 Weingart, Wissensproduktion, op. cit., S. 83

9 Derek John De Solla Price, Little Science, Big Science, New York 1963. De Solla Price nahm dazu Elemente der Informationsökonomie auf, die im Kapitel über die Wissensgesellschaft angesprochen wird.

2 Paradigmen und Entwicklungen der Wissenschaft

Die These, dass die Inhalte der Wissenschaft selbst von sozialen Faktoren beeinflusst sind, geht auf eine lange vergessene Studie des polnischen Arztes LUDWIK FLECK zurück. Er veröffentlichte 1935 sein Buch »Entstehung und Entwicklung einer wissenschaftlichen Tatsache«, das den bezeichnenden Untertitel »Einführung in die Lehre vom Denkstil und Denkkollektiv« führt.[10] Er untersucht hier u.a. die Entstehung und Veränderung des Syphilisbegriffes und den wissenschaftlichen Umgang mit der Syphilis. Aufgrund der Beobachtung, dass sich schon in der bisherigen Forschungsgeschichte die Vorstellung der Syphilis grundlegend – von empirischen über pathologische zu ätiologischen Konzepten – gewandelt hat, schließt er, dass es keine vollständigen Irrtümer und keine Wahrheit gibt, zumal älteres überkommenes Wissen in der Sprache und den Institutionen überdauert. Vielmehr sind sie vom jeweiligen Denkstil geprägt. Der offenkundig in Anlehnung an Mannheim konzipierte *Denkstil* beschreibt einen bestimmten Wissensstand, der entscheidenden Einfluss auf das Erkennen hat. Er lässt sich durch Ergänzungen, Erweiterungen und Umwandlungen verändern. Diese Veränderungen des wissenschaftlichen Denkens sind aber, wie gesagt, von sozialen Faktoren beeinflusst, genauer: Von einem *Denkkollektiv*, das aus jenen Menschen gebildet wird, die im Gedankenaustausch, in einer Wechselwirkung miteinander stehen. Denkkollektive sind die Träger des Denkgebietes. Sie prägen den Denkstil entscheidend: »Wenigstens ein Viertel und vielleicht die Gesamtheit alles Wissenschaftsinhalts sind denkhistorisch, psychologisch und denksoziologisch bedingt und erklärbar.«[11] Beeinflusst wird das Denken zum einen durch »das Gewicht der Erziehung«, also durch das erlernte Wissen, durch »die Last der Tradition«, dass nämlich neu Erkanntes von bisher Erkanntem vorgeprägt ist, und durch »die Wirkung der Reihenfolge des Erkennens«, also den Einfluss der begrifflichen Ordnung. »Erkennen als soziale Tätigkeit ist daher an die sozialen Voraussetzungen der sie ausführenden Individuen gebunden. Jedes ›Wissen‹ bildet folglich seinen eigenen ›Gedankenstil‹ aus, mit dem es Probleme begreift und auf seine Zwecke ausrichtet.«[12] Wissenschaftliches Denken ist also nicht nur mit einem Ethos verknüpft. Es ist entscheidend von sozialen Faktoren geprägt. Fleck vollzieht damit eine radikale Verschärfung schon der Mannheimschen Position, indem er die Wissenssoziologie auf die gesamte Wissenschaft anwendet und damit auf das Erkennen insgesamt ausweitet: »Das Erkennen«, bemerkt er, »stellt die am stärksten sozialbedingte Tätigkeit des Menschen vor und die Erkenntnis ist das soziale Gebilde katexochen.«[13]

10 Ludwik Fleck, Entstehung und Entwicklung einer wissenschaftlichen Tatsache. Einführung in die Lehre vom Denkstil und Denkkollektiv, Frankfurt 1980. Fleck wurde 1896 in Lwow geboren und war ausgebildeter Arzt, der vor allen Dingen mit medizinischen Arbeiten bekannt wurde. Er starb 1961 in Israel. Wissenssoziologisch nimmt er Bezug auf Jerusalem und Lévy-Bruhl.

11 Fleck, Entstehung, op. cit., S. 32

12 Lothar Schäfer und Thomas Schnelle, Einleitung. Ludwik Flecks Begründung der soziologischen Betrachtungsweise in der Wissenschaftstheorie, in: Fleck 1980, VII-XLIX, S. XXII

Die Vorstellungen von Fleck wurden vom amerikanischen Wissenschaftshistoriker THOMAS KUHN aufgenommen.[14] Kuhn, dessen Arbeit eine ungleich größere Wirkung als die Flecks entfaltete, verband Flecks Konzepte des Denkkollektivs und des Denkstils in seinem Begriff des Paradigmas. *Paradigma* bedeutet herkömmlich ein anerkanntes Schulbeispiel oder Schema. Kuhn versteht darunter »allgemein anerkannte wissenschaftliche Leistungen, die für eine gewisse Zeit einer Gemeinschaft von Fachleuten maßgebende Probleme und Lösungen liefern«[15], die den Präzedenzfällen im Rechtswesen entsprechen. Paradigmata drücken sich aus in Begriffsbildungen, in bestimmten Beobachtungen und Apparaturen, die in Lehrbüchern, Vorlesungen und Laborübungen vermittelt werden. Paradigmata sind nicht nur Wissenskomplexe – es sind nicht nur Landkarten des Wissens, sondern »Richtlinien zur Erstellung von Landkarten«.[16] Dieser Begriff erlaubte es ihm, die dramatischen Veränderungen wissenschaftlicher Erkenntnis zu erfassen, die sich über längere historische Epochen und über verschiedene Disziplinen hinweg rekonstruieren lassen.

Der revolutionäre Charakter dieses Wissens-Konzeptes wird erst deutlich vor dem Hintergrund der damals vorherrschenden kritisch rationalistischen Wissenschaftstheorie. Im Gefolge von Bacons Philosophie, Mertons Wissenschaftssoziologie und der einflussreichen Wissenschaftstheorie von Karl Popper war man allgemein davon ausgegangen, dass es sich bei der wissenschaftlichen Entwicklung um einen schrittweise sich vollziehenden Prozess handelt. Jede neue Erkenntnis steht sozusagen auf der Schulter einer alten Erkenntnis.[17] Wissen baut sich, so Popper, allmählich, Schritt für Schritt in einem historischen Prozess auf, der damit zu einer kumulativen Zunahme an Erkenntnis führt. Kuhn anerkennt zwar durchaus solche Phasen der Entwicklung, die er als »normale Wissenschaft« bezeichnet. Allerdings zeichne sich die Wissenschaft durch immer wiederkehrende tief greifende Veränderungen aus, die er deswegen auch »*wissenschaftliche Revolutionen*« nennt. Diese setzen mit einer Krise des bestehenden Paradigmas ein, die durch ein nicht zu bewältigendes

---

13 Fleck, Entstehung, op. cit., S. 58

14 Thomas S. Kuhn wurde 1922 geboren. Er war Professor für Wissenschaftstheorie und Wissenschaftsgeschichte an der Universität von Princeton.

15 Thomas S. Kuhn, Die Struktur wissenschaftlicher Revolutionen, Frankfurt 1967, S. 10

16 Ebd., S. 155. In seinem Postskript führt Kuhn den Begriff des »disziplinären Systems« bzw. der disziplinären Matrix ein, das den gemeinsamen Besitz von Fachleuten einer Disziplin umfasst und aus symbolischen Verallgemeinerungen, gemeinsamen metaphysischen Annahmen und geteilten Werten besteht. Dies zeigt, dass er mit dem Begriff des Paradigmas nicht ganz zufrieden war, der tatsächlich einige Unschärfen enthält. Zur Klärung schlägt Weingart, Wissensproduktion, op. cit., S. 47ff vor, zwischen Werten über die Ordnung der Natur, metaphysischen Paradigmen, die Weltanschauungen umfassen, soziologischen Paradigmen, also wissenschaftlichen Leistungen, »artefact paradigms« (z.B. klassische Werke) und schließlich Begriffsschemata (»conceptual schemes«) zu unterscheiden.

17 In der Tat scheint sich eine Popper folgende Wissenschaft vor allem durch das Kriterium der Überprüfbarkeit und der Falsifizierbarkeit von anderen Wissensformen zu definieren: Theorien sind demnach logischer Kontrolle und empirischen Tests ausgesetzt, die vermeiden sollen, dass sie sich dogmatisch verfestigen. Wissenschaftliche Forschung ist demnach ein fortwährender Prozess der Suche nach der Wahrheit; Karl Popper, Logik der Forschung, Tübingen 1959

Problem, eine Anomalie, entsteht. Allerdings haben auch diese Revolutionen ein soziales Unterfutter, denn die Anomalie muss keineswegs in der logischen Struktur wissenschaftlicher Kenntnisse angelegt sein. Vielmehr kommt in einer zunächst kleinen Untergruppe der wissenschaftlichen Gemeinschaft lediglich das Gefühl auf, »dass ein existierendes Paradigma aufgehört hat, bei der Erforschung eines Aspektes der Natur, zu welchem das Paradigma einst den Weg gewiesen hatte, in adäquater Weise zu funktionieren«.[18] Das neue Paradigma stellt also keineswegs nur eine Fortführung des alten dar, sondern steht zu ihm in einem unversöhnlichen Gegensatz: Es weist eine neue Kosmologie auf und fasst die Natur auf eine andere Weise. Beispiele dafür sind etwa der Wechsel vom geozentrischen zum heliozentrischen Weltbild, vom Phlogiston zum Sauerstoff oder von der Korpuskulartheorie zur Wellentheorie: So herrschte lange die Meinung vor, das Licht bestehe aus materialen Korpuskeln. Später lehrten die Physikbücher, dass Licht eine transversale Wellenbewegung sei, bevor sie auf die Lehre umschwenkte, Licht bestehe aus Photonen. Dieser Gegensatz hat auch seinen sozialen Ausdruck: Vertreter alter Paradigmen schwenken selten um, sondern werden mehr oder weniger rasch durch solche des neuen Paradigmas ersetzt. Kuhn bildete daraus ein regelrechtes Entwicklungsschema der Wissenschaft, das man folgendermaßen skizzieren kann:

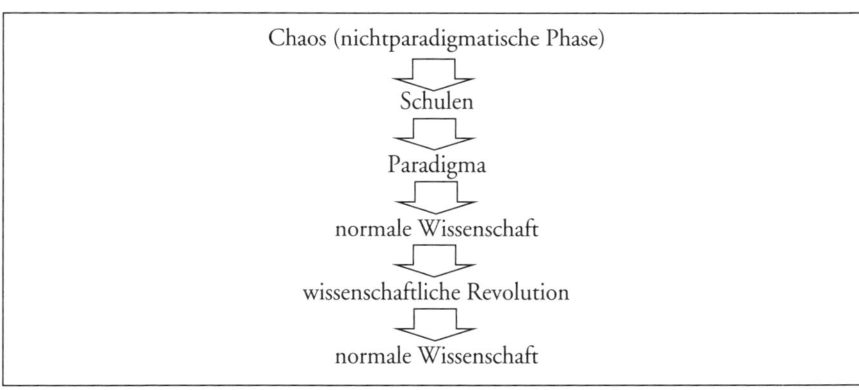

Abb. 19: ***Entwicklungsschema der Wissenschaft (Kuhn)***

Wissenschaft war nicht immer von Paradigmen geprägt. Vielmehr kennen die Wissenschaften auch einen vorparadigmatischen Zustand, in dem eine so große Zahl an verschiedenen Schulen, ja zuweilen ein regelrechtes Chaos besteht. So waren im 17. Jahrhundert manche »Elektriker« (damals Erforscher der Elektrizität) der Meinung, Elektrizität zeichne sich vor allem durch Anziehungskraft und Reibung aus. Andere betrachteten Anziehungskraft und Abstoßung als Kern der Elektrizität, während wieder andere Elektrizität als eine Flüssigkeit ansahen. Diese Schulen wurden erst durch die Arbeiten von Franklin in ein Paradigma zusammengeführt. Das soll kei-

18 Kuhn, Struktur, op. cit., S. 104

neswegs bedeuten, dass Schulen und vorparadigmatische Verhältnisse nur von Nachteil wären. So entwickelten zwei Anhänger der nachgerade als irrig betrachteten »Flüssigkeitstheorie der Elektrizität« unabhängig voneinander die »Leydensche Flasche« (die Vorläuferin des Kondensators) – eine Entdeckung, die ohne diese Lehre kaum gemacht worden wäre. Nichtparadigmatische Phasen haben allgemein den Vorteil, dass alle Tatsachen gleichermaßen in den Blick kommen können.

Ein Paradigma dagegen muss zwar als bessere Theorie erscheinen, braucht aber nicht alle Tatsachen zu erklären. Ganz im Gegenteil führt ein Paradigma in seiner Phase als »normale Wissenschaft« viele Schubladen mit sich, in die die Tatsachen eingepasst werden müssen. Durch diese Konzentration auf besondere »esoterische Probleme« werden die zum Paradigma zählenden Wissenschaftler aber auch gezwungen, »ein Teilgebiet der Natur mit einer Genauigkeit und bis zu einer Tiefe zu untersuchen, die sonst unvorstellbar wäre«.[19] Paradigmen haben also vielerlei Vorteile: Sie ersparen eine aufwändige Grundlagendiskussion, verhindern die Verschwendung von Zeit und Energie in Schulstreitigkeiten, richten ihre Mitglieder auf ein gemeinsames Ziel aus und erlauben die Stabilisierung der Wissenschaftlergemeinschaft.

Ein solches Paradigma gerät dann ins Wanken, wenn eine wachsende Untergruppe der wissenschaftlichen Gemeinschaft den Eindruck hat, dass dieses Paradigma nicht mehr die relevanten Aspekte der Natur in adäquater Weise erklärt. Wissenschaftliche Revolutionen sind also keineswegs nur von Theorien und Tatsachen abhängig. Vielmehr ähneln sie politischen Revolutionen: Neue Gruppen formieren sich, sie verändern die Institutionen, und »wie bei politischen Institutionen gibt es auch bei der Wahl eines Paradigmas keine höhere Norm als die Billigung durch die jeweilige Gemeinschaft«.[20]

Die Kuhnschen Arbeiten regten die Entwicklung weiterer Modelle für *Phasen der Wissenschaftsentwicklung* an, von denen manche einem logistischen Kurvenmodell folgen:[21] In einer ersten kreativen Phase, die auch als programmatisches oder Pionier-Stadium bezeichnet wird, ist die Forschung noch recht offen. Konzepte werden von außerhalb angenommen und eine Gemeinschaft hat sich noch nicht recht ausgebildet. Das ändert sich im Baustadium, in dem sich ein Paradigma konsolidiert. Hier werden die Methoden ausgebaut, es entstehen Beschreibungs- und Erklärungsvorlagen, Formalismen, Theoriesprachen und Modelle, die in konkreten Projekten umgesetzt werden. Auf diese Phase folgt ein Kritik-Stadium, in dem die schon gefertigten Produkte der zweiten Phase bearbeitet und kommentiert werden.

---

19 Ebd., S. 38

20 Ebd., S. 106

21 Vgl. Bühl, Einführung, op. cit. Einer anderen Systematik zufolge setzt Wissenschaft mit einsamen Wissenschaftlern ein, die sich in der zweiten Phase durch kleine professionelle Organisationen zu Amateurwissenschaften entwickeln. Mit der Erreichung einzelner Universitätsprofessuren wird daraus eine entstehende akademische Wissenschaft, die sich in der vierten Phase durch die Einrichtung von Ausbildungsprogrammen etabliert und schließlich, sofern es ihr gelingt, eine große professionelle »Community« zu organisieren, zur »Big Science« wird; vgl. Terry N. Clark, Die Stadien wissenschaftlicher Institutionalisierung, in: Peter Weingart (Hg.), Wissenschaftssoziologie 2. Determinanten wissenschatflicher Entwicklung, Frankfurt 1974, S. 105-121

In dieser Phase werden auch Popularisierungen vorgenommen. Die Zahl der Publikationen erreicht ihren Höhepunkt, und nun wird auch die Höchstzahl der beteiligten Forscher erreicht. Gleichzeitig zeigen sich schon die Grenzen des Paradigmas, die jedoch zunächst noch von innerhalb der Grenzen des Paradigmas kritisiert werden. Im Laufe der Zeit werden die Kontroversen und Anomalien allerdings so offensichtlich, dass sich die Wissenschaftler immer häufiger mit neuen und unterschiedlichen Methoden und Fragestellungen konfrontiert sehen. Man spricht hier auch von einem Senilitäts-Stadium, das einsetzt, wenn sich eine Schließung vollzieht. Die Meisterwerke gelten als Maßstab, und externe Kritik wird so lange ignoriert, bis das über lange Jahre aufgebaute Haus allmählich verlassen wird.

Kuhns Modell der historischen Paradigmen von Wissenschaft wurde zögerlich in der Soziologie aufgenommen und stieß hier auf heftige Kritik. So wurde ihm vorgehalten, dass er von einer zu großen Geschlossenheit der Wissenschaftsgemeinde ausgehe, die einem Paradigma anhängt. Sein Bild der »normalen Wissenschaft« stelle weniger die Regel als die Ausnahme dar. Vor allen Dingen lehne sich diese Vorstellung zu sehr an dem Modell der Diffusion an, das lediglich ein Muster unter mehreren für *Prozesse wissenschaftlichen Wachstums* darstellt. Genauer lassen sich vier solcher Modelle unterschieden:

- Diffusion: eine anfängliche Innovation, die von anderen weitergegeben wird.
- Migration: soziale Bindung an die originäre wissenschaftliche Gemeinschaft geht verloren. Damit ändern sich auch Forschungsinteressen.
- Feldwechsel: Das alte Paradigma steht noch, ebenso der Kern der Gemeinschaft, doch Einzelne wechseln das Feld.[22]
- Mobilität: Die meisten Beiträge stammen von Leuten am Rande des Paradigmas, die es in der Wachstumsperiode stärken, in anderen Phasen aber an anderen Paradigmen andocken.

3 Das »starke« Programm der Wissenschaftssoziologie

So radikal die Ansätze von Fleck und Kuhn auch waren – die Wissenschaftssoziologie nahm ihre Anregungen in der Breite erst auf, nachdem die »gesellschaftliche Konstruktion der Wirklichkeit« erschienen war und damit einen grundlegenden Neuansatz der Wissenssoziologie ermöglichte.[23] Innerhalb der Wissenschaftssoziologie sind es zunächst britische Forscher, die als Vorreiter fungieren, indem sie ein

22 Mit dem Wechsel zwischen Disziplinen, aber auch zwischen Paradigmen, kann das entstehen, was Ben-David und Collins als »Ideenhybride« bezeichnen, als Kombinationen von Ideen, die aus verschiedenen Gebieten entlehnt sind, die als neue Synthese bezeichnet werden (im Unterschied zu Rollenhybriden, die nur die Wissensgebiete zusammenbringen, ohne eine Synthese zu erreichen); vgl. Joseph Ben-David und Randall Collins, Soziale Faktoren im Ursprung einer neuen Wissenschaft: der Fall der Psychologie, in: Peter Weingart (Hg.), Wissenschaftssoziologie 2. Determinanten wissenschaftlicher Entwicklung, Frankfurt 1974, S. 122-152, S. 139

»*starkes Programm*« (»strong programme«) der Wissenschaftssoziologie bzw. eine »new philosophical view of science« formulieren. So unterscheidet Mulkay, einer ihrer namhaften Vertreter, zwischen einer »Standardfassung der Wissenschaft« (»standard view of science«) und einer »new philosophical view of science«.[24] Die Standardauffassung, die von Merton vertreten werde, gehe davon aus, dass es eine reale, objektive Welt gebe, die einheitlichen Regeln folge und nicht wesentlich vom Beobachter beeinflussbar sei. Diese Standardauffassung zeichne sich dadurch aus, dass sie Wissenschaft mithilfe eines Systems von Normen (Universalismus, organisierter Skeptizismus, intellektuelle Unabhängigkeit etc.) definiere, die eine von der sozialen Umwelt unabhängige Erforschung der Natur ermögliche. Diese Standardauffassung macht in seinen Augen eine Reihe unhaltbarer Annahmen, die überwunden werden müssten, denn die Uniformität sei kein Merkmal der Natur, sondern der Wissenschaft. Auch seien Beobachtungen keineswegs passiv, sondern selektierten, interpretierten und bildeten deswegen Natur nicht nur ab. Deswegen seien Fakten auch immer von der Theorie abhängig, in der sie formuliert werden. Daneben leiteten nicht nur die sozialen Kontexte innerhalb der Wissenschaften (etwa die Position des Forschers) die Auswahl von Untersuchungsgebieten, die Bewertung von Wissensansprüchen und die Selektion des relevanten Wissens, auch Annahmen von außerhalb der Wissenschaft gingen in das wissenschaftliche Arbeiten ein, wie etwa Alltagswissen und Vorannahmen.

Diese Vorstellungen waren von David Bloor vorbereitet worden, der das »strong programme« der Wissenssoziologie formuliert hatte.[25] Dieses »starke Programm« wendet sich damit vehement gegen die Auffassung, dass gerade die wissenschaftlichen Formen des Wissens oder Glaubens keinerlei sozialen Einflüssen ausgesetzt sind, so dass sie diesen Bereich des Wissens zu einem autonomen Bereich erklärt. Diese Vorstellung, die, wie schon bemerkt, immerhin noch von Mannheim vertreten wurde, war schon vom Philosophen Ludwig Wittgenstein lautstark angegriffen worden. Wir sollten kurz seine Auffassung skizzieren, da er durchaus Eingang in das angelsächsische sozialwissenschaftliche Denken fand. Wittgenstein bezweifelte zum Beispiel die »Reinheit« der Mathematik, die seines Erachtens nur ein besonderes, im Sprechen erworbenes und benutztes »Sprachspiel« sei. Könnten wir uns daran gewöhnen, dass »2 × 2 = 5« sei, hätten wir in seinen Augen einfach ein anderes Kalkül. Dasselbe gilt auch für die Naturwissenschaften: Was wir von der Natur erkennen, liegt für ihn keineswegs in der Natur begründet, sondern in den Begriffen, die wir uns von der Natur machen. Auch die Naturwissenschaften sind also ein Produkt unseres (sozialen) Umgangs mit der Sprache, also des »Sprachspiels«.[26]

---

23 Es ist eigenartig und wissenschaftsgeschichtlich zweifellos noch erklärungsbedürftig, dass die englische Schule eine offenbar konstruktivistische Wissenschaftssoziologie enthält, die inhaltlich unmittelbar an Berger und Luckmanns zehn Jahre zuvor erschienenes und weithin bekanntes Buch anschließt, ohne jedoch darauf explizit Bezug zu nehmen. Dabei vollziehen sie mit Blick auf die Wissenschaft einen ähnlichen Schritt, wie Berger und Luckmann ihn mit ihren Studien über die Religion (als einer anderen symbolischen Wirklichkeit) vollzogen haben.

24 Michael Mulkay, Science and the Sociology of Knowledge, London 1979

25 David Bloor, Knowledge and Social Imagery, London 1976

Bloor betont in der Fortsetzung dieser Argumentation, dass die Annahme, es gebe ein vom Sozialen unbeeinträchtigtes »objektives« Wissen, dazu führt, dass Ursachen lediglich für falsches irriges Wissen angeführt werden könnten, nicht aber für Wahrheit, denn die Wahrheit ist über alles Soziale erhaben. Auch wenn sich diese Haltung schon bei Francis Bacon, aber auch noch bei Karl Mannheim finden lässt, handelt es sich für Bloor genau genommen dabei gar nicht um eine Soziologie des Wissens, sondern um eine »sociology of error«, eine Soziologie des Irrtums.[27] Diese Soziologie des Irrtums entspricht in seinen Augen dem *»schwachen Programm« der Wissenschaft*. Denn das schwache Programm der Wissenschaftssoziologie geht davon aus, dass der Grund dafür, warum ein gewisses Wissen in einer historischen Situation akzeptiert wird, darin besteht, dass es wahr ist. Im Sinne der Soziologie des Irrtums dürfen sich soziologische Aussagen lediglich auf das beziehen, was als wahr ausgegeben wurde, sich aber als falsch erwies. Einer solchen Wissenschaft fehlt, laut Bloor, die Reflexivität, denn sie kann nicht auf sich selbst angewandt werden.

Das starke Programm fordert dagegen das Symmetrieprinzip: Soziologische Analysen sollen bei falschen wie bei wahren Theorien dieselben Kategorien verwenden. Es betont damit ausdrücklich, dass alles wissenschaftliche Wissen zum Gegenstand einer wissenssoziologischen Forschung gemacht werden sollte. Stark ist dieses Programm also deswegen, weil es alles wissenschaftliche Wissen als sozial bedingt behandelt und weil es dieses Wissen zum Gegenstand der soziologischen Untersuchung macht. Nach Bloor verfolgt eine Soziologie wissenschaftlichen Wissens die folgenden vier Ziele:

(1) Sie sollte kausal verfahren, also die Bedingungen nennen, unter denen bestimmte Glaubens- oder Wissenselemente aufkommen. Dabei sollten auch nichtsoziale Ursachen mit berücksichtigt werden.
(2) Sie sollte unparteiisch sein hinsichtlich Wahrheit oder Unwahrheit, Rationalität oder Irrationalität bzw. Erfolg oder Misserfolg.
(3) Ihr Erklärungsstil sollte symmetrisch sein, d.h. dass dieselben Ursachen zur Erklärung von Wahrem wie von Falschem gelten können sollen.
(4) Sie sollte reflexiv sein, so dass ihre Erklärungsprinzipien auf die Soziologie selbst anwendbar sind.

Es ist nicht verwunderlich, dass dieses radikale starke Programm auf heftige Kritik stieß. Hervorzuheben ist dabei vor allen Dingen das Argument des Relativismus, das schon gegen Mannheim vorgebracht wurde: Denn die Behauptung des starken

26 Ludwig Wittgenstein, Philosophische Untersuchungen, Frankfurt 1971 (EA Cambridge 1958); (vgl. Kap. II A 1)

27 Ein Beispiel dafür bietet Parsons. Parsons vertritt die Meinung, dass man Ideologien nur erklären müsse, wenn sie von wahren Aussagen abweichen. Dazu müsse man sie zuerst mittels Normen identifizieren, die der Wissenschaft entstammen. Sollte sich ein Glauben als zweifelhaft entpuppen, dann müsse er anhand der Regeln, die von der Wissenschaft aufgestellt werden, beurteilt werden; Parsons, An Approach to the Sociology of Knowledge, in: James E. Curtis und John W. Petras, The Sociology of Knowledge, New York 1970, S. 282-306

Programms impliziert ja, dass auch die Wissenssoziologie selbst sozial bedingt ist. Wie kann sie, so der Vorwurf des Relativismus, für ihre eigenen Aussagen Gültigkeit beanspruchen? Das starke Programm antwortet darauf mit dem Hinweis, dass zwar alles Wissen sozial bedingt sei – das bedeute jedoch nicht, dass das, was sozial bedingt ist, nicht auch wahr sein könne. Das Problem trete nur auf, wenn man davon ausgehe, dass Wissen, das sozial determiniert ist, zugleich auch falsches Wissen sein müsse – eine typische Unterstellung einer Soziologie des Irrtums. Wissen jeder Art, so behauptet das starke Programm, werde von sozialen Faktoren kausal bedingt, doch bedeute die Erhellung der Ursachen nicht, es sei falsch – oder wahr.

Diese Kritik führt zu einer weiteren Radikalisierung der Theorie, kann doch dem starken Programm vorgeworfen werden, dass es noch immer einer Korrespondenztheorie der Wahrheit folge, derzufolge Wissen eine Entsprechung in der Wirklichkeit habe. So bezeichnet Olivé das starke Programm selbst wiederum als »*enge*« Position der Wissenssoziologie.[28] Diese »enge« Position zeichnet sich für ihn dadurch aus, dass sie philosophische und wissenschaftliche Fragestellungen trennt. Folgt man ihr, dann besteht die Aufgabe der Wissenssoziologie darin, Glauben und Wissen kausal zu erklären. Die enge Position anerkennt lediglich die Analysen und Theorien, in denen erkenntnistheoretische Fragen ignoriert werden. Dagegen ist das Merkmal einer »*weiten Wissenssoziologie*«, dass sie auch epistemologische Fragen, die sich den Wissenschaften stellen, zum Gegenstand erklärt. Sie erhebt damit den Anspruch, dass auch erkenntnistheoretische Fragen am sinnvollsten behandelt werden können, wenn man sie mit Grundbegriffen der soziologischen Theorie angeht, wie etwa »Konsens«, »Interessen« oder »Macht«.

Die Kritik zeigt sicherlich, dass das starke Programm der Wissenschaftssoziologie im Grunde die allgemein wissenssoziologische These auf die Wissenschaft anwendet. Allerdings wird der Bezug auf die Wissenssoziologie schon dadurch verdeckt, dass Mannheim allein als Wissenschaftssoziologe gelesen wird. Der Bezug auf Berger und Luckmann wird selten gesehen, obwohl diese alle Formen des Wissens als sozial konstruiert herausstellen. Das »starke Programm« hat viele Ansätze inspiriert, die sich mit Wissenschaft und Technik beschäftigen. Zum einen war es Auslöser des Ansatzes des »Social Constructivism of Technology« (SCOT), der Technik als etwas ansieht, das Gegenstand sozial ausgehandelter Interpretationen darstellt. Dieser von Bijker, Collins und Pinch begründete Ansatz versucht die sozialen Gruppierungen zu identifizieren, die von ihren jeweiligen Problemstellungen abhängige Deutungen von Technologien teilen.[29] Mit dem stärker wissenschaftssoziologischen »Empirical Programme of Relativism« (EPOR) teilt er die Auffassung, dass technische Artefakte bzw. wissenschaftliche Befunde zunächst eine interpretative Flexibilität aufweisen, die in sozialen Prozessen eine allmählich interpretative Schließung erfährt.[30]

---

28 Léon Olivé, Knowledge, Society and Reality: Problems of the Social Analysis of Knowledge and of Scientific Realism, Atlanta 1993

29 Wiebe E. Bijker, Thomas P. Hughes and Trevor Pinch (Hg.), The Social Construction of Technological Systems, Cambridge 1987

30 Arno Bammé, Science and Technology Studies, Marburg 2009

4 Wissenskulturen

Das »starke Programm« der Wissenschaft radikalisiert das wissenssoziologische Programm, indem es deutlich macht, dass Wissenschaft nicht auf einem kontemplativ erfahrenen Wissen beruht. Wissenschaft wird vielmehr als eine Form des sozial geschaffenen Wissens betrachtet. Auch das wissenschaftliche Wissen, das in Handlungen, Äußerungen und Geräte eingeschrieben ist, stellt eine Schöpfung dar, die sich menschlichen Gemeinschaften verdankt. Handelt es sich bei diesen Formulierungen vordergründig um programmatische Äußerungen, so wird seit dem Ende der 1970er der Versuch unternommen, diese Auffassung empirisch einzulösen. Man hat diesen Versuch als Wissenschaftsethnographie, Wissenschaftsanthropologie oder Laborstudien bezeichnet, wie sie von Bruno Latour, Steve Woolgar oder Karin Knorr Cetina unternommen wurden.[31] Diese Laborstudien stehen in einem engen Verbund mit den so genannten »Science Studies«. Unter diesem Titel wird ein transdisziplinärer Forschungszusammenhang bezeichnet, die sich besonders im angelsächsischen Raum gebildet hat. Hier werden historische Untersuchungen zur Entstehung wissenschaftlichen Wissens, ethische Arbeiten zur Bewertung von Wissen und der gesellschaftlichen Partizipation an wissenschaftichem Wissen, mit soziologischen, psychologischen und andere kulturwissenschaftlichen Ansätzen verbunden. Dabei herrscht häufig Perspektive vor, die man wissenssoziologisch nennen könnte, wäre der Bezug der STS zur Wissenssoziologie im angelsächsischen Raum präsent.

STS teilen mit den Laborstudien die Ansicht, dass Wissenschaft eine materiale Grundlage hat. Sie sind mit ihnen, zweitens, darin einig, dass Wissenschaft als eine Form der Praxis angesehen werden sollte. Die Laborstudien zeichnen sich darüber hinaus dadurch aus, dass sie sich als Feldforscher in die (vornehmlich avancierte) naturwissenschaftliche Forschung etwa der Biochemie oder der Hochenergiephysik begeben, um den Prozess der gesellschaftlichen Konstruktion wissenschaftlichen Wissens bzw. die »Fabrikation von Erkenntnis« als eine »empirische Epistemologie« zu beschreiben. Gegenstand also ist der Ort wissenschaftlicher Arbeit, der »context of discovery« selbst. Im Unterschied etwa zu Merton folgt diese Forschung einem dezidiert mikrosoziologischen Ansatz, der Wissenschaft im Prozess ihrer handelnden Erzeugung betrachtet. Im Folgenden soll dieser Ansatz anhand der Untersuchungen von Karin Knorr Cetina skizziert werden.

In ihrer mikrosoziologischen Vorgehensweise geht Knorr Cetina von einem konstruktiven Wissensbegriff aus, also »dass die Produkte der Wissenschaft kontextspezifische Konstruktionen darstellen, die durch die Situationsspezifizität und Interessenstrukturen, aus denen sie erzeugt wurden, gezeichnet sind«.[32] Ein Mittel zur

31 Mustergültig ist sicherlich nach wie vor Bruno Latour und Steven Woolgar, Laboratory Live. The Social Construction of Scientific Facts, Beverly Hills 1981; zu den Arbeiten von Knorr Cetina s.u.

32 Karin Knorr Cetina, Die Fabrikation von Erkenntnis. Zur Anthropologie der Naturwissenschaft, Frankfurt 1984, S. 25

Erzeugung von Wissenschaftlichkeit ist etwa die ›Abkapselung‹ eines *Labors*. Die »Natur« wird nicht in der ›freien Wildbahn‹ beobachtet, sie wird vielmehr in einen höchst künstlichen sozialen Rahmen gebracht, in dem der Phänomenbereich gleichsam rekonfiguriert wird und kontrolliert werden kann.

Darüber hinaus müssen in der Forschung fortwährend Selektionen getroffen werden: zwischen Geräten und Messinstrumenten, Arten der Präparation der Gegenstände, Messmethoden und dem Umgang mit Kontingenzen. Diese Selektionen unterwerfen die Erkenntnis einer Entscheidungslogik, die sich im sozialen Umfeld des Labors entfaltet. So entscheidet sich die Frage, welche Versuchstiere gewählt werden, nicht an der »objektiven« Brauchbarkeit, sondern daran, welche Tiere in der Anschaffung billiger, welche im Labor schon vorhanden oder welche einfacher zu pflegen sind. Daneben beziehen sich die Wissenschaftler auch auf Personen außerhalb des Labors, und zwar nicht nur solche, die der eigene Disziplin angehören (darunter auch Laboranten, Doktoranden, Forschungsdirektoren), sondern auch auf solche, die außerhalb der Wissenschaft angesiedelt sind (Beamte in Förderorganisationen oder Vertreter der Industrie). Die für die Forschung und die wissenschaftlichen Ergebnisse folgenreichen Entscheidungen verweisen »auf ein transepistemisches Feld von Argumenten und ein transwissenschaftliches Feld von Akteuren [...], in deren Einbettungskontext Laborarbeit von Statten geht.«[33]

Weil Wissen an bestimmte Arten des Handelns gebunden ist, folgt auch, dass verschiedene Arten von Handlungen unterschiedliches Wissen erzeugen. Um dies aufzuzeigen, vergleicht Knorr Cetina beispielsweise die Teilchenphysik, die Hochenergiephysik und die Molekularbiologie. Diese Disziplinen weisen nicht nur höchst unterschiedliche Organisationsformen auf, die von der großen Konzentration von Forschenden in den riesigen Experimenten der Großlaboratorien (wie etwa der Teilchenbeschleuniger bei CERN in der Nähe von Genf) bis zu weltweit verbreiteten Netzwerken kleiner Forschergruppen (etwa bei der Genforschung) reichen. Auch die Arten von Experimenten und andere Handlungsweisen unterscheiden sich sehr stark. Während man in der Molekularbiologie relativ wenig Wert auf die Reflexion der Vorgehensweise legt, wird in der Hochenergiephysik aus dem Messen etwas geradezu Fiktionales, das selbst den Beteiligten wie eine künstlich geschaffene Erkenntnis erscheint. Deswegen redet Knorr von unterschiedlichen epistemischen Kulturen bzw. *Wissenskulturen*, die gleichsam die Innenausstattung von Wissensgesellschaften darstellen. Unter Wissenskulturen versteht sie »diejenige Praktiken, Mechanismen und Prinzipien, die [...] in einem Wissensgebiet bestimmen, *wie wir wissen, was wir wissen*«.[34] In diesen Wissenskulturen stehen nicht mehr einzelne

33 Ebd., S. 173; mit dem Begriff des Transepistemischen meint sie, dass eine Reihe sehr unterschiedlicher, keineswegs nur innerwissenschaftliche Erkenntnisgesichtspunkte in die faktische Laborforschung eingehen, so dass nicht von *einer* Erkenntnisperspektive gesprochen werden kann.

34 Karin Knorr Cetina, Wissenskulturen. Ein Vergleich naturwissenschaftlicher Wissensformen, Frankfurt 2002, S. 11; der Begriff der Wissenskultur bzw. »culture of knowledge« findet auch in der Geschichtswissenschaft Verwendung, wo er ebenso auf die Wissenschaft bezogen wird. Dort umfasst er einmal die

Personen im Vordergrund, vielmehr bilden Forschergruppen und die von ihnen genutzten Instrumente, mit denen sie sehen und hören, die »epistemischen Subjekte«, die entscheiden, was als Wissen gilt und was nicht.

Unter epistemisch versteht Knorr Cetina »auf ›Wahrheit‹ gerichtete Erkenntnispraktiken«. Der Begriff der Wissenskultur erinnert deswegen an Rheinbergers Begriff der epistemischen Dinge an, also jenen Gegenständen des Wissens, die in Experimentallaboratorien mehr geschaffen als erkannt werden. Denn es sind die technischen Dinge, also Instrumente, Messgeräte, Modellorganismen etc., die die epistemischen Dinge »in übergreifende Felder von epistemischen Praktiken und materiellen Wissenskulturen« einfügen.[35] Als »epistemic agency«, also epistemische Akteure (bzw., in einer hier nicht mehr ganz angemessenen Sprache, »Erkenntnissubjekte«) können dabei ganz andere Einheiten als menschliche Akteure auftreten. In der Hochenergiephysik etwa sind das »posttraditionale Gemeinschaften«, in denen versucht wird, »kollektive Arbeitsweisen zu implementieren, die die Rolle des Individuums als wichtigsten bzw. einzigen epistemischen Handlungsträger eliminieren und stattdessen kommunitäre Mechanismen (wie den des kollektiven intellektuellen Eigentums und der ›freien‹ Zirkulation von Ergebnissen) implementieren«.[36] Hier spielt auch »negatives Wissen« eine Rolle, das über seine eigenen Grenzen hinausgeht und die Fehler beinhaltet, die bei der Wissenserzeugung gemacht werden. (Im Unterschied zum »negativen Wissen« stellt das Nichtwissen für Knorr Cetina ein Wissen dar, das auch die Dinge einschließt, die die Wissenserzeugung behindern.)

Zu den Praktiken, mit denen Wissen erzeugt wird, gehören in der Teilchenphysik z.B. »Rahmen«, die es erlauben, Teile eines Experimentes mit denen anderer Experimente in eine gedachte Verbindung zu bringen. »Zum Beispiel werden Detektoren so gebaut, dass sie sich wechselseitig verifizieren können, als Bezugszähler in Effizienzmessungen dienen können, ihre wechselseitigen falschen Signale eliminieren, dass sie ihre partiellen Teilchenbahnsegmente komplettieren oder dass sie Teilchenbahnstichproben produzieren, die als ›Vorgaben‹, gegen die andere Detektoren abgeglichen werden müssen, dienen können.«[37] Zu diesen Praktiken gehören auch Klassifikationen der Art, wie wir sie von Durkheim und Mauss kennen. So werden etwa Detektoren bei Hochenergiephysikern mit der Metapher des physiologischen Wesens erfasst,

---

Praktiken und Methoden, mit denen Wissenschaft erzeugt wird, zum Zweiten die damit verbundenen Hintergrundannahmen und drittens die Art der Ordnung von Wissen und Theorien; vgl. Wolfgang Detel und Claus Zittel, Introduction: Ideals and Cultures of Knowledge in Early Modern Europe, in: dies. (Hg.), Wissensideale und Wissenskulturen in der frühen Neuzeit, Berlin 2002, S. 6-22, S. 6f

35 Hans-Jörg Rheinberger, Experimentalsysteme und epistemische Dinge. Eine Geschichte der Proteinsysteme im Reagenzglas, Göttingen 2001, S. 25. Dabei können epistemische Dinge in technische Dinge verwandelt werden, die wiederum die Erforschung neuer epistemischer Dinge ermöglichen.

36 Ebd., S. 74 und S. 234; schon 1967 hatte Burkart Holzner, den Begriff der *epistemic community*, geprägt, die in Wissenschaft oder Religion eine Wirklichkeitsdeutung aufrechterhält, indem sie das entsprechende Wissen schafft, erhält und kontrolliert. Burkart Holzner, Reality Construction in Society, Cambridge, Mass. 1967.

37 Ebd., S. 105

die entsprechend den Umgang mit ihm leiten (Detektoren »altern«, haben »Krankheiten«, »Verhaltensauffälligkeiten« – ja die Geräte nehmen Züge sozialer Akteure an).

Die (epistemischen) Praktiken, mit denen Wissen in Labors erzeugt wird, nennt Knorr Cetina auch »Ethnomethoden«. Knorr Cetina schließt damit deutlich an die (im Zusammenhang mit der Hermeneutik schon einmal erwähnte) *Ethnomethodologie* an, eine soziologische Richtung, die, aufbauend u.a. auf den Schriften Alfred Schütz', von Harold Garfinkel begründet wurde. Mit dem Begriff der Ethnomethoden wollte der Begründer der Ethnomethodologie, Harold Garfinkel, wie schon erwähnt, darauf hinweisen, dass soziale Wirklichkeit nicht als objektives Gebilde existiert, sondern eine fortwährende Konstruktion darstellt.[38] Ethnomethoden sind die Arten und Weisen, in denen Handelnde das hervorbringen, was als existent angesehen wird. Wissen ist aus dieser Perspektive nichts, was existiert, sondern etwas, das auf bestimmte Weisen handelnd erzeugt wird – etwa in solchen Weisen, wie sie für die Wissenschaft von Knorr Cetina beschrieben worden sind. Obwohl die wissenschaftliche Praxis von strengen Methodenbüchern geleitet ist, die eine situationsübergreifende Logik beansprucht, geht die Ethnomethodologie davon aus, dass viele Handlungen als »alltäglich«, lediglich situativ und unbedeutend unbeachtet bleiben – und damit auch, dass alltägliche Praktiken an der wissenschaftlichen Arbeit maßgeblich beteiligt sind.

Im Grunde ist die Ethnomethodologie ein handlungstheoretischer Ansatz, der sich nur am Rande mit Wissen beschäftigt. Weil er aber Wissen zu einem Produkt des Handelns macht, hat er in der Wissenschaftssoziologie, die sich mit der Beschreibung von Handlungen beschäftigt, besonderen Anklang gefunden.[39] Auf ausgesprochen »integrierte« Weise werden Wissen und Handeln in ihren »Verkörperungen« (»embodiments«) betrachtet: Handlungen als »Performanz« des Wissens von Körpern und Stimmen oder als eingeschrieben in Objekte (Texte, Gegenstände, Körper). Der Körper wird hier keineswegs mehr als passiver Gegenstand, sondern als Medium der Wissenserzeugung angesehen. Mit den körperlichen Sinnen wird der Weltbezug aktiv und auf eine Weise hergestellt, die spezifisch für den menschlichen Körper ist.[40]

Damit verbindet sich in der Ethnomethodologie ein Begriff des Handlungswissens, der als *Reflexivität* bezeichnet wird. Mit diesem Begriff soll hervorgehoben werden, dass Handelnde nicht nur handeln, sondern auch anzeigen, dass sie handeln und wie sie verstanden werden wollen. Handlungen (auch Sprechhandlungen) tun nicht nur etwas – sie zeigen in der Ausführung gleich auch an, was sie tun. Die Antwort auf eine Frage ist eben nicht nur eine Antwort, sie zeigt auch an, worauf sie eine Antwort ist (und das muss nicht unbedingt, wie wir oft erfahren müssen, die Frage gewesen sein).

---

38 Harold Garfinkel, Studies in Ethnomethodology, Englewood Cliffs 1967; es ist zu erwähnen, dass Garfinkel zwar als Sozialkonstruktivist bezeichnet werden kann, aber nicht die Auffassung teilt, dass sich Handlungen in Institutionen verfestigen können.

39 Michael Lynch, Eric Livingston und Harold Garfinkel, Zeitliche Ordnung in der Arbeit des Labors, in: Wolfgang Bonß und Heinz Hartmann (Hg.), Entzauberte Wissenschaft. Zur Relativität und Geltung soziologischer Forschung, Göttingen 1985, S. 179-206, S. 181

40 Margaret Lock, Cultivating the body: anthropology and epistemologies of bodily practice and knowledge, in: Annual Review of Anthropology 22 (1993), S. 133-55

Das Verständnis einer Handlung geschieht in der Ethnomethodologie auf der Grundlage eines *Hintergrundwissens.* Hintergrundwissen ist das, was es uns erlaubt, aus den unzusammenhängenden, oft indexikalen, also situationsgebundenen Handlungen einen Sinn zu machen (und zwar als Handelnde wie als Beobachtende.) Dabei handelt es sich um ein jeweils im Kontext abgerufenes und damit auch kontextspezifisches Wissen, das einen hohen Anteil an unausgesprochenen Annahmen über die Situation enthält.

Die reflexiven Darstellungsprozesse, mit denen Handeln anzeigt, was es zu bedeuten hat, werden in der Ethnomethodologie als »accounts«, also als praktische Erklärungen bezeichnet.[41] Praktische Erklärungen sind zum Beispiel Entschuldigungen oder Rechtfertigungen, in denen das erklärt wird, was die Handlung »eigentlich« beinhaltet. Solche praktische Erklärungen müssen keineswegs explizit als »Erklärungen« markiert sein, sondern begleiten die Handlungen dadurch, dass in ihnen angezeigt wird, um welche Handlungen es geht. Die Ethnomethodologie beschäftigt sich nun eben gerade damit, wie dies geschieht, da sie davon ausgeht, dass das *Was* im Wesentlichen durch das *Wie* erzeugt wird.[42]

In einer radikalen, durchaus an Foucault erinnernden Weise wird in der Ethnomethodologie selbst das Bewusstsein oder der Geist (»mind«) als etwas angesehen, das durch Praktiken hervorgebracht wird. Sie behandelt persönliche Eigenschaften des Geistes als Ausdruck des sozialen Handelns, das sich an kulturellen Mustern orientiert. Auf diese Weise werden auch die wissenschaftlichen Grundwerte der Universalität, Wahrheit und Objektivität zu »sozial vermittelten Eigenschaften«.[43]

Dies wirkt sich bis in die Wissenschaftssoziologie aus – eines der Betätigungsfelder der Ethnomethodologie.[44] Hier führt der ethnomethodologische Beitrag zu einem erweiterten Begriff der *Reflexivität*, der auch die selbstkritische Relativierung der Aussagen des sozialwissenschaftlichen Beobachters bezeichnet, wenn er Aussagen über naturwissenschaftliche Forschung macht. Reflexivität wird betont, da man einräumen muss, dass die eigenen (wissenschaftlichen) Aussagen über die untersuchten (wissenschaftlichen) Gegenstände keine privilegierte Stellung beanspruchen können, sondern selbst als Ergebnis einer eigenen, von der Naturwissenschaft unterschiedenen, vom Forscher selbst (reflexiv) zu beobachtenden Praxis angesehen werden müssen. Im Unterschied also zum »starken Programm« der Wissenschaftssoziologie, das die eigenen Ergebnisse als realistisch, zutreffend und gültig einschätzt, betrachten die Vertreter dieser Reflexivität ihre eigenen Beobachtungen als wenn schon nicht

41 Marvin B. Scott und Stanford M. Lyman, Accounts, in: Gregory P. Stone und Harvey A. Farberman (Hg.), Social Psychology through Symbolic Interaction, Walham Mass. 1970, S. 489-509

42 Vgl. oben Kapitel II A 2. Dieses »Wie« gemahnt an die bedeutsame Unterscheidung zwischen »knowing how« und »knowing that«, die der Philosoph Ryle getroffen hat und die in vielen substantiellen Wissensunterscheidungen Widerhall findet; Gilbert Ryle, The Concept of Mind, London 1949, Kap. 2

43 Nach Coulter werden »personal attributes (of mind, of character, of experience, etc.) as instantiations of, or derivative properties from, acculturated, public conduct comprising the matrix of social affairs« angesehen; Jeff Coulter, Mind in Action, Atlantic Highlands, NJ 1989, S. 6 u. 14

44 Harold Garfinkel (Hg.), Ethnomethodological Studies of Work, London u. New York 1986

höchst zweifelhaft, so doch sehr relativ. Deswegen stellen sie sich auch die Frage, ob die Laborstudien überhaupt die Naturwissenschaft beschreiben oder nicht vielmehr ihr eigenes Bild der Naturwissenschaft reproduzieren. Sie gestehen damit auch ein, dass die sozialwissenschaftlichen Texte selbst nur Formen sind, mit denen Tatsächlichkeit konstruiert wird – und die Forscher werden gar als »Manager of the epistemological horrors« angesehen.[45] Damit überschneiden sich diese Forscher deutlich mit den selbstkritischen Positionen der Ethnologie, die seit den 1980er-Jahren immer mehr Anhänger in den Sozial- und Kulturwissenschaften gefunden haben. Unter dem Titel der »Krise der Repräsentation« bezweifeln diese etwa die selbstverständliche Annahme, dass Aussagen über ihren Gegenstand sich tatsächlich auf den Gegenstand beziehen. Vielmehr werde durch die kommunikativen Konventionen und Gattungen der wissenschaftlichen Darstellung eine eigene Wirklichkeit geschaffen, die sehr viel mehr mit der Tradition der Wissenschaft und der eigenen Kultur als mit dem Gegenstand zu tun habe. Die rationale westliche Wissenschaft leide, so die Selbstanklage, unter einem ausgeprägten Ethnozentrismus, der dadurch überwunden werden könne, dass man dem Gegenstand seine eigene Stimme lasse. Dieser Ethnozentrismus gelte keineswegs nur für die großflächigen kulturellen Unterschiede zwischen dem Westen und dem Osten, sondern auch für die zwischen den Geschlechtern – ein Thema, das in der Wissenschaftsforschung einen eigenen Schwerpunkt bildet.

In jüngerer Zeit aber bemüht sich die Wissenschaftssoziologie wieder, Bezüge zur allgemeinsoziologischen Theorien herzustellen. So vertritt Knorr etwa die These der *Postsozialität, die* die Grenzen des Sozialen zwischen Menschen und Dingen einzubrechen versucht.[46] In ebenso radikaler Manier attackiert Bruno Latour die seit Descartes vorgenommene Trennung zwischen Handlungssubjekt und -objekt, die eine große Illusion der Moderne sei. In Wirklichkeit nämlich könne diese Trennung nie aufrechterhalten werden: Wir hätten es immer mit »Hybriden« zu tun. Deswegen fordert er eine »symmetrische Anthropologie«, die Dinge und Menschen, Handelnde und Objekte gleich behandelt.[47] Die an Latour und Callon anschließende »Actor-Network«-Theorie zählt zu jenen wissenschaftssoziologischen Ansätzen, die über die Soziologie hinaus auf großes theoretisches Interesse stoßen. Indem sie den Begriff des Aktanden auf nichtmenschliche Akteure ausweiten, erlauben sie es einerseits, die Komplexität sozialer Prozesse in modernen, hochgradig technisierten und mediatisierten Gesellschaften zu erfassen. Indem der Handlungsbegriff auf

45 Vgl. Steve Woolgar und Malcolm Ashmore, The Next Step: an Introduction to the Reflexive Project, in: Steve Woolgar (Hg.), Knowledge and Reflexivity. New Frontiers in the Sociology of Knowledge, London 1988, S. 7

46 Vgl. dazu Karin Knorr Cetina, Sozialität mit Objekten. Soziale Beziehungen in post-traditionalen Wissensgesellschaften, in: W. Rammert (Hg.), Technik und Sozialtheorie. Frankfurt am Main, New York 1998, S. 83-120

47 Bruno Latour, Wir sind nie modern gewesen. Versuch einer symmetrischen Anthropologie, Berlin 1995. Für eine weiterführende Kritik der Postsozialität vgl. Hubert Knoblauch & Bernt Schnettler, ›Postsozialität‹, Alterität und Alienetät, in: Michael Schetsche (Hg.), Der maximal Fremde. Begegnungen mit dem Nichtmenschlichen und die Grenzen des Verstehens. Würzburg 2004, S. 23-42

nichtmenschliche Akteure ausgeweitet wird, kann sich auch der Wissensbegriff von den Akteuren ablösen und auf Netzwerke von Akteuren und Objekten übergehen, deren Interessen innerhalb des Netzwerkes füreinander übersetzt werden. Ähnlich wie bei SCOT und EPOR entsteht das Wissen innerhalb dieses Netzwerkes durch eine »Schließung« der Interpretationen, als »blackboxing« bezeichnet wird. Ähnlich wie beim von Berger und Luckmann beschriebenen Institutionalisierungsprozess werden die Akteure und Objekte allmählich so in das Netzwerk eingebunden, dass die Entstehungsgeschichte bzw. Konstruktion des Wissens verschwindet.

Im engeren Feld der Wissenschaftssoziologie wird diese Auffassung von Susan Leigh Star auf den Begriff der *Ökologie des Wissens* gebracht.[48] Wissenschaft wird hier wie ein Ökosystem betrachtet, in das auch persönliche Anliegen, öffentliche Auseinandersetzungen und soziale Veränderungen eingehen. Aus einer ökologischen Perspektive sollten aber nicht nur Wissenschaftler und Verwalter, sondern auch Käfer und Gene, Computer und Kabel, Tiere und Gebäude berücksichtigt werden. Denn Natur findet sich nirgendwo anders als im Netz der Praktiken von Wissenschaftlern, die damit den zentralen Gegenstand wissenschaftssoziologischer Forschung bilden.

5 Wissenschaft und Geschlecht

Wie auch bei Star wird die Relativierung des Wissens auch zur Thematisierung der Geschlechtskategorie benutzt. Insbesondere die feministische Wissenschaftskritik ist der zentrale Diskussionsstrang, in dem sich Wissen und Geschlecht wissenssoziologisch berühren.[49] Sie geht von der Kritik an der Objektivität wissenschaftlichen Wissens aus, die ihr als Illusion erscheint, dominieren in der wissenschaftlichen Praxis doch recht eindeutig und einseitig die männlichen Wissenschaftler. Die Feministinnen enthüllen damit die männliche Schlagseite der Wissenschaft. Sie zeigen, dass vor allem die Natur- und Ingenieurwissenschaften nicht nur wenige Frauen ausbilden; ihre von Männern geprägte Perspektive schloss lange die Frauen gleichsam systematisch aus. So wurde in der Medizin der männliche Körper als Normalfall betrachtet, Männer bildeten auch die Bezugsgröße, wenn es um die »normale« Entwicklung des Körpers ging. Phänomene wie die Häufigkeit von Brustkrebs oder die weiblichen Herzkrankheiten kamen kaum in den Blick. Gleichsam wie ein Zyklop sucht diese männliche Wissenschaft die Welt in einen einstrahligen maskulinen Blick zu nehmen, der auch für Frauen (und andere Geschlechterpositionen, wie etwa Homosexuelle oder Transsexuelle) verpflichtend sein soll. Deswegen war es das Ziel einer *gemäßigteren Form der feministischen Kritik*, diese Schlagseite aufzuwei-

48 Susan Leigh Star, Ecologies of Knowledge: Work and Politics in Science and Technology, Albany 1995

49 Für eine ausführlichere Debatte des Zusammenhangs von Körper, Wissen und Geschlecht vgl. Hubert Knoblauch, Die soziale Konstruktion von Körper und Geschlecht. Oder: Was die Soziologie des Körpers von den Transsexuellen lernen kann, in: Kornelia Hahn und Michael Meuser (Hg.), Soziale Repräsentation des Körpers, Konstanz 2002, S. 117-136

sen und zu fordern, die weibliche Perspektive ebenso in Betracht zu ziehen. Gemäßigt ist dieser Blick, weil nicht behauptet wird, die Wissenschaft enthalte im Kern die männliche Perspektive, sei also »androzentrisch« – auch wenn sie zuweilen sexistische Annahmen mache. Vielmehr sieht Longino, eine Vertreterin der gemäßigten Position, die Wissenschaft als eine Institution, die in sich selbst die Fähigkeit und die Forderung trägt, ihre eigenen Annahmen und ihre Interessen zu reflektieren, und zwar sowohl ihre vordergründigen Werte wie auch ihre hintergründigen, kontextuellen, also soziokulturellen Werte. Deswegen fordert sie einen »kontextuellen Empirismus«: Wissenschaft sei von Ideologien durchsetzt, doch könnten sie mithilfe von Gegenideologien (wie dem Feminismus) geändert werden.[50]

Der *radikalere feministische Ansatz*, der Wissenschaft als (männlich beherrschte) Kultur betrachtet, sucht zu zeigen, dass wissenschaftliche Begriffe und Theorien im Allgemeinen die untergeordnete Bedeutung von Frauen implizierten. So formuliert etwa Harraway eine »feministische Version von Objektivität«[51], die sich der Perspektive der Unterdrückten verpflichtet. Sie widerspricht der Annahme der Objektivität gerade in den Naturwissenschaften. In der Nachfolge von Foucault sieht Harraway Natur und die Gegenstände der Naturwissenschaft lediglich als das Rohmaterial der Kultur, das von der Wissenschaft erst recht aufbereitet werde. Dazu bediene sich die Wissenschaft einer besonderen Rhetorik, mit der sie Wahrheit erzeuge. Trotz der Erzeugung der Illusion von Objektivität, einer für alle gleichermaßen gültigen Beobachtbarkeit der Welt, lebe diese Wissenschaft von der Partikularität des jeweiligen Beobachterstandpunktes. Der forschende Mann nehme nicht denselben Standpunkt ein wie Frauen, Kinder oder (aus der Perspektive der dominierenden Perspektive des weißen, westlichen Mannes »fremde« kulturelle Perspektiven.[52] Denn Beobachtungen blieben immer an die Körperlichkeit der Beobachtenden gebunden, deren Unterschiede auch zu perspektivischen Unterschieden des Erkennens führten. Deswegen scheint ihr eine ausdrücklich perspektivische Sicht auch die eigentlich objektive zu sein, da sie die Perspektivität selbst mit aufzeige. Die Gebundenheit des Wissens an den Körper und die Situation der Wahrnehmenden bezeichnet sie als *situiertes Wissen*.

Obwohl sie die Abhängigkeit des Wissens von der Situation der Erkennenden behauptet, glaubt Harraway nicht, einem radikalen Relativismus das Wort zu reden. Denn es geht ihr nicht um die isolierte Beibehaltung jeder einzelnen Perspektive, sondern um die Möglichkeit von Netzwerken solidarischer, in Diskussionszusammenhängen stehender Perspektiven: »Dem Feminismus geht es um die Wissenschaft des multiplen Subjekts.«[53] Eine solche Wissenschaft betrachtet denn auch ih-

---

50 Helen E. Longino, Science as Social Knowledge, Princeton, New Jersey 1990

51 Donna Harraway, Die Neuerfindung der Natur: Primaten, Cyborgs und Frauen, Frankfurt 1995, S. 77

52 Die Standortgebundenheit insbesondere der westlichen Vorstellungen des Orients bildeten den Gegenstand einer breiten Diskussion, die seit der Arbeit von Edward Said unter dem Titel des Orientalismus verhandelt wurden. Vgl. Edward Said, Orientalismus, Frankfurt 1979. Ähnliche einseitige Vorstellungen des »Anderen« werden ausführlich unter dem Titel des »Postkolonialismus« Gegenstand vehementer Kritik. María do Mar Castro Varela & Nikita Dhawan, Postkoloniale Theorie, Bielefeld 2005.

53 Ebd., S. 90

re Gegenstände nicht mehr als bloße Dinge, Objekte, Knechte der Wissenschaft. Das »*Wissensobjekt*« ist kein passives Ding, sondern wird als Akteur oder Agent vorgestellt, der aktiv am Wissensprozess beteiligt ist. So sieht etwa der Ökofeminismus, eine daran anschließende Richtung, die Erde nicht als ein auszubeutendes Objekt (wie dies einer männlichen Wissenschaft entspreche), sondern als einen Agenten, der sensibel auf seine Ausbeutung durch die Menschen reagiert.

Auch wenn der Einfluss des Geschlechts auf die Wissenschaft und ihr Wissen mittlerweile selbst von den wissenschaftlichen Einrichtungen selbst anerkannt und durch entsprechende Maßnahmen (etwa »Gender Mainstreaming«) angegangen wird, so bleibt die Wissenschaft – ebensowie viele andere Institutionen – deutlich geschlechtlich markiert. Vor allem an Foucault anschließende Ansätze betonen an dieser Stelle die scharfe geschlechtliche »Codierung« der Wissenschaft.[54] Diese »Codierung« bezieht sich nicht nur auf das wissenschaftliche Wissen über die Geschlechter (»gender«), die im Laufe des 19. Jahrhunderts als binär »naturalisiert«, d.h. als »biologisch natürliches« Geschlecht (»sex«) definiert wurden. Die »Codierung« beschränkt sich nicht auf das in Texten objektivierte Wissen, sondern schließt auch soziale Praktiken mit ein, die in der institutionellen Ordnung ihren Ausdruck finden. So bleiben etwa die »harten« wissenschaftlichen Disziplinen ebenso wie die technischen Disziplinen eine männliche Domäne selbst dort, wo starke Anreize für Frauen geschaffen werden. Andererseits werden eher »weiche« Disziplinen, wie etwa die Geisteswissenschaften, verstärkt »feminisiert«. Wie in anderen institutionellen Bereichen müssen diese Unterschiede keineswegs als objektive Strukturen angesehen werden, sondern können auf geschlechtsspezifisches Wissen und entsprechende Handlungsformen und Praktiken zurückgeführt werden, wie sie etwa im Rahmen ethnomethodologischer Forschung untersucht werden.[55]

Ebenso wie die Wissenschaft eine soziale Konstruktion ist, ist die Art, wie Wissen konstruiert wird, geschlechtlich geprägt. Schließlich geht in diese Konstruktionen eine »Geschlechterideologie« ein, die sowohl die Normalvorstellungen dessen enthält, was Geschlechtern zugeschrieben wird, als auch die mit den Geschlechtern verbundenen Idealvorstellungen. Auch wenn die Untersuchung des geschlechtsspezifischen Wissens insbesondere im Bereich der Wissenschaftsforschung schon eine große Aufmerksamkeit erfahren hat[56], stellt sie sowohl empirisch wie auch methodologisch und theoretisch nach wie vor eine der großen Herausforderungen der Wissenssoziologie dar.

---

54 Judith Butler, Das Unbehagen der Geschlechter, Frankfurt 1991

55 Prägend war dabei die Untersuchung Transsexueller, wie sie etwa von Garfinkel untersucht worden sind. Vgl. dazu Hubert Knoblauch, Die soziale Konstruktion von Körper und Geschlecht. Oder: Was die Soziologie des Körpers von den Transsexuellen lernen kann, in: Kornelia Hahn & Michael Meuser (Hg.), Soziale Repräsentation des Körpers, Konstanz: 2002, S. 117-136.

56 Christina von Braun & Inge Stephen, Gender@Wissen, in: dies. (Hg.), Gender@Wissen. Ein Handbuch der Gender-Theorien, Köln, Weimar,Wien 2005, S. 7-45

B Informations- und Wissensgesellschaft

Das die Wissenschaftssoziologie sich mit angrenzenden Disziplinen (Wissenschaftsgeschichte, philosophische Wissenschaftstheorie etc.) zu einem breiten inter- bzw. transdisziplinären Feld der »Science Studies« bzw. zum Teil der (besonders im Bereich der Technikforschung) sehr dynamischen transdisziplinären »Science and Technology Studies« (STS) ausgeweitet hat[1], liegt sicherlich in der Bedeutung begründet, die das wissenschaftliche Wissen für die moderne Gesellschaft hat. Die Wissenschaft ist der institutionelle Ort, an dem die Gesellschaft das produziert, was von Comte bis Scheler als »positives Wissen« bezeichnet wurde. Sie ist damit die zentrale gesellschaftliche Institution der Wissensproduktion, also der Produktion gesellschaftlich anerkannten Wissens. Der Begriff der Wissensproduktion deutet schon an, dass die Wissenschaft und das von ihr produzierte Wissen eine ökonomische und damit eine weitere gesellschaftliche Bedeutung erfahren hat.[2] Die Wissensgesellschaft und ihre Verwandten, die Informationsgesellschaft, die Wissenschaftsgesellschaft oder die Netzwerkgesellschaft, sind gängige Bezeichnungen für eine Gesellschaftsformation, die Wissen (oder Information) zum Kern der Gesellschaftsstruktur oder des sozialen Wandels erklären. Deswegen sind diese Zeitdiagnosen auch von höchstem wissenssoziologischen Interesse.

Der Begriff der Wissensgesellschaft ist vor allem von außen an die Wissenssoziologie herangetragen worden. Das mag zum einen daran liegen, dass die Wissenssoziologie sich schon immer der zentralen Bedeutung des Wissens für die Gesellschaft im Klaren war. Um diese Selbstverständlichkeit einmal mehr zu belegen, muss man nur an einen der Begründer der Soziologie erinnern, der schon 1863 »den in einem Gemeinwesen oder in einer jeden Classe desselben bestehenden Grad von Kenntnissen und von geistiger und moralischer Bildung« zum wichtigsten Merkmal für den »Zustand der Gesellschaft« erklärte – noch vor dem »Zustand der Industrie« und der »Menge des Reichtums«.[3]

Ein zweiter Grund für die Geringschätzung der Wissens- und Informationsgesellschaft durch die Wissenssoziologie ist sicherlich auch, dass in dieser Debatte in aller Regel ein positiver – man möchte sagen: naiver – Begriff des Wissens verwendet wird: Als Wissen gilt alles, was ›objektiv‹ über die Welt bekannt oder was einfach nützlich ist. Die soziale Dimension ist dem Wissen nicht immanent und so auch nicht »integriert« – sie wird hauptsächlich in der ökonomischen Bedeutung des Wissens gesehen. Dies ist mit dem dritten Grund für die Vernachlässigung der Informations- und Wissensgesellschaft durch die Wissenssoziologie verbunden: Diese

1 Einen Überblick dazu bietet Bammé, op. cit.

2 Werner Rammert, Technik-Wissen-Handeln, Wiesbaden 2007

3 John Stuart Mill, Das System der deductiven und inductiven Logik, in: Friedrich Jonas, Geschichte der Soziologie 1, Reinbek bei Hamburg 1981, S. 434-445, S. 437

Begriffe wurden nicht nur, ja nicht einmal vornehmlich, in der wissenschaftlichen Debatte geprägt, sondern sind Teil einer politischen Diskussion, in der es weniger um die Frage geht, wie die Gesellschaft aussieht, als darum, wie sie sein soll.

Eine Folge davon ist, dass diese Begriffe in der Diskussion sehr vielfältige und häufig sehr ungenaue Bedeutungen annehmen. Um dieser Vielfalt Herr zu werden, wurden verschiedene Typologien der Begriffe und Ansätze vorgeschlagen. So unterscheiden Steinfeld und Salvaggio z.B. neben den ökonomischen und technologischen »kritische« sowie multidimensionale Ansätze der Informationsgesellschaft.[4] Eine etwas umfassendere Typologie wurde von Webster entwickelt, der fünf verschiedene analytische Definitionsansätze der Informationsgesellschaft unterscheidet: eine technologische, ökonomische, berufliche (»occupational«), räumliche und schließlich eine kulturelle.[5] Allerdings spricht Webster lediglich von der Informationsgesellschaft – der Begriff der Wissensgesellschaft findet in seinem Buch kaum Erwähnung. Zudem führt er etwa die japanischen Ansätze der Informationsgesellschaft, die unten noch angeführt werden, überhaupt nicht auf. Und schließlich bezieht er Ansätze mit ein, die weder den Begriff der Informations- noch den der Wissensgesellschaft ausdrücklich verwenden: Habermas findet sich hier als Theoretiker der Informationsgesellschaft ebenso wie Giddens oder Foucault. In solchen Typologien wird auch unterschlagen, dass zunächst der Begriff der Informationsgesellschaft, später auch der der Wissensgesellschaft nicht nur analytische Begriffe, sondern politisch-planerische Leitvorstellungen bezeichnen, die durch beträchtliche wirtschaftliche Mittel umgesetzt wurden. Diese faktische gesellschaftliche Konstruktion der Informationsgesellschaft, die ich in Teil (1) skizzieren möchte, sollten wir uns bewusst machen, wenn wir uns mit den verschiedenen analytischen Konzepten beschäftigen, auf die ich danach eingehen möchte: Zunächst mit den stark vom Technikdeterminismus bestimmten Theorien der Informationsgesellschaft (2). Der Technikdeterminismus geht davon aus, dass die (gezielte oder zufällige) Erfindung neuer Technologien ursächlich soziale Veränderungen bewirkt. Unter dem Titel der Wissensgesellschaft wird dagegen eher Wert auf die menschlichen Fähigkeiten zu Wissenserwerb, Wissensvermittlung und Wissensproduktion gelegt. Wir werden uns mit der Kritik der Informationsgesellschaft auseinander setzen, aus der eigenständige Theorien, wie etwa die der Netzwerkgesellschaft, hervorgegangen sind (3). Im vierten Teil wenden wir uns dann dem Begriff der Wissensgesellschaft zu, in dem weniger Technologie als vielmehr wissenschaftliches Wissen eine Rolle spielt (4). Die Schattenseiten dessen, Nichtwissen und Risiko, bilden schließlich den Schwerpunkt des letzten Abschnitts dieses Kapitels (5).

---

4 Charles Steinfeld und Jerry L. Salvaggio, Toward a definition of the information society, in: J. L. Salvaggio (Hg.), The Information Society. Economic, Social, and Structural Issues, Hillsdale, NJ 1989, S. 1-14

5 Frank Webster, Theories of the Information Society, London 1995

1 Die gesellschaftliche Konstruktion der Informations- und Wissensgesellschaft

Der politisch-utopische Aspekt der Wissens- und Informationsgesellschaft ist durchaus von einigem wissenssoziologischen Interesse. Denn die Vorstellung einer von »Wissenschaftlern« oder Experten geleiteten Gesellschaft stellt ja schon das Leitbild der positivistischen Gesellschaftslehre seit Auguste Comte dar. Comte hatte die Heraufkunft eines positiven Wissens als eine für die Gesellschaft entscheidende Entwicklung, ja als die Eröffnung eines neuen Zeitalters angesehen. Sie sollte die Hoffnung nähren, dass »Männer des Wissens« die Führung der Gesellschaft übernehmen. Eine gewisse politische Linie erhält der Begriff durch den konservativen Wunsch, dass viele hofften, die Aufwertung des Wissens würde die Bedeutung der Arbeiter, der Arbeiterklasse und auch des Klassenkampfs abschwächen.

Die Informations- wie die Wissensgesellschaft sind eine soziale Konstruktion, die gleichsam reflexiv erzeugt wurde. Schon die Entstehung der Informationsgesellschaft wird nicht nur von der »unsichtbaren Hand« der wirtschaftlichen Nachfrage und dem Angebot der Industrie getragen, sondern auch von verschiedenen sozialen Bewegungen und ihrer Ideologie des »technologischen Utopismus«, die soziale Probleme auf technische Weise lösen zu können glaubt.[6] Ohne hier die einzelnen Schritte dieser Konstruktion nachzeichnen zu können, seien schlaglichtartig einige Hinweise gegeben[7]: Schon 1963 hatte der japanische Volkswirt Umesao den Begriff »Joho Sangyo Ron« geprägt, der als Informationsindustrie übersetzt wurde. Umesao unterschied zwischen »endodermalen« (Landwirtschaft, Fischerei), »mesodermalen« (Transport, Schwerindustrie) und »ektodermalen« Industrien (Information, Kommunikation, Bildung). Offenkundig wollte er dadurch Fourastiers Einteilung moderner Volkswirtschaften in drei Sektoren (Landwirtschaft und Fischerei, Industrie, Dienstleistungen) abändern. 1968 legte das Research Institute of Telecommunication and Economics (RITE) in Tokio sowie die Information Study Group der Association for Economic Planning (AEP), ein japanischer Think Tank, Kriterien zur Bestimmung der Informationsgesellschaft vor, die später vom schon erwähnten amerikanischen Wissenschaftsforscher De Solla Price verfeinert wurden. Obwohl es sich hier um wissenschaftliche Texte handelt, deren Begrifflichkeit wir noch erörtern müssen, sollte nicht vergessen werden, dass die (ebenfalls schon erwähnte) 1979 veröffentlichte Untersuchung von

6 Rob Kling und C. Suzanne Iacono, Computerization movements and the mobilization of support for computerization, in: Susan Leigh Star (ed.), Ecologies of Knowledge. Work and Politics in Science and Technology, Albany 1995, S. 119-153

7 Etwas ausführlichere Angaben dazu finden sich in: Hubert Knoblauch, Informationsgesellschaft, Workplace Studies und die Kommunikationskultur, in: Gunther Hirschfelder, Birgit Huber (Hg.), Die Virtualisierung der Arbeit. Zur Ethnographie neuer Arbeits- und Organisationsformen, Frankfurt 2004, S. 357-380. Eine empirische Untersuchung dieser Konstruktion findet sich in Anna-Katharina Hornidge, Knowledge Society. Vision and Social Construction of Reality in Germany and Singapore, Münster 2007.

Lyotard zur Postmoderne eine Auftragsarbeit der kanadischen Regierung war. Schon zuvor war der Begriff der Informationsgesellschaft politisch instrumentalisiert worden: 1971 wurde in Japan der (wörtlich) »Plan zur Schaffung einer Informationsgesellschaft bis zum Jahre 2000« aufgestellt. In Frankreich prägten Nora und Minc Mitte der siebziger Jahre nicht nur den Begriff der »Informatisierung der Gesellschaft«, sie nahmen auch maßgeblich Einfluss auf den politisch betriebenen sozialen Umbau Frankreichs zur Informationsgesellschaft.[8] Im angelsächsischen Raum war es vor allem Marc Porat, der auf den Spuren des Ökonomen Machlup 1977 die Informationsökonomie propagierte und innerhalb der OECD institutionalisieren half.

Angestoßen und motiviert von solchen Arbeiten löste der Begriff der Informationsgesellschaft vor allem in den 1980er-Jahren einen regelrechten »technologischen Enthusiasmus« aus.[9] Die Karriere dieser Begriffe verläuft weiterhin weniger in den Bahnen des wissenschaftlichen als des politisch-planerischen Diskurses und gebiert auch »Realien«: In Japan wird Tama New Town mit seinem Netz von Koaxialkabeln gebaut, in Kanada das Videotext-Programm Telidon initiiert, in Schweden wird das Terese-Projekt realisiert, in der Bundesrepublik werden verschiedene DV-Programme umgesetzt. 1983 wird ein Sonderprogramm Informationstechnik verabschiedet, und 1984 vom BMBF der Ausbau eines Netzes von Rechenzentren in Kooperation mit den USA und Japan beschlossen.

In den neunziger Jahren wird diese seit den sechziger Jahren politisch geplante Zukunft dann auf höchster Ebene politisch umgesetzt: Schon im Jahre 1990 gibt die EU rund 40% ihres Forschungsetats für die Förderung von Informations- und Kommunikationstechnologien aus. Nach dem Bangemann-Bericht »Europe and the Global Information Society« wurde 1994 das »Information Society Project Office« der EU eingerichtet, das sich ausdrücklich die Schaffung der Informationsgesellschaft zum Ziel setzt. Der G-7 Gipfel von 1996 etabliert das Programm der Informationsgesellschaft in größtmöglicher Sichtbarkeit und implementiert es finanzstark. Die Wissens- und Informationsgesellschaft, so könnte man sagen, ist nicht entstanden, sondern wurde gezielt hergestellt. Deswegen wird sie auch entscheidend von politischen Institutionen definiert. Eine dieser Definitionen stammt aus dem Jahre 1995 und wurde vom bundesdeutschen Rat für Forschung, Technologie und Innovation verfasst. Er definiert die »Informationsgesellschaft« als »eine Wirtschafts- und Gesellschaftsform, in der die Gewinnung, Speicherung, Verarbeitung, Vermittlung, Verbreitung und Nutzung von Informationen und Wissen einschließlich wachsender technischer Möglichkeiten der interaktiven Kommunikation eine entscheidende Rolle spielen«.[10]

Dieser »technologische« Begriff der Informationsgesellschaft ist, wie gesagt, sehr stark von einer technischen Utopie getragen, die den Schwerpunkt auf die »Hard-

8 Simon Nora und Alain Minc, Die Informatisierung der Gesellschaft, Frankfurt 1979
9 Frank Webster und Kevin Robbins, The iron cage of the information society, in: Information, Communication and Society 1 (1998), S. 23-45
10 Sabine Maasen, Wissenssoziologie, Bielefeld 1999, S. 59

ware« der technischen Entwicklung legt. Vergleichbar der Erfindung der Dampfkraft oder des Automobils werden die Informationstechnologien als mögliche Ursache einer neuen Kondratieffschen Welle angesehen (ein Glaube, der ja die Börsen bis zum Jahre 2000 beflügelte und danach jäh enttäuscht wurde). Zu den relevanten technischen Entwicklungen wird gezählt: digitale Information, EDV, Compact Discs, ISDN, die verstärkte Automatisierung bisheriger mechanischer Funktionen, also Robotik, die Verwendung von Mikroprozessoren, der Aufbau von Informationsnetzwerken, die Verdrängung transportbezogener Kommunikation durch Telekommunikation, die systematische Verbindung verschiedener Medien und Datenbanken bzw. das, was Nora und Minc Telematik nannten, also die mittlerweile ja selbstverständliche Verknüpfung von Informationstechnologie und Kommunikationstechnologie.[11] Wenn von Technikdeterminismus gesprochen wird, ist das keineswegs mit einem ungebrochenen Technikoptimismus gleichzusetzen. Denn gelegentlich wird auch auf die negativen (deterministisch gedachten) Aus»wirkungen« hingewiesen, wie z.B. den Verlust von Face-to-face-Kontakten und die Vermischung von Wirklichkeit und Virtual Reality. Soziologisch zeichnet sich der technologische Ansatz der Informationsgesellschaft dadurch aus, dass er von einer tendenziell vollständigen Durchdringung aller (privaten, öffentlichen und professionellen) gesellschaftlichen Lebensbereiche mit Informations- und Kommunikationstechnik ausgeht: Die Informationsgesellschaft »is aware of the importance of information in every aspect of its work, an attitude of mind that makes for the efficient, productive broad utilization of information in every aspect of life«.[12]

2 Ökonomische Ansätze[13]

Die ersten Versuche, die Informationsgesellschaft wissenschaftlich zu bestimmen, wurden vor allem in der Ökonomie unternommen. Hier sind mehrere Richtungen ausschlaggebend. Eine große Rolle für die früheren Vorstellungen der Informationsgesellschaft nimmt die *Informationsökonomie* ein, die sich in den 1960er-Jahren ausbildete. Dabei hatte vor allem eine japanische Methode Auswirkungen, die sich schwerpunktmäßig mit dem *Informationsfluss* auseinander setzte. Zur Operationalisierung der zunehmenden Informatisierung schlug das schon erwähnte Tokyoter RITE im Jahre 1968 zwei Indikatoren vor, nämlich den Informationsko-

11 Nora/Minc, op. cit.

12 Herbert S. Dordick und Georgette Wang, The Information Society. A Retrospective View, Newbury Park 1993, S. 22

13 Erst nachdem die deutsche Wissenssoziologie ihren Zenit überschritten hatte, wandte sich Hayek in einem für die Ökonomie berühmten Aufsatz dem Wissen zu. Allerdings ist die Ökonomie des Wissens nur punktuell von Relevanz für die spezifischeren Fragestellungen der Wissenssoziologie, da sie vielfach einen sehr rationalistisch-normativen Begriff des Wissens verwendet; vgl. Friedrich Hayek, Economics and Knowledge, in: Economica IV, Neue Serie (1937), S. 33-54; Donald M. Lamberton, (Hg.), Economics of Information and Knowledge, Harmondsworth 1971

effizient (»information ratio«) und den Informatisierungsindex. Der Informationskoeffizient spiegelt das Verhältnis der Gesamtausgaben von Haushalten zu den Ausgaben für Informationsgüter wider. Der Informationsindex dagegen wird aus Berechnungen der Informationsmenge gebildet (Telefonanrufe pro Person, Zeitungsauflage pro 100 Personen, Buchpublikationen pro 1000 Personen etc.). Auf dieser Grundlage wurden umfangreiche quantitative Berechnungen angestellt, die eine deutliche Zunahme der Informationstätigkeiten bestätigten und zu statistischen Definitionen der Informationsgesellschaft führten. So definiert Deutsch die Informationsgesellschaft als »eine Gesellschaft, die mehr als die Hälfte ihres nationalen Einkommens aus der Verbreitung von Information bezieht und in der mehr als die Hälfte aller Erwerbstätigen in Informationsberufen beschäftigt sind«.[14] Nach RITE kann von einer »postindustriellen« Informationsgesellschaft gesprochen werden, wenn mehr als 50% des Bruttosozialproduktes einer Gesellschaft im dritten Sektor generiert werden, wenn mehr als 50% eines Jahrganges Studenten sind und wenn der Informationskoeffizient größer ist als 0,35. Die AEP legte 1969 ein drittes Konzept zur Messung der Informatisierung der Gesellschaft vor, um Information für die ökonomische Analyse zu quantifizieren. Sie nahm das Wort als Grundeinheit und ermittelte den Umfang des Informationsflusses für Medien, wie Telefon, Hörfunk und Fernsehen. Dafür wurden etwa eine Minute Gesang und Musik mit 120 Worten gleichgesetzt. Berücksichtigt wurde aber auch die »interpersonale Kommunikation«. Nach Berechnungen auf dieser Grundlage stieg in der Zeit von 1973-1983 die Nutzung der Individualmedien in Japan um das 8,7-fache, die der Massenmedien um das 1,2-fache. De Sola Pool spricht deswegen auch von einer *»information explosion«*: Das Informationsangebot wuchs in USA und Japan jährlich um mehr als 8%. In diesem Zusammenhang kam auch erstmals die Rede vom »information overload« auf, da die Informationsnutzung ein weit geringeres Wachstum aufwies (3,2–3,8%).

Solche Zahlenangaben scheinen vielen jedoch aus methodologischen Gründen recht problematisch, ja beliebig.[15] Abgesehen davon, dass die Festlegungen der Informationsrate von nicht-schriftlichen Informationen willkürlich erscheint, ist auch das Ausmaß an und die Verbreitung von Information noch kein Hinweis auf ihre Bedeutung. Schließlich bleibt auch offen, was der Sinn der Information ist. Beachtenswert ist dabei, dass der Begriff der Information nicht kybernetisch definiert wird, sondern im Wesentlichen durch das Prozessieren mit technischen Mitteln oder mit allem, was zwischen einem Sender und einem Empfänger geschieht, gleichgesetzt wird.[16] Eine Unterscheidung zwischen strategisch relevanter und Rou-

---

14 Karl W. Deutsch, Bildung in der Informationsgesellschaft, in: Computer + Bildung, Bonn 1984, S. 32-42, S. 33

15 Vgl. z.B. Dordick/Wang, Information Society, op. cit.

16 RITE versteht unter Information eine Serie von Zeichen, die für soziale Aktivitäten von Bedeutung sind. Porat dagegen definiert: »information is data that have been organized and communicated.« Die OECD definiert Daten als Symbole, die von Computern bearbeitet und übertragen werden. Informationen entstehen aus diesen Daten, wenn die Daten so bearbeitet werden, dass sie von Men-

tine-Information ist nicht gelungen. Vor allem ist der Zusammenhang zwischen Information und Wissen lange unbeachtet geblieben. In der Kritik des Informationsbegriffes bemerken Krallmann und Soeffner, dass Information »niemals als etwas Fertiges vor[liegt], das abgerufen werden kann, sondern [...] durch den aktiven Einsatz von Interpretationsregeln für Situationen, Handlungen und Zielsetzungen generiert werden« muss.[17] Dass Information erst im sozialen Kontext ihre Bedeutung gewinnt, spricht sich auch in der Informationswissenschaft allmählich herum.[18] Als Folge dieser Kritik schlägt Willke eine Verbindung der Begriffe vor, die ihren grundlegenden Positivismus beibehält: Daten sind für ihn das, was auf Beobachtungen beruht. Durch einen systematischen Relevanzfilter werden aus Daten Informationen. Wissen schließlich bezeichnet »den auf Handlungsfähigkeit zielenden Einbau von Informationen in Handlungskontexte«.[19]

Obwohl es zahlreiche Überschneidungen gibt, kann man den japanischen, auf den Informationsfluss gerichteten Ansatz von der *amerikanischen Vorgehensweise* unterscheiden, die von Machlup begründet wurde. Der aus Österreich stammende Ökonom Fritz Machlup hatte schon 1962 die Rolle des Wissens für die Wirtschaft untersucht und die wichtigsten Säulen des Wissenssektors moderner Volkswirtschaften (konkret: der USA) ausgemacht. Prägend für seine Einteilung wirtschaftlicher Bereiche des Wissens ist übrigens Max Schelers Typologie.[20]

Auch Machlup trifft die Unterscheidung zwischen Wissen und Information. In Anlehnung an das aus der theoretischen Wirtschaftswissenschaft stammende Konzept der »stock«- und »flow«-Größen betrachtet er Information als Flussgröße, die sich auf die Übermittlung und Verarbeitung von Information bezieht. Wissen dagegen ist eine Bestandsgröße, die abrufbares Wissen und Kenntnisse umfasst. Als ökonomisch relevante *Produktion des Wissens* bezeichnet er jede Aktivität, durch die jemand etwas lernt, das er oder sie zuvor noch nicht wusste (auch wenn es anderen bekannt war).

Je entwickelter eine Volkswirtschaft ist, desto stärker differenziert sich ihre Arbeitsteilung zwischen Wissens- und Warenproduktion. Vor diesem Hintergrund sucht Machlups »occupation approach« die Informatisierung der Gesellschaft zu bestimmen, indem er Berufe, Berufsgruppen und Wirtschaftszweige danach klassifi-

---

schen verstanden werden können. Information ist also das Produkt des Verarbeitungsprozesses von Daten in Hinsicht auf zielgerichtetes Handeln; vgl. Matthias Hensel, Die Informationsgesellschaft. Neuere Ansätze zur Analyse eines Schlagwortes, München 1990, S. 170f

17 Dieter Krallmann und Hans-Georg Soeffner, Gesellschaft und Information, Stuttgart 1973, S. 56

18 John S. Brown und Paul Duguid, The Social Life of Information, Cambridge, Mass. 2000

19 Helmut Willke, Dystopia. Studien zur Krisis des Wissens in der modernen Gesellschaft, Frankfurt 2002, S. 13ff, S. 55

20 In einer späteren Ausgabe setzt sich Machlup auch mit der phänomenologisch orientierten Wissenssoziologie auseinander. Er hält sie jedoch für »not equipped to deal with the problem that we have raised: the problem of assessing the size of the stock and its growth«; Fritz Machlup, Knowledge: Its Creation, Distribution, and Economic Significance, Bd. I: Knowledge and Knowledge Production, Princeton 1980/1962, S. 168

ziert, ob sie mit der Herstellung, Bearbeitung oder Verbreitung von Information zu tun haben, also »Informationsberufe« bzw. »Informationsarbeiter« sind.[21] Ein Wissens- bzw. Informationsberuf umfasst Aktivitäten, die hauptsächlich dazu dienen, Wissen irgendeiner Art zu generieren oder Informationen zu vermitteln. Machlup unterscheidet die damals 400 Berufe des »American Bureau of Census« zunächst nach Informations- und Nicht-Informationsarbeitern. Die Informationsarbeiter gliedert er wiederum in Informationsproduzenten[22] und Informationsbenutzer auf. Damit konstruiert er einen »*Informationssektor*«, der aus fünf Wirtschaftszweigen besteht: Erziehung und Ausbildung, Forschung und Entwicklung, Medien, Informationsgeräte und schließlich Informationsdienstleistungen.[23]

Diese Klassifikationen wurden von der OECD aufgenommen. Der für sie tätige Marc Porat unterschied so zwischen dem *primären Informationssektor* (sämtliche Informationsgüter und -dienstleistungen, die am Markt angeboten werden) und dem *sekundären Informationssektor* (Informationen werden nicht am Markt angeboten bzw. als Güter bezahlt) und schließlich vom Nicht-Informationssektor (Güterproduktion der Unternehmen und des Staates). Im Anschluss daran unterscheidet die OECD vier Berufsgruppen. Als *Informationsarbeiter* gelten für Porat a) Informationsproduzenten (Wissenschaftler, Ingenieure, Architekten, Ärzte, Programmierer); b) Informationsverarbeiter (Richter, Verwaltungsbeamte, Manager); c) Informationsverteiler (Journalisten, Lehrer) und d) Informationsstrukturberufe (Drucker, Kameramänner, Elektriker).

Auf der Basis der Berufsgruppensystematik wie der Messung des Informationsflusses wurden auch im Rahmen dieses Ansatzes imposante Untersuchungen vorgenommen, die es ermöglichen sollten, »Informationsgesellschaften« sozialstrukturell zu bestimmen und sie zu vergleichen. So sollen schon 1980 in den USA etwa 45% der Beschäftigten in Informationsberufen gearbeitet haben, in Japan 38%, in der BRD 33%, in Hongkong und Singapur 23 bzw. 30%, in Ägypten und Mexiko weniger als 20% und in Pakistan 6,4%. Auch sozialer Wandel ließe sich so ablesen: Der Anteil der weniger qualifizierten Informationsberufe nimmt ab, der Anteil der Frauen steigt, und die Zahl der Informationsgüter pro Haushalt nimmt zu.

Freilich täuschen die vielen in diesen Untersuchungen erzeugten Zahlenangaben auch hier über die massiven Probleme der Messung hinweg. Nicht nur die Frage, wer denn zu den Informationsarbeitern zählt, ist ein Problem; noch größere Schwierigkeiten treten auf, versucht man Informationsarbeit zu definieren. Bei Porat etwa ist ein Signalsteller bei der Bahn ein industrieller Arbeiter, obwohl er Informationen erzeugt, während der Mechaniker am Kopiergerät ein Informationsarbeiter ist.[24]

---

21 Dem »industry approach« folgend werden dagegen alle Informationsgüter und -dienstleistungen erfasst, und zwar auch solche, die nicht unmittelbar mit Information im engeren Sinn zu tun haben (z.B. Papiererzeugung).

22 Z.B. »transporters, transformers, processors, interpreters, analysers, and original creators of communications of all sorts«; Machlup, Knowledge, op. cit., S. 382

23 Vgl. Chris Freeman und Francisco Louçã (2001), As Time Goes By. From the Industrial Revolution to the Information Revolution, Oxford

3 Von der Kritik der Informationsgesellschaft zur Netzwerkgesellschaft

Die Kritik an der Wissensgesellschaft wurde von einem konflikttheoretischen Ansatz ergänzt, der sich auf die *politische Ökonomie* konzentrierte. Auch wenn hier ebenfalls nicht klar zwischen Information und Wissen unterschieden wird, bildet die technische bzw. technologische Produktionsseite ebenso den Ausgangspunkt ihrer Analysen. Darüber hinaus bezieht dieser Ansatz auch die Kommunikation, den Konsum, den Gebrauchswert, die sozialen Verhältnisse und die Organisation des Konsums mit ein, wobei besonders der enge Zusammenhang zwischen Massenkonsum und Massenmedien hervorgehoben wird. Betont wird vor allem die Rolle der Technik für die (Massen-)Kommunikation. Denn aus der marxistischen Sicht dient die Kommunikation in flexibilisierten Märkten zur Schaffung von Produktionslinien, zum Marketing dieser Linien an Kunden und zur schnellen Reaktion auf neue Kauftrends.[25]

Zu politisch-ökonomischen Kritikern der Informationsgesellschaft zählen u.a. Herbert Schiller und der frühe Castells.[26] Schillers Ausgangspunkt besteht in der Annahme, dass Information und Kommunikation einen wesentlichen Einfluss auf das ökonomische System haben. Die Wissensindustrie gilt ihm als Schlüsselindustrie des 20. Jahrhunderts. Ihm geht es jedoch nicht vorrangig um Wissen, sondern um die Technologien. Sie sind Grundlage dessen, was er Technokapitalismus nennt: Neue Technologien, Elektronik und Computerisierung ersetzen Maschinen und Mechanisierung, Information und Wissen spielen eine immer größere Rolle im Produktionsprozess, in der Organisation der Gesellschaft und des Alltagslebens. Die Frage, die Schiller stellt, ist die nach Macht, Kontrolle, Interesse: Wem dienen die neuen Technologien? Wer kontrolliert ihren Einsatz? Wer hat Zugang zu ihnen?

Die politische Ökonomie der Informationsgesellschaft sieht vor allem den Staat als wichtigen Spieler in der Konstruktion nationaler Telekommunikationsnetzwerke, des Rundfunks und anderer Informationssysteme an. Die Unternehmen entwickeln sich also keineswegs aufgrund einer marktbedingten Eigendynamik, sondern unterliegen von Anfang an staatlicher Kontrolle. Doch zeigt die Analyse der Entwicklung technischer Kommunikationsmittel (Besitzverhältnisse, Quellen von Werbeeinnahmen, Ausgaben der Konsumenten) auch, dass die vom Staat unterstützte Ausdehnung der

---

24 Zu den Problemen der »Bestimmung« von Informationsarbeit vgl. Hubert Knoblauch, Arbeit als Interaktion. Informationsgesellschaft, Post-Fordismus und Kommunikationsarbeit, in: Soziale Welt 47, 3 (1996), S. 344-362

25 Um auch die Inhalte der Information zum Gegenstand machen zu können, verband sich der politisch-ökonomische Ansatz in ähnlicher Weise wie die Kritische Theorie mit hermeneutischen Zugängen, die es erlauben sollen, die Beiträge der Bewusstseinsindustrie zu erhellen, die aus der Ausweitung der Presse und der elektronischen Medien der Telekommunikation aus bescheidenen Familienunternehmen zu großen Weltunternehmen entstanden ist.

26 In den Kontext gehören auch Stuart Ewens »Captains of Consciousness« und Bravermans Analyse der abnehmenden Qualifikation der Arbeit, Herbert I. Schiller, Who Knows. Information in the Age of the Fortune 500, Norwood, N.J. 1981

Informationstechnologien hauptsächlich den Interessen der Unternehmen dient. Entsprechend seien ihre Interessen in der Entwicklung denen der Öffentlichkeit vorgezogen worden: Profitinteressen erweisen sich als ausschlaggebend für die Informationsentwicklung. Deswegen werden auch Informationen und Wissen zur Ware, die selbst wieder Profit erzeugt. Soziologisch ist bedeutsam, dass für Schiller wie für viele andere Klassenunterschiede eine wichtige Rolle in der Verteilung, dem Zugang und der Verarbeitung von Information spielen. Wichtige Informationsdienste sind nur denen zugänglich, die dafür bezahlen können. Dazu zählen besonders der militärische Komplex, große Korporationen und nationale Regierungen. Das führt zum Auseinanderklaffen von Informationsreichen und -armen, für die Informationsgesellschaft meist nur mehr Fernsehen bedeutet. Die Informationsgesellschaft vergrößert die *Wissenskluft* und verstärkt damit die sozialen Unterschiede – und zwar auf globaler Ebene.

Wie Schiller früh erkannte, führt die Verdichtung der Kommunikationsmittel dazu, dass sich die Wirtschaft auf der Ebene des »corporate capitalism« organisiert: Sie wird immer mehr von großen, konzentrierten, oligopolistischen Gesellschaften beherrscht, die international tätig sind. Diese bauen allmählich ein transnationales Imperium auf, in dem Informationstechnologien vor allem zum Auf- und Ausbau der Infrastruktur und eines globalen Marketings (Coca Cola, Mercedes etc.) dienen. Inhaltlich bilden die Informationen dieses »transnational empire« seine ideologische Stütze. Das zeige sich etwa an der Dominanz amerikanischer Nachrichtenmedien und deren übernationaler Ausrichtung. Immerhin stammen (Ende der 1970er-Jahre) 90% der News aus dem Westen. Ohnehin verfügt der Westen weitgehend über das Informations- und Kommunikationsnetz (»New World Information Order«).

Solche kritischen Analysen wurden auch von Manuel Castells betrieben, der sie zunächst mit einem Wandel der Klassenstruktur von Städten in Beziehung setzt. Castells geht davon aus, dass vor allen Dingen seit den 1970er Jahren ein radikaler gesellschaftlicher Umbruch stattfand. Dieser basierte auf einer Kombination kapitalistischer Umstrukturierung und technologischer Innovation. In Anlehnung an Althusser wendet Castells die kategorische Unterscheidung zwischen Produktionsmitteln und Produktionsverhältnissen, die als voneinander unabhängige Größen betrachtet werden, auf die Informationsgesellschaft an. Castells trennt damit die kapitalistischen Produktionsverhältnisse vom informationalen Entwicklungsmodus ab. Die *kapitalistischen Produktionsverhältnisse* gründen auf Marktprinzipien, sind durch Profitstreben, Privateigentum, Wettbewerb zwischen den Beteiligten sowie Marktzugänglichkeit der Waren und Wachstum charakterisiert. Der *informationale Produktionsmodus*, der in den Gesellschaften jeweils unterschiedlich realisiert ist, basiert auf dem Prozessieren von Information als der Aktivität, die die Effektivität und Produktivität der Produktion, der Verteilung und des Managements entscheidend beeinflusst. Die Informatisierung setze erkennbar erst zu dem Zeitpunkt ein, als der Kapitalismus in eine Krise gerät: zur Ölkrise in den 1970ern. Die darauf folgende Restrukturierung des Kapitalismus werde also durch die Informatisierung ergänzt. Dies führe zu einem neuen Modell der sozioökonomischen Organisation und der räumlichen Ordnung.[27]

Diese räumliche Ordnung ist geprägt von einem »Fluss der Informationen«: Die Informationstechnologien fördern die Informationsflüsse zwischen sozialen und ökonomischen Organisationen, während sie die Bedeutung des Ortes verringern. Geografische Grenzen spielen demnach eine immer geringere Bedeutung. Das zeigt sich an der Internationalisierung und Restrukturierung großer Unternehmen und der Politik. Durch die Informationsflüsse bilden sich neue Knotenpunkte (»nodal points«) aus, wie etwa die großen metropolitanen Regionen. Tatsächlich nimmt gerade in London, New York, Los Angeles und Tokio der Anteil der Arbeiter enorm ab, bis zu 30% der Arbeitnehmer sind Informationsarbeiter, also Systemanalytiker, Börsenhändler, Manager etc., die deswegen die Knotenpunkte besetzen, weil sie hier in der Nähe ihrer Kunden sind. Gleichzeitig kommt es zu einer Bipolarisierung dieser Städte, der »informational cities«: Neben der Vergrößerung der neuen professionellen Managerklasse bildet sich in diesen Städten eine Unterklasse aus, die die einfachen Dienstleistungen für diese Führungsklasse verrichtet. Dazu zählen ethnische Minderheiten und soziale Randgruppen.

In der bisherigen Diskussion wird die Wissens- und Informationsgesellschaft mit Veränderungen der Wirtschafts- und Sozialstruktur in Verbindung gebracht: Die Ausbildung eines »Informationssektors« oder die Entstehung von »Informationsarbeitern« und einer »Wissensklasse«. Während diese Vorstellungen der sozialstrukturellen Veränderungen lediglich auf Verschiebungen innerhalb der Sozialstruktur abheben, vermutet Castells später, dass sich die Sozialstruktur insgesamt sehr grundlegend transformiert.

In seinem dreibändigen Werk »Information Age« bringt er diese Transformation auf den Begriff:[28] Aus der Krise des Kapitalismus und des Etatismus entstehe, so postuliert er, eine *Netzwerkgesellschaft*. Ähnlich wie der Kapitalismus und die Planwirtschaft die Industriegesellschaft über weite Strecken geprägt habe, organisierten sich Produktion, Konsum, Macht und Erfahrung auf eine neue, dem Informationszeitalter entsprechende Weise. Das Informationszeitalter sei dadurch charakterisiert, dass es auf mikroelektronisch basierten Informations- und Kommunikationstechnologien sowie der Gentechnologie beruhe. Charakteristisch für dieses Zeitalter sei jedoch nicht die Rolle des Wissens und der Information. Aus diesem Grunde möchte Castells auch nicht von Informationsgesellschaft sprechen. Ihr besonderes Merkmal sei vielmehr die informationsbasierte Vernetzung. Unter *Netzwerken* versteht er äußerst anpassungsfähige Organisationen, die aus einer Reihe miteinander verknüpfter Knoten bestehen. Solche Knoten könnten Aktienmärkte sein oder Fernsehsysteme. Weil sie Leistungskompetenzen dezentralisierten und Entscheidungsprozesse öffneten, folgten sie einer völlig anderen Logik als zentral organisierte Systeme.

Die Vernetzung verändert nicht nur die Struktur, sie revolutioniert das Denken. »Die neue Macht befindet sich *in den Informationscodes* und *in den bildlichen Re-*

27 Eine Skizze der Folge von Informatisierung auf die räumliche Struktur lieferte schon Gernot Wersig, Informationsgesellschaft, Informationskultur und Veränderung des Raumkonzeptes als kommunikative Herausforderung, in: Publizistik 29, 3-4 (1984), S. 387-400

28 Manuel Castells, Das Informationszeitalter. Bd. 1: Die Netzwerkgesellschaft; Bd. 2: Die Macht der Identität; Bd. 3: Jahrtausendwende, Opladen 2001f

präsentationen, um die herum die Gesellschaften ihre Institutionen organisieren und die Menschen ihr Leben aufbauen. Der Sitz dieser Macht sind die *Köpfe der Menschen.*«[29] Die Ausbreitung der informationsbasierten Vernetzung verändere sowohl Raum wie Zeit: Durch die Verdichtung entstehe eine »zeitlose Zeit«, in der bedeutsamste Ereignisse in kürzesten Augenblicken geschähen. Die Möglichkeit, gleichzeitig Ereignisse ohne geografische Nähe erleben zu können, schaffe einen »Raum der Ströme«. Weil die Veränderungen so grundlegend seien, wirkten sie sich auf jeden Bereich des sozialen Systems aus: So werde die Wirtschaft informationell, global und mehr und mehr von Netzwerk-Unternehmen geprägt, die sich mit Projekten beschäftigen. Dadurch komme es auch zu einer neuen Art des Kapitalismus, der sich durch flexible Arbeitszeiten, die Individualisierung der Arbeit und sich selbst programmierende Arbeitskräfte auszeichne. Auch in der kulturellen Sphäre führe das System der elektronischen Medien zu einer stärkeren Vernetzung und Flexibilität. Der Staat löse sich in Richtung supranationaler Einheiten auf. Es komme zu Prozessen der Machtentflechtung, so dass der Staat selbst immer mehr zu einem Netzwerk-Staat werde. Auch auf der Ebene der »sozialen Erfahrung« gebe es neue Entwicklungen: Die Arbeitsmärkte würden feminisiert, die Familie verwandele sich in ein Netzwerk und es komme zu einer neuen Form der Identitätsbildung, die sich vor allem gegen die in den Netzwerken verankerte Macht wende. Denn die Vernetzung habe durchaus auch problematische Folgen: Weil sie sich vor allem auf Produktionsverhältnisse beziehe, verstärke sie soziale Differenzierung, vergrößere soziale Ungleichheit und soziale Polarisierung. Prägend für die Wissensgesellschaft sei, wie Willke hinzufügt, die Wissensarbeit. Dabei handele es sich um »Tätigkeiten (Kommunikationen, Transaktionen, Interaktionen), die dadurch gekennzeichnet sind, dass das erforderliche Wissen nicht einmal im Leben durch Erfahrung, Initiation, Lehre, Fachausbildung oder Professionalisierung erworben und dann angewendet wird. Vielmehr erfordert Wissensarbeit [...], dass das relevante Wissen (1) kontinuierlich revidiert, (2) permanent als verbesserungsfähig angesehen, (3) prinzipiell nicht als Wahrheit, sondern als Ressource betrachtet wird und (4) untrennbar mit Nichtwissen gekoppelt ist, so dass mit Wissensarbeit spezifische Risiken verbunden sind.«[30] Wissensarbeit also stelle die typische Form der Arbeit in der Wissensgesellschaft dar.

Kehren wir zu Castells zurück, dessen Entwurf nicht ohne Kritik geblieben ist. Zum einen wird bemängelt, dass der Netzwerkbegriff unscharf bleibt. Offen ist auch die Frage, ob es bei den Bestandteilen von Netzwerken um Menschen, Handlungen oder weitere Netzwerke geht. Schließlich wird der Technikdeterminismus kritisiert, der seinem Ansatz zugrunde liegt, sieht er ja ausdrücklich Technologie als wissenschaftlich geprägte Denkweise an, die »als Macht [...] den Kern von Leben und Verstand durchdringt«.[31]

---

29 Castells, ebd., Bd. 1, S. 376 [Herv. ebd.]

30 Helmut Willke, Organisierte Wissensarbeit, in: Zeitschrift für Soziologie 27, 3 (1998), S. 161-177, S. 161

31 Castells, op. cit., S. 82

4 Die Wissen(schaft)sgesellschaft

Wie schon deutlich wurde, ist die Verwendung der Begriffe »Informations-« bzw. »Wissensgesellschaft« keineswegs einheitlich. Dennoch ist die Tendenz nicht zu übersehen, dass dann, wenn der Begriff der Informationsgesellschaft im Vordergrund steht, den neuen Technologien eine wichtige, wenn nicht sogar entscheidende Rolle und, wie im Begriff der »Netzwerkgesellschaft« deutlich wurde, prägende Kraft beigemessen wird. Der Begriff der Wissensgesellschaft dagegen legt Wert auf die nichttechnische, menschliche Seite des Wissens. Dies kommt auch in den unterschiedlichen Definitionen des Wissens der Vertreter der Wissensgesellschaft zum Ausdruck. So spricht etwa Degele selbst mit Bezug auf das durch Informationstechnologien Vermittelte von »informiertem Wissen«: Wissen, das mit Computern bearbeitet wird, erfahre eine »Informierung«, d.h. eine besondere Formgebung. Aus dieser Perspektive erscheint Information bzw. informiertes Wissen als eine inhaltsärmere Form des umfassenden Wissens.[32] Diese Abwertung der Informations- und Aufwertung der Wissensgesellschaft hat nicht nur mit der oben erwähnten Kritik des Informationsbegriffes zu tun, sondern sicherlich auch mit den verpufften Hoffnungen, die an die Informationsgesellschaft geknüpft wurden. Bei den neueren Theoretikern der Wissensgesellschaft, die sich um eine Klärung des Wissensbegriffes bemühen, ist sie auch verknüpft mit dem Versuch einer »Integration« des Wissensbegriffs. Dieser Begriff bleibt zwar in der Regel positivistisch, doch wird er eng mit dem Handeln bzw. der Praxis verwoben. So versteht Willke unter Wissen »eine auf Erfahrung gegründete kommunikative und konfirmierte Praxis«,[33] und auch Stehr schlägt als Definition die »Fähigkeit zum Handeln« bzw. die »Möglichkeit, etwas ›in Gang zu setzen‹« vor. »Wissen kann zu sozialem Handeln führen und ist gleichzeitig Ergebnis von sozialem Handeln«.[34]

---

32 In Anlehnung an Stehrs Übernahme der Unterscheidung von »know how« und »know that« unterscheidet Degele zwei Ordnungen des Wissens: Wissen erster Ordnung umfasst die inhaltlichen Bestände, wie etwa das Fachwissen von Finanzbeamten oder Softwareentwicklern. Wissen zweiter Ordnung setzt sich aus Wissensprozessen zusammen, die man als Metawissen oder als Medienkompetenz fassen kann. Unter Metakompetenz versteht sie Wissen über Wissen, also jene Wissensformen, die es erlauben, mit Wissen umzugehen. Medienkompetenz bezieht sich dagegen auf das Wissen, das man zur Bedienung technischer Geräte benötigt; Nina Degele, Informiertes Wissen. Eine Wissenssoziologie der computerisierten Gesellschaft, Frankfurt 2000

33 Helmut Willke, Dystopia. Studien zur Krisis des Wissens in der modernen Gesellschaft, Frankfurt 2002, S. 14

34 Nico Stehr, Wissen und Wirtschaften. Die gesellschaftlichen Grundlagen der modernen Ökonomie, Frankfurt 2001, S. 62. Allerdings muss man doch zu bedenken geben, dass sich Wissen keineswegs auf eine »Fähigkeit zum *sozialen* Handeln« beschränkt, wie Stehr betont. Denn es gibt wenig Anlass anzunehmen, dass sich Wissen nicht auch auf Außersoziales beziehen könnte. Der Begriff des Handelns verweist ja analytisch auf die Verfolgung eines vorentworfenen Handlungsentwurfes, ohne dass dieser sich notwendig auf andere bzw. Soziales beziehen müsste. Ich kann mir vornehmen, einen schweren Stein aus meinem Weg zu räumen, einen Ast, der mir im Weg ist, abzureißen oder eine Beere zu essen. Auch wenn diese Handlungen durchaus sozialisiert sein mögen (also Wissen beinhalten, das ich empirisch weitgehend von anderen erhalten habe), so wäre es terminologisch doch sträflich, sie mit sozialen Handlungen gleichzusetzen, in denen ich an einem Alter ego orientiert bin.

Der Begriff der Wissensgesellschaft wurde vom Soziologen Lane 1966 vorbereitet, der ihn, unter der Bezeichnung der »knowledgeable society«, mit einem sehr ausgeprägten aufklärerischen und anti-ideologischen Anspruch verbindet: Die Mitglieder einer solchen Gesellschaft befragen seines Erachtens die Grundlagen ihrer Glaubensvorstellungen über den Menschen, die Natur und die Gesellschaft. Sie lassen sich von den objektiven Standards der Wahrheitssuche, in den oberen Bildungsschichten von wissenschaftlichen Standards, leiten und widmen dem Ausbau ihres Wissensvorrats beträchtlichen Aufwand. Schließlich sammeln, organisieren und deuten sie ihr Wissen fortwährend neu und nutzen dieses Wissen, um ihre Werte und Ziele zu verbessern.[35] 1969 wird der Begriff der Wissensgesellschaft vom Managementtheoretiker Peter Drucker in eine populärwissenschaftliche Öffentlichkeit getragen. Anschließend an Machlups Beobachtungen vertritt Drucker die These, Wissen sei zu einem Pfeiler der modernen Wirtschaft geworden, die sich von einer Warenwirtschaft in eine Wissenswirtschaft verwandle. Drucker entwirft hier das Bild einer Wissensgesellschaft, in der »Wissen zur eigentlichen Grundlage der modernen Wirtschaft und Gesellschaft und zum eigentlichen Prinzip des gesellschaftlichen Lebens geworden« ist. Unter Wissen versteht er den »systematischen und gezielten Erwerb von Information und deren systematische Anwendung«.[36] Wissen beschränkt sich also keineswegs auf Naturwissenschaft und Technik, sondern schließt auch Ideen und Informationen im Sinne Machlups mit ein. Dies hat eine Veränderung des Wissens selbst zur Folge, das nun nicht mehr als Selbstzweck angesehen wird, sondern zu einem Hilfsmittel, Mittel zum Zweck wird.

Drucker betont vor allem die wirtschaftliche Bedeutung des Wissens in einer Ökonomie, die zur Weltwirtschaft wird. Hier übernimmt er wiederum die Einsichten Machlups, verbindet sie aber mit frühen Konzepten einer Globalisierung, in der die Nationalstaaten ihren Einfluss immer mehr zugunsten von globalen wirtschaftlichen Organisationen einbüßen. In diesen Organisationen zeichne sich das Management als eine Anwendung von Wissen auf Wissen aus. Aus Organisationen werden also arbeitsteilige Kooperationen von Wissensarbeitern. Die zunehmende Bedeutung der Wissensarbeit führt er jedoch nicht so sehr auf die fortschreitende Technisierung zurück, sondern auch auf die politisch initiierte Bildungsexpansion, die zu einer rasanten Vermehrung von Wissens- und Kopfarbeitern führe. Dies habe zur Folge, dass sowohl Arbeiter wie auch Kapitalisten an Bedeutung verlören, denn die Wissensarbeiter bildeten einen »capitalism without capitalists« aus. In Gestalt etwa von Pensionsfonds verfügten sie mittelbar über das Kapital, sie bestimmten selbst ihre Arbeitsabläufe und bildeten Organisationen der Gleichen aus, in denen sie über ihre wichtigste Ressource, das Wissen, selbst verfügten.

---

35 Robert E. Lane, The decline of politics and ideology in a knowledgeable society, in: American Sociological Review 31 (1966), S. 649-662, S. 650

36 Peter Drucker, The Age of Discontinuity. Guidelines for a Changing Society, London 1969, S. 455f u. 434

Bedeutsam für die soziologische Debatte wird die Theorie von Daniel Bell. Im Mittelpunkt seiner Arbeit steht die These, dass (theoretisches) Wissen eine zentrale Rolle für die gesellschaftliche Ordnung erhält. Unter Wissen versteht er dabei die »Sammlung in sich geordneter Aussagen über Fakten oder Ideen, die ein vernünftiges Urteil oder ein experimentelles Ergebnis zum Ausdruck bringen und anderen durch irgendein Kommunikationsmedium in systematischer Form übermittelt werden«.[37] Bell jedoch spricht nicht so häufig von der Wissens- und Informationsgesellschaft, sondern vor allem von der »nach-« oder »postindustriellen« Gesellschaft.[38]

Die *nach- oder postindustrielle Gesellschaft* zeichnet sich durch die Ausweitung eines dritten (Verkehr, Erholung), vierten (Banken, Versicherungen), ja eines fünften (Gesundheit, Ausbildung, Forschung, Regierung) wirtschaftlichen Sektors aus. Mit dieser Ausweitung gewinnen technische und akademische Berufe immer mehr an Gewicht, deren wesentlicher Arbeitsstoff die Information ist. Ihr Arbeitsfeld ist weniger die Natur oder die Auseinandersetzung mit technischen Geräten als die mit anderen Personen. Das zentrale bzw., wie Bell es nennt, »axiale« Prinzip, um das herum sich die Gesellschaft anordnet, ist das theoretische Wissen, das vor allem von der Wissenschaft generiert wird: Die Zahl der Akademiker und Techniker überrundet die der Fabrikarbeiter, die gar überflüssig werden können, so dass es zu einer Umkehrung des Verhältnisses zwischen dem industriellen Sektor und dem dritten Sektor kommt. »Für den Übergang zur nachindustriellen Gesellschaft ist aber nicht nur der Wandel in der sektoralen Verteilung der *Arbeitsplätze*, sondern auch ein Wandel der Berufsmuster, also der *Art der Tätigkeit*, kennzeichnend« [...]; wir entwickeln uns zu einer »Gesellschaft der Kopfarbeiter«.[39] Verbunden mit dieser Entwicklung ist eine deutliche Anhebung des Bildungsniveaus und eine Zunahme der beschäftigten Frauen – da körperliche Unterschiede nun eine immer geringere Rolle spielen. Die »Kopfarbeiter« bilden für Bell gar eine neue »*Wissensklasse*« aus, die mehrere Ebenen aufweist: Ihre schöpferische Elite bilden Wissenschaftler und akademisch gebildete Spitzenbeamte, ihre Mittelklasse Ingenieure und Lehrer. Das Proletariat wird von den Technikern, dem akademischen Mittelbau und den Assistenten gestellt. Obwohl sie politisch keinen Klassencharakter annehmen, weisen sie in soziologischer Sicht Züge einer sozialen Klasse auf: Die Kopfarbeiter haben eine eigenes System der Machtrekrutierung, eigene Normen und eigene Werte.

Die nachindustrielle Gesellschaft ist nicht mit einem Niedergang der vorherigen Merkmale verbunden. Vielmehr ergänzen die neueren Entwicklungen die bisherige

---

37 Daniel Bell, Die nachindustrielle Gesellschaft, Frankfurt 1985 (EA 1973), S. 180

38 Ebd., S. 214. Bell verwendet den Begriff der Wissensgesellschaft schon 1968 in einem doppelten Sinne: »First, the sources of innovation are increasingly derivative from research and development [...] ; and second, the ›weight‹ of the society – measured by a larger proportion of the Gross National Product and a larger share of employment – is increasingly in the knowledge field.« Daniel Bell, The measurement of knowledge and technology, in: Eleanor B. Sheldon und Wilbert E. Moore (Hg.), Indicators of Social Change. Concepts and Methods, Hartford, Conn. 1968, S. 145-246

39 Bell, Nachindustrielle Gesellschaft, op. cit., S. 138f (Herv. ebd.)

Gesellschaft – neue Berufe, Schichten und Klassen stehen neben den alten, weiten sich jedoch auf deren Kosten aus. Die neue nachindustrielle Gesellschaft entsteht im Schoße der alten.

Bells Konzept der nachindustriellen Gesellschaft hatte einen so großen Erfolg, dass es auch eine Reihe von scharfen und prominenten Kritikern auf den Plan rief (die ihrerseits damit die Wichtigkeit dieser Konzepte unterstrichen). In Deutschland zählte Helmut Schelsky zu diesen *Kritikern der Wissensgesellschaft*. Auch Schelsky beobachtete die Entstehung eines »quartären Berufssektors«. Belehrung, Betreuung und Planung werden Tätigkeiten, die nicht mehr von einer kleinen elitären Gruppe erfüllt wird. Da der »betreute Mensch« immer mehr zu einer zentralen gesellschaftlichen Zielvorstellung werde, blähte sich nun die vormalig kleine Gruppe der Intellektuellen zu einer eigenen Klasse auf, die sich auf lebenslange Sinnvermittlung spezialisierte.[40]

Schon zuvor, nämlich 1969, hatte Alain Touraine in seiner »programmierten Gesellschaft« den Übergang zur nachindustriellen Gesellschaft beschrieben. Während die industrielle Gesellschaft aus einer Bewegung des Bürgertums entstanden war, die in der Arbeiterbewegung ihren Widerpart fand, wird die *programmierte Gesellschaft* von Technokraten geprägt, die in den Leitstellen der öffentlichen Verwaltung und den Unternehmen sitzen. Es handelt sich hier um Techniker, um Fachleute, vor allem aus dem Unterrichts- und dem Gesundheitswesen, um Experten für Organisationen, aber auch um (technisch gebildete) Facharbeiter. Für Touraine bilden diese Technokraten die neue aufsteigende Klasse, die sich in erster Linie durch Wissen, also ein bestimmtes Bildungsniveau definieren. Zwar können Technokraten liberal oder autorität sein, doch besteht ihre Herrschaft generell darin, dass sie nicht nur Wissen, sondern auch Entscheidungsgewalt monopolisieren.[41] Entscheidend für die Klassenzugehörigkeit ist deswegen nicht mehr das Eigentum, sondern »die Abhängigkeit von den Mechanismen gelenkter Veränderung, also von den Instrumenten sozialer und kultureller Integration«.[42] Mit dem Aufkommen der postindustriellen Gesellschaft verliert die Arbeiterbewegung an Einfluss. An ihre Stelle treten zunehmend andere Bewegungen, wie die Friedensbewegung, die Umweltbewegung, die Antiatomkraftbewegung, die auf populistische Weise eine Opposition gegen die Technokratie bildet. Diese Bewegungen, die aus der Dritten Welt unterstützt werden, sind für die Fortentwicklung der Gesellschaft verantwortlich.

Was nun ist das wesentliche Merkmal der Wissensgesellschaft? Für viele Forscher seit Bell ist es nicht das Wissen allgemein. (Genau genommen könnte man die Zunahme des religiösen Wissens im Zuge der Reformation und der Gegenreformation

---

40 Helmut Schelsky, Die Arbeit tun die anderen. Klassenkampf und Priesterherrschaft der Intellektuellen, München 1977

41 »Informiert sein heißt, nicht nur wissen, was vor sich geht, sondern auch die Akte kennen, die Gründe und die Methoden der Entscheidung, und nicht nur die Tatsachen, die zu ihrer Rechtfertigung vorgeschoben werden.« Alain Touraine, La société post-industrielle, Paris 1969 (dt.: Die programmierte Gesellschaft, Frankfurt 1972, S. 68).

42 Ebd., S. 60

sonst ja auch schon als Bewegung in eine Wissensgesellschaft betrachten.) Im Sinne des Comte'schen Entwicklungsschemas sehen sie vielmehr die Ausbreitung des wissenschaftlichen Wissens als Kern der Wissensgesellschaft an. Dabei gibt es jedoch drei sehr unterschiedliche Vorstellungen darüber, wie sich dieses wissenschaftliche Wissen ausbreitet: Während einmal davon ausgegangen wird, dass die Wissensgesellschaft als Verwissenschaftlichung andere Funktionsbereiche durchsetzt, die von der Wissenschaft weiter dominiert werden, fügt eine zweite Vorstellung hinzu, dass diese Verwissenschaftlichung zu einer umfassenden Veränderung der Wissensstruktur in diesen anderen Bereichen führt. Die dritte Variante sieht diesen Prozess auf die Wissenschaft zurückwirken, so dass die Differenz zwischen wissenschaftlichem und anderem Wissen allmählich verschwimmt.

Für einen Großteil der Autoren besteht die Wissensgesellschaft in einer Art Verwissenschaftlichung der Gesellschaft. Dies gilt etwa für Kreibich, der deswegen ausdrücklich den Begriff der »*Wissenschaftsgesellschaft*« vorschlägt. Damit weist er darauf hin, dass es die besonderen »Methoden der wissenschaftlichen Informationsproduktion und -verwertung sind, die in den letzten Jahrhunderten seit Galilei und Bacon den ökonomischen und sozialen Strukturwandel bewirkt haben«.[43] Wissenschaftliches Wissen ist demnach nicht nur für die materielle Produktion zentral, sondern entscheidet auch, wer über Macht verfügt. Diese strukturdeterminierende Macht folgt aus der Verbindung von Industrialisierung mit der herausgebildeten Wissenschaft, die in den großindustriellen Produktionsprozess eingegliedert wird. Sie bringt eigene Organisationsprinzipien hervor, die ihre besondere Wissensproduktion zum systematischen Gegenstand machen. Die Erzeugung neuen Wissens sieht Kreibich nicht in den klassischen Disziplinen, sondern innerhalb eines »wissenschaftlich-industriell-militärisch vernetzten Komplexes«.[44] Ausdruck dieser Entwicklung ist die exponential verlaufende Wissensakkumulation, die rasante Ausweitung der Wissensverarbeitung (insbesondere mit digitalen Medien) sowie die steigenden Ausgaben für Forschung und Entwicklung auch im industriellen Bereich. Trotz der Bedeutung von Industrie und Militär bleibt jedoch das wissenschaftliche Wissen prägend. Seine »strukturdeterminierende« Kraft leitet sich nicht nur aus Entdeckungen und Erfindungen ab, sondern ist eine Folge des der Wissenschaft zugrunde liegenden, Innovationen generierenden Denk- und Handlungsansatzes, der insbesondere durch den Einbezug kybernetischer Modelle und die Verschmelzung von Wissenschafts- und Technikentwicklung einen nach wie vor revolutionierenden oder erneuernd-innovativen Charakter erhalte.

Die Vorstellung, dass die Wissensgesellschaft vor allem von der Wissenschaft geprägt sei, hatte, wie wir oben sahen, schon Lane vertreten. Sie bildet auch einen Kern der Definition der Wissensgesellschaft durch Stehr: »Evidently, science and

43 Rolf Kreibich, Die Wissenschaftsgesellschaft. Von Galilei zur High-Tech-Revolution, Frankfurt 1986, S. 8

44 Ebd., S. 17

technology are remaking our basic social institutions, for example, in such areas as work, education, physical reproduction, culture, the economy, and the political system.«[45] Hatten Eigentum und Arbeit die moderne Industriegesellschaft geprägt, so muss nach Stehr unsere gegenwärtige Gesellschaft unter dem Aspekt der Wissensstruktur gesehen werden. Ähnlich wie Willke vertritt er die Auffassung, dass dann von einer Wissensgesellschaft gesprochen werden kann, »wenn die Strukturen und Prozesse der materiellen Reproduktion einer Gesellschaft so von wissensabhängigen Operationen durchdrungen sind, dass Informationsverarbeitung, symbolische Analyse und Expertensysteme gegenüber anderen Formen der Reproduktion vorrangig werden«.[46] Neben Geld und Macht werde Wissen zur gesellschaftlich zentralen Steuerungsressource. Was immer sonst noch unter Wissen verstanden werden kann – der wichtigste Grund, um von einer Wissensgesellschaft zu sprechen, liegt für Stehr »am unmissverständlichen Vordringen der Wissenschaft in alle gesellschaftlichen Lebensbereiche«.[47] Wenn Stehr beispielsweise von der Zunahme an Berufspositionen redet, die wissensfundierte Arbeit erfordern, dann meint er genauer: wissenschaftliches Wissen. Die Wissensgesellschaft wird also von der Wissenschaft geprägt, und zwar auf mehrere Weisen: Die Verwissenschaftlichung führt zu einer Durchdringung aller Lebens- und Handlungsbereiche mit wissenschaftlichem Wissen. Als Begleiterscheinung verdrängt die Wissenschaft daneben andere Wissensformen, und zwar sowohl in der Politik wie in der Wirtschaft und der Religion. Weil die Legitimation von Herrschaft und die Arbeit in der Wirtschaft wissenschaftliches Wissen erfordert, kommt es schließlich zu einer grundlegenden Transformation von Wirtschaft und Politik.

In der Tat zeichnet sich die Wissensgesellschaft dadurch aus, dass zumindest Wirtschaft und Politik, meist aber auch alle anderen Gesellschaftsbereiche (Erziehung, Religion, Sport etc.) durch die neue Rolle des Wissens transformiert werden. In der Wirtschaft zeigt sich das an der Ausweitung lernender intelligenter Organisationen, am Übergang von der Industriearbeit zur Wissensarbeit und an der Vermehrung intelligenter Produkte. Dagegen verlieren die klassischen wirtschaftlichen Faktoren – Arbeit, Betriebsmittel, Werkstoffe – gegenüber Wissen, Information und Expertise an Bedeutung. In der Computerindustrie etwa liegt der größte Wertanteil von Produkten in der Wissensarbeit. Man spricht auch von der »knowledge-value«-Revolution, da der Wert von Produkten sich immer weniger an Material und Arbeitskosten bemisst, sondern daran, wie viel Wissen, Intelligenz und Expertise in die Produkte eingeht. Diese Form der Arbeit zeichnet aber auch die Unterhaltungsindustrie, den kommerziellen Bildungsbereich, die Massenmedien und die Informationsdienste aus. Werte, so heißt es auch hier, werden zunehmend von Wissensarbeitern geschaffen, wie etwa den Akademikern. Daneben treten immer häufiger intelligente Güter auf, wie etwa selbst steuernde Fahrzeuge, Computer-Betriebssysteme oder Kommunikationssatelliten.

---

45 Nico Stehr, Knowledge Societies, London 1994, S. 9

46 Helmut Willke, Wissensgesellschaft, in: Georg Kneer, Armin Nassehi und Markus Schroer (Hg.), Klassische Gesellschaftsbegriffe der Soziologie, München 2001, S. 379-398, S. 380

47 Nico Stehr, Arbeit, Eigentum und Wissen. Zur Theorie von Wissensgesellschaften, Frankfurt 1994, S. 33

Auch in der Politik werden die zentralen Merkmale des Systems (Frieden, demokratische Selbstbestimmung, Eigentumsrechte etc.) zunehmend durch wissensbasierte Güter ergänzt, wie etwa Datennetze, Verkehrsleitsysteme und andere Infrastrukturen. Es bildet sich allmählich eine »Wissenspolitik« aus, die sich mit den ethischen Problemen der Wissenschaft auseinander setzt. Wissenspolitik soll demokratische Gesellschaften vor den Unwägbarkeiten wissenschaftlichen Wissens schützen. Zu diesem Zwecke entstehen eigene Institutionen, die sich mit der Frage beschäftigen, welches Wissen erzeugt werden soll.[48]

Während sich dieser Prozess für manche als Verwissenschaftlichung darstellt und bedeutet, dass das wissenschaftliche Denken lediglich von anderen Institutionsbereiche aufgenommen wird, scheint Stehr dagegen die Vorstellung zu vertreten, dass die Nutzung wissenschaftlichen Wissens zudem zu einer grundlegenden Transformation des Wissens und der Strukturen anderer Institutionsbereiche führt. Damit scheint er auch die Vorstellung der Bundesregierung zu treffen, die Wissensgesellschaft wie folgt definiert: »Wenn Wissen konstitutiv ist für Gesellschaft und soziales Zusammenleben, dann braucht es eine besondere Begründung, heute den Begriff ›Wissensgesellschaft‹ aufzubringen. Neu sind in modernen Gesellschaften insbesondere die Systematik und die Intensität der Befassung mit Wissen: Zum einen sind die Institutionen und Strukturen, die Wissen produzieren – allen voran die Wissenschaft –, im Laufe dieses Jahrhunderts systematisch ausgebaut worden. Die Aufwendungen für Forschung und Entwicklung sind so hoch wie nie. [...] Zum anderen wird die Problemlösung durch Wissen zum Prinzip: Immer systematischer werden Strukturen und Prozesse untersucht, gemessen und ausgewertet. Die gewonnenen Ergebnisse werden zu ihrer Verbesserung und Optimierung genutzt. Theoretisches Wissen fließt damit heute in viel stärkerem Maße in Planungen und Maßnahmen ein.«[49]

Noch weitergehender ist die Theorie des *Übergangs von Modus 1 in den Modus* 2, da sie postuliert, dass sich durch diese Ausbreitung der soziale Charakter des wissenschaftlichen Wissens und der Wissenschaft selbst verändert.[50] Modi bezeichnen hier die grundlegenden Veränderungen in der Art der Wissensproduktion. Diese Veränderungen führen sie auf die Mobilität, vor allem aber auf die Computer- und Informationstechnologien zurück. Neben diesen technischen Faktoren spielt aber auch die Ausweitung des Bildungssystems eine Rolle, die dazu geführt hat, dass mehr und mehr Menschen mit der Wissenschaft vertraut werden. Zudem gewinnt Wissen ein immer größeres ökonomisches Gewicht. Beides, die Vermehrung der Wissensproduktion und die durch die Bildungsexpansion geschaffene Vermehrung potenzieller Rezipienten führt zum Modus 2.

---

48 Nico Stehr, Wissenspolitik. Die Überwachung des Wissens, Frankfurt 2002

49 Degele, Informiertes Wissen, op. cit., S. 20

50 Michael Gibbons, Camille Limoges, Helga Nowotny, Simon Schwartman, Peter Scott, Martin Trow, The New Production of Knowledge. The Dynamics of Science and Research in Contemporary Societies, London 1994

Der herkömmliche Modus 1 der Wissensproduktion ist an disziplinären, kognitiven Ordnungen orientiert. Dagegen wird Wissen im Modus 2 in breiteren, transdisziplinären Kontexten gebildet. Steht bei Modus 1 das akademische Interesse einer bestimmten disziplinären Gemeinschaft im Vordergrund, so dominiert im Modus 2 die Anwendung. Die zunehmende Anwendungsorientierung des wissenschaftlichen und technischen Wissens, die im »mode 2« vor sich gehen soll, führt zu einer grundlegenden Neubewertung des »Erfahrungswissens« und damit auch des »impliziten Wissens«.[51] Diese Unterschiede wirken sich nicht nur darauf aus, wie, sondern auch darauf, welches Wissen erzeugt wird, das nun einen stark sozial verteilten Charakter aufweist. Man kann die Differenzen in Form von Kontrasten mit Bezug auf einzelne Aspekte ordnen:

	Modus 1	**Modus 2**
Problemstellung	akademisches Interesse	anwendungsorientiert
Kontext	disziplinär	transdisziplinär
Zusammensetzung	homogen	heterogen
Organisation	hierarchisch	heterarchisch
Qualitätskontrolle	technisch	sozial, reflexiv

Abb. 20: ***Modus 1 und Modus 2 der Wissensproduktion***

Der Modus 2 setzt die enge Interaktion einer großen Zahl von Akteuren während der Wissensproduktion voraus, die damit einen stärker sozialen Charakter bekommt. Weil die Wissensproduktion durch diese verstärkte Sozialität in die Gesellschaft hineingeht, haben wir es mit sozial immer weiter verteiltem Wissen zu tun. Die Transdisziplinarität dieses Wissens ist dynamisch, baut also auf einem veränderbaren Rahmen auf und enthält sowohl theoretisches wie empirisches Wissen, da Wissensproduktion und Problemkontext eng miteinander verwoben sind. Ihre organisatorische Heterogenität beruht darauf, dass sie sich keineswegs mehr auf Universitäten und Hochschulen beschränkt, sondern vor allem in nicht-universitären Einrichtungen betrieben wird, wobei jeweils verschiedene Orte miteinander vernetzt werden. Durch die Verbindung von Orten, Feldern und Disziplinen können immer detailliertere Spezialwissensformen entstehen. Die Wissensproduktion weist sich aber auch durch eine gewachsene soziale Verantwortlichkeit aus. Dabei bedenkt sie zunehmend das öffentliche Interesse, das auch in die Qualitätskontrolle mit einbezogen wird. Verträglichkeit, Nützlichkeit und Akzeptanz werden zu zentralen Kriterien zur Beurteilung der Qualität des Wissens.

51 Diese Nutzungsinteressen, die vor allem auf die impliziten Bestände von besonders qualifizierten Fachkräften zielen, werden vor allem im Wissensmanagement formuliert. Ich werde darauf in der Erörterung des Wissensmanagement-Ansatzes näher eingehen.

Ähnlich betont auch Willke, dass die Ausweitung der Wissensgesellschaft dazu führt, dass die Wissenschaft stark überfordert wird und ihre dominierende Rolle in der Erzeugung, Beurteilung und Vermittlung von Wissen verliert. Andere Funktionssysteme schaffen ihre eigenen Wissensorganisationen, so dass es zu multiplen »centers of expertise« und einer Hybridisierung von theoretisch-analytischem und praktisch-angewandtem Wissen kommt.

Diese Entwicklung wird von Rammert als Wandel von Regimes der Wissensproduktion analysiert. Deren gesellschaftliche Organisation bezeichnet Rammert als »Regime der Wissensproduktion«. In Anlehnung an Luhmanns Theorie der Differenzierung entwickelt Rammert ein Schema strukturellen Veränderung dieser Regimes der Wissensproduktion: Der segmentären Gesellschaftsstruktur einfacher Gesellschaften entspricht ein Regime lokaler und verstreuter Wissensproduktion. Dagegen findet sich in Gesellschaften mit stratifikatorischer Differenzierung ein Regime universeller und zentralisierter Wissensproduktion. Gesellschaften mit funktionaler Differenzierung zeichnen sich durch ein »Regime komplementärer und disziplinär spezialisierter Wissensproduktion« aus.[52]

Eine solche »Geburt der Wissensgesellschaft« rekonstruiert der Historiker Burke sehr anschaulich. Initialzündung der neuzeitlichen Wissensgesellschaft ist der Buchdruck, der zu einer Ausweitung der Gruppe der Intellektuellen führte.[53] Waren Intellektuelle zuvor mit wenigen Ausnahmen Kleriker gewesen[54], so begannen sie sich ab etwa 1600 als ›Wissensexperten‹ in eine Vielzahl von verschiedenen Funktionen, Ämter und Berufe aufzufächern. Einen entscheidenden Impuls erhielt die sich formierende Wissensgesellschaft zum einen durch die »wissenschaftliche Revolution«, also die entstehenden wissenschaftlichen Gesellschaften und Akademien, zum anderen aber durch die neuen Medien, vor allem den Buchdruck.

Ein Zeichen für die Ausweitung der Wissenschaft war die Ausbildung und Vermehrung der »Zentren des Wissens«, also der Institutionen, die von Universitäten, Bibliotheken, Laboren, Kunstgalerien, Zeitungen, Zeitschriften, bis zu Kaffeehäusern und Salons reichten. Allerdings war hier eine zunehmende Zentralisierung des Wissens zu beobachten, die mit der Zentralisierung der Macht in den sich ausdehnenden Nationalstaaten zusammenhing. In der Tat kann man sagen, dass die Vorherrschaft der Kirche als zentraler Trägerinstitution der Wisseneinrichtung zunehmend an den Staat überging, der mit der Humboldtschen Reform auch die Universitäten übernahm. Insbesondere die sich ausweitende Bürokratie bedurfte der Informationen über ihre Bürger, die sie in Gestalt von Fragebögen, Pässen, Statistiken und Vermessungen erhob und zunehmend auch zentral in Ämtern verwaltete.

---

52 Werner Rammert, Zwei Paradoxien einer innovationsorientierten Wissenspolitik: Die Verknüpfung heterogenen und die Verwertung impliziten Wissens, in: Soziale Welt 54 (2003), S. 483-508, S. 486ff

53 Kenneth Burke, Papier und Marktgeschrei. Die Geburt der Wissensgesellschaft, Berlin 2002

54 »Clerc« bedeutet zuerst Kleriker, hat aber den Doppelsinn von »Gelehrtem«, der sich allmählich verselbstständigt. Eine detailliertere Darstellung dieser Entwicklung bietet Jacques Le Goff, Die Intellektuellen im Mittelalter, Stuttgart 1986

Mit der Ausbreitung des Wissens entstand auch das Problem seiner Klassifikation, die nunmehr in neuen Disziplinen, Bibliotheken, Enzyklopädien geordnet wurde. Die Ordnung des Wissens wird zum Gegenstand breiter gesellschaftlicher Aktivitäten. Ist es zunächst vor allem die Kirche, so machen dann immer häufiger die entstehenden Staaten das Wissen (und die Wissenschaft) für sich nutzbar. Im Laufe der Zeit tritt dann die freie Wirtschaft auf den Plan und übernimmt allmählich mehr und mehr die staatlichen Wissensaktivitäten.

Damit ändert sich dann auch nach Rammert das Wissensregime hin zur »*fragmentalen Differenzierung*«: Die Gesellschaft zerfällt in heterogene Teile, die zwar ähnlicher Art sind, aber unterschiedlichen Status haben und auf verschiedenen Ebenen auftreten können. Fragmentierung bezeichnet er als (a) eine Ordnung, in der heterogene Elemente miteinander verknüpft sind. Ein zweites Unterscheidungsmerkmal fragmentierter Gesellschaften zu den vorherigen Formen der Differenzierung stellt die besondere Art der Koordination dar (b): An die Stelle symbolisch generalisierter Medien und der disziplinären Wissenschaftsstruktur treten gemischte Netzwerke und »epistemische Kulturen« bzw. Wissenskulturen. Mit der Fragmentierung entsteht deswegen (c) auch ein »Regime der heterogen verteilten Wissensproduktion«. Damit meint er z.B. die heterogene Zusammensetzung von regionalen Innovationsnetzwerken, an denen politische, wirtschaftliche und kulturelle Akteure und Institutionen beteiligt sein können. Wie bei »Modus 2« stellt die Vervielfachung der Zahl der Forschungsfelder eine Ursache dafür dar, dass eine disziplinäre Integration nicht mehr gelingt. Daneben nimmt auch die Komplexität der Forschungsobjekte zu, so dass »hybride Phänomene« entstehen. Die Wissensproduktion wird so beschleunigt, dass Kontinuität in Diskontinuität umschlägt. Damit verliere sich auch die Aufteilung der Rollen und Kompetenzen. Das Regime des fragmentierten Wissens schafft damit durchaus Probleme, die in der größeren Notwendigkeit zur Beratung deutlich werden. Die um sich greifende Beratung erschwert zudem das Explizitmachen von Wissen, das zu einem Dauerproblem an allen Stellen wird.

Das Modell der fragmentierten Wissensproduktion, in dem Rammert die Vorstellungen der Netzwerkgesellschaft, der Veränderungen der wissenschaftlichen Produktionsweise und die Luhmannsche Systemdifferenzierung verbindet, lässt sich unmittelbar auf das Problem der Innovation übertragen, das nun ungeschieden für die Wissenschaft wie für die Technik gilt. Nach dem alten Diffusionsmodell der Innovation verläuft diese in drei Stufen: Zunächst wird das Wissen über Innovationen verbreitet, dann stellt sich die Überzeugung zur Innovation ein und schließlich die Entscheidung, ob man die Innovation akzeptiert. In Rammerts Vorstellung entspricht der stratifikatorischen Differenzierung der Typus der »Erfinder-Unternehmer«, wie wir sie etwa von den berühmten Erfindern und Industriellen Bosch, Siemens oder Benz kennen. Diese wird in der funktionalen Differenzierung durch »Erfindungsorganisationen« und Entwicklungszentren verdrängt. In der fragmentierten Gesellschaft schließlich geschieht Innovation immer mehr in Innovationsnetzwerken.[55] Innovation bezeichnet dabei die systematische Schaffung von neuem Wissen, die keineswegs mehr der Wissenschaft alleine überlassen wird, sondern verschiedene »Wissensallianzen« verbindet, die gemeinsame »Wissensinteressen« vertreten. Über einzelne Institutionen hinaus können sich so ganze »Regimes« der Wissensproduktion ausbilden, die eine gezielte Wissenspolitik betreiben und durch ausdrückliche Regeln, aber auch eingespielte Praktiken und die von ihnen gebildeten »Praxisgemeinschaften« bzw. »communities of practice« festlegen, wie und nach welchen Kriterien Wissen als Wissen gilt und was als neues Wissen anzusehen ist.

5 Risiko, Nichtwissen und Vertrauen

Die Zunahme wissenschaftlichen Wissens auch außerhalb der Wissenschaft wird keineswegs als eindeutiger Fortschritt angesehen. Vielmehr betont Willke, »dass die Besonderheit des Wissens der Wissensgesellschaft darin besteht, Expertise im Umgang mit Nichtwissen zu generieren«.[56] In dem Maße, wie die Wissensgesellschaft Wert auf Wissen legt, muss sie auch über mehr Wissen im Umgang mit Nichtwissen verfügen. Den Grund dafür sieht Willke in einem Theorem, das wir im Zusammenhang mit Luhmann schon erwähnt hatten: Wissen führt immer auch Nichtwissen mit sich, das gleichsam die andere Seite des Wissens darstellt. »Die Form des die Wissensgesellschaft tragenden Wissens ist demnach Wissen/Nichtwissen.«[57] Wenn Willke dies als die Ursache für die ›Krisis des Wissens‹ ansieht, die die Steuerung in der Gesellschaft erschwert, nimmt er Vorstellungen auf, die zuvor schon in anderen Zusammenhängen entwickelt worden waren.

Nichtwissen ist ein altes, immer wieder punktuell aufgenommenes Thema der Soziologie. So betont schon Simmel, dass das bewusste Verbergen von Wissen zu einer wesentlichen Voraussetzung sozialer Beziehungen gehört. Weinstein und Weinstein haben versucht, aus dem Nichtwissen ein eigenständiges wissenssoziologisches Paradigma zu machen.[58] Die Soziologie des Nichtwissens sollte erklären, warum bestimmte Wissenselemente unsere Aufmerksamkeit nicht finden. Das Nichtwissen ist für sie Folge mangelnder Aufmerksamkeit oder falscher Deutungen. Auch Merton hatte sich des Nichtwissens angenommen. Für ihn gehört das Nichtwissen als ein Noch-nicht-Wissen zu den wesentlichen Voraussetzungen wissenschaftlichen

---

55 Von kritischer Seite wird vor allem gegen die Unterscheidung von Modus 1 und Modus 2 eingewandt, dass sich die Wissenschaft keineswegs so eindeutig verlagere. Ganz im Gegenteil zeigt sich, dass die disziplinären Grenzen durchaus weiterhin eine Rolle spielen. Die empirischen Hinweise für die neue Form der Wissensproduktion gelten als schwach; vgl. Gerd Bender, (Hg.), Neue Formen der Wissenserzeugung, Frankfurt 2001

56 Willke, Dystopia, op. cit., S. 11

57 Ebd., S. 29f

58 Georg Simmel, Das Geheimnis und die geheime Gesellschaft, in: Soziologie. Untersuchungen über die Formen der Vergesellschaftung, Frankfurt 1992 (EA 1908); Deena Weinstein und Michael Weinstein, The sociology of non-knowledge. A paradigm, in: R. Jones (Hg.), Current Research in the Sociology of Knowledge, Sciences and Art, Bd. 1, New York 1978, S. 151-166

Arbeitens. In ähnlicher Weise betrachtet auch Luhmann, wie schon angedeutet, das Nichtwissen als einen Ausgangspunkt für Wissen und Wissenschaft, wenn es spezifiziert werde.[59] Auch Schütz und Luckmann weisen auf das Nichtwissen hin, das eine Folge der sozialen Verteilung des Wissens darstellt. Denn wenn Wissen sozial verteilt ist, wissen die einen etwas nicht, was die anderen wissen. [60] Die Mitglieder einer Gesellschaft müssen deswegen alle über ein Wissen um diese Struktur des Nichtwissens verfügen. Nichtwissen ist damit ein wieder herstellbares oder erlangbares Wissen.[61] Im Anschluss an Schütz' und Luckmanns Konzept elaboriert Lachenmann »die Struktur des gesellschaftlichen Nichtwissens«. Die Ausbildung von Sonderwissensbeständen und die Übereignung an Experten führt nicht nur zur Privatisierung des Wissens, das nun als Kapital behandelt werden kann. Auf seiner anderen Seite hat es eine »Aushöhlung des Wissens durch Dequalifizierung und Illegalisierung« zur Folge. So werden zum Beispiel afrikanische medizinische Experten durch die Einführung der westlichen Medizin regelrecht enteignet.[62] Denn hinter der Verteilung des gesellschaftlichen Wissens stehen gesellschaftliche Macht- oder Produktionsverhältnisse. Deswegen kommt es in institutionell differenzierten Gesellschaften mit ihren auf besondere Institutionen verteilten Sonderwissensbeständen automatisch zu einem Nichtwissen: Wer beruflich Politiker ist, kann nicht zugleich kompetenter Wissenschaftler sein.

Das Problem des Nichtwissens wird von Anthony Giddens aufgenommen, der es mit dem Vertrauen verbindet. Auch bei Ulrich Beck taucht dieses Problem an zentraler Stelle auf. Beide haben seit den 1980er-Jahren einen zeitdiagnostischen Ansatz formuliert, der unter den Titeln der zweiten bzw. radikalisierten Moderne bekannt wurde. Angestoßen von Becks Beobachtung der von der Wissenschaft generierten Risiken lenkten beide Autoren das Augenmerk immer mehr auf wissenssoziologische Fragen. Weil dieses Nichtwissen im Vordergrund steht, behandeln wir diesen Ansatz im Zusammenhang mit der Wissenssoziologie. Mit ihrem Ansatz grenzen sie sich damit ausdrücklich vom aufklärerischen Optimismus ab, der hoffte, dass die Zunahme des Wissens über die Welt zur Beherrschung und Gestaltung dieser Welt beitrage.

Diese wissenssoziologische Betrachtungsweise ist in den Grundzügen des Ansatzes angelegt, der bei beiden ja einen epochalen Wandel daran festmacht, dass die gegenwärtige Epoche sich zur Moderne »reflexiv« verhalte. Die *reflexive Moderne* zeichnet sich nämlich dadurch aus, dass sie sich den Risiken zuwendet, die von der

---

59 Robert K., Merton, Three fragments from a sociological notebook: establishing a phenomenon, specified ignorance, and strategic research materials, in: Annual Review of Sociology 13 (1987), S. 1-28. Luhmann, Wissenschaft der Gesellschaft, op. cit., S. 177f

60 Nach Schetsche schiebt sich dazwischen eine Form der »Kryptodoxie«, also eine Art des »Schattenwisens, das aufrgrund vn Tabuisierung oder Abweichung sozial weitgehend unsichtbar bleibt, vgl. Michael Schetsche, Theorie der Kryptodoxie, in: Soziale Welt 63 (2012), 5-24.

61 Alfred Schütz und Thomas Luckmann, Strukturen der Lebenswelt, Frankfurt 1979

62 Gudrun Lachenmann, Systeme des Nichtwissens. Alltagsverstand und Expertenbewusstsein im Kulturvergleich, in: Ronald Hitzler, Anne Honer und Christoph Mäder (Hg.), Expertwissen. Die institutionalisierte Kompetenz zur Konstruktion von Wirklichkeit, Opladen 1994, S. 285-305, S. 294

Moderne produziert wurden. Ob es sich hier um die Kernspaltung, die Migrationsbewegungen oder die Folgen des Klonens handelt: Was in der Moderne noch sozusagen naiv erzeugt wurde, wird nun als Risiko erkannt und zum Thema gemacht. Diese reflexive oder auch »zweite« Moderne hat es nicht mehr mit einer Gesellschaft zu tun, die sich mit der Natur auseinander setzt; sie hat es mit einer Gesellschaft zu tun, die erkennt, dass sie sich ihre eigene Natur selbst geschaffen hat.

Das reflexive Kennzeichen dieser Moderne kommt besonders im Umgang mit der Wissenschaft zum Ausdruck, die nun die Form der reflexiven Verwissenschaftlichung annehmen kann. Die *einfache Verwissenschaftlichung* bezeichnet die Erzeugnisse insbesondere der naturwissenschaftlichen Forschung, ohne die die Moderne selbst gar nicht möglich gewesen wäre. Die Entdeckung von Röntgenstrahlen, die Kernspaltung oder die Photosynthese sind zweifellos Beispiele dafür. Die *reflexive Verwissenschaftlichung* dagegen ist dadurch charakterisiert, dass die Risiken, die einer solchen einfachen Erforschung entspringen, selbst zum Gegenstand wissenschaftlicher Forschung gemacht werden – die »die Wissenschaften bereits mit ihren eigenen Produkten, Mängeln, Folgeproblemen konfrontiert«.[63] Diese reflexive Zuwendung führt zu einem radikalen Perspektivenwechsel der solcherart reflexiv gewordenen Wissenschaft: Nicht mehr nur die wissenschaftliche Erforschung der Natur ist von Interesse, sondern die von der Verwissenschaftlichung erzeugten Folgeprobleme. Sie werden nun auf eine Weise thematisiert, dass »die Naturzerstörungen nicht länger auf die ›Umwelt‹ abgewälzt werden[können], sondern [...] mit ihrer industriellen Universalisierung zu systemimmanenten sozialen, politischen, ökonomischen und kulturellen Widersprüchen« werden.[64] Das bedeutet, dass es nun nicht mehr um die wissenschaftliche Behandlung einer vormenschlichen Natur geht, sondern um die wissenschaftliche Behandlung einer wissenschaftlich geschaffenen Natur.

Damit geraten Risiken und andere Formen des Nichtwissens in den Blick. Beck schlägt vor, dass *Risiken* von »natürlichen Gefahren«, wie etwa Erdbeben, zu unterscheiden sind. Risiken sind gleichsam eine Begleiterscheinung der Modernisierung, die nicht zu verhindern und nicht zu übergehen sind. Sie gehen auf menschliche Manipulationen zurück, wie etwa das Ozonloch, die Luftverschmutzung und das Waldsterben. Risiken sind häufig nicht nur grenzenlos; sie schaffen auch neue Formen der Ungleichheit: Gutes Wasser, gute Luft und Gesundheit werden zu wertvollen Gütern. Diejenigen, die sie genießen können, haben also einen Vorteil vor denen, die ihre Vorzüge nicht genießen können. Die Identifikation der Risiken wird von derselben Institution geleistet, die auch an ihrer Erzeugung beteiligt ist: Es ist die Wissenschaft, welche über die Definitionsmacht von Risiken verfügt. Damit kommt es zu einer Wissensabhängigkeit, denn es sind wissenschaftliche Experten, die darüber entscheiden, wer von Risiken betroffen ist (oder sein könnte). Allerdings ist es keineswegs die Wissenschaft alleine, die an der Produktion von Risiken

63 Ulrich Beck, Die Risikogesellschaft. Auf dem Weg in eine andere Moderne, Frankfurt 1986, S. 254
64 Ebd., S. 252

beteiligt ist. Vielmehr werden die meisten Risiken dadurch hervorgebracht, dass die Wissenschaft wirtschaftlichen Richtlinien folgt: »Die Produktion von Risiken und ihre Verkennung hat ihren ersten Grund in einer ökonomischen Einäugigkeit der naturwissenschaftlich-technischen Rationalität. Deren Blick ist auf die Produktivitätsvorteile gerichtet. Sie ist damit zugleich mit einer systematischen Risikoblindheit geschlagen.«[65] Weil allerdings die Wirtschaft ihrerseits keine Verantwortung für die entsprechenden Folgen übernehmen kann, folgert Beck, dass die moderne Gesellschaft kein zentrales Steuerungszentrum für den Umgang mit Risiken hat. Die Unzuständigkeit der verschiedenen Teilsysteme führt zu einer »organisierten Unverantwortlichkeit«.

Von Unverantwortlichkeit kann deswegen gesprochen werden, weil die Gesellschaft nicht nur mit Wissen, sondern immer auch mit Risiken und Nichtwissen umgehen muss. Dieses Nichtwissen speist sich vor allem aus zwei Quellen. Zum einen führt die reflexive Verwissenschaftlichung zu einer Pluralisierung des Wissens, da zu jeder begründeten Meinung nun auch immer eine Gegenmeinung auftritt – und dies noch vervielfacht wird. Diese Pluralisierung macht es immer schwieriger, eine »bessere« Fundierung von Entscheidungen in gesichertem Wissen zu finden. Zum Zweiten ist Nichtwissen ein Aspekt der Risiken. Es handelt sich nämlich bei Risiken immer um potenzielle Gefährdungen, also um etwas, das nicht aktuell verwirklicht sein muss, sondern nichtexistent, konstruiert, latent bleiben kann. Risiken haben also mit etwas zu tun, das nicht gewusst wird. Nichtwissen spielt damit auch eine tragende Rolle für die zweite Moderne. »Nicht Wissen, sondern Nicht-Wissen ist das ›Medium‹ reflexiver Modernisierung.«[66] Die Bedeutung des Wissens zeigt sich daran, dass Beck sogar vorschlägt, die Theorie der reflexiven Modernisierung als »(Nicht-)Wissenstheorie« zu formulieren: Je moderner Gesellschaften werden, desto mehr erkennbare Nebenfolgen erzeugen sie, die ihre eigenen Grundlagen in Frage stellen. Nichtwissen bezeichnet die möglichen Gefährdungen der Gesellschaft. Ein Beispiel dafür ist etwa das Ozonloch, dessen zu spätes Erkennen auf eklatante und folgenreiche Weise lange ein Nichtwissen darstellte. Deswegen wird nicht mehr nur der Umgang mit dem Wissen, sondern auch der mit dem Nichtwissen, seine Einschätzung und Übermittlung zum Gegenstand der gesellschaftlichen Auseinandersetzung – zu einem Politikum. Beck spricht deswegen von einer »politischen Wissenstheorie«, geht es doch darum: Wer weiß was warum und warum nicht? Wie werden Wissen und Nichtwissen konstruiert, anerkannt, in Frage gestellt, geleugnet, behauptet, ausgegrenzt?[67] Merkmal der reflexiven Gesellschaft ist also nicht nur das Wissen. Wir leben auch in einer Nichtwissensgesellschaft.

---

65 Ebd., S. 80

66 Ulrich Beck, Wissen oder Nicht-Wissen? Zwei Perspektiven reflexiver Modernisierung, in: Ulrich Beck, Anthony Giddens, Scott Lash, Reflexive Modernisierung, Frankfurt 1996, S. 289-315, S. 298 (i.O. kursiv)

67 Ebd., S. 289

Unter Nichtwissen versteht Beck »das gewusste, verdrängte, aufrechterhaltene, bestürmte oder anerkannte und eingestandene Nicht-Wissen«.[68] Genauer unterscheidet er folgende verschiedene Dimensionen des Nichtwissens:

- Nichtwissen über Nebenfolgen: Das Wissen ist also noch unbekannt.
- Selektive Rezeption und Vermittlung: Wissen liegt vor, ist aber nicht allen gleich zugänglich oder wird nicht allen zugänglich gemacht.
- Unsicherheit des Wissens: Das Wissen liegt vor, kann aber nicht als gesichert gelten.
- Irrtümer und Fehler: Trotz positiven Wissens wird anders gehandelt.
- Nichtwissen-Können: Das Wissen kann nicht vorliegen.
- Nichtwissen-Wollen: Die Handelnden ignorieren das Wissen.

Während Becks Konzept des Nichtwissens stark in seinen zeitdiagnostischen Vorstellungen der Risikogesellschaft verhaftet bleibt, verankert Anthony Giddens sein Wissenskonzept in einer Grundlagentheorie. Sein theoretischer Ausgangspunkt ist sehr ähnlich dem, den auch Bourdieu wählt: Wie dieser sucht Giddens einen Weg zwischen Subjektivismus und Objektivismus.[69] Bei seinem Versuch, subjektivistische und objektivistische Theorien zu verknüpfen, spielt der Begriff des Handelns bzw. der Praxis eine zentrale Rolle. Dabei betrachtet er Handeln als Teil einer sozialen Praxis, durch die Gesellschaft reproduziert wird. Handeln bzw. Handelnde zeichnen sich in seinen Augen vor allen Dingen durch die Fähigkeit aus, Wissen zu erwerben oder einzusetzen. Er nennt dies »knowledgeability«. Indem sie als Handelnde Wissen über die Welt (und ihre Strukturen) erwerben können, fügen sie sich gleichsam als Handelnde in die Welt ein – und verbinden damit beides. Wissen und Handeln bilden sozusagen die Bindeglieder zwischen Subjekt und objektiven sozialen Strukturen. Nach Art einer integrierten Wissenstheorie sind also Handeln und Wissen bzw. Bewusstsein unmittelbar aufeinander bezogen:

Ebenen des Handelns	Bewusstseinsebenen	
Motivation des Handelns	unbewusste Motive und Kognition	
Rationalisierung des Handelns	praktisches Bewusstsein	} knowledgeability
Reflexive Steuerung des Handelns	diskursives Bewusstsein	

Abb. 21: ***Handeln und Wissen***

68 Ebd., S. 309

69 Allerdings geschieht es bei ihm (ähnlich wie bei Bourdieu) auf eine Weise, die beide Extreme sehr vereinfacht. So wirft er etwa den hermeneutischen und phänomenologischen Ansätzen vor, »die Gesellschaft als eine beliebig formbare Schöpfung menschlicher Subjekte zu betrachten« – eine sicherlich weit überzogene Ansicht.

Die einfache Motivation des Handelns ist von vorgängigen Motiven der Person oder dem leitenden Wissen bestimmt. Darin kann unbewusstes Wissen eingehen. Das schließt »all jene Formen der Wahrnehmung und des Antriebs ein, die entweder gänzlich aus dem Bewusstsein verdrängt sind oder im Bewusstsein nur in verzerrter Form erscheinen«.[70] Diese kann jedoch auf einer zweiten Ebene rationalisiert werden. Rationalisierung bedeutet, dass das Handeln selbst zum Gegenstand des Bewusstseins wird, so dass wir von einem praktischen Bewusstsein reden können. Das Wissen, das das »praktische Bewusstsein« enthält, kann man als praktisches Wissen bezeichnen. Es umfasst alles, was uns bei der Problemlösung im praktischen Handeln hilft. Zu diesem praktischen Wissen gehört auch das gemeinsame Wissen (»mutual knowledge«), das all diejenigen teilen, die eine bestimmte soziale Handlung ausführen können.[71] Je mehr über dieses Handeln gesprochen wird, umso mehr entsteht ein diskursives Bewusstsein, das Handlungen reflexiv steuert, indem es sie an Gründe, Rechtfertigungen und Legitimationen zurück bindet. Das diskursive Bewusstsein wird aus diskursivem Wissen gebildet. Es beinhaltet all das, was wir ausdrücklich in der Kommunikation verwenden. In der handelnden Praxis werden das Wissen des praktischen Handelns und das diskursive Wissen aktiviert, so dass wir von einer Reflexivität des Handelns reden können. Weil Wissen sich auch auf die gesellschaftlich bestehenden Strukturen bezieht, handelt es sich keineswegs nur um ein subjektives Wissen. Ganz im Gegenteil kann das Wissen sogar sozialwissenschaftliche Erkenntnis mit einschließen.

Genau dieser Einbezug von sozialwissenschaftlichem Wissen ist die Parallele zur »Reflexivität« bzw. der reflexiven Moderne, von der Beck spricht. (Giddens bevorzugt den Begriff der »radikalisierten Moderne«). Von Reflexivität wird gesprochen, weil die Gesellschaft immer mehr systematisches Wissen über sich selbst erzeugt. In diesem Sinne ist sie »zutiefst soziologisch«.[72] Allerdings handelt es sich dabei keineswegs um ein neutrales wissenschaftliches Wissen.[73] Giddens lenkt das Augenmerk vielmehr auf die zunehmende »Selbstbeobachtung« bzw. genauer: Überwachung.

Er geht von der Beobachtung aus, dass die Welt heute in höherem Maße organisiert ist als je zuvor. Man bedenke nur, welche logistischen Anstrengungen allein dafür nötig sind, dass wir unser Essen im Supermarkt einkaufen können. Unsere Freiheiten sind in entscheidendem Maße vom Maß der Organisation abhängig. Um organisieren zu können, muss man Leute und ihre Handlungen beobachten und ver-

70 Anthony Giddens, Die Konstitution der Gesellschaft, Frankfurt und New York 1995, S. 55

71 Anthony Giddens, Central Problems in Social Theory: Action, Structure, and Contradiction in Social Analysis, London 1979, S. 251ff

72 Anthony Giddens, Konsequenzen der Moderne, Frankfurt 1996, S. 60

73 Sozialwissenschaftliches Wissen unterliegt einer besonderen Zirkularität. Denn Wissen, das über die Sozialwelt erworben wird, führt nicht einfach zu neuen Erkenntnissen, sondern verändert diese Welt in eine Richtung, die von diesem Wissen selbst nicht vorhergesehen wurde. Die sozialwissenschaftlichen Wissensansprüche sind nicht nur revidierbar, sondern werden auch »in einem praktischen Sinnen ›revidiert‹, indes sie in der von ihnen beschriebenen Umwelt zirkulieren und diese auch wieder verlassen«; ebd., S. 217

planen. Und das bedeutet: Man muss Wissen über die Menschen und ihre Handlungen erwerben. Die Organisation der modernen Gesellschaft erfordert also ein systematisches Wissen über Menschen und ihre Handlungen. Dies wiederum setzt die routinemäßige Beobachtung und damit »Über«-Wachung der Menschen voraus. Dabei sollte vor allem auf den Zusammenhang von Staat, Militär und Überwachung geachtet werden.[74] Bekanntlich tritt die Gesellschaft in der Moderne hauptsächlich als Nationalstaat auf. Seit seinen Anfängen bemüht sich der Nationalstaat, seine Mitglieder genau zu erheben und zu erfassen, um sie mit allokativen Ressourcen (Planung, Verwaltung) und autoritativen Ressourcen (Macht und Kontrolle) zu verknüpfen. Dazu zählt auch das Militär, das zentral für die Machtallokation von Nationalstaaten ist. Schon aus diesem Grund sind moderne Staaten hauptsächlich »Beobachtungsgesellschaften«, die fortwährend Wissen über ihre Mitglieder generieren.

Es wäre jedoch falsch zu sagen, dass diejenigen, die überwacht werden, in keiner Beziehung zueinander stünden, wie noch in Foucaults Modell des Panoptikums. Ein guter Teil der Informationen, die über Menschen gesammelt werden, wird auch verarbeitet und wirkt sich auf sie zurück – über die Institutionen, die sie verwalten, und die Legitimationen, die sie in das diskursive Wissen einspeisen. Denn die Institutionen sammeln Wissen über die Menschen und ihre soziale Umwelt, weil »das Wesen der modernen Institutionen zutiefst mit den Mechanismen des Vertrauens in abstrakte Systeme verknüpft ist«.[75] Die Verknüpfung des Wissens der Institutionen mit dem Wissen der Handelnden bezeichnet Giddens als *institutionelle Reflexivität*.[76] Grundlage für die Entfaltung der institutionellen Reflexivität bildet die Auflösung traditioneller Normen und Werte, die Abwertung von Experten und autorisiertem Wissen, also die weitgehende Enttraditionalisierung: In Ermangelung anerkannter Traditionen wird unser Denken mehr von Wissen abhängig und zugleich stärker an unsere Erfahrungen gebunden. Giddens bezeichnet das als »reflexiv angewandtes Wissen«, denn hier handelt es sich nicht nur um die grundlegende »knowledgeability«. »Die Reflexivität der Moderne bezieht sich auch auf die Offenheit der meisten Formen sozialen Handelns und der materiellen Beziehungen zur Natur für die fortdauernde Revision in Anbetracht neuer Informationen und neuen Wissens.«[77] Der Umstand, dass dieses Wissen von den Institutionen aufgenommen wird, kennzeichnet die institutionelle Reflexivität.

Allerdings kann Handelnden nicht alles Wissen zugänglich gemacht werden. Für die Bereiche des Nichtwissens, also jene Bereiche, in denen sie nicht über Wissen

---

74 Anthony Giddens, The Nation State and Violence. Volume Two of a Contemporary Critique of Historical Materialism, Cambridge 1985

75 Giddens, Konsequenzen, op. cit., S. 107 (i.O. kursiv)

76 Der Begriff wurde ursprünglich von Goffman geprägt, der darunter die Auswirkungen der institutionellen Ordnung auf die Interaktionen versteht; vgl. Erving Goffman, Interaktion und Geschlecht, Frankfurt u. New York 1994

77 Anthony Giddens, Modernity and Self-Identity. Self and Society in the Late Modern Age, London 1991, S. 20 (übers. v. HK)

verfügen, müssen sie *Vertrauen* aufbringen. Dabei handelt es sich um unseren Glauben und automatischen Erwartungen, dass menschengeregelte Abläufe »funktionieren«. Solche Abläufe nennt Giddens Expertensysteme: »Mit Expertensystemen meine ich Systeme technischer Leistungsfähigkeit oder professioneller Sachkenntnis, die weite Bereiche der materiellen und gesellschaftlichen Umfelder, in denen wir heute leben, prägen.«[78] Es handelt sich hier nicht nur um personalisierte Experten, auf die wir gelegentlich treffen, wie Rechtsanwälte oder Ärzte, sondern um umfassende technische Komplexe, die uns umgeben und auf deren Funktionieren wir ohne Wissen um ihre Funktionsweise setzen: von Architekten und Statikern geplante Häuser, sichere Autos, gesundes Essen.

Expertensysteme zählt Giddens zu den zentralen Mechanismen der Entbettung, also des Heraushebens »sozialer Beziehungen aus ortsgebundenen Interaktionszusammenhängen und ihre unbegrenzte Raum-Zeit-Spannen übergreifende Umstrukturierung«.[79] Die Entbettung bedient sich daneben symbolischer Zeichen, wie dem Geld, mit dem Austausch außerhalb von situierten Kontexten betrieben werden kann. Die Entbettung, die man auch als andere Seite der Globalisierung ansehen kann, stellt für Giddens das wesentliche Merkmal hochmoderner Gesellschaften dar. Weil sie Wissen aus seinem Kontext heraushebt und in andere Kontexte setzt, ist sie, um den Kreis zu schließen, auch wieder Voraussetzung für die reflexive Anwendung des Wissens.

78 Giddens, Konsequenzen, op. cit., S. 40f
79 Ebd., S. 33

C Wissensstruktur und Sozialstruktur: Die soziale Verteilung des Wissens

Schon mehrfach sind wir auf die Beobachtung gestoßen, dass Wissen sozial auf sehr unterschiedliche Weise verteilt sein kann. Insbesondere im Rahmen der phänomenologischen Wissenssoziologie wird das Augenmerk auf die Struktur des gesellschaftlichen Wissensvorrats gelenkt. Die Grundlage des gesellschaftlichen Wissensvorrats bilden die subjektiven Wissensvorräte. Sie setzen sich wiederum aus Allgemeinwissen und Sonderwissen zusammen. Allgemeinwissen bezeichnet dasjenige Wissen, das zur Bewältigung von Routinesituationen des täglichen Lebens im Prinzip allen beteiligten Handelnden zur Verfügung steht. Sonderwissen ist ein von besonderen oder typischen Einzelnen getragenes Wissen. Historisch entfaltet sich das Sonderwissen in dem Maße, wie Gesellschaften größer, umfassender und komplexer werden. Damit wird auch das Sonderwissen stärker institutionell spezialisiert, genauer: Die Differenzierung besteht auch darin, dass sich eigene Rollen ausbilden, die für das Wissen zuständig sind. Die institutionelle Spezialisierung führt zu einer weiteren Absonderung vom Allgemeinwissen, das damit auch nach innen systematisiert wird. »Je weiter diese – institutionell fundierte – Systematisierung fortschreitet, umso eindeutiger bilden verwandte Wissenselemente einen abgegrenzten Wissensbereich, dessen innere Sinnstruktur gegenüber anderen Wissensbereichen eine gewisse Autonomie gewinnt.«[1]

Mit der Ausdifferenzierung des Wissens ist in der Regel der Ausbau einer sekundären Sozialisation verbunden, in der dieses Wissen vermittelt wird. Je systematischer die Wissenssysteme und je komplexer die Sonderwissensbereiche werden, umso mehr Zeit und Arbeit erfordert der Erwerb des Sonderwissens. Die Ausdifferenzierung des Wissens hat eine zweite, für den Inhalt des Wissens gravierende Folge, denn sie bildet in der Regel die Grundlage für eine gewisse Entpragmatisierung des Wissens und damit für die Ausbildung einer theoretischen Einstellung: Man kann sich nun dem Wissen als Wissen zuwenden, das systematisiert und legitimiert wird – ein Vorgang, der durch die mit der Wissensvermittlung verbundene Notwendigkeit zu Wissenserwerb und Wissenspflege noch verstärkt wird. Damit kann es zur Entstehung »höherer Wissensformen« kommen, die in der Regel an die »Freistellung von Experten« gebunden sind: Schamanen dürften zu den Ersten gehören, die von den Arbeiten, die andere ausüben müssen, freigestellt wurden. Die Magie und die sich dagegen erst allmählich abgrenzende Religion dürften historisch ohnehin die frühesten Formen höheren Wissens ausgebildet haben. Durch die Entstehung von Experten kommt die Scheidung zwischen Sonderwissen und Allgemeinwissen einer Trennung von Exoterik und Esoterik bzw. Geheimwissen gleich: Besonderes Wissen wird auf besondere Menschen

1 Alfred Schütz und Thomas Luckmann, Strukturen der Lebenswelt I, Frankfurt 1979, S. 359

verteilt, die durch bestimmte Regeln des Zugangs von anderen unterschieden sind. An das esoterische Wissen lassen sich leicht andere Formen der Exklusivität anschließen.

Wie die Rollen von Experten und Spezialisten zeigen, steht die gesellschaftliche Wissensverteilung in einem engen Zusammenhang mit der Arbeitsteilung, da Arbeit ja die gesellschaftlich anerkannten, dauerhaften Handlungstätigkeiten bezeichnet. Allerdings sollte man nicht den Fehler begehen, die Wissensverteilung lediglich als funktionales Äquivalent gesellschaftlich relevanter Arbeit anzusehen. Es können sich Sonderwissensbestände und Experten für Dinge und Vorgänge ausbilden, die gesellschaftlich nicht sonderlich relevant sind. Dazu müssen wir nicht nur die berüchtigten scholastischen Diskussionen darüber erwähnen, wie viele Engel auf eine Nagelspitze passen (auch wenn, wie manche einwenden, solche Diskussionen eine latente Funktion für die Entwicklung der Logik spielten). Es finden sich zum Beispiel ausgiebige Sonderwissensbestände über Papageien etwa bei südamerikanischen Indianern, die keine besondere Verwendung dieser Vögel haben.

Kehren wir von der Funktion zur Struktur des gesellschaftlichen Wissens zurück. Es ist schon angedeutet worden, dass diese Struktur nicht einfach aus der Summe einzelner, subjektiver Wissensvorräte besteht. Sie wird daneben auch von den sozialen Strukturen mitgeprägt: Einzelne Rollenverrichtungen bilden schon in einfachen Gesellschaften damit verbundene Sonderwissensbestände aus (Mütter, Jäger, Schmiede). Wenn man von Sonderwissen spricht, muss man allerdings daran erinnern, dass es keineswegs an spezialisierte Rollen gebunden sein muss. Frauen haben in vielen Gesellschaften ein Sonderwissen über Geburten, aber nur Hebammen verbinden dieses Sonderwissen mit einer eigenen Rollentätigkeit, die sich auf dieses Sonderwissen spezialisiert.

Die Vielfalt und Breite des Sonderwissens vervielfacht sich noch in komplexen Gesellschaften, in denen sich institutionelles Sonderwissen ausgliedert sowie besondere Wissensvermittlungsinstitutionen, Experten für die Verteilung und schließlich sogar Experten für die Verteilung des Wissens entstehen. Diese *institutionelle Differenzierung* bildet eine eigene Dimension in der *sozialen Verteilung des Wissens*. Menschen wissen Unterschiedliches, und zwar in systematischer Weise entlang der institutionellen Struktur einer Gesellschaft. (Dabei sollte man daran erinnern, dass die Verteilung des Wissens gleichbedeutend ist mit der Verteilung des Nicht-Wissens: Was die einen wissen, wissen die anderen nicht.) Wissen ist jedoch nicht nur entlang der institutionellen Grenzen verteilt (organisatorisches Wissen, künstlerisches, technisches usw.), sondern auch entlang der *Struktur gesellschaftlicher Ungleichheit*, die die zweite Dimension der Struktur der gesellschaftlichen Wissensverteilung darstellt. So variiert das Wissen schon in einfachen Gesellschaften mit dem Geschlecht und mit dem Alter. In modernen Gesellschaften fällt auch die Struktur gesellschaftlicher Ungleichheit komplexer aus: Ständische Differenzen werden überlagert von Schichten- und Klassenunterschieden, diese von Lebensstilen, Milieus und Lebenslagen, die ihrerseits mit eigenen Wissenspräferenzen verbunden sind.[2]

---

2 So sollte beachtet werden, dass die »Geschmacksunterschiede«, die Bourdieu oder Schulze beschrei-

Weil die institutionelle Ordnung und die Struktur gesellschaftlicher Ungleichheit zusammen schon eine sehr verwickelte Verteilung gesellschaftlichen Wissens ergeben (wie sie vielleicht am umfassendsten von Bourdieu angegangen wurde), wäre es sicherlich nicht angemessen, von einer Homologie zwischen der institutionellen Struktur einer Gesellschaft und der Struktur des Wissens auszugehen. Wissen wird nicht einfach »korrelativ« auf die strukturellen Einheiten verteilt, zumal sich ja schon hier zwei Strukturebenen – die der institutionellen Ordnung und die der sozialen Ungleichheit – überschneiden. Vielmehr wird auch die Verteilung selbst »verteilt«: Jede Institution, ja jede soziale »Einheit« bedarf der Wissensvermittlung, um sich zu erhalten, und in vielen Fällen wird auch die Vermittlung selbst noch einmal spezialisiert. Es kann hier nur am Rande darauf hingewiesen werden, dass diese Spezialisierung auf die Vermittlung gleichzeitig eine intensive Beschäftigung mit Sprache und Kommunikation erfordert und meist ein Kompendium kommunikativer Formen zur Folge hat. Ein Beispiel dafür ist die im Abendland schriftlich geleitete Kunst mündlichen Redens, also die Rhetorik. Mit der Wissensvermittlung sind auch soziale Rollen und Institutionen verbunden, also Lehrer, Schulen und Universitäten, aber ebenso »training on the job«, Lehre und Unterweisung. Daneben gehört auch die Struktur gesellschaftlichen Nichtwissens zum gesellschaftlichen Wissensvorrat, also das Wissen darüber, wie das Wissen verteilt ist. Auch dieses Wissen ist, geradezu definitorisch, nicht identisch mit dem sozusagen »strukturell« verteilten Wissen. Und schließlich ist es gerade im Rahmen eines handlungstheoretischen Ansatzes wichtig zu betonen, dass das subjektive Wissen nicht im gesellschaftlichen Wissensvorrat aufgeht. Es gibt einen großen Bestand subjektiven Wissens, der nicht gesellschaftlich objektiviert und relevant ist – wohl aber werden kann. Der gesellschaftliche Wissensvorrat kann auch mit dem heute gebräuchlichen Begriff der Wissensordnung beschrieben werden. Das Wissen wird durch Institutionen, Einrichtungen der Wissensvermittlung und das von Macht und ökonomischen Unterschieden geprägte System sozialer Ungleichheit gesellschaftlich geordnet. Allerdings unterstellt der Begriff der Wissensordnung auch häufig eine Systematik, die empirisch vorfindbare gesellschaftliche Wissensvorräte selten aufweisen.

Hier werden wir uns mit zwei Ebenen der Struktur des gesellschaftlichen Wissensvorrates beschäftigen, nämlich der institutionellen Differenzierung, die vor allem anhand der sozialen Rollen von Wissensträgern bestimmt wurde (1), und der sozialstrukturellen Differenzierung des Wissens, wie sie in der Analyse sozialer Milieus zum Ausdruck kommt (3). Dazwischen werden wir uns unter dem Titel der Bildung auch einer Form der Organisation der Wissensvermittlung widmen (2).

---

ben, auch Differenzen des Wissens beinhalten: In den meisten Milieus präferiert man nicht nur eine bestimmte Musik (Pop oder moderne Klassik) oder besondere Fernsehformate (Kultursendungen oder Dschungelcamp) – man mag das Andere nicht nur meistens nicht – man hat das Wissen in der Regel auch nicht.

1 Intellektuelle, Experten und Professionen

Eine der klassischen Untersuchungen des Zusammenhangs von Sozialstruktur und Wissen stammt, wie oben schon erwähnt, von Znaniecki.[3] Wissenssoziologie ist für ihn vor allem eine Analyse der Wissensträger – ebenso wie nach ihm für Berger und Luckmann. Dabei unterscheidet er verschiedene soziale Rollen, die jeweils unterschiedliche Arten des Wissens besitzen.[4] Mit der sozialen Rolle ist in seinen Augen ein sozialer Status verbunden, aber auch eine soziale Funktion, d.h. die Erfüllung bestimmter Aufgaben. Wissensexperten erfüllen soziale Rollen und besondere gesellschaftliche Funktionen. Znaniecki betrachtet dabei vor allen Dingen den Zusammenhang zwischen Rollen und bestimmten Arten des Wissens, deren Träger die Wissensexperten sind (»men of knowledge«). Diese umfassen eine Bandbreite, die von Wissenschaftlern bis zu »Weisen« reicht. Diesen Zusammenhang betrachtet er als eine Art geschichtlichen Prozess der Ausdifferenzierung von Wissen und Experten.

Einen ersten Typus bildet das *allgemeine Wissen*, das allen sozialen Rollen zugrunde liegt. Es beinhaltet vor allem das Common-sense-Wissen, zu dem alle angenommenen Grundlagen des bestehenden kulturellen Codes zählen. Dazu gehört einmal technisches Wissen, sofern es nicht systematisiert wurde. Auch magisches und religiöses Wissen zählt zum allgemeinen Wissen, wenn es zur Erklärung von technischen Vorgängen herangezogen wird. Mittels dieses Wissens entstehen die ersten Rollen, wie etwa Priester mit Ratgeberfunktion, die Kräfte über Beobachtungen erfassen und auch erste Übersichten über anzuwendende Techniken erstellen (»Technologen«). Daneben kristallisieren sich technologische Führer heraus, die eine Übersicht über die Techniken haben und zugleich soziale Führer zur Lösung bestimmter Aufgaben sind. Davon abzugrenzen sind technologische Experten, die zusätzlich über Techniken des Experimentierens und der Erfindung verfügen. Eigenständige Erfinder kannten erst ab dem 19. Jahrhundert eine eigene soziale Rolle. Auch zu Znanieckis Zeiten treten sie lediglich in bestimmten technischen Organisationen auf. Weise sind dagegen ideologische Führer, die ebenfalls erst in recht komplexen Gesellschaften auftreten. Sie legen fest, was ›richtig‹ und ›falsch‹ ist, z.B. Kirchenväter. Sie verfügen nicht über praktisches Wissen. Diese Form des Wissens wird auch heute noch vertreten, z.B. in Zeitungskommentaren, und tritt in Rollen wie dem moralischen Führer oder dem Zukunftsberater auf.

Im Unterschied zum allgemeinen Wissen wird manches Wissen in Schulen institutionalisiert und auf Gelehrte verteilt. Dabei kann es sich auch um teilweise technisches Wissen handeln. Anfangs geht es aber vor allem um religiöse Schulen mit hei-

3 Florian Znaniecki, The Social Role of the Man of Knowledge, New York 1975 (EA 1940)

4 Soziale Rollen begreift er dabei als ein dynamisches System aus vier interagierenden Komponenten: der soziale Kreis, also der Kreis von Leuten, die mit einer Person umgehen; die Identität des Handelnden, seine physiologischen und psychologischen Merkmale, die ihm kraft seiner Position zugeschrieben werden; sein sozialer Status und die damit verbundenen Verbote und Gebote, seine soziale Funktion, also sein Beitrag zum sozialen Kreis.

ligen Lehren. In vielen Gesellschaften geht dies mit der Aufteilung in Priester mit heiligen Lehren bzw. Magier mit Techniken einher. Priester und Magier müssen von den Wahrheitssuchern unterschieden werden, wie sie früher etwa in Griechenland auftraten (Pythagoras, Parmenides, Zeno). Darunter sind Systematisierer von Wissen zu finden, die dessen Vermittlung erleichtern, und Schöpfer von Wissen – entweder als »Kämpfer für die Wahrheit« oder als Enthüller von Fehlern und Unzulänglichkeiten. Sofern das gelehrte, spezialisierte Wissen zunimmt, treten Eklektiker und Ideengeschichtler an ihre Seite, die Übersichten schaffen und einordnen. Und schließlich treten auch Verbreiter auf, die das Wissen entweder an die herrschenden Eliten oder an die breite Bevölkerung vermitteln. Die Vermittlung kann von Popularisierern oder Lehrern vorgenommen werden. Eine letzte Gruppe bilden die spezialisierten Schöpfer von neuem Wissen (»explorer«). Dabei handelt es sich um Leute, die das Unerwartete tun, also einmal Entdecker von Tatsachen oder Entdecker von Problemen. Diese Schaffung von Wissen ist allerdings nur selten institutionalisiert, da sie unberechenbar ist. Die Entdeckung neuer, unerwarteter Tatsachen wirkt sich sehr unterschiedlich auf die einzelnen Rollen aus: Für Techniker führen sie zu erwünschten Änderungen des Plans, bei Gelehrten unterscheidet es sich, je nach Etablierungsgrad der Schule – Innovationen werden je nach Institutionalisierungsgrad und Art der Rolle sehr unterschiedlich gewichtet: Neue Richtungen legen Wert auf Innovationen, während alte Schulen ihnen eher kritisch gegenüberstehen.

Znaniecki bietet sicherlich eine der umfassendsten Typologien der rollenbezogenen Wissensverteilung. Nur am Rande erwähnt er dabei eine Wissensrolle, die ein besonderes Gewicht in der Geschichte der Wissenssoziologie gewonnen hat: Die *Intellektuellen.* Bezeichnenderweise unterscheidet er sie von den Technikern und den Gelehrten durch das Misstrauen gegen die Faktensuche. Der Begriff der Intellektuellen kommt erst mit der berühmten Affäre Dreyfus ab 1894 auf, in der sich »Intellektuelle« (unter ihnen auch Emile Durkheim) vehement und in aller Öffentlichkeit gegen die Verurteilung des jüdischen Offiziers Dreyfus – und damit gegen die staatliche Justiz in Frankreich – wandten. (Dreyfus war des Landesverrats angeklagt, weil er Informationen an die feindlichen Deutschen übermittelt haben soll.) Für die von rechts heftig angefeindeten Protestler wurde der Begriff der Intellektuellen erfunden, der in der ideologischen Auseinandersetzung mit »abstrakt«, »antinational«, »dekadent«, »jüdisch« und »inkompetent« verbunden wurde – Assoziationen, die lange am Begriff haften blieben.[5] Intellektuelle zeichnen sich durch ihre geistige Tätigkeit aus. Daneben aber werden sie auch als Personen charakterisiert, die in der Öffentlichkeit eine von dieser geistigen Tätigkeit geleitete Position vertreten, ohne dies jedoch aufgrund ihrer spezifischen Expertise zu tun. Ein mustergültiges Beispiel dafür ist etwa der französische Philosoph und Literat Jean-Paul Sartre, der sich an diversen öffentlichen Debatten (auch etwa um die deutschen Terroristen der 1970er-Jahre) beteiligte. Die Verbindung aus politischer Stellungnahme und geistiger Tä-

5 Dietz Bering, Die Intellektuellen. Geschichte eines Schimpfwortes, Frankfurt 1982

tigkeit ist denn auch der Grund etwa für Schelsky, Intellektuelle als eine politisch-agitatorische Kategorie anzusehen.[6] Wenn Schelsky die »Herrschaft der Intellektuellen« befürchtet, dann bezieht er sich auf einen weiteren, stärker sozialstrukturellen Aspekt: Wie wir gesehen haben, definiert schon Mannheim die Intellektuellen durch ihre Ungebundenheit an soziale Schichten. Der »moderne« Intellektuelle zeichnet sich durch seine »Heimatlosigkeit« aus: Er lockert seine Beziehung zur Herkunftsschicht und löst sich damit von seiner Standortgebundenheit.[7] Auch wenn Mannheim hinter den Intellektuellen eine ganze Schicht vermutet, so liegen seinem Bild noch die freiwilligen geselligen Zusammenschlüsse von Intellektuellen zugrunde, wie sie in den Kreisen, Bünden und Gruppen des 19. und 20. Jahrhunderts auftreten: Berühmt wurden etwa der Blaue Reiter, der Wiener Kreis, der Berliner Club Dada usw.

Allerdings entwickelt sich auch ein breiteres Verständnis der Intellektuellen, das sie durch abstrakte Tätigkeit und damit als eine soziale Kategorie ausweist. So sieht Michels in den Intellektuellen »Menschen, deren Urteil weniger direkt und ausschließlich aus sinnlicher Wahrnehmung und jedenfalls nie ohne durch Wissen erworbene und geschulte Reflexion gewonnen wird«.[8] Auf eine ähnlich umfassende Weise wird der Begriff auch von Le Goff definiert. Intellektuelle sind für ihn beruflich schreibende oder lehrende oder gleichzeitig schreibende und lehrende Menschen, wie etwa Professoren oder Gelehrte. Sie treten vorzüglich in Städten auf.[9] Diese weite Definition umfasst alle hauptsächlich mit Sprache bzw. mit Geistigem und geistigen Aktivitäten Befassten.

Da die Intellektuellen ein Sonderwissen beanspruchen, ist es nicht verwunderlich, dass sie zuweilen in die Nähe zur Esoterik gestellt werden. In der Tat ist ein wesentliches Merkmal der (vormodernen) Esoterik die Unzugänglichkeit des Wissens, die häufig in Geheimgesellschaften gepflegt wird. Allerdings ist die Unterscheidung zwischen esoterischem und »exoterischem«, öffentlich zugänglichen Wissen nicht immer identisch mit der zwischen Intellektuellen und Nicht-Intellektuellen, sondern deckt sich ebenso häufig mit der Grenzen zwischen anerkannten und nicht-anerkannten Intellektuellen: Die nicht etablierten Romantiker an der Wende zum 19. Jahrhundert sind dafür ebenso ein Beispiel wie kirchlich nicht anerkannte magische Experten davor oder Experten für Parapsychologie danach. [10]

Im Anschluss an die sehr weite Definition der Intellektuellen etabliert sich im 20. Jahrhundert ein Begriff der *Intelligenz*, der unmittelbar mit den gesellschaftsweiten

---

6 Schelsky, Die Arbeit tun die anderen, op. cit., 101ff

7 Gramsci kennt eine Ausnahme zu diesem Typus, den er als »organischen Intellektuellen« bezeichnet. Es ist jener Typus des Intellektuellen, der sich durch eine deutliche Einbindung in eine soziale Gruppe auszeichnet. Allerdings räumt auch Gramsci ein, dass dieses Merkmal auf die Intellektuellen seiner Zeit nicht mehr zutrifft; Antonio Gramsci, Zu Politik, Geschichte und Kultur, Frankfurt 1980

8 Robert Michels, Historisch-kritische Untersuchungen zum politischen Verhalten der Intellektuellen, in: ders., Masse, Führer, Intellektuelle, Frankfurt u. New York 1987, S. 189-213, S. 189

9 Jacques Le Goff, Die Intellektuellen im Mittelalter, Stuttgart 1985, S. 15

10 Diese strukturelle Unterscheidung zwischen »öffentlich« sichtbaren Intellektuellen als »exoterischen« und »geheimen« Intellektuellen als esoterischen schlägt Tiryakian vor; vgl. Edward A. Tiryakian (Hg.), On the margins of the visible. Sociology, the Esoteric, and the Occult, New York 1974

Strukturen der sozialen Ungleichheit verknüpft ist. Im real existierenden Sozialismus galt die Intelligenz als eine eigene soziale Schicht (also nicht als eine Klasse), die sich durch vorwiegend geistige, hohe Qualifikation erfordernde Arbeit auszeichnet. Ausgehend von der Teilung zwischen körperlicher und geistiger Arbeit zählen alle, die ein Hochschul- oder Fachhochschulstudium absolvierten, zur Intelligenz. Im Einzelnen wurde die wissenschaftliche von der pädagogischen, der medizinischen und der künstlerischen Intelligenz unterschieden. Sogar die Geistlichkeit wurde genannt.[11]

In der jüngeren Diskussion treten die Intellektuellen in den Hintergrund und es rücken andere Begriffe für die institutionellen, mit sozialen Kategorien verbundenen spezialisierten Wissensträger in den Vordergrund, die auch deutliche Veränderungen der Gesellschaftsstruktur und damit Verschiebungen des sozialen Wissensvorrats andeuten. Erwähnenswert sind vor allem »Spezialisten«, »Experten« und »Professionelle«. Alle drei Kategorien verweisen auf soziale Formen des gesellschaftlichen Sonderwissens, die allerdings keineswegs einheitlich unterschieden werden. So definiert Hitzler etwa den *Spezialisten* »im Verhältnis zum Dilettanten hie und zum Generalisten da (als) Träger einer besonderen, relativ genau umrissenen und von seinem Auftraggeber typischerweise hinsichtlich ihrer Problemlösungsadäquanz kontrollierbaren Kompetenz«.[12] Im Unterschied zu Intellektuellen weisen sich Spezialisten durch besondere fachspezifische Kompetenzen aus. Hitzler schlägt vor, *Experten* davon zu unterscheiden, weil diese nicht nur bestimmte Aufgaben bewältigen können, wie das Spezialisten tun, sondern auch Anspruch auf den Überblick und die Relevanz des spezialisierten Wissens erheben können. Diese Begrenztheit des Wissens, die sich gegen den wenigstens umfassenderen Anspruch des Wissens von Intellektuellen absetzt, ist auch ein Merkmal, das Schütz am Experten hervorhebt: »Das Wissen des Experten ist auf ein beschränktes Gebiet begrenzt, aber darin ist es klar und deutlich. Seine Ansichten gründen sich auf gesicherte Behauptungen; seine Urteile sind keine bloße Raterei oder unverbindliche Annahmen.«[13] Schütz grenzt den Experten gegen den Mann auf der Straße ab, der ein Rezeptwissen in vielen, nicht unbedingt zusammenhängenden Bereichen hat, und vom »gut informierten Bürger«, dessen Wissen zwar kein Expertenwissen ist, wohl aber genauer und klarer als das des »Mannes auf der Straße«. Dabei sollte sich niemand von uns zurückgesetzt fühlen: In der Wirklichkeit sind wir alle zumeist Experten, gut informierte Bürger und Mann auf der Straße zugleich. Beide Typen unterscheiden sich nicht nur durch ihr Wissen und das Relevanzsystem, das ja mitunter für das verstärkte oder verringerte Interesse an detailliertem Wissen verantwortlich ist. Besonders für den Experten ist auch das »sozial gebilligte Wissen« von besonderer Bedeutung, also jenes Wissen, das von anderen anerkannt ist und das durch

---

11 Georg Assmann u.a. (Hg.), Wörterbuch der marxistisch-leninistischen Soziologie, Berlin 1977, S. 307ff

12 Ronald Hitzler, Wissen und Wesen des Experten, in: ders., Anne Honer und Christoph Maeder (Hg.), Expertenwissen. Die institutionalisierte Kompetenz zur Konstruktion von Wirklichkeit, Opladen 1994, S. 13-30, S. 25

13 Alfred Schütz, Der gut informierte Bürger, in: Gesammelte Aufsätze Bd. 2. Studien zur soziologischen Theorie, Den Haag 1972, S. 85-101, S. 87

diese Anerkennung soziales Prestige erhält und seinem Träger Prestige verleiht. (Auch der gut informierte Bürger profitiert von diesem Prestige.)

Wie schon erwähnt, ist die Begrifflichkeit jedoch keineswegs einheitlich. Wollte man Experten und Spezialisten begrifflich unterscheiden, dürfte es helfen, Letztere als Träger von Sonderwissensbeständen anzusehen, die ihnen in Form einer spezialisierten Rolle zukommen. Experten, so können wir kurz sagen, sind Spezialisten für sozial gebilligtes (und sozial anerkanntes) Wissen. Man kann neben diesem Merkmal noch ein weiteres anführen (auch wenn es analytisch sicher sinnvoll wäre, hier andere Begriffe zu verwenden, die uns die Alltagssprache jedoch nicht zur Verfügung stellt und die auch in der wissenschaftlichen Debatte vermengt werden): So nennt man wissenssoziologisch Spezialisten ebenfalls solche Rollen, die ein aufgabenbezogenes, relativ genau umrissenes Sonderwissen besitzen. Experten dagegen nennt man im Unterschied dazu diejenigen, die nicht nur das Sonderwissen haben, sondern über einen Überblick über Sonderwissen verfügen, also »[wissen], was die (jeweiligen) Spezialisten auf dem von [ihnen] ›vertretenen‹ Wissensgebiet wissen – und wie das, was sie wissen, miteinander zusammenhängt«.[14] Experten besitzen also nicht nur ein Wissen zur Problemlösung, sondern zur Begründung von Problemursachen und Lösungsprinzipien. Sie sind, wenn man so will, die Träger von Legitimationen, des Sinnes von Sonderwissen und betreiben damit die »Theoretisierung«. Spezialisierung auf sozial anerkanntes Wissen und Überblick sind also die zwei Unterscheidungsmerkmale zwischen Experten und Spezialisten.

Die Kategorie der *Professionellen* hat mit einem anderen Merkmal zu tun. Denn eine komplexere Organisation des Wissens, wie wir sie in ausdifferenzierten Gesellschaften vorfinden, wirft eine Reihe von Problemen auf: Zum einen stellt sich die Frage nach der adäquaten Rekrutierung für die einzelnen Wissensbereiche, können doch nicht alle alles gleich gut. Zum Zweiten müssen die Rekrutierten in einer bestimmten Zeit ihre Qualifikation erhalten und annehmen. Sobald Sonderwissen einmal institutionell spezialisiert und verteilt wird, stellt sich schließlich auch das Problem der Konkurrenz um die für die Expertise beglichenen Vergütungen und das in der Regel damit verbundene Prestige. (Das Prestige geht zurück auf die »Sonderstellung« und damit auch »Freistellung« von allgemeineren Formen der Produktion, dann aber auch auf die Legitimation für diese Stellung bzw. diejenigen, die diese Freistellung unterstützen.) Dieses Problem wird häufig durch die Bindung von Sonderwissen an Berufe gelöst, bei denen besondere, gesellschaftlich anerkannte Fähigkeiten und Fertigkeiten in einer sekundären Sozialisation erworben und entsprechend auch vergütet werden. Wenn man unter Wissen auch Fertigkeiten fasst, stellen sie eine der gängigsten Formen der Institutionalisierung gesellschaftlich gebilligten und anerkannten Wissens dar. (»Professionelle Diebe« oder »Bankräuber« können nur dann berufsähnliche Züge tragen, wenn sie gemeinschaftsähnliche Strukturen ausbilden, die Anerkennung verleihen können.) Unter *Professionalisie-*

14 Hitzler, op. cit., 1994, S. 25

rung versteht man dann den »Prozess der sozialen Verfestigung von Berufsrollen durch die Systematisierung eines Wissensgebietes, die Länge und Komplexität der (institutionell spezialisierten) Ausbildung, die Beglaubigung beruflicher Kompetenzen in institutionellen Kategorien (Lizenzen) und ein Geflecht von auf Sonderwissen bezogenen Selbst- und Fremdtypisierungen«.[15]

Typische Professionen sind Ärzte, Geistliche und Juristen, die neben dem Sonderwissen und der langen, akademischen Ausbildung auch einen Eid ablegen. In einem weiteren, keineswegs allgemein akzeptierten Verständnis zählt man zu den Professionen auch Sozialarbeiter, Ingenieure, Architekten, Wissenschaftler und Künstler. Als Grund für diese Ausweitung des Begriffes wird vor allem die Wissensbasis genannt. Sie zeichnet sich bei allen professionellen Experten durch eine Kombination aus wissenschaftlichem Wissen und praktischem Handlungswissen aus. Deswegen halten viele schon die Verwissenschaftlichung von praktischen Ausbildungsgängen für ein Merkmal der Professionalisierung. Andere halten den Umstand einer praktischen Kompetenz bzw. die Verknüpfung von Theorie und Praxis für den Kern der Profession. Wichtigstes Kennzeichen der Professionalisierung ist jedoch immer die Autonomie des Wissens: also die Fähigkeit der eigenen Bestimmung der Profession über das Wissen, die auch als eine Art Monopolisierung verstanden werden kann. Was theologisches Wissen ist, wird nicht vom Kaiser bestimmt, sondern von den Universitäten, und auch die Mediziner haben eine Jurisdiktionsgewalt über ihr Wissen. (Eine Jurisdiktion, die sich die Medizin im Laufe des 19. Jahrhunderts aneignete.) Institutionen wie Universitätskliniken oder Universitäten zehren von diesem Monopol, das den Zugang zu den Professionen regelt. »Die Kontrollansprüche von Professionen richten sich generell auf den Zugang zur Profession, auf Sonderwissensbestände und auf kollegiale Selbstkontrolle, und sie werden in Berufsstrategien, in Professionspolitik, manifest.«[16] Mustergültig dafür ist zweifellos der Arzt, der eine akademische Ausbildung mit Praxis und Forschung vereinigt und dadurch das Privileg erhält, gesund und krank zu definieren – und zwar auch für die betroffenen Laien.

Die Kontrolle über das Sonderwissen bedeutet, dass professionelle Experten den Zugang zu den Sonderwissensbeständen selbst und gesondert regeln. Ausbildungen mit genau festgelegten Zeiten, Inhalten und Phasen sind die Ausdrucksformen der Professionalisierung von Experten, »in weiten Bereichen entscheiden (relativ) klar und *formal* definierte Personengruppen *verbindlich* über mannigfache Probleme nicht nur des sozialen, sondern auch des persönlichen Lebens«.[17]

Es herrscht allerdings große Uneinigkeit darüber, ob die Ausbildung von Professionen nun vor allem eine Antwort auf »objektive« gesellschaftliche Anforderungen darstellt (wo ein dauerhaftes gesellschaftsweites Handlungsproblem auftaucht, bildet

15 Michaela Pfadenhauer, Professionalität. Eine wissenssoziologische Rekonstruktion institutionalisierter Kompetenzdarstellungskompetenz, Opladen 2003, S. 30

16 Pfadenhauer, ebd., S. 61

17 Hitzler, op. cit., S. 16

sich eine Profession aus), oder ob die Professionen die »Probleme« selbst definieren, ja kreieren können, um dadurch besondere Privilegien oder Macht zu erhalten. Unbezweifelt ist jedoch, dass Professionelle ein eigenes Standesbewusstsein der Überlegenheit aus dem Wissen beziehen, auf das sie sich spezialisieren und das sie als gesellschaftsrelevant erachten. Das wird auch als Professionsideologie bezeichnet.

Die Unklarheiten des Begriffes der Profession haben möglicherweise auch damit zu tun, dass sich das Phänomen in einem Veränderungsprozess befindet. Denn die Thesen von der Ausbreitung der Wissensgesellschaft, die oben beschrieben wurden, implizieren häufig auch, dass es zu einer Verwischung der Grenzen zwischen Professionellen untereinander sowie zwischen Professionellen und anderen kommt: Die Zunahme der »Wissensarbeiter« und »-berufe« und die allmähliche Aufweichung der Grenze zwischen Wissenschaft und Praxisbereichen (man erinnere nur an die Vorstellungen vom »mode 2«) führen dazu, dass professionelle Tätigkeiten immer weniger im Sinne der »vocationes« als vielmehr der »occupationes«, des »jobs« ausgeübt werden. Daneben können sie ausgeführt werden, ohne dass die Akteure als Professionelle bezeichnet werden können. Diese Ausweitung wird mit dem Begriff der Wissensarbeit verbunden, dem wir ja im Zusammenhang mit der Wissensgesellschaft schon begegnet sind. Weil sich die Wissensarbeit in der Wissensgesellschaft nicht mehr auf einzelne Gruppen beschränkt, sondern die gesamte Gesellschaft durchdringt, ist sie nicht mehr mit der Exklusivität des Wissens von Professionellen verbunden.

2 Bildung und Wissen

An der These der Wissensarbeit macht sich auch eine der zentralen, mit Wissen verknüpften Thesen über neue Strukturen sozialer Ungleichheit in der Gegenwart fest: die Wissensklasse. Im Grunde ist das Phänomen recht alt: Die platonischen Philosophenkönige, die Comteschen Positivisten, aber auch die indischen Brahmanen gelten als Beispiele für eine *Wissensklasse* (oder -kaste). In der gegenwärtigen Diskussion hat dieses Phänomen aber offenbar an Bedeutung gewonnen. So wurde schon im Zusammenhang mit der Wissensgesellschaft auf die Ausbildung einer eigenen »Wissensklasse«, einer Klasse von »Wissensarbeitern« oder »Informationsarbeitern« hingewiesen. Diese besteht aus akademisch und technisch hochqualifizierten Berufen.[18] Laut Bell bildet sich diese Wissensklasse aus einer schöpferischen Elite von Wissenschaftlern sowie akademisch gebildeten Spitzenbeamten. Professoren und Ingenieure bilden die Mittelschicht und Techniker, der akademische Mittelbau sowie Assistenten das Proletariat. Der Klassencharakter macht sich zum einen daran fest, dass diese Gruppen auf einem neuen System der Machtrekrutierung beruhen, das nicht mehr auf Eigentum oder Erbrecht, sondern auf Wissen basiert. Zum Zweiten entwickeln diese Gruppen eigene Normen der fachlichen Qualifikation,

18 Bell nimmt hier das Motiv des »Regimes der Manager« von Burnham aus den 40er-Jahren wieder auf.

die sich von den bürgerlichen Normen des wirtschaftlichen Eigennutzes deutlich unterscheiden. Und schließlich vertritt die »Oberschicht dieser neuen Elite, d.h. die wissenschaftliche Gemeinschaft, [...] wesentlich andere Werte, die unter Umständen als Grundlage für ein neues Klassenethos dienen könnten«.[19] Der Begriff der Wissensklasse nimmt die in den 60er-Jahren heiß geführte Debatte um die neue Arbeiterklasse auf, findet eine starke Resonanz, der von den Arbeiten der Ehrenreichs zur Klasse der Professionellen über Gouldners »New Class« bis in die 1990er-Jahre hinein nachhallt. Dies gilt insbesondere für Touraine, der, wie oben bemerkt, Wissen (als ein bestimmtes Bildungsniveau) sogar zum wesentlichen Faktor der Klassenzugehörigkeit macht. Dieser Faktor führt zu neuen Konflikten zwischen denjenigen, die zur Wissensklasse gehören, und denjenigen, die ausgeschlossen sind.

Die oben erwähnte sozialistische »Intelligenz« der ehemaligen DDR ist sicherlich ein Ausdruck dieser Klasse, deren Umfang von den Zählungen in den westlichen Gesellschaften deutlich übertroffen wird. So sollen, wie bereits erwähnt, schon 1980 in den USA etwa 45% der Beschäftigten in Informationsberufen gearbeitet haben, in Japan 38%, in der BRD 33%, in Hongkong und Singapur 23 bzw. 30%, in Ägypten und Mexiko weniger als 20% und in Pakistan 6,4%. Auch sozialer Wandel ließ sich so ablesen: Der Anteil der weniger qualifizierten Informationsberufe nimmt ab, der Anteil der Frauen steigt, und die Zahl der Informationsgüter pro Haushalt nimmt zu. Wie schon erwähnt, sind die Fragen, ob es sich um eine Klasse handelt, ob Wissen tatsächlich das sie einigende Merkmal ist und wer zu dieser Klasse gehören soll, sehr umstritten. Unstrittig ist jedoch die Ausweitung des Bildungsbereichs, der zumindest eine Voraussetzung der Rede von der Wissensklasse darstellt.

In den modernen Gesellschaften, in denen die Vermittlung des Wissens spezialisierten Institutionen übertragen wird (Schulen, Universitäten, betrieblichen Bildungseinrichtungen), bildet die Wissensvermittlung selbst einen eigenen Institutionsbereich, der – etwa durch Professionalisierung – systematisch mit den anderen Institutionsbereichen verbunden ist. Dieser Institutionsbereich ist auf die Vermittlung gesellschaftlich als relevant anerkannten Wissens spezialisiert. Weil keineswegs alles Wissen hier vermittelt wird, sondern das für die Gesellschaft, ihre einzelnen Bereiche und die darin funktionstüchtigen Menschen (sowie, beim deutschen Bildungsgedanken, den »ganzen Menschen«) »relevante« und anerkannte Wissen, ist die Unterscheidung zwischen Bildung und Wissen sicherlich hilfreich. (Dass sich über den Markt von Büchern, Zeitschriften und anderen Medien der Bereich der Wissensvermittlung enorm ausgeweitet und zugleich auch die Relevanz und Anerkennung des Wissens verändern, ist ein Phänomen, das keineswegs vollständig erforscht wurde, hier aber nicht weiter behandelt werden kann.) Schon weil es sich bei der Bildung um eine ausgekoppelte Institution handelt, hat sie enorme Auswirkungen auf die soziale Verteilung des Wissens. Denn zum einen setzt sie Experten der Wissensvermittlung (wie etwa Pädagogen) und Experten des vermittelten Wissens (z.B. Hochschul-

19 Bell, Nachindustrielle Gesellschaft, op. cit., S. 256

lehrer, die Pädagogen ausbilden) voraus. Zum Zweiten aber kann sich immer nur ein Teil der Gesellschaft an dieser spezialisierten Wissensvermittlung beteiligen. Dies wird meist so geregelt, dass Menschen in bestimmten Lebensphasen diesen Institutionen zugeordnet werden (oder sie aufsuchen dürfen). Weil dazu die frühen Lebensphasen auserkoren wurden, entsteht die Verbindung mit der Sozialisation – eine Verbindung, die den »Bildungsgedanken« unterstützt.[20] (Die Ausweitung der Bildung auf andere Lebensphasen, die derzeit vorgenommen wird, wird sicherlich Auswirkungen auf diese Verbindung von Wissensvermittlung und Bildung haben.) Neben diese Formen der Verteilung des gesellschaftlich anerkannten Bildungswissens tritt eine dritte Form, die wir kurz etwas genauer betrachten wollen. Hier geht es um den selektiven Zugang von Gesellschaftsmitgliedern in die auf Bildung spezialisierten Institutionen.

Nachdem insbesondere höhere Bildung lange ein Privileg der adligen und bürgerlichen Schichten war, weitete sie sich im zweiten Teil des 20. Jahrhunderts stark aus. (Auch wenn diese Ausweitung zuweilen als Inflationierung gedeutet wird, sollte man doch bedenken, dass die Erwerbstätigenquote unter den Höhergebildeten deutlich höher liegt als unter denen mit Lehre oder Berufsfachschule.) Der Anteil der Schüler und Studierenden an den Alterskohorten wächst in unserer Gesellschaft beständig: In der BRD stieg der Anteil der Studienanfänger von 28% im Jahre 1998 auf 35% im Jahre 2002. (Abgeschlossen wird das Studium von 16% bzw. 19%).

Dabei ist auch die Zunahme des Mädchen- und Frauenanteils beträchtlich. Schon 1995 machten sie mehr als die Hälfte der Schulabgänger mit allgemeiner Hochschulreife aus, und im selben Jahr war auch fast die Hälfte der Studienanfänger weiblich. Allerdings wirken sich sozioökonomische Unterschiede nach wie vor stark auf die Bildung aus: Während nur etwa 15% der Arbeiterkinder eine Hochschule besuchen, sind es bei den Beamtenkindern knapp 50%. Dies gilt auch international: In einem Vergleich von 13 Ländern seit der Jahrhundertwende zeigen sich (mit Ausnahme von Schweden und den Niederlanden) kaum Angleichungen der Bildungschancen. Hradil fasst die Tendenz dieser Ungleichheit so zusammen: »Treffen vorteilhafte oder aber nachteilige Berufsstellungen, Bildungsgrade und Einkommensverhältnisse der Eltern zusammen, so ergeben sich für die Kinder besonders gute oder besonders schlechte Bildungschancen: So sind beispielsweise die Kinder von Beamten mit höherer Bildung weit überdurchschnittlich häufig im Gymnasium vertreten. [...] Aber nur 8% der Kinder, deren Väter ungelernte Arbeiter waren, und noch weniger Kinder ungelernter ausländischer Väter gelangten ins Gymnasium.«[21]

Freilich handelt es sich hier um offizielle Bildung und nicht um Wissen. Denn auch auf den niedrigeren Stufen der Ausbildung wird Wissen vermittelt, und man

20 Das ist ein Gedanke Herders, der einen Teil der Bildung zum Gesamtmenschlichen erklärt: »Menschen sind wir eher, als wir Professionisten werden! Von dem, was wir als Menschen wissen [...], kommt unsere schönste Bildung und Brauchbarkeit für uns selber her, noch ihnen zu ängstlicher Rücksicht, was der Staat aus uns machen wolle.« Zitiert nach Manfred Fuhrmann, Der europäische Bildungskanon des bürgerlichen Zeitalters, Frankfurt 1999, S. 29

21 Stefan Hradil, Soziale Ungleichheit in Deutschland, Opladen 2001, S. 148ff, S. 167f

kann auch nicht behaupten, dass es sich um »weniger« Wissen handelt (das in der dualen Ausbildung vermittelte handwerkliche Wissen hat zweifellos einen eigenen Stellenwert). Die »Höhe« der Bildung jedoch wird an der Wissenschaft gemessen: Je höher ein Ausbildungsgrad, umso mehr setzt er die Kenntnis wissenschaftlichen Wissens voraus, und zwar auch in den Künsten oder der Theologie. Weil die Wissenschaft die Spitze des Ausbildungssystems besetzt, ist die Tendenz der Wertung und sozialen Billigung des Wissens recht eindeutig. Sie ist in vielerlei Hinsicht mit der sozialen Hierarchie verbunden: Bildung korreliert mit Macht, mit Wohlstand, mit sozialem Ansehen und natürlich auch mit kultureller Wertschätzung. In dem Maße, wie die Bedeutung des Wissens für die moderne Gesellschaft zunimmt, erwächst gerade der Bildung als der institutionell geplanten Vermittlung gesellschaftlich relevanten Wissens eine wachsende Rolle für die soziale Ungleichheit zu, und zwar nicht nur als (zu behandelnde) »Ursache« sozialer Unterschiede, sondern auch als Quelle und Instrument der sozialen Distinktion.

Die Unterschiede der Bildung gehen nicht nur ursächlich auf soziale Faktoren zurück; auch die kulturellen Faktoren scheinen eine eigene Rolle zu spielen. So geht die These der *Wissenskluft* davon aus, dass diese Unterschiede durch die Dynamik des Verhältnisses von Wissensvermittlung und Wissensverteilung selbst noch verstärkt werden. Die grundlegende These besteht darin, dass sich bereits vorhandene soziale Differenzen des Wissens durch die sich potenzierenden Nutzungsmöglichkeiten des (anerkannten) Wissens noch vergrößern. Denn diejenige, die schon mit dem Bildungssystem vertraut sind, besitzen damit auch die Fähigkeit, das Bildungssystem effizienter zu nutzen und damit die ohnehin schon bestehenden Unterschiede zu denen, die weniger wissen, noch auszubauen. Es besteht also ein Zusammenhang zwischen dem formalen Bildungsgrad und der Fähigkeit, sich Wissen anzueignen. So verbessert ein höherer Bildungsgrad deutlich die Lese- und Verständnisfähigkeiten, er vergrößert das Vorwissen und begünstigt nutzbringende soziale Kontakte. Darüber hinaus gelingt es denen mit höherer Bildung auch, die Medien der Kommunikation besser zur Ausweitung ihres Wissens einzusetzen. In der Tat ist die These der Wissenskluft ursprünglich mit Blick auf die Mediennutzung formuliert worden. So wurde schon vor mehr als 30 Jahren bemerkt, dass die Bevölkerungsgruppen mit höherem sozialen Status besser in der Lage sind, die medial, dabei auch und besonders die massenmedial vermittelten Informationen zu erwerben, so dass die Wissenskluft (oder, wie es in der angelsächsischen Forschung heißt, »the knowlegde gap«) zwischen diesen sozialen Gruppierungen entsprechend größer werde.[22] In der jüngeren Forschung wurde beobachtet, dass es keineswegs nur eine Wissenskluft gibt, sondern ganz unterschiedliche Wissensklüfte auftreten können – je nach Thema, Bevölkerungssegment und Medium. Es zeigt sich ebenso, dass die Wissenskluft nicht linear zunimmt. Vielmehr treten auch ausgleichende Tendenzen auf. So profitieren gesellschaftliche Gruppen mit niederer Bildung von der stei-

22 Werner Wirth, Von der Information zum Wissen: Die Rolle der Rezeption für die Entstehung von Wissensunterschieden. Ein Beitrag zur Wissenskluftforschung, Opladen 1997

genden Mediennutzung zuweilen so stark, dass die bestehende Wissenskluft schrumpft. Was die Mediennutzung angeht, stellt sich bei den Gebildeten jedoch auch eine Art Sättigungs- (»Ceiling-)Effekt ein: Für sie genügt schon ein relativ geringer Umfang der Mediennutzung, um informiert zu sein, so dass sie eine höhere Nutzung meiden.[23]

3 Milieus

Die Ungleichheiten des Wissens »korrelieren« mit unterschiedlichen sozialen Kategorien: mit Institutionen, mit sozialen Klassen oder sozialen Rollen. In einigen Fällen jedoch wird diese Vorstellung der Korrelation überwunden, so dass die Ungleichheiten des Wissens als konstitutiv für soziale Kategorien angesehen werden. Dies gilt in gewissem Sinne schon für die oben erwähnte Wissensklasse. Es trifft auch für eine Kategorie zu, die auf eine durchaus vorzeigbare Karriere in der Erforschung sozialer Ungleichheit zurückblicken kann: die sozialen Milieus.

Der Begriff des Milieus dient schon seit dem 19. Jahrhundert dazu, die Prägung des Menschen durch die Umwelt zu bezeichnen. Dabei werden mit »Milieu« zunächst die verschiedenen Umwelten charakterisiert. Was allerdings diese Umwelten auszeichnet, ist durchaus umstritten. Schon Auguste Comte vertritt die Auffassung, dass der Mensch von natürlichen Gegebenheiten der Umwelt, wie etwa angeborenen Fähigkeiten, Klima u.Ä., aber auch von der menschlich geschaffenen Umwelt beeinflusst wird. Der Begriff des Milieus aber wird eigentlich erst von Hippolyte Adolphe Taine (1828-1893) geprägt, der ebenfalls ein Vertreter des Positivismus war. Taine untersucht den Einfluss der Umwelt auf die Lebensweise der Menschen, d.h. für ihn: Geschicklichkeit der Lebensführung und der Herzensweisheit, praktischer Verstand und begrenzte Wünsche. Seiner Auffassung nach spielen objektive Faktoren, wie Geschlecht, Alter, Beruf, Freundeskreis eine entscheidende Rolle für das menschliche Zusammenleben. Unter dem Einfluss biologistischer Theorien werden aber immer wieder auch der Natur (geografische Bedingungen, Wetter, Nahrungsmöglichkeiten) wichtige Einflüsse zugeschrieben. Eine weitere Differenzierung des Milieubegriffes wird von Durkheim vorgenommen, der zwischen »äußeren sozialen Milieus«, also die weitere Gesellschaft, und »inneren sozialen Milieus« unterscheidet. Die für ihn wichtigen »inneren sozialen Milieus« werden aus Menschen und den Ergebnissen früherer Tätigkeiten gebildet, wie das gesatzte Recht, künstlerische Monumente etc. Eine große Bedeutung erlangte das Milieumodell von Lepsius, der Milieus als sozialmoralische Einheiten versteht. In Anlehnung an Mannheim unterschied Lepsius für das deutsche Kaiserreich vier Milieus: das bürgerlich-liberale, das konservativ-agrarische, das katholische und das sozialistische Milieu.[24]

---

23 Heinz Bonfadelli, Die Wissenskluftkonzeption: Zur Hypothese der wachsenden Wissenskluft, in: Michael Schenk (Hg.), Medienwirkungsforschung, Tübingen 1985, S. 318

24 Vgl. Reiner M. Lepsius, Interessen, Ideen, Institutionen, Opladen 1990

Diese Vorstellungen hallen noch in der jüngeren Sozialstrukturforschung nach. So versteht etwa Hradil unter Milieu eine »Gruppe Gleichgesinnter mit ähnlichen Werthaltungen, Prinzipien der Lebensgestaltung, Beziehungen zu Mitmenschen und Mentalitäten [...], die dadurch ihre Umwelt ähnlich interpretieren und gestalten«.[25] Milieus prägen also nicht einfach die Lebensformen, es handelt sich vielmehr um die »gruppentypische und individuell prägende Art der Wahrnehmung, Interpretation und Nutzung der jeweiligen äußeren Umwelt und menschlichen Mitwelt«.[26] Hradil betrachtet die den Einzelnen prägenden Faktoren Alter, Bildung, Lebensform, Geschlecht, Berufsposition und Einkommen als objektive Aspekte von Milieus, während er auf der subjektiven Seite auch Mentalitäten zulässt.

Der im engeren Sinne wissenssoziologische Begriff des Milieus wird von Max Scheler geprägt, der darunter die subjektiv ausschnitthaft wahrgenommenen Umwelteinwirkungen fasst. Milieu wird hier weniger als objektiver Einflussfaktor, sondern als subjektiv wahrgenommene Umwelt betrachtet.[27] Neben diesem subjektiven Aspekt kommt in jüngeren wissenssoziologischen Arbeiten eine weitere Dimension des Milieubegriffes hinzu, den man als kommunikativ oder interaktiv bezeichnen könnte. Dies gilt insbesondere für den Milieubegriff, der von Schulze im Rahmen seiner Theorie der Erlebnisgesellschaft entwickelt wird. Für Schulze sind Milieus die zentralen Ausprägungen gegenwärtiger sozialer Ungleichheit. Er definiert sie als »Personengruppen, die sich durch gruppenspezifische Existenzformen und erhöhte *Binnenkommunikation* voneinander abheben«.[28] Den unterschiedlichen Milieus entsprechen auch verschiedene »Baupläne des Aufbaus der Wirklichkeit«. Milieus sind selbst keineswegs objektive Gebilde, sondern erlangen ihre Eigenheit und ihre Differenz zu anderen erst durch die Unterschiedlichkeit der Wissensgehalte. Milieus sind deswegen auch als Wissensgemeinschaften zu betrachten. »Durch milieutypische ›selective exposure‹ gegenüber den Massenmedien, durch Binnenkommunikation, durch Sonderformen der Wahrnehmung und der Verarbeitung von Realität werden die sozialen Grenzzonen von Bereichen des Wissens täglich neu bestätigt.«[29] Besonders entscheidend sind dabei die grundlegenden Wissensformen. Dazu zählt Schulze zum einen Wirklichkeitsmodelle, also die zusammenhängenden Vorstellungen über die Welt und die Beziehungen zur Welt. Grundlegend sind, zum Zweiten, die »existentiellen Problemdefinitionen«. Dabei handelt es sich um eine Art Relevanzsystem der praktischen Lebensführung, die zentrale Zielsetzungen der alltäglichen Praxis bestimmt: Was der Sinn des Lebens ist, warum etwas gemacht werden soll. Der Begriff ist analytisch nicht genau

25 Hradil, Soziale Ungleichheit, op. cit., S. 420

26 Stefan Hradil, Einleitung, in: ders. (Hg.), Zwischen Bewusstsein und Sein. Die Vermittlung ›objektiver‹ Lebensbedingungen und ›subjektiver‹ Lebensweisen, Opladen 1992, S. 9-12, S. 10

27 Ronald Hitzler und Anne Honer, Lebenswelt – Milieu – Situation, in: Kölner Zeitschrift für Soziologie und Sozialpsychologie 36 (1984), S. 56-74

28 Gerhard Schulze, Die Erlebnisgesellschaft. Kultursoziologie der Gegenwart, Frankfurt 1992, S. 174 (Herv. ebd.)

29 Ebd., S.267

bestimmt. Als empirische Beispiele in der gegenwärtigen Gesellschaft führt Schulze an: Rang, Konformität, Geborgenheit, Selbstverwirklichung oder Stimulation. Drittens schließlich bildet der »Ich-Welt-Bezug« eine basale Orientierung für Wissen, die milieuspezifische Ausprägungen aufweist. Auch zur Klärung dieser Vorstellung hilft eher die Veranschaulichung. Schulze nämlich unterscheidet für die heutige Gesellschaft ein »weltverankertes Modell«, in dem die Ordnung der Welt als gegeben erscheint, und ein ichverankertes Modell, in dem die Welt einem Aspekt des dominierenden Ich untergeordnet wird. Diese Modelle lassen sich anhand von »fundamentalen Semantiken« erfassen. Veränderungen dieser Modelle finden ebenfalls in Veränderungen der fundamentalen Semantik ihren Ausdruck. Ein jüngeres Beispiel dafür ist der Wandel von der »außenorientierten« zur »innenorientierten Semantik«: Während sich die Außenorientierten an Situationen ausrichten, in die sie gleichsam geworfen werden, haben die innenorientierten Semantiken einen subjektiven Bezug. Dieser Wandel betrifft allerdings nicht alle, sondern nur einzelne Milieus.

Um diese Milieus näher zu bestimmen, unterscheidet Schulze bekanntlich fünf verschiedene Milieus (für die Bundesrepublik der 1980er-Jahre), die er in seiner empirischen Analyse detailliert entfaltet: das Niveaumilieu, das Integrationsmilieu, das Harmoniemilieu, das Selbstverwirklichungsmilieu und das Unterhaltungsmilieu. Die ersten drei dieser Milieus hängen noch einer weltverankerten existentiellen Grundorientierung an; das Selbstverwirklichungsmilieu aber und das Unterhaltungsmilieu sind ichverankert. Die existentielle Problemdefinition des Niveaumilieus besteht im Streben nach Rang; beim Integrationsmilieu geht es um das Streben nach Konformität, und beim ebenfalls noch weltverankerten Harmoniemilieu um das Streben nach Geborgenheit. Das ichverankerte Selbstverwirklichungsmilieu dagegen strebt nach Selbstverwirklichung, während schließlich beim Unterhaltungsmilieu die Stimulation im Vordergrund steht.

Freilich sind diese Milieus keineswegs nur durch diese Orientierungen bestimmt. Sie zeichnen sich vielmehr durch Unterschiede vor allem des *Alters* und der *Bildung* aus, die durch Unterscheidungen im Lebensstil verstärkt werden. Schulze charakterisiert diese Unterscheidungen mit dem Begriff des »alltagsästhetischen Schemas«. Das Niveaumilieu etwa zeichnet sich durch hohe Bildung und vergleichsweise hohes Alter aus. Die Eigenheiten seines Lebensstils – Schulze nennt das Alltagsästhetik, z.B. häufiger Museums- und Konzertbesuch oder Lektüre nationaler Zeitungen – charakterisiert er durch das »Hochkulturschema«. Das Harmoniemilieu dagegen setzt sich zwar auch aus Älteren zusammen, diese weisen aber eine geringe Bildung auf. Ihre alltagsästhetischen Präferenzen bestehen im häufigen Fernsehen, Volkstheater oder Volksmusik, so dass er dieses Milieu dem »Trivialschema« zuordnet. Das dritte und letzte ist das »Spannungsschema«. Es wird etwa vom Unterhaltungsmilieu geteilt, also Jüngeren mit geringer Bildung. Sie präferieren Fußballspiele, Bräunungsstudios, Spielhallen usw. Dieses Milieu ist also ichverankert und strebt zugleich nach Stimulation.

Wie man sieht, stehen hier also grundlegende Wissensorientierungen, soziale Lagen und kulturelle Präferenzen in einem Zusammenhang. Schulze erklärt diesen

Zusammenhang damit, dass sich Milieus heute weniger durch auferlegte Beziehungen bestimmen lassen, wie dies bei Hradil noch durchscheint, Beziehungen also, die wir nicht wählen können, sondern in die wir »hineingeworfen« werden. Immer mehr Menschen sind in der Lage, einen zunehmend größer werdenden Teil ihrer Beziehungen selbst zu wählen. Diese Beziehungswahl orientiert sich an Wahrnehmungen der anderen. (Dabei spielt übrigens auch das Wissen um die anderen und die Distinktion von ihnen eine wichtige Rolle.) Die Entscheidung für ein Milieu findet aufgrund der existentiellen Problemdefinition statt. Als Orientierungsmittel sowohl für die Wahrnehmung wie auch für die Selektion nun dienen die verschiedenen milieuspezifischen Stiltypen, die sich durch alltagsästhetische Schemata beschreiben lassen. Schulze erwähnt hier zum einen das Hochkulturschema und das Trivialschema, die beide noch sehr an die Unterscheidung zwischen U- und E-Musik bzw. -Kultur anknüpfen. Neu dagegen erscheint ihm das Spannungsschema, das, wie auch die anderen Schemata, in zwei verschiedenen Milieus auftritt.

Schulze verleiht dem Milieubegriff also eine ausgeprägt wissenssoziologische und – durch die Hervorhebung der Binnenkommunikation – interaktiv-kommunikative Nuance. Er vertieft dies durch vielfältiges empirisches Material, das sich, wie man allerdings einräumen muss, auf die bundesrepublikanische Gesellschaft der 1980er-Jahre bezieht. Der Zusammenhang zwischen Wissen und sozialer Ungleichheit wird bislang weitgehend der Bildungsforschung überlassen.[30]

Der Milieubegriff wird nicht nur mit Blick auf soziale Ungleichheit verwendet, sondern in der Stadt- und Regionalsoziologie. Sie nutzt den Umstand, dass der Milieubegriff eine dezidiert räumliche Dimension aufweist: Milieus können als komplexe territoriale Systeme von formalen und informellen Netzwerken bezeichnet werden, die einerseits wechselseitige wirtschaftliche und technologische Abhängigkeiten zeigen und andererseits zur Produktion neuen Wissens beitragen.[31] Wissensmilieus gelten dann als »Interaktionsnetze, die prägnante Kopplungen von Wissenstypen […] entwickeln. Dabei stehen Praxisformen und deren Trägernetze im Vordergrund, die in besonders markanter Weise professionell und/oder in der Form ihrer jeweiligen Lebensführung durch wissensbasierte Handlungsfelder geprägt sind, etwa durch eine forschungs- und technologiebasierte Berufspraxis, durch wissensbasierte Formen des Wirtschaftens oder der Expertisen aber auch durch wissensorientierte Lerndynamiken und Alltagsformen findiger Innovation und ihrer Verbreitung.«[32] Der Begriff der Wissensmilieus betont zwar auch die Innovation, hebt aber

---

30 Eine jüngere Ausnahme bildet der Band von Oliver Berli und Martin Endreß (Hg.), Wissen und soziale Ungleichheit. Weinheim und Basel 2013.

31 Innovation, also neues Wissen, spielt in dieser Forschung eine herausragende Rolle. Deswegen ist statt von Wissensmilieus zuweilen auch von Innovationsmilieus die Rede – wie auch von »Wissensstädten« oder »Lernenden Regionen«.

32 Ulf Matthiesen und Hans-Joachim Bürkner, Wissensmilieus – zur sozialen Konstruktion und analytischen Rekonstruktion eines neuen Sozialraum-Typus, in: Ulf Matthiesen (Hg.), Stadtregion und Wissen. Analysen und Plädoyers für eine wissensbasierte Stadtpolitik, Wiesbaden 2004, S. 65-90, S. 77

dabei auf die räumlichen Unterschiede ab. Eine Rolle hierfür spielen etwa Dichte und Vernetzung von Institutionen und Akteuren bestimmter Wissensfelder, Arbeitsmarktbeziehungen, Unternehmensverflechtungen, Zusammenwirken von Politik, Wirtschaft, Wissenschaft etc. Durch die besondere Rolle von Interaktion und Kommunikation kommen hierbei auch nichtökonomische Faktoren, wie etwa Lebensqualität, Identität, Engagement oder Vertrauen ins Spiel. Bestimmungsfaktoren für die Herausbildung regionsspezifischer Arbeits- und Wirtschaftsmilieus sind neben Klima und geografischer Lage auch ethnische, religiöse, historische und kulturelle Prägungen sowie aktuelle Faktoren (Politik und Rechtsordnung, Institutionen und Personen).

D Wissensforschung an den Grenzen der Wissenssoziologie

Während sich die Darstellung bisher weitgehend auf die Wissens*soziologie* beschränkte, treten wir nun an einigen Stellen deutlich über die Grenzen der Soziologie. Offen gestanden haben wir diese Grenze schon zuvor einige Male überquert: Die Debatte um die Wissensgesellschaft zum Beispiel wird sicherlich in der Ökonomie ebenso intensiv geführt wie in der Soziologie, die Wissenschaftsforschung beruft sich ebenso auf die Kulturanthropologie wie auf die Soziologie, und selbst große jüngere Theoretiker wie Foucault oder Habermas werden zugleich in mehreren Disziplinen angesiedelt. Diese Überschreitungen der Grenzen zur Soziologie sind einer der Gründe, von einer Wissensforschung zu sprechen. Dies gilt in besonderem Maße auch für die folgenden Ansätze und Begriffe. Sie können allesamt unter dem Begriff der Wissensforschung rubriziert werden.[1] Dass wir sie hier dennoch behandeln können, ja müssen, hat einen Grund, der auch auf die oben genannten »Ausreißer« zutrifft. Manche von ihnen nehmen ihren Ausgang bei wissenssoziologischen Klassikern, wie etwa die Erforschung des kollektiven Gedächtnisses, andere behandeln Kernthemen der Wissenssoziologie, ohne sich dessen bewusst sein zu müssen, wie etwa die »distributed cognition«, wieder andere stellen einfach nur Fragen, die wir im Verlauf dieses Buches zu den Kernfragen der Wissenssoziologie zählen: die Frage nach der Sozialität des Wissens, die Frage nach der Korrelation des Wissens mit der Gesellschaft oder seiner Integration ins soziale Handeln oder die Frage nach seinem doxischen Charakter. Weil diese Wissensforschung wissenssoziologische Fragen stellt, kann, ja muss sie hier dargestellt werden. Dabei möchte ich mich auf die wichtigsten Zugänge konzentrieren.

1 Kollektives Gedächtnis und Mentalität

Eine gegenwärtig sehr umfassend behandelte Fortführung der Durkheimschen Theorie des kollektiven Bewusstseins ist die von seinem Schüler Halbwachs entwickelte Lehre vom kollektiven Gedächtnis oder »mémoire collective«. Genauer gesagt wurde der vermutlich erstmals von Hugo von Hoffmansthal verwendete Begriff im Jahre 1925 gleichzeitig von Maurice Halbwachs und von seinem Straßburger Kollegen, dem Historiker Marc Bloch, gebraucht. Halbwachs hat diesen Begriff in mehreren Büchern ausgearbeitet, während Bloch für seine Verbreitung in den Ge-

1 Einen Überblick über dieses Feld der Wissensforschung bietet Rainer Schützeichel (Hg.), Handbuch Wissenssoziologie und Wissensforschung, Konstanz 2007.

schichts- und Kulturwissenschaften verantwortlich ist. Das kollektive Gedächtnis ist damit ein Musterbeispiel für einen der Begriffe, der aus der Wissenssoziologie stammt, dann aber eine sehr große Verbreitung in anderen wissenschaftlichen Disziplinen gefunden hat. Insbesondere im Zusammenhang mit der »Verarbeitung« des Holocaust fand der Begriff in den letzten Jahrzehnten Eingang in eine Vielzahl von Diskussionen auch in der breiten Öffentlichkeit.[2]

Mit dem Begriff des kollektiven Gedächtnisses wollte Halbwachs darauf aufmerksam machen, dass sich Erinnerung keineswegs nur auf ein isoliertes psychologisches Subjekt bezieht; datierbare Erinnerungen orientieren sich an einem sozialen Zusammenhang, dank dessen sie der Erinnerung fähig sind. Das individuelle Gedächtnis ist in einen kollektiven Rahmen eingebunden, es kommt nicht ohne die Vorstellungen und Worte aus, die ihm sozial zur Verfügung gestellt werden. Halbwachs geht sogar noch weiter und distanziert sich von einem psychologischen Begriff des Gedächtnisses: »Wir glauben, dass der Geist seine Erinnerungen unter dem Druck der Gesellschaft rekonstruiert.«[3] Das Gedächtnis ist also nicht primär im Bewusstsein verankert, sondern gesellschaftlich: In der Gesellschaft erwerben die Menschen ihr Gedächtnis, hier erinnern sie sich und hier verorten sie ihre Erinnerungen. Das individuelle Bewusstsein ist eher so etwas wie ein »Ausblickspunkt auf das kollektive Gedächtnis«.[4] Das Gedächtnis stellt also ein kollektives Phänomen dar, an dem die Einzelnen und die untergeordneten Einheiten des Kollektivs teilhaben. Deswegen kann man mehreren kollektiven Gedächtnissen angehören: dem der Familie, der dörflichen Gemeinschaft, der religiösen Gemeinschaft, der sozialen Klasse und schließlich der Nation. Mit den unterschiedlichen Zugehörigkeiten verbunden ist die »Perspektivität« des Gedächtnisses: Das kollektive Gedächtnis ist keineswegs ein »objektiver Speicher«, sondern »behält« nur das, was für die jeweilige Gemeinschaft und ihre Erhaltung von Interesse und Bedeutung ist. Das »Behalten« ist also kein Konservieren, sondern eine aktive Rekonstruktion des Vergangenen aus der Perspektive der Gegenwärtigen. Deswegen ist das Gedächtnis eine Voraussetzung für die Gemeinschaft.

Man könnte versucht sein, das kollektive Gedächtnis mit der Geschichte zu verwechseln, doch ist es gerade das nicht, was Halbwachs meint. Er unterscheidet vielmehr Geschichte und Gedächtnis kategorisch. Die aktiven Rekonstruktionen der Geschichte geschehen vor einem Hintergrund des Gedächtnisses, also nichtaktivierter, verdeckter oder unzugänglicher Prozesse, die gleichsam das gesellschaftlich Unbewusste bilden, aus dem das Gedächtnis Elemente bewusst auswählt und in das sie Erinnerungen aussondert. Das kollektive Gedächtnis stellt die »lebende Geschichte« dar. Im Unterschied zur ›toten‹ Geschichte ist sie kontinuierlich – ohne Brüche; zum anderen erstreckt es sich nicht über die Grenze der Gruppe hinaus. Die Ge-

---

2 Für die gegenwärtige Diskussion des Begriffes in der deutschsprachigen Soziologie vgl. Miranda Jakiša und Dariuš Zifonun, Gedächtnis und Erinnerung, in: Soziologische Revue 27 (2004), S. 58-68

3 Maurice Halbwachs, Das Gedächtnis und seine sozialen Bedingungen, Frankfurt 1985 (EA 1925), S. 159.

4 Maurice Halbwachs, Das kollektive Gedächtnis, Frankfurt 1985, S. 31

schichte bezieht sich zudem häufig auf soziale Einheiten, die gar nicht mehr existieren. Dagegen hat das kollektive Gedächtnis eine bestimmte Gruppe zum Träger.

Auch wenn der Begriff des Gedächtnisses heutzutage häufig so breit verwendet wird, dass er den des Wissens verdrängt, macht Halbwachs hier eine deutliche Einschränkung. Denn »die sozialen Überzeugungen besitzen einen doppelten Charakter, welche auch immer ihre Herkunft sein möge: Sie sind kollektive Traditionen oder Erinnerungen, aber sie sind zugleich auch Ideen oder Konventionen, die aus der Kenntnis des Gegenwärtigen entspringen«.[5]

Der Begriff des Gedächtnisses wird von vielen Seiten behandelt, und es gibt eine Reihe von Vorschlägen, seine Eigenschaften zu bestimmen. Im deutschsprachigen Raum haben vor allem die Anglistin Aleida Assmann und der Ägyptologe Jan Assmann die Fortentwicklung des Begriffes des kollektiven Gedächtnisses beeinflusst.[6] Sie gehen davon aus, dass das »*soziale Gedächtnis*« aus einem Kurzzeitgedächtnis besteht, das sie auch als kommunikatives Gedächtnis bezeichnen. Das kommunikative Gedächtnis enthält die Spuren der Vergangenheit in Sprache und Kommunikation. Es entsteht in der Teilnahme der Menschen an der Kommunikation mit anderen. Die aktiv miteinander kommunizierenden Individuen entwickeln ein Gruppengedächtnis, das in der Regel drei bis vier Generationen (80-100 Jahre) zurückreichen kann. Das kommunikative Gedächtnis beinhaltet vor allem Elemente, die in der biografischen Erfahrung der Lebenden verankert sind. Deswegen ist es wenig formalisiert und erscheint »naturwüchsig«.

Das kommunikative »Kurzzeitgedächtnis« wird ergänzt vom sozialen »Langzeitgedächtnis«, das die Assmanns »kulturelles Gedächtnis« nennen. Das kulturelle Gedächtnis ist ein »Sammelbegriff für alles Wissen, das im spezifischen Interaktionsrahmen einer Gesellschaft Handeln und Erleben steuert und von Generation zu Generation zur wiederholten Einübung und Einweisung ansteht«.[7] Das kulturelle Gedächtnis bezieht sich auf die Vermittlung von Bedeutungen der Vergangenheit, die mit ausdrücklichen historischen Bezügen verfahren. Es besteht aus Vergangenheitswissen, das in symbolischen Formen (Ahnentafeln, Ursprungsmythen, Denkmälern) objektiviert wurde. Es ist also sehr stark formalisiert und nutzt feste symbolische Formen der Codierung. Für die Vermittlung des kulturellen Gedächtnisses stehen zumeist besondere Spezialisten bereit, zu deren Rolle die Wahrung der Überlieferung gehört. Diese Experten sind auch für die Kanonisierung von Wissen zuständig. Sie selegieren, welches Wissen in den Kanon des etablierten Wissens aufgenommen und weiter vermittelt – also für die späteren Generationen relevant – wird. Die Kanonisierung sorgt für die Geformtheit des kulturellen Gedächtnisses, seine

5 Halbwachs, Gedächtnis, op. cit., S. 389

6 Aleida Assmann, Erinnerungsräume. Formen und Wandlungen des kulturellen Gedächtnisses, München 1992; Jan Assmann, Das kulturelle Gedächtnis. Schrift, Erinnerung und politische Identität in frühen Hochkulturen, München 1992

7 Jan Assmann, Kollektives Gedächtnis und kulturelle Identität, in: ders. u. T. Hölscher (Hg.), Kultur und Gedächtnis, Frankfurt 1988, S. 9-19, S. 9

Organisiertheit durch Zeremonialisierung oder durch Aufgliederung des Wissens (entlang der Grenzen der unterschiedlichen Experten) und vor allem für seine Verbindlichkeit. Die Modi des kulturellen Gedächtnisses sind auf der einen Seite Archive und Bilder, auf der anderen Handlungsmuster.

Das soziale Gedächtnis erfüllt eine zentrale Rolle zur Erhaltung der Kultur: Es sichert ihre Kontinuität, indem es das kulturelle Wissen gleichsam lagert, und es erlaubt die Wiederherstellung von Wissen. Diese Funktionen werden insbesondere durch das »bewohnte« Funktionsgedächtnis und das »unbewohnte« Speichergedächtnis erfüllt: Die für das Funktionieren der Gesellschaft relevanten Inhalte werden vom *Funktionsgedächtnis* bereitgestellt. Damit werden jene Überlieferungen bezeichnet, die für die Gegenwart der Gesellschaft und ihrer Teile leitend sind. Im Funktionsgedächtnis bilden sich besondere »Erinnerungsfiguren« aus, die eine kollektive Orientierung verleihen. »Seine wichtigsten Eigenheiten sind Gruppenbezug, Selektivität, Wertbindung und Zukunftsorientierung [...] Das kulturelle Funktionsgedächtnis ist an ein Subjekt gebunden, das sich als dessen Träger oder Zurechnungssubjekt versteht.«[8] Das Funktionsgedächtnis unterscheidet sich vom *Speichergedächtnis*, in dem mehr als das bewahrt wird, was für die jeweilige Gegenwartsgesellschaft nutzbar ist.

Das Funktionsgedächtnis hilft also dabei, die Identität der jeweiligen sozialen Gemeinschaft zu bestimmen, während das Speichergedächtnis eine Art äußerliches, neutrales System darstellt, das aber von späteren Generationen aufgenommen und wieder genutzt werden kann. Beide Formen des Gedächtnisses haben erkennbar politische Funktionen. So neigen totalitäre Gesellschaften zur Abschaffung des Speichergedächtnisses, um abweichende Aneignungen zu vermeiden. Zugleich eröffnet das Speichergedächtnis auch die Möglichkeit zur Ausbildung von oppositionellen Gedächtnisformen – man denke nur an die rechtsradikalen Versuche der »Geschichtsklitterung«.

Kommunikation, insbesondere mediale Kommunikation, beeinflusst entscheidend die Art des Gedächtnisses. Wie unten ausgeführt, umfassen Medien sowohl die Formen der Codierung, also etwa die lautsprachlichen Buchstaben (»a, b, c...«), die Techniken der Speicherung des Codes (also Papyrus oder Papier), und schließlich die Formen der Zirkulation der Techniken (Rollen, Bücher, Zeitschriften). Medien erhalten diese Bedeutung, weil es wesentlich für das kulturelle Gedächtnis ist, wie es vermittelt wird. Dabei unterscheiden die Assmanns Medien ersten Grades, also »Dokumente«, von Medien zweiten Grades, »den Monumenten«. Während Dokumente auf Datenträgern materialisiert werden, also kodifiziert und gespeichert werden, handelt es sich bei Monumenten um solche Kulturobjekte, die sozial bestimmt und angeeignet werden müssen. Die verschiedenen epochalen Veränderungen der Medien können deswegen auch als epochale Veränderungen des Gedächtnisses verstanden werden. (Dabei erhalten wir eine ähnliche Beziehung wie beim Zusammenhang von Wissen und Medien, der später noch behandelt wird.[9])

8 A. Assmann, op. cit., S. 134 u. 136

9 Einen solchen Zusammenhang rekonstruiert etwa Jacques Le Goff, History and Memory, New York 1992

So können Speichergedächtnis und Funktionsgedächtnis in *schriftlosen Gesellschaften* nicht unterschieden werden. Während sie ihr Gedächtnis durch Mnemotechnik, Zeremonien oder indirekt vermittelnde Kulturgegenstände wahren, können sich schriftliche Kulturen auf abstrakte Codes und externe Speicher stützen. Selbst wenn die in abgesonderten Institutionen ausgelagerten Gedächtnisse nicht aktiv sind, können sie doch in Universitäten, Schulen, Filmen und Museen wieder aktiviert werden und so zu Revitalisierungen führen. Das gespeicherte Gedächtnis zeichnet sich deswegen durch eine gewisse Anachronizität aus. Als »gesellschaftlich Unbewusstes« bildet es zwar einen weiteren Horizont des Funktionsgedächtnisses, doch wird es selbst nicht aktiviert, sondern lebt vielmehr von einer ›Ideologie des Gedächtnisses.‹ Die schriftlosen mündlichen Kulturen zeichnen sich durch ein »ethnisches Gedächtnis« aus, also eine geschlossene Organisation des Gedächtnisses, die die erinnerte Vergangenheit absolut setzt. Erinnerungen werden durch narrative Formen und rituelle Inszenierungen ermöglicht.

In handschriftlichen Kulturen öffnet sich die Struktur des Wissens. Die *Entwicklung der Schrift* ersetzt zwar die mündlichen Formen nicht, schafft aber zwei neue Techniken des Erinnerns: die Kommemoration und dokumentarische Aufzeichnungen. Es bildet sich somit auch eine frühe Form des Geschichtsbewusstseins aus, das außerhalb der Erfahrung Liegendes anerkennen kann. Die Trennung von Medium und Träger des Wissens ermöglicht eine autonome Gestalt des Erinnerten in Textform, die durch Lektüre und Rezitation angeeignet werden kann. Der Buchdruck führt dann zu einer Explosion des Wissens und zur Ausbildung von Wissenschaften, die es zu ordnen suchen. Das Medium erhöht die Abstraktheit der Erinnerungen, führt aber auch zu Standardisierungen, wie sie etwa in der Durchsetzung nationaler Standardsprachen zum Ausdruck kommt. Eine letzte Stufe wird durch die elektronischen Medien erreicht. Sie sprengen bisherige Kanonisierungen, binden aber das Erinnern auch wieder an Stimme und Bild, das nun in einem Netzwerk weitergegeben werden kann.

Einen besonderen Schub erhielt die Debatte um das kollektive Gedächtnis von dem französischen Historiker Pierre Nora, der ein umfängliches siebenbändiges Werk über die »Erinnerungsorte« des französischen kollektiven Gedächtnisses verfasste.[10] In ausdrücklicher Anlehnung an Halbwachs sucht Nora die in der gegenwärtigen Gesellschaft ausdifferenzierten und unterteilten Zweige des Gedächtnisses zu erfassen. Seine Analysen wurden entlang der Kategorien »Republik«, »Nation« und »Les Frances« angeordnet. Diese Orte bilden für ihn eine historische Entwicklung ab, die vom Einheitlichen zum Uneinheitlichen führt. Die Entwicklung des Gedächtnisses spiegelt in seinen Augen diese gesellschaftliche Entwicklung wider, die zum Uneinheitlichen verläuft.[11] Dies macht er deutlich, indem er die gegenwärtigen »Orte« des Gedächtnisses den Milieus früherer Gesellschaften gegenüberstellt, in denen das, was erinnert wird,

10 Pierre Nora (Hg.), Les lieux de mémoire. 7 Bd., Paris 1992

11 Eine deutsche Fassung dieses Versuchs findet sich in: Etienne François und Hagen Schulze (Hg.), Deutsche Erinnerungsorte. Bd. 1, München 2001

gelebt wurde. Für ihn stellen die heutigen Orte des Gedächtnisses lediglich ein blasses Abbild dieser Milieus dar, die im Grunde nicht erinnert werden können.

Im Anschluss an die Assmanns entwickelt auch der Soziologe Welzer den Begriff des kommunikativen Gedächtnisses fort und macht ihn an die psychologische und neurologische Forschung anschließbar.[12] Denn das Gedächtnis hat zwar sicherlich biologische Voraussetzungen. Doch schon in der frühkindlichen Entwicklung zeigt sich, dass die im Umgang mit anderen erlernte Sprachkompetenz und die Entwicklung eines autobiografischen Gedächtnisses miteinander verbunden sind. Hirnorganische Reifungsprozesse stehen mit psychischen Entwicklungen und dem sozialen Entwicklungskontext in einem so engen Verhältnis, dass man die Ausbildung des Gedächtnisses in einem »bio-sozio-kulturellen System« verorten muss.[13] So kommt auch Welzer zum Schluss, dass das Gedächtnis mehr weiß, als wir selbst wissen, weil es sich in sozialen Austauschprozessen heranbildet. Dieses Mehr jedoch kommt in der Kommunikation zustande. Wie dies geschieht, macht Welzer selbst empirisch anhand von Geschichten deutlich, die er in Interviews mit Menschen gesammelt hat, welche über ihre Verarbeitung des 2. Weltkrieges berichten. Er fasst seine Ergebnisse so zusammen: »Das kommunikative Gedächtnis beinhaltet als lebendiges Gedächtnis ebenjene Dialektik von Individualität und Sozialität, von Geschichte und Privatisierung von Geschichte, die zugleich die Suggestion von Ich-und Wir-Identität wie ihre permanente Veränderung erzeugt. Das Medium für die Erzeugung des Gefühls von Kontinuität und Stabilität, die wir unserem Selbst zuschreiben, ist gerade die lebenslange nuancierte Veränderung ebendieses Selbst in der kommunikativen Feinabstimmung in jeder neuen Situation, in der wir uns befinden. Dem autobiografischen Gedächtnis kommt dabei die Aufgabe zu, all unsere Vergangenheiten so umzuschreiben und anzuordnen, dass sie dem Aktualzustand des sich erinnernden Ich passgenau entsprechen. Diese Passgenauigkeit wird durch alle unsere sozialen Kommunikationen beglaubigt, die uns praktisch versichern, dass wir uns selbst gleichgeblieben sind. Auf diese Weise gelingt es uns, zugleich ein individuelles Selbst zu haben und Teil einer historischen Figuration und sozialen Praxis zu sein, die weit über unsere eigene Existenz – über unsere Handlungsräume und unsere eigene Lebenszeit – hinausreicht.«[14]

Nicht nur für Welzer besteht das Gedächtnis also zu weiten Teilen aus kommunikativen Vorgängen. Wie schon im Rahmen der oben skizzierten Gattungstheorie argumentiert wird, tragen auch besondere kommunikative Muster, Formen und Gattungen zur Ausbildung des »kommunikativen Gedächtnisses« bei: Aus dieser

12 Immerhin gibt es rein biologische Theorien des kulturellen Gedächtnisses, wie etwa die der »Meme«. Darunter werden zwar auch Geschichten, Lieder, Gewohnheiten und Fähigkeiten verstanden. Doch gehen »Memetiker« davon aus, dass sich Meme ähnlich wie Gene fortpflanzen, also weithin ohne das Bewusstsein funktionieren. Meme sind sich selbst kopierende Einheiten, die einer Art kultureller Evolution unterliegen; vgl. Susan Blackmore, The power of memes, in: Scientific American 283, 4 (2000), S. 52-61

13 Harald Welzer, Das kommunikative Gedächtnis. Eine Theorie der Erinnerung, München 2002

14 Ebd., S. 222

Perspektive besteht das Gedächtnis aus besonderen »rekonstruktiven« Formen und Gattungen: Biografische religiöse Wendeerfahrungen etwa werden in Konversionsgeschichten festgehalten, herausragende Erlebnisse in Memoraten und ›heldenhafte‹ selbsterlebte Taten in »Tall Stories« etc. Was erinnert wird, ist dementsprechend entscheidend von der Form der Kommunikation bestimmt, in der es erinnert wird.[15]

Einen etwas anders gelagerten, systemtheoretischen Begriff des kommunikativen Gedächtnisses entwickelt Elena Esposito. Für sie bildet die Semantik einer Gesellschaft (auf die wir oben schon ausführlicher eingegangen sind) das eigentliche Gedächtnis der Gesellschaft. »In der Semantik finden all die Formen Eingang, die auf der Basis der Rekursivität aller Beobachtungen zu einer gewissen Stabilität gelangt sind und als Identitäten ›konserviert‹ werden: Ideen, Begriffe, Formeln, Rituale oder Prozeduren – die Formen, die vor dem Hintergrund eines Restes, der vergessen wird, allein erinnert werden.«[16] Das Gedächtnis besteht also aus der Rekursivität von Operationen, es ist die Organisation des Zugangs von Informationen, vor allem wenn sie als Themen auftreten. (Wie in allen Vorstellungen des kommunikativen Gedächtnisses anerkennt sie ausführlich die Prägung durch die Medien.)[17]

So fruchtbar die Behandlung des sozialen, kulturellen oder kollektiven Gedächtnisses aus wissenssoziologischer Sicht auch ist – die Fokussierung auf das Gedächtnis birgt die Gefahr einer breiten Historisierung des Wissens, in dem immer mehr Bereiche des Wissens vor allem mit Blick auf seine historische Genese und Bedeutung betrachtet werden. Aus dieser Perspektive tritt Wissen nur noch als Gedächtnis auf, wird ausschließlich immer aus einer historischen Entwicklung heraus verstanden, die seinen gegenwärtigen Bezug und seine gegenwärtige Relevanz verdecken kann – ein Problem, das bezeichnenderweise in den Erörterungen zum Gedächtnis kaum behandelt wird.

Der Begriff des Gedächtnisses spielt zwar in einer Vielzahl von Kulturwissenschaften eine Rolle, betrifft aber – wenn denn nicht alles Wissen als gespeichertes irrtümlicherweise dem Gedächtnis zugeschrieben wird – vor allem die Geschichtswissenschaften. In der Geschichte hat auch ein zweiter wissenssoziologischer Begriff Karriere gemacht, der ebenso alltäglich verwendet wird wie das Gedächtnis: *Mentalität*. Der Begriff wurde schon im Zusammenhang mit Lévy-Bruhl erwähnt, der ihn geprägt hat. Wie schon beim Begriff des Gedächtnisses war es Marc Bloch, der diesen

15 Zu rekonstruktiven Gattungen vgl. Thomas Luckmann, Der kommunikative Aufbau der sozialen Welt und die Sozialwissenschaften, in: ders., Wissen und Gesellschaft, Konstanz 2002, S. 157-182, S. 178ff; zur Verbindung von Gattungstheorie und Gedächtnis vgl. Hubert Knoblauch, Das kommunikative Gedächtnis, in: Claudia Honegger, Stefan Hradil und Franz Traxler (Hg.), Grenzenlose Gesellschaft? Opladen 1999, S. 733-748

16 Elena Esposito, Soziales Vergessen. Formen und Medien des Gedächtnisses der Gesellschaft, Frankfurt 2002

17 Bei Esposito entsprechen die verschiedenen historischen Formen des Gedächtnisses (divinatorisch, rhetorisch, kulturell) den systemtheoretischen Stufen der (segmentären, stratifizierten und funktionalen) Differenzierung und der Verlagerung auf eine jeweils andere Sinndimension, nämlich von der Sach- über die Sozial- zur Sinndimension.

Begriff aufgenommen und für die Geschichtswissenschaft fruchtbar gemacht hat. Die Ausbreitung des Konzeptes verdankt sich vor allem der von Marc Bloch und Lucien Febvre 1929 begründeten berühmten Zeitschrift Annales, in der die »histoire des mentalités«, die Mentalitätsgeschichte betrieben werden sollte. Zwischen Geschichtswissenschaft und Soziologie angesiedelt, zeichnet sich diese vor allem dadurch aus, dass nun nicht mehr nur Ideen oder Ereignisse, sondern auch das nichtrationale Handeln früherer Epochen erforscht werden sollte. Die Mentalitätsgeschichte behandelt die »bewussten und besonders die unbewussten Leitlinien, nach denen Menschen in epochentypischer Weise Vorstellungen entwickeln, nach denen sie empfinden, nach denen sie handeln« sowie »den Wandel der Kognitionsweisen und Vorstellungswelten, die jeweils historisches Sein auf intersubjektiver Ebene prägen«.[18] Es geht also auch der Mentalitätsgeschichte darum, die Ideengeschichte zu überwinden, um die untergründigen Einflüsse auf das Denken und Handeln zu erfassen. Was genau hier untergründig ist, wird unterschiedlich benannt. Schon Bloch selbst verwendet eine Reihe unterschiedlicher Begriffe: »mentalités«, »sensibilités«, »représentations collectives«, »illusions collectives«, »genres de vie« etc.[19] In denÜbersetzungen ist einmal von Bewusstseinsformen, ein anderes Mal von Denkgewohnheiten, Weltanschauungen oder Ideologien die Rede. In einer ähnlichen Weise, wie Halbwachs das Gedächtnis der Geschichte gegenüberstellt, gelten Mentalitäten als das gleichsam unterhalb der »offiziellen« Geschichte Liegende. Der Begriff Mentalität dient also dazu, die Trennung der Ideengeschichte von der Sozialgeschichte zu überwinden und eine beide verbindende Ebene zu schaffen.

Wie auch der Gedächtnisbegriff ist der der Mentalität ausdrücklich nicht-psychologisch. Zwar spricht Ariès sogar vom »kollektiv Unbewussten«, wenn er die Mentalität bezeichnet, doch betont der Psychologe Peyronnet, dass es sich bei (kollektiver) Mentalität um diejenige Denkweise handelt, die von der größten Zahl der Menschen im Alltag geteilt wird.[20] Es scheint sich die Vorstellung durchzusetzen, dass Mentalität eine weithin geteilte, vielfach auch »populäre« nicht unbedingt explizite Ideenwelt bezeichnet.

Die Ungenauigkeit des Begriffes der Mentalität ist sicherlich irritierend. Zwar kann er vom kollektiven Gedächtnis insofern unterschieden werden, als er ja nicht die historische Entwicklung betont, sondern einen jeweils gegenwärtigen Zustand, doch fehlen Abgrenzungen zu solch elaborierten Konzepten wie »Weltanschauung«, »Lebenswelt«, »Habitus« usw. Daneben erwähnt Burke noch ein weiteres Monitum: Die Forschung sieht offenbar »Mentalitäten« häufig zu schnell als »determinierend« an – und bewegt sich damit sehr einseitig in einem sehr einfachen wissenssoziologischen Erklärungsmodell. Schnell, häufig vorschnell werden einzelne Beobachtungen und Beschreibungen verallgemeinert und als kollektive Mentalitäten ausgegeben.[21]

18 Peter Dinzelbacher, Europäische Mentalitätsgeschichte, Stuttgart 1994, S. IX

19 Vgl. Peter Burke, Stärken und Schwächen der Mentalitätsgeschichte, in: Ulrich Raulff (Hg.), Mentalitäten-Geschichte, Berlin 1987, S. 127-146

20 Georges Peyronnet, La mentalité collective anglaise, in: Ethnopsychologie 29, 1 (1974), S. 17-50

21 Burke, op. cit.

Die individuellen und sozialen Differenzen zwischen den Mentalitäten (etwa verschiedener Milieus) werden auf diese Weise leicht übergangen. Es ist in dieser Hinsicht sicherlich bedauerlich, dass der Vorschlag Geigers nicht aufgenommen wurde, der, wie oben schon erwähnt, den Begriff der Mentalität aus soziologischer Sicht weiterentwickelt hatte. Geigers Vorschlag besteht darin, Mentalität mit Ideologie zu kontrastieren: »Mentalität ist geistig-seelische Haltung. Ideologie aber ist geistiger Gehalt. Mentalität ist Geistesverfassung – Ideologie ist Reflexion, ist Selbstauslegung, Mentalität ist ›früher‹, ist erster Ordnung – Ideologie ist ›später‹ oder zweiter Ordnung. Mentalität ist formlos-fließend – Ideologie aber fest-geformt. Mentalität ist Lebensrichtung – Ideologie ist Überzeugungsinhalt. Aus der Mentalität wächst die Ideologie als Selbstauslegung hervor – und umgekehrt: Kraft schichttypischer Mentalität bin ich für diese oder jene ideologische Doktrin empfänglich: Sie ist mir adäquat.«[22] Geiger gelang es mit seinem Begriff zweifellos, den differenzierten Zusammenhang zwischen einzelnen sozialen Schichten und Mentalitäten aufzuzeigen – eine Leistung, die immerhin hoffen lässt, dass die Unschärfen des Begriffes beseitigt werden, so dass er damit seine Nützlichkeit entfalten kann.

2 Von Kategorien, Frames und Repräsentationen: Wissenssoziologische Beiträge der kognitiven Anthropologie, der Sozialpsychologie, der Marktforschung und der Rhetorik

Wissensforschung mit einer wissenssoziologischen Ausrichtung findet sich in einer ganzen Bandbreite an Disziplinen, die mittlerweile eine große Zahl analytischer Begriffe zur Erfassung sozial strukturierten Wissens geprägt hat. Ich möchte hier einige dieser Begriffe skizzieren, die aus der kognitiven Anthropologie, der Sozialpsychologie, der Marktforschung und der Rhetorik stammen.

Auch wenn der Titel der »Anthropologie des Wissens« durchaus existiert, kann man von einer »Wissensanthropologie« nicht in der Weise sprechen, wie es eine Wissenssoziologie gibt.[23] Dennoch gibt es in der Anthropologie wissenssoziologisch relevante Ansätze. Dazu zählt zweifellos die *kognitive Anthropologie*. Die kognitive Anthropologie stellt eine empirische Forschungstradition innerhalb der Anthropologie dar, die vielleicht wie keine andere der Forderung nach einer rigorosen Beschreibung der gesellschaftlichen Wissensbestände am nächsten kommt. Nirgendwo findet sich eine empirische Ausarbeitung von subjektiven und gesellschaftlichen Wissensvorräten anschaulicher ausgeführt als in den Untersuchungen der kognitiven Anthropologie, die sich etwa mit Beschreibungen der durch Introspektion gewonnenen Handlungsskripte, mit der Verknüpfung von Skripten mit Raumwissen

22 Theodor Geiger, Die soziale Schichtung des deutschen Volkes, op. cit., S. 77f

23 Vgl. Malcolm R. Crick, Anthropology of knowledge, in: Annual Review of Anthropology 11 (1982), S. 287-313

beim Autofahren oder mit der Analyse von in der Münchner Kultur der 60er-Jahre geteilten Kategorien für Bier und Biertrinker beschäftigt.

Bei aller Unterschiedlichkeit der Vorgehensweisen weist die kognitive Anthropologie eine deutliche Nähe zur Wissenssoziologie auf, macht sie doch ausdrücklich das Wissenssystem einer bestimmten Kultur zum Gegenstand. Für die kognitive Anthropologie ist Kultur ein Wissenssystem, genauer: ein von Individuen erlerntes und individuell repräsentiertes Symbolsystem. Kultur ist, kurz gesagt, die Ordnung der Dinge in den Köpfen der Leute. In den Worten von Spradley: »Jede Kultur besteht aus Kategorien, mit denen Erfahrungen sortiert und klassifiziert werden. Die Menschen lernen Regeln für angemessenes Verhalten. Sie erwerben kognitive Landkarten, die es ihnen erlauben, Verhalten und Ereignisse zu deuten, die sie beobachten können.«[24] Diese Landkarten sind nicht als fertige Produkte zu betrachten, sondern werden fortwährend geändert. Kultur besteht denn auch nicht nur aus diesen Landkarten, sondern aus den Regeln, mit denen solche Karten erstellt werden.

Ein populär gewordenes Verfahren, das an diesen Begriffen anschließt, ist das so genannte *mental mapping*, also die Anfertigung »geistiger Landkarten«. Solche Landkarten werden für allerlei vorgeschlagen und spielen auch für soziale Zusammenhänge eine Rolle, wie etwa in der Stadtforschung Lynchs. Er ermittelte, welche räumlichen und architektonischen Strukturelemente den Bewohnern Orientierungspunkte geben.[25] Über die räumlichen Wahrnehmungsmuster von Städtern versuchte er Hinweise für die Stadtplanung und das Stadtdesign zu gewinnen. Als zentrale Elemente für eine Orientierung betrachtet er Wege, Plätze, Bauwerke etc. Obwohl er davon ausging, dass räumliche Charakteristika beim Individuum unmittelbar in Raumvorstellungen übersetzt werden, obwohl er also den kulturellen Einfluss auf die Raumwahrnehmung nicht berücksichtigte, hat seine Untersuchung der weiteren Forschung wichtige Impulse gegeben. Im Verfahren des »mental mapping« werden Interviewpartner aufgefordert, ihre räumliche Umgebung aufzuzeichnen. Die »geistigen Landkarten« werden als Daten verstanden, aus denen man kulturgebundene Wahrnehmungsmuster von Raum erschließen kann. Sie sollen gemeinsam geteilte Raumvorstellungen bzw. Images von der Stadt sichtbar machen.[26]

Von besonderer Bedeutung am Ansatz der kognitiven Anthropologie ist, dass er versucht, den »native's point of view« zu treffen, also die Klassifikationssysteme der Untersuchten zu rekonstruieren. Insbesondere Spradley ging davon aus, dass man

24 James P. Spradley, Introduction, in: ders. (Hg.), Culture and Cognition: Rules, Maps and Plans, San Francisco 1972, S. 9 (übers. v. HK)

25 Kevin Lynch, The Image of the City, Cambridge, Mass. 1960

26 Für den Einsatz dieser Methode in einem anderen Forschungsbereich vgl. Corinna Pelz, Annette Schmitt und Markus Meis, Knowledge mapping als Methode zur Auswertung und Ergebnispräsentation von Fokusgruppen in der Markt- und Evaluationsforschung, in: Forum Qualitative Sozialforschung 5, 2 (2004). In der Kognitionsforschung ist eine Reihe weiterer Begriffe im Gebrauch, die konzeptionell jedoch keine wesentlich neuen Aspekte enthalten, wie »cognitive mapping«, »semantic mapping«, »semantic networking«. Von Bedeutung dürften aber die mit ihnen verbundenen bildgebenden Verfahren sein.

von Informanten verlässliche und gleichbleibende Kategorien erhalten könne, ohne dass die Kategorien des Forschers darin eingehen müssten.[27]

Wie auch in den integrierten Fassungen der Wissenssoziologie wird diesem Wissen eine unmittelbar handlungsleitende Funktion zugeschrieben. Die Kultur einer Gesellschaft besteht aus all dem, was man wissen oder glauben muss, um auf annehmbare Weise mit ihren Mitgliedern handeln zu können. Die integrierte Verknüpfung von Denken und Handeln gelingt dadurch, dass Wahrnehmungen zu »Perzeptionen« (»percepts«) führen, die durch die Abstraktion ihrer Attribute in Kategorien überführt werden. Diese mentalen Kategorien werden dann in Handlungen und Interaktionen mit Regeln verknüpft, die als Handlungsanleitungen wirken.

Zur Erfassung des Denkens und Wissens legt die kognitive Anthropologie ein großes Gewicht auf die Sprache: Sie gilt als der wichtigste Zugang zu kognitiven Phänomenen, denn sie kodiert die wesentlichen begrifflichen Kategorien der Weltansicht. Die Rekonstruktion des Wissens erfolgt durch die Analyse des Sprechens über die Welt. Man erfährt, »how people construe their world of experience from the way they talk about it«.[28] Es wird also ein enger Zusammenhang zwischen sprachlichen und kognitiven Kategorien vermutet. Ausgehend von der Humboldtschen These, dass sich das Weltbild in der Sprache niederschlägt, wird das Lexikon nach Wortfeldern durchsucht, weil man davon ausgeht, dass es zuallererst Begriffe sind, in denen sich »Wissen« ausdrückt. Dann wird die Semantik dieser Worte und Wortfelder geklärt. (Weil es um die Bedeutungen für die Handelnden geht, wird im Deutschen auch von Ethnosemantik gesprochen.[29]) So lassen sich aus den sprachlichen Semantiken Aufschlüsse über die Kultur gewinnen, die von den Gesellschaftsmitgliedern erlernt wird. In jüngerer Zeit erhärtet sich die Einsicht, dass die Sprache nicht mehr als vollständige Repräsentation der Weltansichten der Gesellschaftsmitglieder anzusehen ist, und die konstruktivistische Annahme setzt sich durch, dass Einzelne nicht nur (durch das Erlernen der Sprache) Produkte, sondern auch Agenten semiotischer Kommunikation sind – dass sie also die Bedeutungen selbst mit erzeugen, die abgefragt werden sollen.

Am Anfang der Forschung in der kognitiven Anthropologie stand zunächst die Verwandtschaftsklassifikation. Denn in der Anthropologie war schon lange bekannt, dass die verschiedenen Kulturen jeweils sehr eigene, in der Regel (für unsere Verhältnisse) sehr elaborierte Klassifikationen für ihre Verwandtschaftsbeziehungen besitzen. Diese Klassifikationen erweisen sich nicht nur als elaborierter als die von uns gebrauchten Klassifikationen. Sie unterscheiden sich auch zum Teil sehr deutlich von den bei uns üblichen Verwandtschaftssystemen.[30] Um herauszufinden, was diese so anderen Verwandtschaftsbezeichnungen bedeuten und in welcher Bezie-

27 James P. Spradley, The Ethnographic Interview, Fort Worth u.a. 1979

28 Charles O. Frake, Language and Cultural Description, Stanford 1980, S. 2

29 Maeder, Christoph und Achim Brosziewski, Ethnographische Semantik, in: Ronald Hitzler und Anne Honer (Hg.), Sozialwissenschaftliche Hermeneutik, Opladen 1997, S. 335-362

30 So wird zum Beispiel eine »Eskimo-Terminologie« von der »Hawaii-Terminologie« oder der »Irokesen-Terminologie« unterschieden; vgl. Marvin Harvis, Kulturanthropologie, Frankfurt 1989, S. 174ff

hung sie miteinander stehen, erwies es sich als notwendig, die »emischen« Klassifikation (also die Selbstbezeichnungen in der jeweiligen Kultur) zu erheben. Erst so erschlossen sich die unterschiedlichen Verwandtschaftsstrukturen. Aufgrund dieser Forschung setzte sich die Auffassung durch, dass auch andere Bereiche der Wirklichkeit erfasst werden können, wenn man ihre Klassifikation durch die Eingeborenen erhebt. So entstanden die so genannten »Ethnosciences«, also Erhebungen von Wissensbereichen der Eingeborenen verschiedener Kulturen. Dazu zählt die Ethnobotanik, also die indigene Einteilung der Pflanzen, die Ethnozoologie, die Ethnomedizin usw. Die sich daraus ergebenden Klassifikationen wurden auch als »Folk Taxonomien« bezeichnet. Sie sollten, so meinte man, die Muster wiedergeben, die Mitglieder einer Kultur teilen müssen.

Methodischer Ausgangspunkt der kognitiven Anthropologie ist die so genannte »Komponentenanalyse« (»component analysis«) oder auch Merkmalsanalyse (»feature analysis«), mit der die Verwandtschaftssysteme ethnischer Gruppen verglichen wurden. Wie etwa, so fragt man, bezeichnet eine Person den Bruder ihrer Mutter? Macht es einen Unterschied, ob die befragte Person männlich oder weiblich ist? Eine solche Befragung erfolgt im Rahmen eines sogenannten »Paradigmas«. Ein Paradigma oder kognitives System kann etwa die Verwandtschaft darstellen; es kann aber auch die Begriffe für Menschenalter oder die Pronomen einer Sprache umfassen.

Frake und andere entwickelten eine abstrakte Terminologie für die Einheiten eines paradigmatischen Systems. Als Lexem bezeichnen sie eine lexikalische Einheit, deren Bedeutung nicht aus ihren Untereinheiten abgeleitet werden kann. Während sich ein »weißes Haus« semantisch aus den beiden Nomen zusammensetzt, ist das »Weiße Haus« etwas, das ein eigenständiges Lexem darstellt. Eine Domäne stellt einen Bereich der Begriffsbildung dar, wie etwa Raum, Farben, menschliche Körper, Verwandtschaft usw. Es ist nicht erforderlich, dass eine Domäne mit einem eigenen Begriff bezeichnet wird. Eine Klasse von Objekten, auf die sich linguistische Begriffe beziehen, bezeichnet man als Segregata, Denotata oder, im biologischen Bereich, als Taxa (mit ihren Entsprechungen der Arten, Gattungen, Familien usw.). Die Objekte in einem Segregat teilen üblicherweise etwas, das man als wesentliches Attribut der Objekte im Segregat bezeichnet. Eine Dimension dagegen enthält gegensätzliche Merkmale. So besteht die Dimension Geschlecht aus »männlich« und »weiblich« und die des Alters aus »älter« vs. »jünger« etc. Eine Reihe gegensätzlicher Segregate bilden Kontrastsets. Eine taxonomische Beziehung schließlich besteht dann, wenn ein Segregat ein anderes Segregat umfasst, wie etwa Kuchen Apfelkuchen und Kirschkuchen.

Ein empirisches Beispiel für eine solche Analyse schließt sich an Frakes Protokoll eines Gesprächs an, in dem es um »etwas zu essen« geht.[31]

> »Haben Sie etwas zu essen?« – »Ja, was wollen Sie denn: ein Sandwich, einen Kuchen oder eine Eiskreme?« – »Welche Art von Sandwich haben Sie

31 Charles O. Frake, Die ethnographische Erforschung kognitiver Systeme, in: Arbeitsgruppe Bielefelder Soziologen (Hg.), Alltagswissen, Interaktion, gesellschaftliche Wirklichkeit, Reinbek 1973, S. 323-337

denn?« – »Hamburger oder Schinken-Sandwich.« – »Ach, dann lieber einen Kuchen.« – »Apfelkuchen oder Kirschkuchen?«

Aus dem Gespräch rekonstruiert er die folgende Taxonomie: Wir haben die Domäne »etwas zu essen«. Aus dem Dialog ergibt sich, dass es hier solche Dinge gibt, wie »Sandwiches«, »Torten« usw., also Segregate. Diese können auch besondere Attribute aufweisen (Kirschkuchen, Apfelkuchen). Mithilfe der zwei Prinzipien Inklusion und Kontrast wird eine Taxonomie gebildet: also was gehört zusammen und was muss getrennt werden. Innerhalb der Taxonomie kann es auch querlaufende Attribute geben, wie etwa die Salzigkeit des Sandwichs. Das breiteste Segregat bildet hier das angebotene Essen. Ein Kontrastset beinhaltet Begriffe wie Sandwich, Hamburger und Apfelkuchen.

»etwas zu essen«				
Sandwich		Torte		Speiseeis
Hamburger	Schinken-sandwich	Apfeltorte	Kirschtorte	Eistorte
A	B	C	D	E

Abb. 22: ***Kontrastset (kognitive Anthropologie)***

Die kognitive Anthropologie konzentrierte sich zunächst auf klassifikatorische Fragen. In einer ersten Ausweitung wurden dann auch praktische, moralische und evaluative Aspekte menschlichen Handelns untersucht. Auf diese Weise wurden etwa Kategorien für Erfolg und Misserfolg, Persönlichkeitszüge und Begriffe für Emotionen oder Krankheiten erhoben. Frake lieferte auch das bekannteste Beispiel für diese Vorgehensweise in seiner Analyse der Krankheitsbegriffe der Subanun, eines animistischen Volkes im Süden der Philippinen. Krankheitskategorien betrachtet er dabei als minimale Antworten auf Fragen, die sich kranke Subanun selbst stellen: »Bin ich krank?«, »Was für eine Art Krankheit habe ich?« Krankheit rufe in allen Kulturen derartige Fragen hervor. Jede Kultur biete eine Anzahl bedeutungsvoller Antworten. Diese Antworten seien Krankheitskonzepte. Die Information, die man brauche, sei die Klärung der Krankheitskonzepte. Dabei wurden nicht nur die Kategorien selbst erfragt, sondern auch die Zusammenhänge, in denen sie gedacht werden: ob sie »ansteckend« sind und »übertragen« werden, ob sie »von anderen Menschen« kommen oder »in der Luft« sind etc.[32]

Damit Menschen solche Klassifikationen bilden können, müssen sie, so wird vermutet, über ›Prototypen‹ verfügen, also Musterbilder, die die gemeinsamen Qualitäten der Kategorie enthalten, wie etwa »Katzenartigkeit«, »Hundeartigkeit« o.Ä.

32 Charles O. Frake, A structural description of Subanun religious behavior, in: Stephen A. Tyler (Hg.), Cognitive Anthropology, New York 1979, S. 470-487

Wie vor allem Lakoff betont, können solche Prototypen dann mit besonderen Metaphern erweitert werden, um elaborierte Klassifikationen zu bilden. Er zeigt das an seiner Studie über die australischen Ureinwohner vom Stamm der Dyirbal. Sie fassen Frauen, Vögel, Feuer und gefährliche Objekte in einer Klasse zusammen. Das erscheint zunächst merkwürdig, vor allem weil es nicht (wie man nach Durkheim vermutet hätte) totemistischen Mustern folgt. Es folgt auch nicht gemeinsamen semantischen Merkmalen. Sobald man diese Auflistung aber nach dem Schema »Prototyp + metaphorische Erweiterung« analysiert, entpuppt sie sich als natürliche und ökonomische Kategorie: Prototypische Mitglieder der Klasse sind weiblich und menschlich, also Frauen. Objekte, die häufig mit Frauen gemeinsam in einem Erfahrungsfeld auftreten, werden zusammen klassifiziert: Frauen sind für das Erhalten des Feuers verantwortlich, Vögel sind die Seelen von Frauen; Frauen gelten zwar nicht als gefährlich; um aber gefährliche Dinge besonders zu markieren, werden sie auch in dieselbe Klasse wie Frauen gestellt.[33]

Wie sich hier schon zeigt, sind Metaphern für Lakoff eine Form, mit der Wissen erschlossen werden kann. Lakoff steht mit dieser These keinesfalls alleine. Auch der Philosoph Blumenberg hatte diese These sehr breit ausgeführt und historisch untermauert.[34] Lakoff allerdings bettet sie in die Forschung der kognitiven Anthropologie ein. Metaphern erlauben es seines Erachtens, die Struktur des Wissens einer Ausgangsdomäne zu benutzen, um eine Zieldomäne zu erhellen. So können wir etwa die Metapher »der Körper ist ein Behältnis« nehmen, um uns den Körper anhand der einfachen Struktur des Behältnisses (Inhalt, Grenzen, außen, füllen, auslaufen etc.) verständlich zu machen.[35]

Dieser Prototyp wurde in der psychologischen Theorie der Schemata weiterentwickelt, die für uns deswegen von Interesse ist, weil sie auch auf *kulturelle Schemata* ausgeweitet wurde. Es handelt sich bei den kulturellen Schemata um kulturell geteilte geistige Konstrukte, die zu unterscheiden sind vom institutionalisierten Handeln, auf das sie sich beziehen. Zu diesen kulturellen Schemata zählen etwa amerikanische »Symbole« für Verwandtschaft, für Freundschaft oder für die Familie. Kulturelle Schemata müssen keineswegs nur substantiell sein, es kann sich auch um abstrakte »Bilderschemata« handeln (»image schema«). Ein Beispiel dafür ist das Behälterschema (»container«), wie wir es etwa auf den menschlichen Körper anwenden. Schemata sind also gleichsam Modelle, nach denen wir mit bestimmten Domänen umgehen. Im

33 George Lakoff, Women, Fire, and Dangerous Things. What Categories Reveal about the Mind, Chicago 1987

34 Blumenbergs Metaphorologie bezeichnet eine Lehre von Bildern, die sich die Menschen für ihr Dasein und die Welt schaffen. Sie bieten also Muster für ihre Orientierung. In der Philosophie entwickelt und weitgehend in den Geisteswissenschaften rezipiert, verdiente dieser Ansatz sicherlich noch eine gründliche wissenssoziologische Aufarbeitung; vgl. Hans Blumenberg, Paradigmen einer Metaphorologie, Bonn 1960

35 Lakoff geht davon aus, dass Metaphern auf einer nichtmetaphorischen Grundlage der Erfahrung beruhen, wie sie auch in den Prototypen zum Ausdruck kommt; George Lakoff und Mark Johnson, Metaphors We Live By, Chicago 1980

Unterschied zu bloßen Kategorien sind sie nicht nur statistisch; auf ihrer Grundlage können auch neue Aspekte generiert werden. »Schemas are a kind of mental recognition ›device‹ which *creates* a complex interpretation from minimal inputs; it is not just a ›picture‹ in the mind.«[36] Ausgehend davon kann von Modellen gesprochen werden, wenn eine Reihe von Schemata miteinander verknüpft sind. Der Begriff der *mentalen Modelle* besagt, »dass Menschen interne Modelle der äußeren und inneren Realität aufbauen. Ein mentales Modell stimmt in seiner Realitätsstruktur mit einem Realitätsausschnitt [...] mehr oder weniger gut überein. Mentale Modelle ermöglichen Individuen, Inferenzen zu ziehen, Vorhersagen zu machen, Phänomene zu verstehen, Entscheidungen über Handlungen zu treffen und ihre Ausführung zu überwachen sowie – als herausragendes Merkmal – Ereignisse stellvertretend zu erfahren.«[37]

Die umfassendste Ebene der kulturell-kognitiven Orientierung stellen *kulturelle Theorien* dar. Es handelt sich dabei um ausdrückliches Wissen, das sich nicht auf die Klassifikation, sondern auf die Erklärung klassifizierter Elemente bezieht. Ein Beispiel dafür bietet etwa die Hexerei, über die es in vielen Kulturen eigene Erklärungssysteme gibt.

Schon intern wurden verschiedene Kritikpunkte an der Vorgehensweise der kognitiven Anthropologie geäußert. So wurde bemängelt, dass die Sprache von ihrem Verwendungskontext getrennt wird und damit die tatsächliche Kategorisierungspraxis ungeklärt bleibt. Zudem wurde der kognitiven Anthropologie eine kognitivistische Schlagseite vorgeworfen: Sie hält an der mentalistischen Auffassung von Bedeutungen fest, betrachtet sie also als selbstständige geistige Einheiten. Daneben gilt es aber auch als problematisch, dass man sich an einem »taxonomischen Modell« orientiert, das eine ethnozentrische Unterteilung in logische Begriffe voraussetzt, wie sie der europäischen philosophischen Tradition entspringen.

Ein weiterer Kritikpunkt hat zu einer Ausweitung des Ansatzes geführt. Kognition nämlich wird in der kognitiven Anthropologie weitgehend mit dem im Bewusstsein verankerten Wissen gleichgesetzt. Damit werde, so die Kritik, die soziale Verteilung des Wissens unterschätzt. Diese steht im Mittelpunkt eines auf der kognitiven Anthropologie basierenden Ansatzes, der in der neueren Technikforschung für Furore sorgt. Er wurde von Ed Hutchins initiiert, der sich mit der Verteilung des Wissens, der *distributed cognition* beschäftigt. Hutchins demonstrierte seinen Ansatz an einer empirischen Untersuchung über die Navigation eines Flugzeugträgers.[38] Dieser Ansatz schließt an Überlegungen der russischen Psychologen Wygotsky und Leont'ev an. Ihr Grundgedanke besteht darin, dass Kognition nicht als ein im Gehirn lokalisierter, sondern als ein vor allem sozial verteilter Prozess angesehen werden muss. Unter Kognition verstehen die Autoren Wissen und Denken, nämlich jene Prozesse,

---

36 Roy D'Andrade, The Development of Cognitive Anthropology, Cambridge 1995, S. 136 (Herv. ebd.). Er stellt auch eine Parallele zwischen Schemata und Bourdieus Habitus her (S. 147), wobei er betont, dass diese Schemata bewusst sein können.

37 Friedrich Mantl u.a. nach Andrea Becker, Populärmedizinische Vermittlungstexte. Studien zur Geschichte und Gegenwart fachexterner Vermittlungsvarietäten, Tübingen 2001, S. 119

38 Edwin Hutchins, Cognition in the Wild. Cambridge, Mass. 1995

die beim Erinnern, Entscheiden, Schließen, Nachdenken, Lernen usw. ablaufen. Kognitive Systeme bestehen aus mehr als einzelnen Individuen und weisen kognitive Eigenschaften auf, die sich von denen der einzelnen Individuen unterscheiden.[39] Als Beispiel für die »neue« Beobachtung, dass Wissen im Sozialen eine eigene, vom Psychologischen unterschiedene Ordnungsebene aufweist, dienen z.B. Modelle der künstlichen Intelligenz. So verweist Hutchins auf eine Konstruktion, bei der zwei visuelle Module miteinander so gekoppelt wurden, dass sie gemeinsam in der Lage waren, »Tiefe« zu sehen – was sie individuell nicht konnten. Diese »Entdeckung des Sozialen« durch die Kognitionsforschung wird zu einer These ausgebaut, die manche beinahe metaphysisch deuten: Intelligenz wird aus dieser Perspektive zu etwas, das einer »society of mind« angehört. Der Geist der Gesellschaft bildet also ein eigenes Wesen.

Betrachtet man es etwas nüchterner und weniger metaphysisch, dann besagt die These der verteilten Kognition, dass Wissen nicht nur in Individuen gelagert wird, sondern auch in »Strukturen« außerhalb von Individuen. Das zeige sich daran, dass jede Kultur mehr Wissen enthält, als ein Individuum lernen könne. Wissen sei deswegen auch in kognitiven Artefakten gespeichert. Um gemeinsame Aktivitäten zu vollziehen, müsste deswegen eine große Reihe solcher Artefakte genutzt werden, auf die das Wissen ebenso verteilt sei wie auf die Akteure. Zu den Ressourcen der verteilten Kognition zählten also nicht nur die einzelnen Menschen und die aus ihnen gebildeten Gruppierungen (als untergeordnete kognitive Einheiten), sondern auch die materielle Umgebung, also Gegenstände. Sie seien Bestandteil der verteilten Kognition. Ein anschauliches Beispiel, das diese Verbindung von Geist und Gegenstand plausibilisieren kann, formuliert Gregory Bateson wie folgt: »Suppose I am a blind man, and I use a stick. I go tap, tap, tap. Where do I start? Is my mental system bounded at the end of the stick? Is it bounded by my skin? Does it start halfway up the stick? Does it start at the tip of the stick?«[40] Die Grenzen zwischen Stock und Benutzer scheinen also zu verschwimmen.

Ausgehend von der Annahme, dass »Kognitionen« nicht nur in einzelnen Gehirnen angesiedelt sind, zielt der Ansatz der verteilten Kognition vor allem auf drei Arten kognitiver Verteilungen: Die Verteilung der Kognitionen auf die Mitglieder sozialer Gruppen, die Verteilung der Kognition auf Operationen in einem inneren und einem äußeren System und die zeitliche Verteilung, die es erlaubt, dass frühere Ereignisse spätere »informieren«. Hinsichtlich der sozialen Verteilung des Wissens wird hier die Verteilung des Wissens in Netzwerken angeführt. Es geht empirisch um Aktivitäten in Cockpits, Flughafen-Towers, Software-Entwicklungsgruppen u.Ä.

Der Ansatz der »distributed cognition« nimmt zentrale wissenssoziologische Fragestellungen auf, ohne jedoch auf die Wissenssoziologie und ihre Untersuchungen

---

39 Dabei klingen gelegentlich Vorstellungen durch, die wir etwa von Mead kennen: Die psychologischen Prozesse entstehen erst in der Folge der sozialen Prozesse. Individuelles Denken also ist eine Folge des Sozialen (bei Mead: der Interaktion).

40 Gregory Bateson, Steps to an Ecology of Mind, New York 1972, S. 459; er nimmt dabei eine berühmte phänomenologische Analyse von Merleau-Ponty auf, die die Leiblichkeit unseres Wissens betont.

der sozialen Verteilung des Wissens Bezug zu nehmen. Dies mag der Grund sein, dass auch recht bekannte Beobachtungen zu Entdeckungen erklärt werden. So erscheint es manchen als eine wissenschaftliche Entdeckung, dass Wissen sozial über Personen, Generationen, Berufe, Klassen, Religionen und Institutionen verteilt ist.[41] Trotz dieses blinden Fleckes erkennt man doch deutlich die wissenssoziologische Fragestellung dieser Art der Wissensforschung.

Dasselbe kann auch über die *sozialpsychologische Erforschung von Repräsentationen und Kognitionen* gesagt werden. Auch sie zielt auf die Frage nach der Sozialität des Wissens, und auch sie macht das nur in wenigen Fällen mit ausdrücklichem Bezug auf die wissenssoziologische Tradition. Einer dieser wenigen Fälle betrifft den Begriff der *Repräsentation*. Von Durkheim geprägt, entfaltete dieser Begriff eine sehr breite Wirkung in der Sozialpsychologie, also jener Disziplin, die sich aus der Perspektive und mit den Methoden der Psychologie dem Sozialen nähert. Der Begriff der *sozialen Repräsentationen* wurde vor allem von Moscovici aufgenommen.[42] Unter sozialen Repräsentationen versteht er »ein System von Werten, Ideen und Handlungsweisen mit zweifacher Funktion; erstens eine Ordnung zu schaffen, die Individuen in die Lage versetzt, sich in ihrer materiellen und sozialen Welt zu orientieren und sie zu meistern; und zweitens Kommunikation unter den Mitglieder einer Gemeinschaft zu ermöglichen, indem es diesen einen Kode für sozialen Austausch und einen Kode zur Benennung und zur eindeutigen Klassifikation der verschiedenen Aspekte ihrer Welt und ihrer individuellen Geschichte und der ihrer Gruppe liefert.«[43] Soziale Repräsentationen sind also keine Abbildungen der Wirklichkeit, sondern eine Form des sozialen Wissens, das von den Mitgliedern einer Gruppe geteilt wird. Dieses Wissen wird abgelagert und leitet die Deutung gegenwärtiger Erfahrungen. Sie werden als teilweise abstrakt und teilweise bildhaft angesehen und bestimmen das, was die Menschen als Wirklichkeit ansehen. Ihre Funktion besteht darin, Unvertrautes vertraut zu machen. Dies gelingt ihnen vor allem durch zwei Prozesse: die Verankerung des Ungewohnten, das in einen vertrauten Kontext gestellt wird, und die Objektivierung von abstrakten Ideen und Konzepten in konkreten Bildern oder an konkreten Gegenständen. Diese Objektivierung wird dann als Leitbild für die Weltsicht einer Person betrachtet. Die Untersuchung solcher Repräsentationen bildet eine Aufgabe der Sozialwissenschaft.[44]

41 Michael Cole, Yrjö Engeström, A cultural-historical approach to distributed cognition, in: Gavriel Salomon (Hg.), Distributed Cognitions: Psychological and Educational Considerations. Cambridge, Mass 1993, S. 1-46, S. 15; vgl. dazu Kapitel III C

42 Eine vorzügliche Einführung und einen Überblick dazu bietet Uwe Flick, Soziale Repräsentationen in Wissen und Sprache als Zugänge zur Psychologie des Sozialen, in: ders. (Hg.), Psychologie des Sozialen. Repräsentationen in Wissen und Sprache, Reinbek 1995, S. 7-21

43 Serge Moscovici, Forword, in: C. Herzlich, Health and Illnes. A Psychological Analysis, London 1973, S. XVII

44 Rom Harré, Epistemologie sozialer Repräsentationen, in: Flick, op. cit., S. 165-176.

Wie die Wissenssoziologie insgesamt geht auch Moscovici von der »Vorrangigkeit des Sozialen im Bereich der Erkenntnistheorie« aus.[45] Neben dieser Annahme bildet die These des »gesellschaftlichen Ursprungs der Wahrnehmungen und des Glaubens sowie die kausale, gelegentlich zwingende Rolle dieser Repräsentationen und Glaubensinhalte«[46] das zweite Axiom dieser Theorie. Im Anschluss an Lévy-Bruhl vertritt Moscovici weiterhin die Ansicht, dass soziale Repräsentationen nicht isoliert zu betrachten sind, sondern in einem ganzheitlichen Gesamtzusammenhang gesehen werden müssen. Sie folgen zudem keineswegs nur einer intellektuellen Logik, sondern auch der »Logik« der Emotionen. Schließlich seien sie weitgehend kohärent und gleichwertig. Sie sind von jeweils gleicher Relevanz. Soziale Repräsentationen umfassen jede Form des Glaubens, der Ideologie oder des Wissens, einschließlich der Wissenschaft. In einer »exakten« Lesart definiert er sie als ein bestimmtes, wiederkehrendes und umfassendes Modell von Bildern, Glaubensinhalten und symbolischen Verhaltensweisen. Sie gleichen den »Theorien, die eine bestimmte Menge von Aussagen zu einem Thema (Geisteskrankheiten sind übertragbar; der Mensch ist, was er isst etc.) ordnen und die Dinge und Personen, deren Eigenschaften, Verhaltensweisen und dergleichen mehr zu beschreiben und zu erklären erlauben«[47], also »Alltagstheorien«.

In jüngerer Zeit ist auch unter den Vertretern der Theorie sozialer Repräsentationen eine »kommunikative Wende« zu beobachten. Immer mehr wenden sich der Frage zu, wie diese Repräsentationen in »Diskursen« realisiert werden.[48]

Die Sozialpsychologie kennt noch eine Reihe weiterer Kategorien, mit denen sie »soziales Wissen« zu erfassen sucht.[49] Dazu gehören auch Kategorien, die in der Wissenssoziologie oder der kognitiven Anthropologie entwickelt, dann aber sozialpsychologisch weiter verarbeitet wurden. Dazu gehören etwa »Ideologie«, und »Prototyp« aber auch das schon erwähnte *Skript*, das kurz erläutert werden muss.[50] Ausgehend von der Annahme, dass Denken in der Manipulation innerer Repräsentationen der äußeren Welt besteht, bilden sich Schemata aus, also »kognitive Strukturen«, die sich auf Gegenstände beziehen. Von sozialen Schemata wird gesprochen, wenn sie sich auf »soziale Gegenstände« beziehen.[51] Skripte nun stellen besondere Formen sozialer Schemata dar. Ihre Besonderheit besteht darin, dass sie sich auf Ab-

45 Serge Moscovici, Geschichte und Aktualität sozialer Repräsentationen, in: Flick, op. cit., S. 266-314, S. 271

46 Ebd., S. 276

47 Ebd., S. 310

48 Jonathan Potter, und Mark Wetherell, Discourse and Social Psychology: Beyond Attitudes and Behaviour, London 1987

49 Mario von Cranach, Über das Wissen sozialer Systeme, in: Flick, op. cit., S. 22-54, S. 44

50 In der Sozialpsychologie wird die Skripttheorie auf die »Schema-Theorie« Minskys zurückgeführt; vgl. Marvin Minsky, A framework for representing knowledge, in: H. P. Winston (Hg.), The Psychology of Computer Vision, New York 1975

51 Im Gefolge von Minsky wurden verschiedene soziale Schemata unterscheiden: Selbstschemata, Personenschemata, Rollenschemata und Situationsschemata. Im Grunde handelt es sich um das, was Schütz »Typisierung« nennt.

folgen gezielter Handlungen beziehen, die miteinander verknüpft sind und mit bestimmten Typen, Objekten und Orten verbunden sind. Es handelt sich um zeitliche Abläufe oder soziale Ereignisse, die eine Abfolge von Handlungen enthalten. Skripte beziehen sich auf Routinehandlungen und vertraute Handlungszusammenhänge, die im Langzeitgedächtnis abgespeichert werden.[52] Skripte bezeichnen aber auch gezielte, absichtliche Handlungen, die nicht sozusagen automatisch ablaufen. Sie unterscheiden sich dadurch von Gewohnheiten.

Ein Beispiel für ein solches Skript ist der Besuch im Restaurant. Dazu gehört zum Beispiel das Eintreten, das Bestellen, das Essen, das Hinausgehen. Jede dieser Phasen enthält eine Art Titel, der einzelne erwartbare Handlungen beinhaltet. So kommt vor dem Verlassen das Bezahlen, das etwa durch die Bitte nach der Rechnung erfolgt, dann mit dem Begleichen der Rechnung fortfährt und über die Verabschiedung im Hinausgehen endet.

Skripte sind also Teil von hierarchisch geordneten Strukturen bestimmter geordneter Abläufe. Dazu gehören nicht nur die Titel als Teil der Skripte, sondern auch Verknüpfungen von Skripten. So ist das Skript »Einkaufen im Supermarkt« verknüpft mit dem Skript »Produktvergleich« oder »Alternativen abwägen«. Allerdings haftet dem Konzept des Skripts auch eine inhärente Doppeldeutigkeit an, denn es kann sich sowohl auf die Ereignisse beziehen, wie sie von einem Beobachter erwartet werden als auch auf die Handlungen, die von den Akteuren selbst erwartet werden.

Zwischen Soziologie und Psychologie ist auch der Begriff des »*Rahmens*« bzw. »frame« (oder »*Rahmung*« bzw. »framing«) angesiedelt. Wir haben schon die Goffmansche Verwendung des Begriffes besprochen. Hier soll dagegen die in der Sozialpsychologie gebräuchliche kognitivistische Verwendung des Rahmenbegriffes angesprochen werden. Bezeichnenderweise tritt diese am ausdrücklichsten in der Soziologie auf. Esser, der den englischen Begriff des »Framings« verwendet, versteht darunter ein mentales Modell der Situation. Ausgehend von der Beobachtung der Situation vergleichen demnach Akteure ihre Beobachtungen mit dem Modell. Decken sich Situation und Modell in wesentlichen Zügen (mit dem englischen Begriff des *Matching* bezeichnet), dann ist die Situation definiert. »Frame« bezeichnet hier das Modell der Situation. Genauer sind ›Frames‹ »im Gedächtnis gespeicherte, mit spezifischen Inhalten und auf gewisse Aspekte zuspitzende gedankliche *Modelle* von typischen Situationen«.[53] »Fra-

52 Roger C. Schank und Robert P. Abelson, Scripts, Plans, Goals and Understanding. An Inquiry into Human Knowledge Structures, Hillsdale N.J. 1977

53 Der Begriff des »Framing« ist für Essers Variante der Theorie der rationalen Wahl von einiger Bedeutung, bildet er doch gleichsam das subjektive Äquivalent einer objektiven Situationsdeutung, wie sie in der klassischen Rational Choice-Theorie erforderlich ist. Esser legt denn auch sehr viel Wert auf die Frage, wie die »Frames« selegiert werden. Dagegen bleibt der Begriff selbst außerordentlich unscharf, setzt er ihn doch gleich mit »mental model, image, prototype, Situations-, Interpretations- oder Signifikationsschema, Interpretationskonstrukt, Leitcode, weltschaffende Unterscheidung, Orientierung, kollektives Wissensmuster, Mentalmodell, Weltbild, Gestalt, mentale Repräsentation, Attitüde oder Stereotyp«, ja er identifiziert ihn auch noch mit dem »Habitus und den Mentalitäten«; Hartmut Esser, Soziologie. Spezielle Grundlagen. Bd. 6: Sinn und Kultur, Frankfurt 2001, S. 262

mes« als Modellen der kognitiven Erfassung von Situationen entsprechen auch bei ihm die »Skripte« als Modelle für Handlungssequenzen in sozialen Situationen.

Exemplarisch für die vielen wissenssoziologischen Begriffe, die in der Marktforschung erprobt werden, sollte noch das »*Image*« erwähnt werden, das sogar Eingang in die deutsche Umgangssprache gefunden hat. (Man könnte hier auch das jüngere Konzept des »Mindset« anführen, das jedoch weitaus weniger analytisch durchdrungen ist.) Da die Ökonomie vielfach von der »objektiven« Bedeutung oder dem »objektiven« Wert ausgeht, bezeichnet demgegenüber das Image dort zum einen die subjektiven Vorstellungen, die jemand von einer Ware, einer Dienstleistung oder einer Organisation hat. Eine etwas komplexere Begrifflichkeit fasst unter dem Image zum Zweiten auch die »objektiven« Merkmale einer Person oder Sache, die öffentliche Selbstdarstellung, die Merkmale und Prädispositionen der Rezipienten und schließlich die Art der Darstellung dieser Personen oder Sachen in den Medien. Daran schließen sich umfangreiche praktische Marktforschungen (»Imageanalyse«, »Imageforschung«) an, die sich, einfach ausgedrückt, mit dem subjektiven Wissen von Menschen über bestimmte Waren (z.B. Automobile), Personen (z.B. »Stars«) oder Organisationen (z.B. Ölfirmen) beschäftigen.

Einen besonderen, sozialen Aspekt des Images hebt der Ökonom Kenneth Boulding hervor, der dem »public image« eine zentrale Bedeutung für die Selbsterhaltung einer Gesellschaft zuschreibt. Public Image enthält die wesentlichen Vorstellungen, die die Mitglieder einer Gruppe teilen. Dieses »Image« wird in der Regel in einem »Transkript« ausgedrückt, d.h. in permanenten Formen der Repräsentation, die von einer Gesellschaft zur nächsten weitergegeben werden.[54] Diese Vorstellung des »public image« als einer Art »Selbstrepräsentation« wurde in der Soziologie zur Erfassung des subjektiven Gesellschaftsbildes aufgenommen.[55]

Als Beispiel für einen Begriff der Rhetorik, der schon seit Aristoteles zur Bezeichnung von Wissensgehalten verwendet wird, möchte ich abschließend noch den Topos erwähnen. Der Begriff der Topik wurde seit der antiken Rhetorik schon für die »Gemeinplätze« der Rede verwendet, genauer: für gleiche Arten und Inhalte des Denkens, auf die man zur Gestaltung der Rede zurückgreifen kann. Zuweilen fasste man sie sogar als mentale Bilder, die jeweils bestimmte Gedanken enthalten. Seine wissenssoziologische Relevanz erhält er durch die berühmte Untersuchung von Popitz u.a. über das Gesellschaftsbild des Arbeiters. Popitz und vor allem sein Mitarbeiter Kesting stellten bei ihren Interviews mit Arbeitern fest, dass nicht nur immer wieder dieselben Themen auftauchen; die Interviewaussagen weisen überdies

54 Kenneth Boulding, The Public Image and the Sociology of Knowledge, in: ders., The Image, Grand Rapids, Mich., 1956, S. 64-81

55 Vgl. Harriett Moore und Gerhard Kleining, Das Bild der sozialen Wirklichkeit. Analyse der Struktur und der Bedeutung eines Images, in: Kölner Zeitschrift für Soziologie und Sozialpsychologie 11, 3 (1959), S. 353-376

»eine Gleichförmigkeit [auf], die bis in die Formulierungen hineinreicht«. Ein Vergleich der Protokolle verschiedener Interviews zeigt, dass die Stereotypik der Vorstellungen und der häufige Gebrauch von gleichlautenden Wendungen und sogar von Sprachhülsen aller Art auf die Befragten selbst zurückgeht. Popitz und seine Mitarbeiter kamen deswegen zum Schluss, es gebe einen relativ fest umrissenen Bestand von Vorstellungen, Gesichtspunkten und Thesen, der den Arbeitern gemeinsam zur Verfügung stehe und auf den sie bei den Antworten zurückgreifen. Diesen Bestand nannten sie soziale Topik. Diese Topik wies in ihren Augen zwei Besonderheiten auf: Sie sei einerseits unabhängig von der individuellen Meinung der Person, die die Aussage macht. Und zum Zweiten sei sie an die jeweilige soziale Gruppe gebunden, d.h. dass sich »die verschiedenen sozialen Gruppen – zum Teil wenigstens – sehr verschiedener Topoi [bedienen]. Die Angestellten eines Großunternehmens verwenden bereits in entscheidenden Punkten eine andere Topik als die Arbeiter desselben Werks. Ganz zu schweigen von einer von den Arbeitern so verschiedenen sozialen Gruppe wie etwa kleinbürgerliche Einzelwarenhändler. Jede Topik, d.h. der Gesamtbestand verfügbarer Topoi, hat ihren sozialen Ort, an dem sie sich [...] als sinnvoll erweist. In diesem Sinn reden wir von *sozialer Topik*. Es lassen sich für jede soziale Gruppe ganze Kataloge von Topoi aufstellen, die für diese Gruppe spezifisch sind.«[56]

Es mag nebenbei erwähnenswert sein, dass dieses Phänomen keineswegs nur von Popitz und Kesting entdeckt wurde. So wurde der von ihnen aufgefundene Topos ›Ihr da oben, wir da unten‹ fast zur selben Zeit und unabhängig von ihnen in einer anderen Arbeit herausgestellt, die eine gewisse Berühmtheit erlangte: »The Uses of Literacy«, ein Werk, in dem sich Richard Hoggart mit der mündlichen Kultur der englischen Arbeiterschaft beschäftigt.[57] Erwähnenswert ist dieses Werk, weil es zu einem der Grundsteine der englischen Cultural Studies zählt.

Im Unterschied zu Hoggart bedienten sich Popitz und Kesting ausdrücklich des Topos-Begriffes. Ein Topos ist für sie Niederschlag kollektiver Erfahrungen, die eine Orientierungsfunktion für die Handelnden in der Wirklichkeit haben; sie sind also an die Interessen der Arbeiter gebunden. (Das zeigt sich etwa an dem Topos, der technischen Fortschritt mit Arbeitslosigkeit verbindet.[58]) Der Begriff wurde auch von Arnold Gehlen geprägt, der ihnen eine den Institutionen analoge Funktion zuschrieb. Topoi bezeichnen für ihn »Routineformen« und Gewohnheiten des Denkens, Fühlens und Wollens: »Es gibt im Seelischen jederzeit Topoi, Modellformen des Gefühls, der Empfindung, des Ideellen und Gedanklichen.« Schon in

56 Hanno Kesting, Zur sozialen Topik, in: H. Popitz, H. P. Bahrdt, E. A. Juves, H. Kesting, Das Gesellschaftsbild des Arbeiters. Soziologische Untersuchungen in der Hüttenindustrie, Tübingen 1972 (EA 1957), S. 81-88, S. 83f

57 Richard Hoggart, The Uses of Literacy, Harmondsworth 1957

58 Die Topoi ›Arbeitslosigkeit‹ und ›technischer Fortschritt‹, die auf eine schier fatalistische Weise verbunden sind, geben das Selbst- und Wirklichkeitsverständnis der Arbeiter wieder. Dieses enthält auch in besten Zeiten immer die Arbeitslosigkeit als Möglichkeit, als mögliches Massenschicksal, so dass sich Arbeiter infolgedessen nie in Sicherheit wiegen können. Der Topos ›Arbeitslosigkeit‹ ist also mit einem fatalistischen Geschichtsbild verknüpft.

dem ein Jahr zuvor erschienenen Buch »Urmensch und Spätkultur« hatte er Topoi erwähnt, und zwar als »stereotype Elemente in Form und Inhalt«, die im Zusammenhang von Übernommenem, Überkommenem und Konstruiertem stehen, also kurz: mit der Tradition, die die Einbildung in der Wahrnehmung lenkt.[59] Als Gewohnheiten des Denkens, Fühlens und Wollens erfüllen Topoi dieselbe Funktion für das Kognitive, Seelische und Voluntative wie die Institutionen für Handlungen. Wo Gewohnheiten wirken, muss der Mensch keine neue Energie aufwenden; er kann auf das Routinisierte zurückgreifen und sich neuen Problemen zuwenden.

Trotz der breiten Rezeption dieser Untersuchung findet der Topos-Begriff danach in der Soziologie nur gelegentlich wieder Verwendung. So betrachtet Oskar Negt in einer theoretischen Arbeit Topoi als »traditionelle überlieferte und verdinglichte Deutungsmodelle«, als »Kleininstitutionen des Redens«.[60] Auf der Grundlage einer Analyse moderner Medienkommunikation bezeichnet Dieter Prokop Topoi als »Ausdruck gruppenspezifischer Werte«, die sowohl »rationale, realitätsflüchtige Erfahrungskerne« wie auch stereotype Elemente beinhalten. Topoi, so Prokop, leiten die Rezeption der Medienkonsumenten und sind so gleichsam Orientierungspunkte und Einfallstore der Rezipienten für die Medienproduzenten.[61] Diesen Topos-Begriff nimmt auch Radtke wieder auf. In seiner Untersuchung darüber, wie Lehrer, Schulpsychologen u.Ä. das Verhalten von Schülern erklären, beobachtet er ein hohes Maß an topischem Wissen, das für den Berufsstand und seinen Wissenskanon typisch sei. Es zeige sich, »daß die Aussagen von Schulpsychologen über Erziehungsschwierigkeiten genau jene verbreiteten und mehr oder weniger allgemein geteilten Denkkonventionen enthalten, wie sie in den gängigsten wissenschaftlichen Theorien und deren populärwissenschaftlichen Aufbereitungen angeboten werden.«[62] Am deutlichsten ausformuliert findet sich der Begriff indessen bei der Soziolinguistin Uta Quasthoff. Sie fasst Topoi als Oberbegriff für Stereotypen.[63] In ihren empirischen Untersuchungen alltagssprachlicher Konversationen bezeichnet sie Stereotypen als diejenigen Topoi, die sich auf soziale Gruppen beziehen. Wie Topoi teilen sie die Funktion der »Orientierung in der komplexen Welt«; darüber hinaus stärken sie die Solidarität der Gruppe und dienen zur Orientierung von Handlungen. Zwar erfüllten Topoi damit dieselbe Funktion wie Stereotype, doch unterscheidet sie Stereotype, Clichées, Sprichwörter und anderes von sozialen Topoi. Eine systematische Nutzung der Topik für die Wissenssoziologie,

59 Arnold Gehlen, Die Seele im technischen Zeitalter. Hamburg 1957; Arnold Gehlen, Urmensch und Spätkultur, Wiesbaden 1986, S. 71 [EA 1956]

60 Oskar Negt, Soziologische Phantasie und exemplarisches Lernen. Zur Theorie und Praxis der Arbeiterbildung, Frankfurt 1981 (2. Aufl.)

61 Vgl. Dieter Prokop, Faszination und Langweile. Die populären Medien, Stuttgart 1979. Eine verfeinerte medienwissenschaftliche Analyse von Topoi in der Werbung nimmt später Ludwig Fischer vor, der sich u.a. auf die Werbelehre Egon Judas stützt; vgl. Ludwig Fischer, Naturzauber — warenwirtschaftlich und poetisch. Prospekt der Analyse eines Stücks aktueller Topik, in: Jahrbuch für Intenationale Germanistik VIII/2, (1985), S. 49-76

62 Frank-Olaf Radtke, Pädagogische Konventionen. Zur Topik eines Berufsstandes. Weinheim und Basel 1983, S. 42

63 Uta Quasthoff, Soziales Vorurteil und Kommunkation, Frankfurt 1973

der Topoi als semantisch rekurrente thematische Einheiten in gesellschaftlichen Diskursen bestimmt, habe ich an anderer Stelle selbst vorgeschlagen. Im Sinne der »kommunikativen Wende« sind Topoi also nicht nur »Orte des Denkens«, sondern auch Orte des Kommunizierens.[64]

3 Medien, Wissen und Visualisierung

Schon im Zusammenhang mit dem kollektiven Gedächtnis wurde die Bedeutung der Medialität hervorgehoben. Die Mittel der Speicherung und Mitteilung von Wissen werden immer häufiger nicht mehr als neutrale, gleichsam durchsichtige »Vermittler« angesehen; vielmehr betonen vor allem neuere Medientheorien, dass die Medien selbst Folgen für die Struktur des Wissens, ja sogar für die Struktur der Gesellschaft haben. Wenn man sich nun mit dem Medium beschäftigt, dann spielt zum einen die technische Beschaffenheit eine Rolle. Doch ist das Medium, wie schon erwähnt, weitaus mehr als ein technisches Instrument der Vermittlung bzw. Kommunikation von Wissen. Daneben ist auch die Form der Codierung von Bedeutung, also die Art der Zeichen und des verwendeten Zeichensystems, wie etwa lautsprachliche Buchstaben (»a, b, c…«), ikonographische Symbole (zum Beispiel die »icons« der Computeroberfläche), oder bildliche Repräsentationen (wie beim Fernsehen oder bei Fotos). Das schon erwähnte technische Instrument (beispielsweise das Papier oder der Bildschirm) sollte von den Formen der Zirkulation unterschieden werden, wie etwa die massenhafte Ausstrahlung von Fernsehbildern, die individuelle Adressierung von E-mails oder die sehr individuelle Verbreitung von handschriftlichen Manuskripten. Es ist schließlich offenkundig, dass ökonomische und sozialstrukturelle Faktoren eine ebenso entscheidende Rolle für die Zirkulation spielen wie technische.

Fassen wir Medien auf diese Weise, dann liegt es nahe, von einem sehr engen Zusammenspiel zwischen Medien, Wissen und Gesellschaft auszugehen. Dabei können wir zwei häufig miteinander verbundene Vorstellungen unterscheiden. Zum einen ist Wissen von Medien abhängig, da es ja der Vermittlung bedarf, die medial erfolgt. Deswegen prägen die Medien die Struktur der Wissensverteilung. Weil Medien kraft ihrer Codierung und der Art ihres technischen Trägers selbst eine eigene Form annehmen oder vorgeben, werden sie zum anderen als prägend für die Arten und Inhalte des Wissens angesehen. Diese Prägung zeigt sich insbesondere in der historischen Betrachtung großer medialer Veränderungen, wie sie von der so genannten Toronto-Schule der Kommunikationsforschung aufgezeigt wurde.[65]

---

64 Hubert Knoblauch, Diskurs, Kommunikation und Wissenssoziologie, in: Andreas Hirseland, Reiner Keller, Werner Schneider und Willy Viehöver (Hg.), Handbuch Diskursanalyse Bd. 1: Theorien und Methoden, Opladen 2001, S. 207-224

65 Die Medientheorie untersucht etwa die Rolle der Sinne in der Verwendung der Medien, ihre Ein- oder Zweiseitigkeit, die Geschwindigkeit ihrer Verbreitung, die Art der Vercodung von Informationen und ihre Reichweite.

Begründet wurde diese Schule von Harold Adam Innis. In seinen historisch umfassenden Arbeiten schreibt er die menschliche Geschichte neu – als Geschichte der Kommunikationstechnologien. So weist er etwa auf den Zusammenhang zwischen bestimmten Technologien und soziopolitischen Gebilden hin. Hieroglyphen auf Stein stehen in einer Verbindung mit auf lange Zeitabschnitte bauenden Imperien (Ägypten); räumlich flexibler einsetzbare Technologien – Papyrus – dagegen sind für räumlich ausgedehntere Imperien (Rom) notwendig. In seinen Augen sind die besonderen Potenziale der einzelnen Medien bzw. der Eigenschaften ihrer technischen Träger der Grund für den »Bias«, die Schlagseite dieser Medien: Die Eigenschaften des Mediums haben Folgen für die Struktur der Gesellschaft bzw. die Art der Herrschaft. Einige Medien (wie etwa das handgeschriebene Wort) lassen sich leichter kontrollieren als andere (zum Beispiel das massenhaft gedruckte Wort) – ein Grund für den Verlust des religiösen Monopols der katholischen Kirche nach der Einführung des Buchdrucks. Innis wies also auf die Abhängigkeit bedeutender historischer Entwicklungen von Kommunikationstechnologien hin – sowie deren Einfluss auf das Wissen: »Wir können möglicherweise davon ausgehen«, so schließt er, »dass der Gebrauch eines Kommunikationsmediums über eine lange Zeit hinweg bis zu einem gewissen Grad die Art des kommunizierbaren Wissens determinieren kann [...]«.[66]

Der berühmteste Vertreter dieser Schule war der Literaturwissenschaftler Marshall McLuhan, ein Schüler von Innis, der sich vor allem um den Ausbau und die Popularisierung dieses Ansatzes verdient gemacht hat.[67] Auf der Grundlage von Innis' Theorie betrachtete er jedes Medium als eine Art Ausdehnung menschlicher Sinne. Er ging davon aus, dass die Verwendung verschiedener Technologie die Organisation der menschlichen Sinne und folglich auch die Kultur bestimmt.[68] Hatte Innis die menschliche Geschichte als eine Geschichte der Kommunikationsmittel konzipiert, so schlug McLuhan vor, diese Geschichte in vier Phasen einzuteilen: die Periode der Mündlichkeit in der Stammeskultur, die literale Manuskriptkultur etwa des Mittelalters, die »Gutenberg-Galaxis« des Buchdrucks der frühen Neuzeit sowie das »elektronische Zeitalter«, für das bei ihm, der noch vor der Ausbreitung des Computers schrieb, vor allem das Fernsehen steht.[69] Jede dieser Perioden wird nach McLuhan von einem besonderen Zusammenspiel der Sinne und dementsprechend zwischen Denken und Kommunikation geprägt. Überdies habe jedes Medium seinen eigenen Verhaltensstil, so dass, was im Medium Radio als »heiß« erscheine, im Medium des Fernsehen »kühl« sei. »Heiße« Medien erweitern auf eine sehr detaillierte Weise nur einen Sinn, während »kalte« Medien qualitativ und quantitativ weniger Informationen liefern.

Die Entwicklung der Medien steht nicht nur in einer Beziehung zur Sozialstruktur, sondern auch zu Formen des Denkens. Besonders der Übergang zwischen *Mündlich-*

66 Harold Adams Innis, Empire of Communication, Toronto 1972 (EA 1950), S. 15 [übers. v. HK].
67 Innis und McLuhan wurden von einer Reihe von Medientheoretikern gefolgt, so Walter J. Ong, Jack Goody und Joshua Meyrowitz.
68 Marshall McLuhan, Understanding Media. The Extensions of Man, New York 1964
69 Marshall McLuhan, The Gutenberg Galaxy: The Making of Typographic Man, Toronto 1962

keit und *Schriftlichkeit*, der im Laufe des 20. Jahrhunderts allmählich systematisch erschlossen wurde, weist auf deutliche Unterschiede zwischen dem Denken in mündlichen Kulturen und dem in schriftlichen Kulturen hin. Genauer gesagt reden wir hier von »primären« mündlichen Kulturen, in denen nur Mündlichkeit vorherrscht, während wir in Kulturen unserer Art eher von sekundären mündlichen Kulturen reden, da Mündlichkeit hier neben anderen Formen der medialen Kommunikation existiert.[70] Ein bekanntes Beispiel dafür liefert ja die großteils zunächst mündlich tradierte Bibel. An den vielen »und«-Verknüpfungen von Hauptsätzen in den mündlich überlieferten Teilen der Bibel kann man erkennen, dass das mündliche Denken additiv ist, also logisch in Abfolgen denkt. Dagegen neigt das schriftlich unterstützte Denken zu Subordinationen und Klassifikationen. Mündlich ist auch die Verwendung von Formeln und festen Epitheta, die aggregiert und damit synthetisch werden: Sie fügen Subjekt, Objekt und Prädikat zusammen und lassen sie als Einheit erscheinen. Das Schriftliche dagegen neigt zum analytischen Denken: Indem es die Sprache visualisiert, kann es die einzelnen sprachlichen Elemente (z.B. die Satzteile) zum Gegenstand machen und daraus eine »Grammatik« und eine »Logik« schaffen. Das hängt damit zusammen, dass erst Schreiben eine Art der Linearität erzeugt, die es ermöglicht, sich vergangener Kommunikation zuzuwenden. Mündlichkeit dagegen ermöglicht kein Hinaustreten aus der ablaufenden Kommunikation, sondern weist stattdessen Redundanzen auf: Es schafft Wiederholungen und Verdoppelungen (wie wir sie in den Refrains, Anaphern oder Parallelismen der Poesie finden). Weil mündliches Wissen so flüchtig ist, muss es sehr häufig repetiert werden. Die geringe Ablösbarkeit der Kommunikation von ihrem sozialen Kontext bedeutet auch, dass mündliche Kommunikation wesentlich konkreter ist als schriftliche: Sie benennt die Dinge beim Namen, kennt weniger abstrakte Kategorien und fassbarere Zusammenhänge. Da sie stark kontextgebunden bleibt, ist sie wesentlich einfühlsamer, situativer und teilnehmerorientiert als die schriftliche, die distanziert und sehr abstrakt sein kann.

Die Eigenschaften der jeweils dominierenden Medien wirken sich nicht nur auf das Denken, sondern auch auf die gesamte Kultur und die Gesellschaft aus: Weil der Erhalt von Wissen und Sitten ganz vom lebenden Gedächtnis der Menschen abhängt und damit ein guter Teil der Zeit in Aktivitäten des Erinnerns und Erzählens investiert wird, werden die Menschen – gleichsam als lebende Bibliothek – eng aneinander gebunden. Mündliche Kulturen sind deswegen nicht nur konservativ und traditionalistisch, auch ihre Gesellschaftsstruktur ist »*traditional*«: Sie arbeiten hart daran, das zu erhalten, was sie schon kennen. Mündliche Kulturen müssen geradezu traditionalistisch sein, um ihr Wissen zu bewahren. In schriftlichen Kulturen dagegen wird übernommenes Wissen ohnehin konserviert, so dass sich Menschen auf die Schaffung neuen Wissens konzentrieren können. Während also »Wissensexperten« in mündlichen Gesellschaften wesentlich »Bewahrer« sind, können sie in

70 Walter J. Ong, Orality and Literacy. The Technologizing of the Word, London u. New York 1982, S. 36ff

schriftlichen Erneuerer sein. Der Wandel geht langsam vonstatten, denn das soziale und kulturelle Überleben hängt am Bekannten.

Bei mündlichen Kulturen handelt es sich zudem um »*geschlossene Kulturen*« in einem doppelten Sinn: Zum einen erfordert die Mündlichkeit körperliche Präsenz. Mündliche Kulturen haben wenige Möglichkeiten, mit denen zu kommunizieren, die nicht mit ihrer Kultur vertraut sind. Zum Zweiten ist auch die Entwicklung der Individualität begrenzt. Individuelle Ausdrücke, neue Ideen und komplexe Argumente haben wenig Platz in einer solchen Kultur, weil sie schwierig zu erinnern sind und kaum an eine nennenswerte Zahl anderer vermittelt werden können. Die Geschlossenheit der mündlichen Gemeinschaft nach außen fördert aber auch ihre Offenheit und Flüssigkeit nach innen. Es gibt relativ wenige Unterschiede des sozialen Status' und der sozialen Perspektive. Die mündliche Welt ist charakterisiert durch die große Bedeutung der verschiedenen Sinne, des Hörens, Sehens, Riechens, Berührens usw.

Die *Handschrift* bildet eine lange Übergangsphase, die offenbar nicht mehr mit der politischen Stammesverfassung kompatibel ist und die auch mit dem mündlichen Modus des Denkens bricht. Schreiben erlaubt nicht nur analytisches Denken, es ermöglicht auch, Prosa zu verfassen sowie lange, komplexe Gedanken zu verfolgen und zu erinnern. Dadurch verändert das Schreiben auch den Inhalt des Mitgeteilten: Es entsteht eine Literatur, eine Theologie, eine Philosophie. Damit treten auch frühe Formen von »Intellektuellen«, also Schriftgelehrte, auf den Plan. Deren Auftreten verstärkt die Differenzierungen des Wissens und schürt den Wettbewerb zwischen unterschiedlichen symbolischen, d.h. mit der Behandlung der Medien beschäftigten Experten, die ihrerseits wieder mit Praktikern konkurrieren. Schreiben hat zur Folge, dass Menschen, die in derselben physikalischen und sozialen Umwelt leben, andere Dinge denken und sich mit solchen verbunden fühlen, die weit entfernt sind. Schreiben verbindet Menschen, wie es sie trennt.

Im Unterschied zu Sprechen und Hören ist Schreiben kein ›natürliches‹ Kommunikationsmittel. Braucht schon das Erlernen der Lautsprache lange Zeit, so erfordert das Erlernen der Schriftsprache (je nach Schriftsystem) noch sehr viel mehr Zeit, und es ist nur dann in der Breite der Gesellschaft wirksam, wenn es sehr früh begonnen wird, wenn viele lesen können und wenn viel Schreibmaterial verfügbar ist. Bis zum Einsetzen der Druckerpresse verstärkt die Schrift deswegen die soziale Ungleichheit. Die *Schrift* bewirkt dann die *Enkontextualisierung der Kommunikation*, d.h. die Abkoppelung der Kommunikation von der Situation sprachlicher Interaktion und damit von der gemeinsamen Zeit und vom gemeinsamen Erleben. Dies kompensiert sie durch Institutionen der interaktiv entkontextualisierten Kommunikation: Bücherstuben, Bibliotheken, Archive.

Die *Umstellung auf Schrift* ist keineswegs ein universales Phänomen. Von den tausenden, vielleicht zehntausenden Sprachen, die auf der Erde existieren und existierten, haben nur etwas mehr als hundert aus sich heraus eine eigene Schrift entwickelt, die auch eine eigenständige Literatur getragen hat. Die Erfindung der Schrift aber kommt einer Umstellung auf ein optisches, visuelles Medium gleich. Deswegen kann die Schrift eine *neue Zeitlichkeit der Kommunikation* schaffen. Permanenz, Stabilität, eine Auslagerung aus dem individuellen Gedächtnis erzeugen eine »Illusion der Gleichzeitigkeit der Ungleichzeitigkeit«. (So kann es kommen, dass der Philosoph Husserl im 20. Jahrhundert den Eindruck hat, er könne mit Platon reden). Die Schriftlichkeit bricht damit das Mit-der-Zeit-Leben, das gemeinsame Altern und eröffnet den Raum für die Geschichte. Zudem streckt Schrift Kommunikation und trennt den Akt des Kommunizierens von dem des Verstehens: Erzeugung von Kommunikation, Vermittlung und Rezeption können nun als eigenständige Phasen des Handelns verstanden werden. Diese Aufteilung schafft aber auch Unsicherheit in Bezug auf das Verständnis des gemeinten Sinns.

Schrift führt ferner zu einer verstärkten Verdinglichung oder, um es neutraler zu formulieren, zu einer *Potenzialisierung*: Die textliche Fixierung von Sinn härtet das, was einmal formuliert ist, auch dann, wenn es abgelehnt ist. Durch die eingebaute Vergegenständlichung löst die Schrift jedenfalls das aus, was wir im Zusammenhang mit dem Sonderwissen die »Ausbildung einer theoretischen Einstellung« nennen können und was Luhmann als »Evolution von Beobachtungsweisen höherer Ordnung« bezeichnet.[71]

Obwohl nur eine Variante der Schrift, löst die Einführung des *Buchdrucks* eine Reihe von zusätzlichen Veränderungen aus: Es kommt zu einer immensen Vermehrung des lesenden Publikums. Der Buchdruck fördert auch die massenhafte Individuierung der Kommunikation. Einzelne können sich nun in Texte vertiefen und als Einzelne angesprochen werden. Diese Individuierung ist, wie Eisenstein nachweist, mit einer Individualisierung verknüpft. Deswegen komme der Protestantismus in einer Zeit auf, in der Bücher verfügbar werden.[72] Denn die Bibel kann nun einzeln gelesen werden – und ermöglicht so nicht nur den individuellen Zugang, sondern auch eine individualisierte, nicht mehr notwendig über Priester (und die Messe) vermittelte Kommunikation mit Gott. Diese Entwicklung wird verstärkt durch die zunehmende Tendenz zur schweigenden Lektüre. Wurden Texte lange noch laut gelesen, so »verstummen« die Menschen nun, sie lesen schweigend. Sozialstrukturell bedeutsam am Buchdruck ist, dass das Umgehen der Interaktionsgemeinschaften möglich wird. Er fördert die Vorstellung einer Einheit verschiedener, örtlich verstreuter Menschen und ermöglicht die Schaffung größerer politischer und geistiger Einheiten. Damit ist der Buchdruck eine der Voraussetzung für die »Erfindung der Nation«: Wie Anderson zeigt, kann der moderne Nationalismus die lokale Gemeinschaft übergreifende Ordnung als eine gemeinsame Vorstellung (als »community of the mind«) nur vermittels der modernen Druckmedien erzeugen.[73] Die besonders breitenwirksame Dissemination des Buchdrucks in Europa wird hauptsächlich darauf zurückgeführt, dass der Buchdruck in Europa dezentral über den Markt insti-

---

71 Niklas Luhmann, Die Gesellschaft der Gesellschaft, Frankfurt 1997, Bd. 1, S. 249ff

72 Elisabeth Eisenstein, The Printing Press as an Agent of Change: Communications and Cultural Transformations in Early Modern Europe, Cambridge 1979

73 Benedict Anderson, Die Erfindung der Nation. Zur Karriere eines folgenreichen Konzeptes, Frankfurt 1988

tutionalisiert wurde und nicht, wie in China, zentral über eine Herrschaftsbürokratie. Manche sehen darin sogar einen wesentlichen Grund für den Erfolg des westlichen Kapitalismus. Allerdings sollte man dabei die staatliche Förderung der Bildung nicht übersehen. Dem Buchdruck wird eine ganze Reihe von weiteren Folgen zugeschrieben: die Uniformisierung der Sprache, das Zurückdrängen der Dialekte und die Etablierung von Nationalsprachen sowie die Ausbildung einer neuen Form von »Öffentlichkeit« der vielen gleichzeitig Lebenden und die Schaffung eines Gedächtnisses der Gesellschaft (etwa in Gestalt öffentlicher Bibliotheken).

Die Erzeugung von massenhaft vervielfältigten Texten und ihr Vertrieb über den Markt führt überdies zur Entwicklung einer Vielfalt literarischer Stile, zur Erfindung der Urheberschaft und des »Autoren« – und schließlich auch zu einer neuen Form des Wissens und Vorstellungen des Wissenszuwachses: Druck hält zum einen Wissen fest, zum anderen ermöglicht er intellektuellen Wandel und Entdeckungen. Er ist, so etwa Meyrowitz, die Voraussetzung für die Entstehung der Wissenschaft.[74]

Vor dem Hintergrund der epochalen Veränderungen, die der Buchdruck bewirkt hat, stellt sich natürlich auch die Frage, ob die gegenwärtig sich rasant ausbreitenden *elektronischen Kommunikationstechnologien* eine entsprechend epochale Veränderung bewirken. Diese Frage, die schon im Zusammenhang mit der »Informationsgesellschaft« aufgeworfen wurde, wird von verschiedenen »Medientheorien« in einer nur gelegentlich mit dem Thema der »Informationsgesellschaft« verbundenen Debatte erörtert. Diese Unverbundenheit liegt sicherlich auch darin begründet, dass die Medientheorien schon mit dem Aufkommen des Fernsehens einsetzen. So betonte ja schon McLuhan, dass das Fernsehen einen radikalen Bewusstseinswandel verursachen würde. (Eine These, in der ihn die Kritische Theorie, wenn auch mit anderer Wertung, bestärkte.) McLuhan war es auch, der die Eigenständigkeit dieses Mediums (das die »Botschaft« präge) und seine globalisierende Wirkung hervorhebt. Vor dem Hintergrund dieser historischen Verknüpfung von Medien, Sozialstruktur und Denken werden in jüngerer Zeit sehr viele Beobachtungen und Vermutungen über die Eigenschaften und Folgen der interaktiven elektronischen Medien angestellt, die die »Medientheorie« zu einem eigenständigen gegenwärtigen Theorie- und Forschungsbereich gemacht haben. Fassen wir einige der Beobachtungen und Vermutungen zusammen:

Nach wie vor erscheint der Markt als eine der wichtigsten Vermittlungsstrukturen dieser Medien. Im Vergleich zum schon massenhaften Druck ist beachtenswert, dass die schiere Masse der Information pro Nutzer noch einmal deutlich zugenommen hat. Besonders aber ihre weite Verbreitung und globale Zugänglichkeit sowie die neuen Institutionen und Strukturen der Verbreitung in Gestalt eines Netzwerkes und ihre Interaktivität gelten führen, wie Krotz betont, zu einer zunehmenden Mediatisierung der Wirklichkeit. An die Stelle der unmittelbaren Erfahrung und des direkten sozialen Handelns treten medial vermittelte Wirklichkeiten durch eine »sekundäre Sensua-

---

74 Joshua Meyrowitz, Medium Theory, in: Crowley, David und David Mitchell (Hg.), Communication Theory Today, London 1994, S. 50-77, S. 57

lisierung« und medial vermittelte Handlungs- und Interaktionsformen, die als Grundlage für neue »virtuelle« Gemeinschaften« dienen.[75]

Eine augenfällige Form der sekundären Sensualisierung ist die *Visualisierung*: Grafiken, Fotografien und Videobilder halten Einzug auf die Monitore der Informationsgesellschaft. Es wurde sogar die These aufgestellt, dass die neuen Medien eine »Revolution der Bilder« auslösten, da die zunehmende Computerisierung eine Umstellung von der Schrift auf visuelle Repräsentationen zur Folge habe.[76] Der Medientheoretiker Flusser steht mit dieser These keineswegs allein, bemerkt doch auch Friedhoff, dass »die endgültige Wirkung der visuellen Computertechnik es mit den sozialen Folgen der Computerisierung selbst aufnehmen, ja sie übertreffen kann. Das ist der Grund dafür, dass man von einer »zweiten Computer-Revolution« sprechen könne.«[77] Weil es mit der zunehmenden Visualisierung zu einer Verlagerung vom Wort zum Bild, vom Propositionalen zum Ikonographischen kommt, sei eine dramatische Veränderung des Wissens die Folge.

Allerdings sollte man die These einer gegenwärtigen visuellen Revolution durchaus kritisch betrachten, spielt die Visualisierung doch schon in den mittelalterlichen Kommunikationsformen eine wachsende Rolle. Diese beschränkt sich keineswegs auf mediale Illustrationen (etwa in den Armenbibeln seit dem 13. Jahrhundert), sondern findet in Gestalt von Schautafeln und beweglichen Bildern bei Prozessionen und Straßenkundgebungen ihren Ausdruck. Der theologischen Bilderlehre zufolge fördert die Visualisierung den Unterricht in Heilslehren und Heiligengeschichten und deren visuelles Einprägen. An diese Bedeutung des Visuellen in der abendländischen Geschichte schließt sich die These des Okularzentrismus an. Sie geht davon aus, dass es in der westlichen Kultur schon immer eine Hegemonie des Auges gegeben habe. Wissen also sei, wie das Wort schon sagt, wesentlich vom Prinzip des visuellen Sinnes geleitet. Der Einbezug anderer sinnlicher Erkenntnisformen würde zu einem anderen Begriff des Wissens führen. So rekonstruiert etwa Lowe die Geschichte der bürgerlichen Wahrnehmung und stellt eine gewisse Dominanz von Hören und Fühlen in der vorneuzeitlichen Geschichte fest. Seit der Renaissance gewinne jedoch das Sehen an Bedeutung, die durch die repräsentativen Raumgestaltungen des Absolutismus noch verstärkt werde. In der bürgerlichen Gesellschaft nehme die Bedeutung des Sehens insbesondere durch die Erfindung der Fotografie noch mehr zu. Die Erfindung und Ausbreitung des Films bedeute dann einen qualitativen Sprung, eine »Wahrnehmungsrevolution« (die er zwischen 1905 und 1910 verortet), in der die Visualität die Oberhand übernommen habe.[78]

Auch wenn die These der Visualisierung durch Computerisierung ebenso umstritten ist wie die einer Vorherrschaft des Visuellen seit dem Mittelalter, so wird doch die Bedeutung des Visuellen außerhalb der Bildenden Künste zunehmend diskutiert. Allein im Institutionsbereich der Wissenschaft führt die Visualisierung, wie

75 Friedrich Krotz, Mediatisierung. Fallstudien zum Wandel von Kommunikation, Wiesbaden 2007
76 Vilém Flusser, Die Revolution der Bilder, Mannheim 1995
77 Richard M. Friedhoff, The Second Computer Revolution: Visualization, New York 1991 [übers. v. HK]
78 Donald Lowe, History of Bourgeois Perception, Brighton 1982

Heintz und Huber bemerken, zu einer dramatischen Veränderung, übernehmen die visuellen Repräsentationen doch die Rolle dessen, worauf sich das Wissen bezieht: »Auch wenn Beschreibungen in wissenschaftlichen Texten eine objektive Referenz suggerieren, faktisch beziehen sie sich nicht ›vertikal‹ auf eine ›unter‹ ihnen liegende Wirklichkeit, sondern ›horizontal‹ auf Darstellungen – auf Tabellen, Bilder, Kurven –, die ebenfalls Elemente des Textes sind.«[79] Bilder und Visualisierung – etwa von Hirnprozessen oder Netzwerkstrukturen – treten immer häufiger als die Gegenstände selbst auf, die wiederum durch visuelle Techniken (die Bedienung der Instrumente am Monitor) bearbeitet werden. Wie Knorr Cetina zeigt, entwickeln sich durch den Umgang mit medialen Repräsentationen eigene visuelle Logiken, die bis in die Konstitution wissenschaftlichen Wissens hineinreichen. In ihren teilnehmenden Beobachtungen von naturwissenschaftlichen Forschergemeinschaften identifiziert sie solche visuelle Diskurse, die sie als ›Viskurse‹ bezeichnet.[80] Diese helfen, so ihre These, das Wissen neu zu ordnen, ja sie bilden immer häufiger selbst die empirische Grundlage für Theorien, die damit von der Logik sprachlicher und schriftlicher Argumentationen auf bildlich-visuelle umschalten würden.

Visualität als sozialisierte Form des Sehens ist jedoch nicht nur in den hochgradig spezialisierten Gebieten der Wissenschaft von Bedeutung. Falls die These der sekundären Sensualisierung zutrifft, wird sich die Frage stellen, ob und in welcher Weise die Visualisierung das Wissen auch in anderen Institutionsbereichen und im Alltag verändert. In der Tat entstand in den letzten Jahren vor allen Dingen im angelsächsischen Raum ein eigener interdisziplinärer Forschungsbereich, der sich (häufig vor dem Hintergrund der »Cultural Studies«) mit der »Visual Culture«, der »visuellen Kultur« beschäftigt. Damit sind die vor allem im Alltag und in der Populärkultur üblichen Formen der visuellen Präsentation gemeint. Die visuelle Repräsentation gilt nicht mehr als ein »Fenster zur Welt«. Vielmehr wird die These aufgestellt, dass Sehen mit »Glauben«, also mit eigenen kulturellen Wissensformen verbunden sei. Die so kulturell geformten Sehweisen werden als *Visualität* bezeichnet, als sozusagen sozialisierte Formen des Sehens. Durch die zunehmende Medialisierung würden diese Konventionen massiv beeinflusst und bildeten eigene Konventionen der »mediated vision« aus.[81]

Ein Beispiel für die kulturelle Vermitteltheit des Sehen bietet der Kunsthistoriker Gombrich mit seiner These, dass die Zentralperspektive der Renaissance, von der man meinte, dass sie die visuelle Wahrheit menschlichen Sehens erfasst habe, in einigen Aspekten von der wirklichen Sehweise abweicht. Dazu gehört etwa die Differenz zwischen der flachen Oberfläche und der konvexen Retina, die keine geraden Linien ermöglicht. Die Differenzen zwischen dem visuellen Eindruck der Bilder und dem der Wahrnehmung wirklicher Welten führte Gombrich zum Schluss, dass

---

79 Bettina Heintz und Jörg Huber, Einleitung, in: Heintz, Bettina (Hg.), Mit dem Auge denken. Strategien der Sichtbarmachung in wissenschaftlichen und virtuellen Welten, Zürich 2001, S. 9-40, S. 12

80 Karin Knorr Cetina, »Viskurse« der Physik. Konsensbildung und visuelle Darstellung, in: Heintz und Huber (Hg.), Mit dem Auge denken, op. cit., S. 305-320

81 John A. Walker und Sarah Chaplin, Visual Culture, Manchester 1997

es unterschiedliche visuelle Kulturen gebe, die verschiedene Konventionen davon haben, wie ein Bild realistisch aussehen sollte.[82] Goodman führte dieses Argument weiter zur These, dass der vermeintliche Realismus einiger Arten von Bildern, insbesondere von Fotografien, mehr der Einstellung der Wahrnehmenden und ihren Konventionen für »Reales« als den Eigenschaften der Bilder zu verdanken sei.[83] Diese Voreinstellung bzw. die entsprechende Kompetenz wird auch als *visuelle Literatizität* bezeichnet: Eine sehende Person muss durch ausreichende Praxis die Konventionen der bildlichen Medien gelernt haben, und zwar je nach Medium durchaus unterschiedlich: Mittel beim Film sind etwa Nahaufnahmen, subjektive Kamera, Rückblenden; beim stehenden Bild werden »schnelle Bewegungen« durch Verzerrungen, durch Streifen, Unschärfe oder, in der Zeichnung, durch mehrfache Anführung des sich Bewegenden angezeigt. Eine ebenso typische Konvention bei Fotografien ist die Aufnahme von unten, um jemanden mächtiger erscheinen zu lassen. Solche Konventionen stellen »Codes« dar, die, ähnlich denen der Sprache, ein »Lesen« der Bilder erst ermöglichten – und zwar sowohl der »Abbildungen« wie auch der künstlerisch gestalteten Bilder. (Der Realismus der »Abbildungen« gilt hier selbst als nur eine Form der Gestaltung.) Die durch Codes geschaffene Lesart führt in den Augen mancher sogar zu einem »scopic regime«, einer Vorherrschaft bestimmter Sehkonventionen, die als »Gefängnis des Sehens« wirken können. Denn sie beschränken sich keineswegs auf die »äußeren« Bilder, sondern wirken sich auch auf die inneren Bilder, Träume, Erinnerungen, Halluzinationen und Visionen aus.[84]

Allerdings gibt es gegen diese kulturalistische These der Prägung von Wahrnehmung durch Konventionen auch Einwände. So vertritt Messaris die Auffassung, dass die bildlichen Konventionen im Wesentlichen auf den geistigen Prozessen für die Interpretation von nichtbildlichen Erfahrungen beruhten.[85] Wenn man sich nämlich ansehe, wie Menschen, die noch keine Erfahrung mit Bildern hatten, das »Bildsehen«, also Visualität, erlernen, dann beobachte man, dass niemand wirklich ernsthafte Schwierigkeiten habe, das zu erlernen: Die Übersetzung der Fläche in den Raum erfolge sehr schnell. Zwar seien die Zweiäugigkeit und die Abhängigkeit des Sehens von den Bewegungen des Sehenden in den Bildern nicht reproduzierbar, doch genügt eine Familiarität mit dem wirklichen Ereignis, um die Bildhaftigkeit lesen zu können. Diese Debatte ist keineswegs abgeschlossen. Es steht aber außer Zweifel, dass die instrumentelle Erzeugung, die mediatisierte Vermittlung und die repräsentierende Verkörperung visuellen Wissens ein bedeutendes Forschungsthema der Wissenssoziologie bleiben ist.[86]

82 Ernst Gombrich, Art and Illusion: A Contribution to the Psychology of Pictorial Representation, London 1960

83 Nelson Goodman, Ways of Worldmaking, Hassocks, Sussex 1978

84 Vgl. Schnettler, Zukunftsvisionen, op. cit., S. 170ff

85 Paul Messaris, Visual ›Literacy‹. Image, Mind, and Reality, San Francisco u. Oxford 1994

86 Ausführlicher dazu Bernt Schnettler, Auf dem Weg zu einer Soziologie visuellen Wissens, sozialer sinn 2, 8 (2007), S. 189-210; für Beispiele zur daran anschließenden Forschung vgl. Petra Lucht, Lisa-Marian Schmidt und René Tuma (Hg.), Visuelles Wissen und Bilder des Sozialen. Wiesbaden 2013.

4 Wissensmanagement

Das Wissensmanagement hat sich zweifellos im ökonomischen Diskurs ausgebildet. Doch verfolgt es auch wissenssoziologisch relevante Fragen. Es handelt sich dabei um einen Managementansatz, der sich seit den 1970er-Jahren entfaltet hat. 1979 widmet sich diesem Ansatz die erste Zeitschrift (Knowledge: creation, diffusion and utilization), und in der Folge erscheinen auch die ersten Monografien und Sammelbände in diesem Bereich. Historisch scheint das Wissensmanagement mit dem »Knowledge Engineering« verknüpft zu sein, das sich mit der Entwicklung von informationstechnologisch gestützten Expertensystemen beschäftigte. Das gesetzte Ziel des »Knowledge Engineering« war es, einen großen Wissensbestand auf eine begrenzte Zahl an Informationen und Regeln zu reduzieren. Im Mittelpunkt stand damals die Transformation des menschlichen Expertenwissens in Informationen eines Computersystems. Dokumentationssysteme, Computer Supported Collaborative Work (CSCW) und Kompetenzportale gehören zu den technischen Implementationen. Mit dem Wissensmanagement teilt es die Auffassung, dass die Validierung, Schaffung und Nutzung von Wissen ein zunehmend wichtiger Teil des wirtschaftlichen Lebens und der organisierten Aktivitäten sind.

Im Laufe der 1980er wurden das »Knowledge Engineering« und Informationsmanagement von den großen Beraterfirmen (Arthur D. Little, Coopers & Lybfrand, Arthur Anderson) aufgenommen. Doch zeigten sich bei der Implementierung der technischen Systeme immer wieder ähnliche Schwierigkeiten. Vor allem die in den technischen Systemen unterstellten kognitivistischen Modelle sind schon seit langem einer harschen Kritik ausgesetzt.[87] Denn es wurde immer klarer, dass technische Systeme und Software keineswegs in einem luftleeren Raum oder alleine für individuelle, isolierte Mitarbeiter entwickelt, sondern dass sie in schon existierenden sozialen Handlungszusammenhängen von Menschen genutzt werden, deren Wissen berücksichtigt werden muss, will man diese Systeme ausschöpfen. So erlebte das Wissensmanagement im Laufe der 1990er-Jahre eine regelrechte Konjunktur, in der es sich in der Betriebswirtschaft als eigenständiger Bereich durchsetzte und immer häufiger Einzug in Betriebe und Verwaltungen hielt. Der Erfolg des Wissensmanagements verdankt sich zweifellos unter anderem auch der Debatte um die Informations- und Wissensgesellschaft, die ebenso die Bedeutung des Wissens für die Wirtschaft betont. Um das Gewicht des gesamten Wissensmanagements einzuschätzen, mag der Hinweis dienlich sein, dass (einer allerdings sehr optimistischen Schätzung zufolge) der Markt des Wissensmanagements allein in den US für das Jahr 2001 auf etwa 5 Milliarden US Dollar taxiert wurde.[88]

---

87 Terry Winograd und Fernando Flores: Understanding Computers and Cognition: A New Foundation for Design. Norwood, NJ 1986

88 Sue P. Stafford, Epistemology for sale, in: Social Epistemology 15, 3 (2001), S. 215-230, S. 226. Durch die Politik der Weltbank und global arbeitender Konzerne hat das Wissensmanagement eine weltweite Verbreitung gefunden.

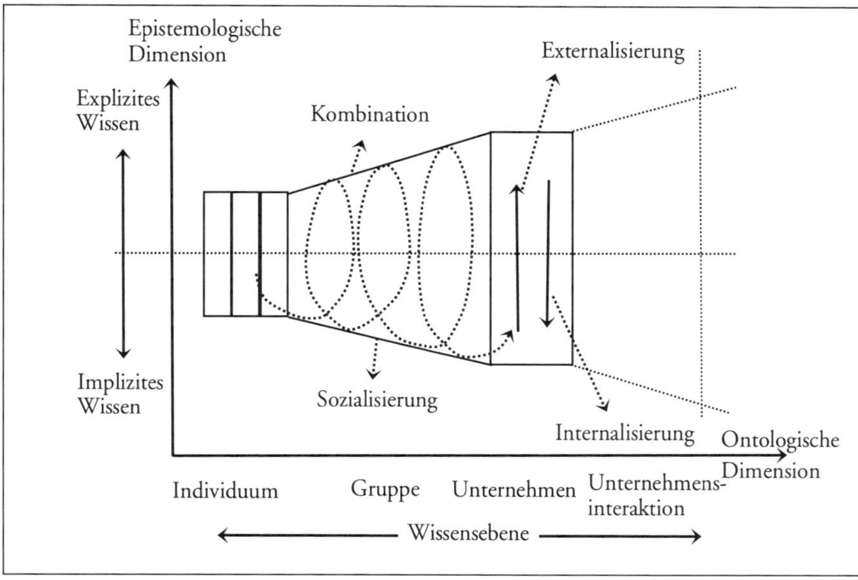

Abb. 23: ***Explizites und implizites Wissen***

Eine der immer wieder genannten Quellen des Wissensmanagements ist die Unterscheidung zwischen »implizitem« und »explizitem« Wissen. Polanyi spricht damit das wissenssoziologisch durchaus vertraute Thema des unausgesprochenen Wissens an, das sich von den Idolen Bacons bis zur relativ-natürlichen Weltanschauung und der Lebenswelt der Moderne zieht. Allerdings erwähnt er diese Tradition nicht, sondern ›entdeckt‹, »dass wir mehr wissen, als wir zu sagen wissen«.[89] Ein Beispiel für ein solches implizites Wissen liefert die Deixis, also die Zeigehandlungen, die uns ohne Sprache die Erkenntnis von Dingen erleichtern. Polanyi bestimmt die »Grundstruktur« des impliziten Wissens, die er als eine Art Assoziation definiert, durch zwei Glieder, wobei das erste Glied das zweite erwarten lässt: »dass wir bei einem Akt impliziten Wissens unsere Aufmerksamkeit *von* etwas *auf* etwas anderes verschieben«[90] – das wir erwarten. Wir können uns das ähnlich vorstellen, wie die Typisierung, die Schütz sehr genau analysiert hat: Eine Erfahrung verweist auf eine andere, ohne dass diese Verweisung sprachlich vollzogen oder gar geleitet werden müsste. Was so folgenschwere Wirkungen auf das Management haben sollte, wird in der Phänomenologie schlicht »vorprädikativ« genannt. Daneben spielt auch die Einfühlung eine große Rolle für Polanyi, ja er vollzieht sogar eine »Gleichsetzung von implizitem Wissen mit der Einfühlung«.[91] Dabei weitet er die Einfühlung – al-

89 Michel Polanyi, Implizites Wissen, Frankfurt 1985 (EA 1966), S. 14

90 Ebd., S. 19

91 Ebd., S. 25; Einfühlung bezeichnet seit Dilthey und Lipp einen (von Husserl und Schütz scharf kritisierten) Modus der Herstellung von Verstehen zwischen Menschen.

so das Verstehen – auf die Natur aus: Einfühlung erstreckt sich auch auf Dinge. Das über Wahrnehmung und Einfühlung erworbene implizite Wissen nun präge auch die Wissenschaft, wie Polanyi (ohne jeden Verweis auf Fleck oder Kuhn) bemerkt: »Implizites Wissen liegt, wie wir gezeigt haben, der Fähigkeit des Wissenschaftlers zugrunde, (1) ein Problem richtig zu erkennen, (2) diesem Problem nachzugehen und sich bei der Annäherung an die Lösung von seinem Orientierungssinn leiten zu lassen und (3) die noch unbestimmten Implikationen der endlich erreichten Entdeckung zu antizipieren.«[92]

So bekannt viele dieser Beobachtungen für die Wissenssoziologie sind, sind sie doch in den Wirtschaftswissenschaften sicherlich sehr ungewohnt. Einen entscheidenden Anteil für die Aufnahme dieser Gedanken in die Wirtschaftswissenschaften hatten Nonaka und Takeuchi.[93] Indem sie die bisherige Konzentration auf explizite Wissensbestände in westlichen Organisationen und auf implizitem Wissen in japanischen bemängeln, erklären sie die Unterscheidung zwischen implizitem Wissen und explizitem Wissen zum »Grundpfeiler« des Wissensmanagements. »Implizites Wissen ist persönlich, kontextspezifisch und daher nur schwer kommunizierbar. Explizites Wissen hingegen lässt sich in formaler, systematischer Sprache weitergeben.«[94] Explizites Wissen wird exemplarisch etwa im Dialog vermittelt, während die nichtsprachliche Einweisung der empraktischen Lehre eine Art der impliziten Wissensvermittlung darstellt. Diese beiden Formen des Wissens bilden eine »epistemologische Achse«, die Nonaka und Takeuchi dann mit einer sozialen »ontologischen« Achse verknüpfen. Die Verbindung zwischen beiden Achsen wird von den Formen der Wissensumwandlung geleistet, die sich aus dem Zusammentreffen von explizitem und implizitem Wissen ergeben: Nonaka und Takeuchi nennen hier Sozialisation, Externalisierung, Kombination und Internalisierung. Sozialisation stellt eine Vermittlung des impliziten Wissens dar, die als implizites Wissen weitergegeben wird; Externalisierung macht implizites Wissen durch Artikulation explizit, Kombination verbindet explizites Wissen mit explizitem Wissen und Internalisierung schließlich macht explizites Wissen wieder implizit.

Diese Prozesse bilden eine Art Spirale zwischen der ontologischen und der epistemologischen Achse aus, wie sie in der Grafik veranschaulicht wird. Diese Spirale setzt zunächst bei Individuen ein, kann dann aber auch auf höheren »ontologischen« Ebenen geschehen: Gruppen und Organisationen, die sich gleichsam verselbstständigen. Ontologie und Epistemologie stehen sich hier also wie die »klassi-

92 Ebd., S. 30

93 Die Ausblendung der Wissenssoziologie wird etwa daran deutlich, dass Nonaka und Takeuchis »Skizze der westlichen Epistemologie« zwar Platon, Descartes, Kant und sogar die Phänomenologie nennt, die Lebenswelt aber ebenso ausblendet wie die Hermeneutik – von der Wissenssoziologie ganz zu schweigen; vgl. Ikujiro Nonaka und Hirotaka Takeuchi, Die Organisation des Wissens. Wie japanische Unternehmen eine brachliegende Ressource nutzbar machen, Frankfurt 1995

94 Ebd., S. 72

sche Korrelation« der Wissenssoziologie gegenüber – auf eine Weise, die allerdings durchaus als integriert zu bezeichnen ist.

Die ökonomische Funktion dieses impliziten Wissens besteht darin, dass Unternehmen damit die Fähigkeiten, Expertise und Innovationskompetenz der Mitglieder ihrer Organisation einsetzen und ökonomisch nutzen können. Diese Nutzung kann zwei Formen annehmen: Einmal kann *Wissen ein Produkt* sein, das selbst auf dem Markt angeboten wird (eine Form, die auch auf das Wissensmanagement zutrifft, das sich deswegen in der Darstellung häufig der Marktgängigkeit unterwirft); zum Zweiten und häufiger noch wird Wissen als wesentlicher *Faktor der Wertschöpfung* angesehen. Gemeint ist vor allem das in Unternehmen, also Organisationen, vorhandene Wissen, dessen effiziente Nutzung auch die Effizienz der Organisation erhöhen soll. Dieser zweite Aspekt betrifft die Organisation als solche, und hier kommen denn auch Informationstechnologien ins Spiel, die den Mitarbeitern innerhalb der Organisation relevante Informationen zur Verfügung stellen sollen. Wissensmanagement dient also dem ausdrücklichen Ziel von, im ersten Fall, Innovation und »performance improvement«, oder, im zweiten Fall, »social progress«, »policy learning«. Wissensmanagement ist, so bemerkt der Systemtheoretiker Willke, »ein Hybrid aus Praxiserfahrung und Theorieentwicklung«.[95] Sein Ziel besteht nicht vorrangig in einer detaillierten analytischen und empirischen Untersuchung des Wissens, sondern in seiner effizienten Nutzung und Planung. Hier spielen die »Intention« des Unternehmens, seine Strategien und seine »Visionen« eine eher praktisch-planerische als analytische Rolle.

Nonaka und Takeuchi gehen davon aus, dass Wissen streng genommen »nur von Einzelpersonen geschaffen« wird. Merkmale des auf Einzelne personalisierten Wissens sind neben den Handlungsfähigkeiten bzw. der »personalen Kompetenz« mentale Modelle, gemeinsame Visionen, Teamlernen und systemisches Denken. Andere Autoren des Wissensmanagements vertreten dagegen die Auffassung, dass es so etwas wie kollektives Wissen gibt. So definiert Willke das Wissensmanagement als »Gesamtheit organisationaler Strategien zur Schaffung einer ›intelligenten‹ Organisation«, die nicht nur die Förderung der Kompetenz von Personen beinhalte, sondern auch die »Nutzung und Entwicklung der kollektiven Intelligenz und des ›collective mind‹«.[96] Wissen ist für ihn eine soziale Größe, die auch von (»lernenden«) Organisationen getragen werden kann.[97] Diese Vorstellung wird auch von Baecker geteilt, neben Willke einem weiteren systemtheoretisch orientierten Soziologen, der sich mit dem Wissensmanagement beschäftigt. Wissen ist für ihn zu einem guten Teil »soziales Wissen«, es

95 Helmut Willke, Dystopia. Studien zur Krisis des Wissens in der modernen Gesellschaft, Frankfurt 2002, S. 118

96 Helmut Willke, Systemisches Wissensmanagement, Stuttgart 1998, S. 40; Willke übernimmt den Begriff des »collective mind« von Weick, der darunter tatsächlich eine Art Kollektivgeist versteht.

97 Die Vorstellung »lernender« Organisationen ist älter. Sie bezeichnet Vorgänge, in denen Organisationen durch ihre Umwelt zum Auffinden besonderer Problemlösungen, später auch zur Änderung der Regeln, nach denen sie operieren, gedrängt werden.

steckt in den Verhältnissen und ist uns in dem Ausmaß, wie wir in ihnen stecken, bekannt und unbekannt zugleich.[98] In den Worten von Willke handelt es sich um organisationales Wissen: »Organisationales Wissen ist Wissen, das nicht in den Köpfen von Menschen gespeichert ist, sondern in den Operationsformen, Artefakten und sonstigen Verkörperungen von Problemlösungskompetenz eines sozialen Systems.«[99]

Auf der Grundlage der Unterscheidung verschiedener für Organisationen relevanter Wissensformen sucht Baecker nach den Potenzialen und Grenzen des Wissensmanagements für Organisationen. Die verschiedenen Wissensformen umfassen einmal das Produktwissen, also das Wissen über die Produkte und Dienstleistungen der Organisation, einschließlich der Gewissheit, wie es zur Bewältigung eines Problems geeignet ist. Die zweite Form nennt er gesellschaftliches Wissen darüber, was eine Organisation ist, wie sie funktioniert, was man von ihr erwarten kann und unter welchen Umständen sie vom Rest der Gesellschaft akzeptiert wird. Drittens erwähnt er Führungswissen: also Wissen darüber, wie Organisation als Hierarchie funktioniert und wie ihre Arbeitsteilung zu koordinieren ist. Viertens nennt er Expertenwissen. Damit meint er (anders als beim oben erläuterten Begriff) all jene Arten von Wissen, die sich auf die relevanten Umwelten der Organisation beziehen (Konkurrenten, Rohstoffe, Rekrutierung etc.). Und schließlich fehlt noch das Milieuwissen, also Wissen darüber, wie die Dinge in der Organisation üblicherweise laufen, was man von ihnen zu erwarten hat, wessen Initiativen in der Regel erfolgreich sind etc. Hierunter fällt das, was gemeinhin auch als »Organisationskultur« bezeichnet wird. Das Problem des Wissensmanagements besteht für Baecker darin, dass Organisationen vor allem Entscheidungen fällen müssen. Zuviel Wissen aber sei für den Prozess des Entscheidens grundsätzlich hinderlich. Im Grunde seien nur zwei Wissensformen für Organisationen wichtig, nämlich das Expertenwissen und das Produktwissen. Die anderen Wissensformen seien nicht funktional. Wissen etwa über die Organisation wäre auch Wissen über die Entscheidung der Organisation, die damit ›reflexiv‹ würde und entscheidungsunfähig.

Die erfolgreiche Verbreitung und praktische Nutzung des Wissensmanagements machen zweifellos deutlich, wie wichtig es gerade in der gegenwärtigen Gesellschaft ist, sich mit dem Wissen zu beschäftigen. Allerdings wirft das Wissensmanagement auch eine Reihe von Problemen auf, deren Betrachtung für die Wissenssoziologie fruchtbar ist. Wie Baecker schon beobachtet, führt die Praxis des Wissensmanagements einmal zum Problem, dass die Spezialisierung auf Wissen einen Widerstand bei denen erzeugt, die nicht als Experten gelten. Wissensanmaßung führt zu einer Asymmetrisierung der Beziehungen aus rein strukturellen Gründen und zwar schon auf interaktiver Ebene: Wo die Belehrung nicht institutionalisiert ist, wie in Schulen, Universitäten u.a., wirft sie ein interaktives Problem auf.[100] Ähnliches gilt auch

98 Dirk Baecker, Zum Problem des Wissens in Organisationen, in: Organisation als System. Aufsätze, Frankfurt 2000, S. 68-101.

99 Willke, Dystopia, op. cit., S. 130

100 Angela Keppler und Thomas Luckmann, ›Teaching‹: conversational transmission of knowledge, in: Ivana Markova, Klaus Foppa (Hg.), Asymmetries in Dialogue, Hertfordshire 1991, S. 143-165

für Organisationen. Es wird Wissen in Organisationen erhoben, das in denselben Organisationen genutzt, verbessert oder verändert werden soll. Das Wissen beansprucht also eine Beobachterperspektive *auf die* Organisation, ist aber *in der* Organisation verankert. Daraus ergibt sich ein struktureller Konflikt: des Anspruches einer spezialisierten Einheit auf Allgemeinheit. Dieses Problem gilt natürlich in gleichem Maße für eine Wissenssoziologie, die es in der Regel damit löst, dass sie »Konstrukte zweiter Ordnung« erzeugt, die in einem anderen »System« und nach anderen Regeln als die »Konstrukte erster Ordnung« verfahren.[101]

Das Wissensmanagement bemüht sich, implizit-verborgenes, verinnerlichtertes, kodiertes, konzeptionelles, narratives usw. Wissen aus seiner kontextspezifischen Form zu heben und in lehr- und lernbarer Weise – potenziell »beliebigen« – anderen auf eine Weise zugänglich zu machen, die seine ökonomische Nutzung zulässt. Weil das Wissen dazu »fest gemacht« und objektiviert werden muss, wird dem Wissensmanagement vorgeworfen, es zu verdinglichen.[102] Mit diesem ideologiekritischen Argument verknüpft ist die wissenssoziologische Kritik, dass dem Wissensbegriff des Wissensmanagements in der Regel ein optimistischer epistemologischer Charakter zugrunde liegt: Es wird davon ausgegangen, dass sich Erfahrungen (auch von Problemlösungen bei Handlungen) in Wissen niederschlage, das dann genutzt werden könne. Welchen Hintergrund diese Epistemologie auch immer hat (sie reicht von positivistischen Ansichten, wie bei Nonaka, bis hin zu konstruktivistischen, wie bei Baecker), muss man doch von wissenssoziologischer Seite zu bedenken geben, dass diese Vorstellung von Wissen in der Tat sehr optimistisch ist. Wissen erscheint nur als etwas, das einen instrumentellen Nutzen abwirft. Die Betonung dieser Instrumentalität des Wissens ist besonders bemerkenswert, weil durch ihre Verbindung mit dem Impliziten an etwas festgemacht wird, das in der Wissenssoziologie ausdrücklich für das Nicht-Instrumentelle steht (etwa unter dem Titel der »Lebenswelt«, des »Volksgeists« oder des »Denkstils«).

Wie das Wissensmanagement geht die Wissenssoziologie davon aus, dass diese Formen des Wissens innerhalb von Gemeinschaften geteilt werden. Allerdings ist die Frage, ob es einen kollektiven Träger von Wissen gibt, durchaus umstritten. Das Widerstreben, die Opposition, ja die Weigerung vieler Organisationsmitglieder, ihr Wissen zu »teilen«, verdeutlicht dieses Problem, da sie ja als individuierte Träger des Wissens wahrgenommen werden wollen. Damit kommen wir zur Grundfrage der Wissenssoziologie zurück – und zum Schluss.

---

101 Vgl. dazu Schütz, Common Sense, op. cit.

102 Tomas Hellström, Sujatah Raman, The commodification of knowledge about knowledge: knowledge management and the reification of epistemology, in: Social Epistemology 15, 3 (2001), S. 139-154

E Jüngere Entwicklungen der Wissenssoziologie

Die Wissenssoziologie zeichnet sich nicht nur durch die kritische Schärfe ihrer theoretischen Entwicklung, sondern auch durch die Vielfalt und Fruchtbarkeit ihrer empirischen Forschung aus. Bei aller Vielfalt aber bleiben einige gemeinsame Grundzüge erhalten, die all diese Arbeiten als wissenssoziologisch ausweisen. Dazu gehört die erwähnte Betonung der Sozialität des Wissens. In der Spannung zur Subjektivität des Wissens bildet sie eine der Achsen, auf denen sich die Wissenssoziologie verortet. Auch die Spannung zwischen Doxa und Episteme sowie die Spannung zwischen einem ins Handeln integrierten und einem zur Gesellschaft korrelierten Wissen gehören dazu. Es steht freilich außer Frage, dass der Raum, den diese drei Achsen aufspannen, von einer Reihe weiterer Achsen durchschnitten wird. Deren Pole bilden Begriffe wie Theorie und Praxis, implizites und explizites Wissen, sozial gebilligtes oder nicht gebilligtes, wahres oder falsches Wissen, Erfahrungswissen und abgeleitetes Wissen usw. Viele dieser Achsen überschneiden sich jedoch in den zentralen Begriffen der Wissenssoziologie, wie etwa Idole, Ideologie, relativ-natürliche Weltanschauung, Paradigma, Denkstil, Lebenswelt, Alltagswissen und Habitus, die oben erläutert wurden.

Bestimmt man die Wissenssoziologie entlang der genannten Achsen, dann bemerkt man schnell, dass sich gerade in den letzten Jahrzehnten immer mehr wissenschaftliche Forschung in dem Raum verorten lässt, der sich zwischen ihnen aufspannt. Der noch vor wenigen Jahrzehnten als revolutionär geltende Gedanke, dass Wissen sozial ist, hat mittlerweile in einer Reihe von wissenschaftlichen Disziplinen Einzug gehalten, die so weit über die Soziologe im engeren Sinne hinausgehen, dass etwas unscharf von »Wissensforschung« gesprochen wird. Wegen ihrer altehrwürdigen Verbindung mit dem Wissen spielt dabei die Philosophie eine wichtige Rolle ebenso wie die Erziehungswissenschaft. Als »Wissensgeschichte« ist das Wissen mittlerweile auch ein bedeutendes Thema der Geschichtswissenschaft. Nach der schon länger zurückliegenden Rezeption der interpretativen Soziologie und des Sozialkonstruktivismus wendet sich die Politikwissenschaft ebenso in den letzten Jahren vermehrt dem Wissen zu, vor allem in den Debatten über Governance. Die Wissenssoziologie wird vermehrt auch in der Kommunikationswissenschaft oder in der Religionswissenschaft zur Analyse der Veränderungen eingesetzt, die mit dem Wechsel der Kommunikationsmedien erfolgen.[1] Eine besondere Beachtung findet Wissen natürlich auch in der kognitiven Psychologie und der neurowissenschaftlichen Hirnforschung, die jedoch weitgehend ei-

1 Vgl. z.B. Frank Nullmeier, Knowledge and Decision Making, in: Sabine Maasen und Peter Weingart (Hg.), Democratization of Expertise, Dordrecht 2005, S. 123-134; Andreas Hepp, Medienkultur. Die Kultur mediatisierter Welten, Wiesbaden 2013 (2. Aufl.); Oliver Krüger, Die mediale Religion, Probleme und Perspektiven der religionswissenschaftlichen und wissenssoziologischen Medienforschung, Bielefeld 2012

nem individualistischen Modell der »Wissensforschung« folgen. Während in der Wissenssoziologie der kulturelle und der soziale Einfluss als selbstverständlich angesehen werden, gelten diese Einflüsse in der Hirnforschung (und in vielen anderen Naturwissenschaften) als praktisch unbedeutend und weder relevant für den Gegenstand noch für die wissenschaftliche Erforschung des Gegenstandes. Lediglich in den Arbeiten zur verteilten Kognition und zu Spiegelneuronen wird diese Dimension angesprochen. Dabei wird jedoch vor allem auf die materiale Verankerung des Wissens geachtet, so dass das einzelne Hirn als Quelle jeder Wirklichkeitskonstruktion erscheint. Die großen Erwartungen, die die Hirnforschung in der Wissenssoziologie noch zur Zeit der ersten Auflage dieses Buchs geschürt hat, ist einer großen Ernüchterung sowohl über deren Ergebnisse wie auch über deren Methodologie und theoretische Anschlussfähigkeit gewichen.[2] Vielmehr erscheint die Hirnforschung als Durchsetzung eines als natürlich erscheinenden Konzeptes des Selbst, das an seine eigene technische und materielle Zurichtbarkeit glaubt.[3]

Die Wissensforschung hat insgesamt mittlerweile eine solche Breite angenommen, dass sie kaum mehr überschaubar ist. Auch wenn es einzelne Handbücher zum Thema gibt[4], weist die Entwicklung der Wissensforschung eine solche Dynamik auf, die Handbücher zum Thema schon immer überholt hat, wenn diese erscheinen. (Das trifft für die Skizze der Wissensforschung in diesem Band vermutlich auch zu.) Weitaus strukturierter und etwas besser überschaubar sind dagegen die Entwicklungen im engeren Bereich der Wissenssoziologie selbst. Zwar ist auch hier die Dynamik sehr groß geworden, doch lassen sich die wichtigsten Entwicklungen wenigstens in groben Zügen skizzieren.

Unter den *theoretischen Entwicklungen in der Wissenssoziologie* ist sicherlich die Weiterführung der kommunikativen Wende unter dem Titel des *kommunikativen Konstruktivismus* zu nennen. Dieser Ansatz wird von einer Reihe wissenssoziologischer Autoren vertreten, die ihre empirische Beschäftigung mit Kommunikationsprozessen zu einer Fortentwicklung des Sozialkonstruktivismus antreibt.[5] Dabei steht der Begriff der Kommunikation bzw. des kommunikativen Handelns im Mittelpunkt. Kommunikatives Handeln verbindet Wissen und Handeln in einer Weise, die den Anschluss an die Theorie des Diskurses, an Macht und an die Konstruktion dinglicher, technischer und materialer Wirklichkeit eröffnet. Deswegen ist es nicht verwunderlich,

---

2 Jo Reichertz, Akteur Gehirn – oder das Ende des sinnhaft handelnden und kommunizierenden Akteurs, in: Jo Reichertz und Nadia Zaboura (Hg.), Akteur Gehirn oder das vermeintliche Ende des handelnden Subjekts, Wiesbaden 2006, S. 7-19

3 Sabine Maasen, Neurogovernmentality Ahead? Diskursanalytische Untersuchungen am Beispiel des Experimentalsystems Neuropädagogik, in: Johannes Angermüller und Silve van Dyk (Hg.), Diskursanalyse meets Gouvernementalitätsforschung, Frankfurt 2010, S. 183-206

4 Schützeichel, op. cit.

5 Reiner Keller, Hubert Knoblauch und Jo Reichertz (Hg.), Kommunikativer Konstruktivismus. Theoretische und empirische Arbeiten zu einem neuen wissenssoziologischen Ansatz, Wiesbaden 2012

dass der Ansatz in der Stadt- und Regionalsoziologie und in der kommunikationswissenschaftlichen Analyse von Prozessen der Mediatisierung aufgenommen wird.[6]

Von enorm wachsender Bedeutung auch im deutschsprachigen Raum ist sicherlich, was unter »*Science and Technology Studies*« (»STS«) gefasst wird. Dabei handelt es sich nicht um einen einheitlichen theoretisch formulierten Ansatz, sondern zunächst um ein Forschungsfeld, nämlich die sozialwissenschaftliche Untersuchung von Wissenschaft und Technologie. Der besonders wissenssoziologische Zug besteht darin, dass dabei auf das Wissen, die Handlungs- und Praxisformen der Wissenschaftler und Techniker selbst geachtet wird. Im Sinne des sozialkonstruktivistischen Ansatzes wird Wissen als Quelle und Grund des Prozesses angesehen, in dem der wissenschaftliche Erkenntnisgegenstand praktisch geschaffen wird. Wie oben schon erwähnt, wurde dieser Zugang zunächst auf die Natur- und Technikwissenschaft angewandt; mittlerweile wurde er auch auf die Sozialwissenschaften ausgeweitet.[7] Im Gefolge der ebenfalls schon angesprochenen Akteur-Netzwerk-Theorie wird sie auch mit einem »neuen Materialismus« verbunden, der die Eigenständigkeit und Eigentätigkeit von Dingen und Stoffen betont.

Im Rahmen der Wissenschafts- und Technikforschung ist auch die *Praxistheorie* durch empirische Arbeiten gestärkt worden, die eine enge Verbindung mit der Ethnomethodologie aufweisen.[8] So versucht etwa Suchman eine praxisgebundene Theorie des Wissens, indem sie empirisch aufzeigt, wie verschiedene »Arten« des Wissens, etwa in Anwaltskanzleien, mit unterschiedlichen Praktiken des Behandlung von Akten verbunden sind.[9] »The social is a field of embodied, material interwoven practices centrally organized around practical understandings.«[10] Praktiken bilden also eine eigene, gleichsam vorab sozialisierte Schicht, die jedes einzelne Handeln sofort zum Moment dieses Apparats macht. Sie sind das zentrale Phänomen des menschlichen Lebens. Es ist nur konsequent, wenn Schatzki diese Praxistheorien von »individualistischen« Erklärungen der sozialen Ordnung absetzt und eine ausgeprägt soziologistische

6 Gabriela Christmann, Zur kommunikativen Konstruktion von Räumen: Theoretische Konzepte und empirische Analysen, Wiesbaden 2014; Andreas Hepp, Die kommunikativen Figurationen mediatisierter Welten: Zur Mediatisierung der kommunikativen Konstruktion von Wirklichkeit, in: Keller, Knoblauch, Reichertz (Hg.), Kommunikativer Konstruktivismus, S. 97-120

7 Charles Camic, Neil Gross und Michèle Lamont, The Study of Social Knowledge Making, in: dies. (Hg.), Social Knowledge in the Making, Chicago und London 2011

8 Robert Schmidt, Soziologie der Praktiken, Frankfurt am Main 2012

9 Lucy Suchman, Making a Case: Knowledge and Routine Work in Document Production, in: Paul Luff u.a. (Hg.), Workplace Studies, Cambridge 2000, S. 29-45. Der Wissensbegriff wird auch von anderen Ethnomethodologen aufgenommen, die allerdings nicht immer begrifflich sehr klare Linien verfolgen, vgl. John Heritage, Epistemics in Action: Action Formation and Territories of Knowledge, in: Research on Language and Social Interaction 45,1 (2012), S. 1-29

10 Theodore Schatzki, Social Practices, Cambridge 1996; Theodore Schatzki, Introduction: Practice Theory, in: Theodore Schatzki, Karin Knorr Cetina und Eike von Savigny (Hg.), The Practice Turn in Contemporary Theory, London 2001, S. 1-14, S. 5

Konzeption des Wissens propagiert: »Knowledge is no longer even a property of individuals, but instead a feature of groups.«[11]

An die Praxistheorie vor allem Bourdieus schließt die »*Soziologie der Kritik*« (auch ›pragmatische Soziologie‹) an. Sie wurde vor allem von Boltanski und Thévenot entwickelt und wird im deutschsprachigen Raum rezipiert.[12] Auch wenn dieser Ansatz keinen ausdrücklichen Bezug auf die Wissenssoziologie herstellt (und das gilt erstaunlicherweise ebenso für ihre deutschsprachige Rezeption), so weist er doch sehr deutliche Züge der Wissenssoziologie auf. Mit der Forderung nach einer ›Symmetrie‹ zwischen wissenschaftlichen Deutungen und alltäglicher ›Kritik‹ wird nun auch in der französischen Soziologie Bourdieu'scher Prägung der seit Schütz formulierten wissenssoziologischen Forderung nachgekommen, die Deutungen der Akteure selbst in eigenem Recht zu beobachten.

Weil dieser Ansatz damit das Wissen der Akteure berücksichtigt, wird von ›sozio-kognitiven Formen‹, ›kollektiv kognitiven Formaten‹ bzw. ›situativ kognitiven Prozessen‹ gesprochen. Als zentrale Bezugspunkte gelten insbesondere ›Konventionen‹, die den Handelnden einen interpretativen Rahmen für Entscheidungen in problematischen Situationen zur Verfügung stellen. Es handelt sich dabei um geteiltes Wissen, das Teil der routinisierten Handlungsabläufe ist. Ihre Beschreibung ähnelt deswegen einerseits einigen Teilschritten dessen, was von Berger und Luckmann als Routinisierungen bzw. Institutionalisierung beschrieben wurde: Sie bilden sich als Vorannahmen in der Interaktion aus, werden dann in typisch vergleichbaren Situationen wiederverwendet zu inkorporierten Routinen, deren anfänglich vorläufiger Charakter dann vergessen wird. Andererseits wird mit dem Begriff auch das bezeichnet, was man ebenfalls bei Berger und Luckmann schon als Legitimation kennt. Solche Legitimationen sind Teil von umfassenden Legitimationsordnungen, die Boltanski und Thévenot als ›cités‹ bezeichnen; man könnte sie mit Berger und Luckmanns symbolischen Universa vergleichen – doch wird der Bezug zu bestehenden theoretischen Ansätzen von der ›kritischen Soziologie‹ kaum geklärt.

Die ›Soziologie der Kritik‹ verwendet unter anderem auch den Begriff der ›kollektiven Intentionen‹, der in der philosophischen Debatte auftaucht, was unter dem Titel der ›Social Epistemology‹ schon erwähnt wurde. Weil dieser Begriff folgenreiche Ansprüche auf den Zusammenhang zwischen sozialem Handeln und Wissen erhebt, ist er sicherlich besonders beachtenswert. Allerdings muss man bemerken, dass ›kollektive‹ bzw. ›socially shared‹ Intentionen zumeist als Axiom vorausgesetzt werden, das keiner weiteren Analyse mehr bedarf.[13] Ähnliches gilt auch für den Begriff der ›kollektiven Intelligenz‹, der aus dem Bereich der Neurowissenschaften und der techni-

---

11 Warum hier plötzlich von Gruppen gesprochen wird, ist nach dem vorausgehenden Satz nicht ganz zu erschließen, in dem es heißt: Wissen und Wahrheit »are mediated both by interactions between people and by arrangements in the world«. Schatzki, ebd., S. 12

12 Rainer Diaz-Bone (Hg.), Soziologie der Konvention. Grundlagen einer pragmatischen Anthropologie, Frankfurt und New York 2011

13 Will Martens, Kollektive Intention und Soziologie, in: Soziologische Revue 36, 3 (2013), S. 239-250

schen Kommunikationsforschung entlehnt wird. Kollektive Intelligenz ist verteilt, koordiniert sich über Kommunikationsmedien in Echtzeit und kann Kompetenzen effektiv mobilisieren.[14] Eine theoretische Ausarbeitung des Begriffes und sein Vergleich mit schon bestehenden Konzepten steht aber noch aus.

Eine weitere Entwicklung, die in theoretischer wie empirischer Hinsicht wissenssoziologische Fragestellungen aufwirft, ist der *Postkolonialismus*. Vor dem Hintergrund der Beobachtung von anhaltenden globalen Asymmetrien handelt es sich dabei um einen Ansatz, der die daraus resultierenden Machtmechanismen scharf kritisiert, welche sich aus dieser Perspektive in allen Aspekten des sozialen Lebens – einschließlich der Wissenschaft – finden. Dabei spielt das Konzept des ›Othering‹ eine tragende Rolle, also der Herstellung von Andersheit. Diese Andersheit beschränkt sich keineswegs mehr nur auf die »Kolonialisierten«, sondern weitet sich auf alle nicht-hegemonialen sozialen Kategorien aus: Frauen, Migrant/innen, Homosexuelle, Behinderte usw. Mit der an Foucault angelehnten Beobachtung der ›Politik des Wissens‹ rücken ›kulturelle Unterschiede‹ ins Blickfeld, die nicht substantialistisch mit den sozialen Kategorien verbunden sind. Vielmehr wird die Hybridität der Kategorien und der zwischen ihnen gebildete ›third space‹ betont, also die Mischform, die sich, etwa als Intersektionalität, zwischen etablierten Kategorien ausbildet. Mit dem Postkolonialismus ist ein aktivistischer Grundzug zur Vermeidung eines solchen Othering verbunden, der eine Dezentrierung der vorherrschenden weißen, westlichen, männlichen etc. Position und ihre Relativierung zur Folge hat. Dies wirkt sich auch auf die Soziologie und ihre westliche Tradition des soziologischen Denkens aus.[15] Es werden deswegen auch »marginale« Akteure und die Betroffenen selbst in die Forschung aktiv mit eingebunden.[16]

Während sich diese Entwicklungen im Bereich der soziologischen Grundlagentheorie bzw. Sozialtheorie abspielen, trägt die Wissenssoziologie vermehrt auch zur Analyse der Gegenwartsgesellschaft bzw. zur Gesellschaftstheorie bei. Im Mittelpunkt steht natürlich der Begriff der *Wissensgesellschaft*. Die Wissensgesellschaft war schon Gegenstand dieser Darstellung, und sie ist seither auch verstärkt zum Thema wissenssoziologischer Analysen geworden.[17] Dabei scheinen sich die beiden gegenläufigen Linien der Argumentation fortzusetzen, die oben angedeutet wurden.

Zum einen wird die Wissensgesellschaft im Sinne einer ›*Wissenschaftsgesellschaft*‹ verstanden. Auf dieser Argumentationslinie geht man davon aus, dass die Gesell-

---

14 Ramón Reichert, Die Macht der Vielen. Über den neuen Kult der digitalen Vernetzung, Bielefeld 2013, S. 25

15 Julia Reuter und Paula-Irene Villa, Provincializing Sociology, in: dies. (Hg.) Postkoloniale Soziologie, Bielefeld 2010, S. 11-46

16 Vgl. z.B. für die Stadtforschung: Frank Moulaert und Barbara van Dyck, Framing Social Innovation Research: A Sociology of Knowledge Perspective, F. Moulaert, D. MacCallum, A. Mehmood and A. Hamdouch (Hgs.), The International Handbook on Social Innovation: Collective Action, Social Learning and Transdisciplinary Research, Cheltenham 2013, S. 466-480

17 Vgl. Anina Engelhardt und Laura Kajetzke (Hg.), Handbuch Wissensgesellschaft. Theorien, Themen und Probleme, Bielefeld 2010

schaft sozusagen verwissenschaftlicht, indem sie das wissenschaftliche Wissen adaptiert. Aus dieser Perspektive wird nur auf die Produktion jenes Wissens geachtet, das Anerkennung von wissenschaftlichen und technischen Institutionen findet. Entsprechend wird auch die Wissensgesellschaft durch ihre Fähigkeit definiert, Wissen aus Wissenschaft und Technik zu vermitteln, wobei bei der Vermittlung häufig nur die technischen Strukturen in Betracht gezogen werden.[18] Diese Vorstellung wird besonders deutlich in dem, was als »Transferwissenschaft« bezeichnet wird. Hier geht es vor allem um die wissenssoziologisch wenig ausgearbeitete Frage, wie Wissen aus dem Wissenschaftssystem bzw. von der Seite der anerkannten Wissensproduktion an andere Teile der Gesellschaft vermittelt wird.

Ebenso deutlich wird diese Perspektive auch von Teilen der Wissenschaftssoziologie geteilt; allerdings bemerkt sie durchaus, dass der Stellenwert der wissenschaftlichen Expertise immer mehr abnimmt.[19] Zum einen führt die Zunahme des Wissens zu einer Ausdifferenzierung der Experten und einer Vermehrung und Entwertung der Expertise.[20] Zum anderen verändert sich auch das Verhältnis zwischen Experten und Laien.[21] Es entwickelt sich eine ›ubiquitous expertise‹. Diese allgegenwärtige Alltagsexpertise bildet jedoch auch für Collins nur einen Pol in einer von ihm und Evans geschaffenen ›Periodentafel der Expertisen‹.[22] Auf der anderen Seite stehen nicht mehr nur Experten, sondern »Metaexperten« bzw. Meta-Expertisen, die selber wiederum Experten und Expertisen bewerten.

Dabei ist nicht mehr nur das evaluierte Wissen, sondern es sind auch die Prozesse der Evaluation Gegenstand einer eigenen ›*Soziologie der Valuation und Evaluation*‹.[23] (Diese kann durchaus als Teil einer sich allmählich abzeichnenden Soziologie der Sozialwissenschaft angesehen werden.[24]) Über die verschiedenen Zugänge von Evaluationen hinweg identifiziert Lamont drei grundlegende Prozesse: Evaluation beinhaltet zum Ersten verschiedene Verfahren der Kategorisierung von Werten, die häufig mit dessen Legitimation bzw. Konsekration verbunden wird. Zum Zweiten werden Wertordnungen konstruiert, die keineswegs hierarchisch sind, sondern heterarchisch verschiedene Wertordnungen miteinander verbinden; diese sind drittens

---

18 Diesem Muster folgt der Bericht der UNESCO, »Towards Knowledge Societies«, Paris 2005

19 Peter Weingart, Martin Carrier und Wolfgang Krohn, Nachrichten aus der Wissensgesellschaft. Analysen zur Veränderung der Wissenschaft, Weilerswist 2007

20 Nico Stehr und Reiner Grundmann, Experts. The Knowledge and Power of Expertise, London und New York 2011

21 Das findet sich detailliert ausgearbeitet in Weingart, Carrier und Krohn, op. cit.

22 Harry Collins und Robert Evans, Re-Thinking Expertise, Chicago: 2007

23 Michéle Lamont, Toward a Comparative Sociology of Valuation and Evaluation, in: Annual Review of Sociology 38 (2012), S. 201-221

24 Neuerdings richtet sich die Aufmerksamkeit durchaus auch auf die Verfahren der Produktion sozialwissenschaftlichen Wissens, vgl. Charles Camic, Neil Gross und Michèle Lamont, Introduction: The Study of Social Knowledge Making, in: dies. op. cit., S. 1-43; Stefan Hirschauer, Publizierte Fachurteile. Lektüre und Bewertungspraxis im Peer Review, in: Soziale Systeme 11,1 (2005), S. 52-82; René Tuma, The (Re-)Construction of Human Conduct: Vernacular Video Analysis, in: Qualitative Sociology Review VIII, 2 (2012), S. 152-163

mit (e)valuativen Praktiken verbunden, wie etwa Peer Reviews, Rankings und Ratings. Diese schließen besondere ›Wissenstechnologien‹ (die Knorrs ›Wissenskulturen‹ ähneln), Definitionen von Evaluationskriterien sowie die damit verbundenen Konventionen und schließlich Institutionen, Dinge und die Evaluatoren mit ihrem jeweiligen Selbstverständnis ein.

Die wachsende Rolle von Evaluationen in der Wissenschaft macht eine zweite Tendenz zur Analyse der Wissensgesellschaft deutlich, die von einer wachsenden *Entgrenzung des Wissens* ausgeht.[25] So ist die zunehmende Betonung der Evaluation für Münch eine Folge der Liberalisierung der Wissenschaft als eines soziales Feld. Zum einen erhöht sich im wissenschaftlichen Feld die Bedeutung des ökonomischen Kapitals; zugleich wird es über den wachsenden Einfluss der Politik zunehmend an die weltkulturelle Standardisierung wissenschaftlicher Institutionen eingepasst. Beide Entwicklungen erhöhen die Forderung nach »Evaluation«, die sowohl für die Ökonomie wie auch für die Politik nutzbare Bewertungskriterien verwendet.[26]

Dieses Argument wird auch von Ward gestützt. Er betont, dass nun Ökonomie und Politik zu den Institutionen werden, die Wissen definieren. Ihr Einfluss ist vor allem dem Neoliberalismus zu verdanken, der Wissen zu einem ökonomischen Wert gemacht habe. Damit kann es dem monopolistischen Zugriff des staatlich geregelten Wissenschafts- und Bildungssystems entrissen und an eine breitere Klasse von Wissensproduzenten übergeben werden. Folgenreich war vor allem die Ausweitung des »Managerialismus« durch das »New Public Management«, also die Einführung freiwirtschaftlicher Organisationsformen in die öffentlichen Einrichtungen von Wissenschaft und Bildung. Dadurch hielt die ökonomische Rationalität Einzug in die Wissensproduktion und -vermittlung. In diesem Zuge wurde Wissen freier und zugänglicher, zugleich aber auch ersetzbar. Zudem wurden die »Wissensarbeiter« den mittlerweile gängigen Anforderungen an Flexibilisierung und Deskilling, also Herunterstufungen der Kompetenz, ausgesetzt. Das hat Auswirkungen auf das Wissen selbst, das nun an Wert verliert, wenn es nicht unmittelbaren Nutzen trägt (wie die MINT-Fächer). Mit der zunehmenden Betonung des Pragmatismus und der unverhohlenen Interessiertheit des Wissens verlieren Reflexion und Erklärungskraft an Bedeutung, Wahrheit wird zur Ware, wie sich bei der Patentierung genetischen Materials, dem Wissenstransfer von Seiten der Universitäten in die Wirtschaft und Politik etc. und der Googlisierung von Information zeigt.[27]

Die Wissensgesellschaft kommt aus dieser Perspektive nur in den Blick, wenn man die Annahme aufgibt, dass der Begriff des Wissens an die Definitionsmacht der Wissenschaft gebunden sei. Erst wenn die wissenschaftssoziologische Perspektive zu einer wissenssoziologischen erweitert wird, kommt die Vielfalt des gesellschaftlichen Wis-

25 Hubert Knoblauch, Wissenssoziologie, Wissensgesellschaft und Wissenskommunikation, in: Aus Politik und Zeitgeschichte 63, 18-20 (2013), S. 9-16

26 Richard Münch, Globale Eliten, lokale Autoritäten, Frankfurt 2009

27 Stephen C. Ward, Neoliberalism and the Global Restructuring of Knowledge and Education, New York 2012

sens in den Blick. Den Gegenpol zur Diagnose der Wissenschaftsgesellschaft bildet vermutlich die These der *Entgrenzung des Wissens*, das zunehmend von nicht systemisch differenzierten Formen der populären Kommunikation geprägt wird.[28] Dabei spielen auch die neuen technischen Kommunikationsmedien eine große Rolle, die Wissen (etwa durch die Unterscheidung von »Content«, »Code« und »Metadaten«) neu strukturieren.[29] Zugleich untergraben diese Formen der Kommunikation die Unterscheidung zwischen Wissensproduktion, -vermittlung und -rezeption; schließlich schwächen sie die Definitionsmacht der Inhalte des Wissens durch die großen gesellschaftlichen Organisationen und institutionellen Bereiche, da der Zugang zu Wissen nicht mehr von ihnen über mehr oder weniger stark strukturierte, zuweilen sogar monopolistische Kommunikationsstrukturen geregelt wird.

Neben Untersuchungen, die im engeren Sinne um die Theorie der gegenwärtigen Gesellschaft kreisen, finden sich in immer mehr gesellschaftlichen Feldern ausformulierte wissenssoziologische Ansätze mittlerer Reichweite. In der Soziologie der Wirtschaft etwa wird verstärkt das »ökonomische Wissen« untersucht. Die damit verbundene neue Wirtschafts- und Finanzsoziologie zeigt, in welchem Maße der ›homo oeconomicus‹ eine soziale Konstruktion darstellt, die sich besonderer Wissensformen und Praktiken verdankt. Dazu gehört etwa die Kalkulation oder das Accounting, die intensiv erforscht werden.[30]

Ein anschauliches Beispiel dafür ist die Analyse der Finanzkrise von 2008 durch MacKenzie, der die Evaluationspraktiken von hypothekarisch gesicherten Wertpapieren und besicherten Schuldverschreibungen untersucht. Deren Trennung und Aufteilung auf unterschiedliche Organisationen bilden den Grund für die Ausbildung von Doppelstandards, die Entstehung von Mischformen aus beiden Papieren und, als Resultat, irreführenden Enschätzungen. [31]

Auch in der Soziologie der Politik wird dem Wissen immer mehr Beachtung geschenkt. Vor allem in der Diskussion der sich ausweitenden ›Governance‹ spielen wissenssoziologische Zugänge eine wachsende Rolle.[32] Dies gilt auch für die Architektursoziologie und die Techniksoziologie.[33] Neben der schon erwähnten Sozialstrukturfor-

---

28 Hubert Knoblauch, Wissenssoziologie, Wissensgesellschaft, op. cit. 2013; Boris Traue, Das Subjekt der Beratung. Zur Soziologie einer Psycho-Technik, Bielefeld 2010

29 Degele, Nina, Informiertes Wissen, op. cit., 145; Tina Guenther und Jan Schmidt, Wissenstypen im Web2.0 – eine wissenssoziologische Deutung von Prodnutzern im Internet, in: Herbert Willems (Hg.), Weltweite Welten. Internet-Figurationen aus wissenssoziologischer Perspektive, Wiesbaden 2008, S. 167-187

30 Herbert Kalthoff, Zwischen Wirtschaftstheorie und ökonomischer Praxis. Zur Soziologie ökonomischen Wissens, in: Hanno Pahl und Lars Meyer (Hg.), Kognitiver Kapitalismus, Marburg 2007, S. 41-74

31 Donald MacKenzie, The Credit Crisis as a Problem of the Sociology of Knowledge, in: American Journal of Sociology 6 (2011), S. 1778-1841

32 Michael Zürn, Die Entwicklung der Internationalen Beziehungen im deutschsprachigen Raum nach 1989, in: G. Hellmann, K. D. Wolf, & M. Zürn (Hg.), Die neuen Internationalen Beziehungen. Forschungsstand und Perspektiven in Deutschland, Baden-Baden 2003, S. 21-46

33 Silke Steets, Der sinnhafte Aufbau der gebauten Welt. Eine architektursoziologische Skizze, in: S. Frank und J. Schwenk (Hg.), Turn over. Cultural turns in der Soziologie, Frankfurt/New York

schung erhält auch das recht neue Feld der Migrationsforschung starke Impluse von der Wissenssoziologie. Dazu zählen einerseits Arbeiten, die sich mit der kommunikativen Konstruktion von migrantischen Milieus beschäftigen, andererseits Arbeiten, die das ›Ethnowissen‹ in den Vordergrund stellen.[34] Soeffner und Zifonun skizzieren auf dieser Grundlage gar eine eigenständige wissenssoziologische Theorie der Integration.[35]

Ohne die Auflistung der Anwendung des wissenssoziologischen Zugangs auf spezifische gesellschaftliche Felder fortzusetzen und auf die Gefahr hin, den gegenwärtigen Stand wissenssoziologischer Forschung nicht einmal annähernd umfassend wiedergegeben zu haben, machen die genannten Arbeiten deutlich, wie breit diese Forschung mittlerweile angelegt ist. Daneben deutet schon deren Hinweis auf die Unvollständigkeit die Dynamik der wissenssoziologischen Forschung an, deren theoretische und methodologische Reflexivität sich auf immer mehr Forschungsfeldern bewährt. Allerdings, so muss man abschließend festhalten, beschränkt sich die Dynamik der Entwicklung bislang weitgehend auf den deutschsprachigen Raum; international weist die Wissenssoziologie dagegen sowohl theoretisch wie auch empirisch ein so schwaches Profil auf, dass die Internationalisierung einer ihrer drängenden gegenwärtigen Herausforderungen darstellt.

2010, S. 171-188; Michaela Pfadenhauer, On the Sociality of Social Robots. A Sociology-of-Knowledge Perspective, in: Science, Technology & Innovation Studies 10, 1 (2014), S. 135-153

34 Bernt Schnettler, Bernd Rebstein und Maria Pusoma, Der Topos kultureller Vielfalt. Zur kommunikativen Konstruktion migrantischer ›Zwischenwelten‹, in: Hubert Knoblauch, Reiner Keller und Jo Reichertz (Hg.): Kommunikativer Konstruktivismus, Wiesbaden 2012, S. 337–362; Hans-Georg Soeffner und Dariuš Zifonun, Integration – eine wissenssoziologische Skizze, in: Wilhelm Heitmeyer und Peter Imbusch (Hg.), Integrationspotenziale einer modernen Gesellschaft. Wiesbaden 2005, S. 391-407; Dariuš Zifonun, Stereotype der Interkulturalität. Geteiltes Wissen über ethnische Differenzen, in: Karl-Siegbert Rehberg (Hg.), Soziale Ungleichheit, kulturelle Unterschiede: Verhandlungen des 32. Kongresses der Deutschen Gesellschaft für Soziologie in München, Frankfurt 2006, S. 3137-3145

35 Michael Müller und Dariuš Zifonun, Wissenssoziologische Perspektiven auf ethnische Differenzierung und Migration. Eine Einführung, in: dies., Ethnowissen. Soziologische Beiträge zu ethnischer Differenzierung und Migration, Wiesbaden 2010, S. 9-33, S. 12.

Schluss: Was ist Wissen?

Zwar mag die Frage, was Wissen ist, denjenigen, die sich an die naturwissenschaftliche Bestimmung des homo sapiens halten, als eine wissenssoziologische Überheblichkeit, denjenigen, die den philosophischen Zweifel am Wissen seit Sokrates halten, als anmaßend, und denjenigen, die sich eher an das Buch Genesis und andere religiöse Begründungen des Wissens halten, geradezu blasphemisch erscheinen. Doch nach einer so ausführlichen Darstellung der Wissenssoziologie könnte es als nachlässig gelten, versuchte man nicht wenigstens den Begriff zu klären, den sich die Wissenssoziologie vom Wissen macht. Eine solche Klärung beansprucht ja nicht die Letztbestimmung; vielmehr soll die Klarheit der Begriffe die wissenschaftliche Diskussion vereinfachen, die über das Wissen geführt wird.

Zur Beantwortung dieser Frage greife ich auf die wissenssoziologische Tradition zurück, nehme meinen Ausgang aber bei dem Ansatz von Peter Berger und Thomas Luckmann, der sowohl die Sozialität wie auch die Konstruiertheit des Wissens herausgearbeitet hat. »Wissen«, so schreiben sie in ihrer berühmten Definition[1], ist »die Gewissheit, dass Phänomene wirklich sind und bestimmbare Eigenschaften haben«. So häufig diese Definition auch zur Bestimmung des Wissensbegriffes zitiert wird, so selten wird bemerkt, dass sie keineswegs ausreichend ist, ersetzt sie den Begriff des »Wissens« doch lediglich durch »Gewissheit« und verlagert damit das Definitionsproblem aufs Subjekt. Dies ist jedoch keineswegs unbeabsichtigt, greifen doch Berger und Luckmann ausdrücklich auf die Phänomenologie von Alfred Schütz zurück, die sich mit dem subjektiven Bewusstsein beschäftigt.

Schütz jedoch baut seinen Begriff des Wissens keineswegs auf der Gewissheit (bzw. phänomenologisch »Evidenz«) auf. Vielmehr beginnt Schütz mit dem »Sinn«. Dieser Beginn ist für die Soziologie keineswegs zufällig, band doch schon Max Weber den Sinn definitorisch an das Handeln. Handlungen, so das Axiom seiner Soziologie, seien wesentlich mit Sinn verknüpft und müssten deswegen von den Wissenschaften, die diese Handlungen erklären möchten, zuerst verstanden werden. Das gilt natürlich auch für soziale Handlungen, die sich durch spezifische Sinnorientierungen an Anderen auszeichnen. Die Art der Sinnorientierungen entscheidet damit über den Typus sozialen Handelns, über die Art der sozialen Beziehungen sowie, grob gesagt, auch über die Art der (»gedachten«) legitimen Ordnung. Denn die Gesellschaftsordnung stellt aus dieser Perspektive keineswegs ein »positives« Gebilde dar, das allein auf einer »materiellen Basis« beruhte, sondern ist weitgehend ein Sinngebilde.

Weil Weber den Sinnbegriff nicht näher bestimmte, machte sich Schütz bekanntlich mit Hilfe der Phänomenologie an diese Aufgabe. Denn der Sinn, aus dem das Wissen zehrt, erhält seine Bestätigung nicht aus einer ihm zugrundeliegenden Erfahrung, sondern erweist sich als relevant, weil er Handlungen leitet. Dabei sieht auch Schütz den Sinn als eine Leistung des Bewusstseins. Sinn, so Schütz, basiert

1 Berger & Luckmann 1969, op. cit.

auf der Intentionalität, also jener Fähigkeit des Bewusstseins, immer Bewusstsein *von etwas* zu sein. Im Grunde ist Sinn in dieser Ausgerichtetheit schon angelegt, erschöpft sich jedoch nicht darin. Sinn ist Bezugnahme auf etwas vor dem Hintergrund von Anderem und Ähnlichem: Erst wenn das Bewusstsein die Erfahrung von etwas mit etwas anderem vergleicht, dem es ähnelt oder von dem es sich unterscheidet, haben wir es mit Sinn zu tun. Sinn wird durch diesen Akt des Bewusstseins hergestellt, der in der Typisierung einen bekannten Ausdruck findet. Dieser Akt beruht auf der Zeitlichkeit, die sich in der Fortsetzung der Bewusstseinsoperationen (und damit der Kontinuität des Bewusstseins) zeigt. Die Zeitlichkeit ist damit auch das zentrale Merkmal, das Handlungen vor anderen Formen von Erfahrungen auszeichnet: Es sind Erfahrungen *modo futuri exacti*. Sinn also ist kein Inhalt, sondern eine Form, genauer: eine bestimmte Aktivität des Bewusstseins, die in der Bezugnahme besteht.[2]

Wie schon erwähnt, muss man sich die Akte des Bewusstseins keineswegs nur als etwas vorstellen, das uns tatsächlich immer klar »bewusst« ist (wie etwa wenn wir als moderne Menschen eine riskante Kaufentscheidung treffen). Vielmehr werden viele Typisierungen vom Bewusstsein sedimentiert und habitualisiert sein, die wir gleichsam »im Schlaf« vollziehen. Sie werden vom Bewusstsein vollzogen, ohne dass wir sie noch einmal reflektieren müssten. Sedimentierte wie auch aktuelle Typisierungen bilden damit die Grundlage von Wissen, und zwar auf allen Ebenen: Auf der Ebene von grundlegenden Erfahrungen können Schematismen und »kognitive Modelle« wirken, auf der Ebene von Handlungen Typisierungen von Skripten, Rollen und sozial eingeschriebene Praktiken (die von Begrüßungsritualen über Wutausbrüche bis zum Autofahren oder Bücherschreiben reichen).

Wissen ist sozial vermittelter Sinn

An dieser Stelle schlage ich eine Unterscheidung zwischen Sinn und Wissen vor, die sich bei Schütz nicht ausdrücklich findet. Denn der Sinnbegriff dient ja vor allen Dingen dazu, die Anbindung des Subjekts an die Sinngebilde zu klären, indem er zeigt, wie sie vom Bewusstsein konstituiert werden. Allerdings betont Schütz selbst, dass keineswegs alles Wissen von jedem einzelnen Bewusstsein neu konstituiert wird. Viemehr, so betont Schütz, sei der meiste Sinn »sozial abgeleitet«. Weil er diese sozialen Ableitung als Feld der Wissenssoziologie bestimmt, scheint mir die Unterscheidung zwischen Wissen und Sinn gerechtfertigt – auch wenn eine systematische Analyse des Gebrauchs von ›Sinn‹ und ›Wissen‹ in den Schriften von Schütz noch aussteht. Sozial abgeleitetes Wissen bedeutet, dass fast alles, was wir erfahren, von anderen übernommen wird: dass es Butter gibt, sogar ob sie gut schmeckt oder nicht, wie Häuser aussehen und wie man darin herumgeht, was Soziologie ist und

2 Aus diesem Grunde kann das Denken als eine besondere Handlungsform gefasst werden, die sich auf innere Zustände bezieht, vgl. Thomas Luckmann, Theorie sozialen Handelns, Berlin, New York 1992

welchen Wissensbegriff sie hat. Diesem Umstand der sozialen Vermitteltheit soll der Begriff des Wissens – im Unterschied zum Wissen – Rechnung tragen. *Wissen ist, so könnte man vereinfachend sagen, der sozial gewordene Sinn.*

Dabei ist Wissen also keineswegs nur das, was in der Schule gelehrt und gelernt wird. Wissen ist all das, was wir von anderen übernehmen: So bietet uns die Sprache, die ich spreche, ebenso eine vorgefertigte Typologie von Dingen und Prozessen wie die materielle Kultur, die ich handelnd verwende (die aus Laubhütten oder Hochhäusern bestehen kann) oder wie die eingespielten Kommunikationsformen (etwa die Art, die Akzente und Dialekte, in denen meine »Zunge« eine Sprache spricht). Beziehen wir verleiblichtes Wissen ein, dann erkennen wir auch, dass selbst Emotionen (wie etwa der besagte Wutausbruch) auf Wissen beruhen (was der Ausbruch bedeutet und wann er angemessen ist) und aus Wissen bestehen (etwa wie er vollzogen wird). Zum Wissen gehört natürlich auch der Umgang mit Objekten, Materialien und Technologien, deren Sinn ja gerade in diesem Umgang besteht (und als solcher von Kulturen zu Wissen verfestigt wird).[3]

So sehr unser Wissen sozial ist, so sollte man nicht den Fehler begehen, das Wissen in der Sozialität aufgehen zu lassen. Es ist kein bloßer Diskurs, nicht nur Kommunikation, sondern etwas, das in der Kommunikation unterstellt wird. Wissen als sozialen bzw. sozialisierten *Sinn* anzusehen, ist deswegen nötig, weil es nicht nur auf den Prozessen des Bewusstseins – also der Intentionalität, Typisierung und Sedimentierung – aufbaut, sondern als sozial Vermitteltes auch darauf zurück verweist. *Wissen setzt Subjektivität voraus.* Farben etwa ›machen‹ erst ›Sinn‹, wenn sie auch von einem verleiblichten Bewusstsein gesehen werden, und dabei sollte man beachten, dass wir Farben sehen können, für die weder sprachliche noch kulturelle Kategorien vorhanden sein müssen. Dieser vorprädikative Charakter des Sinns etwa von Farben geht deswegen auch in das Wissen ein. Im Unterschied zum Sinn ist Wissen zwar nicht indexikal, d.h. wesentlich auf das »Ich« des Erfahrenden bezogen (vorne, hinten, oben, unten usw.). Auch wenn Wissen deswegen wesentlich subjektiv ist und zur Konstitution der Identität maßgeblich beiträgt, sollte man jedoch das Subjekt nicht als »Wissensspeicher« ansehen. Das subjektive Wissen macht das Subjekt vielmehr zu einer Identität.

Das hängt damit zusammen, dass selbst technisch standardisiertes Wissen, also Information, über das Subjekt indexikal, situativ und von pragmatischen Einbettungen (›Relevanzen‹) abhängig wird. Deswegen setzt Wissen auch keinen Wahrheitsbegriff voraus. Denn selbst wenn Handelnde ein Wissen haben, das sich etwa wissenschaftlich als falsch erwiese (etwa die Annahme, die Erde sei eine Scheibe), kann auch dieses »falsche« Wissen pragmatisch Handlungen mit zuweilen dramatischen Folgen motivieren. Das beinhaltet, dass man Wissen keineswegs nur an der Wissenschaft bemessen darf. Auch die Religionen erzeugen ein Wissen (und sind dabei auch sehr produktiv), und das visuelle Wissen der bildenden Kunst etwa prägt ganze Kulturen.

---

3 Werner Rammert, Die technische Konstruktion als Teil der gesellschaftlichen Konstruktion der Wirklichkeit, in: Technik-Handeln-Wissen,Wiesbaden 2007, S. 37-46

Formen des Wissens

Auch wenn Wissen analytisch auf Sinn aufbaut, sollte ich an die Aussage erinnern, dass selbst die elementarsten Formen des Sinns »sozial abgeleitet« sein können, also Wissensformen darstellen.[4] Dies gilt schon für das *lebensweltliche Grundwissen*. So sehr wir dessen Zeitlichkeit und Räumlichkeit analytisch voraussetzen müssen, so unübersehbar ist doch auch seine Prägung durch die jeweiligen sprachlichen (lexikalischen, semantischen oder grammatischen) Kategorien sowie die kulturell überlieferten Handlungsformen, Praktiken und Institutionen. Dies gilt auch für die Leiblichkeit, die Schütz lediglich am Rande erwähnt. Formal bildet aber auch für ihn der Leib den Nullpunkt des Erfahrens, er stellt das »Medium« der sinnlichen Erfahrung und des Handelns dar. Doch auch dieser anthropologisch vermeintlich universale Leib ist von kulturspezifischen Leib- und Körperauffassungen bestimmt, deren Variabilität bis heute noch nicht ansatzweise geklärt ist. Die Performanz, also die Betätigung des Leibes etwa im Handeln, in der Gestik und in der Mimik, zählt ebenso zu diesen Wissensformen, die Schütz als (körperliche) *Fertigkeiten und Gebrauchswissen* bezeichnet. Wie sich an den verschiedenen Stilen des Gehens, des Sitzens, des Schwimmens oder auch der Handschriften zeigt, bildet es ein soziales und inkorporiertes Wissen. Der Begriff des Habitus ist an dieser Stelle von Weber über Elias bis zu Bourdieu durchaus zu Recht benutzt worden, weist er doch einmal auf die Sedimentierung von Erfahrungs- und Handlungsmustern zurück (die Husserl so nannte), andererseits auf die Sozialisierung genau dieser Muster als inkorporiertes Wissen. Zum Gebrauchswissen zählt auch das Rezeptwissen, das explizite Regeln darüber enthält, wie bestimmte Handlungen durchzuführen sind: »Der Teig muss gehen, bevor er ausgerollt wird«, »der Wein braucht Luft, bevor er getrunken werden kann«, »das Auto muss langsam eingefahren werden« usw.

Wollte man Berger und Luckmann ernst nehmen, dann würde man leibliche Fertigkeiten und Gebrauchswissen (etwa das Sitzen oder die Unterscheidung zwischen Glas und Flasche), das auch in solitären Zusammenhängen auftritt, vom Routinewissen unterscheiden, das in mehr oder weniger institutionalisierten Situationen sozialer Wechselwirkung Anwendung findet. Vielleicht könnte man das aus der Sedimentierung, Habitualisierung erwachsene Routine- und Gewohnheitswissen auch als Erfahrungswissen bezeichnen, doch sollte man dabei nicht vergessen, dass es wesentlich sozial vermittelt ist und die eigene Erfahrung eben immer auch die kulturell Geprägte, also von sozial abgeleitetem Wissen Bestimmte ist. So sehr das Gebrauchswissen aber auch solitär verwendet werden kann, so schließt das Routinewis-

4 Der Begriff der Wissensformen sollte jedoch nicht »substanziell« verstanden werden, wie dies etwa bei Scheler geschieht. Dass nämlich unüberwindbare Grenzen (etwa zwischen der Weisheit und der Religion oder der Religion und der Wissenschaft bestünden, erscheint nur in unseren westlichen Gesellschaften (und dort den entsprechenden Experten) pausibel, in denen sich diese Institutionen entsprechend differenziert haben, nicht aber im Islam, in den östlichen Weisheitslehren oder in ganzheitlichen Bewegungen.

sen – das durchaus auch das Autofahren mit einschließt – wesentlich Elemente mit ein, die zur Koordination von Handlungen dienen. Spätestens an dieser Stelle betreten wir Formen des expliziten Wissens. Explizit bedeutet dabei, dass es auf eine Weise objektiviert wird, die in der Umwelt mehrerer Handelnder wahrnehmbar ist und damit auch zur Koordination ihrer wechselseitigen Handlungen dienen kann. Diese Objektivierungen können körperlich sein (Lautsprache, Gesten) oder sich anderer Materialitäten bedienen. Mit dieser Objektivierung erst wird Wissen ausdrücklich und explizit. Allerdings sollte man den Gegenbegriff des »impliziten Wissens« vorsichtig verwenden, setzen doch alle expliziten »objektivierten« Formen immer und grundsätzlich auch habitualisiertes, unausgesprochenes Wissen voraus, das ein notwendiger Teil von ihm ist und nicht ein Gegensatz (etwa die automatische Beherrschung der Grammatik, die Kenntnis der Ikonographie, die Fähigkeit zur typischen Erkennung von Mustern usw.).

Die verschiedenen Wissensformen finden ihren Niederschlag im *subjektiven Wissensvorrat*. Darunter sollten wir uns keinen »Informationsspeicher« vorstellen, sondern eine Art Prozessor von Handlungsorientierungen. Dabei spielen zum einen die Prozesse des Wissenserwerbs eine entscheidende Rolle: Wird Wissen langfristig erworben, wird der Erwerb unterbrochen oder abgebrochen? Wann werden welche Elemente erworben und wie sehr werden sie zum Gewohnheitswissen? Vor allem sollte man bedenken, dass Wissen keineswegs irgendwelche Sicherheiten beinhaltet. Wissenselemente können sich sowohl hinsichtlich ihrer *Bestimmtheit*, ihrer *Glaubwürdigkeit*, ihrer *Vertrautheit* und *Verträglichkeit* stark voneinander unterscheiden. Deswegen ist auch das, wovon wir wenig wissen, ja selbst die Vorstellung von etwas, über das wir nichts Weiteres wissen, gemeinhin Teil des subjektiven Wissensvorrates. Zudem sollte man beachten, dass weder der subjektive noch der gesellschaftliche Wissensvorrat eine logisch kohärente oder konsistente Ordnung aufweisen muss. Vielmehr drückt sich die Logik bzw. Ordnung des subjektiven bzw. gesellschaftlichen Wissens in den Formen des Handelns aus und in der Ordnung der der Gesellschaft aus, die deswegen immer als eine »Wissensgesellschaft« betrachtet werden muss.

Die soziale Struktur des Wissens

Weil Wissen wesentlich sozial ist, ist auch der subjektive Wissensvorrat wesentlich Teil des gesellschaftlichen Wissens. Schon das Rezeptwissen ist typischerweise mit bestimmten Rollen oder Identitäten verbunden, die institutionell geordnet sind: Frauen und Männer, Alte und Junge, Schamanen und Jäger, Hirten und Schmiede – sie alle bilden ein Sonderwissen aus, das die nichtspezialisierten Wissenselemente zum Allgemeinwissen macht. Dieses Sonderwissen wird zur expliziten Legitimations(theorie), wenn Institutionen und ihre Vertreter dadurch (und zumeist durch Konflikte) ihre Stellung im Feld der Institutionen legitimieren. Unter den Legitimationen dienen die einen dazu, bestimmten sozialen Organisationen Sinn zu verleihen, wie etwa Kirchen oder politische Herrschaft. Davon unterschieden werden jene Legitimationen, die bestimmte soziale Gruppen vertreten, um ihre Identität als Gruppe oder (wie etwa neue Eliten) ihren Anspruch auf etwas Übergreifendes durchzusetzen. In diesem Falle reden wir von einer Ideologie, auch wenn die Unterscheidung nicht immer scharf zu ziehen ist. Legitimationen dienen nicht nur als »Kapital«, sondern auch als Mittel, mit denen die Institutionen selbst gerechtfertigt und damit auch gegen andere verteidigt oder durchgesetzt werden. Die komplexe Struktur des Sonderwissens in der modernen Gesellschaft und damit ihre »Wissensordnung«, das entsprechende Wissensregime und die mit ihm verbundenen legitimierenden Diskurse und Konflikte sind zu Recht ein zentrales Thema der empirischen Wissenssoziologie.

Der wissenssoziologische Begriff des Wissens, der Religion ebenso einschließt wie Technologie und Objekte, lässt sich keineswegs auf den mehr oder weniger ›positiven‹ Wissensbegriff der Wissenschaft oder der Wissensgesellschaft reduzieren. Aus der dargestellten Perspektive der Wissenssoziologie ist alles Handeln grundsätzlich an Wissen gebunden und jede Gesellschaft damit eine Wissensgesellschaft, die darauf angewiesen ist, dass sie ihr Wissen auch vermittelt. Die elementaren Formen der Wissensvermittlungen nennen wir deswegen auch Sozialisation, und es dürfte kein Zufall sein, dass diese als Voraussetzung jeder gesellschaftlichen Integration dient. Schon Durkheim hat die Integration deswegen auch an das Kollektivbewusstsein gebunden, das bei Berger und Luckmann Allgemeinwissen heißt. Dass die Sozialisation nur in dem Sinne allgemein ist, als ihre Institutionen, etwa die Familie, in denen das Wissen vermittelt wird, allgemein verpflichtend sind, zeigt sich ja gerade heute in dem Maße, wie diese Institutionen ihre allgemeine Verbreitung verlieren und Wissen an spezialisierte Institutionen übergeben wird. Nun wird das »Wissen«, das in der Primärsozialisation vermittelt wird, zur ausdrücklichen Aufgabe anderer Institutionen, z.B. von Lehrern, Schulpsychologen oder Familientherapeuten. Diesen Prozess nennen wir institutionelle Spezialisierung, dessen wissenssoziologische Ausprägung das Sonderwissen.[5]

Die Ausbildung des Sonderwissens finden wir schon sehr früh – sie ist ein Merkmal gesellschaftlicher Differenzierung überhaupt. Strukturell hat sie bedeutende Folgen, die Gesellschaft wesentlich charakterisieren. Denn jede spezialisierte Institution, die weiter bestehen will, muss ihr Sonderwissen vermitteln, und weil die spezialisierte Wissensvermittlung nicht habituell (oder traditionell) geregelt ist, muss sie die Wissensvermittlung organisieren. Das bedeutet einmal, dass sie das Wissen selbst thematisch machen muss. Thematisch bedeutet nicht unbedingt explizit sprachlich; so sind etwa empraktische, quasi-mimetische Weitergaben körperlichen Wissens auch spezialisierter institutioneller Rollen möglich, wie etwa bei Schmieden, Köchen oder Fußballspielern. Ob wir dem Schmiedelehrling das richtige Hämmern beibringen, dem Schüler das Kommutativgesetz oder der Tontechnike-

---

5 Diese Spezialisierung kann bestimmten Funktionen folgen, wie die Theorie der funktionalen Differenzierung unterstellt, sie muss aber nicht funktional spezifisch sein (und ihre funktionale Spezifik muss kein Entwicklungsgesetz sein).

rin die Amplitude – in allen Fällen wird Wissen als Wissen thematisch. Mit der Ausbildung und Ausweitung spezialisierter Rollen wird diese Thematisierung zunehmend explizit artikuliert und objektiviert. In jedem Fall führt die Spezialisierung von Institutionen dazu, dass die Wissensvermittlung zum gesonderten Handlungsproblem wird. Diese Artikulation wird noch verstärkt, wenn die Vermittlung selbst spezialisiert wird. Strukturell bedeutet das einen Sprung, denn indem sich Handelnde auf die Vermittlung von Wissen spezialisieren, werden die anderen strukturell zu Wissensproduzenten, handele es sich nun um Schamanen, Kräuterhexen, Alchemisten oder Biochemiker. (Dieser Sprung ist notwendig mit Kommunikation verbunden, auf die ich weiter unten zu sprechen komme.)

Das Wissen, das durch Spezialisierung der Institutionen, die spezialisierte Vermittlung des Wissens und die Spezialisierung auf Vermittlung als Wissen thematisch wird, möchte ich »Wissen« in Anführungszeichen nennen. Dieses Wissen hat durchaus eigene strukturelle Eigenschaften. In dem Maße nämlich, in dem die Vermittlung selbst institutionalisiert wird, zeichnet es sich durch eine Entkontextualisierung des Wissens aus. Das bedeutet, dass die ursprünglichen indexikalen Situationen seiner Verwendung nun in Situationen vermittelt werden, die nicht Verwendungssituationen sind. Damit wird das Wissen zwar weniger indexikal, wird aber zugleich entkontextualisiert. Diese Entkontextualisierung von Wissen insbesondere durch Institutionen, Technologien und Medien kann auch als Theoretisierung (allerdings nicht als »reines Wissen«) verstanden werden.[6]

Wissensgesellschaft und Kommunikationskultur

Während alle Gesellschaften in einem allgemeinen Sinne Wissensgesellschaften sind, zeichnet sich die gegenwärtige »Wissensgesellschaft« dadurch aus, dass Wissen ausdrücklich thematisiert wird. Mit der De-Industrialisierung der modernen Gesellschaft (und der Verwissenschaftlichung der industriellen Produktion) bleibt die Thematisierung des Wissens nicht auf die Institutionen der generationalen Wissensvermittlung beschränkt. Vielmehr wird sie auf praktisch alle anderen Institutionen ausgeweitet. Dabei steht der ökonomische Wert des Wissens im Vordergrund. Mit der »Wissensproduktion« wird Wissen auch zur Ware. Dabei sollte man bedenken, dass es hier nicht um eine Produktion »epistemologischen« Wissens geht, sondern um ein soziales Wissen: Wissen ist das, was als Wissen anerkannt wird – von auf Wissensproduktion spezialisierten Institutionen, von der Ökonomie, vom Recht und auch von der Politik. Dabei ist die Wissenschaft zum einen zwar die zentrale Legitimationsinstanz für Wissen. Indem sich aber das »wissenschaftliche Wissen« auf alle anderen Institutionsbereiche ausdehnt, nehmen diese zunehmend Einfluss auf die

6 Die Theoretisierung bedeutet also nicht »Entpragmatisierung«, hat das Wissen in den kommunikativen Handlungen der Experten doch nach wie vor entschieden pragmatische Bezüge.

Wissenschaft.[7] Das betrifft nicht nur die Öffentlichkeit, die in Gestalt der Massenmedien, aber auch als »Public Understanding of Science« (PUS) oder »Public Engagement with Science and Technology« (PEST) in die Wissenschaft eingreifen will. Es betrifft auch den gleichbleibend massiven Zugriff der Politik auf die Wissenschaft oder den enorm gewachsenen Einfluss freiwirtschaftlicher Überlegungen auf die Wissenschaft und die nicht-freiwirtschaftlich organisierte Wissenschaftsbürokratie.

Während die Wissensgesellschaft also keineswegs notwendig eine »Wissenschaftsgesellschaft« wird, bleibt die Produktion des Wissens eine ihrer zentralen Besonderheiten. Wie aber wird Wissen produziert? Diese Frage ist einfach zu beantworten: Wissen muss objektiviert werden, und damit es als »Produkt« vermittelt werden kann, muss es notwendigerweise kommuniziert werden. In der Wissensgesellschaft ist nicht einfach alles Wissen, sondern alles, was in besondere Formen gebracht werden kann, die man als Wissenskommunikation bezeichnen kann. Die »Wissens«gesellschaft besteht so zu großen Teilen aus Prozessen der Kommunikation, in denen das, was als »Wissen« (oder technologisch als »Information«) gilt und als solches immer breitere Anerkennung findet, durch Wissen konstruiert wird: Powerpointpräsentationen und Vorträge, Patente und Gesetze, Schaubilder und Vorführobjekte.[8]

Die Objektivierbarkeit des Wissens ist dabei keineswegs ein neuartiges Phänomen, sondern sozusagen ins Wissen eingebaut: Die Nutzbarkeit und der damit einhergehende Eindruck vom Fetischcharakter des »Wissens« sind paradoxerweise nur deswegen möglich, weil Wissen »an sich« sozial nicht erfahrbar ist. Im Alltag wie auch in der Wissenschaft wird Wissen lediglich in seinen objektivierten Formen sozial sichtbar – zum Beispiel in sprachlichen Formulierungen, mathematischen Formeln oder diagrammatischen Visualisierungen. (In der Kunst, Architektur oder in Handwerk und Industrie können auch Körperperformanzen, materiale Modelle oder Musterobjekte als Produkte von Wissen gelten.) In all diesen Fällen haben wir es mit derselben Form des Wissens zu tun, in der Wissen auch in seiner primären Weise sozial auftritt, nämlich als Kommunikation. Ich möchte also die dritte Folgerung aus der Sozialität des Wissens ziehen: *Kommunikation ist die empirische Form des Wissens.* Anders gesagt: Empirisch ist uns Wissen immer nur als Kommunikation zugänglich, und zwar nicht nur den Forschenden, sondern auch denen, die erforscht werden. Deswegen bemühen wir uns so sehr, ihre jeweilige Besonderheit entsprechend zum Ausdruck zu bringen, z.B. das Sachbuch in einer Sprache, die der Sachhaltigkeit eher gerecht wird als etwa ein Roman. (Weil Wissen immer auf sinnhafte Handlungen verweist, sollte man Kommunikation immer als Kurzform von »kommunikativen Handlungen« verstehen.[9])

---

7 Vgl. Peter Weingart, Martin Carrier und Wolfgang Krohn, Nachrichten aus der Wissensgesellschaft, Weilerswist 2007

8 Vgl. dazu Hubert Knoblauch, Powerpoint, Communication, and the Knowledge Society, Cambridge 2013

9 Diesen Begriff der kommunikativen Handlung habe ich erläutert in: Hubert Knoblauch, Grundbegriffe und Aufgaben des kommunikativen Konstruktivismus, in: Reiner Keller, Hubert Knoblauch,

Wenn wir von Kommunikation als empirischer Form des Wissens sprechen, dann ist der Prozess der Kommunikation zwischen Subjekten eine Form der Wissensvermittlung. Wissensvermittlung darf man sich dabei jedoch nicht als »Transfer« vorstellen, wie er zwischen Computern geschieht. Da Wissen in Sinn fundiert ist, setzt es interaktiv immer schon eine konstituierte Sinnhaftigkeit (als Erwartung, Vorwissen, Code etc.) voraus. Der Prozess der Wissensvermittlung in der Kommunikation lässt sich deswegen besser als eine Art Kooperation zweier subjektiver Wissensvorräte verstehen. Denn Kommunikation hat ja nicht nur »Inhalte«, wie sie in Sprache ausgedrückt werden, sondern schließt verschiedene Modalitäten leiblichen Handelns ein, wie Sprache, Gesten oder Mimik und Prosodie. Diese sind (ebenso wie etwa die Gramatik der Sprache) nicht selbst Teil des Wissens und werden deswegen auch häufig in Form von Objektivierungen gebracht. Wie allerdings das Wissen nicht systematisch sein muss, müssen auch diese Objektivierungen nicht notwendig den Charakter von Zeichensystemen annehmen, wie wir sie von der Sprache kennen.

Wenn man Kommunikation als die empirische Form des Wissens ansieht, wird verständlich, dass sich die verschiedenen gesellschaftlichen Ausprägungen des Wissens an Formen der Kommunikation festmachen müssen. So zeichnen sich unterschiedliche Wissenschaften schon durch ihre unterschiedlichen Sprachregister aus; von anderen »Wissensbereichen« unterscheiden sie sich durch ihre eigenen Gattungen – etwa der wissenschaftliche Aufsatz von der religiösen Predigt. Die Ordnung der Gesellschaft ist deswegen keineswegs nur etwas, das wir »wissen«, das gleichsam aus dem gesellschaftlichen Wissensvorrat abgeleitet und auszugsweise in unseren subjektiven Wissensvorrat eingeschrieben wäre, um so unser Handeln zu leiten (eines jeden an seinem Ort). Vielmehr ist die Ordnung etwas, das nicht nur immer fortwährend vollzogen werden muss (das ist, was wir Konstruktion nennen); sie wird in diesem Vollzug immer wieder auf eine Weise beobachtbar und verstehbar gemacht, die wir wohl kommunikativ nennen müssen. Sie ist eine kommunikative Konstruktion.[10]

Während Wissen als gesellschaftlich vermittelter Sinn das auszeichnet, was wir Kultur nennen, ist die Vermittlung selbst, d.h. die Kommunikation, der Prozess, in dem Wissen beobachtbar und verstehbar wird. Kultur ist also auf Individuen und Objektivationen verteiltes, in Kommunikation vermitteltes Wissen. Den prozessualen Teil der Kultur, der von der Kommunikation getragen wird, möchte ich als »Kommunikationskultur« bezeichnen. Kommunikationskultur besteht aus den kommunikativen Handlungen und den Formen, die diese Handlungen typischerweise annehmen.

Das Verhältnis der Kommunikation zum Wissen muss jedoch keineswegs als statisch angesehen werden. Manche Kulturen zeichnen sich dadurch aus, dass sie großen Wert auf die Verankerung von Wissen in Subjekten legen (das durchaus sehr

---

Jo Reichertz (Hg.), Kommunikativer Konstruktivismus. Theoretische und empirische Arbeiten zu einem neuen wissenssoziologischen Ansatz, Wiesbaden, S. 25-48

10 Vgl. Hubert Knoblauch, Kommunikationskultur. Die kommunikative Konstruktion kultureller Kontexte, Berlin/New York 1995

ungleich verteilt sein kann). Zwar muss auch dieses Wissen objektiviert und kommuniziert werden, doch kann dies in Formen geschehen, die aus Sicht einer sprachlich sehr »diskursiven« Kultur als »implizit« erscheint. In der gegenwärtigen Gesellschaft scheinen wir dagegen eher in einer Kultur zu leben, die auf die Ausdrücklichkeit des Wissens Wert legt. Dies findet ja im Begriff der Wissensgesellschaft ihren Ausdruck. Man könnte sie aber auch genauer als eine Kommunikationsgesellschaft bezeichnen, denn in ihr gewinnt die Kommunikation nicht nur die Übermacht über das Wissen; in ihr wird auch die Kommunikation zum wesentlichen Prozess der gesellschaftlichen Produktion, der gesellschaftlichen Differenzierung und der sozialen Ungleichheit.

Die Bedeutungszunahme der Kommunikation hängt mit der Rasanz der Veränderungen der sozialen Wirklichkeit zusammen: Allein im ökonomischen Bereich erfordern die schnellen Produktzyklen fortwährendes neues Wissen – das über die Marktkommunikation vermittelt wird. Dies gilt übrigens auch für »neue Politik«, »neue« Technologien oder »neue« Kunst. Daneben trägt die enorme Differenzierung und Spezialisierung zur Kommunikation bei: Wenn Menschen, die außerhalb der Funktionssysteme leben, in diese dauerhaft oder kurzzeitig eingegliedert werden müssen, ist Kommunikation erforderlich. Die Sonderwissensbestände zwingen wenigstens diejenigen zur Kommunikation, die routinemäßig auf Vertreter anderer Institutionen treffen. Es ist dabei aber zu beachten, dass diese Kommunikation keineswegs Sonderwissensbestände zum Gegenstand haben muss. Aus der Struktur der Kommunikation heraus ist eher zu erwarten, dass die Kommunikation sich sozusagen im Schnittbereich bewegt und sich gängiger, leicht verdaulicher und unproblematischer Formen bedient. Kommunikation ist auch nötig, damit andere Spezialisierungen von diesem Sonderwissen erfahren. Da diese Kommunikation zum »normalen« Bestand an Kommunikation hinzukommt, der zur Vermittlung, Aufrechterhaltung und Anpassung der Organisation erforderlich ist, haben wir es mit einer Vermehrung der Kommunikation zu tun. Diese zusätzliche Kommunikation findet eine augenfällige Ausprägung im wachsenden Bereich der Beratung, der sich genau an den Schnittstellen zu spezialisierten Einheiten bildet. Das Wissensmanagement z.B. stellt eine Form dieser Beratung dar, die Kommunikation wiederum vermehrt. Die zunehmende Kommunikation hat aber schließlich mit der rasanten Zunahme von Technologien der Kommunikation zu tun. Es ist dabei zu beachten, dass neue Technologien vorherige Formen der Kommunikation selten ersetzen, sondern diesen hinzugefügt werden. (In vielen Fällen bedürfen die Technologien noch weiterer Kommunikation, in der der Umgang mit den Technologien geregelt und koordiniert wird.) Eine große Rolle spielt dabei natürlich die längere Ausbildung, die mit einer revolutionären Ausweitung des höheren Bildungssystems verbunden ist. Das führt nicht nur dazu, dass immer mehr Menschen eine (mehr oder weniger) wissenschaftliche Bildung kennen lernen (und dass entsprechend wissenschaftliche Kommunikationsformen – Seminare, Beweisführungen, Literaturangaben – in vielen anderen Gesellschaftsbereichen zu finden sind). Die Ausweitung des Bildungssystems geht ebenfalls einher mit einer sich rasant beschleunigenden Spezialisierung.

Freilich sind diese Entwicklungen noch genauer zu beobachten. Die Disziplin, die diese Beobachtungen anstellt, ist die Wissenssoziologie. Sie beobachtet Kommunikation als empirische Erscheinungsweise des Wissens, der als subjektiver Sinn Handlungen leitet und damit über die Wirklichkeit entscheidet, in der wir leben.

Literatur

Adler, Max, Marxismus und Kantischer Kritizismus, in: *Archiv für die Geschichte des Sozialismus*, 1925

— Die Bedeutung Vicos für die Entwicklung des soziologischen Denkens, in: Archiv für die Geschichte des Sozialismus XIV (1929), S. 280-304

Adorno, Theodor W., Das Bewusstsein der Wissenssoziologie, in: ders., Gesellschaftstheorie und Kulturkritik, Frankfurt 1975, S. 136-150

— Theorie der Halbbildung, in: ders., Gesellschaftstheorie und Kulturkritik, Frankfurt 1975, S. 66-94

Allen, N.J., Primitive classification. The argument and its validity, in: William S. F. Pickering und H. Martins (Hg.), Debating Durkheim, London u. New York 1994, S. 40-65

Althusser, Louis, Für Marx, Frankfurt 1968

— Ideologie und ideologische Staatsapparate, in: Marxismus und Ideologie, Berlin 1973, S. 111-172

Anderson, Benedict, Die Erfindung der Nation. Zur Karriere eines folgenreichen Konzeptes, Frankfurt 1988

Antoni, Carlo, Vom Historismus zur Soziologie, Stuttgart o.J.

Apel, Karl Otto, Transformation der Philosophie. Bd. 2, Frankfurt 1976

Aron, Raymond, Hauptströmungen des klassischen soziologischen Denkens. Bd. 1, Reinbek 1979

Assmann, Aleida, Erinnerungsräume. Formen und Wandlungen des kulturellen Gedächtnisses, München 1992

Assmann, Georg u.a. (Hg.), Wörterbuch der marxistisch-leninistischen Soziologie, Berlin 1977

Assmann, Jan, Das kulturelle Gedächtnis. Schrift, Erinnerung und politische Identität in frühen Hochkulturen, München 1992

— Kollektives Gedächtnis und kulturelle Identität, in: ders. u. T. Hölscher (Hg.), Kultur und Gedächtnis, Frankfurt 1988, S. 9-19

Bacon, Francis, Neues Organon der Wissenschaften, Leipzig 1830

Baecker, Dirk, Zum Problem des Wissens in Organisationen, in: Organisation als System. Aufsätze, Frankfurt 2000, S. 68-101

Baier, Horst, Die Gesellschaft – Ein langer Schatten des toten Gottes, in: Nietzsche-Studien 10-12, S. 6-33

Bakhtin, Michail M., Speech Genres and Other Late Essays, Austin 1987

Bammé, Arno, Science and Technology Studies, Marburg 2009

Barboza, Amalia, Kunst und Wissen. Die Stilanalyse in der Soziologie Karl Mannheims, Konstanz 2005

Barth, Hans, Wahrheit und Ideologie, Erlenbach-Zürich und Stuttgart 1961

Barthes, Roland, Système de la mode, Paris 1983 (EA 1967)

Bateson, Gregory, Steps to an Ecology of Mind, New York 1972

Bauer, Otto, Das Weltbild des Kapitalismus, in: O. Jenssen (Hg.), Der lebendige Marxismus, Jena 1924

Beck, Ulrich, Die Risikogesellschaft. Auf dem Weg in eine andere Moderne, Frankfurt 1986

— Wissen oder Nicht-Wissen? Zwei Perspektiven reflexiver Modernisierung, in: Ulrich Beck, Anthony Giddens, Scott Lash, Reflexive Modernisierung, Frankfurt 1996, S. 289-315

Becker, Andrea, Populärmedizinische Vermittlungstexte. Studien zur Geschichte und Gegenwart fachexterner Vermittlungsvarietäten, Tübingen 2001

Becker, Howard und Helmut Otto Dahlke, Max Scheler's sociology of knowledge, in: Remmling 1973 S. 202-214

Bell, Daniel, The measurement of knowledge and technology, in: Eleanor B. Sheldon und Wilbert E. Moore (Hg.), Indicators of Social Change. Concepts and Methods, Hartford, Conn. 1968, S. 145-246

— Die nachindustrielle Gesellschaft, Frankfurt 1985 (EA 1973)

Ben-David, Joseph und Randall Collins, Soziale Faktoren im Ursprung einer neuen Wissenschaft: der Fall der Psychologie, in: Peter Weingart (Hg.), Wissenschaftssoziologie 2. Determinanten wissenschaftlicher Entwicklung, Frankfurt 1974, S. 122-152

Bender, Gerd (Hg.), Neue Formen der Wissenserzeugung, Frankfurt 2001

Berger, Peter L. und Thomas Luckmann, Die gesellschaftliche Konstruktion der Wirklichkeit, Frankfurt 1969 (EA New York 1966)

— Sociology of Religion and Sociology of Knowledge, in: Sociology and Social Research, 47 (1963), S. 61-73

Berger, Peter, Brigitte Berger und Hansfried Kellner, Das Unbehagen in der Modernität, Frankfurt 1987

Bergmann, Jörg und Thomas Luckmann (Hg.), Kommunikative Konstruktion von Moral. 2 Bd., Opladen 1999

Bering, Dietz, Die Intellektuellen. Geschichte eines Schimpfwortes, Frankfurt 1982

Bernal, John Desmond, Sozialgeschichte der Wissenschaft. 4 Bd., Reinbek 1970 (EA 1954)

Bijker, Wiebe E., Thomas P. Hughes and Trevor Pinch (Hg.), The Social Construction of Technological Systems, Cambridge 1987

Blackmore, Susan, The power of memes, in: Scientific American 283, 4 (2000), S. 52-61

Bloor, David, Knowledge and Social Imagery, London 1976

Blumenberg, Hans, Paradigmen einer Metaphorologie, Bonn 1960

Blumer, Herbert, Symbolic Interactionism. Perspective and Method, Englewood Cliffs 1969

Bogdanov, Alexander A., Die Entwicklungsformen der Gesellschaft und die Wissenschaft, Berlin 1924

Bohnsack, Ralf, Rekonstruktive Sozialforschung. Einführung in die qualitative Sozialforschung, Opladen 2003

Bonfadelli, Heinz, Die Wissenskluftkonzeption: Zur Hypothese der wachsenden Wissenskluft, in: Michael Schenk (Hg.), Medienwirkungsforschung, Tübingen 1985

Borkeh James T. und Richard F. Curtis, A Sociology of Belief, New York 1975

Boulding, Kenneth, The Public Image and the Sociology of Knowledge, in: ders., The Image, Grand Rapids, Mich., 1956, S. 64-81

Bourdieu, Pierre, Entwurf zu einer Theorie der Praxis, Frankfurt 1976

— Sozialer Sinn. Kritik der theoretischen Vernunft, Frankfurt 1987

— Die feinen Unterschiede. Kritik der gesellschaftlichen Urteilskraft, Frankfurt 1984

— Meditationen. Zur Kritik der scholastischen Vernunft, Frankfurt 2001

Bourdieu, Pierre und Monique de Saint Martin, La sainte famille. L'Episcopat français dans le champ du pouvoir, in: Actes de la recherche 44-45 (1982), S. 2-54

Braun, Christina von & Inge Stephen, Gender@Wissen, in: dies. (Hg.), Gender@ Wissen. Ein Handbuch der Gender-Theorien, Köln, Weimar, Wien 2005, S. 7-45

Brown, John S. und Paul Duguid, The Social Life of Information, Cambridge, Mass. 2000

Bühl, Walter L., Einführung in die Wissenschaftssoziologie, München 1974

Bühler, Karl, Sprachtheorie. Die Darstellungsfunktion der Sprache, Frankfurt 1978 (EA 1934)

Burke, Kenneth, Papier und Marktgeschrei. Die Geburt der Wissensgesellschaft, Berlin 2002

Burke, Peter, Stärken und Schwächen der Mentalitätsgeschichte, in: Ulrich Raulff (Hg.), Mentalitäten-Geschichte, Berlin 1987, S. 127-146

Burr, Vivien, An Introduction to Social Constructionism, London u. New York 1995

Butler, Judith, Das Unbehagen der Geschlechter, Frankfurt 1990

Camic, Charles, Neil Gross und Michèle Lamont, Introduction: The Study of Social Knowledge Making, in: dies. (Hg.), Social Knowledge in the Making, Chicago und London 2011, 1-43

Castells, Manuel, Das Informationszeitalter. Bd. 1: Die Netzwerkgesellschaft; Bd. 2: Die Macht der Identität; Bd. 3: Jahrtausendwende, Opladen 2001f

Castro Varela, María do Mar & Nikita Dhawan, Postkoloniale Theorie, Bielefeld 2005

Christmann, Gabriela, Zur kommunikativen Konstruktion von Räumen: Theoretische Konzepte und empirische Analysen, Wiesbaden 2014

Clark, Terry N., Die Stadien wissenschaftlicher Institutionalisierung, in: Peter Weingart (Hg.), Wissenschaftssoziologie 2. Determinanten wissenschatflicher Entwicklung, Frankfurt 1974, S. 105-121

Cole, Michael und Yrjö Engeström, A cultural-historical approach to distributed cognition, in: Gavriel Salomon (Hg.), Distributed Cognitions: Psychological and Educational Considerations. Cambridge, Mass 1993, S. 1-46

Collins, Randall, The Sociology of Philosophies. A Global Theory of Intellectual Change, Cambridge 1998

Collins, Harry und Robert Evans, Re-Thinking Expertise, Chicago 2007

Comte, Auguste, Plan der wissenschaftlichen Arbeiten, die für eine Reform der Gesellschaft notwendig sind, München 1973

— Soziologie, Stuttgart 1974

Condorcet, Antoine Nicolas, Sketch of the Progress of the Human Mind, in: Peter Gay (Hg.), The Enlightment. A Comprehensive Anthology, New York 1973

Cooley, Charles H., Human Nature and Social Order, New York 1964 (EA 1902)

— Social Process, Carbondale, Ill. 1966 (EA 1918).

Coulter, Jeff, Mind in Action, Atlantic Highlands, NJ 1989

von Cranach, Mario, Über das Wissen sozialer Systeme, in: Uwe Flick (Hg.), Psychologie des Sozialen. Repräsentationen in Wissen und Sprache, Reinbek 1995, S. 22-54

Crespi, Franco und Fabrizio Fornari, Introduzione alla sociologia della conoscenza, Rom 1998

Crick, Malcolm R., Anthropology of Knowledge, in: Annual Review of Anthropology 11 (1982), S. 287-313

Curtius, Ernst Robert, Deutscher Geist in Gefahr, Stuttgart u. Berlin 1932

D'Andrade, Roy, The Development of Cognitive Anthropology, Cambridge 1995

Darwin, Charles, Der Ausdruck der Gemütsbewegungen bei dem Menschen und den Tieren, Nördlingen 1986 (EA Stuttgart 1872)

Degele, Nina, Informiertes Wissen. Eine Wissenssoziologie der computerisierten Gesellschaft, Frankfurt 2000

Deleuze, Gilles und Félix Guattari, Kapitalismus und Schizophrenie. Antiödipus, Frankfurt 1981

De Solla Price, Derek John, Little Science, Big Science, New York 1963

Detel, Wolfgang und Claus Zittel, Introduction: Ideals and Cultures of Knowledge in Early Modern Europe, in: dies. (Hg.), Wissensideale und Wissenskulturen in der frühen Neuzeit, Berlin 2002, S. 6-22

Deutsch, Karl W., Bildung in der Informationsgesellschaft, in: Computer + Bildung, Bonn 1984, S. 32-42

Diaz-Bone, Rainer (Hg.), Soziologie der Konvention. Grundlagen einer pragmatischen Anthropologie, Frankfurt und New York 2011

Diels, Hermann, Die Fragmente der Vorsokratiker, Hamburg 1957

Dilthey, Wilhelm, Die Typen der Weltanschauung und ihre Ausbildung in den metaphysischen Systemen, in: Gesammelte Schriften Bd. VIII, Leipzig 1931, S. 73-118

— Der Aufbau der geschichtlichen Welt in den Geisteswissenschaften, Frankfurt 1981

— Die geistige Welt. Einleitung in die Philosophie des Lebens. Abhandlungen zur Grundlegung der Geisteswissenschaften. Gesammelte Werke. Bd. 5, Stuttgart 1982 (7. Aufl.)

Dinzelbacher, Peter, Europäische Mentalitätsgeschichte, Stuttgart 1994

Dordick, Herbert S. und Georgette Wang, The Information Society. A Retrospective View, Newbury Park 1993

Drucker, Peter, The Age of Discontinuity. Guidelines for a Changing Society, London 1969

Durkheim, Emile, Soziologie und Philosophie, Frankfurt 1976

— Über die Teilung der sozialen Arbeit, Frankfurt 1977

— Die elementaren Formen des religiösen Lebens, Frankfurt 1981
Duvignaud, Jean, Préface, in: ders. (Hg.), Sociologie de la connaissance, Paris 1979

Eberle, Thomas, Sinnkonstitution in Alltag und Wissenschaft, Bern 1984
— Rahmenanalyse und Lebensweltanalyse, in: Robert Hettlage und Karl Lenz (Hg.), Erving Goffman – ein soziologischer Klassiker der zweiten Generation, Bern u. Stuttgart 1991, S. 157-210
Eccles, John C. und Hans Zeier, Gehirn und Geist. Biologische Erkenntnisse über Vorgeschichte, Wesen und Zukunft des Menschen, München 1980
Eisenstein, Elisabeth, The Printing Press as an Agent of Change: Communications and Cultural Transformations in Early Modern Europe, Cambridge 1979
Elias, Norbert, Über den Prozess der Zivilisation. 2. Bd., Frankfurt 1978 (EA 1939)
— Engagement und Distanzierung. Arbeiten zur Wissenssoziologie I, Frankfurt 1990
— Studien über die Deutschen. Machtkämpfe und Habitusentwicklung im 19. und 20. Jahrhundert, Frankfurt 1992
Engelhardt, Anina und Laura Kajetzke (Hg.), Handbuch Wissensgesellschaft. Theorien, Themen und Probleme, Bielefeld 2010
Esposito, Elena, Soziales Vergessen. Formen und Medien des Gedächtnisses der Gesellschaft, Frankfurt 2002
Esser, Hartmut, Soziologie. Spezielle Grundlagen. Bd. 6: Sinn und Kultur, Frankfurt 2001, S. 262

Fairclough, Discourse and Social Change, London 1992
Farberman, Harvey A., Mannheim, Cooley, and Mead: toward a social theory of mentality, in: Remmling, 1973, S. 261-271
Festinger, Leon, Henry W. Riecken und Stanley Schachter, When Prophecy Fails, New York 1956
Feuerbach, Ludwig, Das Wesen des Christentums, Bd. I, Berlin 1956
Fischer, Ludwig, Naturzauber – warenwirtschaftlich und poetisch. Prospekt der Analyse eines Stücks aktueller Topik, in: Jahrbuch für Intenationale Germanistik VIII/2 (1985), S. 49-76
Fiske, John, Die britischen Cultural Studies und das Fernsehen, in: R. Winter und L. Mikos (Hg.), Die Fabrikation des Populären. Der John Fiske-Reader, Bielefeld 2001, S. 17-68, S. 28
Fleck, Ludwik, Entstehung und Entwicklung einer wissenschaftlichen Tatsache. Einführung in die Lehre vom Denkstil und Denkkollektiv, Frankfurt 1980
Flick, Uwe, Soziale Repräsentationen in Wissen und Sprache als Zugänge zur Psychologie des Sozialen, in: ders. (Hg.), Psychologie des Sozialen. Repräsentationen in Wissen und Sprache, Reinbek 1995, S. 7-21
Flusser, Vilém, Die Revolution der Bilder, Mannheim 1995
Foucault, Michel, Überwachen und Strafen. Die Geburt des Gefängnisses, Frankfurt 1977
— Die Ordnung der Dinge. Eine Archäologie der Humanwissenschaften, Frankfurt 1978
— Dispositive der Macht, Berlin 1978
— Archäologie des Wissens, Frankfurt 1988
— Die Wahrheit und die juristischen Formen, Frankfurt 2002
— Hermeneutik des Subjekts, Frankfurt 2004
Frake, Charles O., Die ethnographische Erforschung kognitiver Systeme, in: Arbeitsgruppe Bielefelder Soziologen (Hg.), Alltagswissen, Interaktion, gesellschaftliche Wirklichkeit, Reinbek 1973, S. 323-337
— A structural description of Subanun religious behavior, in: Stephen A. Tyler (Hg.), Cognitive Anthropology, New York 1979, S. 470-487
— Language and Cultural Description, Stanford 1980
François, Etienne und Hagen Schulze (Hg.), Deutsche Erinnerungsorte. Bd. 1, München 2001
Freeman, Chris und Fransico Louçã, As Time Goes By. From the Industrial Revolution to the Information Revolution, Oxford 2001
Freud, Sigmund, Werke aus den Jahren 1925-1931, in: Gesammelte Werke. Bd. 14, London 1948

— Der Mann Moses und die monotheistische Religion, in: Gesammelte Werke. Bd. 16, Frankfurt 1968 (3. Aufl.)
— Totem und Tabu. Gesammelte Werke. Bd. 9, Frankfurt 1968 (4. Aufl.)
— Zwangshandlungen und Religionsübungen, in: Gesammelte Werke. Bd. 7, Frankfurt 1964 (4. Aufl.)
Friedhoff, Richard M., The Second Computer Revolution: Visualization, New York 1991
Fuhrman, Ellsworth R., The Sociology of Knowledge in America 1883-1915, Charlottesville 1980
Fuhrmann, Manfred, Der europäische Bildungskanon des bürgerlichen Zeitalters, Frankfurt 1999

Gadamer, Hans-Georg, Wahrheit und Methode. Grundzüge einer philosophischen Hermeneutik, Tübingen 1972
Gamson, William, Talking Politics, Boston 1992
Gamson, William A. und Gadi Wolfsfeld, Movements and media as interacting systems, in: Russell J. Dalton (Ed.), The Annals of the American Academy of Political and Social Science: Citizens, Protest and Democracy, 528 (1993), S. 114-125
Garfinkel, Harold, Studies in Ethnomethodology, Englewood Cliffs 1967
— (Hg.), Ethnomethodological Studies of Work, London u. New York 1986
Geertz, Clifford, The Interpretation of Cultures, New York 1973
— The way we think now: Ethnography of modern thought, in: Local Knowledge, New York 1983
Gehlen, Arnold, Die Seele im technischen Zeitalter, Hamburg 1957
— Anthropologische Forschung, Reinbek 1976
— Urmensch und Spätkultur, Wiesbaden 1986 (EA 1956)
Geiger, Theodor, Ideologie und Wahrheit. Eine soziologische Kritik des Denkens, Stuttgart u. Wien 1953
— Die soziale Schichtung des deutschen Volkes. Soziographischer Versuch auf statistischer Grundlage, Stuttgart 1967 (EA 1932)
Gerhardt, Uta, Idealtypus. Zur methodologischen Begründung der modernen Soziologie, Frankfurt 2001
Gibbons, Michael, Camille Limoges, Helga Nowotny, Simon Schwartman, Peter Scott, Martin Trow, The New Production of Knowledge. The Dynamics of Science and Research in Contemporary Societies, London 1994
Giddens, Anthony, Central Problems in Social Theory: Action, Structure, and Contradiction in Social Analysis, London 1979
— The Nation State and Violence. Volume Two of a Contemporary Critique of Historical Materialism, Cambridge 1985
— Die Konstitution der Gesellschaft, Frankfurt und New York 1995
— Modernity and Self-Identity. Self and Society in the Late Modern Age, London 1991
— Konsequenzen der Moderne, Frankfurt 1996
Glaser, Barney und Anselm Strauss, Awareness of Dying, Chicago 1965
Goffman, Erving, Rahmen-Analyse. Ein Versuch über die Organisation von Alltagserfahrungen, Frankfurt 1977
— Interaktion und Geschlecht, Frankfurt u. New York 1994
Gombrich, Ernst, Art and Illusion: A Contribution to the Psychology of Pictorial Representation, London 1960
Goodman, Nelson, Ways of Worldmaking, Hassocks, Sussex 1978
Gramsci, Antonio, Zu Politik, Geschichte und Kultur, Frankfurt 1980
Granet, Marcel, Das chinesische Denken. Inhalt, Form, Charakter, München 1980 (EA 1934)
Groethuysen, Bernhard, Die Entstehung der bürgerlichen Welt- und Lebensanschauung in Frankreich. 2 Bde., Frankfurt 1978
Gumplowicz, Ludwig, Grundriß der Soziologie, Wien 1905 (2. Aufl.)
Guenther, Tina und Jan Schmidt, Wissenstypen im Web2,0 – eine wissenssoziologische Deutung von Prodnutzern im Internet, in: Herbert Willems (Hg.), Weltweite Welten. Internet-Figurationen aus wissenssoziologischer Perspektive. Wiesbaden 2008, 167-187
Gusfield, Joseph R., Symbolic Crusade. Status Politics and the American Temperance Movement, Urbana, Ill. 1963

Habermas, Jürgen, Erkenntnis und Interesse, Frankfurt 1968
— Technik und Wissenschaft als ›Ideologie‹, Frankfurt 1968
— Kleine politische Schriften I-IV, Frankfurt 1981
— Moralbewusstsein und kommunikatives Handeln, Frankfurt 1983
— Strukturwandel der Öffentlichkeit, Neuwied u. Berlin 1979
— Theorie des kommunikativen Handelns. 2 Bd., Frankfurt 1981
Hacking, Ian, Was heißt ›soziale Konstruktion‹? Zur Konjunktur einer Kampfvokabel in den Wissenschaften, Reinbek 1999
Halbwachs, Maurice, Das Gedächtnis und seine sozialen Bedingungen, Frankfurt 1985 (EA 1925)
— Das kollektive Gedächtnis, Frankfurt 1985
Hall, Stuart, Encoding/Decoding, in: ders. u.a. (Hg.), Culture, Media, Language, London 1980, S. 128-138
— Cultural Studies. Zwei Paradigmen, in: Roger Bromley u.a. (Hg.), Cultural studies. Grundlagentexte zur Einführung, Lüneburg 1999, S. 113-138
Hamilton, Peter, Knowledge and Social Structure. An Introduction to the Classical Argument in the Sociology of Knowledge, London u. Boston 1974
Harraway, Donna, Die Neuerfindung der Natur: Primaten, Cyborgs und Frauen, Frankfurt 1995
Harré, Rom, Epistemologie sozialer Repräsentationen, in: Uwe Flick (Hg.), Psychologie des Sozialen. Repräsentationen in Wissen und Sprache, Reinbek 1995, S. 165-176
Harvis, Marvin, Kulturanthropologie, Frankfurt 1989
Hayek, Friedrich, Economics and Knowledge, in: Economica IV, Neue Serie (1937), S. 33-54
Hegel, Georg Wilhelm Friedrich, Grundlinien der Philosophie des Rechts, Hamburg 1955
Heidegger, Martin, Prolegomena zur Geschichte des Zeitbegriffs, Frankfurt 1979
Heintz, Bettina und Jörg Huber, Einleitung, in: dies. (Hg.), Mit dem Auge denken. Strategien der Sichtbarmachung in wissenschaftlichen und virtuellen Welten, Zürich 2001, S. 9-40
Hekman, Susan, Hermeneutics and the Sociology of Knowledge, Oxford 1986
Hellström, Tomas und Sujatah Raman, The commodification of knowledge about knowledge: knowledge management and the reification of epistemology, in: Social Epistemology 15, 3, (2001), S. 139-154
Helvétius, Claude Adrien, De L'esprit, Paris 1959
Hensel, Matthias, Die Informationsgesellschaft. Neuere Ansätze zur Analyse eines Schlagwortes, München 1990
Hepp, Andreas, Medienkultur. Die Kultur mediatisierter Welten, Wiesbaden 2013 (2. Aufl.)
— Die kommunikativen Figurationen mediatisierter Welten: Zur Mediatisierung der kommunikativen Konstruktion von Wirklichkeit, in: Keller, Knoblauch, Reichertz (Hg.), Kommunikativer Konstruktivismus 2012, S. 97-120
Heritage, John, Epistemics in Action: Action Formation and Territories of Knowledge, in: Research on Language and Social Interaction 45,1 (2012), S. 1-29
Herman-Kinney, Nancy J. und Joseph M. Verschaeve, Methods of Symbolic Interactionism, in: Larry Reynolds und dies. (Hg.), Handbook of Symbolic Interactionism, Lanham, Boulder, New York, Toronto u. Oxford 2003, S. 213-252
Hirseland, Andreas, Reiner Keller, Werner Schneider und Willy Viehöver (Hg.), Handbuch Diskursanalyse. Bd. 1: Theorien und Methoden, Opladen 2001
Hirschauer, Stefan, Publizierte Fachurteile. Lektüre und Bewertungspraxis im Peer Review, Soziale Systeme 11,1 (2005), 52-82
Hitzler, Ronald, Sinnwelten. Ein Beitrag zum Verstehen von Kultur, Opladen 1988
— Wissen und Wesen des Experten, in: ders., Anne Honer und Christoph Maeder (Hg.), Expertenwissen. Die institutionalisierte Kompetenz zur Konstruktion von Wirklichkeit, Opladen 1994, S. 13-30
Hitzler, Ronald und Anne Honer, Lebenswelt – Milieu – Situation, in: Kölner Zeitschrift für Soziologie und Sozialpsychologie 36 (1984), S. 56-74

Hitzler, Ronald, Jo Reichertz und Norbert Schröer, Das Arbeitsfeld einer hermeneutischen Wissenssoziologie, in: dies. (Hg.), Hermeneutische Wissenssoziologie. Standpunkte zur Theorie der Interpretation, Konstanz 1999, S. 9-13

Hobsbawm, Eric J., Nationen und Nationalismus. Mythos und Realität, Frankfurt u. New York 2004

Hoggart, Richard, The Uses of Literacy, Harmondsworth 1957

Holzner, Burkart, Reality Construction in Society, Cambridge, Mass. 1967

von Holbach, Paul Heinrich Dietrich Baron, System der Natur oder von den Gesetzen der physischen und der moralischen Welt, Frankfurt 1978 (EA 1770)

Honer, Anne, Lebensweltliche Ethnographie. Ein explorativ-interpretativer Forschungsansatz am Beispiel von Heimwerker-Wissen, Wiesbaden 1993

Horkheimer, Max, Ein neuer Ideologiebegriff?, in: Archiv für Geschichte des Sozialismus und der Arbeiterbewegung 15 (1930)

— Traditionelle und kritische Theorie, in: Traditionelle und kritische Theorie. Vier Aufsätze, Frankfurt 1970

Horkheimer, Max und Theodor W. Adorno, Dialektik der Aufklärung. Philosophische Fragmente, Frankfurt 1971

Hornidge, Anna-Katharina, Knowledge Society. Vision and Social Construction of Reality in Germany and Singapore, Münster 2007

Hradil, Stefan, Einleitung, in: ders. (Hg.), Zwischen Bewusstsein und Sein. Die Vermittlung ›objektiver‹ Lebensbedingungen und ›subjektiver‹ Lebensweisen, Opladen 1992, S. 9-12

— Soziale Ungleichheit in Deutschland, Opladen 2001

Hutchins, Edwin, Cognition in the Wild, Cambridge, Mass. 1995

Innis, Harold Adams, Empire of Communication, Toronto 1972 (EA 1950)

Institut für Sozialforschung (Hg.), Soziologische Exkurse, Frankfurt 1983 (EA 1956)

Israel, Joachim, Der Begriff Dialektik. Erkenntnistheorie, Sprache und dialektische Gesellschaftswissenschaft, Reinbek 1979

Jakiša, Miranda und Dariuš Zifonun, Gedächtnis und Erinnerung, in: Soziologische Revue 27 (2004), S. 58-68

Jerusalem, Wilhelm, Soziologie des Erkennens, in: Die Zukunft (1909), S. 236-246

Joas, Hans, Praktische Intersubjektivität. Die Entwicklung des Werkes von G. H. Mead, Frankfurt 1980

Johnston, Hank, A methodology for frame analysis: from discourse to cognitive schemata, in: Hank Johnston und Bert Klandermans (Hg.), Social Movements and Culture, London 1995, S. 220

Jolles, André, Einfache Formen, Tübingen 1982 (EA 1930)

Jonas, Friedrich, Geschichte der Soziologie 1, Reinbek 1976

Kalthoff, Herbert, Zwischen Wirtschaftstheorie und ökonomischer Praxis. Zur Soziologie ökonomischen Wissens, in: Hanno Pahl und Lars Meyer (Hg.), Kognitiver Kapitalismus. Marburg 2007, 41-74

Keller, Reiner, Diskursforschung. Eine Einführung für SozialwissenschaftlerInnen, Opladen 2004

— Wissenssoziologische Diskursanalyse. Grundlegung eines Forschungsprogramms, Wiesbaden 2005

Keller, Reiner Hubert Knoblauch, Jo Reichertz (Hg.), Kommunikativer Konstruktivismus. Theoretische und empirische Arbeiten zu einem neuen wissenssoziologischen Ansatz, Wiesbaden 2012

Keppler, Angela und Thomas Luckmann, ›Teaching‹: conversational transmission of knowledge, in: Ivana Markova, Klaus Foppa (Hg.), Asymmetries in Dialogue, Hertfordshire 1991, S. 143-165

Kesting, Hanno, Zur sozialen Topik, in: H. Popitz, H. P. Bahrdt, E. A. Juves und H. Kesting, Das Gesellschaftsbild des Arbeiters. Soziologische Untersuchungen in der Hüttenindustrie, Tübingen 1972 (EA 1957), S. 81-88

Kling Rob und C. Suzanne Iacono, Computerization movements and the mobilization of support for computerization, in: Susan Leigh Star (ed.), Ecologies of Knowledge. Work and Politics in Science and Technology, Albany 1995, S. 119-153

Knoblauch, Hubert, Die sozialen Zeitkategorien der Hopi und der Nuer, in: Friedrich Fürstenberg und Ingo Mörth (Hg.), Zeit als Strukturelement von Lebenswelt und Gesellschaft, Linz 1985, 327-356
— Zwischen Einsamkeit und Wechselrede. Zur Kommunikation und ihrer Konstitution bei Edmund Husserl, in: Husserl Studies 2 (1985), S. 3-32
— Die Welt der Wünschelrutengänger und Pendler, Frankfurt u. New York 1991
— Soziologie als strenge Wissenschaft? Phänomenologie, kommunikative Lebenswelt und soziologische Methodologie, in: Protosoziologie 5 (1993), S. 114-122
— Die kommunikative Konstruktion kultureller Kontexte, Berlin u. New York 1995
— Gattungslehre, in: Historisches Wörterbuch der Rhetorik Bd. 3: Eup-Hör, hgg. von Gert Ueding, Tübingen 1996, S. 557-564
— Arbeit als Interaktion. Informationsgesellschaft, Post-Fordismus und Kommunikationsarbeit, in: Soziale Welt 47, 3 (1996), S. 344-362
— Transzendenzerfahrung und symbolische Kommunikation. Die phänomenologisch orientierte Soziologie und die kommunikative Konstruktion der Religion, in: Hartmann Tyrell, Volkhard Krech und Hubert Knoblauch (Hg.), Religion als Kommunikation, Würzburg 1998, S. 147-186
— Das kommunikative Gedächtnis, in: Claudia Honegger, Stefan Hradil und Franz Traxler (Hg.), Grenzenlose Gesellschaft? Opladen 1999, S. 733-748
— Religionssoziologie, Berlin und New York 1999
— Zwischen System und Subjekt? Methodologische Unterschiede und Überschneidungen zwischen Systemtheorie und Sozialkonstruktivismus, in: Ronald Hitzler, Jo Reichertz und Norbert Schröer (Hg.), Hermeneutische Wissenssoziologie. Eine methodologisch-theoretische Positionsbestimmung, Konstanz 1999, S. 213-235
— Diskurs, Kommunikation und Wissenssoziologie, in: Andreas Hirseland, Reiner Keller, Werner Schneider und Willy Viehöver (Hg.), Handbuch Diskursanalyse Bd. 1: Theorien und Methoden, Opladen 2001, S. 207-224
— Die soziale Konstruktion von Körper und Geschlecht. Oder: Was die Soziologie des Körpers von den Transsexuellen lernen kann, in: Kornelia Hahn und Michael Meuser (Hg.), Soziale Repräsentation des Körpers, Konstanz 2002, S. 117-136
— Habitus und Habitualisierung. Zur Komplementarität Bourdieus mit dem Sozialkonstruktivismus, in: Boike Rehbein, Gernot Saalmann, Hermann Schwengel (Hg.), Pierre Bourdieus Theorie des Sozialen, Konstanz 2003, S. 187-201
— Informationsgesellschaft, Workplace Studies und die Kommunikationskultur, in: Gunther Hirschfelder, Birgit Huber (Hg.), Die Virtualisierung der Arbeit. Zur Ethnographie neuer Arbeits- und Organisationsformen, Frankfurt 2004, S. 357-380
— Subjekt, Intersubjektivität und persönliche Identität. Zum Subjektverständnis der sozialkonstruktivistischen Wissenssoziologie, in: Matthias Grundmann und Raphael Beer (Hg.), Subjekttheorien interdisziplinär. Diskussionsbeiträge aus Sozialwissenschaften, Philosophie und Neurowissenschaften, Münster 2004, S. 37-58
— Todesnäheerfahrungen – Zur kulturellen Prägung und anthropologischen Erklärung einer außergewöhnlichen Erfahrung, in: Anästhesiologie und Intensivmedizin 45 (November 2004), S. 674-679
— Die Soziologie religiöser Erfahrung, in: Friedo Ricken (Hg.), Religiöse Erfahrung. Ein interdisziplinärer Klärungsversuch, Stuttgart 2004, S. 69-80
— Grundbegriffe und Aufgaben des kommunikativen Konstruktivismus, in: Reiner Keller, Hubert Knoblauch, Jo Reichertz (Hg.), Kommunikativer Konstruktivismus. Theoretische und empirische Arbeiten zu einem neuen wissenssoziologischen Ansatz. Wiesbaden 2012, S. 25-48
— Wissenssoziologie, Wissensgesellschaft und Wissenskommunikation, in: Aus Politik und Zeitgeschichte 63 (18-20), 2013, S. 9-16
— Powerpoint, Communication, and the Knowledge Society, Cambridge 2013

Knoblauch, Hubert und Bernt Schnettler, ›Postsozialität‹, Alterität und Alienetät, in: Michael Schetsche (Hg.), Der maximal Fremde. Begegnungen mit dem Nichtmenschlichen und die Grenzen des Verstehens, Würzburg 2004, S. 23-42

Knoblauch, Hubert und Susanne Günthner, ›Forms are the Food of Faith‹. Gattungen als Muster kommunikativen Handelns, in: Kölner Zeitschrift für Soziologie und Sozialpsychologie, 4 (1994), S. 693-723

Knorr Cetina, Karin, Die Fabrikation von Erkenntnis. Zur Anthropologie der Naturwissenschaft, Frankfurt 1984

— Sozialität mit Objekten. Soziale Beziehungen in post-traditionalen Wissensgesellschaften, in: W. Rammert (Hg.), Technik und Sozialtheorie, Frankfurt und New York 1998, S. 83-120

— »Viskurse« der Physik. Konsensbildung und visuelle Darstellung, in: Heintz und Huber (Hg.) 2001, S. 305-320

— Wissenskulturen. Ein Vergleich naturwissenschaftlicher Wissensformen, Frankfurt 2002

Koselleck, Reinhart, Begriffsgeschichte und Sozialgeschichte, in: Peter Christian Ludz (Hg.), Sozialgeschichte, Aspekte und Probleme. Sonderheft 16 d. Kölner Zeitschrift für Soziologie und Sozialpsychologie, Opladen 1972, 116-131

— Einleitung, in: Geschichtliche Grundbegriffe. Historisches Lexikon zur politisch-sozialen Sprache in Deutschland. Bd. 1, Stuttgart 1972, S. XIII-XXXVII

Krallmann, Dieter und Hans-Georg Soeffner, Gesellschaft und Information, Stuttgart 1973

Kreibich, Rolf, Die Wissenschaftsgesellschaft. Von Galilei zur High-Tech-Revolution, Frankfurt 1986

Krotz, Friedrich, Mediatisierung. Fallstudien zum Wandel von Kommunikation, Wiesbaden 2007

Krüger, Marlis, Wissenssoziologie, Stuttgart, Berlin, Köln, Mainz 1981

Krüger, Oliver, Die mediale Religion, Probleme und Perspektiven der religionswissenschaftlichen und wissenssoziologischen Medienforschung, Bielefeld 2012

Kuhn, Thomas S., Die Struktur wissenschaftlicher Revolutionen, Frankfurt 1967

Lachenmann, Gudrun, Systeme des Nichtwissens. Alltagsverstand und Expertenbewusstsein im Kulturvergleich, in: Ronald Hitzler, Anne Honer und Christoph Mäder (Hg.), Expertwissen. Die institutionalisierte Kompetenz zur Konstruktion von Wirklichkeit, Opladen 1994, S. 285-305

Lakoff, George, Women, Fire, and Dangerous Things. What Categories Reveal about the Mind, Chicago 1987

Lakoff, George und Mark Johnson, Metaphors We Live By, Chicago 1980

Lamont, Michéle, Toward a Comparative Sociology of Valuation and Evaluation, in: Annual Review of Sociology 38 (2012), 201-221

Lamberton, Donald M. (Hg.), Economics of Information and Knowledge, Harmondsworth 1971

Landsberg, Paul Ludwig, Wesen und Bedeutung der platonischen Akademie. Eine erkenntnissoziologische Untersuchung, Bonn 1923

Lane, Robert E., The decline of politics and ideology in a knowledgeable society, in: American Sociological Review 31 (1966), S. 649-662

Lash, Scott, Sociology of Postmodernism, London 1990

Latour, Bruno, Wir sind nie modern gewesen. Versuch einer symmetrischen Anthropologie, Berlin 1995

Latour, Bruno und Steven Woolgar, Laboratory Live. The Social Construction of Scientific Facts, Beverly Hills 1981

Le Goff, Jacques, Die Intellektuellen im Mittelalter, Stuttgart 1986

— History and Memory, New York 1992

Lenk, Kurt, Nachwort, in ders. (Hg.), Ideologie. Ideologiekritik und Wissenssoziologie, Frankfurt 1984

— Problemgeschichtliche Einleitung, in: ders. (Hg.), Ideologie. Ideologiekritik und Wissenssoziologie, Frankfurt 1984, S. 13-49

Lepsius, Reiner M., Interessen, Ideen, Institutionen, Opladen 1990

Lévi-Strauss, Claude, French Sociology, in: Georges Gurvitch und W. E. Moore (Hg.), Twentieth Century Sociology, New York 1945

— Mythologica I. Das Rohe und das Gekochte, Frankfurt 1971

— Die elementaren Strukturen der Verwandtschaft, Frankfurt 1981
Lévy-Bruhl, Lucien, Die Seele der Primitiven, Wien u. Leipzig 1930
Lichtblau, Klaus, Kulturkrise und Soziologie um die Jahrhundertwende. Zur Genealogie der Kultursoziologie in Deutschland, Frankfurt 1996
Lock, Margaret, Cultivating the body: anthropology and epistemologies of bodily practice and knowledge, in: Annual Review of Anthropology 22 (1993), S. 133-55
Longino, Helen E., Science as Social Knowledge, Princeton, New Jersey 1990
Lorenz, Konrad, Über tierisches und menschliches Verhalten, München 1985
Lowe, Donald, History of Bourgeois Perception, Brighton 1982
Lucht, Petra, Lisa-Marian Schmidt und René Tuma (Hg.), Visuelles Wissen und Bilder des Sozialen. Wiesbaden 2013
Luckmann, Thomas, Soziologie der Sprache, in: René König (Hg.), Handbuch der empirischen Sozialforschung, Bd. 11, Stuttgart 1969, S. 1050-1101; stark überarbeitet als Bd. 13, Stuttgart 1979, S. 1-116
— Philosophy, social sciences and everday life, in: ders., Phenomenology and Sociology. Selected Readings, Harmondsworth 1978, S. 217-255
— Die Konstitution der Sprache in der Welt des Alltags, in: Bernhard Badura und Klaus Gloy (Hrsg.), Soziologie der Kommunikation, Stuttgart 1972, S. 218-237
— Aspekte einer Theorie der Sozialkommunikation, in: ders., Lebenswelt und Gesellschaft, Paderborn 1980, S. 93-121
— Grundformen der gesellschaftlichen Vermittlung des Wissens: Kommunikative Gattungen, in: Friedhelm Neidhard, Maria Rainer Lepsius und Johannes Weiß (Hg.) Kultur und Gesellschaft, SH 27 der Kölner Zeitschrift für Soziologie und Sozialpsychologie, Opladen 1986, S. 191-211
— Theorie sozialen Handelns, Berlin, New York 1992
— Le paradigme communicatif dans la »nouvelle« Sociologie de la Connaissance, in: Sociétés. Revue des Sciences Humaines et Sociales, 55 (1997), S. 89-98
— Der kommunikative Aufbau der sozialen Welt und die Sozialwissenschaften, in: ders., Wissen und Gesellschaft, Konstanz 2002, S. 157-182
— Das kommunikative Paradigma der ›neuen‹ Wissenssoziologie, in: ders. Wissen und Gesellschaft., Konstanz 2002, S. 201-210
Luhmann, Niklas, Öffentliche Meinung, in: ders., Politische Planung. Aufsätze zur Soziologie von Politik und Verwaltung, Opladen 1975
— Gesellschaftsstruktur und Semantik. Studien zur Wissenssoziologie der modernen Gesellschaft, 4 Bd., Frankfurt 1980, 1981, 1989 und 1999
— Gesellschaftliche Struktur und semantische Tradition, in: ders., Gesellschaftsstruktur und Semantik Bd. 1, S. 9-71,
— Interaktion in Oberschichten: Zur Transformation ihrer Semantik im 17. und 18. Jahrhundert, in: Gesellschaftsstruktur und Semantik Bd. 1, S. 72-161
— Soziale Systeme. Grundriss einer allgemeinen Theorie, Frankfurt 1984
— Individuum, Individualität, Individualismus, in: Gesellschaftsstruktur und Semantik Bd. 3, S. 149-258
— Intersubjektivität oder Kommunikation. Unterschiedliche Ausgangspunkte soziologischer Theoriebildung, in: Archivo di Filosofia 54 (1986), S. 41-60, S. 53f
— Kultur als historischer Begriff, in: Gesellschaftsstruktur und Semantik Bd. 4, S. 31-54
— Ökologie des Nichtwissens, in: ders., Beobachtungen der Moderne, Opladen 1992, S. 149-220
— Wissenschaft der Gesellschaft, Frankfurt 1992
— Die Gesellschaft der Gesellschaft, Frankfurt 1997
— Die Soziologie des Wissens: Probleme ihrer theoretischen Konstruktion, in: Gesellschaftsstruktur und Semantik Bd. 4, 151-180
Lukács, Georg, Geschichte und Klassenbewusstsein, Darmstadt und Neuwied 1968
— Zerstörung der Vernunft, Darmstadt 1981
Lukes, Steven, Emile Durkheim, Harmondsworth 1973
Lynch, Kevin, The Image of the City, Cambridge, Mass. 1960

Lynch, Michael, Eric Livingston und Harold Garfinkel, Zeitliche Ordnung in der Arbeit des Labors, in: Wolfgang Bonß und Heinz Hartmann (Hg.), Entzauberte Wissenschaft. Zur Relativität und Geltung soziologischer Forschung, Göttingen 1985, S. 179-206

Lyotard, Jean-François, Das postmoderne Wissen, Wien 1993

Maasen, Sabine, Wissenssoziologie, Bielefeld 1999

— Neurogovernmentality Ahead? Diskursanalytische Untersuchungen am Beispiel des Experimentalsystems Neuropädagogik, in: Johannes Angermüller und Silve van Dyk (Hg.), Diskursanalyse meets Gouvernementalitätsforschung, Frankfurt 2010, S. 183-206

Machlup, Fritz, Knowledge: Its Creation, Distribution, and Economic Significance, Bd. I: Knowledge and Knowledge Production, Princeton 1980 u. 1962

MacKenzie, Donald, The Credit Crisis as a Problem of the Sociology of Knowledge, in: American Journal of Sociology 6 (2011), S. 1778-1841

Maeder, Christoph und Achim Brosziewski, Ethnographische Semantik, in: Ronald Hitzler und Anne Honer (Hg.), Sozialwissenschaftliche Hermeneutik, Opladen 1997, S. 335-362

Mannheim, Karl, Ideologie und Utopie, Frankfurt 1985 (EA 1929)

— Das Problem einer Soziologie des Wissens, in: Wissenssoziologie, Berlin und Neuwied 1964, S. 308-387

— Die Bedeutung der Konkurrenz im Gebiet des Geistigen, in: ders., Wissenssoziologie, Berlin u. Neuwied 1964, S. 566-613

— Die Gegebenheitsweise der Weltanschauung. Die drei Arten des Sinns, in: ders., Wissenssoziologie, Neuwied u. Berlin 1964, S. 103-128

— Über die Eigenart kultursoziologischer Erkenntnis, in: ders., Strukturen des Denkens, Frankfurt 1980, S. 33-154,

— Strukturen des Denkens, Frankfurt 1980

— Konservativismus. Ein Beitrag zur Soziologie des Wissens, Frankfurt 1984

Maquet, Jacques, The Sociology of Knowledge, Westport 1951

Marcuse, Herbert, Der eindimensionale Mensch, Neuwied und Berlin 1971

Martens, Will, Kollektive Intention und Soziologie, in: Soziologische Revue 36, 3 (2013), S. 239-250

Marx, Karl, Der achtzehnte Brumaire des Louis Bonaparte, in: Karl Marx und Friedrich Engels, Studienausgabe. Bd. 2: Geschichte und Politik, Frankfurt 1966, S. 34-121

Marx, Karl und Friedrich Engels, Das Kapital, Bd. 1, Berlin 1982

— Die deutsche Ideologie, in: Werke Bd. 3, Berlin 1969

— Thesen über Feuerbach, in: Werke Bd. 3, Berlin 1969

Mattelart, Armand, Kleine Geschichte der Informationsgesellschaft, Berlin 2003

Matthiesen, Ulf und Hans-Joachim Bürkner, Wissensmilieus – zur sozialen Konstruktion und analytischen Rekonstruktion eines neuen Sozialraum-Typus, in: Ulf Matthiesen (Hg.), Stadtregion und Wissen. Analysen und Plädoyers für eine wissensbasierte Stadtpolitik, Wiesbaden 2004, S. 65-90

Mauss, Marcel, Une catégorie de l'esprit humain: la notion de personne, celle de moi, un plan de travail, in: Sociologie et anthropologie, Paris 1950, S. 333-362

Mauss, Marcel und Emile Durkheim, De quelques formes primitives de classification, in: Marcel Mauss, Essais de sociologie, Paris 1969, S. 162-230

McCarthy, E. Doyle, Knowledge as Culture: the New Sociology of Knowledge, London 1996

MacKenzie, Donald, The credit crisis as a problem of the sociology of knowledge. American Journal of Sociology 6 (2011), 1778-1841

McLuhan, Marshall, The Gutenberg Galaxy: The Making of Typographic Man, Toronto 1962

— Understanding Media. The Extensions of Man, New York 1964

Mead, George Herbert, Geist, Identität und Gesellschaft, Frankfurt 1978 (EA 1934)

— Cooleys Beitrag zum soziologischen Denken in Amerika, in: ders., Gesammelte Aufsätze, Frankfurt 1980, S. 329-345

— Eine behavioristische Erklärung des signifikanten Symbols, in: Gesammelte Aufsätze. Bd. 1, Frankfurt 1980, S. 290-298

— Soziales Bewusstsein und das Bewusstsein von Bedeutungen, in: ders., Gesammelte Aufsätze. Bd. 1, Frankfurt 1980, S. 210-231

Meja, Volker und Nico Stehr (Hg.), Der Streit um die Wissenssoziologie. Zwei Bd., Frankfurt 1982

Merton, Robert K., The Sociology of Knowledge, in: Social Theory and Social Structure, London 1964, S. 456-488

— Wissenschaft und demokratische Sozialstruktur, in: Peter Weingart, (Hg.), Wissenschaftssoziologie 1. Wissenschaftliche Entwicklung als sozialer Prozess, Frankfurt 1972, S. 45-59

— Interactions of Science and Military Technique, in: The Sociology of Science. Theoretical and Empirical Investigations, Chicago 1973, Kap. 9 (EA 1938)

— Three fragments from a sociological notebook: establishing a phenomenon, specified ignorance, and strategic research materials, in: Annual Review of Sociology 13 (1987), S. 1-28

Messaris, Paul, Visual ›Literacy‹. Image, Mind, and Reality, San Francisco u. Oxford 1994

Meszaros, Istvan, Der Entfremdungsbegriff bei Marx, München 1973

Meuser, Michael und Reinhold Sackmann (Hg.), Analysen sozialer Deutungsmuster. Beiträge zur empirischen Wissenssoziologie, Pfaffenweiler 1992

Meuser, Michael und Reinhold Sackmann, Zur Einführung: Deutungsmusteransatz und empirische Soziologie, in: dies. (Hg.), Analyse sozialer Deutungsmuster. Beiträge zur empirischen Wissenssoziologie, Pfaffenweiler 1992, S. 9-37

Meyrowitz, Joshua, Medium Theory, in: Crowley, David und David Mitchell (Hg.), Communication Theory Today, London 1994, S. 50-77

Michels, Robert, Historisch-kritische Untersuchungen zum politischen Verhalten der Intellektuellen, in: ders., Masse, Führer, Intellektuelle, Frankfurt u. New York 1987, S. 189-213

Mill, John Stuart, Das System der deductiven und inductiven Logik, in: Friedrich Jonas, Geschichte der Soziologie 1, Reinbek bei Hamburg 1981, S. 434-445

Mills, C. Wright, Language, logic and culture, in: American Sociological Review 4 (1939), S. 670-680

Minsky, Marvin, A framework for representing knowledge, in: H. P. Winston (Hg.), The Psychology of Computer Vision, New York 1975

Mongardini, Carlo, Paretos Soziologie um die Jahrhundertwende, in: Pareto, Ausgewählte Schriften, Frankfurt 1976, S. 5-54

Monyer, Hannah u.a., Das Manifest, in: Gehirn und Geist 4 (2004), 30ff

Moore, Harriett und Gerhard Kleining, Das Bild der sozialen Wirklichkeit. Analyse der Struktur und der Bedeutung eines Images, in: Kölner Zeitschrift für Soziologie und Sozialpsychologie 11, 3 (1959), S. 353-376

Moscovici, Serge, Forword, in: C. Herzlich, Health and Illnes. A Psychological Analysis, London 1973, S. XVII

— Geschichte und Aktualität sozialer Repräsentationen, in: Uwe Flick (Hg.), Psychologie des Sozialen. Repräsentationen in Wissen und Sprache, Reinbek 1995, S. 266–314

Moulaert, Frank und Barbara Van Dyck, B. (2013), Framing Social Innovation Research: A Sociology of Knowledge Perspective, F. Moulaert, D. MacCallum, A. Mehmood and A. Hamdouch (eds.) The International Handbook on Social Innovation: Collective Action, Social Learning and Transdisciplinary Research, Cheltenham, 466-480

Mulkay, Michael, Science and the Sociology of Knowledge, London 1979

Müller, Michael und Darius̆, Wissenssoziologische Perspektiven auf ethnische Differenzierung und Migration. Eine Einführung in: dies., Ethnowissen. Soziologische Beiträge zu ethnischer Differenzierung und Migration, Wiesbaden 2010, S. 9-33

Münch, Richard, Globale Eliten, lokale Autoritäten, Frankfurt am Main 2009

Nassehi, Armin, Was wissen wir über das Wissen, in: ders., Geschlossenheit und Offenheit. Studien zur Theorie der modernen Gesellschaft, Frankfurt 2001

Negt, Oskar, Soziologische Phantasie und exemplarisches Lernen. Zur Theorie und Praxis der Arbeiterbildung, Frankfurt 1981 (2. Aufl.)

Neurath, Otto, Soziologie – und ihre Grenzen, in: Volker Meja und Nico Stehr, 1982, Bd. 2, S. 417-427

Nietzsche, Friedrich, Die fröhliche Wissenschaft. Kritische Gesamtausgabe (hgg. v. G. Collin und M. Montinari), Berlin u. New York 1973

— Zur Genealogie der Moral, München 1973

Nonaka, Ikujiro und Hirotaka Takeuchi, Die Organisation des Wissens. Wie japanische Unternehmen eine brachliegende Ressource nutzbar machen, Frankfurt 1995

Nora, Simon und Alain Minc, Die Informatisierung der Gesellschaft, Frankfurt 1979

Nora, Pierre (Hg.), Les lieux de mémoire. 7 Bd., Paris 1992

Nullmeier, Frank, Knowledge and Decision Makin, in: Sabine Maasen und Peter Weingart (Hg.), Democratization of Expertise, Dordrecht 2005, S. 123-134

Oevermann, Ulrich, Zur Analyse der Struktur von sozialen Deutungsmustern, in: Sozialer Sinn 2 (2001), S. 3-33 (zuerst 1973)

— Die Struktur sozialer Deutungsmuster – Versuch einer Aktualisierung, in: Sozialer Sinn 2 (2001), S. 35-81

Oevermann, Ulrich, Tilman Allert, Elisabeth Konau und Jürgen Krambeck, Die Methodologie einer ›objektiven Hermeneutik‹ und ihre allgemeine forschungslogische Bedeutung in den Sozialwissenschaften, in: Hans-Georg Soeffner (Hg.), Interpretative Verfahren in den Sozial- und Textwissenschaften, Stuttgart 1979

Ogburn, William F., Social Change, New York 1922

Olivé, Léon, Knowledge, Society and Reality: Problems of the Social Analysis of Knowledge and of Scientific Realism, Atlanta 1993

Ong, Walter J., Orality and Literacy. The Technologizing of the Word, London u. New York 1982

Panofsky, Erwin, Gotische Architektur und Scholastik, Köln 1989 (EA 1951)

Pareto, Vilfredo, System der allgemeinen Soziologie. Eine Einleitung. Texte und Anmerkungen von Gottfried Eisermann, Stuttgart 1962

— Trattato di sociologie generale, Mailand 1964

— Ausgewählte Schriften, München 1975

Parsons, Talcott, Essays in Sociological Theory, Glencoe 1964

— An Approach to the Sociology of Knowledge, in: James E. Curtis und John W. Petras, The Sociology of Knowledge, New York 1970, S. 282-306

Pfadenhauer, Michaela, Professionalität. Eine wissenssoziologische Rekonstruktion institutionalisierter Kompetenzdarstellungskompetenz, Opladen 2003

— On the Sociality of Social Robots. A Sociology-of-Knowledge Perspective, in: Science, Technology & Innovation Studies, Vol 10, No 1, Januar 2014,135-153

Pelz, Corinna, Annette Schmitt und Markus Meis, Knowledge mapping als Methode zur Auswertung und Ergebnispräsentation von Fokusgruppen in der Markt- und Evaluationsforschung, in: Forum Qualitative Sozialforschung 5, 2 (2004)

Peyronnet, Georges, La mentalité collective anglaise, in: Ethnopsychologie 29, 1 (1974), S. 17-50

Pickering, Andrew (Hg.), Science as Practice and Culture, Chicago 1992, S. 301-389

Plessner, Hellmuth, Einleitung zur deutschen Ausgabe, in: Peter L. Berger und Thomas Luckmann, Die Gesellschaftliche Konstruktion der Wirklichkeit, Frankfurt 1969, S. IX-XVI

Polanyi, Michel, Implizites Wissen, Frankfurt 1985 (EA 1966)

Popper, Karl, Logik der Forschung, Tübingen 1959

— Die offene Gesellschaft und ihre Feinde, Bd. 2. Tübingen 1992

— Objektive Erkenntnis, Hamburg 1973

Potter, Jonathan und Mark Wetherell, Discourse and Social Psychology: Beyond Attitudes and Behaviour, London 1987

Power, Michael, Michael, Foucault and Sociology, in: Annual Review of Sociology 37 (2011), 35–56

Prokop, Dieter, Faszination und Langweile. Die populären Medien, Stuttgart 1979

Quasthoff, Uta, Soziales Vorurteil und Kommunikation, Frankfurt 1973

Radtke, Frank-Olaf, Pädagogische Konventionen. Zur Topik eines Berufsstandes, Weinheim und Basel 1983

Rammert, Werner, Zwei Paradoxien einer innovationsorientierten Wissenspolitik: Die Verknüpfung heterogenen und die Verwertung impliziten Wissens, in: Soziale Welt 54 (2003), S. 483-508

— Die technische Konstruktion als Teil der gesellschaftlichen Konstruktion der Wirklichkeit, in: ders. 2007, S. 37-46

— Technik-Handeln-Wissen, Wiesbaden 2007

Reichertz, Jo, Probleme qualitativer Sozialforschung, Frankfurt 1986

— Hermeneutische Wissenssoziologie, in: Ralf Bohnsack, Winfried Marotzki und Michael Meuser (Hg.), Hauptbegriffe Qualitativer Forschung, Opladen 2003, S. 85-89

— Akteur Gehirn – oder das Ende des sinnhaft handelnden und kommunizierenden Akteurs, in: Jo Reichertz und Nadia Zaboura (Hg.), Akteur Gehirn oder das vermeintliche Ende des handelnden Subjekts, Wiesbaden 2006, S. 7-19

Reichert, Ramón, Die Macht der Vielen. Über den neuen Kult der digitalen Vernetzung, Bielefeld 2013

Remmling, Gunter W., Marxism and Marxist Sociology of Knowledge, in: ders. (Hg.), Towards the Sociology of Knowledge, London 1973, S. 135-152

— The sociology of knowledge in the French tradition, in: Remmling 1973, S. 155-166

— Francis Bacon and the French Enlightment Philosophers, in: Remmling 1973, S. 47-59

Reuter, Julia und Paula-Irene Villa, Provincializing Sociology, in: dies. (Hg.) Postkoloniale Soziologie, Bielefeld 2010, S. 11-46

Rheinberger, Hans-Jörg, Experimentalsysteme und epistemische Dinge. Eine Geschichte der Proteinsysteme im Reagenzglas, Göttingen 2001

Rickert, Heinrich, Die Grenzen der naturwissenschaftlichen Begriffsbildung. Eine logische Einleitung in die historischen Wissenschaften, Tübingen 1921

Ricœur, Paul, Althusser's theory of ideology, in: Gregory Elliott (Hg.), Althusser. A Critical Reader, Oxford 1994, S. 44-72

Riedel, Manfred, Einleitung, in: Wilhelm Dilthey, Der Aufbau der geschichtlichen Welt in den Geisteswissenschaften, Frankfurt 1981

Ringer, Fritz K., Die Gelehrten. Der Niedergang der deutschen Mandarine 1890-1933, München 1983

Ritsert, Jürgen, Ideologie. Theoreme und Probleme der Wissenssoziologie, Münster 2002

Roth, Gerhard, Das Gehirn und seine Wirklichkeit. Kognitive Neurobiologie und ihre philosophischen Konsequenzen, Frankfurt 1997

Ryle, Gilbert, The Concept of Mind, London 1949

Said, Edward, Orientalismus, Frankfurt 1979

Schäfer, Lothar und Thomas Schnelle, Einleitung. Ludwik Flecks Begründung der soziologischen Betrachtungsweise in der Wissenschaftstheorie, in: Fleck 1980, VII-XLIX

Schank, Roger C. und Robert P. Abelson, Scripts, Plans, Goals and Understanding. An Inquiry into Human Knowledge Structures, Hillsdale N.J. 1977

Schatzki, Theodore, Social Practices, Cambridge 1996

— Introduction: Practice Theory, in: ders., Karin Knorr Cetina und Eike von Savigny (Hg.), The Practice Turn in Contemporary Theory, London 2001, S. 1-14

Scheler, Max, Die positivistische Geschichtsphilosophie des Wissens und die Aufgaben einer Soziologie der Erkenntnis, in: Kölner Vierteljahreshefte für Sozialwissenschaften, 1. Jg, H. 1 (1921), S. 22-31

— Die Wissensformen und die Gesellschaft, Bern und München, 1960

— Versuche zu einer Soziologie des Wissens, New York 1975 (EA 1921)

— Das Ressentiment im Aufbau der Moralen, in: ders., Vom Umsturz der Werte, Bern und München 1972

— Die soziologische Bedingtheit des Denkens und der Denkformen, in: ders., Versuche zu einer Soziologie des Wissens, New York 1975 (EA 1921), S. 182-207
Schelsky, Helmut, Die Arbeit tun die anderen. Klassenkampf und Priesterherrschaft der Intellektuellen, München 1977
Schetsche, Michael, Wissenssoziologie sozialer Probleme. Grundlegung einer relativistischen Problemtheorie, Opladen 2000
— Theorie der Kryptodoxie, in: Soziale Welt 63 (2012), 5-24
Schiller, Herbert I., Who Knows. Information in the Age of the Fortune 500, Norwood, N.J. 1981
Schilling, René, Kriegshelden. Deutungsmuster heroischer Männlichkeit in Deutschland 1813-1945, Paderborn 2003
Schmidt, Robert, Soziologie der Praktiken, Frankfurt am Main 2012
Schmitt, Frederick F. (Hg.), Socializing Epistemology. The Social Dimension of Knowledge, Boston u. London 1994
Schnettler, Bernt, Zukunftsvisionen. Transzendenzerfahrung und Alltagswelt, Konstanz 2004
— Auf dem Weg zu einer Soziologie visuellen Wissens, sozialer sinn 2, 8 (2007), S. 189-210
Schnettler, Bernt und Bernd Rebstein & Maria Pusoma, Der Topos kultureller Vielfalt. Zur kommunikativen Konstruktion migrantischer ›Zwischenwelten‹, in: Knoblauch, Keller & Reichertz (Hg.), Kommunikativer Konstruktivismus, Wiesbaden 2012, S. 337-362
Schulze, Gerhard, Die Erlebnisgesellschaft. Kultursoziologie der Gegenwart, Frankfurt 1992
Schütz, Alfred, Der Fremde, in: Gesammelte Aufsätze. Bd. 2. Studien zur soziologischen Theorie, Den Haag 1972, S. 53-69
— Der gut informierte Bürger, in: Gesammelte Aufsätze. Bd. 2. Studien zur soziologischen Theorie, Den Haag 1972, S. 85-101
— Der sinnhafte Aufbau der sozialen Welt. Eine Einleitung in die verstehende Soziologie, Konstanz 2004 (EA 1932)
— Symbol, Wirklichkeit und Gesellschaft, in: ders., Die kommunikative Ordnung der Lebenswelt, Konstanz 2003, S. 119-197
— Über die mannigfaltigen Wirklichkeiten, in: Theorie der Lebenswelt 1: Die pragmatische Schichtung der Lebenswelt, Konstanz 2003, S. 181-240
— Vorlesungen zur Sprachsoziologie, in: Theorie der Lebenswelt 2: Die kommunikative Ordnung der Lebenswelt, Konstanz 2003, S. 225-283
— Common-Sense und wissenschaftliche Interpretation menschlichen Handels, in: Jörg Strübing und Bernt Schnettler (Hg.), Methodologie interpretativer Sozialforschung. Klassische Grundlagentexte, Konstanz 2004, S. 157-197
Schütz, Alfred und Thomas Luckmann, Die Strukturen der Lebenswelt. Bd. 1, Frankfurt 1979, Bd. 2, Frankfurt 1984
Schützeichel, Reiner (Hg.), Handbuch Wissenssoziologie und Wissensforschung, Konstanz 2007
Scott, Marvin B. und Stanford M. Lyman, Accounts, in: Gregory P. Stone und Harvey A. Farberman (Hg.), Social Psychology through Symbolic Interaction, Walham Mass. 1970, S. 489-509
Searle, John, The Construction of Social Reality, New York 1995
Silverstein, Michael, Language structure and linguistic ideology, in: P. Clyne, W. Hanks und C. Hofbauer (Hg.), The Elements: A Parasession on Linguistic Units and Levels. Chicago 1979, S. 193-247
Simmel, Georg, Die Arbeitsteilung als Ursache für das Auseinandertreten der subjektiven und objektiven Kultur, in: ders., Soziologie. Eine Auswahl, Frankfurt 1983, S. 95-130
— Das Geheimnis und die geheime Gesellschaft, in: Soziologie. Untersuchungen über die Formen der Vergesellschaftung, Frankfurt 1992 (EA 1908)
— Das Problem der Soziologie, in: ders., Soziologie. Untersuchungen über die Formen der Vergesellschaftung, Frankfurt 1992
Snow, David A., E. Burke Rochford, Steve K. Worden und Robert D. Benford, Frame alignment processes, micromobilization and movement participation, in: American Sociological Review 51, 4 (1986), S. 464-481
Soeffner, Hans-Georg, Auslegung des Alltags – der Alltag der Auslegung. Bd. 1, Frankfurt 1989

Soeffner, Hans-Georg und Dariuš Zifonun, Integration – eine wissenssoziologische Skizze, in: Wilhelm Heitmeyer und Peter Imbusch (Hg.), Integrationspotenziale einer modernen Gesellschaft. Wiesbaden 2005, 391-407

Sorel, Georges, Über die Gewalt, Innsbruck 1928

Sorokin, Pitrim A., Social and Cultural Dynamics. 4 Bd., New York 1937-1941

Sperber, Dan, Der Strukturalismus in der Anthropologie, in: Oswald Ducrot u.a., Einführung in den Strukturalismus, Frankfurt 1973

Spradley, James P., Introduction, in: ders. (Hg.), Culture and Cognition: Rules, Maps and Plans, San Francisco 1972

— The Ethnographic Interview, Fort Worth u.a. 1979

Srubar, Ilja, Max Scheler: Eine wissenssoziologische Alternative, in: Nico Stehr und Volker. Meja (Hg.), Wissenssoziologie, Sonderheft 22/1980 der Kölner Zeitschrift für Soziologie und Sozialpsychologie, S. 343-359

— Kosmion, Die Genese der pragmatischen Lebensweltheorie von Alfred Schütz und ihr anthropologischer Hintergrund, Frankfurt 1988

Stafford, Sue P., Epistemology for sale, in: Social Epistemology 15, 3 (2001), S. 215-230

Star, Susan Leigh, Ecologies of Knowledge: Work and Politics in Science and Technology, Albany 1995

Stark, Werner, The Sociology of Knowledge. An Essay in Aid of a Deeper Understanding of the History of Ideas, London 1958

— The conservative tradition in the sociology of knowledge, in: Remmling, 1973, S. 68-77

Stehr, Nico, Arbeit, Eigentum und Wissen. Zur Theorie von Wissensgesellschaften, Frankfurt 1994

— Knowledge Societies, London 1994

— Wissen und Wirtschaften. Die gesellschaftlichen Grundlagen der modernen Ökonomie, Frankfurt 2001

— Wissenspolitik. Die Überwachung des Wissens, Frankfurt 2002

Stehr, Nico und Reiner Grundmann, Experts. The Knowledge and Power of Expertise, London und New York 2011

Steinfeld, Charles und Jerry L. Salvaggio, Toward a definition of the information society, in: J. L. Salvaggio (Hg.), The Information Society. Economic, Social, and Structural Issues, Hillsdale, NJ 1989, S. 1-14

Steets, Silke, Der sinnhafte Aufbau der gebauten Welt. Eine architektursoziologische Skizze, in: S. Frank und J. Schwenk (Hg.), Turn over. Cultural turns in der Soziologie, Frankfurt und New York 2010, 171-188

Strauss, Anselm, Negotiations, Varieties, Contexts, Processes, and Social Order, San Francisco 1978

Suchman, Lucy, Making a Case: Knowledge and Routine Work in Document Production, in: Paul Luff u.a. (Hg.), Workplace Studies, Cambridge 2000, S. 29-45

Šuber, Daniel, Die Begründung der deutschen Soziologie zwischen Neukantianismus und Lebensphilosophie, Hamburg 2002

Sumner, Graham, Folkways. A Study of the Sociological Importance of Usages, Manners, Customs, Mores, and Morals, Boston u.a. 1940 (EA 1906)

Tenbruck, Friedrich, Geschichte und Gesellschaft, Berlin 1986

Thomas, William I. und Dorothy Swain Thomas, The Child in America. Behavior Problems and Programs, New York 1928

Tiryakian, Edward A. (Hg.), On the margins of the visible. Sociology, the Esoteric, and the Occult, New York 1974

Touraine, Alain, La société post-industrielle, Paris 1969 (dt.: Die programmierte Gesellschaft, Frankfurt 1972)

Traue, Boris, Das Subjekt der Beratung. Zur Soziologie einer Psycho-Technik, Bielefeld 2010

Treiber, Hubert und Heinz Steinert, Die Fabrikation des zuverlässigen Menschen. Über die ›Wahlverwandtschaft‹ von Kloster- und Fabrikdisziplin, München 1980

Troeltsch, Ernst, Zum Begriff und zur Methode der Soziologie, in: Weltwirtschaftliches Archiv 8 (1916)

Tuma, René, The (Re-)Construction of Human Conduct: Vernacular Video Analysis, in: Qualitative Sociology Review VIII, 2 (2012), 152-163

UNESCO, Towards Knowledge Societies, Paris 2005

Vico, Giambattista, Die neue Wissenschaft von der gemeinschaftlichen Natur der Nationen, Frankfurt 1981

Vološinov, Valentin N., Marxismus und Sprachphilosophie, München 1975 (EA 1930)

Ward, Stephen C., Neoliberalism and the Global Restructuring of Knowledge and Education, New York 2012

Walker, John A. und Sarah Chaplin, Visual Culture, Manchester 1997

Wallner, Fritz, Acht Vorlesungen über den konstruktiven Realismus, Wien 1992

Watson, John B., Psychology. From the Standpoint of the Behaviourist, Philadelphia 1919

Weber, Alfred, Programm einer Sammlung ›Schriften zur Soziologie der Kultur‹, in: Die Tat 5, 2 (1913-14)

— Prinzipielles zur Kultursoziologie, in: Archiv für Sozialwissenschaft und Sozialpolitik 47 (1920-21), S. 1-49

Weber, Max, Die protestantische Ethik II. Kritiken und Antikritiken, hgg. v. J. Winckelmann, Gütersloh 1978

— Die Wirtschaftsethik der Weltreligionen, in: Gesammelte Aufsätze I, Tübingen 1988

— Hinduismus und Buddhismus, in: Gesammelte Aufsätze zur Religionssoziologie II, Tübingen 1978 (7. Aufl.)

— Die protestantische Ethik und der Geist des Kapitalismus, in: Gesammelte Aufsätze zur Religionssoziologie I, Tübingen 1988 (EA 1920)

— Die Wirtschaftsethik der Weltreligionen. Konfuzianismus und Taoismus. Schriften 1915-1920, Tübingen 1989

— Vorbemerkung, in: Gesammelte Aufsätze zur Religionssoziologie I, Tübingen 1988 (EA 1920)

— Wirtschaft und Gesellschaft. Grundriss der verstehenden Soziologie, Tübingen 1980 (EA 1922)

Webster, Frank, *Theories of the Information Society*, London 1995

Webster, Frank und Kevin Robbins, The iron cage of the information society, in: *Information, Communication and Society* 1 (1998), S. 23-45

Weingart, Peter, Wissensproduktion und soziale Struktur, Frankfurt 1976

— Wissenschaftssoziologie, Bielefeld 2003

Weingart, Peter, Martin Carrier und Wolfgang Krohn, Nachrichten aus der Wissensgesellschaft, Weilerswist 2007

Weinstein, Deena und Michael Weinstein, The sociology of non-knowledge. A paradigm, in: R. Jones (Hg.), Current Research in the Sociology of Knowledge, Sciences and Art, Bd. 1, New York 1978, S. 151-166

Welzer, Harald, Das kommunikative Gedächtnis. Eine Theorie der Erinnerung, München 2002

Wersig, Gernot, Informationsgesellschaft, Informationskultur und Veränderung des Raumkonzeptes als kommunikative Herausforderung, in: Publizistik 29, 3-4 (1984), S. 387-400

Wieland, Wolfgang, Platon und die Formen des Wissens, Göttingen 1982

Wiggershaus, Rolf (Hg.), Sprachanalyse und Soziologie, Frankfurt 1975

— Die Frankfurter Schule. Geschichte, theoretische Entwicklung, politische Bedeutung, München 1986

Willis, Paul, Common Culture, Milton Keynes 1990

Willke, Helmut, *Systemisches Wissensmanagement*, Stuttgart 1998

— Organisierte Wissensarbeit, in: *Zeitschrift für Soziologie* 27, 3 (1998), S. 161-177

— Wissensgesellschaft, in: Georg Kneer, Armin Nassehi und Markus Schroer (Hg.), *Klassische Gesellschaftsbegriffe der Soziologie*, München 2001, S. 379–398

— *Dystopia. Studien zur Krisis des Wissens in der modernen Gesellschaft*, Frankfurt 2002

Winch, Peter, *Die Idee der Sozialwissenschaft und ihr Verhältnis zur Soziologie*, Frankfurt 1966 (EA 1958)

Windelband, Wilhelm, Geschichte und Naturwissenschaft, in: ders., Präludien. Bd. 2, Tübingen 1915, S. 136-160

Winograd, Terry und Fernando Flores: Under standing Computers and Cognition: A New Foundation for Design. Norwood, NJ 1986

Wirth, Werner, Von der Information zum Wissen: Die Rolle der Rezeption für die Entstehung von Wissensunterschieden. Ein Beitrag zur Wissenskluftforschung, Opladen 1997

Wittgenstein, Ludwig, Philosophische Untersuchungen, Frankfurt 1971 (EA 1958)

Woolgar, Steve und Malcolm Ashmore, The Next Step: an Introduction to the Reflexive Project, in: Steve Woolgar (Hg.), Knowledge and Reflexivity. New Frontiers in the Sociology of Knowledge, London 1988

Xenophanes Kolophon, in: Hermann Diels, Die Fragmente der Vorsokratiker, Hamburg 1957

Znaniecki, Florian, The Social Role of the Man of Knowledge, New York 1975 (EA 1940)

Zifonun, Dariuš, Stereotype der Interkulturalität. Geteiltes Wissen über ethnische Differenzen, in: Karl-Siegbert Rehberg (Hg.), Soziale Ungleichheit, kulturelle Unterschiede, Frankfurt 2006, 3137-3145

Zürn, Michael, Die Entwicklung der Internationalen Beziehungen im deutschsprachigen Raum nach 1989, in Gunther Hellmann, Klaus Dieter Wolf und Michael Zürn (Hg.), Die neuen Internationalen Beziehungen. Forschungsstand und Perspektiven in Deutschland, Baden-Baden 2003, S. 21–46

Personenregister

Sachregister